ein Ullstein Buch

Ullstein Buch Nr. 3500
im Verlag Ullstein GmbH,
Frankfurt/M – Berlin – Wien
Titel der 1947 (bei Presses
Universitaires de France)
erschienenen französischen
Originalausgabe:
La crise de l'état prussien à la fin
du XVIIIe siècle et la genèse
de la mentalité romantique
Titel der 1973 (bei Flammarion)
erschienenen Ausgabe:
Société et romantisme en prusse
au XVIIIe siècle
Übersetzt von
Marie-Luise Schultheis

Deutsche Erstausgabe

Umschlagentwurf:
Kurt Weidemann

Printed in Germany 1976
Gesamtherstellung: Ebner, Ulm
ISBN 3 548 03500 0

Henri
Brunschwig

Gesellschaft und Romantik in Preußen im 18. Jahrhundert

Die Krise des preußischen
Staates am Ende des
18. Jahrhunderts und die
Entstehung der romantischen
Mentalität

ein Ullstein Buch

Inhalt

Einführung

Das Preußen Friedrichs des Großen war ein Modellstaat. Seine Armee wurde für die beste in ganz Europa gehalten. Seine sehr bürokratische, vielleicht zu übertriebene, aber streng kontrollierte Verwaltung hielt man in den absoluten Monarchien für vorbildlich. Seine Bewohner, von Beamten überwacht, von Pastoren abgekanzelt und von Philosophen unterrichtet, gewöhnten sich allmählich daran, Toleranz zu üben, vernünftig zu denken und mit einem starken Optimismus an den Fortschritt der Menschheit zu glauben.

Die deutsche Aufklärung ist nicht nur eine Philosophie, nicht bloßer Abglanz französischer und englischer Lehren. Wenn die fremden Einflüsse auch tief in das Land eingedrungen sind, so haben sie doch auf diesem neuen Terrain neuartige Ergebnisse bewirkt. Am Ende der Herrschaft Friedrichs II. findet man in Preußen ein vollständiges System der Ideen, Gefühle und Regierungsweise vor. Und der Vergleich mit den Nachbarländern führt zu dem Ergebnis, daß sich hinter zu allgemeinen Wendungen, wie »aufgeklärter Despotismus« oder »gelenkte Wirtschaft«, je nach der Gegend ganz unterschiedliche Zustände verbergen.

Am Ausgang des Jahrhunderts hört das System jedoch zu funktionieren auf. Wie eine Krankheit, die unmerklich den gesunden Körper ruiniert, zersetzen die Anfänge des Irrationalen die Aufklärung. Die sich häufenden Pressekampagnen, Predigten und Gesetzte bleiben wirkungslos. Vergleichbar den Ähren, die ihre Spitzen unmittelbar nach dem Sturm aufrichten, entfaltet sich das Irrationale in den von Philosophen, Pfarrern und Beamten am meisten indoktrinierten Städten und ländlichen Gegenden. Die Zeitgenossen decken die eigentliche Ursache dieser Mißstände nicht auf. Sie begreifen nicht, daß der rapide Bevölkerungszuwachs den Rahmen des Staates sprengt. Vagabunden auf dem Lande, Bettler in den Städten, Arbeitslose, alte Soldaten, Abiturienten ohne Beschäftigung entfliehen dem Einfluß der Pädagogen.

Der Rationalismus läßt sich lehren. Er verkörpert die Mentalität des Zivilisierten. Wenn sie fehlt, entwickelt sich eine andere, primitivere, die des Kindes, das von der Erziehung nicht geformt wurde. Sie ist im wesentlichen durch das Bedürfnis nach Wundergläubigkeit gekennzeichnet.

Die wirtschaftliche Krise führt also zu einem Wandel des Denkens und Fühlens. So gesehen, erscheint die Romantik – im allgemeinen unter den philosophischen und künstlerischen Aspekten erforscht, die aus dieser Lebensweise resultieren – wie ein soziales Phänomen, das für die Werke des Geistes dasselbe bedeutet wie der Boden für die Pflanzen, die er ernährt.

Gegenstand dieser Arbeit ist es, das System der deutschen Aufklärung zu beschreiben, die Grundzüge der Krise zu analysieren, durch die es am Ende des Jahrhunderts untergraben wird, und den Wandel der Mentalität zu erklären, die den Übergang der führenden Schichten vom Rationalismus zur Romantik bewirkt.

Eine so breit angelegte Synthese stößt auf zahlreiche Widerstände. Oft fehlen die Monographien, auf die sie sich stützen müßte. Diese Lücke zu schließen hieße auf die Synthese zu verzichten, denn das Leben eines Historikers würde nicht ausreichen für die erforderlichen erschöpfenden Forschungen über die Bevölkerungsentwicklung und die Krise der Landwirtschaft, über den Stillstand der Gewerbe und das Vagabundentum, über die freien Berufe und die Privilegien des Adels. Aber einige Untersuchungen erlauben oft schon, sich über die Schlußfolgerungen klar zu werden, die diese Arbeiten hervorbringen würden. In anderen Fällen muß man sich damit begnügen, die Probleme zu benennen, die man noch nicht lösen kann. Manchmal ist es schwierig, die vorhandenen Faktoren abzuwägen, die Rolle jedes einzelnen genau einzuschätzen. Aber es erscheint evident, daß der Wechsel von einer Denkweise zu einer anderen sich nicht allein aus moralischen Gründen erklären läßt, wenn die Massen und führenden Schichten dabei mitwirken. Man begreift ihn nur, wenn man alle Aspekte – politische, soziale und moralische – des Milieus untersucht, in dem er sich vollzieht.

Erster Teil: Die Aufklärung

1. Kapitel: Die Aufklärung in Preußen beim Tode Friedrichs II.

1. Die philosophischen Grundlagen der deutschen Aufklärung

Die Philosophie der Aufklärung beherrscht ganz Europa in der zweiten Hälfte des 18. Jahrhunderts. Ihre Prinzipien sind überall gleich, und diejenigen, die sie entwickeln, werden überall verstanden. Locke findet in Deutschland ebenso viele Leser wie in England. Die denkende Elite begreift keine andere Kultur als die der allgemeinen Vernunft.

Dieser Einklang erscheint jedoch nicht so vollkommen, wenn man zu präzisieren versucht, in welchem Maße der Rationalismus in die Massen eingedrungen ist, wieweit er von den Vertretern der traditionellen Religionen übernommen wurde und wie ihn die politischen Obrigkeiten und Verwaltungsbehörden gehandhabt haben. Es treten dann große Unterschiede auf, und man muß die verschiedenen Formen, die diese Philosophie in der Praxis annimmt, durch unterschiedliche Bezeichnungen voneinander abgrenzen. Der Josephinismus triumphiert in Österreich und die Aufklärung stärker in Preußen als im übrigen Deutschland, wo die Vielfalt der Religionen, der politischen Verfassungen und kulturellen Abstufungen so groß ist, daß ein gemeinsamer Begriff nicht mehr zuträfe. Preußen ist die eigentliche Heimat der Aufklärung. Die Prinzipien des Rationalismus dringen hier tiefer ein als irgendwo anders; sie verändern die protestantische Religion, finden Eingang im Räderwerk der Verwaltung und verkörpern einen ebenso charakteristischen Menschentyp wie den englischen Gentleman oder den französischen »honnête homme«. Die Aufklärung wird in Preußen unter Friedrich II. offiziell eine Philosophie, eine Religion und ein politisches Regime.

Die beim Tode Friedrichs des Großen maßgebenden Ideen scheinen nicht immer sehr originell zu sein. Sie behaupten den Vorrang der Vernunft und vertrauen dem Menschen, der endlich seine

Mündigkeit erreicht hat[1] *. Von nun an fähig, sich selbst zu lenken, verwirft dieser die Vorurteile, die lange seine intellektuellen Fähigkeiten verschleiert haben. Er handelt nach seinen Interessen, die natürlich nicht denen der Gesellschaft und des Staates entgegenstehen. Wider jede Tradition fordert er nicht mehr die Einheit der Lehre, und selbst wenn sie ihm von Vorteil schiene, weigert er sich, sie mit Gewalt zu erzwingen: denn die Überzeugungskraft führt schließlich doch dazu, daß sich alle ernsthaften Menschen verbünden. Wenn die Gewalt zwar das entscheidende Werkzeug der Obskuranten ist, weiß er dagegen, daß der Geist sich erst bei der Diskussion entfaltet. Der Glaube an die Vernunft hat also die Freiheit des Geistes zur Folge. Kritik zu üben, wenn dazu Gelegenheit ist, wird die oberste Pflicht des Menschen. Diese »Toleranz« – heute würde man sagen dieser »Liberalismus« – wird in einem Artikel des Deutschen Museums genau definiert. Er zeigt die Grenzen auf zwischen Toleranz und Gleichgültigkeit. Es heißt dort: »Niemand darf gegen sich selbst tolerant seyn. Niemand darf gegen den tolerant seyn, der seine Meinung vorträgt, ohne sie aufzudringen. Wer tolerant gegen den ist, der seine Meynung mit der Pistole in der Hand anbietet, ist gleichgültig, oder Sklav[2].«

Das Vertrauen in den Menschen erklärt den Optimismus der Aufklärung. Sie ist stolz auf den von der Menschheit erreichten Fortschritt und wirkt mit bei der Entwicklung neuer Standpunkte, die von den mit Vorurteilen behafteten Orthodoxen bekämpft werden. Die abstrakte Philosophie ist für sie von geringer Bedeutung. Ihre Prinzipien sind zu einfach und zu allgemein, um sich nicht bei allen durchzusetzen. Sie macht geduldig halt von den Geheimnissen, in die sie noch nicht eindringen kann. Ohne zum Beispiel die vernünftigen Lösungen zu verwerfen, die die Religion vorschlägt, begnügen sie sich mit der Behauptung, daß es kein Wunder gibt. Am Ende einer langen Abhandlung über die Existenz Gottes folgert Garve: »Wir können und wir brauchen auch nicht über diese Überzeugung hinauszugehen: er ist ein intelligentes Wesen, mächtig und vollkommen wie die Welt, und von ihm sind die Schöpfung und die Regierung der Welt abhängig. Wie vollkommen dieses Wesen ist, wie es denkt, wie es die Welt erschaffen hat, das zu wissen, steht uns offensichtlich nicht zu[3].«

Die Aufklärung ist eher darum besorgt, das Glück der bestehen-

---

* Anmerkungen auf Seiten 381 ff.

den Menschheit zu vermehren, als eine Metaphysik des Jenseits zu konstruieren. Die Logik verlangt den Institutionen, Sitten und üblichen Umgangsformen Reformen ab, die sie allmählich, ohne Ungerechtigkeit oder Gewalt, realisiert. Das Ziel, das sie anstrebt, liegt niemals weit entfernt. Es ist immer nützlich. Jeder kann es wahrnehmen, und jeder begreift den Fortschritt, den es beinhaltet.

Die allgemeinste und exakteste Theorie der Bewegung wurde zweifellos von den beiden Direktoren des »Berlinischen Journals für Aufklärung« publiziert. Seit der ersten Nummer, im Oktober 1788, bemüht sich Fischer um eine präzise Definition: Die Aufklärung, so meint er, ist nicht zu verwechseln mit Gelehrsamkeit oder gar mit Subtilität, Kultur, Sucht nach Neuem oder gar Religion, obwohl sie an allen diesen Aktivitäten teilnimmt. Sie ist in erster Linie Sache des Verstandes und betrifft unsere Begriffe. Sie besteht also aus wahren Begriffen.

Die Aufklärung ist jedoch nicht der Ursprung jeder richtigen Idee. Sie hat zum Beispiel keinen Einfluß auf das Multiplikationssystem. Wenn man ihren Bereich genau abgrenzen will, entdeckt man schließlich, daß sie sich nur auf die Gegenstände bezieht, die unsere Bedürfnisse und unser Glück betreffen.

Es gibt jedoch diese und jene Bedürfnisse. Viele sind künstlich. »Auf der Unterscheidungskunst zwischen wesentlichen und unwesentlichen Bedürfnissen beruht die Glückseligkeit, die ja das Ziel des menschlichen Strebens ist. Richtige Begriffe von den wesentlichen Bedürfnissen haben, ist also wahre Aufklärung ... Sie ist Bemühung des menschlichen Geistes, alle Gegenstände der Ideenwelt, alle menschlichen Meinungen und ihre Resultate und alles, was auf den Menschen Einfluß hat, nach Prinzipien einer reinen Vernunftlehre zur Beförderung des Nützlichen ins Licht zu setzen[4].«

Die Aufklärung – utilitaristisch und optimistisch – wird den Massen zugänglich. Ihre Popularität ist in der Geistesgeschichte Preußens nur mit derjenigen der Reform zu messen. Und darin liegt ihr eigentliches Merkmal. Im Gegensatz zu Frankreich verfügt sie in Preußen über den gesamten Staats- und Kirchenapparat. Ihr Durchdringungsvermögen im Volk wächst, aber der politische Loyalismus wird dann eine conditio sine qua non ihrer Existenz.

Diese Prinzipien der Aufklärung sind jedoch nicht für Deutschland eigentümlich. Sie sind bereits woanders formuliert worden, bevor die Deutschen sie in ihrem Land verbreiten. Wenn man die Biographie eines gelehrten und kultivierten Deutschen studiert, sei er Künstler oder Schriftsteller, adelig oder bürgerlich, Kleriker oder Laie, immer findet man in seiner Jugend eine Periode, wo er englische oder französische Autoren entdeckt hat[5]. Die einen, wie Wieland, beginnen Bayle, Fontenelle oder Voltaire zu imitieren, um schließlich zu Shaftesbury und Shakespeare zu gelangen. Andere, wie Mendelssohn und die meisten Gelehrten, interessieren sich vor allem für die Engländer. Wieder andere, wie Garve, lassen sich von der verborgeneren Quelle der schottischen Schule inspirieren, vertreten durch Hutcheson und Ferguson. Garve, zweitrangiger Schriftsteller, ist ein guter Repräsentant der kultivierten Bürgers seiner Epoche; unter den Ausländern, die er unter anderem im Laufe seiner Essays zitiert, findet man Montaigne, Molière, La Rochefoucauld, den Kardinal Retz, Condorcet, Hume, Adam Smith und Pope[6]. Ihr Enthusiasmus vermag den starren Spalding dazu zu bewegen, einige Kapitel von Shaftesbury zu übersetzen, genauso wie er das Berliner Bürgertum motiviert, französisch zu sprechen. Alle, die es ermöglichen können, besuchen die Länder, wo die neuen Ideen und Lebensformen entstehen.

Es fehlen auch Monographien darüber, in welchem Maße Deutschland von den großen ausländischen Schriftstellern beeinflußt wurde. Locke, Shaftesbury und Rousseau sind die berühmtesten. Locke wurde vor allem von den Theologen herangezogen, die an Religionsfrieden interessiert waren. Sie haben ihm das Prinzip entlehnt, daß die göttliche Offenbarung die menschliche Vernunft nicht zu widerlegen vermag[7].

Shaftesbury, dessen Essays[8] von Lessing, Mendelssohn, Wieland und Herder gelesen wurden, begründet eine von der Religion unabhängige Moral. Er erkennt im Menschen natürliche Anlagen, die dem Allgemeinwohl zugute kommen; egoistische Anlagen, die dem Wohl des Individuums nützen und die dann legitim sind, wenn sie sich den ersteren unterordnen können; und schließlich widernatürliche Anlagen, die im wesentlichen destruktiv sind. Der Mensch braucht die ersten beiden und kann ohne sie nicht glücklich sein; alles, was zum Wohl der Menschheit beiträgt, ist daher moralisch. Derjenige, der das begriffen hat, bewahrt das Geheimnis des Glücks. Er kann sein Leben gestalten, wie der Künstler sein Kunstwerk modelliert, und die Schönheit des Universums genießen, in dem das Böse für den nicht existiert, der es im Gesamtzusammenhang zu betrachten vermag.

Die Schotten, Nachfolger von Shaftesbury, behaupten die Existenz eines moralischen Instinkts; die tägliche Erfahrung offenbart ihn; sein Einfluß ist im Verhalten der Menschen ohne weiteres zu erkennen.

Rousseau schließlich begeistert die junge Generation mehr als Voltaire. Anscheinend bewirken vor allem seine pädagogischen Theorien und seine Liebe zur Natur diesen Enthusiasmus. Mehr noch als der Contrat social bewegen die Spontaneität der Reaktionen des Einzelgängers, die Einfachheit, mit der er die öffentlichen Sitten und Gebräuche erörtert, die Schriftsteller des Sturm und Drang, die sich gegen die fremden Verhaltensweisen auflehnen. Goethe und Schiller nehmen sich Rousseau in ihrer Jugend zum Vorbild; Herder macht ihn zu seinem Brevier[9].

Man könnte daher die Bedeutung des englischen und französischen Einflusses auf die deutsche Aufklärung vielleicht überbetonen. Und dennoch unterscheidet sich diese ganz klar von den anderen Philosophen. Die ausländische Bewegung scheint, im ganzen gesehen, universal gewesen zu sein, wie die Vernunft selbst. Die großen Prinzipien sind bei den Denkern aller Länder gleich, bestimmte künstlerische Techniken kann man ebenfalls übernehmen; die gesellschaftlichen Konventionen und die Verhaltensweisen versehen alle Gesellschaften mit derselben schillernden Eleganz. Aber sobald die Ideen sich in den Massen festsetzen, verleihen diese ihnen besondere Nuancen. Es haftet ihnen weiterhin das Merkmal der Vernunft an, aber sie werden zunächst zur Lösung lokaler Probleme herangezogen. Und da sie nirgends so populär wie in Preußen gewesen sind, stellen sie hier unter der Bezeichnung Aufklärung ein für dieses Land typisches System dar.

2. Der theologische Aspekt der Aufklärung in Preußen

Der neue Liberalismus widersetzt sich im protestantischen Deutschland vor allem dem religiösen Fanatismus. Dilthey hat diesen theologischen Charakter der Bewegung sehr gut erkannt. Dreißig Jahre lang haben sich die Deutschen gegenseitig um der Religion willen getötet. Nach dem Westfälischen Frieden (1648) war das Prinzip cuius regio eius religio weiterhin gültig; es wurden immer wieder Untertanen aus ihrer Heimat vertrieben, weil sie nicht die Religion des Herrschers ausübten. Schon lange vor der Aufhebung des Edikts von Nantes war es in Deutschland ein typisches Merkmal der protestantischen Gesellschaft und ihres Bewußtseins, ausgewiesen zu werden. Und nun proklamiert der Liberalismus Toleranz[10]! Er greift nicht, wie in Frankreich, in erster Linie die sozialen Privilegien an oder richtet sich, wie in England, vorwiegend an die Anhänger einer Wirtschaftsreform, sondern fordert Religionsfrieden. »Der Glauben ist eine Gewissensache, welche nicht kann geboten werden. Ich lasse gern einen jeden glauben, wovon er überzeugt zu seyn meinet, warum wollt ihr mir dieses nicht auch frey lassen[11]?« Der Erfolg ist prompt. Deutschland ist auf Lockes Doktrin ebenso vorbereitet wie England. Die Vernunft vermag alle Menschen zu vereinen, indem sie ihnen hinter der Vielfalt der Handlungsweisen die völlige Übereinstimmung in ihrem Glauben zeigt. Der Deutsche, der einen persönlichen und guten Gott verehrt, der Schöpfer einer vollkommenen Welt ist, in welcher der Mensch seinen freien Willen durchsetzt, befreit seine Religion von den Geheimnissen, die die Vernunft verwerfen; er reduziert sie auf eine Moral, deren Vorschriften die Evidenz rationaler Postulate aufweisen.

Der Souverän kann diese Entwicklung nur unterstützen, denn der Religionsfriede garantiert die Prosperität des Staates. Niemand hat das so gut begriffen wie der preußische König. Schon ehe ihm die Aufklärung diese Aufgabe erleichtert, hat er sich darum bemüht, den Religionsfrieden zu sichern. Zwei Möglichkeiten bieten sich ihm zu Beginn des 18. Jahrhunderts: Bündnis der Konfessionen unter der Ägide des Herrschers, oder religiöse Autonomie bei Neutralität des Herrschers. Friedrich Wilhelm I. träumt von einer Fusion der Kirchen. Selbst wenn man annimmt, daß er Lutheraner und Reformierte auf der Grundlage desselben Dogmas und derselben Liturgie vereinen kann, wie sollte er dann aber in Zukunft diesem Überfluß neuer Sekten begegnen, deren periodisches Erscheinen das Leben und die Anarchie inmitten des Protestantismus erhält? Eine administrative Vereinigung wäre zur Not möglich. Wenn der Soldatenkönig sie auch nicht ganz realisieren konnte, so hat er doch bewiesen, daß bestimmte Kirchengebäude von verschiedenen Konfessionen aufgesucht werden können und bestimmte Konsistorien ihre Rechtsprechung auf die verschiedenen Kulte ihres Ressorts ausweiten können[12].

In Ermangelung einer Union zwischen den Kirchen können die Herrscher ihre Neutralität proklamieren. Jeder kann sein Heil erlangen, wie er es versteht, unter der einzigen Bedingung, die öffentliche Ordnung nicht zu stören. Derselbe Friedrich Wilhelm I. greift auf dieses Mittel zurück, als er religiöse Polemiken und Diskussionen über Gnade auf der Kanzel untersagt[13]; den Gläubigen der verschiedenen Kulte begegnet er mit gleichem Wohlwollen. Ohne Toleranz lassen sich weder die Union der Kirchen unter der Ägide des Staates noch die Neutralität des Staates ermöglichen.

Die Toleranz steht im Widerspruch zu dem alten Prinzip cuius regio eius religio. Sie entspricht den Forderungen der Vernunft; die Aufklärung nimmt mit Recht ihre Erfolge in Anspruch. Aber wahrscheinlich hätte die Toleranz in Preußen auch ohne sie gesiegt. Wenn dieses Land am Ende des 18. Jahrhunderts zum auserwählten Boden für die Aufklärung wird, wenn den neuen Prinzipien hier ein eigener Charakter anhaftet und wenn der aufgeklärte Despotismus sich hier entfaltet, so liegt die Ursache darin, daß sich die Hohenzollern schon sehr früh in ihrem religiösen Verhalten nicht nach ihrem Glauben, sondern nach ihrem politischen Interesse gerichtet haben. Sie nehmen die Flüchtlinge nicht aus moralischem Pflichtgefühl auf, sondern um den Staat zu bereichern. Friedrich Wilhelm I., der die Pietisten liebt, protegiert sie, weil ihre Werke für den Staat nützlich sind, und Friedrich II. nimmt sie aus diesem Grunde auf, obwohl er sie nicht liebt. In Preußen existiert die Staatsidee, sie bestimmt die Handlungen der Könige und die ihrer Minister. »Es gibt wenige Länder, wo die Bürger sich in Sachen Religion einig sind; ihre Ansichten differieren häufig; außerdem gibt es Sekten. Es erhebt sich daher die Frage, ob alle Bürger dasselbe glauben müssen, oder ob es jedem freigestellt sein darf zu glauben, was er will. Da gibt es zunächst erbitterte Politiker, die die Forderung stellen, daß alle derselben Meinung sein müssen, damit nichts die Bürger trennt. Die Theologie erhebt den Anspruch: Wer nicht glaubt wie ich, ist verdammt, und es ist nicht zulässig, daß mein Souverän König der Verdammten ist; man muß sie daher in dieser Welt rösten, damit sie um so besser im Jenseits gedeihen. Man erwidert hierauf, daß niemals eine Gesellschaft dasselbe glauben wird; daß bei den christlichen Nationen die meisten anthropomorph sind; daß die Mehrheit der Katholiken abergläubisch ist, da man mich niemals überzeugen wird, daß ein Bauernlümmel die Latrie von der Hyperdulia zu unterscheiden weiß; er betet gutgläubig das Bildnis an, das er anruft. Es gibt also in allen christlichen Sekten eine Vielzahl von Ketzern; darüber hinaus glaubt jeder, was ihm wahrscheinlich dünkt. Man kann einen armen Elenden mit Gewalt dazu bringen, ein Gebet auszusprechen, dem er innerlich nicht zustimmt; so hat der Verfolger nichts gewonnen. Wenn man jedoch den Ursprung der Gesellschaft zurückverfolgt, so ist es ganz offensichtlich, daß der Souverän den Glauben der Bürger nicht beeinflussen darf. Müßte man nicht schwachsinnig sein, um sich vorzustellen, daß Menschen zu einem unter ihnen gesagt haben: Wir erheben dich über uns, weil wir Sklaven sein wollen, und wir geben dir die Allmacht, unsere Gedanken in deinem Belieben zu lenken. Sie haben im Gegenteil gesagt: Wir brauchen dich zur Aufrechterhaltung der Gesetze, denen wir gehorchen wollen, damit du uns weise regierst und uns verteidigst; im übrigen fordern wir von dir, daß du unsere Freiheit respektierst. Hier ist die Sentenz ausgesprochen; ihr fehlt der Appell, und gerade diese Toleranz ist in den Gesellschaften, wo man sie findet, von so großem Vorteil, daß sie das Wohl des Staates bedingt. Wo Glaubensfreiheit herrscht, sind die Völker friedlich, während die Verfolgungen die blutigsten, längsten und verheerendsten Bürgerkriege verursacht haben. Die Emigration ist das geringste Übel, das die Verfolgung mit sich bringt; in Frankreich gab es Provinzen, deren Bevölkerung gelitten hat und die immer noch unter der Aufhebung des Edikts von Nantes leiden[14].«

Diese Politik verleiht dem Land schließlich ein moralisches Gleichgewicht, das man nirgends woanders vorfindet. Zwischen atheistischem Rationalismus und mystischem Pietismus weisen die großen offiziellen Religionen eine ganze Skala von Gefühlen und Gedanken auf; ihre Sekten, die in den Verwaltungsapparat so eingegliedert sind, daß sie jedem die Religion anbieten, die seinem Temperament entspricht, lehren ihre Anhänger die Loyalität gegenüber dem Staat. Der Wechsel von einem Extrem zum andern vollzieht sich ohne Schwierigkeiten; ein pietistischer Vater zieht aufgeklärte Kinder auf, der junge Rosenkreutzer wird als Erwachsener Anhänger des Deismus. Und die theologische Fakultät in Halle bildet je nach der Bedeutung ihrer Lehrer, je nach Nutzen für den Staat, Mystiker oder Denker aus.

Zu Beginn des Jahrhunderts rührt der Ruhm der Universität Halle, gegründet 1694, vom Rationalismus her, der ihr auch ermöglicht, neben ihren berühmten Rivalen Wittenberg und Leipzig zu florieren. Der Jurist Thomasius löst sich dort von der Scholastik; er hält seine Vorlesung in deutscher Sprache und in Straßenkleidung; er will das Recht auf den gesunden Menschenverstand begründen. Stahl lehrt dort experimentelle Medizin. Wolff, seit

1706 Professor für Mathematik und Physik, gibt seit 1709 Vorlesungen in Philosophie, Moral und Logik. Sein hochmütiges Wesen und seine rationalistischen Tendenzen verschaffen ihm die Feindschaft der theologischen Fakultät; diese entläßt ihn im Jahre 1723[15]. Die ganze Universität gerät dann unter den Einfluß der Pietisten; der König befürwortet sie nicht etwa, weil er während seiner Krankheit von religiöser Unruhe gequält wird, sondern weil sie die Originalität der jungen Universität erhalten und weil der Staat von der philantropischen und pädagogischen Arbeit ihres Führers Francke profitiert.

Die Pietisten geben sich nicht revolutionär. Sie befürworten die Augsburger Konfession und verurteilen jegliche schismatische Haltung. Aber sie bilden besondere Gruppen innerhalb der offiziellen Kirche, in der geheimen Hoffnung, sie zu reformieren, damit sie ihre Mission erfüllen kann, Juden und Katholiken zu konvertieren. Ihre Tendenz, sich zu organisieren, die strikte Disziplin, der sie sich unterwerfen, und die gegenseitige Kontrolle unterscheiden sie von den isolierten Mystikern. Ihre aktive, der Welt zugewandte Frömmigkeit, ihre Bereitschaft, gute Werke zu loben, hebt sie von den Quietisten ab, für die es in diesem Tal der Tränen nur den Ausweg gibt, passiv auf Zeichen der Gnade zu warten und den Tod zu ersehnen, der ihre Seele befreit[16].

Obwohl die Universität Halle nach 1740 zur Hochburg des Rationalismus wird, überdauert der Pietismus. Der Graf von Zinzendorf verstärkt sogar seinen Einfluß. Seit seiner Jugend fest dazu entschlossen, sein Leben Gott zu widmen, wird er allerdings von seinen Eltern zum Jurastudium in Wittenberg und zur Übernahme eines Amtes als Rechtsberater in Dresden gezwungen. Seine Bedeutung erlaubt es ihm, seine Tätigkeit zu vernachlässigen. Während einer Reise nach Frankreich, wo er sich in führenden Kreisen des Katholizismus und Jansenismus aufhält, vornehmlich beim Kardinal von Noailles, wird ihm der Wert des Verzichts offenbar. Um Christus zu dienen, tritt er seinem Freund, dem Grafen von Reuss, die Frau ab, die er liebte und die er – ohne ihr Versprechen zu haben – als seine Braut betrachtete. Er widmet sich seitdem seiner »philadelphischen« Mission. Jeden Sonntag versammelt er bei sich alle, »die den Herrn lieben«. Er will Diener des Herrn gewinnen und auf diese Weise in der unsichtbaren Kirche die Führungsschicht organisieren, die in den sichtbaren Kirchen zerstreut ist. Dieses Koventikel, gewidmet dem Gebet und der Meditation, sind nicht schismatisch. Der Graf will sich auch nicht mehr als seine Vorgänger von der offiziellen Kirche lösen. Aber seine bedeutende Stellung, sein Hochmut und seine tiefe Frömmigkeit treiben ihn doch noch stärker als jene zu einer Reform des Luthertums.

Kurz nach seiner Heirat und dem Erwerb des Gutes Berthelsdorf besuchen den Grafen im Jahre 1722 vier Flüchtlinge, denen er gestattet, sich unterhalb des Hügels Hutberg (daher der Name Herrnhut) niederzulassen. Diese »böhmischen« oder »mährischen« Brüder gehören zu einer Sekte, die von Johannes Huß abstammt. Da sie in ihrem Lande verfolgt werden, strömen sie immer zahlreicher zum Grafen, der ihnen eine Verfassung gibt, wo ihre Traditionen sich mit seinem Philadelphismus mischen. Die neue Sekte ist integrierender Bestandteil der lutherischen Kirche. Sie besitzt andererseits Autonomie unter der Leitung eines Ältestenrats oder des Grafen selbst, dem Friedrich Wilhelm I. im Einverständnis mit seinem obersten Konsistorium im Jahre 1737 den Bischofstitel zuerkennt. Die Brüder erhalten im Jahre 1742 von Friedrich II. das Recht zur Niederlassung in Preußen; sie verbreiten sich vor allem in Schlesien.

Ihre Niederlassungen stehen unter der Leitung Gottes, der durch Los die Verwalter, Missionare und Ehefrauen bestimmt, die diese begleiten müssen. Eine Vielzahl von Ämtern garantiert die aktive Zusammenarbeit der meisten Brüder und Schwestern in der Gemeinde. Bischöfe, stellvertretende Bischöfe, Diakone, ehemalige Krankenpfleger, Armenbesucher, Arbeits- und Lohnaufseher bewachen das Leben jedes einzelnen. Denn das geschieht öffentlich; das Beichtgeheimnis existiert nicht; jede Handlung wird im Laufe frommer Zusammenkünfte beurteilt. Die Brüder feiern neben den Festen der offiziellen Kirche noch unzählige Zeremonien. Samstags arbeiten sie nicht; sie gedenken feierlich ihrer Geburtstage; sie richten besondere Feste ein zur Ehre Gottes des Vaters, des Heiligen Geistes, des Retters, der Kinder, der Schwestern, die guter Hoffnung sind, der jungen Leute, der Witwer und Witwen, der Missionare. Sie singen neue Gesänge. Die Religion schafft um sie herum die Atmosphäre, die ihnen hilft, die Disziplin, die ständige gegenseitige Kontrolle und die regelrechte Inquisition, der sie unterworfen sind, freudig zu ertragen. Nicht einmal ihr Intimleben oder ihre geheimsten Gedanken werden respektiert. Der Ehemann zum Beispiel, der nur Stellvertreter Christi ist, Bräutigam aller

Frauen, kann jederzeit durch einen anderen Mann ersetzt werden. Es kommt vor, daß ein verheirateter Mann dazu bestimmt wird, die junge Braut bei der Hochzeit einzuweihen! Nichts beunruhigt diese Männer und Frauen, die überzeugt sind, daß Gott gerade sie auserwählt hat, um die Kirche zu reformieren.

Die Missionen der mährischen Brüder entfalten sich erst richtig nach 1735. Beim Tode des Grafen im Jahre 1760 gibt es 12 Gemeinschaften in Preußen und Sachsen, 2 Niederlassungen in den Niederlanden, 3 in England, 1 in Irland und 4 in Nordamerika. Die Missionare bekehren die Eingeborenen von Saint Thomas und Santa Cruz, von Jamaika, Surinam und Grönland[17].

Der Pietismus besteht in seiner ursprünglichen Form oder so wie in der Herrnhuter Gemeinde neben dem Rationalismus weiter. Im Laufe des Jahrhunderts werden die offiziellen Kirchen – die der Lutheraner, Reformierten und Calvinisten – abwechselnd von beiden Bewegungen beeinflußt. Zwischen beiden hat die alte Orthodoxie heftige Angriffe erlitten: die Pietisten werfen ihr den Mangel an Glauben vor, die Philosophen klagen sie wegen Mißbrauch des Glaubens an. Seinem jungen Kollegen, der die Zweifler widerlegen wollte, antwortete Nicolais orthodoxer Pfarrer: »... ich wiederhole es nochmals, dem Layen muß und soll man nicht erklären und beweisen, sondern er muß glauben. Es kömmt hier gar nicht auf die Vernunft, sondern auf die Bibel, auf eine übernatürliche Offenbarung an[18].«

Seine Religion entnimmt er den sechs symbolischen Büchern, die seit 1580 die Artikel des lutherischen Glaubens fixieren: Luthers großer und kleiner Katechismus, die Augsburgische Konfession und ihre Apologie, die Schmalkaldener Artikel und die Konkordienformel. Leider stimmen diese Texte nicht mit der Bibel überein. Deshalb will der Pfarrer das immer modifizierbare Gesetz des Herrschers vom unveränderlichen Dogma Gottes unterscheiden.

»Wenn unsere Theologen die symbolischen Bücher des 16. Jahrhunderts zur unveränderlichen Form des Glaubens annehmen, so handeln sie gerade eben so klug, als wenn unsere Schneider die steifen Kragen, kurzen Mäntel und weiten mit Pelz bedrämten Röcke eben dieses Jahrhunderts zur unveränderlichen Form der Kleidertracht hätten festsetzen wollen. Die Erfahrung lehret uns, daß die Meinungen sich nicht minder verändern, als die Kleidertrachten[19].«

All diese Protestanten sind einig in ihrem Haß gegen die Katholiken, die in Preußen vor den polnischen Teilungen nicht sehr zahlreich sind und eine völlige Freiheit des Kults in den westfälischen Provinzen wie auch in Schlesien haben, aber sie mögen sich nicht gegenseitig. Die aufgeklärten Leute verachten die Orthodoxen und hassen die Pietisten, deren Eigenheit sie herausfordert. Vor allem in Handwerker- und Kleinbürgerkreisen trifft man diese schwarzgekleideten Männer auf Schritt und Tritt; sie haben immer den Namen Gottes auf den Lippen und zitieren bei jeder Gelegenheit Auszüge aus den prophetischen Büchern. Diese Auserwählten, die immer bereitwillig ihre Hände über dem Kopf falten, um den Allmächtigen anzurufen, diese wohltätigen Samariter, die sich barmherzig erweisen, solange sie mit einer Konversion rechnen, diese Demütigen, die ihren Hochmut, Gnade erlangt zu haben, schlecht verbergen, sind sie nicht manchmal Verbrecher und oft Heuchler, wie Nicolai behauptet? Wenn die ganz persönliche Erfahrung das einzig gültige Kriterium ist, wie soll man dann den Kommödianten vom Apostel unterscheiden? Der ehrwürdige Semler hat in seiner Kindheit miterlebt, wie die Auserwählten nach Saalfeld kamen. Nachdem sie vom Herzog aufgenommen wurden, üben sie bald einen unerträglichen Druck auf die Pfarrer und die Lehrer des Gymnasiums aus. Sie halten ihre Konventikel im Schloß ab, und jeder rennt hin, um sich dort zu zeigen. Da der lebendige Glaube mehr zählt als die Wissenschaft, gelingt es einem vierzigjährigen, völlig ungebildeten Tischler, seine Frömmigkeit so zur Schau zu stellen, daß man ihm das Amt des Volksschullehrers überträgt. Viele besuchen die frommen Versammlungen in der Hoffnung, eine gute Partie zu machen. Wegen seiner Einkünfte in Gefahr, bedient sich Pfarrer Semler schließlich auch der Sprache der Pietisten mit ihren vertraulichen und kindlichen Verkleinerungsformen. Durch Beharrlichkeit gewinnt er endlich auch seinen lange Zeit unbelehrbaren Sohn, der auch die Schüler konvertieren sollte:

»Meine bisherige Fröhlichkeit entwich; ich wurde nun ganz ernsthaft; ich vermied meine vorigen lieben Gesellschafter so sehr, daß ich ihnen aus dem Wege ging; und wenn mich einer ja anhalten konnte, so redete ich wirklich so feierlich und gutmeinend, daß manche Thränen fallen ließen. Weil aber ihre Eltern in der Lage nicht waren, als mein Vater seyn mochte: so wurde aus der Nachfolge, die man von mir her berechnet hatte, fast gar nichts. Nun ich befestigt genug schien, so wurde der ganze Zug der ersten 4 bis

5 recht frommen Schüler gar nach Hofe bestellt zum Herzog ins Zimmer; wohin wol noch einmal solche blaue Mäntel gekommen waren. Der Herzog war ganz allein; lies uns setzen, redete mit uns über den Zustand des Herzens; und hies uns endlich nach der Reihe niederknien und in seiner Gegenwart beten. Über eine ganze Stunde dauerte diese fromme Audienz[20].«

Das »Berlinische Journal für Aufklärung« bemüht sich, möglichst genau aufzuzeigen, in welchem Glauben die Rationalisten übereinstimmen. Nach Fischer ist die Religion eines Menschen umso aufgeklärter, je größer seine Allgemeinbildung ist; je klarer, genauer und durchdachter seine Begriffe in den anderen Bereichen sind, denn die aufgeklärte Religion resultiert aus den aufgeklärten anderen Wissenschaften. »Je mehr Untersuchungsgeist, desto mehr Wahrheit und Aufklärung ist zu vermuthen[21]«.

So ein Mensch schreckt natürlich vor dem von den Pietisten kultivierten Mystizismus zurück[22]. Er akzeptiert Semlers Prinzipien hinsichtlich des richtigen Verhältnisses zwischen menschlicher Vernunft und göttlicher Offenbarung[23]. Er ist kein Atheist und glaubt an die Notwendigkeit einer religiösen Erziehung. Aber der Staat hat nur die Aufgabe, für anständige und fähige Lehrer zu sorgen. Er darf sie keinem Dogma unterwerfen, denn wenn jeder an etwas glauben muß, so muß ihm auch Glaubensfreiheit gewährleistet sein[24].

Aber auch wenn sich Rationalisten und Pietisten nicht mögen, verfolgen sie sich nicht gegenseitig; eine Konversion ist für die ersteren nur dann gültig, wenn sie aus freien Überlegungen erfolgt. Semler verurteilt scharf jede Proselytenmacherei und befürwortet eine Konversion – selbst bei Katholiken und Juden – nur nach einer langen Prüfung[25]. Die Pietisten fordern eine innere Erfahrung, die man nicht mit Gewalt provozieren darf. Die Dogmen, die sich mit Evidenz beweisen ließen, befriedigen die Empfindsamen nicht; wenn man ihnen erklärt, daß man für die Erschaffung der Welt einen Gott braucht, daß die Seele unsterblich ist, weil doch der Mensch im Gegensatz zum Tier ein Gewissen hat, hören sie zu und leiden schweigend. Am liebsten würden sie nichts verstehen und wünschen, daß der Glaube, der sie verzehrt, endlich Berge versetzt! Sie werden schließlich Anhänger des Pietismus. Aber man ginge fehl in der Ansicht, daß letzterer ein Feind des Rationalismus ist. Man könnte ihn höchstens sein Sicherheitsventil nennen. Die beiden Bewegungen halten sich die Waage. Ihre Koexistenz macht es möglich, daß die verschiedensten Temperamente sich ausdrücken können; sie verleiht dem 18. Jahrhundert seinen außerordentlichen Reichtum und seine moralische Stabilität; sie garantiert der Literatur dieser Zeit die Vielfältigkeit der Inspiration, die sie so vollkommen menschlich macht.

Der eigentliche Charakter der Aufklärung in Preußen zeigt sich daher nicht in erster Linie im Sieg einer rationalisierten Religion, sondern vielmehr im Sieg des durch die Politik des Herrschers gebotenen Liberalismus. Unabhängig von der Religion, die gerade dominiert, herrscht von Anfang bis Ende des Jahrhunderts Glaubensfreiheit, und der Staat bietet parteilos Schutz. Wenn man diese Situation mit der des Auslands vergleicht, wundert man sich über ein allzu häufig gefälltes Urteil: Ein Nationalgefühl existiert in Preußen nicht mehr als anderswo; aber die Loyalität gegenüber dem Staat ist so stark, daß die Unzufriedenheit, die sich gegen Ende des Jahrhunderts bei der Jugend manifestiert, nicht wie in anderen Ländern ausreicht, um das politische Gebäude zu stürzen.

3. Der politische Aspekt der Aufklärung in Preußen
Der aufgeklärte Despotismus

Das philosophische System wäre ohne Politik nicht vollständig. Aber man kann aus seinen Prinzipien keine Herrschaftsform ableiten. Lessing legt die allgemeinen Ideen im Jahre 1777 in seinen wunderbaren Dialogen über die Freimaurerei dar[26]. Falk fragt Ernst bei der Betrachtung eines Ameisenhaufens: »Ordnung muß also doch auch ohne Regierung bestehen können.« – »Wenn jedes einzelne sich selbst zu regieren weiß: warum nicht?« – »Glaubst du, daß die Menschen für die Staaten erschaffen werden? Oder daß die Staaten für die Menschen sind? . . .« »Jenes scheinen einige behaupten zu wollen. Dieses aber mag wohl das Wahrere sein.« Der Mensch, der imstande ist, sich seines Verstandes zu bedienen, braucht keinen Staat. Man muß daher – wie der junge Wilhelm von Humboldt[27] wenig später in seinen »Ideen zu einem Versuch, die Grenzen der Wirksamkeit des Staates zu bestimmen« wünscht – die Kompetenzen des Staates reduzieren (1792).

Da andererseits die Vernunft universal ist, muß auch die Herrschaftsform, die sie für die beste hält, überall obsiegen. Die Menschen könnten also in einem einzigen Staat leben. Aber selbst wenn die Menschen der gleichen Verfassung unterstehen, können sie sich auf Grund der Verschiedenheit der Sitten – die häufig mit den geografischen Bedingungen zusammenhängen – der Religionen oder der sozialen Schichten voneinander abheben. Die Bürger können daher gemeinsam nur dann ganz glücklich sein, wenn sie immer das Individuum berücksichtigen, und zwar nicht »als solches«, sondern einfach »als Mensch«. Die Freimaurerei vereinigt die Elite derer, die bereits fähig sind, das Menschliche im Menschen zu erkennen, also das, was allen gemeinsam ist; sie ist daher ewig und universal. Sie identifiziert sich mit der Aufklärung, deren Mission der Überwindung der Vorurteile gilt: nationales Vorurteil, das entsteht, wenn der Patriotismus keine Tugend mehr ist; religiöses Vorurteil, das nicht zuläßt, daß ein anderer Glaube genauso gut und wahr ist; soziales Vorurteil, das das Urteil verfälscht.

Zwanzig Jahre später ist der Rahmen, innerhalb dessen das politische Denken sich vollzieht, unverändert. Kant versucht in seinem Essay »Zum ewigen Frieden« aus dem Jahre 1795 die Bedingungen der internationalen Einigung zu präzisieren. Er propagiert eine Föderation waffenloser Republiken; aber er bezeichnet als Republik jeden Staat, der das Prinzip der Trennung von Legislative und Exekutive respektiert[28]. Er ist der Ansicht, daß die Wahrheit sich schließlich auch in der Politik durchsetzt; sie wird definiert durch den Wettstreit der Bürger, die in gleichem Maße den Gesetzen der Vernunft unterstehen. Daraus resultiert offensichtlich die einzige unerläßliche Bedingung, völlig frei zu denken und seine Gedanken frei zu äußern. Der Irrtum kann sich gar nicht erst verbreiten, da die freie Kritik die Sophisten bald entlarvt. Aber die Anwendung von Vernunfturteilen kann inopportun sein. Die Wahrheit selbst ist relativ – Wieland ist nicht der einzige, der das betont. Muß man also auf ihre Gesetze verzichten? Nein, aber im Zweifelsfall kann man beschließen, daß die aufgeklärten Menschen sich vereinen und über die Regierung entscheiden[29]. Das sind die Prinzipien der Politik. Sie bleiben so vage, weil die Theoretiker nicht die Notwendigkeit sehen, sie zu präzisieren; denn sie brauchen keine neue Staatsform zu schaffen. Der Staat existiert, und das beste, was sie tun können, ist, seine Kompetenzen genau zu bestimmen.

Die Theorie des aufgeklärten Despotismus resultiert aus der Verkettung einer tatsächlichen Situation mit neuen Ideen. Seit Beginn des Jahrhunderts ist der preußische Staat in der Entwicklung begriffen; der Große Kurfürst, der Soldatenkönig und Friedrich II. haben ihm sein starkes militärisches und bürokratisches Fundament verliehen. Die Länder, die sie regieren, sind nicht ausschließlich ihre Machtsphäre. Im Gegensatz zu Ludwig XIV., der hochmütig behauptete, »L'Etat c'est moi«, resümiert Friedrich II. im Jahre 1781 in seinem »Essay über die Regierungsformen und die Pflichten des Herrschers« vortrefflich seine Konzeption des Staates: »Wir haben bemerkt, daß die Bürger einem der Ihren nur Vorrang zugunsten der Dienste gewährt haben, die sie von ihm erwarteten; diese Dienste bestehen darin, die Gesetze aufrechtzuerhalten, strikte Gerechtigkeit walten zu lassen, mit ganzer Kraft gegen die Korrumption der Sitten vorzugehen, den Staat gegen seine Feinde zu verteidigen; ... Die Fürsten, Souveräne und Könige besitzen also nicht die Oberhoheit, sich schamlos in Ausschweifungen und Luxus zu stürzen; sie stehen nicht über ihren Mitbürgern, damit sie in ihrem zur Schau gestellten Hochmut mit Verachtung gegen die Einfachheit der Sitten, gegen Armut und Elend vorgehen; sie stehen nicht an der Spitze des Staates, damit sie um sich einen Haufen von Taugenichtsen unterhalten, deren Müßiggang und Unnützlichkeit alle Laster verkörpern ...

»Der Souverän ist durch unauflösliche Bande mit dem Staat verbunden; daher wirken auch alle Übel, die seine Untertanen betreffen, auf ihn zurück, und genauso leidet die Gesellschaft unter dem Unglück, das ihren Souverän befällt. Es gibt nur ein Wohl, und das ist dasjenige des Staates im allgemeinen. Wenn der Fürst Provinzen verliert, ist er nicht mehr in der Lage, wie in der Vergangenheit seinen Untertanen zu helfen; wenn das Unglück ihn gezwungen hat, Schulden zu machen, müssen die armen Bürger sie begleichen; andererseits, wenn das Volk zahlenmäßig schwach ist, wenn es in Elend dahinsiecht, hat der Souverän keinerlei Einnahmen. Diese Wahrheiten sind so unwiderlegbar, daß man nicht länger darauf einzugehen braucht.

»Ich wiederhole also, der Souverän repräsentiert den Staat; er und sein Volk bilden nur einen Körper, der nur solange vom Glück beseelt sein kann, wie die Eintracht sie verbindet. Der Fürst ist für die Gesellschaft, die er regiert, was der Kopf für den Körper ist: Er muß für die Gemeinschaft sehen, denken und handeln, um ihr alle Vorteile zu verschaffen, für die sie empfänglich ist. Wenn man will, daß die monarchische Regierung über die republikanische siegt, wird die Entscheidung des Souveräns verkündet, er muß aktiv und integer sein und alle Kräfte sammeln, um die Karriere zu erfüllen, die ihm vorgeschrieben ist. Das ist die Vorstellung, die ich von seinen Aufgaben habe.« Die Schrift endet folgendermaßen: »Das sind im allgemeinen die Pflichten, die ein Fürst erfüllen muß. Damit er sich nie davon entfernt, muß er sich stets daran erinnern, daß er Mensch wic der geringste seiner Untertanen ist; wenn er der oberste Richter, General und Finanzmann ist, der Premierminister der Gesellschaft, so nicht deswegen, um zu repräsentieren, sondern um seine Pflichten zu erfüllen. Er ist nur der erste Diener seines Staates, verpflichtet, gerecht und weise zu handeln, und ohne jegliches Eigeninteresse, als ob er jederzeit seinen Mitbürgern Rechenschaft über seine Verwaltung ablegen müßte[30].«

Diese Staatsidee ist im Geist der Beamten und gebildeten Untertanen genauso tief verankert wie beim König. Alle sehen ganz deutlich den Unterschied zwischen willkürlichem Despotismus und preußischem System. Sie setzen im allgemeinen der Allmacht des Königs zwei Grenzen: die richterliche Gewalt, die unabhängig und getrennt sein muß von der Macht des Königs, und die beratenden Organe, die Vermittlerfunktion haben und die Wünsche der Nation zum Ausdruck bringen.

Auch einer der höchsten Beamten, der Graf von Hertzberg, »leitender Minister«, definiert diese »freie und gemäßigte Monarchie«, die in Vollendung den aufgeklärten Despotismus darstellt: »Die Monarchie ist die Staatsform, bei der ein einzelner ... den Staat unabhängig, aber nach zugrundeliegenden Gesetzen und festen Regeln regiert, die er befolgt und nicht ohne guten Gründe verändert; und wenn er letzteres tut, wird er zum Despoten ... Eine Erbmonarchie, gemäßigt durch gute Gesetze, die ihr zugrundeliegen, die man den Gegebenheiten des Landes und dem Charakter der Nation anpaßt, ist meines Erachtens die Regierungsform, die den Bürgern, Gesellschaften und Nationen am besten zu ihrem Wohl verhilft ... Der König kann natürlich seine Macht mißbrauchen: aber dann wird er zum Despoten, und er wird das nicht lange sein für eine hochsinnige Nation; der Mißbrauch wird weder solange andauern noch solche Ausmaße haben wie das Übel, das die politischen Cliquen in der Republik anrichten ...

»Die meisten Staaten Europas haben ihre einstige Regierungsform korrigiert oder vielmehr verändert und sind absolute oder eingeschränkte Monarchien oder größtenteils von der Aristokratie gelenkte Republiken geworden . . .

»Meines Erachtens ist auf Grund der Prinzipien, der Natur des Menschen und der Erfahrung die beste Regierungsform die der freien Monarchie, wo ein einziger Souverän in seiner Person allein Legislative und Exekutive vereint; wo er jedoch die zugrundeliegenden Gesetze oder zumindest die bestehenden Regeln und Maximen beachtet und sie nicht ohne dringende und sichtbare Notwendigkeit verändert, da sie absolut notwendig sind zur Sicherung jedwelchen Besitzes der Untertanen und für eine unmittelbare, genaue und unparteiliche Justiz; wo er vermittelnde Organe oder Landstände errichtet oder bestehen läßt, die – ohne bei der Legislative mitzuwirken – die Möglichkeit haben, sich in bestimmten Abständen zu versammeln, über die Situation und die Bedürfnisse des Staates zu beraten, darüber dem Souverän zu berichten und so mit seiner Erlaubnis und unter seiner Hoheit bei der Verwaltung des Landes mitzuwirken[31].«

Das Vertrauen des Ministers in die Institutionen seines Landes ist so groß, daß er ruhig die französische Verfassung von 1791 befürwortet. Sie vereinigt die Vorteile der Monarchie und der Republik. Sie garantiert das Gleichgewicht unter den europäischen Staaten – wichtigste Bedingung für den ewigen Frieden. Aber sie kann unmöglich von Preußen begehrt werden, wo die Regierung »eine der mildesten und gerechtesten«[32] ist.

Hertzbergs Beschreibung des aufgeklärten Despotismus ist unvollständig; den beiden Grenzen, die er der Macht des Königs setzt, muß man noch die öffentliche Meinung hinzufügen. Die Pressefreiheit ist die eigentliche Bedingung für die Existenz der Aufklärung. In einem berühmten Artikel[33] wendet sich Kant an Friedrich II.: »Denken Sie bei jeder Gelegenheit, soviel Sie wollen und wann immer Sie wollen, aber gehorchen Sie.« Der König legte zweifellos Wert auf »gehorchen«; nach seinem Tod muß man die Betonung jedoch immer mehr auf »denken« legen. Wenn die Kritiken der Philosophen gerecht sind, so werden sie in Zukunft die Regierung anspornen, die aus vernünftigen Männern besteht. Aber die Kritik muß auch ausgesprochen werden können; der König entscheidet souverän, aber er hat nicht das Recht, die Presse mundtot zu machen. Kant spricht den Untertanen eine zweifache Aktivität zu. Als Beamter hat er die Pflicht, den Anordnungen seiner Vorgesetzten zu gehorchen, selbst wenn er sie nicht billigt.

Aber nachdem er gehorcht hat, muß er als Individuum oder als Mensch diese Entscheidungen kritisieren, die er solange befolgen wird, bis es ihm gelungen ist, sie aufzuheben. Jeder ist am Sieg der Vernunft interessiert, und der Herrscher wird bald die nötigen Reformen einleiten, wenn er über kurz oder lang einsieht, daß die Kritiken berechtigt sind, die sich gegen eine Politik richten, die man von einer oftmals zwielichtigen Vergangenheit übernommen hat.

Man ginge fehl, darin nur bloße Philosophie zu sehen: Kant vermittelt wirklich die Gedanken seiner Mitbürger. Der Freiherr von Heinitz, einer der aktivsten Minister Friedrichs II., hat mehrere Provinzen verwaltet und Stein in Westfalen eingesetzt; er reformiert später die Verwaltung des Bergbaus und leitet die der Akzise und schreibt, als er nicht mehr einer Meinung mit dem König ist, »daß es seine Pflicht ist zu gehorchen, aber daß sein Eid ihn auch dazu verpflichtet, das zu sagen, was er sagen würde, wäre er nicht Minister, sondern nur ein einfacher Mann«[34].

Die Beamten reden so, weil sie dazu dressiert wurden. Nichts zeigt deutlicher den enormen Unterschied auf zwischen aufgeklärtem Despotismus à la prussienne und absoluter Monarchie à la française wie die Fragen, die man den Beamten beim Examen stellte. Der junge candidatus juris, der die Verwaltungslaufbahn einschlagen will, muß eine schriftliche und mündliche Prüfung absolvieren. Die Kriegs- und Domänekammer, der er als Referendar zugeteilt werden möchte, schickt ihm zunächst die Akten, die sich mit einem praktischen Fall aus der Verwaltung befassen. Er verfaßt seine Probe-Relatio und begründet seine Entscheidung, indem er sich auf die in Kraft befindlichen Gesetze und Verordnungen beruft. Betrug ist dabei offensichtlich einfach, da der Kandidat nicht überwacht wird. Daher ist das mündliche Examen vor der Kommission der Kammer wesentlich beweiskräftiger. Leider enthalten die meisten Akten nur die schriftliche Prüfung und die Noten für das Mündliche. Doch man findet einige vollständige Protokolle. Dem Kandidaten Hash stellen die Prüfer in Minden am 21. Dezember 1801 folgende Fragen:

»Welche Vorstellung hat er von einem Staat?«

»Der Staat ist eine Gesellschaft von Bürgern, die sich vereint haben, um das allgemeine Wohl und die allgemeine Sicherheit soweit wie möglich zu vermehren.«

»Was ist notwendig für einen Staat, um das allgemeine Wohl zu vermehren?«

»Eine oberste Gewalt, die das Vermögen des Staates weise zum Nutzen des Allgemeinwohls verwendet.«

»Was gibt es für verschiedene Staatsformen?«

»Monarchien, Aristokratien, Republiken.«

»Welcher muß man den Vorzug geben?«

»Der Monarchie, weil wir selbst in ihr am glücklichsten sind[35].«

Der Kandidat von Horst, geprüft am 7. Januar 1802, äußert:

»Der Staat ist eine Verbindung von mehreren für die gegenseitige Sicherheit und das Wachstum des gegenseitigen Glücks; diejenigen, die diese Verbindung eingehen, verzichten auf mehrere ihrer natürlichen Rechte, um dieses Ziel umso sicherer zu erreichen.«

Die Aufrechterhaltung eines monarchischen Staates »setzt öffentliche Abgaben voraus, die zum Teil für die Besoldung der Staatsbeamten, zum Teil aber auch für das Heer und die Polizei bestimmt sind, die für die äußere und innere Sicherheit notwendig sind«[36].

Das Referendarexamen an den Gerichten betrifft in erster Linie Jura. Doch am 6. Januar 1799 werden die Hörer von Cramer, Dellbrück, Dorguth und Netter in Naturrecht geprüft, bevor man sie über die deutschen und brandenburgischen Gesetze befragte[37]. Naturrecht wird in einigen Sekundarschulen unterrichtet; es liefert Aufsatzthemen für das Abitur[38].

All diesen Fragen und Antworten liegt derselbe Staatsbegriff, derselbe Glaube und derselbe Gesellschaftsvertrag zugrunde. Niemals findet man auch nur die leiseste Anspielung auf das göttliche Recht. Doch die offiziellen Dekrete schmücken sich weiterhin mit der traditionellen Formel: »Friedrich-Wilhelm, von Gottes Gnaden, König von Preußen.« Reine Verblendung, bloße Ansammlung von Wörtern, denen Friedrich II. selbst jeglichen Sinn abgesprochen hat! Es käme niemandem in den Sinn, den preußischen Staat als einen despotischen Staat zu bezeichnen. Die große Masse der Bevölkerung bejaht die Französische Revolution, ohne auch nur einen Augenblick lang zu denken, daß sie Modell sein könnte. Ein einfacher Schüler der höheren Schule in Friedrichswerder, Berlin, weiß, daß die Französische Revolution, die zu seiner Zeit entstanden ist und durch die Frankreich von einem unerträglichen Joch des Despotismus befreit worden ist, eins der bemerkenswertesten Ereignisse der Geschichte ist[39].

Die Ursachen sind ihm wie auch seinen Kameraden bekannt; sie und ein Gymnasiast aus Magdeburg äußern zum Beispiel 1793, daß sich die französischen Könige seit Heinrich IV. von »stupiden Beichtvätern, Maitressen und unredlichen Ministern« beeinflussen lassen[40].

In Preußen ist das anders. Hier besteht eine feste Loyalität der Untertanen. Man ersehnt den Frieden mit Frankreich, weil man voller Mitleid und Sympathie für dieses Volk ist, das sein Wohlergehen herbeiwünscht. Man ist hier voller Stolz darüber, einem Modellstaat anzugehören; denn trotz vorübergehender Schwächen einiger Herrscher verkörpert der Staat der Hohenzollern tatsächlich das Ideal der Aufklärung. In einer Rede vom 25. September 1789 am königlichen Gymnasium Joachimsthal in Berlin anläßlich des Geburtstages Friedrich Wilhelms II. erläutert Professor Brunn treffend, warum »Preußen der glücklichste Staat in ganz Europa ist«. Man kann das Volk als glücklich bezeichnen, das nicht nur die nötigsten, sondern auch überflüssige materielle Güter besitzt; das eine gute Verfassung hat, in der die Interessen des Souveräns mit denen des Volkes identisch sind; dessen Staatsbedienstete redliche Männer und dessen Steuern gemäßigt sind; das noch im Besitze der natürlichen Menschheitsrechte ist; das nicht unter dem Joche der Hierarchie, der Intoleranz und des Gewissenszwangs seufzt; ... unter welchem Wissenschaften und Künste aller Art gedeihen und Aufklärung nicht unterdrückt wird. Solche Bedingungen finden sich in keiner europäischen Nation vereint. Preußen allein bildet eine Ausnahme, denn die Monarchen, dem Gesetz unterworfen, sind hier keine Despoten. Die Verwaltung ist hier straff organisiert; die Finanzen sind in Ordnung. »Denkfreiheit, Pressefreiheit und Publizität ... thronen unter uns und breiten ihr Licht auch in andere Gegenden Germaniens aus. Die Theologie ist größtentheils bey uns von dem mystischen Wuste des Systems gereinigt und die lautere Sittenlehre des Christentums auf den Lehrstühlen eingeführt. Die Aufklärung ist in unserem Schooße gebohren und hat den ganzen Staat blühend gemacht«[41].

2. Kapitel: Die Aktionsmittel der Aufklärung

1. Die Beamten

Die Aufklärung manifestiert sich also in Preußen unter dem dreifachen Aspekt der rationalistischen Philosophie, der toleranten Religion und des aufgeklärten Despotismus. Sie hat sich im Laufe des Jahrhunderts ganz allmählich konstituiert, aber sie hat keine Überlebenschancen, wenn die Volksmassen sich ihr nicht anschließen. Ihre Anhänger verstehen das. Sie haben die Aufgabe, die Wahrheiten der Aufklärung zu verbreiten. Die Menschen guten Willens müssen das Licht verbreiten; die Zukunft hängt von der Art und Weise ab, wie sie ihre Mission durchführen.

Die Effektivität ihrer Aktion ist abhängig von den Mitteln, über die sie verfügen. Während die Philosophen in Frankreich und in vielen deutschen Staaten scharf gegen Staat und Kirche arbeiten, stehen diese beiden ihnen in Preußen zu Diensten. Wie sollte es ihnen daher nicht gelingen, tief in die Massen der Bevölkerung einzudringen?

Man kann im Prinzip davon ausgehen, daß beim Tode Friedrichs II. die Mehrheit der Beamten aufgeklärt ist. Die Minister gehen mit gutem Beispiel voran. Der Graf von Hertzberg würde am Ende einer ehrwürdigen Diplomatenlaufbahn erröten, als Obskurant bezeichnet zu werden; ebenso sein Nachfolger Haugwitz; neben ihnen rühmen sich der Kanzler Carmer und sein Freund Svarez, das Rechtswesen reformiert und vereinfacht und das Recht in Übereinstimmung mit der Vernunft gebracht zu haben. Zedlitz bemüht sich nach der Modernisierung des Schulwesens im Sekundarbereich, den Unterricht allen zugänglich zu machen. Kanzler von Heinitz, der die Verwaltung des Bergbaus reformiert, genießt europäischen Ruf, und der Herzog Schulenberg-Kehnert, wiederholt oberster Finanzkontrolleur, wird von allen ehrenhaften Menschen geschätzt[1].

Diese Männer wählen ihre Mitarbeiter unter Gleichgesinnten. Die Zahl der Beamten wächst in dem Maße wie der Staat seinen Aktionsradius vergrößert; denn der aufgeklärte Despot, der das Glück seiner Untertanen will, kann in ihnen nicht weiterhin nur Arme und Steuerpflichtige sehen. Er bemüht sich, sie wieder in

Schwung zu bringen, sie zu unterstützen, sie zu unterrichten. Seine Bürokratie ist in der Entwicklung begriffen, aber er kann die Beamten nicht auf gut Glück rekrutieren, da sie über technische Kenntnisse verfügen müssen. Im Jahre 1770 richtet Friedrich II. eine oberste Kommission ein, die alle Kandidaten schriftlich und mündlich prüft; die Abgeordneten werden dann weiter überwacht; man beurteilt sie in bestimmten Abständen; anscheinend ist ihre Tätigkeit erst ab 1800 jährlich gewürdigt worden, da die preußischen Archive keine anderen Conduiten-Listen besitzen, die vollständig und regelmäßig für alle Verwaltungen erscheinen. Die Zensoren – in Preußen wie überall und im 18. Jahrhundert wie auch sonst immer – begünstigen die Kandidaten mit guten Einfällen. So entsteht der Führungsstab, innerhalb dessen nichts die Propaganda hindert, ein Führungsstab, der sich, wenn es darauf ankommt, ungewöhnlich resistent gegen jegliche Offensive der Irrationalität erweist.

Der Pfarrer ist zweifellos die wertvollste Hilfe der Aufklärung. Die protestantische Kirche ist abhängig vom Staat; die Zentralkonsistorien der verschiedenen Konfessionen sind ebenfalls dem Geistlichen Departement untergeordnet. Ihre Ressorts sind mehr oder weniger weitreichend. Das lutherische ist nur für Brandenburg gesetzgebend; das der französischen Calvinisten und der Reformierten für alle preußischen Länder. In allen Ressorts sind sowohl Laien als auch Geistliche vertreten. Sie werden, wie die Mitglieder der Provinzialkonsistorien, vom König ernannt; die Laien, im allgemeinen Juristen, bilden wenigstens die Hälfte, manchmal sogar zwei Drittel des Kollegiums. Die Reformierten werden in den Provinzen, wo sie nicht so zahlreich sind, im lutherischen Konsistorium vertreten, dessen Kompetenz sich dann auf alle protestantischen Kirchen erstreckt.

Die Konsistorien dienen als Vermittler zwischen den Pastoren, die vorwiegend religiöse Aufgaben haben, und dem Generaldirektorium oder den Kriegs- und Domänekammern der Provinzen, die im wesentlichen Verwaltungsaufgaben ausführen. Sie übermitteln den Pastoren die auf der Kanzel zu verlesenden und zu kommentierenden Edikte; sie verkünden die Ferien, ernennen die Titularinhaber und führen sie ein und richten in erster Instanz über die Klagen gegen sie. Sie wählen schließlich aus ihren Reihen auf Lebenszeit die Superintendenten, die sie zwischen den Sitzungen vertreten, ihre Diözesen bereisen und die Berichte der Inspektoren entgegennehmen. Letztere sind Pastoren, die speziell damit beauftragt sind, den Aufgabenbereich einer Diözese zu zentralisieren; sie unterstehen direkt dem Konsistorium.

Der Pastor wird auch von einem Laienrat assistiert. Er hat großen Einfluß auf seine Gemeinde, denn er kennt alle ihre Mitglieder. Er tauft, traut und beerdigt sie und besitzt die Register des Standesamts. Die Schule untersteht seiner Aufsicht. Die ihn umgebenden Diakone, Kantoren und Küster, die neben ihren religiösen Pflichten auch noch andere Aufgaben ausüben, stehen täglich in Kontakt mit der Bevölkerung und verbreiten seine Meinung. Die »Ältesten« des Presbyterkonsistoriums üben die Religion so aus wie er, selbst wenn er, wie bei den Lutheranern, nicht Mitglied dieses Rats ist. Alles in allem repräsentiert der Pfarrer eher noch als dieser oder jener königliche Beamte das Dorf; in der Person des Wohlinformierten, des Freundes und des Unabkömmlichen ist er zugleich sein Oberhaupt und Delegierter; er gleicht dem Kompaß, der dem Schiff den Kurs weist, indem er die geringsten Oszillationen vermittelt.

Dieser Pfarrer hat vielleicht in einer ausländischen Fakultät Theologie studiert. Aber selten hat er nicht wenigstens ein Semester an einer der fünf preußischen Universitäten verbracht. Halle allein hat mehr Theologiestudenten als die vier anderen Universitäten zusammen. Im Jahre 1786 sind es 795[2]. Ihre Professoren heißen Semler und Noesselt. Ersterer, Sohn eines Pfarrers aus Saalfeld, hat den Pietismus erfahren. Sein gesunder Verstand, seine Vorliebe für Gelehrsamkeit und die Vorlesungen seines Vorgängers Baumgarten in Halle haben ihn dazu gebracht, sich vom Pietismus zu lösen. Beim Tode Friedrichs II. bildet er die künftigen Pastoren aus. Sein bester Schüler, Noesselt, wird einer der größten Feinde der Orthodoxie, deren Einfluß der Minister Wöllner in der Fakultät geltend machen will.

J. S. Semlers Prinzipien sind auch die der Aufklärung. Er will den Inbegriff der christlichen Religion, der ihre Moral bestimmt, von ihrem Ausdruck unterscheiden, der sich je nach Zeit und Ort ändert. Der Inbegriff umfaßt die natürlichen, ewigen und universalen Wahrheiten. Die Bibel kann sie nicht widerlegen: Quidquid verum est in philosophia, verum etiam est in theologia. Bei auftretenden Divergenzen muß man bedenken, daß die göttliche Offenbarung von Menschen überliefert wurde. Man hat daher das Recht, sie mit den Methoden der menschlichen Vernunft zu studieren. Es ist außerdem ausgeschlossen, daß sie die Vernunft ablehnt. Aber die hebräischen oder griechischen Ausdrücke sind manchmal schwer zu übersetzen; ein philologisches und historisches Studium ist daher unerläßlich für das Verständnis der Heiligen Schrift. Mystische Interpretationen sind gefährlich. Der sachkundige Exeget kämpft ständig gegen den Aberglauben. Eines seiner besten Werke, *De daemonicis quorum in Evangeliis fuit mentio* (1760), offenbart den Betrug des Exorzismus[3]; es beschreibt eine Hysterikerin, die sich 1759 in Kemberg vom Teufel besessen zeigt, und zeigt auf, daß die Heilige Schrift es nicht zuläßt, daß ein Körper vom Teufel besessen ist. Die Frage, welchen Einfluß der Teufel auf den Geist hat, behandelt er natürlich nicht[4].

Um Pastor zu werden, muß man von einem Konsistorium gewählt werden. Die Laienmitglieder des lutherischen Zentralkonsistoriums sind beim Beginn der Amtszeit Friedrich Wilhelms II. alles Gelehrte und aufgeklärte Pädagogen: der Präsident von der Hagen, sein Freund Irwing, J. F. Lamprecht, J. Ch. Nagel, F. Gedicke. Die kirchlichen Mitglieder gehören mit Ausnahme des Pietisten Silberschlag zu den Protagonisten des Rationalismus: Büsching hat sich einen unerschütterlichen Namen als Professor am »Grauen Kloster« und als Geograph gemacht; Tellner steht an der Spitze, was Toleranz gegenüber Juden und Mohammedanern anbelangt; Johann-Joachim Spalding schließlich ist der Autor einer Untersuchung *Über die Nutzbarkeit des Predigtamtes und deren Beförderung,* die darlegt, was das Konsistorium von seinen Mitgliedern erwartet[5]. Die Priester sind nicht Vermittler zwischen den Menschen und Gott, sondern »Menschen wie alle anderen«; ihre Aufgabe besteht darin, »nützlich zu sein, indem sie mehr Tugend und damit mehr Wohltaten in die Welt bringen«. Um sie erfüllen zu können, müssen sie gebildet sein; ihre theologischen Kenntnisse müssen es ihnen ermöglichen, auf die Einwürfe der Gläubigen zu erwidern und sie zu überzeugen, statt an die Autorität des Dogmas zu appellieren.

»Und andererseits könnten sie sich durch den Kontakt mit den Geisteswissenschaften bequem und ohne erhebliche Kosten einige gute, wirklich lehrreiche Bücher beschaffen, die sowohl ihre Ansichten über die Religion korrigieren als auch über die übrigen Wissenschaften aufklären würden. Man muß also mit wahrer Genugtuung feststellen, daß unsere Brüder in mehreren Gegenden Lesegesellschaften gründen; sie haben dort Gelegenheit, die für sie nützlichen Schriften kennenzulernen und sich wirklich ihrer zu bedienen.«

Sie sind also in der Lage, im Notfall einem Kranken zu helfen, Recht zu sprechen, um einen kostspieligen Prozeß zu vermeiden, und einen Landwirt zu beraten[6].

Spalding untersucht dann die Beziehungen zwischen Pfarrer und Staat; er verbittet sich, den Pfarrer zum Diener des Staates zu machen. Aber er gewährt dem Staat das Recht zu überprüfen, ob die Religion seinen eigenen Zielen dient, d. h. der Aufrechterhaltung der Ordnung und der Organisation der Öffentlichkeit.

Genauso wie die christliche Moral dieselben Ziele anstrebt und jede bürgerliche Gesellschaft ohne Moral nicht leben kann, »so nützen all jene dem Staat, die mithelfen, die Tugend zu verbreiten und ihre Wirkung zu verstärken«. Man kann also die Pfarrer in ihren Beziehungen zum Staat »als Professoren für Morallehre« betrachten. Und man kann die Ansicht des Pfarrers von St. Peter teilen, der schreibt: »Hätten wir nicht unter uns die Kunst verbreitet, die Praktizierung der Tugend zu predigen, so wäre es gute Politik und gute Religion, kurzum gute Regierung, dies zu bewirken.« Da die Religionslehrer von der Gesellschaft bezahlt werden, müssen sie den Menschen nicht nur zum Glück verhelfen, indem sie ihnen den Weg zur Vorsehung und zur Unsterblichkeit weisen; sie müssen auch die »bürgerlichen Tugenden« lehren, die der Gesellschaft nützen: »Arbeit, Gehorsam, Bescheidenheit, Treue, Aufrichtigkeit, etc. . . . So sind die Pfarrer, wahre Schirmherren der öffentlichen Moral, damit beauftragt, die Massen weiser, besser und glücklicher zu machen, und diese Massen sind ihre Brüder, sind Menschen, von Gott geliebt, fähig zu denken, geschaffen für die Ewigkeit, erlöst durch Jesus Christus«[7].

Zweifellos ist der Weg von der Theorie zur Praxis weit. Nicht alle Pastoren sind wie Sebaldus Nothanker, dessen Predigten wahre Moralvorlesungen sind. Wenn ein Bauer sich betrunken hat, predigt er das nötige Maß in allen Dingen; wenn im Dorf ein Streit entflammt ist, kommentiert er das Gebot der Nächstenliebe. Es kommt vor, daß er den Choral »Wir glauben alle an einen Gott« durch ein geistliches Lied von Gellert ersetzt. Er glaubt nicht an die ewige Hölle, und wenn er seine Mußestunden mit dem Bemühen verbringt, die Apokalypse zu verstehen, so hütet er sich, seinen Bauern davon zu erzählen: »Sein unerschütterlicher Wille ist es, ihnen nur das zu predigen, was ihnen einsichtig und nützlich ist[8].« Das intellektuelle Niveau der Pfarrer bleibt in Wirklichkeit sehr niedrig. Die Auswahl der Konsistorien ist begrenzt durch die Hungerlöhne, die sie den Mitgliedern bieten. Die Verwaltungsregister sind voll von Subventionsforderungen oder »Bitten um Versetzungen in eine besser dotierte Pfarrstelle«. Manchmal verweigern Volksschullehrer das Amt des Pfarrers, wenn ihre neue Würde nicht mehr zuließe, die unerläßlichen zusätzlichen Aufgaben auszuführen, von denen sie leben[9].

Abschließend ist zu sagen, daß der Pfarrer dort, wo er in der Lage ist, Einfluß zu nehmen, dies fast immer im Sinne der Aufklärung tut, die in erster Linie durch ihn in die ländlichen Gebiete eindringt.

2. Das Schulwesen

Am Ende des 18. Jahrhunderts begeistert sich ganz Deutschland für die Pädagogik. Der Glaube an die natürliche Gleichheit lenkt die Aufmerksamkeit auf die Erziehung, Quelle der Ungleichheit, aber auch Heilmittel gegen die Ungleichheit. Scharlatanen wie Basedow, oder ausgemachten Schurken wie Bahrdt, gelingt es, von ehrenhaften Leuten unterstützt zu werden und mit gewissenhaften Lehrern zusammenzuarbeiten, die sich bemühen, ihre Systeme anzuwenden, indem sie sie verbessern. Und engagierten Erziehern, der Schwierigkeit ihrer Aufgabe bewußt, beseelt von einer aufrichtigen Liebe zum Menschen, wie Salzmann, Rochow, Gedicke oder Campe, der um seine Zeitschrift eine Vielzahl von guten Pädagogen schart, gelingt es, Fürsten für ihre Erfahrungen zu interessieren.

Diese Pädagogen haben dieselben Prinzipien. Alle stimmen annähernd überein mit den *Reflexionen über Erziehung* von Locke (1693) und mit *Emile* von Rousseau. Die Philantropen finden in dieser Zeit des Internationalismus von Land zu Land Resonanz. Sie alle wollen das Schulwesen modernisieren. Statt an Latein und Griechisch – fast ausschließlich Bibelsprache – festzuhalten, wollen sie, daß die Jugend lebende Sprachen lernt, angefangen bei ihrer Muttersprache, und daß sie mit Naturwissenschaften, Mathematik, Geographie und Geschichte vertraut gemacht wird. Der neue Unterricht ist konkret. Sein Ziel ist es, das Kind für das Leben vorzubereiten und nicht einen Kasuisten aus ihm zu machen.

Die Reformatoren greifen auch die gängigen Methoden an:

»Nicht mehr Diktate und Rezitation, fordern sie, sondern Gespräche zwischen Lehrern und Schülern. Fragen und Antworten, die den Unterricht beleben! Nicht mehr zu lange Unterrichtsstunden, die die Kinder unnötig ermüden, sondern Spiele und Spaziergänge!« Basedow schlägt vor, einen halben Tag für körperliche Betätigungen zu verwenden, und läßt seine Mündel des Philantropinums in Dessau zelten. Salzmann macht mit seinen Schülern kleine Reisen. Fast alle veröffentlichten illustrierte Handreichungen, die Schülern und Lehrern als Richtlinien gelten sollen. Das umfangreichste Werk, das berühmte *Elementarwerk* von Basedow, wird beeinflußt von dem französischen Buch von La Chalotais. Andere, wie *Der Versuch eines Schulbuchs für die Kinder der Bauern* (1772) oder *Der Freund der Kinder* (1776) von Rochow wenden sich insbesondere an die ganz Kleinen.

Diese Ideen und Methoden gefallen der Aufklärung wegen ihres Utilitarismus und ihres Liberalismus. Sie wollen die Schule von der Religion unabhängig machen. Christen verschiedener Konfessionen befinden sich oft in ein- und demselben Klassenverband. Die Lehrer in Preußen richten den Religionsunterricht auf die Moral aus und hüten sich, auf den Unterschieden zwischen den Konfessionen zu beharren.

Die Mehrheit dieser Reformer versucht, ihre Prinzipien zu realisieren. Einigen, wie Salzmann in Schnepfenthal, gelingt dies hervorragend. Aber im Jahre 1803 zählt seine vergrößerte Erziehungsanstalt immer noch erst 61 Schüler[10].

Es wäre in der Tat falsch, die Bedeutung dieser Bewegung zu überschätzen. Die aus ihr resultierenden Untersuchungen offenbaren einen erbärmlichen Zustand des Erziehungswesens. Die vorgeschlagenen Reformen werden nur in Ausnahmefällen vereinzelt durchgeführt. Friedrich II. erläßt allerdings im Jahre 1763 eine allgemeine Verordnung, die die Schulpflicht für alle Kinder zwischen 5 und 13 Jahren vorsieht. Der Unterricht findet im Winter an allen Tagen von 8 bis 11 Uhr und von 13 bis 16 Uhr statt, außer mittwochs und samstags. Im Sommer ist nur vormittags Schule. Ferien gibt es nicht. Sogar am Sonntag wiederholen die Kinder den Katechismus, während die Unverheirateten des Dorfes sich anhand des Neuen Testaments und anderer erbaulicher Bücher im Lesen und Schreiben üben.

Die Schulpflicht wird gemäß königlichen Edikts mit einer Geldbuße von 16 Groschen sanktioniert, die der Aufsichtsbeamte den unbelehrbaren Eltern zu Gunsten der Schulklasse auferlegt. Die Lehrer müssen das Seminar in Berlin absolviert haben, wo sie »Seidenherstellung und Pädagogik« studiert haben. Die Aufsichtsbeamten, die die Pastoren des Ortes sind, prüfen sie vor ihrer Ernennung. Der Stundenplan und die Lehrpläne – Katechismus, biblische Geschichte, Psalmen, Lesen, Schreiben – werden rigoros bestimmt.

Aber das Edikt wird schlecht befolgt. Da der Unterricht nicht kostenlos ist, versuchen die Eltern, das Gesetz zu umgehen. Die Lehrer werden im Verhältnis zu ihrem Amt zu schlecht bezahlt. Minister von Zedlitz möchte ein Lehrerseminar für die Lehrer auf dem Lande gründen. Der König erhebt persönlich Einspruch, indem er fordert, daß diese Stellen für die Invaliden seiner Armeen reserviert werden.

Nach dem Tode Friedrichs II. kommt Zedlitz auf seine Forderung zurück; er tritt für eine Schulpolitik ein. Diese kann nur verfolgt werden, wenn das Unterrichtswesen nicht mehr wie bisher hinter der Kirche zurücksteht. Die Verwaltung obliegt zu der Zeit dem obersten Konsistorium.

Die besten Lehrer sind die Pfarrer, die auf eine Pfarrstelle warten. Es käme ihnen niemals in den Sinn, Karriere an der Schule zu machen. Pädagogik kann unter diesen Umständen nur ein schales Wort sein. Zedlitz wird von Friedrich Wilhelm II. mit der Gründung eines besonderen Verwaltungskollegiums, dem Oberschulkollegium, beauftragt[11]. Dieser oberste Rat der öffentlichen Erziehung vereinigt unter dem Präsidium des Ministers die Schulräte von Hoffmann, Kanzler an der Universität Halle, von Irwing, der sich als Jurist auf dem Gebiet der Schulverwaltung spezialisiert hat, von Wöllner, Günstling des Königs, Steinbart, Pastor und Professor an der Universität Frankfurt/Oder, und die Gymnasialschulleiter Meierotto und Gedicke.

Als sich diese Männer, die jeden Dienstagmorgen tagen, zum erstenmal treffen, werden sie mit einer Aufgabe konfrontiert, die ihren Enthusiasmus dämpft. Sie beschließen eine Erhebung, in der die Reformen in der Reihenfolge ihrer Dringlichkeit verzeichnet sind.

Diese Reformen betreffen zuallererst den Lehrkörper, der besser bezahlt werden muß. Man muß die Lehrer gut ausbilden und die Feindseligkeit der Magistrate, die finanzielle Belastungen fürchten, und die der bereits tätigen Lehrer abbauen, die sich den neuen

Methoden mit ihrem ungeheuren passiven Widerstand sperren. Das Unterrichtswesen kann andererseits erst nach dem Bau sauberer und ventilierter Schulen verbessert werden. Schließlich müßte man die Dualität der privaten und öffentlichen Schulen beseitigen, Stufen im Unterrichtswesen unterscheiden und die Trennung zwischen höherer Schule und Universität markieren, damit die jungen Studenten alle annähernd dieselbe Bildung haben[12].

Die Erhebung macht deutlich, daß es auf dem Lande zuwenig Schulen gibt. Häufig verfügen sie nur über den Raum, in dem der Lehrer mit seiner Familie lebt. Jungen und Mädchen sind in demselben Klassenraum untergebracht, der je nach Ort zu groß oder zu klein, zu dunkel, zu warm oder zu kalt ist. Der Lehrer weiß zuweilen kaum mehr als seine Schüler: »Bald sind die Schüler völlig frei und ungebunden; bald einzelne Lehrer höchst einfältig und unwissend, daß sie sogar der Klasse erlauben, in den Unterrichtsstunden nach Willkür zu spielen; zuweilen sind sie auch lasterhaft bis zur Verführung unschuldiger Knaben; bald ist die Methode ganz verbohrt und widersinnig; bald die Schulbücher schlecht und unnütz[13].«

Unterrichten heißt den Katechismus aufsagen lassen, indem jeder Fehler durch einen Schlag mit dem Stock verbessert wird; heißt ferner, die Kinder lesen und schreiben »ohne Rechtschreibung« und manchmal auch rechnen lehren[14]. Der überlastete Lehrer wird zu niedrig bezahlt, um existieren zu können, ohne einen zweiten Beruf auszuüben. Im günstigsten Fall ist er Küster oder Kantor, und die Inspektionen des Pastors erfolgen nicht zu selten. In der Kurmark widmen sich 1760 Küster und Lehrer dem Unterricht: 49 verfügen über ein Jahresgehalt von mehr als 100 Taler, 33 bekommen 100 Taler; 250 Landschullehrer erhalten nur 30 Taler, 301 verzeichnen ein Gehalt von 20 Talern, 184 verdienen 10 Taler, 111 begnügen sich mit 5 Talern und 163 verdienen überhaupt nichts[15].

Die am Ende des Jahrhunderts durchgeführten Reformen verbessern die materielle Situation der Pädagogen nicht. Eine offizielle Umfrage aus dem Jahre 1796 ergibt, daß von 113 Lehrern an Gelehrtenschulen, d. h. in den vom Staat am meisten begünstigten Institutionen, 8 ein Jahreseinkommen unter 100 Talern haben, 42 erhalten zwischen 100 und 150 Taler, 55 zwischen 150 und 200, 42 zwischen 200 und 250 und 30 zwischen 250 und 300 Taler. Zu dieser Zeit verdient ein einfacher Laufjunge beim Oberschulamt 160 Taler[16]!

Unter diesen Bedingungen besteht die Wirkung der neuen Theorien vor allem darin, daß einige herausragende Individuen zum Handeln in ihrem kleinen Arbeitsgebiet angeregt werden. Schleiermacher, Pastor in Stolpe, interessiert sich sehr für das Unterrichtswesen[17]. Volksschullehrer sind bemüht, sich das Wissen anzueignen, das ihnen bis dahin fehlte und das sie vermitteln sollen[18]. Andere versuchen, ihre Notlage zu verbessern. Der Rektor Österreich zum Beispiel unterrichtet seit 15 Jahren täglich 6 bis 7 Stunden bei 80 Knirpsen im Winter, bei 30 bis 40 im Sommer. Er ringt um einen Mitarbeiter, der die Anfänger lesen lehren soll. Um seinen Plan zu verwirklichen, richtet er eine Schulkasse ein, in die kleine Summen fließen. Es ist Brauch, daß der Schulleiter mit seinen Schülern bei Hochzeiten in der Öffentlichkeit singt; man zahlt ihnen 14 Groschen, davon erhält der Rektor 12; die Kinder verzichten zugunsten der Kasse auf ihren Anteil. Auch spitzt der Lehrer nicht mehr kostenlos die Federn seiner Schüler. Er verlangt, daß man ihm 3 bringt: 2 zum Spitzen, 1 behält er. Dann verkauft er zugunsten der Kasse 4 Federn für 3 Pfennig. Die Einnahmen bei der Sammlung an St. Michael fließen auch in die Kasse, in der sich innerhalb von 7 Jahren 17 Taler und 7 Groschen ansammeln. Österreich fordert die Erhebung eines einmaligen Beitrags von 6 Pfennig pro Schüler bei Schuleintritt und bei Verlassen der Schule. Er hofft, daß die Einkünfte im Laufe eines Jahrhunderts so anwachsen, daß sie zum Unterhalt des Lehrers, für den Unterricht bedürftiger Schüler und die Instandsetzung der Schule herangezogen werden können. Er rechnet ohne die 200 Taler, die der König ihm schickt, wobei er ihn bittet, sie mit seiner Kasse zu teilen, und ohne die Gaben, die er von anderen Stellen erhält[19]. Sein Einsatz und das Echo, das er bewirkt, sind ein Beweis für seinen Idealismus, der viele ehrbare Leute bewegt, ihr Leben Aufgaben zu widmen und dabei einfach zu akzeptieren, daß sie deren in der Ferne liegende Vollendung nicht mehr erleben.

Die Situation ist in den anderen deutschen Staaten nicht besser, wo der Einfluß des Klerus noch beherrschender zu sein scheint. Jung-Stilling, mit 14 Jahren Lehrer in einem Dorf in Salm, muß seine Stelle zum Bedauern seiner Schüler und deren Eltern aufgeben, weil er bei einem Köhler Quartier nimmt, den der Pastor nicht mag. Er findet eine neue Stelle, die er auch nicht behält: die Bauern fordern seine Entlassung, weil er aus den Nummern der Fragen im Katechismus eine Art Kartenspiel macht, um den Unterricht spielerisch zu gestalten; der Verlierer lernt die Stellen auswendig, die auf den Karten verzeichnet sind, die er in seiner Hand zurückbehält. Ein drittes Mal unterliegt er bei einer Kabale, die ein Gegner schürt. Nie gelingt es ihm, das Geld für einen Anzugstoff zu verdienen, denn er widmet sich in seinen freien Stunden der Lektüre, statt in seinem Beruf als Schneider zu arbeiten[20].

In den Städten ist das Ergebnis kaum ermutigender. Natürlich gibt es in Preußen gute Gymnasien, die von Zedlitz im Jahre 1779 neu organisiert. Aber der Lehrkörper bleibt im allgemeinen schlecht ausgebildet. Neben enthusiastischen Pädagogen, die die bekannten Berliner Gymnasien leiten, wie Gedicke das Friedrichswerder Gymnasium, Meierotto das Joachimsthaler Gymnasium und Büsching das Graue Kloster, findet man nur Rektoren, Schulmeister und Kantoren, die von der Routine besessen sind und mit der ganzen Kraft ihrer Trägheit die neuen Methoden bekämpfen. Wenn man die Erinnerungen fast aller ehemaligen Gymnasiasten liest, in Preußen wie auch anderswo, wird man sich bewußt, daß die einzige sinnvolle Arbeit die ist, die man ungehindert außerhalb des Unterrichts leistet. Alle klugen Köpfe aus den Gymnasien sind vorwiegend Autodidakten. Auf diese Weise bildet sich Karl Philipp Moritz trotz der höheren Schule in Hannover, wo man mehrere Jahre hindurch in derselben Klasse unermüdlich denselben Stoff wiederholt[21]; so gilt auch Perthes als schlechter Schüler in Rudolfstadt, während er – wovon seine Lehrer nicht die leiseste Ahnung haben – sämtliche Bücher der Bibliothek verschlingt[22]; auf diese Weise redigiert Tieck am Friedrichswerder Gymnasium die Romane seines jungen Lehrers, nachdem er mit einem Schneidergesellen zusammengetroffen war, der, weil er in Paris genäht hatte, berechtigt war, eine französische Schule in Berlin zu eröffnen[23].

Neben diesen mehr oder weniger vom Staat kontrollierten Institutionen gibt es tatsächlich nur Bürger- oder Realschulen, die die Söhne von Handwerkern oder Kleinbürgern aufnehmen! Die protestantische Kirche richtet dort häufig Stipendien ein, aber diese Subventionen sind nicht ausreichend für die Vergütung guter Lehrer: »Daher« – so schreibt ein Berliner Reisender – »stellt sich niemals jemand vor, der wirklich geeignet ist, ein neues System einzuführen. Die anderen dagegen sind massenhaft vorhanden. Kann ein Handwerker nicht mehr von seinem Beruf leben, oder ist ein Unteroffizier Invalide geworden, eröffnet er sofort eine Schule ... Wenn er keine Stipendiaten dafür bekommt, wirbt er um die

Gunst kleiner Bürger, die für ihre Kinder das Schulgeld zahlen ... Ich finde es dennoch merkwürdig, daß ich, würde ich als Laie jemandem die Reitkunst beibringen, 100 Taler und mein Schüler 50 zahlen müßte, während ich unentgeltlich und wie ich will jeden in Moral, Politik und jeder anderen Wissenschaft unterrichten könnte. Diese Einrichtungen haben auch keine Inspektoren ... und vor allem auch keine Lehrbücher. Es gibt nicht mehr als zwei von diesen Realschulen (von wenigstens 100), wo die Schüler in Klassen eingeteilt sind. In allen anderen sind die fünfzehnjährigen Jungen, die bereits seit 10 Jahren die Schule besuchen, mit kleinen Kindern zusammen, die das Alphabet lernen. Jungen und Mädchen sind zusammen in demselben Raum. Man macht sich absolut keine Gedanken darüber, die Jungen zu lehren, sich ihrer Hände zu bedienen, und die Mädchen in der Verrichtung von Frauenarbeiten zu unterweisen[24].«

Die Konkurrenz dieser privaten Institutionen verschlimmert die Mängel der öffentlichen Schulen. Die Lehrer leben dort teilweise von dem Schulgeld, das die Eltern zahlen. Wenn sie nur wenige Schüler haben, verfolgt sie das Elend. Es kommt dann vor, daß sie einen Schüler mehrere Jahre hindurch in derselben Klasse lassen, um die Einkünfte nicht zu verringern, oder daß sie einen schlechten Schüler in die nächste Klasse versetzen, weil die Eltern ihn von der Schule zu nehmen gedroht haben. Da es keine genauen Lehrpläne gibt, kann man die Versetzungen nicht von einem bestimmten Wissensstand abhängig machen, und die Willkür regiert. Um ihre Gehälter aufzubessern, erteilen die Lehrer abends Privatstunden. Es gelingt ihnen, daß diese unerläßlich werden: man nimmt zum Beispiel im Klassenunterricht die französische Grammatik durch, aber liest erst abends Lektüre! So haben Kinder unter 15 Jahren bis zu 50 Unterrichtsstunden wöchentlich[25].

Das erste Resultat der Tätigkeit des Oberschulkollegiums ist die Einrichtung des Abiturs. Ziel dieses Examens, das die Hochschulreife erteilt, ist es, die Zahl der nicht qualifizierten Studenten zu verringern. Sie behindern die Arbeit an den Universitäten und bilden ein intellektuelles Proletariat, das von den vakanten Stellen in Verwaltung oder Kirche nicht absorbiert werden kann. Der Verlauf der Prüfung wird durch Erlaß vom 23. Dezember 1788 festgesetzt. Die Kandidaten verfassen in allen Fächern schriftliche Arbeiten, und zwar an einem Vormittag in der Schule ohne Aufsicht. Die Themen werden vom Schulleiter und vom Delegierten des

Provinzialkollegiums ausgewählt, das dem Oberschulkollegium untersteht. Dieser Delegierte führt auch bei den mündlichen Prüfungen den Vorsitz, die im Gymnasium abgehalten werden. Die Kandidaten werden von ihren Lehrern in alten und neuen Sprachen geprüft und in den Wissenschaften, unter denen Geschichte an erster Stelle steht. Sie erhalten dann das Reifezeugnis oder ein Zeugnis, das die Reife nicht bestätigt. Alle können auf die Universität gehen, aber nur die Besitzer des Reifezeugnisses kommen in den Genuß von Stipendien und anderer Vorteile, die der Mehrheit der Studenten den Unterhalt sichern. Die Schüler der Bürgerschulen müssen sich bei der Immatrikulation an der Fakultät einem Examen unterziehen.

Die ersten Jurys versammeln sich Ostern 1789. Die hastig eingeleitete Reform ist für niemanden eine Befriedigung. Das Examensniveau ist im allgemeinen extrem niedrig. Und überhaupt, da es keine Richtlinien gibt, sind die Ungleichheiten von einer Schule zur anderen so groß, daß die Arbeit der Universität dadurch kaum erleichtert wird. Das Oberschulkollegium befaßt sich daher mit der Erstellung von Richtlinien, die dem Abitur den adäquaten Wert verschaffen sollen. Aber sie werden erst nach der Katastrophe von Jena in Angriff genommen[26]. Die Seminare und Schulen der Pietisten, gerade zur Zeit ihrer Gründung zu Beginn des Jahrhunderts sehr renommiert, sind auf ein sehr niedriges Niveau gesunken. Man begreift seitdem, daß alle einigermaßen wohlhabenden Leute Hauslehrer für die Unterrichtung ihrer Kinder heranziehen.

In Anbetracht dieser enttäuschenden Realität könnte man glauben, daß die pädagogische Bewegung und die aufgeklärte Philosophie, die sie inspiriert, keinerlei praktisches Ergebnis zeitigen. Dies wäre ein Trugschluß. Denn einerseits, so spärlich sie auch sind, tragen die einzelnen Versuche doch zur Verbesserung der Unterrichtsmethoden bei. Und andererseits, indem der Glaube an den Fortschritt verbreitet, ein wahrhafter Enthusiasmus für jegliche Art von Wissen geweckt und die Ausbildung als das wertvollste Gut betrachtet wird, verschafft man wirklich vielen aus der sozialen Unterschicht den Zugang dazu.

Die Bauern lernen in den Sonntagsschulen lesen. Bedürftige Kinder finden die für ihre Ausbildung erforderliche Unterstützung. Sie zu entdecken, ist ein Akt der Menschenliebe, und die Hilfeleistung garantiert Loblieder in der Presse. Was tut's, wenn der Unterricht an der höheren Schule in Hannover schlecht ist und die meisten Schüler dort nichts lernen! Wäre die Aufklärung nicht, erhielte der junge Anton Reiser, Hutmacherlehrling, kein Stipendium des Fürsten von Mecklenburg-Strelitz, das ihm – da er sich bilden möchte – ermöglicht zu arbeiten. Das Leben ist hart, zweifellos; es ist mühsam, von diesen Bürgern abhängig zu sein, die, selbst auch vom Zeitgeist entflammt, den jungen Schüler zu Tisch einladen, aber nicht genügend Feingefühl besitzen, um in seinem Beisein nicht zu erwähnen, daß sie ein Opfer bringen[27]. Nach Beendigung des Studiums auf Grund von Entbehrungen möchte man den Beruf ausüben, für den man die entsprechenden Fähigkeiten mitbringt; man verzweifelt dann mit Recht angesichts der neuen Hindernisse, die vor einem auftauchen.

Die Aufklärung trägt durch die Verbesserung des Unterrichtswesens einerseits dazu bei, die Zahl der Analphabeten zu verringern, und andererseits die der armen Gelehrten zu vergrößern. Diese Unzufriedenen aus einer sozialen Schicht, die sich zu langsam nach ihren Vorstellungen verändert, werden häufig Hauslehrer in großen Familien und verbreiten dort die revolutionären Ideen. Forster, mit seiner Verstandesklarheit und seinen trotz seines Enthusiasmus so nuancierten Urteilen, charakterisiert seine Zeit treffend, indem er schreibt: »Je reicher die Ausbildung unseres Zeitalters, je größer die Auswahl unserer Begriffe, je erlesener ihre Auswahl ist, desto umfassender wird unser Denk- und Wirkungskreis, desto vielfältiger und anziehender werden die Verhältnisse zwischen uns und allem, was uns umgibt . . . Dieser nunmehr in allen Fächern aufgesuchten und mit so vielem Glück verfolgten Verwebung und Verbindung der verschiedenartigsten Kenntnisse sind wir es schuldig, daß der Gang unserer Erziehung sich beflügelt und daß unsere sechzehnjährigen Jünglinge ein vollständigeres, zusammenhängenderes System von nützlichen, praktischen Begriffen inne haben, als man sich zu Locke's Zeiten mit dreißig Jahren erwerben konnte! . . . Alles ist gewonnen, wenn es zur Gewohnheit wird, die Geisteskräfte zu beschäftigen und die Vernunft, die man dem größten Teile des Menschengeschlechts so lange und so gern abgeleugnet oder auch wohl unmenschlich entrissen hat, in ihrer Entwicklung überall zu begünstigen[28].«

3. Die Presse

Am Ende des 18. Jahrhunderts herrscht in Preußen Pressefreiheit. Trotzdem reagiert Friedrich II. zuweilen willkürlich; er toleriert zwar jede beliebige Veröffentlichung gegen die Religion, doch gehen die politischen Zeitungsnachrichten durch seine Zensur. Seine Agenten bewachen sogar die Berichterstatter, die ihn im Ausland attackieren. Aber einerseits können die politischen Nachrichten, die die preußische Presse nicht veröffentlicht, in Preußen verbreitet werden, selbst von den großen deutschen Zeitungen, und andererseits werden sie von unzähligen Pamphleten in Umlauf gesetzt, gegen die der König machtlos ist[29].

Das Recht auf Freiheit ist im übrigen so verbreitet, daß der König es nicht einfach willkürlich einschränken darf. Seine eigenen Beamten widersetzen sich, denn sie bleiben »aufgeklärt«, selbst wenn der König es nicht mehr ist. So wiederholt und bekräftigt Friedrich Wilhelm II. unter dem Einfluß der Rosenkreutzer vergeblich den einstigen Zensurerlaß (vom 19. Dezember 1789)[30]. Vergeblich versammelt er am 6. Februar 1792 sämtliche Minister in einem großen Staatsrat. Zwar unterzeichnet er am 21. Februar ein umfangreiches Edikt gegen die »billetins« und andere revolutionäre Schriften, die er aus seinen Staaten verbannt, wie auch die Gothaische Gelehrtenzeitung; er kündigt die Überwachung der Pressekorrespondenzen an, und am 27. beauftragt er Sonderberater mit der Durchführung dieser Maßnahmen. An die Provinzialregierungen, Konsistorien und Universitäten werden Drohbriefe geschickt. Diese Maßnahmen wirken sich nur schwach aus; die Mehrheit der Beamten folgt nicht; das politische Interesse mancher verbotenen Schriften ist dürftig[31]. Als nach 1795 die Zeitungen und Zeitschriften die politischen Nachrichten nicht mehr kommentieren dürfen, häufen sich die nicht überwachten Broschüren und Pamphlete[32]. Wie energielos die Verwaltung ist, zeigt sich zum Beispiel an der Affäre des Journal de Strasbourg.

Ein zielstrebiger Beamter, von Wobeher, Direktor der Domänenkammer in Bromberg, entdeckt plötzlich das Journal de Strasbourg und verfaßt am 27. August 1792 einen Bericht über die Dringlichkeit, dieses Blatt zu verbieten, das in Bromberg wie auch in Berlin gelesen und verkauft wird. Der langjährige Mitarbeiter Friedrichs II., Kanzler Carmer, reagiert gelassen und fordert eine präzisere Darlegung an. Wobeher ist daraufhin ziemlich verlegen und bedauert, dem Minister die Zeitung nicht schicken zu können: nach genauerer Überprüfung stellt er fest, daß es in ganz Bromberg nur ein einziges Exemplar gibt, nämlich das von Fräulein Dietrich! Und der Postdirektor Tchepius weigert sich, die Zeitung ohne die Zustimmung des Abonnenten zu konfiszieren, denn sie ist regulär in Preußen gestattet und macht sogar in der Berliner Presse Reklame. Es folgt die Kopie eines Briefes von Fräulein Dietrich, die ihr Bedauern darüber ausdrückt, Wobeher ihre Exemplare nicht schicken zu können: »Da ich das fragliche Journal nicht allein besitze, kann sein Umlauf nicht geändert werden. Da andererseits mein Interesse, das ich dafür hatte, seit der Entlassung des Bürgermeisters Dietrich völlig geschwunden ist, der mein Namensvetter war, will ich mein Abonnement nicht mehr erneuern; es ist also nicht nötig, Änderungen vorzunehmen[33].«

Berlin folgert am 27. September, daß kein Grund zur Intervention besteht, da der Bericht keinen Hinweis enthält, der das Verbot rechtfertigt[34].

Gegen Ende des Jahrhunderts kann man eine plötzliche und immense Verbreitung von Druckerzeugnissen beobachten. Fast keine der großen Zeitschriften der Epoche existiert vor 1773. Ein vertrauenswürdiger Gelehrter schätzt die Zahl der in ganz Europa im Jahre 1716 veröffentlichten Zeitungen auf 140; 1790 gibt es allein in Deutschland 247[35]. Der Umfang der Kataloge der Leipziger Messe steigt von 5 1/2 Seiten im Jahre 1770 auf 17 1/2 Seiten im Jahre 1788[36]. Die Periode des Friedens, die 1763 in Deutschland beginnt, begünstigt natürlich diese Entfaltung. Aber sie ist nicht ausschließlich die Erklärung dafür. Zur Prosperität einer solchen Presse bedarf es der Leser und der Autoren. Das Phänomen eines belesenen Publikums, wißbegierig in bezug auf Neuigkeiten, übereifrig in der Bekämpfung von Vorurteilen, ist eine der beachtlichsten Ergebnisse der neuen Philosophie. Wenn man diese Presse näher untersucht, entdeckt man, daß ihr Charakter sich ändert: es häufen sich die politischen Zeitungen, die sich mit der Innenpolitik der Staaten und den internationalen Beziehungen befassen. Während man für ganz Deutschland zwischen 1770 und 1779 nur 7 davon zählt, gibt es zwischen 1790 und 1799 bereits 24. Sie aufzuzählen wäre ermüdend; aber man muß die wichtigsten nennen, um eine Vorstellung von der Unterschiedlichkeit ihrer Inspiration und Vitalität zu bekommen; denn die meisten entfalten sich trotz der Verfolgungen, denen ihre Redakteure häufig ausgesetzt sind.

Die erste der großen Zeitschriften ist der »Teutsche Merkur« von Wieland. In Weimar seit 1773 in Form von Heften publiziert, die denen des französischen *Mercure* ähneln, den Wieland abonniert hatte, ist er ein Konglomerat aller bedeutenden Schriftsteller der Epoche und wird zum Vorkämpfer des Liberalismus auf allen Gebieten. Zwischen 1789 und 1810 erscheint er unter dem Titel »Neuer Teutscher Merkur«.

Da er auch für das gebildete Publikum bestimmt ist, unterbreiten ihm die Göttinger Professoren den Stand der Forschung über Vergangenheit und Gegenwart. Schlözer, der Theologie, Orientalistik und Medizin studiert hat, der aufgrund seiner Hauslehrertätigkeit Schweden und Rußland bereist hat, der Philosophie, Geschichte und Politik lehrt, veröffentlicht nach und nach, zwischen 1776 und 1782, den *Briefwechsel meist historischen und politischen Inhalts* und die *Staatsanzeigen* zwischen 1783 und 1794. Er unternimmt nichts, als danach trotz seines umsichtigen Vorgehens die Zeitung verboten wird. Seine Kollegen Meiners und Spittler sind vorwiegend die Herausgeber des gelehrten *Göttingischen Historischen Magazins* (von 1787 und 1792). Die beiden hohen Beamten und preußischen Diplomaten von Dohm und Boie publizieren zwischen 1776 und 1789 in Leipzig das *Deutsche Museum* und von 1789 und 1791 das *Neue Deutsche Museum*.

Die passionierten Zeitungen, die sich einem breiteren Publikum zuwenden, haben ein bewegteres Dasein. Christian Schubart, ausgebildeter Theologe und bemerkenswerter Virtuose, hat vor der Herausgabe seiner *Deutschen Chronik* in Augsburg im Jahre 1774 ein abenteuerliches Leben geführt. Seine Rastlosigkeit zwingt ihn zum Beispiel, auf die Stelle des Musikdirektors und Organisten in Ludwigsburg zu verzichten, die 1769 230 Gulden einbringt. Er hat großen Erfolg in der Presse. Sein Wochenblatt ist in ganz Süddeutschland verbreitet und hat vom ersten Jahr an eine Auflage von 1600 Exemplaren. Aber ab 1775 muß er die Redaktion in die Kaiserstadt Ulm verlegen, da die Jesuiten ihm Schwierigkeiten bereiten. Auf Grund eines Ulks gegen Franziska von Hohenheim, Mätresse des Herzogs Karl von Württemberg, kommt er 1777 ins Gefängnis von Hohenasperg. Er sitzt dort 377 Tage im Karzer ab, 4 Jahre in der Zelle, 5 Jahre in Festungshaft und wird erst im Mai 1787 nach Intervention durch Friedrich II. befreit, dem er ein Klagelied gewidmet hat. Danach nimmt er die Veröffentlichung seiner Zeitung neben seiner Tätigkeit als Musik- und Theaterdirektor in Stuttgart wieder auf. Dort stirbt er 1791 im Alter von 52 Jahren[37].

Wekhrlin mit seiner leidenschaftlichen Schöpferkraft stößt ebenfalls auf Widerstände. Dieser kosmopolitische Enzyklopädist lebt zurückgezogen in Baldingen, in der Nähe von Nördlingen, und ediert dort nach und nach die Chronologen (1799), *Das Graue Ungeheuer* und die *Hyperboreischen Briefe.* Er führt die Publizierung dieser Briefe fort, obwohl er auf Anordnung des Fürsten von Öttingen-Wallerstein in Festungshaft gelangt. 1792 flieht er nach Ansbach und stirbt dort kurz nach Herausgabe der Ansbachischen Blätter, die ihm die Anklage der Bevölkerung einbringen, ein französischer Spion zu sein.

Der württembergische Freiherr Karl von Moser hat mehreren Fürsten gedient. Joseph II. hat ihn 1772 in den Adelsstand erhoben. Überall erregte er mit seiner unerbittlichen Aufrichtigkeit Ärgernis. Er widmet sich schließlich der Kritik der Vorurteile und Ungleichheiten, indem er in Leipzig und Frankfurt das *Patriotische Archiv für Deutschland* (1784–1792) veröffentlicht, dem das *Neue patriotische Archiv* (1792–1794) folgt. Von Goeckingk, Kanzleidirektor in Ellerich, publiziert mit derselben Zielsetzung das *Journal von und für Deutschland.* Aber da er 1785 vom Mainzer Kurfürsten, Mitglied des Fürstenbundes, auf den Preußen zu der Zeit Rücksicht nimmt, angegriffen wird, muß er dem Freiherrn von Bibra Platz machen, der bis 1792 in seinem Amt bleibt. Die Zeitung erscheint weiter bis 1828. Die *Nationale Zeitung der Deutschen,* deren Chefredakteur zwischen 1796 und 1805 Zaccharias Becker ist, spielt in dem von Bonaparte bedrohten Deutschland eine wichtige Rolle. Das bedeutendste Informationsblatt ist jedoch Cottas *Allgemeine Zeitung,* die zunächst in Tübingen erscheint, dank des Versprechens des Herzogs von Württemberg, auf eine Kritik zu verzichten (1798), später in Ulm, als der Herzog 1803 seinem Wort zuwiderhandelt. Geschützt durch ein kaiserliches Privileg vom November 1803, gelingt es dieser Tageszeitung, bis 1805 ihre Unabhängigkeit zu bewahren. Napoleon unterwirft sie dann französischem Einfluß. Sie besteht bis 1837. Seit 1798 hat sie 1400 Abonnenten und eine Auflage von mehr als 2000 Exemplaren.

Die Regierungen unterstützen häufig die großen konterrevolutionären Zeitungen, die gegen den Liberalismus ihrer Bündnispartner opponieren. Die bedeutendste unter ihnen ist das *Hamburger*

Politische Journal, von 1781 bis 1804 unter der Leitung von Gottlob Benedikt von Schirach, Professor für Geschichte und Statistik an der Universität von Helmstadt. Sie untergräbt vor allem den Einfluß der frankreichfreundlichen Revuen, wie *Minerva* (1792–1808), die zunächst in Berlin erscheint, und später, als die Zensur hier an Schärfe zunimmt, in Hamburg. Ihr Chefredakteur Hans-Wilhelm von Archenholz, ehemaliger preußischer Offizier, bekennt sich mit einem solchen Enthusiasmus zur Revolution, daß er nach Paris emigriert, um selbst mitzuerleben, worüber er berichtet. Als er nach der Kriegserklärung nach Preußen zurückkehrt, läßt er den Korrespondenten Ölsner dort, dessen Artikel er regelmäßig veröffentlicht.

1795 erscheint auch in Altona die Zeitung *Frankreich* von Reichardt, dessen Artikel während der 10 Jahre des Bestehens der Zeitung Geltung haben.

Die großen, quasi offiziellen Berliner Zeitschriften, wie die *Jahrbücher der Preußischen Monarchie,* die *Berliner Monatsschriften,* das *Berlinische Archiv der Zeit,* oder das *Berlinische Journal der Aufklärung,* bersten von Mitteilungen über das Alltagsleben in Berlin, in den großen preußischen Städten und auf dem Lande.

Wenn man neben diesen Zeitungen die rein literarischen Publikationen erwähnt, deren bekannteste, für den Historiker jedoch nicht gerade interessanteste die *Allgemeine deutsche Bibliothek* von Nicolai und die *Jenaische Allgemeine Litteratur Zeitung* von Schvetz (1785–1848) sind, wenn man die mondänen Zeitungen im Genre der *Zeitung für die elegante Welt* (1801–1805) durchblättert, in der Spazier die jungen Romantiker zu Wort kommen läßt, oder wenn man die Pamphlete überfliegt, so begreift man die Vorstellung von einem literarischen Überangebot, mit der die meisten Reisenden aus Deutschland zurückkehren. Jedermann liest, in Berlin wie auch in Paris, und überall, wie auch in Breslau, müssen die Cafébesitzer, die ihre elegante Kundschaft der »Biertrinker« halten wollen, kostenlos Zeitungen auslegen[38]. Die geringen Auflagen dieser Blätter sollen nicht täuschen; sie sagen nichts aus über die Zahl der Leser, denn die meisten Abonnenten sind Gruppen. Wenn man seine Zeitung nicht nur im Café oder im Lesezirkel liest, so schließt man sich in Gruppen zusammen, um sie zu abonnieren. Die Frau des Pastors Sebaldus Nothanker kann auch nicht mehr als Fräulein Dietrich von Bromberg über die Blätter verfügen, die sie liest, denn sie gibt die Bremischen Beiträge an die Rektoren und Pastoren »der kleinen Nachbarstädte«[39] weiter. Die 2000 Bezieher der *Allgemeinen Zeitung* stellen also eine wesentlich größere Zahl von Lesern dar.

Fast alle Zeitungen, selbst diejenigen, die sich in politischer Hinsicht konservativ geben, predigen Toleranz hinsichtlich der Aufklärung. Mosers einziges Ziel ist es, der Wahrheit zu dienen; um »die Großen aus menschlicher Sicht beurteilen zu können«, muß er zuweilen anonyme Artikel bringen[40]. Um der Toleranz zum Sieg zu verhelfen, veröffentlicht Goeckingk einerseits die Leserbriefe, die die üblen Folgen der Vorurteile anprangern, und andererseits unter der Rubrik »Aberglaube, Vorurteile« Aufstellungen lokaler Traditionen und Anschauungen, die eine Begründung missen lassen[41]. Becker sammelt Anekdoten aus allen Ecken des Reiches; Schlosser liefert politische Fragmente, damit die Leser des *Deutschen Museums* darüber meditieren können. Alle Zeitschriften kommentieren Lokales und beweisen, daß Absurdität, Leiden und Elend durch Irrtum und Leichtgläubigkeit verursacht werden.

Die Toleranz ist jedoch nicht ohne Leidenschaft; im tödlichen Kampf gegen die Vorurteile kann sie nicht objektiv bleiben. So hegen in Preußen die meisten Liberalen einen richtigen Haß gegen den Katholizismus. Das ist ein beinahe natürliches Gefühl, wenn man bedenkt, daß die Kirche, fest in ihrer Doktrin verankert und wirtschaftlich in der Lage, ohne fremde Hilfe zu existieren, sich dem neuen Geist hartnäckig widersetzt. Der Protestantismus kann sich ohne weiteres der Vernunft anpassen und für einen weltweiten Deismus eintreten. Die Aufklärung findet in Norddeutschland mühelos Anklang. Hier kann sie den Klerus gewinnen, ohne daß dieser das Priestergewand ablegen muß, und selbst religiösen Charakter annehmen. Im Süden scheint die Assimilation schwieriger zu verlaufen. Es beginnt ein Kampf um die Dogmen der Kirche und die Forderungen der Vernunft. Die Philosophen scheuen vor Verleumdungen nicht zurück, wenn sie gegen das Prinzip eines mönchischen Lebens, gegen Wunder und Heuchelei ankämpfen[42]. Sie machen den katholischen Pfarrern den Vorwurf, die Bevölkerung absichtlich in Armut zu belassen, indem sie die Feier- und arbeitsfreien Tage vermehren; in Ignoranz, indem sie die Ausbildung vernachlässigen; in Abhängigkeit, indem sie das Bettelwesen mit blinder Nächstenliebe begünstigen[43]. Sind nicht die katholischen Rheinlande und Bayern, wo niemand dem mutigen Beispiel Kaiser Josephs II. folgt, die in der Entwicklung am weitesten zurückgebliebenen Gebiete des Reiches, wo der industrielle und technische Fortschritt die Traditionen nicht zu brechen vermochte[44]?

Die Presse schließlich bekundet eine enzyklopädische Einstellung, die mit dem Bedürfnis nach Unterricht und Proselitenmacherei übereinstimmt, das die Aufklärung immer manifestiert. Die Revuen erheben den Anspruch, auf alle Fragen zu antworten, über alle Themen zu informieren[45]. »Unwissenheit ist der große allgemeine Unterdrücker aller gesellschaftlichen Verträge, und diesen zu stürzen durch sanfte, wohltätige Verbreitung des Lichtes der Vernunft, ist fürwahr die edelste Rache[46].« Da die Zeitungen in Deutsch für ein deutsches Publikum erscheinen, nehmen sie ein immer stärkeres nationales Kolorit an. Um der deutschen Nation ihre Originalität bewußt zu machen, zögern sie nicht, sie ihren Nachbarn gegenüberzustellen[47].

4. Lesezirkel

Die Lesezirkel intensivieren die Arbeit der Presse. Sie bedecken ganz Deutschland mit einem feinen Kulturnetz. In ihren Salons treffen sich die aufgeklärten Menschen jeder Stadt. Sie finden dort Zeitungen, Zeitschriften, deutsche und ausländische Bücher. Inmitten der gängigen Gesellschaft, die noch von schichtenbezogenen Vorurteilen beherrscht ist, bilden sie eine andere Gesellschaft, die dem Geist der Aufklärung entspricht. Adelige verkehren hier mit Bürgerlichen, Christen treffen Juden, Frauen mischen sich unter Männer. Erkundigt sich ein Fremder nach den Gelehrten des Ortes, so trifft er sie sicher hier in den Salons an. Von Stadt zu Stadt schickt man sich Reisende und Korrespondenten und übermittelt sich Nachrichten. In derselben Schule ausgebildet, diskutieren alle Aufgeklärten dieselben Probleme, die von der Presse aufgeworfen werden. Man kennt und beurteilt die Maßnahmen jedes Fürsten, imitiert trotz lokaler Feindseligkeit fremde Initiativen, denunziert oder korrigiert Ungerechtigkeiten und Irrtümer.

Man darf die intellektuellen Fähigkeiten der Mitglieder jedoch nicht überbewerten. Das »sektiererische Fieber« treibt so manches Individuum, das besser in seinen vier Wänden geblieben wäre, sich zu verbünden[48]. Was man für Konversation hält, ist häufig nur dummes Geschwätz, Aneinanderreihung von Lokalnachrichten, die kräftig mit »Entsetzlich! Abscheulich! Unerhört!« und anderen Ausrufen unterstrichen werden[49]. Neue Vorurteile, die nicht besser sind als die alten, entstehen in diesen kleinen Kreisen, wo jeder die Weite seines Horizonts damit beweist, daß er sich nach der neuesten Mode kleidet und die neueste Extravaganz imitiert. Doch gerade dieser Mangel an Kritikfähigkeit bei diesen kleinkarierten Philosophen, die die Direktiven der Presse diskussionslos akzeptieren, trägt dazu bei, die neuen Ideen unter den Volksmassen zu verbreiten. Die Lesezirkel bilden die Truppen der Aufklärung; die Presse liefert ihre Offizierskorps, die Philosophen ihren Generalstab. Ihre Mitglieder kämpfen in vorderster Reihe, denunzieren die Sünder vor den Journalisten, verbreiten die neuesten Ansichten und bahnen den Reformen den Weg. Von ihnen hängt es ab, ob jemand in ganz Deutschland geehrt oder lächerlich gemacht wird. Und diese Kontrolle der Intellektuellen verhindert natürlich Exzesse; jeder weiß, daß das, was er tut und schreibt, beurteilt wird und die Kritik bekannt wird; man veröffentlicht nicht so leicht Dummheiten, die die Volksmassen akzeptieren würden, um ihre Leidenschaften zu nähren, gäbe es nicht zwischen ihnen und jenen, die sie zügeln möchten, jenes dichte Netz aufgeklärter Prinzipien, das die Dummheit nicht durchsickern läßt.

Die Tatsache, daß man diese Gruppen schlecht kennt, besagt nicht, daß ihre Bedeutung gering ist[50]. Sie unterscheiden sich nicht von den ersten Logen, die in Deutschland um die Jahrhundertmitte gegründet wurden. Die Prinzipien, die Lessing in seinen Gesprächen über die Freimaurerei darlegt, sind genau die der Aufklärung und der Lesezirkel. Die Maurer bilden eine freie, internationale Gesellschaft, die die vernünftigen Menschen vereint und die, dank des Fortschritts der Vernunft, schließlich die ganze Menschheit vereinigen wird[51].

Lessing sagt 1777 im Grunde nichts anderes als der unbekannte Philalethes der J. 1722 in seinem Programm für die Londoner Loge[52].

Die Lesezirkel, weit entfernt zu verschwinden, vermehren sich gegen Ende des Jahrhunderts, da sie ihrem ursprünglichen Geist treu bleiben, den die Logen – von Mystik und Alchimie fasziniert – leugnen.

Eine Untersuchung läßt sich jedoch nur schwer durchführen. Die Archive ruhen, wenn sie überhaupt erhalten sind, in städtischem und Familiengewahrsam. Da diese Zirkel den Zeitgeist repräsentieren, begegnet man ihnen ohne Mißtrauen und überwacht sie auch nicht.

Nur in Preußen ist die Regierung kurze Zeit etwas beunruhigt. Als der Minister Wöllner gegen die Aufklärung anzukämpfen versucht, entdeckt er die Bedeutung der Zirkel. Hier stößt der Feind auf die solidesten Verschanzungen. Eine Sonderkommission erhält den Auftrag, Bücher und Zeitungen zu überwachen: »Bekanntlich haben wir uns verpflichtet, zweckmäßige Vorschläge gegen den bei dermaliger allgemeiner Lesesucht, fast Lesewut durch die häufigen und immer häufiger werdenden Leseinstitute und Lesegesellschaften hie und da angerichteten Schaden einzureichen.«

Man befragt Unterkommissionen in den Provinzen. Aber ihre Antworten sind vage und erfolgen erst nach geraumer Zeit; ihre Mitglieder gehören sicher den Zirkeln an oder verweigern die Arbeit, die man ihnen auferlegen will. Nur die Kommission in Königsberg beweist Eifer. Sie stellt fest, daß die Bestände der Zirkel in erster Linie Bücher enthalten, die gegen die christliche Religion, die Moral und den Staat gerichtet sind. Eine gezielte Aktion wäre erforderlich, denn nicht nur die Erwachsenen sind verdorben; auch die jungen Leute und Schulkinder sind befallen[53].

Der Tod Friedrich Wilhelms II. setzt der Untersuchung ein Ende. Die Kontrolle, die man gerade organisieren wollte, wird schwächer. Man kann sich nur mit Hilfe der Druckerzeugnisse informieren. Und die sind wirklich unzählbar. Eine methodische Untersuchung würde zweifellos die Linien des Netzes aufspüren, das Preußen und Deutschland bedeckt.

In Berlin existieren mehrere Zirkel nebeneinander. Neben dem »Montagsclub«, wo Nicolai, Lessing, Mendelssohn, Stammler und Sulzer um 1755 herum das erste Foyer der Aufklärung einweihen[54], findet man die nennenswerte »Gesellschaft der Freunde und der Naturwissenschaften«, die jede Woche in einem von Friedrich II. zur Verfügung gestellten Gebäude tagt; dann gibt es die »Montagsgesellschaft«, deren Vorsitz der jüdische Kantianerphilosoph Ben David führt; ferner die »Mittwochsgesellschaft«, die zum erstenmal im Jahre 1793 auf Initiative des Beraters im Justizministeruim, Svarez, zustande kam, die zweite wurde 1797 von Pastor Fessler gegründet. Diese hat unter ihren 50 Mitgliedern viele berühmte Männer vorzuweisen: den Mediziner Marcus Herz, den Musiker Zelter, den Bildhauer Schadow, den Pädagogen Berger, den Philanthropen Friedländer, den Dichter Rambach und den Schauspieler Iffland. Männer und Frauen treffen sich hier mittwochs nachmittags zwischen 5 und 9 Uhr. Die »offenen Gesprächssitzungen« finden statt im Wechsel mit Konzerten, Vorträgen und Theatervorführungen. Iffland spielt hier *Emilia Galotti* und *Nathan den Weisen*. Der Erfolg ist so groß[55], daß sich bald darauf eine »Freitagsgesellschaft« nach demselben Modell konstituiert und Fessler selbst seine »Gesellschaft der Freunde der Humanität« gründet, die sich jeden Samstag in der königlichen Loge York trifft. Frauen sind hier ausgeschlossen. Die Gesellschaft stellt sich 1799 die Aufgabe, bei der Reformierung der preußischen Schulen mitzuwirken[56].

Auch die ganz kleinen Städte haben ihren Zirkel. In Wittenberg gibt es zwei, die sich Konkurrenz machen[57]. Die Gesellschaft in Lüneburg hat 1774 über 100 Mitglieder; sie kaufen jährlich 300 bis 400 Bücher für ihre Wanderbücherei[58]. Überall, in Öhringen wie in Hildburghausen, Schweinfurt oder Frieddorf, stürzen sich die wohlhabenden Bürger auf die Bücher[59]. In Halberstadt gehören die Offiziere des »Regiments Herzog von Braunschweig« zu der Gesellschaft, die der Dichter Gleim gegründet hat. Sie teilen den Pazifismus und die frankophile Gesinnung der Bürger. Im Laufe der Kampagne von 1793 entwickelt sich eine lebhafte Korrespondenz; die Offiziere berichten den Bürgern sämtliche Abläufe und verbergen nicht ihre Mißbilligung des Krieges[60].

Die großen Städte werden bevorzugt. In Main erhalten die 300 Mitglieder der Gesellschaft 24 politische Zeitungen, 23 andere und 41 französische und deutsche Zeitschriften[61]. In Frankfurt am Main ist die Gesellschaft seit 1774 Treffpunkt der Fremden, die zur Messe kommen[62]. In Ulm hat die Gesellschaft ebenfalls sämtliche großen Zeitungen und die bedeutendsten Zeitschriften abonniert[63]. In Straßburg wird Jung-Stilling von Goethe in die »Gesellschaft der schöngeistigen Literatur« eingeführt, wo man »die schönsten Bücher« liest und an die Stilling 1772 den ersten Teil seiner Memoiren schickt[64]. Ihm gelingt es, teils durch die Unterstützung dieser Zirkel, Karriere zu machen: er hält im Jahre 1775 Vorträge in der Schönenthaler Gesellschaft, deren Mitglieder sich mittwochs abends treffen und zur Errichtung einer Bibliothek einen Beitrag erheben[65]. Der Akademie in Rittersburg schickt er Memoiren, die ihn bekannt machen und ihm im Jahre 1778 eine Dozentenstelle einbringen[66]. Es sind nicht immer nur ernste Zusammenkünfte. Der im Jahre 1788 gegründeten Gesellschaft in Erlangen gehören ungefähr 100 Universitätsprofessoren, Adelige und Studenten an. Sie treffen sich im Winter einmal wöchentlich, im Sommer zweimal im Monat in ihren luxuriösen Salons, in den Raucherzimmern oder im Speisesaal, wo man gut essen kann. Man liest, macht Konversation, spielt und tanzt sogar zuweilen, um Damen einladen zu können, die im allgemeinen dem Club nicht angehören dürfen[67].

3. Kapitel: Das Wirtschaftssystem der Aufklärung

1. Der preußische Merkantilismus

Das Wirtschaftssystem, das Preußen am Ende des 18. Jahrhunderts beherrscht, ist, wie überall, der Merkantilismus[1]. Sein Ziel ist theoretisch die Gewährleistung einer aktiven Handelsbilanz für den Staat und folglich ein Wirtschaftswachstum auf Grund eines verstärkten Geldumlaufs. Friedrich II. betont das wiederholt: »Damit ein Land seine wirtschaftliche Blüte bewahren kann«, verkündet zum Beispiel der Essay über die Regierungsformen und die Pflichten des Souveräns, »ist es besonders notwendig, daß die Handelsbilanz vorteilhaft für ihn ist; sind die Ausgaben für die Einfuhr höher als der Gewinn bei der Ausfuhr, so verarmt der Staat notgedrungen von Jahr zu Jahr mehr ... Hier die Maßnahmen, um diesen Rückgang zu vermeiden: Alle Rohstoffe verarbeiten lassen, die man besitzt, die ausländischen Stoffe verarbeiten lassen, um dafür die Arbeitskräfte zu gewinnen, und billig arbeiten, um sich einen Absatzmarkt im Ausland zu verschaffen ... Wir müssen noch über die Maßnahmen sprechen, die am geeignetsten sind, um den Reichtum an Vorräten konstant zu erhalten, der für die Gesellschaft unerläßlich ist, wenn sie ihre wirtschaftliche Blüte bewahren will. Als erstes muß man sich um die richtige Bestellung der Felder kümmern, jeden Boden urbar machen, der einen guten Ertrag bringen kann, den Viehbestand vergrößern, um mehr Butter, Käse und Dünger zu erhalten; dann muß man einen genauen Überblick über die Menge der Scheffel der verschiedenen Getreidearten haben, die man in guten, mittleren und schlechten Jahren geerntet hat; davon muß man den Verbrauch abrechnen und sich dann klar machen, was übrig ist und exportiert werden darf oder für den Verbrauch fehlt und verschafft werden muß. Jeder Souverän, der um das Wohl des Volkes besorgt ist, muß sich um reichhaltige Lager kümmern, um eine schlechte Ernte auszugleichen und einer Hungersnot vorzubeugen[2].«

So gesehen unterscheidet sich Preußen durch das in ihm herrschende echte System der Planwirtschaft von den anderen Nationen. Es geht hier nicht mehr darum, seine Einkünfte durch das Verbot der Einfuhr bestimmter Luxusgüter zu vermehren oder zu versuchen, sie selbst herzustellen. Die Kontrolle reicht über alle Wirtschaftszweige; die Privatinitiative unterliegt völlig den Direktiven des Staates, der sie zuweilen auslöst, häufig ersetzt und in bestimmten Fällen sogar verbietet.

Ein solches System ist jedoch nicht von einem Mann entwickelt und sofort in seinen Staaten eingeführt worden. Die Beschreibung Friedrichs des Großen ist insofern irreführend, als sie eine logische und homogene Konstruktion vortäuscht. Das charakteristische Merkmal dieses Wirtschaftssystems ist jedoch, daß die einzelnen Faktoren nach und nach zwischen 1661 und 1786 unter dem Druck unmittelbarer Notwendigkeiten aufgetaucht sind. Die wichtigsten Leistungen sind das Werk der Vorgänger Friedrichs des Großen, der nur zu vervollständigen und zu koordinieren brauchte. Und ihre Bemühungen hatten nicht immer wirtschaftliche Ursache. Die Sorge um eine gute Armee und regelmäßige Einkünfte ist vorrangiger als die merkantilistische Theorie. Näher betrachtet stellt man in Preußen eine beachtenswerte Verflechtung politischer und wirtschaftlicher Institutionen fest und kommt zu dem Schluß, daß das Land, in dem die wirschaftliche und merkantilistische Reglementierung am perfektesten erscheint, am wenigsten merkantilistisch ist.

Gleich nach dem Dreißigjährigen Krieg bemüht sich der Große Kurfürst nach Kräften, den Wohlstand in seinen verwüsteten Staaten wiederherzustellen. Er wirbt um Ausländer, die das Land neu bevölkern sollen. Er führt die wirtschaftlichen Institutionen der Holländer ein, deren Reichtum sprichwörtlich ist. Er bemühte sich vor allem um Geld und Soldaten. Die Akzise, Fundament des preußischen Systems, liefert ihm regelmäßige Einkünfte. Dieser städtische Eingangszoll unterliegt der Zuständigkeit der Wirtschaftspolitik wie auch der Innenpolitik, denn er wird zur wichtigsten Steuer. 1667 in einigen Städten eingeführt, die das holländische Beispiel nachahmen, und 1668 verstaatlicht, wird er für alle königlichen Provinzen gültig. Seit 1709 wird er überall erhoben[3]. Friedrich II. und seine Nachfolger übertragen ihn auch auf die eroberten Gebiete. In einem so zerstückelten Staat wie Preußen stieße die Erhebung von Zöllen an den Grenzen der verschiedenen Enklaven auf Schwierigkeiten. Wenn man daher die Rohstoffe vor den Toren der Städte versteuert, erreicht man dasselbe Ergebnis. Aber man muß dann den Verkauf auf dem flachen Lande vermeiden; die Bauern wären sonst erheblich im Vorteil.

Das System hat also die rigorose Trennung zwischen Stadt und Land zur Folge. Die Zünfte werden zwischen 1732 und 1735 wiederhergestellt und dem Staat untergeordnet. Die Handwerker müssen sich in den Städten gruppieren, die unbedingt von einer Mauer – und sei es nur eine Palisade – umgeben sein müssen. Die auf dem platten Lande hergestellten Produkte können erst umgesetzt werden, nachdem sie die Tore der Akzise passiert haben. Das Monopol der Zünfte darf nur von einigen am Orte unabkömmlichen Arbeitern durchbrochen werden. Noch im Jahre 1787 erinnert eine Verordnung daran, daß nur Zimmerleute, Schmiede, Stellmacher und Schneider das Recht haben, ihren Beruf im Dorf auszuüben; auch muß letzterer oft zusätzlich das Amt des Küsters oder Lehrers übernehmen[4].

Wenn auch die Tarife von Land zu Land variieren, so bedeutet die Akzise doch überall eine Sperrlinie. Die Zollbeamten vor den Stadttoren führen Register über die Ein- und Ausgänge, so daß Friedrich II. genaue Statistiken aufstellen lassen kann. Er ist daher in Kenntnis gesetzt, kann vorsorgen und Abhilfe schaffen. Seine Steuereinnehmer wirken mit bei der Preisbildung, die von den Tarifen abhängt. Seine Kontrolleure und Besucher überwachen die Arbeit der Handwerker.

Aber die Akzise beseitigt nur unvollkommen den Mißstand, der die Außenzölle auf eine sekundäre Rolle reduziert; die Städte – »geschützte Inseln im Meer des freien Austauschs« – bleiben zwar einigermaßen vor Schmuggel bewahrt, doch das flache Land versorgt sich auf diese Weise mit allen verbotenen Waren; sobald die Grenze überschritten ist, erfolgt auf dem platten Lande keinerlei Kontrolle mehr.

Durch Erhöhung oder Senkung des Zolls verschafft sich die Regierung also einerseits mehr oder weniger hohe Einkünfte und kontrolliert andererseits den Warenumlauf, begünstigt oder beeinträchtigt die Produktionsbedingungen im Lande und erleichtert oder verhindert die Entwicklung des Großhandels. Sie kann keine wirtschaftliche Maßnahme ergreifen, ohne nicht unmittelbar danach die Auswirkung im Finanzbereich zu spüren. Zollpolitik und Budget sind so eng verbunden, daß man beide nicht unabhängig voneinander reformieren kann; man könnte zum Beispiel innerhalb des Königreiches keinen Freihandel einführen, ohne ein neues Steuersystem zu schaffen und ohne dadurch eine soziale Revolution heraufzubeschwören. Diese Fatalität erklärt es, daß die liberalen Theorien – im Ausland zu Ehren gelangt – sich erst so spät in Preußen durchgesetzt haben, wo sie scheinbar nicht so leicht zu realisieren waren, und daß die Bemühungen des Staates, seinen beherrschenden Einfluß zu dämpfen, immer angesichts einer drohenden Haushaltskrise gescheitert sind.

Um die Einfuhr ausländischer Produkte zu vermeiden, fördert der Große Kurfürst die Manufaktur in seinen Ländern. Aber erst Friedrich Wilhelm I. ist der eigentliche Urheber der preußischen Industrie. Er interessiert sich in erster Linie für die Waren, die die Armee braucht. Geld, Soldaten! Diese Parole geht von einem Souverän zum anderen, und hinter den humanitären Reden des Philosophenkönigs steckt keine andere Sorge als hinter den groben Sarkasmen des Soldatenkönigs. Dieser gründet in Berlin gleich zu Beginn seiner Herrschaft das Lagerhaus, das die Weber mit Wolle beliefert; so sind die armen Handwerker, die sich keine Vorräte anlegen können, wenn die Preise niedrig sind, gegen die Erhöhung geschützt. Der König richtet sodann eine Staatsmanufaktur ein, deren Tuche für die Heeresuniformen bestimmt sind. Er belegt die ausländischen Tuche mit einem hohen Zoll und verbietet schließlich deren Einfuhr in allen Ländern östlich der Weser (1718–1719). Die westfälischen Provinzen, isoliert und zerstückelt, sind notgedrungen in dieses System nicht einbezogen. Der König untersagt auch die Ausfuhr von Wolle und holt ausländische Arbeitskräfte in seine Länder. 1722 enthebt er die einheimischen groben und feinen Tuche von der Akzise. 1723 richtet er eine Ausfuhrprämie ein, die seinem Volk ermöglicht, einen Teil der russischen Armee einzukleiden. Jeder ist gemäß königlichen Dekreten zum Weben verpflichtet; die Bauern in ihren Katen, die Armen in den ersten zu diesem Zweck errichteten »Arbeitshäusern«, die jungen Handwerker in Spezialschulen, wo die Regierung sie die neuen Techniken lehren läßt[5]. Friedrich II. verstärkt das Verbot, Wolle auszuführen und Stoffe einzuführen, und achtet auf die Vergrößerung des Schafbestandes. 1786, kurz vor seinem Tode, läßt er spanische Merinoschafe ins Land holen, um die degenerierte Rasse der preußischen Schafe zu verbessern.

Nach der Wolle kommt das Eisen: der Soldatenkönig erhebt für eingeführte Nägel, Äxte, Sicheln und andere Gebrauchsgegenstände einen Zoll von 25–100%; die ausländischen Waren müssen teurer als die einheimischen sein[6].

Auch hier handelt Friedrich II. nach denselben Grundsätzen. Er wartet nicht, bis Preußen in der Lage ist, sich selbst zu versorgen, um Zölle zu erheben und Ein- und Ausfuhrverbote auszusprechen. Erst gegen Ende seiner Herrschaft liefert der Bergbau, unter der Leitung von Heinitz verstaatlicht, einen annähernd ausreichenden Rohstoff; die Magdeburger Schächte liefern jährlich bis zu 5000 Zentner Kupfer; in den stillgelegten Gruben von Tarnowitz beginnt man wieder mit der Bleiförderung; die schlesische und rheinische Kohle ersetzt nach und nach das Holz; man greift darauf zurück, um die Kasernen zu heizen. Die Salinen von Magdeburg beginnen mit dem Export von Salz[7].

Aber eine Gewerbepolitik genügt nicht, um die Unabhängigkeit der Armee zu garantieren. Die großen Getreideordonnanzen Friedrich Wilhelms I. machen die absolutistische Wirtschaftslenkung vollkommen. Seit 1723 ist die Einfuhr von polnischem Getreide verboten; 1725 wird für Getreide aus Sachsen-Mecklenburg ein Schutzzoll erhoben. Er wird nur in seltenen Fällen herabgesetzt, wenn die Ernte im Königreich schlecht ist. Preußen muß und kann im Prinzip autark sein. In den Hauptprovinzen und in Schlesien ist die Einfuhr ausländischen Getreides verboten, und die Ausfuhr eines bestimmten Ernteertrages bedarf der Autorisation durch die Regierung, die sie nur in guten Erntejahren gewährt. Die westlichen Provinzen, im allgemeinen Ausfuhrgebiete, genießen mehr Freiheit: sie lassen Gold ins Land. In den östlichen Regionen, wo die Großgrundbesitzer Korn in Hülle und Fülle ernten, bleibt der Handel frei. Hier tätigt der König vor allem dann große Käufe, wenn die polnische Konkurrenz die Kurse sinken ließ. Er füllt auf diese Weise die Zivil- und Militärlager, die überall in seinen Ländern vorhanden sind. Wenn die Ernte im ganzen Reich schlecht ist, kann er im Ausland kaufen; denn die Lagervorräte müssen ausreichen, um auf den städtischen Märkten aushelfen zu können und die Preisstabilität zu gewährleisten. Droht ein Preisanstieg, so gibt das Lager die erforderliche Getreidemenge zum Verkauf frei, um das Gleichgewicht wiederherzustellen. Bevor der König sich in schlechten Erntejahren ans Ausland wendet, erläßt er Durchsuchungsbefehle bei den einzelnen Grundbesitzern und zwingt sie notfalls, ihre Vorräte auf den Markt zu bringen. Er setzt manchmal einen Maximumpreis fest und besteuert oftmals das Brot.

Die Militärlager versorgen die Armee in Kriegszeiten. Die Soldaten, die ihren Sold in Geld erhalten, dessen Höhe im Laufe des

Jahrhunderts unter den Lebenskosten liegt, können in Friedenszeiten ihr Korn auch in den Militärlagern kaufen. Sie erhalten eine Vergünstigung, Brotgeld genannt, das im Verhältnis zu ihrem Sold steht.

Die Preise dürfen also in Preußen nicht über die Vergütungssumme hinaus ansteigen, die man den Soldaten für Lebenskosten berechnet, und auch nicht unter die Kemmertaxe sinken, die die königlichen Domänebauern für ihr Pachtgut zahlen; denn sie verdienen durch den Verkauf von Getreide. Das ganze System ruht letztlich auf ihnen, da sie die Getreideproduzenten sind und der Armee die besten Rekruten stellen[8].

So findet Friedrich II. bei seinem Regierungsantritt die Grundlagen einer merkantilistischen Politik vor. Diese wurde von seinen Vorgängern jedoch nur insofern befolgt, als sie für Armee und Budget von Interesse war. Die Akzise, die Getreideordnung und die Rekrutierung der Kantonisten, die Protektionierung der Textilindustrie und des Bergbaus, das alles sind gleichzeitig politische und wirtschaftliche Maßnahmen, deren Funktionieren dem Staat Unabhängigkeit und Stabilität gewährleisten. Friedrich II. gibt diesen Institutionen einen neuen Aspekt, indem er sie vervollkommnet und allgemein verbreitet. Während nämlich die zunehmende Handelsfreiheit in England und Frankreich das Aufkommen eines mächtigen Privatkapitalismus begünstigt, wird Preußen das Land des Staatskapitalismus.

2. Der Staatskapitalismus

Der moderne Kapitalismus entstand im allgemeinen als Folge des Großhandels. Seine Einkünfte ermöglichen dem Kaufmann, Bankier zu werden, die in Hausindustrie für ihn arbeitenden Handwerker mit Rohstoffen zu beliefern, oder selbst gewerbliche Betrieben zu eröffnen, um Fabrikant zu werden. In Preußen monopolisiert der Staat den Großhandel. Durch den Bau von Kanälen erleichtert Friedrich II. den Binnenhandel in seinen Provinzen. Die Berliner und Magdeburger Flußschiffer erhalten das Schiffahrtsmonopol auf den preußischen Flüssen; dadurch werden die Hamburger Reeder verdrängt. Durch die Eroberung Schlesiens wird Friedrich II. von Sachsen, dem berühmten Zentrum der Tuchindustrie, unabhängig und versucht, auf den ausländischen Märkten Ersatz dafür zu schaffen. Die sächsischen Erzeugnisse, die auf der

Elbe nach Hamburg gelangen, werden daher mit hohen Schutzzöllen versehen. Nach 1763 erfordert der Fiskus eine Erhöhung dieses Transitzolls. Im Jahre 1765 beträgt der Zoll für sächsische Erzeugnisse in Richtung Polen oder Hamburg bis zu 30% ihres Wertes. Verschiedene Schiffahrtsgesellschaften unternahmen den Versuch, Preußen aus seiner Abhängigkeit von Holland oder England zu befreien. Nicht alle sind erfolgreich. Doch die Seehandlungsgesellschaft, die 1772 das Monopol des Salz- und Wachshandels mit den baltischen Staaten erhält, erzielt gute Gewinne[9]. Außerdem raubt eine Assekuranzkompanie den Hamburger Maklern die preußische Kundschaft.

Die Handelserträge fließen in Form von Akzise und Zöllen in die Staatskasse. Dem Staat obliegt es daher, Banken und Manufakturen – Medien des Großkapitalismus – zu errichten, was der einzelne Unternehmer unmöglich kann. Nach dem Siebenjährigen Krieg gibt es in Preußen noch keinen einzigen Berufsbankier. So muß der Staat 1765 die Giro-Diskonto- und Leihbank in Berlin gründen. Er erhofft sich daraus, »durch den mehreren Umlauf des Geldes, in allen Wechsel- und Handelsgeschäften das Commertium blühender zu machen und in der Folge zu erweitern«[10].

Er findet bei den Kaufleuten jedoch keinerlei Unterstützung, da sie zu arm sind, um das Geschäftskapital aufzubringen; so werden die 400 000 Taler in erster Linie vom Staat eingebracht; sie steigen bis zum Ende der Regierungszeit auf 8 800 000 an und stehen der Geschäftsabwicklung des Bankinstituts in Berlin und seiner Filialen in Breslau, Königsberg, Magdeburg, Stettin, Elbing, Frankfurt/Oder, Emden und Kleve zur Verfügung. Diese gewähren Kaufleuten und Unternehmern Kredite; die Deponenten erhalten einen Zinssatz von 2–3%, je nach Einkommen; Arme und Waisen erhalten mehr als Reiche[11].

Die Entstehung des Kredits genügt jedoch nicht, um Kaufleute in Unternehmer zu verwandeln. Sie besitzen nicht den Mut, sich zu bereichern, indem sie das geliehene Kapital arbeiten lassen; sie befürchten einen Krieg, der sie ohne ihr Zutun ruinieren und entehren würde. Sie sind nicht gewöhnt, über die Grenzen der örtlichen Akzise, des provinziellen Marktes und der Landesgrenzen hinauszuschauen. Aber die Regierung will nicht abwarten, bis sie ganz langsam doch Mut schöpfen. Da sie allein das Kapital besitzt, macht sie sich zum Unternehmer, wie sie vorher Bankier geworden ist, denn sie will vermeiden, daß das preußische Geld ins Ausland gelangt. Friedrich II. schreibt 1752 in seinem politischen Testament an seinen Neffen:

»Beim Handel und bei den Manufakturen muß grundsätzlich verhindert werden, daß das Geld außer Landes geht, dagegen bewirkt werden, daß es ins Land komme. Das Hinausgehen des Geldes wird verhindert, indem man alles im Lande herstellt, was man früher von auswärts bezog. Das ergibt sich aus den Akziselisten, die alle hereinkommenden und im Staate Absatz findenden Waren vermerken. Nach diesen Listen läßt sich leicht beurteilen, welche Fabriken vermehrt und welche neuen eingeführt werden können. Zweitens verhindert man ein Hinausfließen des Geldes in dem Maße, als es sonst der Fall wäre, indem man sich alle unentbehrlichen Dinge am Ursprungsort holt und den Handel selbst in die Hand nimmt. Das hat zur Folge, daß die Ware, die beim Einkauf in Hamburg mit einem Taler bezahlt wird, nur noch einen Gulden kostet, wenn man sie aus Spanien bezieht ... Durch die Manufakturen kommt natürlich viel bares Geld ins Land. Sie können uns aber wegen der Nachbarschaft von Polen und Rußland noch viel mehr einbringen; denn diese Länder haben keine eigene Industrie und sind somit gezwungen, die Industrie ihrer Nachbarn zu bezahlen. Aus diesen Gründen muß der Herrscher die Fabrikanten und Kaufleute ermutigen, sei es durch Bewilligung jeder Art von Privilegien und Steuerfreiheiten, sei es durch Unterstützung mit Geld, damit sie zu großen Unternehmungen imstande sind[12].«

Wenn man die Gewerbestatistik am Ende des Jahrhunderts betrachtet, ist man erstaunt über die hohe Zahl der Kleinbetriebe. Der Staat subventioniert häufig die Fabrikanten, damit sie ihn im Kampf gegen das Ausland unterstützen. Er gewährt ihnen den nötigen Kredit für den Erwerb neuer Maschinen und garantiert ihnen unterschiedlich lange – selten weniger als 10 Jahre – das Monopol für ihre Produktion. Das Bemühen, die Produktion zu steigern, ist auffallend. Die meisten Statistiken, selbst die vollständigsten[13], verzeichnen einen Anstieg auf diesem Gebiet, ohne jedoch die geringste Andeutung über Zahl und Bedeutung der Unternehmen zu machen. Die preußische Industrie insgesamt setzt sich aus zahlreichen kleinen Betrieben zusammen, deren Arbeit sowohl vom Staat, dem Großbankier und Großabnehmer, als auch vom freien Markt gelenkt wird.

Der König zwingt seine Untertanen, Manufakturen zu eröffnen.

Auf sein Betreiben hin entstehen in Berlin und Schlesien Baumwollspinnereien; sie gelangen bald zu solcher Blüte, daß sie nicht mehr der Unterstützung des Staates bedürfen. Er verleiht der Berliner Zuckerraffinerie Monopolstellung und befreit dadurch seine Provinzen von der ehemals in Hamburg gezahlten Abgabe. Obwohl er, wie schon sein Vater, das Privatunternehmen oder den Hof mit sicheren Einkünften der mehr ungewissen Regie vorzieht, scheut er nicht vor eigenen Betriebsgründungen zurück, wenn die Initiative des einzelnen ausbleibt; so gründet er mit eigenem Kapital die Messer- und Scherenfabrik in Eberswalde, die Papierfabrik in Spechtshausen und die Uhrenfabrik in Berlin (1781).

Friedrich II. gibt sich jedoch nicht damit zufrieden, nur für die vordringlichsten Dinge zu sorgen; er will auch die Einfuhr von Luxusgütern unterbinden. Dies sind ja zudem auch die Erzeugnisse, die eine merkantilistische Wirtschaftspolitik im eigenen Lande herzustellen bemüht ist, da sie kostspielig sind und mit ihrem Erwerb das Geld ins Ausland fließt. So entsteht die Seidenindustrie, obwohl in Preußen nicht die geringsten Vorbedingungen für diese Industrie vorhanden sind, und der König setzt die Bemühungen seines Vaters fort, den Maulbeerbaum in Potsdam zu akklimatisieren[14]. Im Jahre 1777 erläßt er das Einfuhrverbot für Seidenstoffe und Bänder. Seine Hartnäckigkeit wird belohnt: Die Seidenproduktion steigt von 50 Pfund im Jahre 1751 auf 13 500 im Jahre 1784. Obwohl nach seinem Tode eine durch die schlechten Ernten der italienischen Seide in den Jahren 1787 und 1788 hervorgerufene Weltkrise diese Industrie stark beeinträchtigt, kann sie sich nach dem Ausscheiden Frankreichs nach 1789 schnell erholen und sogar ausführen. Aber Lyon erlangt 1796 wieder seinen einstigen Rang auf dem internationalen Markt. Nach den Italienfeldzügen erlangt Frankreich die Herrschaft über den Rohstoff. Die preußische Industrie ist ruiniert und kann die Arbeitsniederlegungen nicht mehr auffangen, die bis zur Katastrophe von 1806 andauern.

Ebenso gelingt es Friedrich II., Sachsen das Quasimonopol in der Belieferung mit Porzellan zu entreißen. Aber er stößt bald auf ein unerwartetes Hindernis. Sein Vorhaben reizt viele zur Nachahmung; auch der kleinste deutsche Fürst will seine eigene Manufaktur haben, und die Berliner Porzellanmanufaktur erstickt unter der Fülle ihrer Erzeugnisse. Um Abhilfe zu schaffen, zwingt der König so manchen Untertanen, Porzellan zu erwerben, das er nur mit Verlust außerhalb der Landesgrenzen loswerden kann[15]!

Friedrich holt schließlich im Jahre 1765 Uhrmacher aus Neufchatel nach Berlin. Aber die von Abraham Louis Huguenin geleitete Fabrik hat keinen Erfolg. Die mühsam geworbenen 22 Arbeiter – er hatte versprochen, 100 mitzubringen – rebellieren; einige haben keine Arbeit, andere geben auf. Für die wunderbaren Standuhren, die schon hergestellt sind, finden sich keine Abnehmer. Sie sind zu teuer, ebenso wie die Taschenuhren, deren Uhrwerke weiterhin aus dem Ausland eingeführt werden. Im Jahre 1770 nehmen die Genfer Fabrikanten Truitte und Dan die Herstellung in einem kleineren Betrieb wieder auf. Sie werden vom König mit Subventionen und Privilegien bedacht. Aber die Berliner Uhrmacher erhielten Steuersenkung für eingeführte Uhren! Truitte regt daher in Preußen die Gründung eines ländlichen Handwerks an, damit man Uhrwerke genauso billig wie in der Schweiz herstellen könne. Die Idee ist richtig. Der König siedelt also 21 Uhrmacherfamilien in Friedrichsthal bei Oranienburg an. Sie sollen die preußischen Bauern das Gewerbe lehren und die Berliner Fabrik mit Einzelteilen beliefern. Doch ist dies ein Unternehmen auf lange Sicht. Mehrere Jahre hindurch kosten die preußischen Erzeugnisse, auf denen der hohe Preis für die ausländische Handarbeit lastet, mehr als diejenigen der Konkurrenz. Folglich unternimmt der König nicht die nötigen Schritte, um ihnen den lokalen Markt zu sichern. Die Berliner Uhrmacher bestehen weiterhin auf Senkung der Steuern, die ihren Handel behindern. So kleine Gegenstände wie Uhren begünstigen den Schmuggel. Die Bemühungen des Hugenotten Hovelac, Nachfolger des 1783 verstorbenen Truitte, bleiben erfolglos. Er bestätigt seinen Bankrott selbst im Jahre 1793: Preußen kann weder genügend Abnehmer für seine kostspieligen Standuhren auftreiben noch eine angemessen preiswerte Herstellung für die Ausfuhr gewährleisten. Das Unternehmen überlebt die Krise von 1806 nicht[16].

Beim Tode des Königs sind die Zölle für fast alle ausländischen Produkte so hoch, daß ihre Einfuhr praktisch nur noch durch Schmuggel möglich ist. In finanzieller Hinsicht sind die Ergebnisse des Systems hervorragend. Während die Handelsbilanz im Jahre 1740 ein Passiv von 500 000 Taler registriert, verzeichnet sie 1786 ein Aktiv von 3 Millionen Talern[17]. Doch ist die Landwirtschaft der Industrie zum Opfer gefallen. Damit letztere ihre Preise nicht erhöht und dem Ausland Konkurrenz macht, untersagt der König das Ansteigen der Rohstoffe. Die Leinen-, Tabak- und Lederfabrikanten beklagen sich vergeblich; die Wollausfuhr ist verboten; die Einfuhr ausländischer Wolle ist erlaubt, da die preußische Tuchindustrie ausreichend Rohstoffe benötigt; von daher steht dem Preisanstieg nichts im Wege; aber wie sollen die Bauern Industrieerzeugnisse kaufen?

Am extremen Beispiel des Porzellans wird der künstliche Charakter einer ganz neuen Industrie deutlich sichtbar. Der König kann erfolgreich reglementieren, solange es sich um lebensnotwendige Erzeugnisse handelt. Aber wie sollen die Bauern, deren Erzeugnisse nicht zunehmen dürfen, wie sollen die Handwerker, deren Löhne niedrig bleiben, damit die Preise nicht steigen, wie soll das Bürgertum, das durch Verbote vom internationalen Großhandel ausgeschlossen ist, die teuren Brokate, Pendeluhren und feinen Porzellane der neuen Manufakturen kaufen? Die von der Regierung ausgeübte Politik der gelenkten Wirtschaft machte ihre eigenen Erfolge nichtig, indem sie die Entstehung des Privatkapitals verzögert! Man sollte lieber Produktion und Verbrauch voneinander abhängig machen, auf alles einwirken, was zur Preisbildung beiträgt und eine wahre Autarkie anstreben. Doch der König denkt nicht daran, und das Budget läßt keine Reformen zu, die den Staat vielleicht während einer Übergangsperiode in Schulden stürzen würden. In Preußen hat es eigentlich niemals eine »Wirtschaftspolitik« gegeben; nicht Wirtschaftspolitik, sondern militärische und budgetäre Notwendigkeiten, denen man blind mit merkantilen Notlösungen Rechnung trägt, die so nichtig und provisorisch sind, wie die Steuerpacht oder Ämterkauf in Frankreich. Nehmen die Einkünfte ab oder steigt der Bedarf des Staates? Die Schraube wird etwas angezogen: Gegen Ende der Regierung werden Kolonialwaren wie Zucker, Kaffee, Tabak Monopol des Staates, Waren also, die den Handel wegen ihres leichten Gewichts und ihrer starken Nachfrage besonders lukrativ machen. Den Einzelunternehmern wird also eine weitere Einnahmequelle entrissen. Sie klagen ohnedies schon über die Reform, die dem Generaldirektorium seit 1766 die Verwaltung der Akzise und der Zölle entzogen hat, um die Regie dem Franzosen de Launay und einigen hundert ausländischen Verwaltungsangestellten zu übertragen, mit denen man nicht handeln kann.

Auch unter den Nachfolgern Friedrich des Großen besteht dieses Regime weiter. Die Kritiken der Philanthropen stoßen weiterhin auf dieselben Schwierigkeiten: das Wirtschaftssystem und das politische System sind ein und dasselbe. Um das Volk zu befriedigen, versucht man zwar, das unbeliebte Verbot einiger Waren, wie Bier, Wein, Obst, Grieß und die Akzise auf einige Artikel aufzuheben, die das Königreich nicht in ausreichenden Mengen produziert. Aber ein ausgeglichener Haushalt duldet solche Einzelreformen nicht. Nach der Abschaffung des Monopols für Kaffee, Tabak und Zucker (1786) sieht sich Friedrich Wilhelm II. gezwungen, diese Erzeugnisse zu besteuern und erneut eine Akzise für Mehl zu erheben; auch zieht die Aufhebung der Abgaben für Seide, Baumwolle und Felle die Schaffung einer Sondersteuer nach sich, die von den Fabrikanten entrichtet werden muß, die diese Rohstoffe verwenden: Man muß immer Ersatz schaffen für verlorengegangene Einkünfte. So fallen auch die Preise nicht, und der Schmuggel wird immer lukrativer. Nicht mehr nur Tabak und Kaffee, sondern auch Strümpfe und Mützen werden im Gebiet um Halberstadt und Magdeburg eingeschmuggelt, und zwar in solchen Mengen, daß der einheimischen Industrie ein Stillstand droht[18]. Der Merkantilismus ist daher ein zweischneidiges Schwert; er verhinderte einerseits, daß die einheimischen Zahlungsmittel über die Landesgrenzen gelangten, provozierte aber andererseits durch Imitation und Repressalien des Auslandes die Errichtung von Sperren gegen den Zustrom von Gold und Silber.

Sollte man also die Wirtschaftspolitik ändern? In Preußen ist das offizielle System jedoch ganz eng mit den fundamentalen staatlichen Institutionen verbunden. Die Reglementierung durch Freizügigkeit ersetzen, hieße eine neue Steuerbasis und einen neuen Modus für die Rekrutierung der Armee suchen. Der Freihandel würde eine wahre Revolution heraufbeschwören; daher wagen so weitblickende Minister wie Stein, der im Jahre 1804 die Binnenzölle abschafft, nur Einzelreformen vorzuschlagen[19].

Am Ende des Jahrhunderts bewirkt die Gewerbepolitik eine echte Krise der Überproduktion; man ist daher bisweilen geneigt, auf einen Zusammenbruch des Systems zu schließen; dennoch bleibt unbestritten, daß in Preußen dank der Intervention der Regierung eine Großindustrie bereits mehrere Jahrzehnte früher entstanden ist als sie durch Privatinitiative gegründet worden wäre. Die Intervention als solche ist jedoch nicht für den Mißerfolg verantwortlich, sondern eher die Art und Weise der Durchführung. Hätten die Könige, statt sich nur um die Armee, die Erfordernisse eines den sozialen Realitäten fernstehenden Budgets und die Bilanz der Zahlungsmittel zu kümmern, mehr Rücksicht auf die Bedürfnisse ihrer Untertanen genommen, so wären weniger Luxusindustrien subventioniert und die Preise für lebensnotwendige Erzeugnisse gesenkt worden. Die Leinenwebereien und die kleinen eisenverarbeitenden Industrien sind die einzigen gut gehenden Manufakturen. Es wäre besser und weitblickender gewesen, hätte man die Produktion vom Verbrauch abhängig gemacht, auf die Faktoren der Preisbildung eingewirkt und die Bevölkerungsbewegung berücksichtigt. Die Methoden der Produktion vordringlichster Erzeugnisse hätten rationalisiert werden müssen, statt sich mit der Herstellung unwichtiger Artikel zu ruinieren. Die vom Grafen Hertzberg im Jahre 1785 veröffentlichte Aufstellung verdeutlicht dieses Mißverständnis zwischen Handwerk, das für eine kleine Kundschaft in der Umgebung arbeitet, und subventionierter Gewerbe, dessen Produktion wesentlich wichtiger ist, dessen Angebot jedoch keine entsprechende Nachfrage hat. Es gab damals 80 000 Leinenfabrikanten, von denen jeder durchschnittlich für 138 Taler jährlich produzierte, 6000 Seidenfabrikanten, deren Durchschnitt bei 500 Talern lag, und 700 Porzellan- oder Fayencehersteller mit über 2850 Talern jährlich[20]!

Die Alternative – Intervention oder Freizügigkeit – stellte sich nicht notgedrungen; die eigentliche Frage hätte in Preußen eher gelautet: gute oder schlechte Intervention; die aufgeklärten Despoten hätten anstelle eines Merkantilismus eine Autarkie schaffen können. Auf diese Weise hätten sie ihrer Wirtschaft das Paradoxon erspart, das in der Koexistenz einer Krise der Überproduktion in der Großindustrie, eines starken Bevölkerungszuwachses und der Nachfrage nach gängigen Verbrauchsgütern besteht.

3. Die traditionelle Gesellschaft

Die preußische Gesellschaft besteht aus drei voneinander stark getrennten Klassen. Ihre Sitten sind so verschieden, daß sie kaum Gelegenheit haben, sich zu vermischen. Sie existieren nebeneinander, kultivieren ihre Vorurteile und haben ihre eigenen Mode-, Trink-, Eß- und Sprachgewohnheiten. Im Jahre 1788 schreibt Knigge: »In keinem Lande in Europa ist es vielleicht so schwer, im Umgang mit Menschen aus allen Classen, Gegenden und Ständen allgemein Beifall einzuernten, in jedem dieser Cirkel wie zu Hause zu sein, ohne Zwang, ohne Falschheit, ohne sich verdächtig zu machen und ohne selbst dabei zu leiden, auf den Fürsten wie auf den Edelmann und Bürger, auf den Kaufmann wie auf den Geistlichen nach Gefallen zu wirken, als in unserem deutschen Vaterlande; denn nirgends vielleicht herrscht zu gleicher Zeit eine so große Mannichfaltigkeit des Conversationstons, der Erziehungsart, der Religions- und anderer Meinungen, eine so große Verschiedenheit der Gegenstände, welche die Aufmerksamkeit der einzelnen Volksclassen in den einzelnen Provinzen beschäftigen. Dies rührt her von der Mannichfaltigkeit des Interesse der deutschen Staaten gegen einander und gegen auswärtige, von dem Unterschiede der Verbindungen mit diesem oder jenem auswärtigen Volke und von dem sehr merklichen Abstande der Classen in Deutschland von einander, zwischen denen verjährtes Vorurtheil, Erziehung und zum Theil auch Staatsverfassung eine viel bestimmtere Grenzlinie gezogen haben, als in anderen Ländern. Wo hat mehr als in Deutschland die Idee von sechzehn Ahnen des Adels wesentlichen moralischen und politischen Einfluß auf Denkungsart und Bildung? Wo greift weniger allgemein, als bei uns, die Kaufmannschaft in die übrigen Classen ein? (Soll ich die Reichsstädte ausnehmen?) Wo macht mehr, als hier, das Corps der Hofleute eine ganz eigene Gattung aus, in welche hinein, so wie zu der Person der mehrsten Fürsten, nur Leute von gewisser Geburt und gewissem Range sich hinzudrängen können[21]?«

Fünfzehn Jahre später notiert auch Madame de Staël: »Die Beziehungen der verschiedenen Klassen untereinander waren auch sehr gut dazu geeignet, Scharfsinn, Zurückhaltung und Anstand hinsichtlich des Gesellschaftsgeistes in Frankreich zu entwickeln. Die Stände wurden hier nicht offenkundig zur Geltung gebracht, und die Eitelkeit versetzte jeden ständig in Erregung, weil ihn die Ungewißheit umgab, ob er Erfolg haben oder unterliegen würde. Nichts war unveränderbar festgelegt, weder die Rechte des dritten Standes, noch die der Parlamente und des Adels, ja nicht einmal die Macht des Königs . . .

In Deutschland ist jeder in seinem Stand, wie an seinem Arbeitsplatz, und man braucht sich nicht geschickter Wendungen, Abschweifungen und Andeutungen zu bedienen, um die Vorzüge auszudrücken, die man auf Grund seiner Geburt oder seines Titels gegenüber seinem Nächsten genießt. In Deutschland war der Hof die gehobene Gesellschaft; in Frankreich gehörten alle dazu, die sich mit ihm auf dieselbe Ebene begeben konnten; alle hatten die

Möglichkeit dazu, und alle konnten auch damit rechnen, dieses Ziel nie zu erreichen. Alle wollten auf diese Weise die Umgangsformen jener Gesellschaftsschicht erwerben. In Deutschland genügte ein Titel, um einem den Zugang zu verschaffen; in Frankreich genügte ein faux pas, um wieder draußen zu sein; hier war man noch viel mehr darum bemüht, sich dieser Gesellschaftsschicht anzupassen als in ihr durch sein Ansehen aufzufallen[22].«

Diese Überlegungen treffen für Preußen wie auch die übrigen deutschen Staaten zu, trotz der Bemühungen der Aufklärung, hier eine neue Gesellschaft zu schaffen, die auf dem Ansehen des einzelnen und nicht auf der Abstammung beruht. »Ich darf an dieser Stelle nicht versäumen«, schreibt Friedrich II. 1768, »einige Worte zugunsten des Adels hinzuzufügen. Ich habe immer voller Hochachtung von ihm gesprochen, da er die Offiziere für die Armee stellt und die Angehörigen aller großer Staatsämter aus ihm hervorgehen. Ich habe mich für seinen Landbesitz eingesetzt und Nichtadeligen den Kauf von Adelsgütern erschwert und zwar aus folgenden Gründen: kommen Nichtadelige in den Besitz von Ländereien, so stehen ihnen alle Ämter offen. Die meisten von ihnen hegen niedere Gedanken und sind schlechte Offiziere; man kann sie nirgends hinschicken[23].« Der im Jahre 1794 veröffentlichte Code garantiert dem Adel sämtliche Privilegien: das alleinige Recht zum Besitz von Adelsgütern; Rechtsprechung nur durch das oberste Provinzialgericht; Befreiung von der Abgabe auf dem Lande, der Akzise und der Unterbringung von Kriegern. Die Adeligen, die weder gegen ihren Stand verstoßen können, indem sie Industrielle oder Kaufleute werden, noch unter ihrem Stande zu heiraten vermögen, bewirtschaften ihre Güter selbst oder dienen dem König.

Sie sind im Besitz ansehnlicher Güter. Schätzungsweise ein Viertel des Bodens bewirtschaften sie selbst, die übrigen zwei Drittel sind bäuerliche Zeitpachtgüter. In ihren »Lehnsgütern« sind sie die Herren. Sie üben dort die Rechtsprechung aus, erheben Abgaben und machen ihr Patronat über Schulen und Kirchen geltend. Der Staat interveniert nur ganz selten in ihren Domänen, um eine Entvölkerung zu verhindern, da diese für die Rekrutierung der Armee schädlich wäre.

Leider fehlen eingehende Untersuchungen über den Adel und das Lehnswesen im 18. Jahrhundert, so daß man die Ergebnisse dieser Politik nicht richtig würdigen kann. Sie ermöglichen jedoch eine Bestimmung der Institution. In den Rheinlanden und in Süd- und Westdeutschland ist die Lage des Adels ähnlich wie in Frankreich; die Minderwertigkeit der direkt bewirtschafteten Güter, die Stabilität des Pachtzinses und die allgemeine Bevölkerungsvermehrung bewirken eine Verarmung des Adels, der seit Beginn des Jahrhunderts seinen Landsitz aufgibt und zunehmends am Hofe des Fürsten oder im Dienste des preußischen Königs, des Kaisers oder des Zaren Karriere zu machen versucht. Östlich der Elbe jedoch bewahrt der Adel sein Ansehen und behauptet seine traditionelle Stellung.

Hier ist er Großgrundbesitzer. In der Kurmark gehört dem Adel die Hälfte des Bodens, darüber hinaus nimmt er für $^1/_7$ des Grundbesitzes Abgaben in Geld, Naturalien oder Dienstleistungen ein[24]. Bis 1799 genießt er völlige Steuerfreiheit; dann verpflichtet ihn die Regierung zur Leistung geringer Steuern für die Einfuhr von Luxusgütern, Zucker und Kaffee und für die Ausfuhr seiner Ernteerträge. Am Pfandbriefinstitut, das gegründet wurde, um seine Güter besser zu bewirtschaften, darf er Anleihen zum niedrigsten Zinssatz von 4% plus $^1/_4$ der Kosten machen. Er ist Herr auf dem Lande, denn der preußische Staat hört beim Landrat auf. Die königliche Verwaltung ist im Grunde nur bis zum Kreis – eine Unterteilung der Provinz – organisiert und zentralisiert. Unter der provinzialen Kriegs- und Domänenkammer und der Regierung gibt es auf dem Lande als Vertreter des Staates nur den Landrat. Dieser geht immer aus dem Adel hervor; er wird vom König bestimmt, nachdem die Provinzialstände – vorwiegend aus Adligen zusammengesetzt – drei Kandidaten vorgeschlagen haben; er ist seinem Stand völlig ergeben. Ihm obliegt die Überwachung der Hypothekeneintragung und die Kontrolle über die zahlreichen örtlichen Würdenträger, wie Deichinspektoren, Direktoren der Wohlfahrt oder Organisatoren des Feuerschutzes – alles Angehörige des Adels[25].

Die Kritik der Aufklärung über die Funktionslosigkeit des Adels, dessen Titel auch nicht mehr nur entfernt irgendeiner nützlichen Funktion entsprechen, ist auf dem Lande wesentlich weniger heftig als in den Städten. Auch sind die Privilegien des Adels dort bei weitem lukrativer. Das Recht zur niederen Gerichtsbarkeit in Zivil- und Strafsachen, das Patronat in den Pfarreien und die Aufsicht über die Schulen vermehren seine Einkünfte und seinen Einfluß. Die Pfründen und Kommenden, die beträchtliche

Summen einbringen, sind dem Adel sozusagen vorbehalten. In der Kurmark bringen die Pfründen der Kathedralen, die zur Hälfte vom König, zur anderen Hälfte von den Kapiteln vergeben werden, 2000 Taler jährlich ein, also das Gehalt eines sehr hohen Beamten oder eines Ministers. Und das niedrigste Amt eines Domherrn bringt dazu noch 700 Taler ein. Dies sind Einnahmen, die nicht zu unterschätzen sind und ausreichen, so manchen Nachkommen aus guter Familie zu ernähren. Daher kann man auch nicht von einer Krise des Adels sprechen, wie sie zur selben Zeit in Frankreich herrscht. Von allen sozialen Ständen zeigt der Adel die größte Beständigkeit und Traditionstreue. Er verspürt jedoch eine Gefahr, die moralische und soziale Ursachen hat. Im Zuge des Rationalismus und Universalismus der Aufklärung wird die Ritterschaft allmählich ihres Grundbesitzes enthoben und zur Ansiedelung in den Städten bewegt, wo sie die meisten Privilegien verliert. Hier sind die Ausgaben höher und die Machtbefugnisse geringer, und so trauert der Adel seinen Privilegien nach, pocht auf sein Ansehen und nimmt – wie ein Vorrecht – Ämter für sich in Anspruch, die er auf Grund seiner mangelhaften Ausbildung überhaupt nicht auszuführen vermag. Darüber hinaus wird durch das Anwachsen der Bevölkerung das Leben auf dem Lande für die Großfamilie immer schwerer, da sie nicht mehr durch Epidemien und Kriege dezimiert wird. Das Recht der Primogenitur existiert hier nicht; die traditionelle Versorgung der Familie hat sich bewahrt; alle Abkömmlinge desselben Vorfahren leben auf einer Domäne, die groß genug ist, um ihren Unterhalt zu bestreiten. Sie bewirtschaften sie als Nutznießer und beherbergen diejenigen, die in den Schoß der Familie zurückkehren, nachdem sie in der Ferne, bei der Armee, in der Verwaltung oder im Ausland keinen Erfolg gehabt haben. In dieser Gemeinschaft, dem Lehnverband, sind alle Mitglieder strengen Regeln unterworfen. Es können keine Hypotheken aufgenommen oder Ländereien verkauft werden ohne die Zustimmung aller Agnaten, und die Anleihen müssen unter der Aufsicht des Lehnsherrn in ein besonderes Register, das Ritterschaftliche Registraturbuch, eingetragen werden.

Die Verschuldung wird jedoch infolge der Bevölkerungsvermehrung fatal. Derjenige, der nicht auf dem Gut lebt und nur schwer von der zu klein gewordenen Domäne leben könnte, oder die heiratende Tochter, fordern ihr Erbe in Geld. So verschuldet sich der

Besitzer um so leichter, zumal der Lehensherr zu dieser Zeit auch auf sein Kontrollrecht verzichtet. Seit 1777 schlägt der König seinen Vasallen vor, sie durch die Erhebung einer geringen Abgabe, des Lehnpferdgeldes[26], vom Großteil ihrer Lehnspflichten zu befreien. Die übrigen Lehnsherren folgen diesem Beispiel, und der Lehnsverband löst sich auf. Die Rittergüter werden in Allode umgewandelt und verschulden sich schneller. Doch die Tradition der Nachfolge bleibt bestehen. Die Bemühungen Friedrichs II., seine Vasallen zur Einführung des Majorats und zur Umwandlung ihrer Güter in Fideikomisse zu bewegen, wo nur ein Sohn das Erbe anträte und die übrigen eine bescheidene Abfindung in Geld erhielten, scheitern an tief verwurzelten Gleichheitsprinzipien. Die Domänen werden weiterhin geteilt und verschulden sich immer mehr. Doch die Gläubiger werden unruhig. Auch wenn alle Vorkehrungen getroffen sind, wenn die Allodifizierung die königliche Autorisation unnötig gemacht hat und die Übereinstimmung der Agnaten schriftlich erfolgt ist, kann es vorkommen, daß einer böswillig oder weil er in Vergessenheit geraten ist, Einspruch erhebt und seine Bürgschaft zurückzieht. So erklärt ein königlicher Erlaß im Jahre 1723 die Zustimmung der Agnaten für überflüssig, wenn die Verschuldung eine Verbesserung des Guts noch zuläßt; aber auch dann kann man noch klagen.

Im Jahre 1799 schätzt der Zeitgenosse Finckenstein, daß die Rittergüter zur Hälfte ihres Werts verschuldet sind. Die Gläubiger wünschen die Kündigung der Kredite; der Anstieg der Bodenpreise und der Reiz des städtischen Lebens bedeuten für die Eigentümer ebenfalls eine Verlockung. Aber die Abmachungen, die den Verkauf von Rittergütern an Bürgerliche verbieten, sind sehr scharf; nun sind es aber gerade Bürger, die gute Preise bieten. Die Ordonnanz von 1750 fordert die Autorisation des Königs; diejenige von 1762 verbietet einem Bürgerlichen, der Eigentümer eines Ritterguts geworden ist, es an einen anderen Bürgerlichen weiterzuverkaufen. Die Deklaration von 1775 untersagt einem Bürgerlichen, das Erbe eines Rittergutes im Besitz eines Nichtadeligen anzutreten, wenn noch ein adliger Erbe existiert; außerdem entzieht sie dem Bürgerlichen das Jagdrecht und die Ehrenämter und Sitze in den Provinzialständen, die an das Rittergut gebunden waren! Aber Friedrich Wilhelm II. und Friedrich Wilhelm III. autorisieren ohne weiteres den Verkauf. Wenn sie ihn verweigern, so kann man das Gesetz umkehren: man kann langzeitig »verpachten« und festlegen, daß die Pacht einmalig gezahlt wird; man kann auch an einen Strohmann verkaufen, der adlig ist. So erklärt sich, daß in der Kurmark im Jahre 1800 13% der Rittergüter in bürgerlichen Händen sind[27].

Der nicht residierende Adel bemüht sich um die Übernahme von Ämtern. Um 1800 gibt es nur 27% der Grundbesitzer, die nicht durch Armee oder Verwaltung gegangen sind; doch ist der Adel immer mehr daran interessiert, nicht nur vorübergehend, sondern länger dort zu bleiben. Er macht sein Adelsprädikat geltend. Er verzichtet nicht mehr darauf, wenn er es ausnahmsweise verloren hat, und läßt es erneuern, wenn seine Vorfahren darauf verzichtet hatten, um ein Handwerk auszuüben. Da er im allgemeinen einige Reserven im Hintergrund hat, begnügt er sich häufig mit ganz kleinen Ämtern, die nicht sehr anstrengend und wenig lukrativ sind; die Adreßbücher sind voll von adligen Namen für niedere Verwaltungsposten. Erheben sie den Anspruch, von ihrer Arbeit zu leben, so kommen sie in Konflikt mit dem polnischen Adel, oder mit den französischen Refugiés oder mit Bürgerlichen, die gebildeter sind als sie. Daher beginnt man, über ihre Ausbildung nachzudenken.

In den berühmten Familien stehen der Jugend oft gute Hauslehrer zur Verfügung, die sie zum Nachdenken anregen und sie auf langen Reisen durch Deutschland oder ins Ausland begleiten. So unterrichtet z. B. Schleiermacher die Grafen von Dohna. Der Graf von Schön hat als Lehrer den bedeutenden Pädagogen Berger, der in Jena einen ungeheuren Einfluß auf die jungen Romantiker ausübte; Schöns Vater erkundigt sich bei Kant über das Studium seines Sohnes, der in Königsberg die Vorlesungen des großen Philosophen und des Volkswirts Kraus besucht. Der 16jährige Student befreundet sich eng mit berühmten Männern wie den zukünftigen Pastor Woeysch und Fichte. Nach dem Examen, das ihm 1766 mit 23 Jahren die Verwaltungslaufbahn öffnet, reist er durch die preußischen Provinzen und hält sich lange in England auf. Nach diesen dreieinhalb Jahren ist er gut gerüstet für die Arbeit an der Kriegs- und Domänenkammer in Bialystock und um Stein und Hardenberg bei ihren Reformen nach 1807 zu unterstützen[28].

Doch solche Erfolge sind selten und nur durch großen Reichtum und gute Beziehungen möglich. Neben einem Marwitz, Schön oder Humboldt geht das Leben unzähliger Adliger bei der Armee, am Hofe oder in Verwaltungsschulen so dahin, ohne daß ihre Handlungen oder Gedanken auch nur die geringsten Spuren hinterlassen. Auch weiß man wenig über sie und ihre Brüder, die auf dem Lande leben. Diejenigen, die am Hofe bleiben, stehen in der Gunst des Fürsten und können mit Pensionen, Sinekuren oder Botschaften rechnen. Doch verläuft das Leben am Berliner Hof längst nicht so brillant, so luxuriös und intrigenreich wie in Weimar oder Dresden. Man langweilt sich häufig, und die Atmosphäre der Großstadt verleitet die Grandseigneurs – der Etikette und des offiziellen Dünkels müde – zuweilen die Barriere zu überwinden, die sie von den aufgeklärten Bürgerlichen trennt, die sich dem Amüsement hingeben. Der in die Armee eintretende Adel kann sicher sein, die höchsten Auszeichnungen zu erlangen, da Nichtadlige davon so gut wie ganz ausgeschlossen sind. Entscheidet er sich – vorausgesetzt er genügt den Anforderungen der Eingangsprüfung – für die Verwaltung oder sogar für die Magistratur, wird er ebenfalls zu den höchsten Ämtern aufsteigen, die meistens zahlreicher vorhanden sind als fähige adlige Kandidaten. Seine Laufbahn endet hier, denn der Adlige hat nicht das Recht auszuscheiden, um Industrieller oder Kaufmann zu werden[29].

Er ist sich seiner Überlegenheit sehr wohl bewußt und immer bedacht auf seine Vorzugsstellung. Er nimmt eine beherrschende Position ein, legt Wert auf seine Titel – Lord Chesterfield zitiert als Beispiel einen Brief, der ihm ungeöffnet zurückgeschickt wurde, weil er auf der Adresse einen der 20 Titel seines deutschen Korrespondenten vergessen hatte! – und fände es unter seiner Würde, mit einem Bürgerlichen an einem Tisch zu sitzen und denselben Salon zu frequentieren.

Der Adel bleibt der erste Stand im Königreich. Er konkurriert hier nicht wie in Frankreich mit der Kirche. Er unterliegt nicht dem Wandel, denn in Preußen adelt die Tätigkeit nicht. Friedrich II. läßt diese Gunst nur ganz selten zuteil werden. Sein Nachfolger allerdings verkauft Adelsbriefe für 400 Taler plus 53 Taler für Kosten und vergibt davon fünfmal so viel wie sein Onkel; doch diese Titel werden in der Gesellschaft wenig geschätzt; der alte Adel, der auch die Großgrundbesitzer stellte, kommt ganz einfach zu den begehrten Titeln wie Graf und Freiherr[30]. Die Klassentrennung bleibt in Preußen viel strenger bestehen als in den westlichen Ländern.

Das Bürgertum stellt jedoch fest, daß es in Preußen nach der

Eroberung Polens nur noch 9000 Adelsgüter mit ungefähr 10 Millionen Einwohnern gibt. Es lebt abgekapselt in der Stadt, wo sich mehrere Gesellschaften begegnen, ohne sich zu vermischen, und kaum weniger abgesondert voneinander leben als der Adel vom Bürgertum. Arbeiter, die kümmerlich in ihrem Heim dahinvegetieren; Handwerker, die durch kleinliche Vorschriften ihrer Zünfte gegängelt werden; Krämer, die mühselig Profit schlagen und unter dem Druck von königlicher Akzise und städtischem Zoll ständig dem Ruin nahe sind; Intellektuelle, die unter zu großer Konkurrenz leiden; Großhändler und Magistrate, die stolz auf ihre Wappen sind; hierarchisches, mehr oder weniger gut bezahltes Beamtentum – sie alle bewegen sich auf dem engen Raum, in dem die Akzise ihren Stand eingeschlossen hält.

Der unglücklichste von allen ist der Bauer, der das Getreide produziert und der Armee die besten Rekruten liefert. Seine soziale Lage ist je nach Region unterschiedlich. Daher sieht das große Agrarrecht von 1794 vor, gesonderte Rechte für die einzelnen Provinzen abzufassen, um die Beziehungen zwischen Grundherren und Bauern zu regeln. Das für Ostpreußen gültige Allgemeine Landrecht wird 1802 veröffentlicht. Für die Verabschiedung der anderen bleibt vor der Niederlage von Jena keine Zeit. Aber die Kriegs- und Domänenkammer informiert mit ausreichender Genauigkeit. Bei der Vielfalt der lokalen Unterschiede muß man zwei größere Komplexe berücksichtigen, die östlichen Provinzen und die Länder westlich der Elbe und Schlesiens. Hier sind die Grundherren wie im gesamten Westen Rentner mit geringem Kapital; sie bewirtschaften persönlich kein Gut und üben weder Rechtsprechung noch Polizeirecht aus. Ihre Bauern sind im allgemeinen frei. Als Untereigentümer ihrer Felder oder Pächter ihrer Grundherren leisten sie Frondienste, zahlen ihren Zins und sind persönlich völlig frei. Die wenigen Eigenbehörigen können Güter erwerben und diese zur Hälfte ihren Frauen oder Kindern vererben. Der Grundherr ist mit der anderen Hälfte zufrieden; so haben die Kinder das Rückkaufsrecht, wenn sie sich außerhalb des Guts niederlassen wollen.

In Elbenähe lebt der Bauer in beschwerlicheren Verhältnissen. In der Gegend von Magdeburg und Halberstadt hat der Grundherr beim Tode des Bauern das Recht auf eine Kuh oder ein Pferd; und in der Altmark braucht der Bauer die Autorisation seines Herrn, wenn er heiraten will.

Im Osten ist der Grundherr ein wahrer Souverän auf seinem Gut. Er hat Gericht und Polizei inne; freie Bauern gibt es selten. Als Einlieger oder Schutzuntertanen sind sie zu Leistungen verpflichtet, aber sie können sich aus dem Staube machen. Die Leibeigenen dagegen sind an die Scholle gebunden. Sie sind Erbzinsbauern, zahlen Erbpacht und können ihren Erben selbst bestimmen. Die Laßbauern dagegen zahlen zusätzlich zu ihrer Pacht einen Zins, und die Auswahl des Erben aus der Zahl der Kinder des letzten lassitischen Inhabers fällt dem Grundherrn zu. Da der Junker nur den Unterhalt des Laßbauern sichern muß, kann er ihn jederzeit versetzen; befriedigt ihn seine Arbeit nicht, so kann er ihn sogar vertreiben. Die Gruppe der Insleute schließlich ist zwischen freien Bauern und Eigenbehörigen einzuordnen und ist besonders armselig dran. Ihr Arbeit- und Geldgeber ist der Adel; sie erhalten eine Hütte und einige Morgen Land, das man ihnen jederzeit wegnehmen kann. Sie können freiwillig den Dienst quittieren; am Ende des Jahrhunderts bilden sie die Masse der Bevölkerung in Ostpreußen[31]. Ihre Vermehrung ist zweifellos das wichtigste soziale Phänomen auf dem Lande. Eine Untersuchung über das platte Land in Pommern erwähnt 356 765 Einwohner für das Jahr 1795 und 361 616 im Jahre 1797. Die Zahl der Insleute beträgt in diesen Jahren 17 191 und 18 392 gegen 16 257 und 16 303 Bauern und 4691 und 4747 Schäfer oder Hirten. Die Insleute fallen also wesentlich mehr ins Gewicht, und ihre Zahl wächst in zwei Jahren um mehr als 7%, während die Zahl der freien Bauern kaum steigt. Pommern ist folglich kein reines Agrarland; es gibt hier neben den Handwerkern auf dem Lande über 150 000 Arbeiter in der Glasindustrie und Metallurgie[32].

Es ist paradox zu sehen, wie diese immer verfügbaren Massen neben etablierten Erbuntertanen leben, die eine strenge Gesetzgebung an die Scholle bindet, als ob Arbeitskräfte noch selten wären. Die Grundherren, die zur intensiveren Bewirtschaftung ihrer Güter nur Lehnskräfte haben wollen, stoßen sich nicht an diesem Paradoxon. Seit Beginn des Jahrhunderts versuchen sie, die Frondienste zu steigern und ihre Rechte auszunutzen[33]. Die Erbuntertanen dürfen ohne Erlaubnis nicht wegziehen; der Grundherr kann sie gerichtlich verfolgen, und der Nachbar, der sie aufnimmt, wird schuldig gesprochen. Sie dürfen ohne Erlaubnis nicht heiraten; ihre Kinder erlernen nur dann einen Beruf oder studieren, wenn der Herr zustimmt. Junge Männer im Alter von 24 Jahren müssen die Unterkunft akzeptieren, die der Grundherr ihnen auf dem Gut zuweist. Wenn sie sich wegen Platzmangel woanders niederlassen wollen, so brauchen sie die Genehmigung des Herrn, dem dann immer noch freisteht, sie lieber zu sich zu nehmen. Die Kinder müssen Hausdienste leisten, mit Ausnahme eines Jungen und eines Mädchens, die bei den Eltern bleiben dürfen. Dieser Dienst dauert in Ostpreußen fünf Jahre und wird nach dem üblichen Tarif entlohnt. In Niederschlesien ist seine Dauer unbegrenzt; während der ersten drei Jahre erhalten die Domestiken fast gar keinen Lohn. Der Hausdienst endet, wenn die Jungen ihre eigene Wohnung haben oder die Mädchen heiraten.

Die Dienste sind sehr unterschiedlich. Friedrich II. gelingt es nicht, die Dauer der Frondienste festzulegen, die im Osten und in Schlesien 6 Tage, im Westen 2 bis 4 Tage in der Woche betragen[34]. Das bedeutet nicht, daß der Bauer ununterbrochen für den Grundherrn arbeitet; doch muß er immer zur Stelle sein. Er bestellt das Gut, forstet die Wälder und errichtet die erforderlichen Gebäude. Er leistet dem Herrn Spanndienste, befördert dessen Ernten und ist Kurier des Herrn.

In den neuen polnischen Provinzen ist der Erbuntertan ein richtiger Sklave. Seine Frondienste sind nicht festgelegt. Der Bauer ist auch durch einen Vertrag nicht gebunden. Sein Herr kann ihn ohne Land verkaufen.

In Schlesien kennt man die bäuerlichen Verhältnisse etwas besser. Dem König ist viel daran gelegen, in dieser neu eroberten Provinz populär zu werden. Er kann hier nach Gutdünken handeln, ohne die allgemeine Opposition fürchten zu müssen, da die Stände hier nie vereint sind. Die Bauern scheinen hier nicht zuletzt intelligenter und sich ihrer Rechte mehr bewußt zu sein als anderswo.

Der König verfügt daher im Jahre 1784, die Rechte und Pflichten beider Parteien zu fixieren. Für jedes Rittergut soll eine endgültige Konvention verfaßt werden, das Urbarium, das den Prozessen ein Ende macht und beiden Ordnungen zu leben erlaubt. Doch erhalten zwischen 1799 und 1805 von 6600 Rittergütern nur 342 ihre Konstitution. Das liegt einmal daran, daß die örtlichen Unterkommissionen, die von den Hauptkommissionen in Breslau und Glogau mit Aufgaben betraut werden, unter dem Einfluß des Adels stehen, der opponiert. Zum anderen unterstützt Berlin seit dem Tode Friedrichs II. nicht mehr die Bemühungen des Gouverneurs von Hoym, das Projekt zu beenden. Seit 1799 duldet der Kanzler von Goldbeck, daß das Statut nur anläßlich der Klagen von Bauern abgefaßt wird.

Die von den Kommissionen gesammelten Dokumente erhalten zahlreiche Informationen über die landwirtschaftlichen Betriebe der Epoche. Seit dem Ende des 17. Jahrhunderts bemüht sich der Grundherr, benachteiligt durch den feststehenden Zins, der durch das Ansteigen der Preise stark an Wert verloren hat, dem Bauern Fron- und Spanndienste aufzuerlegen und seine Bewegungsfreiheit einzuschränken. Die Urbaria verpflichten den Bauern zu einem drei- bis viertägigen Wochendienst. Gesindedienst muß der Bauer ebenfalls leisten.

Der Anbau erfolgt intensiv nach alter Tradition, mit obligatorischer Brache und Recht auf Weideland und dürres Holz im Wald des Grundherrn einmal wöchentlich.

Die Dorfgründungen erfolgen unter der Leitung eines Bürgermeisters (Stolz), der meistens vom Grundherrn ernannt wird; sein Amt ist manchmal erblich und wird immer entlohnt. Die Dörfer haben alle eine Kirche, eine Schule, ein Schäferhaus und ein Armenhaus. Neben dem Bürgermeister gibt es im allgemeinen zwei Geschworene, einen öffentlichen Schreiber und Schulmeister, einen Wächter und einen Boten.

Die überlieferte kollektive Unterdrückung ist also überall erhalten. Von einer Agrarrevolution wie im Westen ist hier keine Spur[35].

Neben den Abgaben an den Grundherrn schuldet der Bauer der Kirche und dem König den Zehnten, die »Kontribution«, wichtigste direkte Steuer, die jährlich über 2 Millionen Taler einbringt[36]; außerdem muß er Heeresdienst leisten, der die Leibeigenschaft unterbricht. Die Abgaben betragen oft über die Hälfte seiner Einkünfte.

Der König interessiert sich für den Bauernstand nur, weil er Abgaben entrichtet und Rekruten stellt; er will vermeiden, daß die beste Quelle seines Heeres versiegt; doch muß er auch den Adel behutsam anfassen, aus dem die Offiziere und Beamten hervorgehen. Es gelingt Friedrich II., die traditionellen Beziehungen zwischen Landarbeiter und Gutsbesitzer herzustellen. Der König gestattet den Grundherren nicht, neue Bauern auf einem Gut anzusiedeln, damit die Lehen in ihrer Größe erhalten bleiben; er untersagt ihnen, diese ihrer Erbmasse einzuverleiben, und »die Steuer der Bauern zu kaufen«, um nicht die Zahl der Soldaten zu beeinträchtigen, die ein Regiment benötigt, dem der jeweilige Kreis zugeteilt ist[37]. Seine Bemühungen, die Dauer der Frondienste zu begrenzen, hatten nur auf den königlichen Domänen Erfolg.

Seine Nachfolger verändern seine Gesetzgebung nicht. Die Exzesse der Grundherren haben vor allem in den polnischen Provinzen wiederholte Revolten zur Folge. Das für Südpreußen gültige Edikt vom 28. März 1794, das am 30. April 1797 in einer Neufassung auch auf Ostpreußen übertragen wurde, erinnert den Bauern zwar daran, daß er das königliche Gericht gegen die Ausschreitungen des Adels anrufen kann. Aber die bloße Form der Edikte, die Aufzählung der Mißbräuche – willkürliche Vermehrung der Abgaben, Verpachtung der vom Untertanen geschuldeten Dienste an Dritte, körperliche Züchtigung – beweisen, daß letztere gang und gäbe bleiben[38].

Die Bauernbefreiung ist eine großartige Idee. Doch gestattet man dem Bauern, sich frei zu bewegen, so kompromittiert man gleichzeitig die Rekrutierung der Armee, entzieht den Herren das Gesinde und schafft die billigen Dienstleistungen ab. Nur langsam, zwischen 1799 und 1805, entschließt sich Friedrich Wilhelm III., auf Anregung des Kabinettsrats Beyme, die Untertanen der königlichen Domäne zu befreien; auf diese Weise entstehen ungefähr 50 000 kleine Gutsbesitzer. Der König wagt jedoch nicht, von seinen Vasallen dieselbe Reform zu fordern, genausowenig wie er es wagt, ihnen eine Grundsteuer aufzuerlegen. Das einzige, was sie akzeptieren, ist die Aufhebung ihrer Zollprivilegien[39].

Diese Traditionalisten scheinen sich in all ihrer Trägheit überhaupt nicht der Folgen ihrer Starrheit bewußt zu sein. Die Verordnung Friedrichs II. setzte eine dünngesäte Bevölkerung voraus; sie verhinderte die Landflucht. Aber nun ist das platte Land bevölkert; die steigende Geburtenziffer hat ein Überangebot von Arbeitskräften zur Folge. Der Grundherr, der sie nicht beschäftigen kann, gestattet den Kindern der angesiedelten Bauern, sich woanders niederzulassen; die Zahl der Tagelöhner steigt zur großen Freude derer, die sie benötigen. Sie wechseln häufig den Wohnsitz, erlernen ein Handwerk, das ihnen den Lebensunterhalt im Winter sichert, und vagabundieren. Vielleicht würde eine Agrarrevolution, die die Brache abschafft, bewirken, daß ihre Existenz gesichert ist. Aber niemand in Preußen macht sich darüber vor Beginn des 19. Jahrhunderts Gedanken.

Die Regierung interveniert kaum. Friedrich II. unterstützt zwar das Trockenlegen der Sümpfe und die Rodung der Wälder, aber die Beseitigung des »Schandflecks Brache« nimmt er nicht entschieden genug in Angriff. Im Jahre 1770 verpflichtet er die Bauern zwar zum Anbau von Futterpflanzen. Aber er hat in erster Linie das merkantilistische Ziel vor Augen, keine Erzeugnisse der Viehzucht mehr einzuführen. Der Anbau von Viehfutter bedingt nicht eo ipso die Aufhebung der Brache, und man scheint auch nicht gerade aktive Propaganda hierfür gemacht zu haben. Thaer, der später die neuen Methoden verbreitet, gewinnt erst 1809, nach der Veröffentlichung seiner »Prinzipien rationeller Landwirtschaft«, wirklich an Einfluß. Es bedarf erst der Hungersnot von 1770, damit die Kartoffel aus den Gärten auf die Felder gelangt[40]. Die Zuckerrübe ist 1799 noch eine Seltenheit. Nachdem Achard den Versuch unternommen hat, Zucker daraus zu gewinnen, beauftragt Friedrich Wilhelm III. den Professor Klaproth, auch ein Experiment zu machen. Nach seinem Gelingen schöpft man große Hoffnung in merkantilistischer und humanitärer Hinsicht: man braucht in Zukunft keinen Rohrzucker mehr einzuführen; die Sklaven in Amerika werden frei. Die Bevölkerung betrachtet das neue Erzeugnis allerdings mißtrauisch: es zieht Feuchtigkeit an und schmilzt in der Luft. Außerdem bleibt es noch eine Seltenheit und ist teuer; in Berlin kaufen die Gaffer Würfelzucker auf den Straßen, nur so zum Spaß. Erst nach der Selektion der Zuckerrübe, der Verbesserung der Herstellungsverfahren und der Krise der Kontinentalsperre ist der Erfolg wirklich gewährleistet[41].

Die Bauern wollen auch von Flurbereinigung nichts wissen. Und die Grundherren stellen sich fast ebenso taub: das Korn verkauft sich gut, warum also so viele Reformen?

Was die Agrarrevolution anbelangt, so steht Preußen gewiß nicht an der Spitze der Bewegung in Deutschland. Zahlreiche Fürsten gewähren den Bauern für den Anbau von Futterpflanzen und Kartoffeln eine Prämie. In Holstein geht man aktiver an die Flurbereinigung der zersplitterten Güter heran[42].

So sind die verschiedenen sozialen Schichten auf die Stockwerke des Gebäudes verteilt, das der merkantilistische Staat errichtet hat. Fast fünfzig Jahre leben sie darin recht und schlecht; könnten sie nicht überleben, würde das Gebäude ja einstürzen. Aber man geht fehl in der Annahme, daß es eigens für sie errichtet wurde. Das Prinzip lautet, daß das Volk für den Staat existiert und nicht der Staat für das Volk. Es wäre auch ungerecht zu behaupten, daß ein Stand dem anderen geopfert wird; aber er wird nur solange geschützt wie er dem Staate dienlich ist. Der Adel, wie überall so auch in Preußen die privilegierte Schicht, besitzt hier nicht wie in England die Freiheit, die Entvölkerung des Landes durch Einhegungen zu bewirken. Und die Bauern werden nur solange geschützt, wie Budget und Armee es erfordern; die auf den königlichen Domänen realisierten Reformen beweisen, daß man woanders die Leibeigenen zu befreien bestrebt ist. Aber da die Bauernbefreiung den Institutionen des kapitalistischen Staates nicht unmittelbar nützt, zwingt der Staat den Adel auch nicht dazu, zumal er diesen schädigen würde. Das einzige, was alle Klassen gemeinsam haben, ist die Tatsache, daß sich keiner schnell bereichern kann, da der Staat vor aller Türen steht und die Profite jedes einzelnen an sich rafft.

Der Gedanke, daß dieses Steuerwesen die harmonische Entwicklung des Landes beeinträchtigen könnte, scheint Friedrich den Großen doch kurz beschäftigt zu haben: »Auch hier«, so sagt er im Jahre 1768, »stellt sich die wichtige Frage: soll man hinsichtlich der Steuern das Wohl des Staates dem des Individuums vorziehen oder wessen Partei soll man ergreifen?« Doch beruhigte er seine Gewissensbisse schnell mit der heuchlerischen Behauptung, daß die Steuerabzüge gering sind: »Ich erwidere, daß der Staat aus Individuen besteht und es für den Herrscher und seine Untertanen nur ein Wort gibt. Die Schäfer scheren ihre Schafe, verletzen sie jedoch nicht. Es ist gerecht, daß jeder einzelne dazu beiträgt, die Ausgaben des Staates zu bestreiten, aber es ist überhaupt nicht gerecht, daß er die Hälfte seines jährlichen Einkommens mit dem Souverän teilt. Bauer, Bürger und Edelmann müssen in einem gut verwalteten Staat in den Genuß der Mehrheit ihrer Einkünfte kommen und nur einen Teil davon dem Staat abgeben[43].«

Der Staat floriert also und niemand beklagt sich über das Regime, das er errichtet hat, vorausgesetzt, daß das Gleichgewicht erhalten bleibt. Die wohldurchdachte Dosierung zwischen der Summe der Erzeugnisse und der Zahl der Verbraucher muß gewährleistet sein, damit das Gebäude seine Standhaftigkeit bewahrt.

4. Berlin, Metropole der Aufklärung

Am Ende des 18. Jahrhunderts gelangt die Aufklärung in Berlin zu ihrer vollsten Blüte. Die Hauptstadt der Hohenzollern beginnt in Europa eine Rolle zu spielen; hier residieren die hohen Funktionäre und die Botschafter; Schulen, Akademien und Verlagshäuser sind hier der Anziehungspunkt für kultivierte Männer; die Entwicklung der Industrie und des Handels vergrößert hier den Wohlstand des Bürgertums. So entsteht neben Adel und Rentnern, deren Einkünfte nicht gestiegen sind, eine neue Gesellschaft. Sie vereinigt außerhalb des Kreises, in dem man sich langweilt, die Leute, die sich amüsieren. Selten hat man miterlebt, wie Vergangenheit und Zukunft sich so in der Gegenwart begegnen, ohne sich zu vermischen. 1803 schreibt Madame de Staël: »Kein Anblick gleicht dem von Berlin. Man kann diese Stadt, inmitten von Norddeutschland gelegen, als Foyer seines Geistes bezeichnen. Man pflegt hier Natur- und Geisteswissenschaften, und bei den Diners, bei Ministern und woanders zwingt man sich nicht zur Trennung der Rangstufen, die so schädlich für Deutschland ist, und man versteht es, die Talente aller Klassen zu versammeln. Diese glückliche Mischung reicht jedoch noch nicht bis zur Gesellschaft der Frauen: es gibt einige, die mit ihren Eigenschaften und Vergnügen alles um sich scharen, was sich unterscheidet; aber im allgemeinen ist die Gesellschaft der Frauen in Berlin, wie auch im übrigen Deutschland, nicht besonders mit der der Männer verquickt . . .«

»Es gab nur eine kleine Anzahl von Männern in der Berliner Gesellschaft, was fast immer diejenigen verdirbt, die anwesend sind, weil man ihnen den blinden Eifer und die Gefallsucht nimmt. Die Offiziere, die Urlaub bekamen, um einige Monate in der Stadt zu verbringen, wollten nur tanzen und spielen. Die Mischung beider Sprachen beeinträchtigte die Konversation, und die großen Versammlungen weckten in Berlin nicht mehr Interesse als in Wien . . . Dennoch, die Pressefreiheit, die Zusammenkunft intelligenter Männer, die Kenntnis der deutschen Literatur und Sprache, die sich in letzter Zeit ganz allgemein verbreitet hat, das alles machte aus Berlin die wirkliche Hauptstadt des neuen, des aufgeklärten Deutschland[44].«

Die Metropole zählt im Jahre 1712 50 000 Einwohner, in der Mitte des Jahrhunderts 108 000 und 1799 fast 140 000, abgesehen von einer Garnison mit ungefähr 45 000 Personen[45]. Sie hat sich unter dem starken Einfluß Friedrichs II. entfaltet und verwandelt. Östlich der alten Bezirke Cöln und Werder, jenseits der Spree, deren dunkles Gewässer das alte, monumentale und düstere Schloß umgibt, ist eine neue Stadt entstanden, mit breiten, sich rechtwinklig kreuzenden Straßen und hellen Fassaden; manchmal hat man die älteren Gebäude einfach nur mit diesen regelmäßigen und einheitlichen Fassaden[46] versehen; die Ungeduld des Königs bedingte es, daß man nicht immer für die Ewigkeit baute, aber das Ziel ist erreicht. Die Stadt wirkt großzügig und erstrahlt im Sonnenschein. Zwischen den von französischen Refugiés angelegten Gärten in Moabit im Norden der Stadt und den Arbeiterbezirken am Hallischen Tor im Süden wird der Verkehrsstrom auf breiten, parallellaufenden Adern gelenkt. Die Leipziger Straße mündet in den oktogonal angelegten Platz am Potsdamer Tor; die »journalière« setzt hier jeden Tag um sechs Uhr nachmittags vor den Zollschranken die Reisenden ab, die mittags in Potsdam losgefahren sind[47]. Auf der Allee »Unter der Linden« gelangen die Spaziergänger zum »Quarré«; von hier fahren die Fiaker nach Charlottenburg, wo die königliche Familie ihre Sommerresidenz hat; alte Megären mit runzeligen Gesichtern, gänzlich verschieden von den liebenswürdigen Soubretten, die in Paris Erfrischungen verkaufen, bieten hier ihre Brötchen und Würstchen feil[48].

In ihren neuen Häusern langweilen die Reichen sich nicht so wie es bei Hofe geschieht. Sie überlassen es den Alten, Offizieren und Rentnern, nach den überlieferten Bräuchen zu leben. Diese vermitteln den Reisenden den Eindruck, daß der Fortschritt des Luxus sich in Berlin langsamer vollzieht als woanders[49]. Sie leben abgeschlossen unter sich und verlassen ihre Wohnung nur mal am Sonntag, um bei Richard im Tiergarten Kaffee zu trinken, unweit des regen Treibens in den Zelten. Die Damen stricken, die Herren rauchen Pfeife[50]. Im Winter gehen sie mittags auf den Weihnachtsmarkt. Gegen Abend wird der Markt, der in der Altstadt gegenüber dem Rathaus stattfindet, von den kleinen Leuten überschwemmt. Die Konditoren stellen dann ihre Meisterwerke, Miniaturreproduktionen der Freyenwalder Fontäne oder der Pichelsdorfer Bucht aus Zucker und Blätterteig, zur Schau[51]. Einmal im Jahr, während der Karnevalszeit im Januar, wagen sich die besonders Unternehmungslustigen in die »Redoute«, auf den großen Maskenball, dessen verrücktes Treiben bis Mitternacht dauert[52].

Ins Theater wagen sie sich nicht. In der Oper, die nur von königlichen Subventionen existiert, sind die Plätze kostenlos. Die Vorstellungen beginnen um 5 Uhr und enden um 8 Uhr; das Parterre ist für die Garnison reserviert. Das Berliner Theaterpublikum liebt nur Stücke voller »Abenteuer, Streit, Ohnmacht, Sturm und Drang, voller Komplikationen und Coups de Théâtre, oder aber tränenreiche Komödien, in denen jede Intrige sich nur um Lamentationen dreht«[53].

Empfänge sind für diese Unglücklichen Frondienste. Ob es sich um eine bloße Einladung zum Kaffee handelt, oder um ein »Fest«, zu dem man lange im voraus schriftlich eingeladen wird[54], die Zeremonie ändert sich nicht: »Gegen 7 Uhr[55] treffen allmählich die Damen ein, eine nach der anderen. Diejenigen, die bereits im Halbkreis beiderseits des Sofas sitzen, erheben sich, und die ankommende Dame macht mit großem Zeremoniell einen Knicks für die ganze Gesellschaft, die ihn erwidert. Dann nähert sich die Gastgeberin dem Gast, nimmt ihn bei der Hand, und die Vorstellungen beginnen . . . Man macht sich gegenseitig Beteuerungen bezüglich des Platzes auf dem Sofa, dann setzt man sich. Die Herren erscheinen nur an der Tür und bezeugen den Damen ihre Gunst, indem sie sich ehrwürdig verbeugen. Man trinkt Kaffee, strickt Strümpfe für seinen pathetischen Gemahl[56], man unterhält sich mit eisiger Miene mit seiner Nachbarin zur Linken oder (indem man sich – nicht ohne Komik – einen Ausdruck größter Liebenswürdigkeit aufsetzt) mit seiner Nachbarin zur Rechten, die man bereits kennt. Gesprächsthemen sind im allgemeinen der Klatsch in der Stadt, Mode oder Fragen der Wirtschaft; man bezeugt bei passender Gelegenheit großes Interesse für die Abwesenden, die einem völlig gleichgültig sind etc. Aber man kann sich nur selten über Theater oder Literatur unterhalten. Eine Frau, die es wagen würde, sich für diese Themen zu engagieren, bliebe ganz allein mit ihrem Beitrag, und ein mitleidiges Schweigen würde sie daran erinnern, daß sie eine Unschicklichkeit begeht.«

Das Spiel ist die einzige Zerstreuung für diese Leute, die sich bei den verschiedenen Empfängen immer wieder unter sich treffen: »Lomber, Whist und Quadrille vereinen die Spieler zu Partien, bei denen man vor Ungeduld und Langeweile stirbt, weil es immer einen Dritten oder Vierten gibt, der einen Fehler nach dem anderen begeht.« Man lauert auf den Diener, der endlich zum Essen bittet. Aber letzterer bewegt sich schleppend, stumm und ohne

Interesse, denn die Tischgenossen haben keine Kultur. Und wenn man sich schließlich um 10 Uhr abends verabschiedet, verläßt man das Fest mit der einzigen Befriedigung, seine Pflicht getan zu haben.

Von dieser Gesellschaft heben sich die Leute ab, die um 2 Uhr nachmittags essen[57], die Tee statt Kaffee trinken, die den Sonntag in Pichelsdorf oder woanders verbringen[58]; Leute, die Picknicks oder Tanzveranstaltungen organisieren[59], im Sommer aufs Land fahren und nur leben, um sich zu amüsieren!

Diese Neureichen machen zu viel Aufhebens von ihrem Luxus. Sie tragen im Sommer zwischen sechs und acht Uhr abends »Unter den Linden« die extravaganteste Garderobe zur Schau. Sie manifestieren eine überschwengliche Freude, wenn sie sich begegnen, umarmen und bewundern sich, nur, um die Aufmerksamkeit der Spaziergänger, Kavaliere und Herren auf sich zu lenken, deren prächtige Kutschen in den vier Seitenalleen umherfahren. Sollte es die einzige Beschäftigung der »aufgeklärten« Frauen sein, morgens vor den Witwen vom Stande zu paradieren, die am »Kreisel« im Tiergarten auf den Bänken in der Runde sitzen, und abends die Frisuren und Spitzen »Unter den Linden« zur Schau zu tragen[60]?

Sie frequentieren auch Salons, die sich von denen der offiziellen Gesellschaft sehr unterscheiden. Man empfängt dort jeden! Adelige werden mit offenen Armen aufgenommen, Intellektuelle ohne Mißtrauen betrachtet und Schauspieler so behandelt, als seien sie nicht seit Jahrhunderten aus der Menschheit verbannt. Hier verehrt man Juden, und Fremde werden wie Polyglotten vergöttert, die glücklich sind, ihre Talente anbringen zu können. Frauen mischen sich unter Männer, und die Gruppen bilden sich und lösen sich auf je nach Konversation! Die jungen Leute kommen und gehen, von einem Zimmer zum anderen, bedacht, von jedem als »charmant« bezeichnet zu werden; sie wechseln dauernd das Thema, reden viel ohne Inhalt, drängen sich jedem auf und werfen sich schließlich mit einer berechneten Nonchalance auf einen Diwan, »wo sie das Strickzeug der einen durcheinanderbringen und mit dem Fächer der anderen spielen, ein Bonmot anbringen und bei jeder Gelegenheit ihren Wieland zitieren«[61]. Die Hausherrin bereitet den Tee im Salon selbst zu, während sie mit ihren Gästen spaßt[62]. Friedrich Schlegel plaudert bei Henriette Herz ungezwungen mit Dorothea Veit, in die er verliebt ist. Niemand hat dagegen etwas einzuwenden, obwohl sie verheiratet ist und ihren Mann zum großen Entsetzen der Bourgeoisie, Sklavin der Moral, verlassen hat.

Unterdessen wird die Bevölkerung, die mit Hilfe ihrer intellektuellen Fähigkeiten den Ausschweifungen noch nicht Einhalt zu bieten vermag, allmählich durch den Luxus demoralisiert. Auf allen Stufen der sozialen Hierarchie richtet die Bemühung um Prunk üble Schäden an. Die kleinen Beamten verschulden sich oder leben in erbärmlichen Verhältnissen, um mehr scheinen zu können. Sie verkaufen ihr altes Silbergeschirr aus Familienbesitz und erwerben Doublées, die größeren Eindruck machen. Die Frauen fordern seltene und teure Blumen für ihr Haar und kostspielig möblierte Salons für die Empfänge, aber sie vernachlässigen ihre Kinder. Sie betrügen hemmungslos ihre Ehemänner, um sich den für sie unerläßlichen Luxus zu verschaffen. Die Frauen aus dem Bürgertum tragen Federhüte statt der einstigen Spitzenhäubchen und bezeichnen sich mit Madame oder Mamsell, statt mit Frau oder Jungfrau. Die Domestiken legen ihr Livrée sofort nach dem Dienst ab und kleiden sich modisch, mit seidenen Unterkleidern. Man kann sie sonntags auf der Straße unmöglich vom gehobenen Publikum unterscheiden, denn auch sie umarmen sich, wenn sie sich begegnen, laden sich zu Picknicks ein oder irren durch die Stadt auf der Suche nach Abenteuern[63].

Die Ausschweifungen nehmen rapide zu. Der Anteil der unehelichen Geburten beträgt in Berlin 11%, in Leipzig und Jena 14%, in Göttingen 16% und in München 25%[64]. In Dresden, wo unerbittliche Korrektheit herrscht, »sucht jeder junge Mensch, vom Tambour an bis zum unverheirateten Kammerherren hinauf, ein Mädchen auf seine eigene Hand zu bekommen[65], weil es hier keine öffentliche Abtr* giebt ... Die sächsischen Mädchen haben ein gar sanftes, menschenfreundliches, zärtliches Herz, und lassen ihre Liebhaber nicht lange girren. Auf diese Art finden beyde Geschlechter, was sie suchen, unter vier Augen; ... Die Anzahl der lüderlichen Häuser ist aus dem Grunde nach Verhältniß der Größe der Stadt klein, und sie werden nur von den allergeringsten Ständen, gemeinen Soldaten, Schiffern, Handwerksburschen usw. besucht.«

In Berlin zählt man im Jahre 1798 658 Bierverkäufer, 53 Inhaber eines Cafés und 140 Gastwirte, d. h. auf 164 Einwohner fällt 1 Schankwirt[66]. Viele Gaststätten »bieten ihren Kunden für wenige Groschen Musik, Tanz und Mädchen«. Diese bewohnen oft zu zweit oder zu dritt kleine Unterkünfte. Man trifft sie auch in jenen von der Polizei geduldeten Häusern, die so abwechslungsreich sind, daß man nur in Amsterdam so pittoreske und in Paris so luxuriöse finden würde. Eins der elegantesten Hotels der Stadt ist das Hotel von der Schulitz; die Möbel beweisen besonderen Schönheitssinn, und das Geschirr ist aus Silber. Die schönsten Mädchen der Welt sind hier eine angenehmere Gesellschaft als bei der in Paris so renommierten Gourdan[67].

Verschmäht man die Ausschweifungen, wenn sie einem so einfach gemacht werden? Die Stadt wimmelt von arbeitssuchenden Domestiken, müßigen Soldaten und Trödlerinnen, die Zugang zu den besten Familien haben. Sie überbringen der Dame die süßen Briefe und Geschenke des Anbeters. Sie geben vor, den Bürgerlichen die Spitzen abzukaufen, die sie selbst herstellen; der Ehemann weiß also, daß seine Frau Geld verdient und wundert sich nicht, wenn sie neuen Schmuck trägt. Sie vermieten Zimmer an Liebhaber und flüstern deren Adressen der Schönen ins Ohr, die, wenn es so weit ist, ruhig weggeht, »um eine Freundin zu besuchen[68]«.

Nein, Vorurteile sind in Berlin wirklich nicht mehr angebracht. »Es wäre immer noch glücklich«, schreibt ein Zeitgenosse, »da einmal in einer großen Stadt Ausschweifungen nicht zu verhindern sind, wenn es nur bei dieser Art derselben bliebe: aber so hat leider auch der italienische Geschmack hier Eingang gefunden. Wenn, wie Herr von Archenholz sagt, es ein Beweis von Verabscheuung der Päderastie unter den Engländern seyn soll, daß die Mannspersonen sich nie küssen: so ist das ein schlechtes Zeichen für Berlin, denn nirgends hab' ich diesen Gebrauch so allgemein und beynahe auf einen unangenehmen Grad gefunden, als hier[69].«

Trotz seiner Laster ist Berlin natürlich keine Weltstadt wie Paris oder London. Aber sie spielt in Preußen und Deutschland schon die Rolle einer Hauptstadt; ihre Ausstrahlung reicht bis zu allen Ländern, die von der Aufklärung berührt sind, und macht erst dort halt. Hier suchen die Opfer der Vorurteile, wie Fichte, Fessler und die vielen Märtyrer, Zuflucht. Berlin ist Mittelpunkt der Mode und des Mondänen, nach dem man sich ausrichtet, statt das entfernte Paris zum Vorbild zu nehmen. Aber die Philosophen, die sich hier wohl fühlen, werden ständig daran erinnert, während sie an ihren sozialen Reformen arbeiten, daß Berlin von den Hohenzollern und für sie geschaffen wurde.

4. Kapitel:
Die Arbeitsweise des Systems

I. Die großen Pressekampagnen

1. Der Kampf gegen die Vorurteile

Wenn man die umfangreiche Presse studiert, deren Kampagnen tatsächlich Reformen bewirken, kann man am besten ersehen, wie das System der Aufklärung funktioniert. Um die Leser daran zu gewöhnen, sich Gedanken zu machen, wählen und kommentieren die Journalisten Lokales, denunzieren den Aberglauben oder die Gewohnheiten, die so viele biedere Bürger blenden, und mokieren sich ohne Böswilligkeit über ihre unangenehmen Erlebnisse.

Ein Barbiergeselle aus Wesel gerät zum Beispiel aus heftiger Leidenschaft auf Abwege und muß 14 Taler Schulden machen. Um zu Geld zu kommen, weiß er sich keinen besseren Rat als sich dem Teufel zu verschreiben. Er schreibt daher Satan einen Brief und läßt ihn in seinem Zimmer liegen, damit er ihn unterschreibt. Doch der Vater liest den Vertrag; der arme Junge muß dann eine nicht unbeträchtliche Strafe abbüßen und bei seinem Beichtvater die Absolution einholen[1].

Ein Schmiedelehrling verzweifelt, weil sein nagelneuer Blasebalg nicht funktioniert. Ein Nachbar hat ihn sicher behext. Der Lehrling rennt zum Pfarrer, der nichts damit zu tun haben will. Also appelliert er an die Franziskaner: »Sofort eilt einer von ihnen mit Stola, Weihwasser und Gebetbuch und allem herbei, was man benötigt, um den Teufel auszutreiben. Durch Handbewegungen deutet er so gut wie möglich die Vertreibung an, wirbelt mit seiner geheiligten Kunst viel Luft auf, aber immer außerhalb des Balgs, der nach wie vor, trotz aller Bemühungen, nicht den geringsten Wind komprimiert.« Da kommt der Meister plötzlich dazu und entdeckt ein Loch im Balg[2]. Ein anderer holt einen Jesuiten, der die Blattläuse aus dem Garten vertreiben soll. Eine Frau gerät durch die Ankündigung eines Erdbebens so in Erregung, daß sie für den Rest ihres Lebens krank wird; die Erde jedoch bewegt sich nicht[3]. So häufen sich die Beispiele für Schäden, die aus Dummheit verursacht werden, und bei jedem, der sie erwägt, erfolgt eine Selbstbesinnung, die der Philosophie neue Anhänger verschafft.

Man plädiert für eine Reform des Strafrechts und die Milderung der Sanktionen[4]. Man beglückwünscht sich dazu, daß endlich auch die Schauspieler Zugang zu den Salons und Lesezirkel haben; es ist nicht mehr angebracht, diese »Kommödianten« fernzuhalten und zu verachten, die auf der Bühne den Werken der Vernunft zum Sieg verhelfen und deren Wandertruppen neue Ideen verbreiten. Forster findet Anklang, als er seiner Verlobten Therese Heyne schreibt: »Ich hasse alles, was der Freiheit in den Weg tritt, was einer Knospe, einem Keim verbietet sich zu entwickeln, Blüthen und Früchte zu tragen. Ich sehe nicht ab, warum ein Mädchen nicht lesen, schreiben, reden, denken kann, was und wie sie will, so lange sich Alles dies mit ihrem Gewissen und ihrem Gefühl reimt[5].« Überall wird die Rolle der Frau in der Gesellschaft diskutiert: Soll man ihr, aus Respekt vor dem Gesetz der Natur, das die Geschlechter unterschieden hat, männliche Beschäftigungen verbieten und sie an den Herd und zu ihren Kindern zurückschicken? Ist die Frau des Nordens im Gegensatz zu ihrer Schwester in den Mittelmeerländern wirklich für die Politik ungeeignet[6]? Oder muß man ihr nicht ganz im Gegenteil in der Gesellschaft, in der Politik und sogar in der Liebe dieselben Rechte zugestehen wie dem Mann[7]?

Man protestiert gegen die Grausamkeit, mit der die Bevölkerung sich über die Leichen der Selbstmörder ereifert. Niemand will sich ihnen nähern, weil die Religionen diese Unglücklichen als Verdammte betrachten. In vielen Regionen besteht noch der Brauch, den sterblichen Überresten den Prozeß zu machen[8]. Ihre Bestattung geht fast nie ohne Zwischenfälle ab. In Düsseldorf will die Menge im Jahre 1784 der Leiche eines ehrenhaften Bergwerksbeamten den Friedhof versagen, weil er sich erhängt hat. Die Regierung muß Soldaten zur Intervention herbeirufen[9]. In Sachsen muß man einen richtigen Aufstand niederschlagen, der von Leuten geschürt wurde, die den Leichnam eines Unglücklichen ausgraben und vom Friedhof verbannen wollen, der bei hohem Fieber Selbstmord begangen hat. In Preußen wird in einem Sondererlaß das geheime Begräbnis dieser Verdammten angeordnet; es ist dies die einzige Möglichkeit, ihnen eine angemessene Bestattung zuzusichern. Doch welch ein Sieg für die aufgeklärten Menschen, als sie auch in dieser Beziehung die Vorurteile schwinden sehen[10] und am hellichten Tage der Beerdigung zweier Selbstmörder in Goslar und Schauen beiwohnen können!

Die Aufklärung rechnet bei ihrem Kampf gegen den Aberglauben mit der Unterstützung der Kirchen. Wenn die Religion selbst für viele Gläubigen nur Aberglaube ist, so kann man sie läutern, von irrationalen Elementen befreien und den verschiedenen Konfessionen, die sich vorher bekämpft haben, ermöglichen, in Zukunft in gutem Einvernehmen zu leben.

Sie werden jede Verfolgung verurteilen und nur noch in Toleranz rivalisieren[11]. Die Pfarrer sind Verbündete, deren Dienste man immer mehr in Anspruch nehmen sollte. Warum sollte man ihren Einfluß nicht steigern und sie nicht in ihrem Kampf gegen religiöse Gleichgültigkeit unterstützen? Man muß ihnen eine nützliche Aufgabe im Leben des jeweiligen Ortes übertragen. Statt sie durch Lehrer und Polizisten zu ersetzen, wie es manche vorschlagen, sollte man lieber Lehrer aus ihnen machen, um keine Polizisten mehr zu brauchen. Man könnte ihnen zwei Stunden täglich die moralische Erziehung der Kinder übertragen. Sie ließen sich nicht so leicht abschrecken wie man glaubt: ein schrecklicher Gestank herrscht in den Räumen, wo die Schüler sich aufhalten und so sie oft mit dem Lehrer und seiner Familie die Nacht verbringen. Doch der Pfarrer kann dort rauchen und bei nicht zu großer Kälte die Fenster öffnen lassen! Außerdem ist so eine Atmosphäre nicht ungesund, zumal auch sehr alte Leute in ihr leben und sich wohl fühlen[12].

Man könnte auch die Theologiestudenten anhalten, einige juristische Grundkenntnisse zu erwerben. Sie könnten dann die Funktion von Friedensrichtern für das höherer Wohl ihrer Schäfchen und die mit Arbeit überlasteten Tribunale ausüben. Sie könnten sich auch einige medizinische Kenntnisse aneignen. Der Pfarrer wäre dann in der Lage, eine Diät zu verschreiben, einen Aderlaß zu machen oder gar eine Bäuerin zu entbinden. Er würde gegen den Mißbrauch der auf dem Lande so tödlichen Allheilmittel kämpfen und vorteilhaft den Heilpraktiker ersetzen, und die Theologie würde wieder das werden, was sie sein sollte: die Mutter aller Wissenschaften[13].

Viele Pfarrer lassen sich von diesen Ideen inspirieren. Forsters Vater sammelt Heilkräuter und übernimmt ständig die Verteidigung der Bauern in seiner kleinen Gemeinde in der Nähe von Danzig[14]. Schellings Vater bereitet sich für den Unterricht orientalischer Sprachen vor und übt gleichzeitig gewissenhaft seinen Beruf als Landpfarrer aus[15].

Ist aber das Durchschnittsniveau des Klerus hoch genug, um

solche Reformen realisieren zu können? Es würde außerdem nicht genügen, nur die Rolle des Pfarrers abzuwandeln. Man müßte auch die oft altmodischen Riten den Erfordernissen des modernen Lebens anpassen. Die aufgeklärten Juden dienen als Vorbild, als sie die Vorschriften des mosaischen Gesetzes verwerfen. Worauf warten die Katholiken? Um auf die Mitternachtsmesse, Auslöser so vieler Erkältungen, zu verzichten; um die Vorschrift abzuschaffen, daß man nüchtern zur Kommunion gehen muß, im Winter, wo man beim Kirchgang vor Kälte fast zusammenbricht; um den Nachmittagsgottesdienst zu verlegen, weil er die Verdauung beeinträchtigt? Müßten sie nicht auch bei schlechtem Wetter den Gottesdienst absagen, wenn die Glocken den Blitz auf den Gläubigen lenken könnten, und könnten sie nicht auch, da doch die Juden in der Synagoge eine Kopfbedeckung tragen, den Leuten, deren Gesundheitszustand es erfordert, das Tragen eines Hutes gestatten? Die Ventilation in den Kirchen müßte besser funktionieren. Der Durchzug ist tödlich; außerdem atmet man die Ausdünstungen der aus vollem Halse singenden Menge ein und die Emanation der unter den Fliesen bestatteten Leichen[16].

Die Katholiken sollten die Zahl ihrer Festtage und die Verpflichtung, nicht zu arbeiten, einschränken, wenn das günstige Wetter dem ohnehin mit Frondiensten überlasteten Bauern ermöglicht, seine Ernte einzubringen. Er würde dann nicht mehr den trügerischen Versprechungen des Werbers Gehör schenken und auch nicht mehr in die Ebenen Rumäniens oder Ungarns auswandern, so die Landwirtschaft Arbeitskräfte braucht und man nach Belieben arbeitet[17].

Die Kritik führt so manchen Deisten zum Atheismus. Er posaunt ihn nicht aus, aber in Preußen braucht er sich nicht zu verstecken. Fessler flüchtet nach dem Tode Josephs II., der ihn in Österreich (1782) protegierte, nach Preußen und reformiert dort die königliche Loge York. Fichte erhielt eine Aufenthaltsgenehmigung in Berlin, nachdem er Jena verlassen mußte, wo man ihn des Atheismus bezichtigte[18].

In der Hauptstadt stimmt man der Meinung Wekhrlins zu, der bekundet: »Laßt uns die Zweifler dulden! Die Schwierigkeit, meynst du, Hermaeus, zwischen Deisten und Atheisten, läuft darauf hinaus: bis zu welchem Grad der Wahrscheinlichkeit läßt sich behaupten, daß in der Welt eine Ordnung ist, eine solche Ordnung, welche eine verständige Ursache ankündigt? – Dies ist nun bloß eine Affäre des Kalküls. Und folglich bleibt es der Vernunft lediglich – und von Rechts wegen – überlassen, hier nach ihrer Einsicht zu entscheiden, oder – zu zweifeln . . . Erkenne, Jüngling, wie thörricht, wie unfruchtbar es ist, über das Woher und Warum der Dinge zu streiten, da Ordnung zu finden, wo Finsternis ist; und lerne die Zweifler dulden[19].«

2. Der zunehmende Luxus und die Antiluxusgesetze

Die Philosophen machen sich Gedanken über den rapiden Fortschritt des Luxus seit dem Ende des Siebenjährigen Krieges. Sie möchten gern, daß an die Stelle des Geburtsadels der Geistesadel tritt, und nicht eine gemeine Plutokratie. Doch die neureichen Bürger stellen ihr Vermögen gern zur Schau. Das *Journal des Luxus und der Moden* zeigt ihren Frauen Modelle von Kleidern, Fächern und neuen Möbeln; es macht Angaben über die Diamantenkurse, die wegen der Verkäufe der französischen Emigranten fallen; es veröffentlicht lange Aufstellungen der namhaftesten Parfüms, Moschus und Ambra[20]. Die Kinder studieren, lernen Fremdsprachen und lesen Kant. Die Reisen sind keine Notwendigkeit mehr, sondern ein Vergnügen; die Sommerferien auf dem Lande werden zum Bedürfnis; man würde sich etwas vergeben, wenn man das Land nicht aufsuchte. Die Badeorte vermehren sich, und alle Zeitungen rühmen ihre Schönheiten[21].

Wenn man annimmt, dem Verfall der Sitten mit Hilfe von Luxusgesetzen Einhalt gebieten zu können, so setzt das ein großes Vertrauen in die Allmacht der Gesetze voraus. Die Herrscher sind diesbezüglich skeptischer als die Journalisten. Sie setzen die Grenzen zwischen Anstand und Anstößigkeit auf dem Gebiet der weiblichen Garderobe und Frisuren nicht durch Dekret fest[22]. Sie schreiben den Deutschen nicht diese einfache und praktische Nationaltracht vor, die mehrere Reformatoren so leidenschaftlich den Trachten der französischen Mode vorziehen. Diese respektiert nicht die von der Natur vorgegebene schöne Figur der Frau, ganz im Gegenteil, sie macht sich darüber lächerlich, indem sie nach und nach die »Culs de Paris«, falsche Brüste, falsche Schultern und sogar falsche Bäuche aufzwingt! Alle sind sich in der Kritik des schlechten Geschmacks der Franzosen einig. Es ist viel schwieriger, über das Aussehen der neuen Tracht zu einer Übereinstimmung zu gelangen[23].

Als man jedoch daran geht, die hohen Ausgaben einzuschränken, die so viele bescheidene Familien ruinieren, zeigt sich der Gesetzgeber weniger störrisch: »Vor fünf oder sechs Jahren«, schreibt das *Deutsche Museum* 1786[24], »begannen einige vernünftige Leute in Bielefeld auf eigene Initiative, die Trauerkleidung abzuschaffen. Sie waren die ersten. Man muß sich vorstellen, wem sie sich exponierten: man betrachtete sie mit offenem Mund; man sprach über sie, indem man sie streng kritisierte; man verspottete sie und jammerte über sie. Vor zwei Jahren folgte eine Gesellschaft in Osnabrück ihrem Beispiel. Letztes Jahr hatte die Familie Rottwitt in Mainz als erste den Mut, keine Trauer zu tragen; die Familie Tosetti in derselben Stadt folgte ihr; die Remi in Bendorf und eine ganze Gesellschaft in Hameln handelten genauso.« Man wartet nun auf ein landesväterliches Edikt, das in ganz Hessen-Kassel diese unsinnige Verschwendung einschränkt. Die vernünftigen Leute werden jedoch nicht auf die Verkündung warten, um vernünftig zu handeln[25].

Die Bewegung ist in Wirklichkeit schon etwas älter. Die Lesezirkel oder besondere Gruppen, die in demselben Milieu entstehen, unterstützen die Einzelinitiative[26]. Die Regierungen billigen diese Kampagne aus Gründen, die in den Dekreten dargelegt werden; die neureichen Bürger haben begonnen, sich durch den Pomp ihrer Zeremonien zu unterscheiden. Der Adel in den Kleinstädten vor allem glaubt sich nun verpflichtet, noch mehr zu glänzen; bei diesem kleinlichen Spiel ruinieren sie sich zumindest genauso wie die Bauern und Handwerker, die sich von derselben Strömung mitreißen lassen. Die Edikte, die das Darbieten des Luxus nicht nach Reichtum, sondern sozialem Rang proportionieren, bringen, Gott sei Dank, eine Quelle unnötiger Ausgaben zum Versiegen, aber sie beseitigen kein Vorurteil, wie die Journalisten zu glauben belieben.

Die ersten Einschränkungen des »widernatürlichen« Luxus bei Taufen, Hochzeiten und Beerdigungen scheinen 1774 in Frankfurt am Main erfolgt zu sein. Die Deutsche Chronik beglückwünscht sich, daß diese unmoralischen »Orgien« endlich ein Ende haben[27].

Seit 1778 häufen sich die Edikte: Joseph II. untersagt 1784 Traueressen und Hochzeitsmahl, da es wichtiger ist, seinen Haushalt einzurichten, als das ganze Geld für die Gäste auszugeben[28]. Aber die größte Engstirnigkeit besteht hinsichtlich der Trauer; besonders dagegen wollen die aufgeklärten Leute und die Edikte ankämpfen: von nun an tragen Kinder unter 14 Jahren keine Trauer mehr. Die große Trauer in den ersten sechs Wochen wird abgeschafft, die besondere Perücken, Schuhschnallen und schwarze Degen vorschreibt. Der Adel behält das Recht auf Trauerkleidung, aber nur für sechs Wochen und für die nächsten Verwandten. Die anderen müssen sich mit einer Armbinde oder einem schwarzen Band im Haar der Frauen begnügen. Zum Ausdruck ihrer Trauer brauchen die Bürger nur täglich ihre Sonntagskleidung anzuziehen, die sie normalerweise nur zum Kirchgang anlegen. Allen ist untersagt, ihre Domestiken mit Trauerkleidung zu versehen, Klageweiber bei den Beerdigungen zu bezahlen und die Leichen »in Seide oder andere kostbare Stoffe[29]« zu hüllen.

Särge aus Eiche oder schwerem Holz und schmiedeeiserne oder silberne Ornamente darauf sind ebenfalls verboten. Wekhrlin geht in seiner utilitaristischen Gesinnung sogar soweit, den Sarg überhaupt abzuschaffen: »Nehmen wir irgendein Land für uns – zum Beispiel das Herzogtum Wirtemberg – wo beide Fälle, Menschenmenge und Holzmangel, vorhanden. Wenn nun in diesem Lande jährlich 240 000 Bretter zu Särgen erforderlich sind, die doch auf immer verloren: so verschwendet der Staat innerhalb zwanzig Jahren, das ist innerhalb einer Generation, Zwo Millionen, Achtmalhunderttausend Bretter. Zu Geld gerechnet dürfte dieß eine Summe von Siebenmalhunderttausend Gulden betragen, die der Staat unter die Erde vergräbt ... Wie: wenn bei jeder Kirche – oder noch lieber an dem Ort, wo man die Gräber haben will – ... ein Leichenwagen gehalten würde, und in dem Häuschen, wo er stünde, zugleich einige Särge, große, mittelmäßige und kleinere, in Bereitschaft wären, von denen der zu dem jedesmaligen Leichnam passende auf den Wagen gesetzt, und so zum Leichenhauß hingefahren würde. Da höbe man dann den in grobe Leinwand eingehüllten Leichnam in diesen Sarg, führte ihn zu dem Ort, wo er eingescharret, und mit der mütterlichen Erde bedeckt würde. Ein Paar Begleiter folgten nur, die die Pflicht, den Leichnam mit Erde zuzudecken, übernehmen müßten. Der Sarg würde wieder zurückgenommen und bliebe für immer brauchbar. Diß geschähe Alles in der Frühstunde, damit keine Arbeitsstunde verloren gienge und keine physische Kraft des Menschen zu nützlichern Thätigkeiten ungebraucht bliebe[30].«

Inwieweit diese Reformen durchgeführt wurden, läßt sich schwer feststellen. Das aufgeklärte Volk unterstützte sie; in Erlangen läßt sich der Professor von allen »intelligenten Patrioten« das schriftliche Einverständnis geben, beim Tode ihrer nächsten Verwandten nur eine Armbinde oder ein Hutband zu tragen und auf jede andere Manifestation zu verzichten. In anderen Orten gehen die »Gesellschaften« in der Art der Lesezirkel mit gutem Beispiel voran[31].

Aber die Persiflage der Ungläubigen, die den Tod nur vom Standpunkt der Staatsinteressen aus betrachten wollen, überzeugt nicht jeden. Es entwickelt sich eine Art Dialog: »Die vernünftigste Art, unsere Leichname von der Oberfläche der Erde wegzuräumen, ist wol diese, daß man uns verscharre, und uns in die Assemblee der Würmer und Maden, unsere Halbbrüder, einführte. Auf diese Weise leisten wir alle Nutzen, den man von uns fordern kann. Wir düngen die Erde.

Allein auch diese Quelle hat ein geheiligtes Vorurtheil verstopft. Wir müssen alle in eingemauerten Pläzen, als in einer alten Rüstkammer, aufbewahrt werden. Indessen wird durch diese Sonderbarkeit dem Staat ein großes Stück des besten Landes geraubt, von welchem sich viele Familien nähren könnten. Und was vollends den Schaden unersetzlich macht, ist dieses: durch die zusammengepreßten, von einem Windstoß plötzlich in die Höhe gejagten Dünste wird die Atmosphäre so vergiftet, daß der Wanderer in größere Gefahr gerät, als der Pilger nach Mekka, den auf den heißen Sandhügeln Arabiens der tödtende Wind einholt ... Unser philosophisches Jahrhundert hat die Freyheitsbriefe der Müßiggänger und Schwelger, die Feyertage, vernichtet ... Noch ist immer wenig gethan, wenn man die ungeheure Arbeit betrachtet, die übrig ist ...

Vielleicht erlebt schon das kommende Jahrhundert eine Reform unserer Leichenbegängnisse ... Wir wollen uns eine Stadt denken, in welcher ein Haufe von 18000 Menschenkindern wühlt. Wenn Süßmilchs Barometer richtig steigt und fällt, sterben davon jährlich 530. Also ist der unschuldige Tod Ursache, daß in dieser einzigen Stadt 530 Familien auf kurze oder lange Zeit ein Privilegium zum Faulenzen bekommen. Man rechne zu einer Familie sechs Personen. Danach ist fast der vierte Theil aller Einwohner in dieser Stadt für den Staat, für sich, seine Familie und für die ganze Menschheit Tod ... Man bedenke ferner, was jedes Kind weiß, daß sich der Tod nicht, wie ein reisender Gelehrter, in den Antichambren abweisen und auf eine bequemere Stunde vertrösten lasse, so kan oft durch eine eben so unsinnige als schädliche Ceremonie der Schaden verdoppelt werden. Denn es kan sich leicht fügen, daß der Kaufmann und Manufakturist gerade zu der Zeit neben der Urne seiner Mutter, wie ein Eremit vor seinem einförmigen Kruzifix sitzen muß, wenn sich ihm die beste Gelegenheit, seine Waaren vortheilhaft abzusetzen, zum ersten aber auch zum letztenmal darbietet ... Allein, diß sind noch nicht alle, auf welche der Hagel schlägt. Wird dieses Schattenspiel in öffentlicher Straße aufgeführt, so müssen alle nahen und Seitenverwandten, Nachbarinnen und Freundinnen, Hans und Kunz, sich versammeln und einen halben Weg mit Besuchung dieser Maskerade verschwenden. Diese Memmerey muß jeder mitmachen, der in seinem Leben nur einmal den Verstorbenen gesprochen ... Stirbt zum allgemeinen Frolocken des Landes der Gouverneur einer Provinz oder der Edelmann des Dorfes, so wird die ganze Gegend in Alarm gesetzt, und bey dieser Gelegenheit ein allgemeiner Paßbrief zum Zeitverschwenden ausgetheilt. Der häßlichste Akt folgt am Ende der Tragikomödie. Kaum ist der Verstorbene dem Orte seiner Bestimmung übergeben, so werden die Pokale aufgetragen und die Thränen von dem Geist des Weins erstickt. Es werden Ochsen geschlachtet, Schweine gebrühet, Kälber gebraten und Kapaunen, Hüner, Phasanen und Auerhähne in Menge herbeygeführt, um mit dieser Mahlzeit die Zirbeldrüse zu verstopfen. In dem Hause, in welchem vor einer Stunde ein stummer Schmerz ächzte, erschallt nun das Geschrei der Betrunkenen. Der schwarze Boy, welcher die freudigen Wände bedeckt, wird nun mit dem Überfluß des Magens bedeckt[32].«

»Der brave Deutsche schüttelt jedoch energisch den Kopf. Zweifellos will man nur seine Eitelkeit unter Beweis stellen, indem man seine Wohnung in Schwarz hüllt, und einen verabscheuten Gottesdünkel, indem man sich wegen des Verlusts eines Familienmitglieds mit der Farbe der Nacht bekleidet. Zweifellos sind die erkauften Totengesänge, die Lobreden, die Elegien und all diese Dinge niedrig und zu verabscheuen. Aber muß man die Flinte ins Korn werfen? Müssen wir auch das beseitigen, was uns allein noch aus der Trägheit und Sinnlichkeit retten kann? Der Trauerzug wird also nicht langsam und ernst vor uns vorbeiziehen; die Totenglocke wird nicht läuten, die Totengesänge werden nicht mehr vor unseren Wohnungen widerhallen; das starre Schaufeln des Totengräbers wird uns nicht mehr erschrecken, und der ausdruckslose Schädel, die Skelette, die verfaulten Bretter der Särge auf den Friedhöfen werden uns nicht mehr mahnen: daß es das Gesetz des Menschen ist zu sterben und daß danach das jüngste Gericht erfolgt[33].«

Viele Verordnungen setzen einen Zeitraum von zwei oder drei Tagen zwischen Tod und Bestattung fest. Auf dem Lande und bei armen, sehr beengt lebenden Leuten ist es Brauch, den Leichnam nicht in dem einzigen Zimmer, in dem die ganze Familie wohnt, ruhen zu lassen. Die einzige Möglichkeit, sich der Realität des Todes bewußt zu werden, wäre, die ersten Anzeichen des Verfalls abzuwarten. Hufeland, Professor für Medizin in Jena, wiederholt das ausführlich für die Leser des *Teutschen Merkur*[34]. Andere stimmen ihm zu. Es werden so viele Fälle von lebendig Begrabenen zitiert! Ein Ableben kann sehr lange dauern, vor allem bei Kindern, die von konvulsiven Krankheiten befallen sind, bei Alkoholikern und Opiumamateuren. Die Gefahr bedroht auch die Juden, die ihre Toten einige Stunden nach dem Hinscheiden begraben. Daher betrifft sie das erste Edikt dieser Art ganz besonders. 1772 befiehlt ihnen der Herzog von Mecklenburg-Schwerin, einen Zeitraum von drei Tagen einzuhalten. Er eröffnet eine Debatte, die die Juden im Reich für zwanzig Jahre in zwei Lager spaltet und zahlreiche Schwierigkeiten hervorruft[35]. Die meisten Dekrete, die danach verkündet werden, unterscheiden jedoch nicht zwischen Christen und Juden.

Die »Untersuchung der priesterlichen Oberschulkollegien für Medizin und Gesundheit« in Preußen vom 31. Oktober 1794 enthält eine Fülle von Einzelheiten, die bewundernswert sind für die Gelehrten, die sie durchgeführt haben. Es wird darin geraten, nach Feststellung der acht üblichen Anzeichen für den Tod – Ausbleiben des Pulsschlags, der Atmung und Ausdünstungen, Kälte, Blässe, blaue Flecken auf den Partien, auf denen der Körper ruht, hängender Kiefer, offener After – außergewöhnliche Kontrollen vorzunehmen: »Man soll Pfeffer oder Salzwasser in den Mund des Toten geben. Man soll die Geschlechtsteile mit kaltem Wasser bedecken oder den ganzen Körper in heißen Wein, Bier, Wasser und Essig, in Salzwasser oder Waschlauge baden und ihn darin frottieren.« Dieses Verfahren wird insbesondere bei kleinen Kindern empfohlen. Vornehmlich bei Erwachsenen soll man tropfenweise aus möglichst großer Höhe kaltes oder kochendes Wasser auf Herz, Unterleib, Oberarm oder Nieren gießen; oder aber man soll ihnen Ammoniak in die Nase einflößen.

Da jedoch selbst diese Versuche nicht sicher sind, muß man im Sommer zwei oder drei Tage, im Winter drei bis fünf Tage den Verfall abwarten. Auf dem Lande kann man die Leichen je nach Saison in ein Zelt oder einen Stall legen. In der Stadt muß man besondere Häuser bauen.

Die Anwendung dieser Maßnahmen bedingt fast unlösbare Probleme. Man kann die Lebenden nicht mit einem Durcheinander belasten, das ihrer Gesundheit schadet. Die Errichtung von Leichenschauhäusern ist daher die einzige Lösung. Doch der Herrscher, stets geneigt zum Erlaß philantropischer Edikte, hat kein Geld dafür. So sind es wiederum private Gesellschaften, die auf den Friedhöfen solche Totenhäuser errichten lassen, wo die Leichen bis zu den ersten Verfallserscheinungen bewacht werden. Das perfekteste Modell findet man in Weimar: hier liegen acht Körper in einem großen Saal, der durch ein Rohrleitungsnetz unter dem Fußboden beheizt wird. Schnüre an den Hand- und Fußgelenken sind an eine Glocke im Nebenraum mit Glastür angeschlossen. Dort hält sich die Wache auf; sie wird von der geringsten Bewegung ihrer Pensionäre unterrichtet und verfügt über eine kleine Küche und ein Bad, um dem Erwachenden zu Hilfe zu kommen. Bei jeder Auferstehung erhält sie eine Prämie[36].

Meistens sind die Gesellschaften, die solche Häuser bauen, reich genug, um den Leichnam auch bei sich behalten zu können, und die Armen besitzen nichts für eine Bürgschaft. Auf dem Lande bräuchte man sehr viele Leichenschauhäuser, die die meiste Zeit leerstünden. Daher suchen die aufgeklärten Leute andere Lösungen; sie schlagen vor, im Rathaus einen Saal für diesen Zweck freizustellen, oder Schäferhütten; um den Bauern zu zwingen, sich mit dem Problem zu beschäftigen, raten sie, ihm Angst einzujagen, ihm klarzumachen, daß er eines Tages lebendig begraben werden könnte[37].

Daher strotzen die Zeitungen vor makabren Beschreibungen; bald mischen sich auch die Gelehrten mit seltsamen Bemerkungen ein: hält man den Zeitraum von drei Tagen ein, behauptet einer von ihnen, so kommt es fast nie vor, daß ein Toter wieder zum Leben erwacht; exhumiert man die Leichen, so stellt man dagegen sehr oft fest, daß sie sich bewegt haben. Muß man daraus nicht schließen, daß der Sarg oder die Erde selbst einen guten Einfluß ausüben? Der Geruch des Holzes kann viel wirksamer sein, zumal unter der Erde jede Verdunstung unmöglich wird. Und jeder weiß, daß ein frisch gepflügter Boden die Lungen und Nerven der Urlauber auf dem Lande stärkt; er heilt auch völlige Heiserheit und manche Kopfschmerzen; bestimmte trockene Böden, wie man sie in Ungarn findet, verhindern den Verfall. Man müßte also die Toten in Särgen aus Mischholz unter einer dünnen Erdschicht begraben, die Jahreszeit, die Art der Krankheit, die Qualität und Farbe des Holzes und die Erdbeschaffenheit notieren und die Gräber bewachen lassen, um jedem, der sich bewegt, sofort Hilfe zu leisten. So würde es nach einer Reihe von Versuchen gelingen, zum Wohle der Menschheit die Auferstehungsgesetze zu formulieren[38].

3. Die Kampagne gegen Kaffee und Tee

Die Kampagne gegen Kaffee und Tee ist vergleichbar mit der Kampagne zugunsten der Luxusgesetze. Sie wird von der Aufklärung im Namen der Hygiene geführt, aber die Fürsten billigen sie, weil sie ihren politischen Interessen nützt.

Der Kaffee ist wahrscheinlich von Franzosen gegen Ende des 17. Jahrhunderts nach Deutschland eingeführt worden. Der erste Ausschank findet 1696 in Nürnberg hinter dem Rathaus statt. 1710 wird er von Italien nach Wittenberg gebracht. Zehn Jahre später findet man ihn in ganz Sachsen und bald auch im gesamten Reich[39].

Seine Wirkungen sind am Ende des Jahrhunderts bekannt; er fördert der Verdauung, aktiviert den Organismus, bewirkt Transpiration und Urinlassen und macht munter. Er ist nicht ungesund, wenn man nicht zuviel davon trinkt; seit drei Generationen trinkt man ihn überall, und man fühlt sich wohl.

Nun bemühen sich aber zahlreiche Broschüren und Artikel am Ende des Jahrhunderts, das Gegenteil zu beweisen: der Kaffee besitzt alle schlechten Eigenschaften der heißen Getränke. Er bewirkt Übelkeit, Beklemmungen und Zittern. Er führt dem Blut zu viele ölhaltige Bestandteile zu und bringt es so zum Wallen, daß die erweiterten Gefäße an den am wenigsten resistenten Stellen, nämlich am Herzen und an der Lunge, platzen; daraus resultieren Apoplexie und Tuberkulose. Oder aber die geschwächten Arterien verursachen Kräfteverfall, Aufblähung, Wassersucht, Gicht, Lähmung und noch viele andere Übel, deren lange Aufzählung Schrecken einjagt. Er trocknet manchmal auch den Körper aus, indem er magere Leute zuviel urinieren und sie zum Skelett werden läßt[40].

Die eigentliche Ursache dieses Dilemmas liegt woanders. Der Kaffee ist ein Importprodukt und zieht das preußische Gold ins Ausland. Im gesamten Reich beherrscht der Merkantilismus die Wirtschaftspolitik. Daher nehmen die Herrscher seit Beginn des Jahrhunderts den Kampf auf. 1766 macht Friedrich II. aus dem Kaffeehandel ein Monopol des Staates, das die Grenzbewohner zu hemmungslosem Schleichhandel treibt. Die Aufhebung des unbeliebten Monopols durch seinen Nachfolger verbessert die Situation nicht, da seit 1787 die Grenzzölle in Schutzzölle umgewandelt werden. Sie stacheln die Bewohner daher erneut zu lukrativem Schmuggel an[41]. Es ist überall ähnlich. Die alten Edikte, die den sächsischen Bürgern und Bauern das unerläßliche Verdauungsmittel vergällen wollen, wurden zweifellos nie befolgt[42]. Die Hannoverschen Bauern ignorieren entschieden das Dekret, das den Verkauf von Kaffee nur an Reisende in den Gaststätten der Landstraßen gestattet[43]. Und der Hildesheimer Bürger zahlt nicht die ihm auferlegte Strafe, wenn er sich wie der Fremde erquicken will, dem allein der Wirt Kaffee servieren darf[44].

Die Zeitungen und Intellektuellen der Aufklärung stehen den Herrschern zur Verfügung. »Wir wollen unter den 28 Millionen unserer deutschen Landesleute nur 5 Millionen Menschen annehmen, wovon jeder täglich ein Loth Kaffee verbraucht, so macht das an Gelde über 19 Millionen Thaler, die gewiß dafür außer Land gehen[45].«

Auch Schlözer beklagt sich; die Arbeiter verlieren ihre Zeit, ihren Durst zu löschen, transpirieren danach umsomehr und arbeiten immer schlechter. Die Brauerei streikt, weil man nur noch Kaffee trinkt[46]. Überall nimmt die Faulheit zu, da man sich Zeit läßt, seinen Kaffee zu genießen. Handwerker, Gesinde und Tagelöhner brauchen höhere Gehälter, um ihren Kaffee zahlen zu können[47]. Selbst die aufgeklärten Leute der Bevölkerung sind unempfänglich für diese Situation. Sie sind zweifellos mit Goethe der Meinung, daß es jedem einzelnen selbst überlassen bleiben soll, ob er zu dem Getränk greift oder nicht, je nach den Wirkungen, die er bei sich feststellt[48].

Es scheint daher verlorenes Spiel zu sein, als die Philanthropen eine neue Waffe entdecken. Der Kaffee hat die alten und gesunden Nationalgetränke ersetzt – wie Bier, Wein, Apfel- und Birnensäfte –, die sich jahrhundertelang bewährt haben; warum sollte man ihn nicht auch durch ein neues Erfrischungsgetränk ersetzen, für dessen Herstellung man keine ausländischen Erzeugnisse benötigt? Aus Zichorie, Gerste, Eichel, Zuckerrübe, Lupine und zahlreichen Kräutern kann man schmackhafte Getränke herstellen[49]. Und Roggen heilt Kopf- und Magenschmerzen, wenn er vorschriftsmäßig selektiert, gewaschen, überbrüht, getrocknet, geröstet, gemahlen und mit Mandeln gemischt wird. Man kann ihn seinen Gästen ebensogut wie Kaffee anbieten, auf den man nur nach alter Gewohnheit zurückgreift[50]. Doch droht er durch einen anderen Ersatz beseitigt zu werden. Als man sich dessen bewußt wird, nimmt man den Kampf auf, ohne die Erlasse abzuwarten, die die entmutigten Regierungen gar nicht mehr verkünden. Der Tee, der von den Holländern zu Beginn des 17. Jahrhunderts nach Europa gebracht wurde, erobert England im Laufe des 18. Jahrhunderts[51]. In den übrigen Ländern wird er vornehmlich als pharmazeutisches Produkt betrachtet. Bei den Ärzten ist er ein beliebtes Medikament gegen geistige Schwerfälligkeit. Der berühmte holländische Arzt Bontekoe trägt sehr zur Verbreitung des Tees bei, indem er seinen Kranken bis zu 200 Tassen täglich verschreibt. Seine Methode findet heftigen Beifall bis zu dem Augenblick, wo man entdeckt, daß er von der Indischen Kompanie subventioniert wird: »Ich bin sicher, er hätte auf diese Art ebensogut Rattenpulver als eine Universal-Medizin empfohlen, wenn die Ostindische Kompanie damit gehandelt, und keinen anderen Absatz davon als in die Magen der Kranken und Gesunden gewußt hätte[52].«

Gegen Ende des Jahrhunderts sind sich alle Ärzte jedoch einig, daß Tee schädlich ist: »Als starkes Getränk wirkt er wie ein Narkotikum auf die Nerven, die er unempfindlich und schwach macht. Als schwaches Getränk dagegen wirkt er wie warmes Wasser und lähmt die Verdauung. In beiden Fällen ist er daher Ursache für Schwäche und die daraus resultierenden üblen Folgen, wie Nervosität, Krämpfe, Migräne, Empfindlichkeit der Haut gegen Wetteränderung und Kälte, Kräfteverfall und bei den Frauen noch viele andere Krankheiten[53].« Wenn man ihn nur in unregelmäßigen Abständen und in kleinen Mengen konsumierte, so würde er nicht viel anrichten. Doch der Tee ist Mode. Die gute Gesellschaft kann nicht mehr ohne ihn leben. Man zitiert die Engländer als Vorbild; dabei vergißt man, daß sie sehr gewürzte Speisen essen, und Tee daher eine Beruhigung für den Magen ist, daß sie sich viel bewegen und keinen Kaffee trinken. Die deutschen Frauen dagegen rühren sich kaum, schlucken alle möglichen Arten von Getränken und bilden sich dann noch ein, auf den Tee zwischen 18 und 20 Uhr auf keinen Fall verzichten zu können[54]. In Wirklichkeit interessieren sie sich weniger für das Getränk als für den Luxus, den sie bei dieser Gelegenheit zur Schau stellen können; man kann sein schönes Service zeigen, bildet eine Runde um den Teetisch und plaudert[55]. Warum also den Tee nicht durch andere Getränke ersetzen, deren positive Wirkung auf die Gesundheit immer wieder festgestellt wurde, zumal der Genuß von Tee noch gefährlicher geworden ist, nachdem Pflanzer und Händler ihn skrupellos durch Beimischung anderer Blätter verfälschen? Pfefferminz, Melisse, Waldmeister, Himbeerblätter und viele andere deutsche Wald- und Gartenpflanzen würden die durch den Tee in Mitleidenschaft gezogene Gesundheit wiederherstellen[56]. Die Aufklärung hofft, mit ihrer Empfehlung der nationalen Hygiene und Wirtschaft zu dienen. Doch findet sie kein besonderes Echo; es ist nicht ihr Verdienst, daß der Tee in Deutschland das bei mondänen Zusammenkünften beliebteste Getränk geblieben ist.

4. Die Studenten

Zu Beginn des 18. Jahrhunderts gibt man sich an den deutschen Universitäten mehr den Ausschweifungen als dem Studium hin[57]. Gottscheds Schüler versuchen vergeblich, diesem Übel abzuhelfen. Es gelingt ihnen erst gegen Ende des Jahrhunderts, die öffentliche Meinung zu beeinflussen, als sich die große Presse entwickelt. Die Situation bessert sich dann sehr schnell. Die Regierungen intervenieren erfolgreich und achten auf die Einhaltung der einst vergebens verkündeten und erneuerten Vorschriften. Dieser Sieg ist auf die neue Zusammensetzung der Studentenschaft zurückzuführen. Die Statistiken geben hierüber keine Auskunft. Aber es ist sicher, daß der Anteil der Bürger und armen Teufel, die sich das kostspielige Leben der Korporationen an den Universitäten nicht leisten können, immer größer wird[58]. Letztere sind den Animositäten in den Korporationen nicht so ausgesetzt wie jene, die »Brüder« werden könnten und müßten. Sie besuchen kleine Universitäten, wie die erst kürzlich gegründete in Erlangen (1743) und Tübingen. Die aufgeklärten Despoten bemühen sich, an ihre Fakultäten die reichen Studenten zu ziehen, die am Fortschritt der Aufklärung mitarbeiten wollen, statt die ungesunden Traditionen von Jena fortzusetzen.

In dieser Zitadelle der Ausschweifung gelingt es ihnen sogar, kleine Gruppen zu bilden, literarische Gesellschaften, wie den »Bund der freien Männer«, die die Grundsätze der Etikette achten: »Das geziemt sich nicht, das ist nicht schicklich, was würden die Leute dazu sagen, das sind die Parolen, die wie Donnerschläge in den Ohren der Sklaven klingen, die auf diese Weise zu demütigstem Gehorsam angehalten werden[59]!« Die freien Männer und ihre Familien machen sich davon frei. Angeregt von Fichte und Wieland, der durch ihr Beispiel den Lebenswandel der Studenten reformieren will, versammeln sie sich einmal in der Woche, um philosophische oder politische Probleme zu diskutieren und die Freundschaft zu pflegen! »Wahrheit ist unser einziges, unser höchstes Ziel. Wir lieben uns als Brüder und ehren uns als Menschen, und unser Bund trennt uns von keinem, dessen Antlitz menschlich und dessen Herz edel ist[60].«

Eine für Jena seltsame Deklaration. Gewiß, die Zeiten sind vorbei, wo der Student besser essen und trinken als diskutieren konnte; wo man ihn an seinem großen Rapier und an den zwanzig Gläsern erkannte, die er sich hintereinander in den Rachen schüttete; wo ganz Deutschland sang:

»Wer von Leipzig kömmt ohne Weib,
Von Wittenberg mit gesundem Leib,
Von Jena ungeschlagen,
Der hat von großem Glück zu sagen[61].«

Aber der lockere Fortbestand der Zecher und Raufbolde dominiert bis zur Ankunft der Franzosen im Jahre 1806. Steffens trifft 1798 Korporationsmitglieder, die ihre 8 bis 9 Flaschen täglich trinken. Während eines Festes fordern ihn mehrere auf, mit ihnen Brüderschaft zu trinken. So ist er, ohne es eigentlich recht zu wissen, Anwärter für die Korporation geworden. »Den Tag darauf nachmittags erschienen einige wilde Westphalen in straffen, ledernen Beinkleidern, kurzen Jacken in jenen Postillon-Stiefeln, die unter dem Namen Kanonen bekannt sind; in dem linken Stiefel steckt oben das Schnupftuch, in dem rechten die Tabakspfeife, der Tabaksbeutel hing am Knopfloch; es waren meine Brüder von gestern. Sie stopften ihre Pfeifen mit stinkendem Tabak, warfen sich auf das Sofa und schrien nach Bier[62].« Sie gingen erst wieder nach ein paar Stunden. Nur ein Mittel blieb Steffens übrig, um ihren Klauen zu entgehen: er mußte Jena verlassen.

Die Öffentlichkeit beunruhigt sich daher mit Recht über die Tyrannei der Constantinisten, Amicisten und Schwarzen Brüder, die in ihrer Gemeinheit so schöne Begriffe wie Ehre, Solidarität, Courage im Munde führen[63]. Will ein anständiger Junge in Jena studieren? Hört er zum Beispiel die Anatomievorlesungen des berühmten Loder, ohne die Verachtung seiner faulen Kameraden für »die Theorie« deutlich zu zeigen? Will er das Examen machen, das einzig und allein darin besteht, auf ein Blatt Papier die Namen der Organe aufzuschreiben, die den kleinen numerierten Zetteln auf dem Skelett entsprechen? Versucht er zu verstehen, wie Hufeland seine Diagnostiken stellt? Seine Kameraden laden ihn zum Trinken ein. Weigert er sich, so wird er zum Duell gefordert. Entzieht man sich, so ist man so viel Schikanen, Hinterlist und Lächerlichkeit ausgesetzt, daß man lieber gleich sein Bündel schnürt. Und bedeutet annehmen nicht, sich die Schlinge um den Hals ziehen lassen[64]? So etwas kommt noch 1798 vor[65]. Der Mörder flieht mit Hilfe seiner Komplizen; die Ehre der Korporation ist gerettet, und die Familie trauert um den Tod eines jungen Mannes mit Zukunftsaussichten. Daher gibt der Student oft lieber nach. Er wird Mitglied einer Verbindung und muß dem Senior gehorchen, der ihm befiehlt, sich trotz der Vorschriften zu schlagen. Er muß an den Festen zahlen, obwohl er vielleicht kein Geld für seinen Lebensunterhalt hat.

Jegliche Abhilfe scheint vergebens. Die Bürger der Kleinstädte sind voller Nachsicht für diese Studenten, an denen sie sich bereichern. Soll man also die Universitäten in die Großstädte verlagern[66]? Die Professoren selbst sind Komplizen dieser jungen Leute, die sie bezahlen, nicht eigentlich, um die Vorlesungen zu hören, sondern, um sich zum Examen melden zu können[67]. Warum also strenge Sanktionen gegen die Duellanten erlassen, die das Wagnis reizt, sich um so mehr zu schlagen[68]? Wie kann man von den Kampfbrüdern die Mitwirkung bei Maßnahmen erhoffen, die ihren Begegnungen den Reiz des Gefährlichen nähmen? Würden sie nicht als erste den Lederknopf von ihrer Florettspitze entfernen und die winzigen Blutspritzer übersehen, die ausreichen, um ihre verletzte Ehre wiederherzustellen[69]?

Diese Ausschreitungen wiederholen sich in regelmäßigen Abständen an allen Universitäten, wenn auch nicht so katastrophal wie in Jena. In Marburg beschuldigen die Studenten 1794 Jung-Stilling, den Rücktritt eines Professors provoziert zu haben, der

Kantianer war; während einer grandiosen Kundgebung machen sie sich daran, seine Fensterscheiben einzuschlagen. Sein Sohn kann sie nur mit dem Versprechen davon abhalten, in ihre Korporation einzutreten! Danach willigen sie ein, nur vor dem Haus des Prorektors zu defilieren und auf seine Türschwelle zu spucken[70].

Allmählich treten jedoch an den meisten Universitäten wieder geordnete Verhältnisse ein, und zwar sowohl in Städten ohne alte Tradition als auch in Staaten, die – wie Preußen – über eine Verwaltung verfügen, die sich Gehorsam verschafft. In Leipzig zeigt der Student am Ende des Jahrhunderts gute Manieren. In Tübingen erhalten die Hälfte der immatrikulierten Studenten ein Stipendium[71]. In Hessen werden die Duelle zwischen Marburger Studenten mit Gefängnis bestraft, aus dem man sich nicht loskaufen kann, und die Rechte der Verbindungen eingeschränkt[72]. In Göttingen, wo die Studenten sich gut benehmen und zum Besuch bei ihren Professoren Sonntagskleidung anziehen, muß man sie gegen jüdische Wucherer schützen. Um sie vor einer Verschuldung zu bewahren, stellt man eine Liste der nicht privilegierten Ausgaben auf, für die der Gläubiger seinen Schuldner vor Gericht nicht belangen darf[73].

In Halle herrscht ein verfeinerter Umgangston, zu verfeinert, denn Ausschweifungen und Geschlechtskrankheiten ruinieren die Gesundheit der Don Juans. Unter dem umsichtigen Administrator von Zedlitz wird diese Universität zum Zentrum der Aufklärung. An der Theologischen Fakultät sind die Anhänger Wolffs tonangebend; im Jahre 1786 studieren hier 800 von 1156 Studenten, und die Fakultät steht hinsichtlich ihrer Disziplin in starkem Kontrast zu der in Verruf geratenen Fakultät in Jena[74]. Seit 1774 befaßt sich auch die preußische Regierung mit diesem Problem. Nach der Auflösung aller Korporationen durch den Regensburger Reichstag 1793[75] kodifiziert und verschärft Wöllner die bereits getroffenen Maßnahmen gegen die undisziplinierten Studenten. Er ging vor »gegen Schlägereien, Schwelgereien, . . . Sittenlosigkeit und Unanständigkeit, besonders in Ansehung der Kleidung; Baden und Schwimmen außerhalb der von der Polizei erlaubten Plätze; Verletzung des Hausrechts und Eindringen in geschlossene Gesellschaften, besonders bei Hochzeiten; Lärm und Unfug bei öffentlichen Schulprüfungen; . . . Tragen von Waffen; . . . überschnelles Fahren und Reiten; . . . Schießen, Feuerwerk und Tabakrauchen; das Einholen neuer Studenten und Abnötigungen eines Schmauses; Spiele und Hazardspiele, etc. (23. Februar 1796)[76].«

Diese Maßnahmen sind Teil einer Gesetzgebung, die sich gegen den Geist der Aufklärung richtet, die Wöllner zielstrebig bekämpft. Sie bleiben auch nach dem Sturz des Ministeriums in Kraft. Die körperlichen Züchtigungen, mit denen er den Studenten droht, werden zwar bei keinem durchgeführt[77], aber das System, das den Ruhm der kleinen Universität Erlangen bedingt – sie fällt 1792 mit dem Fürstentum Ansbach-Bayreuth an Preußen – schützt in Zukunft auch die Studenten in Halle: es wird ein Aufsichtskomitee gegründet, dem die Eltern das Geld für den Unterhalt ihrer Söhne schicken können. Es bestimmt die Professoren, die die jungen Studenten beraten, ihre Ausgaben überwachen und jedes Trimester einen Bericht über ihre Führung anfertigen müssen. Die Kosten betragen nicht mehr als 4% der hinterlegten Summen; die Eltern sind beruhigt, die Kinder werden bewacht. Die Professoren sind in ihrer Autorität bestärkt[78].

Auch in Frankfurt/Oder nehmen die ständigen Unruhen zwischen Studenten und Garnisonsoffizieren – jeder will den Vortritt haben – nach der allgemeinen Verordnung von 1798 ein Ende; die juristischen Privilegien der Studenten fallen weg; es werden ihnen Gefängnisstrafen und körperliche Züchtigung angedroht[79].

Gegen Ende des Jahrhunderts lassen daher die von den Korporationen hervorgerufenen Unruhen nach, die Zahl der Duelle nimmt ab, die Ausschweifungen sind nicht mehr unabwendbar. Die Exzesse können überall eingeschränkt werden. In Jena ist der Einfluß der Korporationen erlahmt. Am 10. Juni 1792 protestieren sie noch einmal gegen den Prorektor Ulrich, der das Korporationsinterdikt erneuert hat; sie schlagen die Fensterscheiben bei ihm ein und plündern die Wohnung eines ausländischen Studenten. Aber die guten alten Zeiten sind vorbei. Der Herzog von Sachsen-Weimar beauftragt das Heer zur Intervention. Nach diversen Störungen erklären 267 Studenten am 19. Juli feierlich, daß die akademische Freiheit verletzt worden ist; sie drohen erpresserisch mit dem Verlassen der Stadt. Niemand hält sie zurück! Sie ziehen nach Weimar, wo der Herzog ihnen die Aufnahme verweigert. Ziemlich verärgert und etwas verunglimpft lassen sie sich im Erfurter Raum in dem kleinen Dorf Rohra nieder. Sie sind erleichtert, als sie am 23. wieder nach Jena zurückkehren können, besiegt und getrennt von ihren Anführern, die sich – ca. 60 an der Zahl – lieber von ihnen lossagen als sich den Nachforschungen der Polizei zu unterwerfen. Der Herzog hat nicht nachgegeben. Die

Korporationen haben nichts mehr zu sagen[80]. Zwei Jahre später kann Fichte über ihre Auflösung verhandeln, doch erfolglos, da die Unitarier im letzten Augenblick auf ihren Beschluß zurückkommen und lieber die Vorlesung des Lehrers stören.

Die Korporationen verlieren zusammen mit der Universität an Einfluß, der sie zu ihrem Ruf verholfen haben. Die neuen deutschen Universitäten halten die Studenten aus den verschiedenen Staaten fest; die Ausländer werden von ihren Regierungen immer mehr gehindert, ihr Geld in Deutschland auszugeben. Während allein die Theologische Fakultät im Jahre 1735 4000 Studenten zählte, studieren an der gesamten Universität im Wintersemester 1791 nur 800, und die Zahlen sinken weiterhin: 1798 sind es 726, 1800 noch 536 und 1805 schließlich nur noch 240[81].

5. Das Heerwesen

Die preußische Armee ist das Schoßkind des Königs par excellence; es werden eigens Verwaltungskader geschaffen, um die Aushebungen zu sichern. Das General-Ober-Kriegs- und Domänendirektorium und die ihm unterstellten Provinzialdepartements wachen darüber, daß jedes Regiment die vorgeschriebene Truppenstärke in dem ihm zugewiesenen Kanton erreicht. Obwohl das Reglement von 1792 die allgemeine Gestellungspflicht vorsieht, bleibt das Bürgertum davon befreit. Nur Bauern und Arme leisten unter der Führung des Adels den Blutzoll[82]. Doch die Könige sind bedacht, auf die Interessen der einheimischen Bevölkerung Rücksicht zu nehmen, und greifen gern auf Kantonisten zurück. Diese machen am Ende der Herrschaft Friedrichs II. die Hälfte der Truppenstärke aus. Allmählich sinken sie auf $^{3}/_{7}$ im Jahre 1802[83]. Ihre Wehrpflicht beträgt in der Infanterie 10 Jahre, in der Kavallerie 12 Jahre. Die Einheimischen, die im Alter zwischen 16 und 45 »enroliert« wurden, blieben 20 Jahre im Heeresdienst; hier befinden sich 1804 von über 2 Millionen Wehrpflichtigen jedoch nur 139 324, da man nur die größten und kräftigsten Männer einstellt. Im Durchschnitt nimmt man jährlich 1 von 13 gemeldeten Soldaten in die Armee auf. 1802 werden insgesamt 9287 Männer ausgehoben. Die tatsächliche Dienstzeit sinkt schließlich auf 6 Wochen jährlich[84].

Das vom Dienst befreite Bürgertum hat keinen Zugang zum Offizierskorps. Friedrich II., der während des Siebenjährigen Krieges auf bürgerliche Rekruten angewiesen ist, schiebt sie danach systematisch in die Kavallerieregimenter, Garnisonen oder zur Artillerie ab, wo sie 1806 noch die Mehrheit bilden. Zu dieser Zeit betragen sie ungefähr 9% eines 7000 Mann starken Offizierskorps[85]. Man stößt nur in Ausnahmefällen auf sie; die Listen von 1806 erwähnen von 1106 höheren Offizieren nur 29 bürgerliche[86].

Die Apostel der Aufklärung haben daher keinen Grund, sich besonders für die Armee zu interessieren. Wenn sie ihr trotzdem die Spalten ihrer Zeitungen widmen, so geschieht das deswegen, weil das Hauptproblem am Ende des 18. Jahrhunderts die Erziehung betrifft. Die Soldaten stecken tief in der Misere. Ein Infanterist erhält unter Friedrich Wilhelm III. wie 1740 2 Taler in 5 Tagen. Natürlich sichert man ihm billiges Brot zu, aber die Preise sind seit 50 Jahren alle gestiegen; da der Soldat noch einen anderen Beruf ausüben muß[87], sind die Kasernen voll von Spinnstühlen. Viele Soldaten sind verheiratet: 1802 gibt es 59 061 einheimische Soldatenväter von 40 693 Jungen und 38 812 Mädchen; unter den Söldnern sind es 36 700 Väter mit 25 757 Jungen und 24 794 Mädchen. Sie leben mit Frau und Kindern in den Kasernen. Die Junggesellen hausen in gesonderten Zweibettzimmern.

Trotz des Zuschusses, der den Familienvätern gewährt wird, müssen viele von ihnen Befreiung vom Dienst beantragen. Der Kapitän stellt großzügig vom Dienst frei, da er die Beurlaubten nicht bezahlt. Die Garnisonsstädte wimmeln von Soldaten auf der Suche nach Broterwerb. Die einen stellen sich als Fremdenführer zur Verfügung, bieten sich als Gesinde an oder verkaufen zu teuren Preisen Rohrzuckerstücke, die sie als Produkt der Zuckerrübe ausgeben – nach dem neuen, kürzlich von Achard entwickelten Verfahren[88]. Die anderen machen Geschäfte mit allem möglichen alten Kram. Obwohl sie von den Behörden die Genehmigung für eine Konzession brauchen und ein Vermögen von 50 Talern nachweisen müssen, machen sie den Trödlern in Berlin, Magdeburg und Halle starke Konkurrenz[89].

Je mehr der Soldat durch das Elend verblödet, um so strenger wird die Disziplin. Körperliche Züchtigungen sind gang und gäbe; es kommt vor, daß man ihnen erliegt. Soviel Härte treibt zu Selbstmord und Desertion. Die Zahl derer, die sich das Leben nehmen, ist beim Militär viermal größer als bei Zivilpersonen. Sie vermehrt sich regelmäßig jedes Jahr während der großen April- und Maimanöver[90]. Die Söldner werden besonders überwacht, da man sie nicht mehr zurückholen kann, wenn sie ins Ausland geflohen sind. Diejenigen, die sich nicht so sicher fühlen, schlupfen bei den verheirateten Unteroffizieren unter, die für ihre Flucht verantwortlich gemacht werden. In den Garnisonsstädten ertönt jedesmal ein besonderer Kanonenschlag, wenn ein Soldat dem Appell fernbleibt. Die in der Umgebung befindliche Bevölkerung überwacht auf diesen Alarm hin die Brücken, Kreuzungen und Straßen; wer den Deserteur lebend oder tot zurückbringt, erhält eine Prämie.

Um diese Mißstände zu beseitigen, müßte man die allgemeinen Lebensbedingungen verbessern und die Zucht mildern, beim Soldaten Freude an seinem Beruf erwirken, indem man sein Ehrgefühl entwickelt, und das Werben im Ausland durch die Konskription ersetzen! Die Armee würde dann zur Schule der Nation, und alle Bürger könnten unabhängig von ihrem Stand beim Vaterlandskult mitwirken. Solche Reformen sind nicht sofort realisierbar; der Skandal, der durch das Andauern der soldatesken Barbarei in Palästen und Gärten der Residenzstädte verursacht wurde, erweckt jedoch die Ironie der Reisenden und beunruhigt zutiefst den Philosophen: »Das Herz des Menschenfreundes ist gerührt«, schreibt Bertuch, Direktor des *Journal des Luxus und der Moden,* wenn er zusieht, wie ein Haufen seiner kleinen Brüder wie Halbwilde verlassen umherirrt, ohne diesen für unsere künftige Bildung so unerläßlichen Zwang, ohne jegliche Ausbildung und Aufklärung über ihre eigene Würde und ihr eigenes Schicksal. Diese Kinder sind zweifellos für die Armee bestimmt. Aber braucht nicht auch der Soldat ebenso wie der Bürger eine Ausbildung? Der Autor schlägt daher vor, in jedem Regiment eine Schule einzuführen, wo der Küster und ein hauptamtlicher Lehrer unterrichten sollen. Die Soldatenkinder werden hier Sauberkeit, Disziplin und Religion lernen. Statt in den Städten wilde und zerstörerische Banden zu bilden, sollen sie außerhalb des Unterrichts unter der Aufsicht eines Soldaten spielen oder exerzieren. Man wird sie lesen, schreiben, rechnen und Hanfspinnen lehren. Und der Regimentskasse wird das nicht teuer kommen[91].

Bertuchs Appell stößt auf offene Ohren. Mehrere Mannschaftskapitäne führen Pflichtschulen für die Soldatenkinder ein. So zahlt zum Beispiel der General von Pfuhl im Jahre 1784 dem Feldgeistlichen seines Regiments die 10 Taler, die ein Lehrer monatlich erhält, und 2 Taler für die Frau, die Nähen, Stricken und Spinnen lehrt. Die Schule hat drei Räume, in denen der Lehrer wohnt und unterrichtet; eine kleine Bibliothek und etwas Werkzeug, das aus Spenden zusammengekommen ist. Die Noten der Schüler werden jeden Monat öffentlich vom Pfarrer verlesen und dem General vorgelegt, der die guten Schüler belohnt. Das Examen am Ende des Jahres ist ein feierlicher Akt, dem der General beiwohnt. Der auf Grund der Führungslisten beste Schüler erhält 1788 von seinem Major einen Hut; zwei weitere Schüler werden mit Schuhen und Strümpfen belohnt[92].

Allerdings müssen nicht nur die Soldaten ausgebildet werden; diejenigen, die sie kommandieren, taugen oft nicht mehr. Die Offizierselite, die in den Kadettenkorps ausgebildet wird, ist ziemlich dezimiert. Die Gesamtzahl der Offiziere, die unter Friedrich II. zwischen 1740 und 1786 die Militärakademien verlassen, beträgt 3258, also durchschnittlich ungefähr 8 im Jahr. Nach zahlreichen Reformen und verschiedenen Erweiterungen umfaßt das Kadettenkorps in Berlin, dem hauptsächlich ehemalige Schüler der Provinzialakademien angehören, 325 Männer in 5 Kompanien[93].

Die jungen Leute, die diese Schulen nicht absolvieren, erhalten nur eine Grundausbildung. Der Ehrgeiz, aufzusteigen, treibt die Junker, ihre Söhne so früh wie möglich zum Regiment zu schicken; dort werden sie alt! In einer Kabinettsorder vom 8. März 1804 untersagt Friedrich Wilhelm III., sie vor dem vollendeten 14. Lebensjahr eintreten zu lassen[94]. Ziemlich leidgeprüft durch ihren Beruf als Erwachsene, zeigen die jungen Leute, die als Junker oder Gefreite Corporale dienen, nicht das geringste Interesse, sich zu bilden. Marwitz, der mit 13 Jahren eintritt, steht jeden Morgen um 3 Uhr auf, um die Pferde zu striegeln, exerziert von 5 bis 10 Uhr vor dem Halleschen Tor, kehrt dann zurück, um sich umzuziehen und am Nachmittag an der Parade am Brandenburger Tor teilzunehmen. Am Abend ist er so müde, daß er nur noch ins Bett sinken kann. Was hat er wohl gelernt, bevor er nach Berlin kam? Lesen, schreiben, rechnen, aber er kennt nicht einmal das Einmaleins mit drei. Er ist unfähig, einen lateinischen Text zu übersetzen, da sein Hauslehrer weder etwas vom Deponens noch vom Akkusativ mit Infinitiv verstand. Er kann die Universalgeschichte für Kinder von J. M. Schroeckh aus Wittenberg[95] auswendig und kennt alle in diesen Büchern zitierten geographischen Namen[96].

Das Leben beim Militär ist andererseits recht demoralisierend; die jungen Adligen verkehren nur mit Unteroffizieren und werden von ihnen bereits vor der Ernennung zum Offiziersanwärter verdorben. Nur wenige haben das Bedürfnis, sich weiterzubilden, wie der junge Marwitz. Erst in der Kabinettsorder vom Dezember 1799 werden die Militärgeistlichen beauftragt, die deutschen Junker Geographie, Geschichte, Moral und die Grundsätze der Mathematik zu lehren.

Die von den Männern der Aufklärung vorgeschlagene Reform betrifft sowohl die Offiziere wie auch die Soldaten; man müßte das Alter für den Eintritt ins Korps auf 16 heraufsetzen, eine Prüfung zur Allgemeinbildung fordern, wobei die Rechenaufgabe auch Brüche enthielte, und den Dienst der Rekruten organisieren. Statt sie bei den Unteroffizieren zu lassen, könnte man sie beispielsweise in jedem Regiment unter die Aufsicht zweier Lehrer stellen, die die militärische Ausbildung und den Unterricht in Allgemeinbildung übernähmen.

Nach 1800 entstehen auf Initiative einiger Korpsführer Junkerschulen. Doch bleibt ihre Aktivität ziemlich schwach. Trotz Scharnhorsts Bemühungen, der 1797 von Hannover in den preußischen Dienst überwechselt, und trotz der Eröffnung einer Offiziersakademie im Jahre 1802 bleibt das Niveau der Offiziere erschrekkend niedrig. Die preußische Armee von 1806 ist nicht mehr die Präzisionsmaschine, die Friedrich II. in Vollendung aufgebaut, unterhalten und geführt hatte; sie ist noch nicht das lebende Bollwerk, das eine Elite von untereinander freien und gleichen Bürgern ihrem Unterdrücker entgegenstellt.

5. Kapitel: Die Funktionsweise des Systems

II. Das Judenproblem

1. Judenstatut

Das Judenproblem taucht in Preußen am Ende des 18. Jahrhunderts auf. Vorher hatten die Juden keinen Kontakt zur übrigen Bevölkerung; sie kleideten sich eigenartig, trugen Bärte, sprachen einen besonderen Dialekt und praktizierten mysteriöse Bräuche, über die man beunruhigende Legenden verbreitete.

Unter Friedrich II. änderte sich die Situation. Insbesondere der Siebenjährige Krieg, der dem Großteil der mit Steuern und Abgaben überlasteten Juden sehr schadete, bereicherte einige Familien enorm. Die Ephraims[1] in Berlin begründeten ihre Macht auf der königlichen Münzprägung; die Familien Itzig, Gumpertz und Meyer belieferten die Armeen. Der König zwang ihre Söhne zur Gründung von Fabriken, indem er mit Entzug der väterlichen Privilegien drohte; alle, die damals einigermaßen wohlhabend waren, verzichteten auf den traditionellen Kleinhandel und wurden Unternehmer oder Großkaufleute. Bald bildeten sie, abgehoben von der verarmten Masse im Getto, eine Aristokratie, die sich den Lebensstil des Bürgertums zu eigen machte. Auch in anderen Städten des Königreichs und vor allem in den neu erworbenen Provinzen Schlesien und Polen entstanden ähnliche Gruppen.

Da andererseits die Philosophie der Aufklärung die herrschende Ideologie war, fanden die Juden Freunde unter den gebildeten Christen. Sie ließen ihre Kinder studieren, verbreiteten Kants Lehren, die zahlreiche Immigranten von Königsberg nach Berlin brachten, und wurden manchmal führende Persönlichkeiten auf dem Gebiet der Medizin, der Philosophie und Philologie.

Nichts in den Augen der »Philosophen« konnte ein Ausnahmeregime rechtfertigen. Die »aufgeklärten« Juden, die sich von ihren christlichen Brüdern – oder Konkurrenten – nicht abzuheben glaubten, versuchten, es zu beseitigen. Wir berichten nicht die Geschichte ihrer Emanzipation[2]. Doch wollen wir, ohne Hinzufügung neuer Fakten, aus den Zeitschriften und Zeitungen herausfinden, welches Echo die Diskussionen hatten, die die Öffentlichkeit lebhaft beschäftigten. Wir werden daraus Fragen ableiten können, die die Historiker noch nie untersucht haben: war die Situation der Juden wirklich so grausam und zeigte sich die Regierung in ihrer Feindschaft so unerbittlich, wie die Philosophen immer behaupten? Waren die Juden nicht zum Teil selbst schuld an ihrem Zustand und verdiente die aufgeklärte Minderheit, die sie daraus befreien wollte, die Verachtung, die orthodoxe und christliche Juden ihr so oft zollten? Hing schließlich das Judenproblem nicht eng mit den großen diplomatischen Problemen der Epoche zusammen?

Die Verfassung von 1750 unterschied mehrere Kategorien von Juden. Die begünstigtsten unter ihnen waren die »Generalprivilegierten«, die mit ihrer Familie in jeder den Juden offenstehenden Stadt des Königreichs leben konnten, Bewegungsfreiheit genossen, ohne den erniedrigenden Leibzoll zahlen zu müssen, und »wie die Christen« im Großhandel, im Bankwesen und in den freien Berufen tätig sein durften. Die »ordentlichen Schutzjuden« waren im Besitz eines königlichen Schutzbriefes mit Angabe des vorgeschriebenen Wohnsitzes, des Berufs, den sie ausüben konnten, und der Zahl der Angehörigen, die dieselben Vorteile in Anspruch nehmen durften. Im Prinzip erbte ein einziger Sohn die väterlichen Privilegien, da man die Vermehrung der Juden verhindern wollte; aber seit 1763, infolge der finanziellen Not des Staates, konnten die Reichen die Privilegien auch auf einen zweiten Sprößling übertragen lassen. Die »außerordentlichen Schutzjuden« genossen das unübertragbare und mit ihrem Tode erlöschende Recht, an einem festen Ort zu wohnen und dort einen bestimmten Beruf auszuüben. Aber sie konnten sich nicht als selbständige Unternehmer niederlassen und lebten die meiste Zeit als Angestellte eines Generalprivilegierten oder eines ordentlichen Schutzjuden. Die »Geduldeten« schließlich, Kinder der Schutzjuden, die keine Privilegien geerbt hatten, oder von der Gemeinde aufgenommene Immigranten, bildeten eine elende Masse, die weder heiraten noch irgendeinen Beruf ausüben durfte. Sie waren Hausierer, Zwischenhändler oder Wucherer, sprachen meistens kein Deutsch und hingen von der Gemeinde ab, die allein verantwortlich war von den Behörden.

Ein Generaldirektorium, dem Beamte des Innen- und Finanzministeriums angehörten, zentralisierte alle jüdischen Angelegenheiten und verhandelte mit den Gemeinden. Die bedeutendste war die Berliner Gemeinde, repräsentiert von ihrem Rat der Ältesten und Oberältesten, der die zwei vom König gewählten Oberlandesältesten stellte, die die Gesamtheit der Gemeinden bei der Regierung vertraten[3]. Die Gemeinden hafteten solidarisch für die Leistung der Abgaben und die von einzelnen Mitgliedern begangenen Verbrechen; die Ältesten überwachten ihre Glaubensbrüder und gaben rechtzeitig bekannt, wenn einer von ihnen Bankrott machte, einen Diebstahl plante oder Unterschlagungen vornahm; sie gaben Auskunft über denjenigen, der ein Privileg forderte und erteilten die Aufenthaltsgenehmigung an die zugewanderten Juden, die vor dem einzigen Stadttor angehalten wurden, durch das sie hereingelassen wurden.

Die Juden waren von allen öffentlichen Ämtern im Erziehungswesen, in der Chirurgie und als Geschworene der Zünfte ausgeschlossen. Sie konnten weder einen Barbierladen eröffnen, noch alkoholische Getränke, Fischereierzeugnisse, Backwaren, Fleisch- oder Milchprodukte verkaufen. Ihnen waren nur die Handwerksarten freigegeben, die nicht dem Zunftzwang unterstanden, wie das Schleifen von Glas oder Edelsteinen, das Gravieren von Siegeln, das Gold- und Silbersticken, die Kunstmalerei etc.; auch standen ihnen die von der Regierung geförderten und meistens an Handel und Bank gebundenen Fabriken offen. Die meisten von ihnen mußten sich allerdings mit Kleinhandel und Hausieren begnügen.

Die Juden mußten besondere Abgaben leisten, die je nach Ort variierten und deren vollständige Aufzählung mühsam wäre. Die wichtigste Abgabe war das Schutzgeld als Dank für den vom Staat gewährten Schutz. Die Berliner Gemeinde mit 3500 Seelen leistete 25 000 Taler; sie zahlte außerdem das Rekrutengeld (4800 Taler), da die Juden vom Militärdienst ausgenommen waren, die »Bestätigung der Ältesten« (150 Taler), die alle drei Jahre gewählt wurden, und einen Teil der Silberlieferung, d. h. die Juden aus den Erbprovinzen und Schlesien belieferten jährlich den Münzhof mit 12 000 Silbermark zu 12 Taler die Mark, obwohl der Marktpreis bei 13,22 bis 14 Taler lag. Abgesehen von der letzten Abgabe waren die neu erworbenen Provinzen Schlesien, Ostpreußen und Ostfriesland von diesen Geldern verschont. Der Jude wurde außerdem individuell bei jeder nur möglichen Gelegenheit besteuert: bei Heirat zahlte er 14 Taler (in Berlin). War seine Braut noch nicht 25 Jahre, waren es 15 Taler. Brach ein Brand aus, zahlte die Gemeinde 15 Taler, da den Juden nicht gestattet war, den Brand mit zu löschen. Die häufigsten Klagen betrafen die Porzellansteuer und den Leibzoll. Es war eine der originellsten Ideen Friedrichs II., die

Juden für die Begünstigung des Exports der königlichen Porzellanmanufaktur auszunutzen. Wollte man den Kindern die väterlichen Privilegien vererben, mußte man für 300 Taler pro Kind Porzellan kaufen. Beim Erwerb eines Hauses – ein außergewöhnliches Zugeständnis, da die Zahl der im Besitz von Juden befindlichen Häuser in Berlin auf 40 und in den Provinzstädten, die Juden offenstanden, auf 5 begrenzt war – oder irgendeiner Begünstigung mußte man Porzellan im Wert von 300 Talern abnehmen. Wenn man wenigstens hätte wählen können! Nein, die Manufaktur hatte den Auftrag, ein Drittel der Bestellung in feinem Porzellan, ein Drittel in mittlerer Qualität und den Rest in gewöhnlichen Gegenständen zu liefern. Es war dann nicht leicht, die Ware wieder loszuwerden. Der Verlust betrug im Durchschnitt 50%, wenn man einen Abnehmer fand, denn man erhielt als Gratifikation die nicht abgenommene Ware, wie z. B. jene 20 Affen in Originalgröße, die der berühmte Mendelssohn bekam.

Der Leibzoll (Geleitzoll) war mehr entwürdigend als hoch; er wurde am Stadttor entrichtet und ähnelte dem Viehzoll. Die Privilegierten waren nur in ihrer Provinz davon ausgenommen und mußten ihr Privileg immer den oft grobschlächtigen Zollbeamten unter dem Gelächter der Zuschauer vorzeigen. Der Zoll existierte im ganzen Reich zur großen Empörung der Philosophen, die eine nicht endende Kampagne gegen ihn führten. Sie beriefen sich auf die Menschenrechte, lobten Joseph II., der den Zoll in seinem berühmten Edikt von 1782 aufgehoben hatte, und erinnerten immer wieder daran, daß die Franzosen die Steuer verurteilten. So veröffentlichte Wielands Merkur im Jahre 1785 die »Briefe eines Reisenden durch Deutschland«; die Postkutsche wird von einem Gewitter überrascht; der Reisende, der nur noch auf dem Verdeck einen Platz gefunden hat, zittert, und ein Passagier spricht ihn an und bietet ihm seinen Mantel an: »Ich sah mich um, und siehe! Stimme und Mantel gehörten einem Juden. Ich muß Ihnen gestehn, lieber K., daß mich dieser Vorfall überraschte. Man ist sonst an einem Juden Gefälligkeit nicht gewöhnt; aber er war aus Paris, wie ich nachher hörte. Er ging nach Frankfurt an der Oder, wo er Geschäfte hatte. Er war ein heller vernünftiger Mann, der die ganze Reisegesellschaft recht artig zu unterhalten wußte.

Um so mehr kränkte es mich, als ihm der Posthalter auf der nächsten Station so grob begegnete. Es herrschte im Preußischen noch die Gewohnheit, daß sich die armen Juden, wie Vieh, verzollen müssen. Wo ein Adler steht, müssen sie sich einen Zollzettel lösen, und denselben, damit sie keine Zollbude überschlagen, auf dem nächsten Zollamte zeigen. Wenn Juden auf der Post kommen, müssen die Postmeister zusehn, ob sie auch von den Zollbeamten, die sie passiert sind, die Scheine haben ... Sobald wir im Posthause ankamen, lief der Posthalter auf den Juden zu und sagte: ›Wo hast Du Deine Zettel, Jude?‹ Uns verdroß diese grobe Anrede, aber der Jude lächelte, und wies ihm die Zollscheine. ›Schurke!‹ (brüllte auf einmal der Postmeister, ein breitschultriger, aus vollem Holze gehauener Mensch) ›Du hast den Zoll verfahren!‹ ... Endlich fand es sich, daß das Zollamt, welches der Jude überschlagen hatte, in eben dem Dorfe war, wo wir uns jetzt befanden, und daß wir auf dem Wege, den der Postillon genommen hatte, gar nicht vorbey gekommen waren ... Unser Jude kam damit los, daß er den Zolle, welchen er verfahren hatte, dreyfach geben mußte. Und das einige Meilen von Berlin, wo man nur von den Rechten der Menschheit spricht ... In Frankreich hat man, meines Wissens, neuerlich nichts zur Vertheidigung der Juden geschrieben, aber destho mehr getan: denn unser Jude zeigte ein französisches Edikt vor, worin allen Zöllnern bey strenger Strafe verbothen wurde, von einem durchstreifenden Juden, sey er aus welchem Lande er wolle, Abgaben zu fordern. ›Car le temps est passé‹ – hieß es am Ende – ›où l'on traitait ces gens en bestiaux‹[4].«

In den Reglements vom 31. 12. 1787 und 4. 7. 1788 hob Friedrich Wilhelm II. den Zoll für die von einer Provinz zur anderen reisenden preußischen Juden und die zur Frankfurter Messe fahrenden fremden Juden auf. Doch die Mehrheit der deutschen Fürsten folgte diesem Beispiel nicht, und die Fremden entrichteten sogar in Preußen weiterhin den Leibzoll. Daraus resultierten Konflikte. 1801 wurden französische Juden in Mainz zur Zollentrichtung angehalten. »Da aber in Frankreich«, so erklärt die *Nationalzeitung der Teutschen,* »nach der jetzigen Verfassung, kein Unterschied mehr zwischen Judden und Christen Statt findet, so verlangte der Präfekt Jollivet zu Maynz, daß jene, wie diese, in jeder Rücksicht behandelt werden sollten. Er schreibt zugleich an alle französischen Gesandten und Agenten bey den teutschen Höfen, sich dieser Sache wegen thätig zu verwenden[5].«

Der Minister Beurnonville galt dem preußischen König zweifellos als Vorbild, als er die Einrichtung einer Zensurbehörde anordnete; diese setzte der solidarischen Haftung der Gemeinden ein Ende und händigte von da an den ausländischen Juden Pässe aus

Den beiden aufgeklärten Juden Israel Jacobson aus Braunschweig und Wolff Breidenbach gelang es schließlich, mit ihren Bemühungen an die Vernunft der meisten Fürsten zu appellieren. Reich und angesehen bei Hofe – ersterer war Hofagent und verwaltete die Güter des Herzogs – verhandelten diese Philosophen nach und nach mit den verschiedenen Fürsten und kauften häufig den Leibzoll mit einem für diesen Zweck angesammelten Guthaben zurück[6].

Die Juden waren infolge der Ausnahmegesetze, denen sie unterworfen waren, natürlich von seiten der Gesellschaft einer erbitterten Aburteilung ausgesetzt; auf dem Lande fürchtete man sie etwas, in den Städten brachte man ihnen tiefe Verachtung entgegen, und man benutzte sie nur, um sich vor ihnen zu verbergen. Dabei waren sie für den Kleinhandel von großer Bedeutung. Die Rolle des Hausierers ist noch nicht eingehend untersucht worden. Es waren jedoch die umherziehenden Händler, deren soziale Lage sich im Laufe der Jahrhunderte mehr und mehr verschlechterte, die auf dem platten Lande die beständigsten Vertreter des Fortschritts waren. Die von ihnen verbreiteten Almanache sicherten nach und nach den Erfolg der Reformation und der Aufklärung. Die Geschichten, die sie erzählten, die Lebensmittel, Spitzen, Uhren und andere neue Artikel, die sie verteilten, veränderten allmählich den Lebensstil und die Denkweise. Die Juden scheinen hauptsächlich Trödel, Vieh und Luxusgegenstände verkauft zu haben, die sie für ein Butterbrot oder durch Schmuggel erworben haben. Sie verbreiteten in ganz Deutschland preußisches und sächsisches Porzellan und führten hier das Rokoko ein. Salomon Liebmann kaufte am 31. Januar 1771 für 6 Millionen Taler die luxuriösen Standuhren der königlichen Uhrmacherei auf, die der königliche Inspektor Huguenin mangels Absatz aufgeben mußte. Doch dieser Bankrott war durch die geschmuggelten und billigeren ausländischen Uhren und Standuhren anderer Juden verursacht worden.

Der Wucher wurde vornehmlich den Juden vorgeworfen. Man kreidete ihnen beispielsweise an, in die Zimmer von Studenten vorzudringen und ihnen alle möglichen Artikel auf Kredit zu verkaufen. Oder sie liehen den Grundbesitzern Geld, die sich solange verschuldeten, bis der Gläubiger sie zur Pfandeinlösung verpflichtete. Diese Aktivität war allerdings nur durch die Zusammenarbeit mit christlichen Kapitalisten möglich. In Göttingen erfuhr Forster, daß »Leute, von denen man das nie für möglich gehalten hätte, sich für die schändlichen Umtriebe der Juden interessierten«; und daß die Polizei in Hannover sich tadelnswerterweise zum Einverständnis mit solchen Praktiken verleiten ließ. In Schlesien, wo jeder die Grundbesitzer zitierte, die von jüdischen Wucherern ruiniert wurden, weil diese selbst die geringsten Summen liehen, »können auch unleugbare Tatsachen genannt werden«, die ganz anders klingen: »Die Juden haben enorme Summen durch die Insolvenz der Grundbesitzer verloren, oder gar in einigen Fällen himmelschreienden Wuchers ist der Jude nur Werkzeug eines reichen Besitzers, der im Hintergrund bleibt, der das Kapital vorstreckt und die Ausbeute brüderlich mit seinem Handlanger teilt[7].«

Durch den Kleinhandel bereichert, gelang es den Juden, zu Bankiers und Fabrikanten aufzusteigen, denn der preußische König war bestrebt, diese in seinen Provinzen noch nicht existierenden Tätigkeiten zu entwickeln. Die gute Gesellschaft betrachtete sie jedoch weiterhin mit Argwohn. Sie wurden nirgends akzeptiert, und das mittlere Bürgertum brachte ihnen noch zur Zeit der Französischen Revolution Verachtung und Feindschaft entgegen. Doch genau so wie die Behörden damals die Anwendung der Gesetze wohlwollend handhabten, vergaß die Oberschicht der Gesellschaft gern die Herkunft der seltenen Juden, die sich germanisiert hatten. Die aufgeklärten Leute ließen das antisemitische Vorurteil nicht mehr zu als das Vorurteil gegen den Adel. In den Bädern von Brückenau bei Fulda beispielsweise verkehrten Bürgerliche mit Adligen in den Gärten des Fürsten: »Es gab sogar einen Juden«, erzählt ein Urlauber 1782, »der sich als Christ ausgab; er hatte einen anderen Namen angenommen, aber jeder wußte, daß er Jude war. Niemand zeigte jedoch, daß er es wußte, man begegnete ihm höflich, ja sogar freundlich, denn der Jude war ein liebenswürdiger Mensch, der zu leben wußte.« Die Juden gaben sich immer häufiger christliche Namen: »Selbst beschnitten und außerdem gewohnt, die christlich geprägten und mit einem Nimbus umgebenen Dukaten zu beschneiden, beschneidet dieses Volk auch seit geraumer Zeit seine Stammesnamen. Sie werden solange gedreht und gewendet, bis sie irgendeine Ähnlichkeit mit christlichen Namen annehmen. So nennt sich der Jude Brendel Brenna, aus Judith wird Jettchen, etc.[8].«

Liest man die Judengesetze und die am Rande ihrer Petitionen notierten Bemerkungen der Behörden, hört man ihre Klagen und die Plädoyers ihrer Freunde, so hat man häufig den Eindruck einer wahren Verfolgung. Doch es erhebt sich eigentlich die Frage, in welchem Maße diese Gesetze tatsächlich angewendet wurden. Hat nicht der liberale Geist der Epoche zu ihrer Abschwächung beigetragen? Im allgemeinen erfährt man hierüber nichts. Aber aufgrund von in der Presse genannten Einzelfällen muß man die Frage schon stellen.

So sah das Gesetz die Todesstrafe für einen Christen vor, der zum Judentum konvertierte. Als sich jedoch der Rat Joseph Steblitzki von Nicolai aus Oberschlesien 1786 beschneiden ließ und den Namen Joseph Abraham annahm, verzichtete die Regierung, den Fall zu verfolgen[9].

Im Gesetz war das Wohnrecht für Juden nicht verankert; die Regierung genehmigte jedoch der Familie Itzig in einem Dekret vom 2. Mai 1791, die preußische Staatsbürgerschaft zu erwerben. Das war allerdings ein einmaliges Zugeständnis, aber man kann daraus schließen, daß die Behörden nicht a priori dem Judentum feindlich gesonnen waren[10].

Nach dem Gesetz durften die Juden in Berlin nur 40 Häuser besitzen. Wie viele besaßen sie tatsächlich? Der mißgünstigste aller Souveräne war ganz sicher Friedrich II.; das bezeugen alle Dokumente und Historiker. Auch stimmt die Tatsache nachdenklich, daß trotz aller Einschränkungen die Zahl der in Breslau residierenden Juden zwischen 1744 und 1786 von 300 auf 3000 stieg[11]. Denkt man an die Gesellschaft, die sich in den Salons von Henriette Herz oder Rahel Levin in Berlin versammelte, wo die Elite der Aristokratie mit jüdischen Intellektuellen und Finanzleuten zusammentraf, ist man geneigt zu glauben, daß die Obrigkeit sehr häufig die Mißachtung des gesetzlichen Status gar nicht zur Kenntnis nahm.

Die königliche Kriegs- und Domänenkammer verfaßte 1790 ein neues Reglement für die schlesischen Juden und ergriff eine drakonische Maßnahme, die einen Skandal hervorrief. Alle Nichtprivilegierten wurden aus Breslau vertrieben, und nur 160 Familien wurde das Wohnrecht gestattet. Das war zweifellos ein rigoroses Dekret; doch die Dokumente jener Zeit betonen immer wieder die starke Vermehrung der Juden; die 160 autorisierten Familien bedeuteten daher einen zahlenmäßig viel höheren Anteil als die im

Jahre 1740 legal zugelassenen 300 Seelen. Heißt das, daß die königliche Kammer eine Auswahl getroffen hat und vielleicht nicht so drastisch vorgegangen ist? Hat sie im übrigen ihr Dekret buchstabengetreu ausführen lassen? Was soll man von ihrer Grausamkeit halten, wenn man in einer Zeitung von 1806 liest: »Ungefähr 3000 Juden (die Familien sind sehr kinderreich) leben hier[12].« Sollten sich die 160 Familien so stark vermehrt haben, daß sie innerhalb von 13 Jahren dieselbe Zahl erreichten wie vorher mit den Vertriebenen zusammen? Oder sind letztere vielleicht zurückgekehrt? Doch wer liefert den Beweis, daß sie tatsächlich die Stadt verlassen haben, daß die Kammer sich nicht einfach ohne weitere Verfahren der Unerwünschten entledigen sollte?

Tatsache ist, daß diese Kammer sich immer sehr liberal zeigte. Sie verteidigte die Juden stets systematisch gegen deren Verleumder. Ihr Präsident war von Hoym, ein vielleicht eitler und mittelmäßiger Beamter und Intrigant[13], der sich aber rühmte, aufgeklärt zu sein und dies auch beweisen wollte. Das Reglement von 1790 enthielt bemerkenswerte Neuerungen: es gestattete den Juden den Zugang zu jeglichem Handel, die Ausübung beliebiger Berufe und die Eröffnung von Schulen, wo ihre Kinder Deutsch lernen könnten[14].

Das im Jahre 1797 auf die neuen polnischen Provinzen ausgeweitete Reglement war nicht weniger liberal. Von Hoym, Gouverneur in Schlesien, war mit der Organisation in diesen Gebieten beauftragt worden. Viele Restriktionen wurden natürlich aufrechterhalten, aber die Juden konnten trotzdem alle Berufe ausüben und Land erwerben und bebauen. Diejenigen, die ihren Militärdienst leisteten, brauchten kein Schutzgeld zu zahlen. Es wurden Schulen gegründet mit jüdischen Lehrern, die in der Lage waren, Deutsch und Polnisch zu unterrichten und vom Staat Gehalt bezogen[15]. Das intellektuelle Niveau der Juden war in diesen Gebieten wesentlich höher als das der Masse der Bauern. Es ist auch möglich, daß man daran gedacht hat, sie zu Vermittlern der Einbürgerung zu machen. Die preußische Verwaltung war anscheinend überall bemüht, sich die Loyalität der Juden zu sichern. Ihre Reglements hatten zum Teil ganz sicher das große österreichische Edikt von 1782 zum Vorbild. Mußte man die Juden in Schlesien nicht vergessen lassen, daß sie Österreicher gewesen waren und es vielleicht wieder wurden?

Wenn man die Widerstände gegen die Emanzipation der Juden

betrachtet, darf man nicht außer acht lassen, daß die Juden auch selbst dafür verantwortlich waren. Die Bevölkerung war zwar im allgemeinen feindlich gegen die Reformen eingestellt, doch die Obrigkeiten begrüßte sie immer. Allerdings schienen die Passivität der meisten Juden und ihr Widerstand gegen die geringste Veränderung ihren Feinden recht zu geben. Häufig weigerten sich die Juden, auf ihre traditionellen Lebensgewohnheiten zu verzichten, um sich mit ihren »Mitbürgern« zu verschmelzen. Wir werden noch sehen, wie heftig sie sich gegen Veränderungen wirklich humanitärer Art, wie die Bestattungszeremonie, wehrten. Die Masse der Juden hob sich entscheidend von der »aufgeklärten« Minderheit ab; diese unbewegliche, jeden Fortschritt störrisch bekämpfende Masse zu erziehen, war das größte Problem. Die Antisemiten hielten eine »Besserung« nicht für möglich; doch hätte man ihnen gewandelte Juden – so wie sie ein Jahrhundert später sein werden – präsentiert, dann hätten fast alle von ihnen die Waffen gestreckt; denn diese Feinde der Aufklärung dachten und diskutierten in den Wendungen der Aufklärung. Sie bejahten die Prinzipien der Philosophen und zweifelten an den Möglichkeiten ihrer Anwendung.

2. Die Aufklärung und die Juden. Moses Mendelssohn

Die Philosophie der Aufklärung ist aus der Theologie hervorgegangen; diese lehrt unmittelbar nach den Religionskriegen und dem Dreißigjährigen Krieg Vernunft und Toleranz. Erst Leibniz, dann Wolff und Baumgarten und schließlich der Engländer Locke, der in Preußen einen enormen Einfluß hat, insistieren mehr auf die großen Prinzipien als auf die Riten. Und diese Prinzipien – Existenz Gottes, Unsterblichkeit der Seele, Jüngstes Gericht – sind allen Religionen gemeinsam. Allerdings wird der Mensch mehr und mehr als Persönlichkeit respektiert. Der Glaube muß, soll er aufrichtig sein, im Innersten des Gläubigen wachsen; ihn erzwingen, hieße die Religion entweihen, denn man kann nur zu äußeren Handlungen verpflichten, und diese sind ohne den wahren Glauben nur Blasphemie.

Die aufgeklärte Religion, Resultat der Überlegungen eines vernünftigen Wesens, führt daher zur Toleranz gegenüber denjenigen, die noch nicht zu denselben Schlußfolgerungen gelangt sind. Diese Toleranz kann in Preußen ungehindert walten, da sie von der Regierung begrüßt wird. Die Hohenzollern haben ihre Staaten bereichert, indem sie diejenigen aufnahmen, die ihre Nachbarn auf Grund des Prinzips cuius regio eius religio vertrieben haben. Sie können dieses Wachstum nur dadurch fördern, daß sie strikte Neutralität hinsichtlich der Religion bewahren. Daher unterstützen sie die kirchlichen Würdenträger, die die etwas abstrakte Religion der Aufklärung verbreiten.

Nach der Religion befaßt sich die Vernunft mit der Moral. Die Sitten und Gebräuche beinhalten oft Intoleranz. Genauso wie man dem Nachbarn nicht zugesteht, Anhänger einer anderen Religion zu sein als man selbst, möchte man ihm auch den eigenen Lebensstil aufzwingen. Die Vernunft des Individuums protestiert auch gegen diesen beherrschenden Einfluß der Gesellschaft. Sie beginnt, sämtliche Gewohnheiten zu kritisieren, die Lebensweise zu reformieren und die politischen Verfassungen zu diskutieren, und ruft den Begriff des Vorurteils ins Leben, mit dem sie erbarmungslos die jahrhundertealten Traditionen untergräbt. Das Vorurteil im weltlichen Bereich entspricht dem Aberglauben im geistlichen Bereich. Es beinhaltet die Befolgung von Bräuchen, die sich mit der Vernunft nicht vereinbaren lassen. Vorurteile zeigen sich in der lächerlichen Mode, in der Vorrangstellung auf Grund eines Adelstitels in dem Streben nach absoluter Herrschaft!

In dieser geistigen Atmosphäre lösen sich die Juden allmählich aus ihrer langen Isolierung. Seit Jahrhunderten in ihre orientalischen Traditionen versunken, begegnen sie unter den Christen aufrichtigen Freunden, die stolz darauf sind, kein antisemitisches Vorurteil zu hegen. Aber was müssen die Juden selbst nicht alles unternehmen, um sich von den noch viel zahlreicheren Vorurteilen zu befreien, die sie in ihren Gettos einschließen und ersticken!

Es sind unbestreitbar wirtschaftliche Umstände, die dazu beigetragen haben, die aber unklar bleiben. Preußen ist kein Einzelfall. Während des 18. Jahrhunderts schalten sich in ganz Europa die bis dahin mehr oder weniger völlig isolierten Juden in das gesellschaftliche und politische Leben der Völker ein. Ist der Zeitpunkt, wo sich in allen Staaten die Gettos öffnen, eins der großen verkannten historischen Daten, oder wären die nachfolgende wirtschaftliche Entwicklung und der technische Fortschritt auch ohne die Juden eingetreten? Das ist mehr eine Frage der Polemik als der Geschichte, zumal ausreichende und eindeutige Monographien fehlen. Was nun eigentlich hat den Juden einen Impuls gegeben?

Die Philosophie, d. h. eine von außen kommende geistige Bewegung hat sie ergriffen, während sie den westlichen Doktrinen bis dahin relativ verschlossen geblieben waren. Der Humanismus des 16. Jahrhunderts unterscheidet sich allerdings in seinen Anfängen und in seiner Vollendung nicht wesentlich von der Philosophie. Dort, wo die Philosophie nicht eindringt, wie zum Beispiel in den östlichen Ländern Europas, bestehen die Gettos weiterhin. Doch diese Philosophie ist untrennbar von der sozialen und wirtschaftlichen, ja sogar demographischen, Veränderung, die sie begleitet; in einem überbevölkerten und urbanisierten Europa wird die Isolierung schwieriger. In gewissem Sinne haben sich die Christen, ohne sich dessen so recht bewußt zu werden, den Juden genähert und sie angespornt. So begannen Hausierer, Fabrikanten und Ärzte – nicht mehr so verachtet und in strenger Isolierung lebend – Deutsch zu lernen. Auf Grund ihrer angeborenen Neugierde und ihres Gewinnstrebens näherten sie sich den Christen, sobald sich ihnen eine Möglichkeit dazu bot. Einer der ersten, der diesen Weg aus der hebräischen Welt versuchte, war Moses Mendelssohn. Er blieb nicht der einzige, aber der Rang, den er in der deutschen Geistesgeschichte innehat, bewirkt, daß man ihn häufig als Vorbild zitiert und ihn am besten kennt. Und die Rolle, die er in der Tragikomödie der Emanzipation spielte, verpflichtet zum Studium seiner Biographie.

Als Schullehrer war Mendelssohn auch mit der Abschrift heiliger Texte oder mit der Aufstellung von Zivilstandsakten der jüdischen Gemeinde in Dessau beauftragt. Den Kleinen brachte er Lesen bei. Die Begabtesten kamen dann in die Klasse des Rabbiners Hirschel Fränkel, der mit ihnen den Talmud kommentierte. Diese deutschen Juden, die introvertiert lebten, die zu Hause Jiddisch sprachen und in der Schule Hebräisch lernten, hatten als Lehrer fast immer polnische Rabbiner. Die Tatsache, daß die religiösen Oberhäupter aus Ländern kamen, wo die Fusion zwischen Juden und Christen sich am langsamsten realisierte – wo sie im 20. Jahrhundert noch nicht einmal beendet ist – erklärt zweifellos den langen Widerstand der jüdischen Massen gegen die Assimilierung. Die aufgeklärte Minderheit um Mendelssohn gerät in Zukunft ständig in Konflikt mit den Rabbinern. Diese haben kein Verständnis für seine Bemühungen; sie verurteilen die Verweltlichung der Gesellschaft, da sie die Religion nicht von der politischen und administrativen Organisation, die die jüdischen Gruppen kennzeichnet, abheben wollen; sie lehnen eine Emanzipation ab, die für sie das Ende des Judentums bedeutet.

Der kleine Moses, am 6. September 1729 geboren, hat keinen Grund zur Klage über seine ersten Lehrer. Mit drei Jahren geht er bei seinem Vater in die Klasse; mit fünf Jahren kennt er die gesamte Bibel auswendig und begeistert Fränkel mit seinem Arbeitseifer. Er wird mit einigen Freunden zusammen in die Philosophie des Maimonides eingeführt und träumt davon, sein Leben dem Studium zu widmen. Mit 10 Jahren erleidet er jedoch einen Nervenzusammenbruch: er behält einen Buckel, stottert zeitlebens und offenbart eine fast krankhafte Schüchternheit, die seinen Geist lähmt. Als er nach der Bar Mitzwah[16] mit 13 Jahren Geld verdienen muß, wollen ihn seine Eltern zum Beruf des Hausierers bewegen. Fränkel, inzwischen Großrabbiner in Berlin, kann keinen Rat erteilen. Der Junge, ein kleines Monster an Häßlichkeit und Intelligenz, zeigt sich dickköpfig. Er will sich auf die Suche nach seinem Lehrer machen und sein Studium fortsetzen. Schließlich geben die Eltern nach, und er macht sich auf den Weg in die Hauptstadt. Allein und mittellos steht er mit 14 Jahren vor dem Rosenthaler Tor, das einzige, das für Juden geöffnet ist. Er findet Fränkel, der ihn empfängt, ihn aber nicht ernähren kann. Er lädt ihn sonntags zum Essen ein und erreicht, daß der alte Bamberger ihm eine Mansarde zur Verfügung stellt. Sieben Jahre hindurch lebt Moses im Elend. Seine Arbeit als Kopist ist wenig einträglich; oft hat er am Tag nur ein einziges Stück Brot zum Essen.

Doch erträgt er den Hunger des Körpers, indem er den des Geistes stillt. Bald kann Fränkel ihm nichts mehr beibringen. Zamosc, ein Pole, gibt ihm Mathematikunterricht, indem er eine hebräische Übersetzung des Euklid zur Hilfe nimmt. Ein Mediziner namens Kisch bringt ihm Latein bei und ermöglicht ihm den Zugang zu Locke, dem geistigen Führer der Aufklärer. Gumpers spornt ihn an, Deutsch zu lernen. Nichts ist schwerer damals: Moses' Freund Bleichröder wurde von den Rabbinern aus Berlin vertrieben, weil er mit einem Deutschbuch unter dem Arm gesehen wurde. Zur gleichen Zeit erregt der junge Abraham Posner einen Skandal, weil er sich den Bart abnehmen ließ: er muß ihn auf Befehl seines Vaters wieder wachsen lassen. Moses gelingt es jedoch, die Sprache der Christen zu lesen und zu schreiben. Und so vertieft er sich in die Werke von Leibniz und Wolff und in die Übersetzungen von Shaftesbury. 1750 stellt ihn der reiche Seidenfabrikant Bernhard als Hauslehrer seiner Kinder an. 1754 wird Moses bei ihm Buchhalter und erledigt seine Korrespondenz. Schließlich wird er Teilhaber des Unternehmens. Von nun an gegen Notlagen gesichert und reich genug, um Haus und Garten zu besitzen, 1762 die Tochter von Abraham Gugenheim in Hamburg zu heiraten und 6 Kinder aufzuziehen, kann er sich Griechischunterricht leisten und seine ersten Essays verfassen.

Das Jahr 1754, das für ihn eine gesicherte Existenz auch in der Zukunft bedeutet, bringt ihm auch die Bekanntschaft mit seinem besten und treuesten Freund; Lessing, der gerade die Universität verläßt, ist genausoalt wie Mendelssohn. Sie treffen sich bei einer Partie Schach. Lessing leitet Moses bei seiner Lektüre, macht ihn mit Nicolai bekannt und bewirkt die Herausgabe der »Philosophischen Dialoge«, Mendelssohns erstes Werk. Ohne die Aufklärung hätte Lessing vielleicht nie eingewilligt, mit einem Juden Schach zu spielen. Zumindest – denn zu allen Zeiten gibt es liberale Denker – hätte er ihn nicht in jenen Kreis aufgeklärter Deutscher einführen können, die Nicolai in seinem Garten empfängt; es hätten individuelle Treffen stattgefunden, aber kein allgemeines Kennenlernen.

Mendelssohns philosophisches Werk, in seiner mustergültigen Form bemerkenswert, ist nicht besonders originell. Die Arbeit, mit der er berühmt wird, ist eine Übersetzung des Phaidon, begleitet von einem Kommentar, der summa summarum die Prinzipien der aufgeklärten Religion enthält (1767). Die »Kritik der reinen Vernunft«, die 1782 erscheint, versteht Moses überhaupt nicht. Er entschuldigt sich deswegen bei Kant und hält sich schon für zu alt, um eine neue Philosophie verarbeiten zu können. Genausowenig interessiert er sich für die Anfänge der Romantik. Er ist kein großer Einzelgänger, wie Spinoza, und kein Bahnbrecher. Hier zeigen sich seine Grenzen und auch sein Verdienst, denn sonst hätte er nicht die Rolle gespielt, die ihn im Kampf für die Emanzipation berühmt macht. Er ist und bleibt im wesentlichen ein vollendeter Repräsentant der deutschen Aufklärung. Auch die intelligentesten Leute seiner Zeit können nicht umhin, ihm zuzustimmen. Was immer er tut und sagt, man ist gezwungen zuzugeben, daß man nicht anders hätte handeln können. Seine Art zu denken ist korrekt, in seiner Toleranz geht er weiter als die Christen, sein Privatleben ist ein Vorbild der Tugend, in seiner Aufrichtigkeit ist er über jeden Verdacht erhaben. Seine bloße Existenz macht jegliche gegen die

Juden gerichteten Argumente nichtig, ohne daß er aktiv eingreift. Sie werden nie richtig deutsch sprechen können? Lesen Sie Mendelssohn. Sie werden nie auf Betrug, Wucher und Schmuggel verzichten? Man zitiere Mendelssohn und Bernhard. Sie werden es immer ablehnen, auf ihre Sitten und Gebräuche zu verzichten, die mit dem modernen Leben unvereinbar sind? Man möge zu den Mendelssohns ins Judenviertel gehen. Man wird feststellen, daß sie genauso leben, wie irgendeine bürgerliche deutsche Familie.

Mendelssohn wirkt im übrigen nicht nur durch sein Vorbild. Er muß auch wiederholt seine Ideen über die Religion präzisieren. Um ehrlich zu sein: er spricht nicht gern darüber. Seine Situation als bloßer Geduldeter in Berlin zwingt ihn zu einer gewissen Zurückhaltung. Doch 1769 übersetzt der Züricher Geistliche Lavater ein Buch ins Deutsche, das in Frankreich unter dem Titel »Preuves en faveur du christianisme« erschienen ist. Sein Autor Bonnet verteidigt darin die Religion gegen die Deisten und Atheisten. Lavater, der Mendelssohn kennt und schätzt, widmet ihm seine Übersetzung und fordert ihn auf, das Werk zu widerlegen oder zu konvertieren.

Moses ist sehr beeindruckt, daß er auf diese Weise ins Rampenlicht der Öffentlichkeit gerät, und sieht sich zu einer Erwiderung gezwungen. Er kann es nur mit äußerster Vorsicht tun, denn eine Polemik gegen das Christentum könnte Unannehmlichkeiten verursachen. Erst im Jahre 1763 hat er das allgemeine Privileg erhalten, dank der Intervention eines französischen Anhängers Friedrichs II., des Marquis d'Argens, der in sehr netter Form eine Petition zu seinen Gunsten verfaßte: »Ein Philosoph, schlechter Katholik, bittet einen Philosophen und schlechten Protestanten, einem Philosophen und schlechtem Juden das Privileg zu erteilen. Hierin steckt zu viel Philosophie, als daß die Vernunft nicht auf seiten des Antragstellers wäre.« Die Vornehmheit, mit der Mendelssohn Lavater den Vorwurf macht, ihm nicht persönlich geschrieben zu haben, wie es unter Freunden üblich ist, die Schlichtheit, mit der er bekundet, daß er von der Wahrheit seiner Religion überzeugt ist, und schließlich seine geschickte Argumentation bewirken, daß alle auf seiner Seite sind.

Als echter Anhänger der deutschen Aufklärung bejaht er zunächst, daß die jüdische Religion, genauso wie jede andere, nicht frei von Vorurteilen, Mißbräuchen und menschlichen Zusätzen zu den göttlichen Prinzipien ist. Doch dies ist kein Grund zur Verurteilung ihrer fundamentalen Gebote. Statt letztere darzulegen und einen Vergleich oder eine Kontroverse mit dem Christentum anzustellen, konstatiert er sodann, daß seine Religion immer gegen Konversionen war. Sie duldet es, andersgläubige Menschen zu achten und zu schätzen. Man darf nicht annehmen, daß diejenigen, die eine andere Religion praktizieren, deswegen mit Vorurteilen behaftet sind. Zweifellos befinden sie sich in den Augen des Gläubigen im Irrtum. Aber sie richten gegen niemanden Unheil an. Ihr Vorurteil unterscheidet sich von demjenigen mit praktischer, unmittelbarer Auswirkung, das die deutsche Aufklärung bekämpfen muß. Und betrachtet man im übrigen die wesentlichen Prinzipien, sind die offenbarten Religionen dann wirklich so anders? Bonnets Argumente zugunsten des Christentums könnten auch von irgendeiner anderen Konfession vorgebracht sein.

Diese Erwiderung bringt Mendelssohn die Entschuldigung von Lavater und einen Brief Bonnets ein, der auch die Würdigung des Zürichers tadelt. In der sich daraus entwickelnden Korrespondenz notiert Moses, daß Bonnet alles verschweigt, was die anderen Religionen oder die bloße Vernunft am Katholizismus auszusetzen hätten. Er hat sich also die bessere Hälfte ausgesucht. Diese Bemerkungen werden in einem Brief an den Erbprinzen von Braunschweig präzisiert, der ihn vor allem fragt, »warum er die historischen Beweise des Alten Testaments, nicht aber die des Neuen akzeptiert«[17]. Moses erwidert, daß das Alte Testament seine Vernunft nicht beeinträchtige; sonst würde er es wie das andere ablehnen. Er kann weder das Geheimnis der Dreieinigkeit akzeptieren, noch daß Gott Mensch geworden ist, und schon gar nicht, daß das Leiden, der Tod und die Demütigung der zweiten Person der Gottheit nötig sind zur Genugtuung der ersten. Er glaubt nicht an die ewige Hölle, an die Erbsünde, an die Verantwortlichkeit des Unschuldigen für die Fehler eines anderen und nicht an den Satan. Und er macht den Christen ihre Intoleranz gegenüber den Juden zum Vorwurf.

Ebenso offen bezieht Mendelssohn gegenüber seinen Glaubensbrüdern Stellung. Er bekundet seine Zugehörigkeit zur Religion und sogar zu ihren Praktiken. Wenn er persönlich zwischen Riten und Dogma unterscheidet, wenn er auf Grund seines schlechten Gesundheitszustandes das Fasten meidet, wenn er auch seine Kinder nicht dazu anhält, so spricht er sich doch insgesamt für die Riten aus. Nicht, daß sie unangreifbar durch die Vernunft seien, aber, so erklärt er Homburg, einem aufgeklärten Juden aus Prag und Hauslehrer seiner Kinder, »selbst wenn sie ihren Sinn als geschriebene Formel oder als Zeichensprache verloren haben, sind sie doch als Mittel zur Einheit weiterhin erforderlich. Und es scheint mir, daß nach dem Plan der Vorsehung diese Einheit solange bestehen muß, wie Politheismus, Anthropomorphismus und religiöse Usurpation die irdische Sphäre beherrschen. Solange diese der Vernunft im Wege stehenden Geister geeint sind, müssen auch die überzeugten Deisten eine Art Bindung unter sich akzeptieren. Und worin kann diese Bindung bestehen? In Prinzipien und im Glauben? Das bringt uns Glaubenssätze, Symbole, Formeln, kurzum, eine unterdrückte Vernunft ein. Besser sind also Praktiken, und zwar bedeutsame Praktiken, d. h. Zeremonien. Unsere Bemühungen sollten summa summarum auf ein einziges Ziel gerichtet sein: die eingewurzelten Unsitten beseitigen und den Zeremonien einen echten Sinn geben; die Heilige Schrift, die durch die Heuchelei und die List der Pfarrer unverständlich geworden ist, wieder lesbar und verständlich zu machen.«

Diese Zeilen, geschrieben im Jahre 1782, während Mendelssohn im Kampf um die Emanzipation sowohl gegen die Antisemiten als auch gegen die orthodoxen Juden vorgeht, sind sehr weitreichend. Der Philosoph weist auf die Gefahr hin, daß ein gezwungenermaßen isolierter und individualisierter Rationalist unweigerlich von den organisierten Kirchen aufgesogen wird. Er rechtfertigt daher die Schaffung jener »rationalistischen Kirchen«, die sich spontan unter der Bezeichnung Lesegesellschaften oder Freimaurertum bilden. Und er stimmt dem Lessing der »Dialoge« zwischen Ernst und Falk zu. Bereit, seine Religion soweit zu klären, daß sie auf einen bloßen Deismus reduziert wird, fürchtet Moses die Isolierung jener, die dadurch auf eine ähnliche Stufe der Abstraktion und der moralischen Erhebung gelangt wären. Er äußert sich darüber noch einmal im März 1784 und macht sich Gedanken über eine bestimmte Art christlicher Toleranz, die nur ein schlechter Deckmantel für die Hoffnung ist, die aufgeklärten Juden zu bekehren: Die Existenz der »kleinen Schar jener retten, die weder bekehren noch bekehrt werden wollen«, sagt er, bedingt Zeremonien.

Die Mehrheit der Orthodoxen interessiert ihn nicht. Er fühlt, daß sie ihn nie verstehen wird; da er die Auseinandersetzung fürchtet, zögert er lange, bevor er sich in sie verwickelt. Im Jahre

1764 schreibt er seinem Freund Abbt, der ihn über die nicht aufgeklärten Juden unterrichtet: »Ich wasche meine Hände in Unschuld«, und einem Adligen, der ihm 1770 einen politischen Reformplan unterbreitet, erwidert er:

»Die große Schwierigkeit, die sich, so scheint mir, im Laufe Ihres Plans zeigt, ist der Charakter meiner Nation. Sie ist nicht genügend darauf vorbereitet, etwas Großes zu unternehmen.

»Der Druck, unter dem wir seit Jahrhunderten leben, hat unserem Geist die ganze ›Stärke‹ genommen. Das ist nicht unser Fehler; aber wir können nicht leugnen, daß das natürliche Streben nach Freiheit jegliche Aktivität in uns verloren hat. Es hat sich in eine Mönchstugend gewandelt und drückt sich nicht mehr in Taten, sondern in Gebeten und Leiden aus.

Ich verspreche mir von seiten meiner sehr zerstreuten Nation nicht einmal mehr den Einheitsgeist, ohne den das durchdachteste Projekt zum Scheitern verurteilt ist.

Ich glaube andererseits, daß das Unternehmen unermeßliche Summen erfordert. Und da ich weiß, daß der Reichtum meiner Nation mehr in Kredit als in echtem Vermögen besteht, kann ich nicht glauben, daß sie diese Summen aufbringen wird: Und das, obwohl die Sehnsucht nach Freiheit sie sehr stark beherrschte und die Liebe zum funkelnden Metall nur sehr wenig . . .«

So ist Mendelssohn mit seiner Religion insoweit verbunden als sein Monotheismus abstrakter ist als der der christlichen Religionen und dem philosophischen Deismus nähersteht als jene. Er hält an den Gebräuchen – die er läutert – insoweit fest, als eine Bindung unter den Gläubigen erforderlich ist. Und diese Bindung scheint ihm nötig insoweit als diese Letzteren bedroht sind, dem Licht der Vernunft nicht mehr folgen zu können. Diese will, daß man den Juden bürgerliche Gleichheit gewährt. Die aufgeklärten Christen erkennen das an. Aber es ist schwer, davon auch die jüdischen und christlichen Massen zu überzeugen. Erstere sehen darin nur Profanation und Blasphemie. Für letztere ist es nur ein Mittel, um sich den Christen anzupassen, ohne zu konvertieren, und um sie auszubeuten, indem man in die ihnen vorbehaltenen Bereiche eindringt.

Dieses Mißtrauen ist verständlich, da »die kleine Schar« sich rapide vergrößert. Zu Beginn gehören dazu nur Mendelssohn und seine Schüler, denen er samstags nachmittags bei sich zu Hause persönlich Deutsch beigebracht hat, nämlich Friedländer und Ben

David, wirkliche Intellektuelle. Dann kommen die »Neureichen« des Siebenjährigen Krieges hinzu, Cohen, Ephraim und Meyer, deren Bescheidenheit sich abhebt von einem Reichtum obskuren Ursprungs. Gegen Ende seines Lebens erlebt Moses, den die Kinder auf der Straße noch zuweilen mit Hohngelächter verfolgen und mit Steinen bewerfen, wie die Söhne der Emporkömmlinge in Berlin eine wichtige Rolle spielen. Obwohl er ihren Erfolg bewundert, fühlt er sich doch von ihnen überholt. Diese Emanzipierten wollen keine Gruppen bilden, die durch nichtjüdische Zeremonien zusammengehalten wird. Sie betrachten ein geläutertes Judentum nicht als die höchste Form der Aufklärung und ziehen ihm ganz klar weniger vollendete Formen vor. Ihr Ziel ist es, mit all denen eine Fusion einzugehen, die bereit sind, sie aufzunehmen. Die kleine Schar löst sich in der aufgeklärten Gesellschaft auf.

Der alte Moses ist nicht der einzige, der diese Wandlung bemerkt: »Die gegenwärtige Generation der Berliner Juden erregt wirklich Aufsehen in der Geschichte der Gegenwart«, schreibt im Jahre 1784 der Autor der »Briefe über Berlin«, die in der *Berliner Monatsschrift* veröffentlicht werden, und er fährt in seiner Bewunderung fort: »Das Poblem bleibt immer das nehmliche, nehmlich: Wie konnten Juden, die durch den Aberglauben und die Rohheit so vieler Jahrhunderte so hart gedrückt, so geschwächt und gelähmt wurden, wie konnten sie doch noch immer jenen gesunden starken und großen Geist behalten, um allenthalben, selbst in den Schriften ihrer Feinde, Aufklärung zu suchen, und die gefundene zu nutzen[18]?«

Und dreizehn Jahre später notiert Böttiger in seinen Reisetagebüchern: »Die Berliner Judenschaft stellt in den hier genannten Familien die unzweideutigsten Beweise ihrer hohen Ausbildung auf, die durch allerlei Antriebe in den letzten zwanzig Jahren so viele Fortschritte gemacht hat, daß fast keine Gesellschaft, wo außer der Spiellust und Eßlust noch ein höheres Bedürfniß befriedigt werden soll, in Berlin gefunden wird, wobei nicht Juden eine beträchtliche Rolle spielen. Ja, es ist so weit gekommen, daß die Christen sehr oft, besonders in Sachen des Geschmacks und der herrschenden Philosophie, ihr dunkles Lämpchen mit dem Öle der jüdischen Lichtmäkler beträufeln. Vorher waren die schönen Jüdinnen nur im Besitze, die Tagesordnung des Putzes und der Moden in Berlin zu bestimmen. Seit einiger Zeit haben sie aber auch die Initiative in den Urtheilen über den scharfsinnigen Syllogismus, die witzigste Komödie, den kunstreichsten Schauspieler und das beste Gedicht[19].«

Dieser Zustand herrscht seit dem Siebenjährigen Krieg; die reich gewordenen Juden haben sich gebildet, und ihre Kinder sind Freidenker geworden. Doch ist das alles auch weiterhin etwas gefährlich. Viele dieser jungen, durch den Luxus verdorbenen Leute, tragen einen nicht angemessenen Dünkel zur Schau und lösen rasch und ohne zu überlegen Probleme, die sie nicht kennen. Zu viele Halbintellektuelle haben nur eine Scheinbildung, über die sich die Satiriker Jenischh und Recker im *Archiv der Zeit* lustig machen: »Schau an, zwei kleine jüdische Damen! Hören Sie, hören Sie, wie sie sich gegenseitig etwas über die Kantsche Philosophie ins Ohr flüstern? Meine Schwester, ach, wie herrlich ist es, Philosoph zu sein! ... Sieh doch, wie die Christen in die Kirche rennen. Sie wissen zweifellos nicht, daß Gott nur eine Idee ist ... Seitdem ich meine kleine Rachel nach dem kakagorischen Ambarativ (kategorischer Imperativ) erziehe, ist sie so nett und so gelehrig! Und wie sie ihn liebt! Sie wird sicher auch eine bedeutende Kantianerin werden: denn ihm gelingt es, sie von aller Sinnlichkeit bis hin zur Transzendenz zu befreien[20]!«

Auch die Antisemiten werden es verstehen, diese günstige Gelegenheit auszuschlachten. Doch jedes denkende Wesen huldigt den Juden. In jeder Zeitung, in jedem Reisebericht, in jeder Korrespondenz findet man sie erwähnt. Sie sind es, die zu den Zusammenkünften jener Lesegesellschaften kommen, wo man über Neuerungen entscheidet; die die Theater füllen; die die Adligen, der Etikette müde, in den einzigen Salons antreffen, wo man sich nicht langweilt[21]. Bei ihnen braucht man bis zur Teestunde nicht schweigend zu spielen, nicht auf den im Kreis angeordneten Stühlen Platz zu nehmen, wo die Damen das Ihrige zum guten Ton und zur Langeweile beitragen. Bei Henriette Herz[22] oder in dem kleinen Kreis um Rahel[23] sind die Männer nicht wie in den bürgerlichen Salons von den Frauen getrennt, die Gesellschaft ist dort auch nie gleich zusammengesetzt; man kommt und geht und plaudert; man hört der feierlichen Rede des Präsidenten der »Dienstagsgesellschaft«, des Kantianers Ben David zu[24], man beglückwünscht den Mediziner Herz zu seinen glänzenden Vorträgen über Physiologie auf der »Mittwochsgesellschaft«, der Fessler mit seiner Gesellschaft am Freitag Konkurrenz machen will! Man findet Gefallen daran, Französisch mit Mirabeau zu sprechen, und Englisch oder Italienisch mit anderen berühmten Ausländern; man hebt Goethe in den Himmel, während man gleichzeitig die jungen Romantiker ermutigt; man schenkt den Verliebten ein Lächeln, ohne ihnen Hoffnung zu machen und ohne den Stab über jemanden zu brechen, der anders handelt. Man rühmt die Erwiderung des Dichters, den das *Deutsche Museum* entdeckt hat: noch ein Jude, dieser Ephraim Moses Kuh, der ein Madrigal so galant zu verfassen versteht wie ein kleiner französischer Meister. Seine Gedichte verdienen zweifellos nicht zu überdauern, aber sie klingen im Deutschen ebenso korrekt wie unbeholfen geistreich:

Der Trinker: Man soll nichts mehr trinken dürfen
Wenn man voll ist, welche Illusion!
Brüder, seht doch den Ozean!
Er ist bis zum Rand voll
Und dennoch trinkt er tausend Flüsse.

An Lisette: Lisette, sei nicht zu wild,
Geh nicht zu schnell in den Wald;
Cupido fliegt, kleine Biene,
in diesem schönen Lindenhain:
Was ist das für ein boshafter Stich, der schwillt.

Wie sollte man also in diesen Salons, wo der Fürst Louis Ferdinand ganz offen die Freundschaft mit der zarten Rahel sucht, nicht entsetzt sein über die Ausnahmegesetze, die die Gastgeber zivilrechtlich degradierten? Wie hätte man daher nicht gewünscht, daß wenigstens diese Juden, die man nur schätzen und bewundern konnte, nicht weiterhin ständig erniedrigt wurden; und wie hätte man nicht geglaubt, daß sich eine Trennung zwischen den aufgeklärten, den Christen so nahestehenden Juden und ihren Glaubensbrüdern ergab, wenn sich wirklich die Mehrheit immer noch einer völligen Assimilierung widersetzte?

Man hat bis heute jene Minderheiten zu wenig berücksichtigt, die die gebildeten Juden inmitten der feindlichen Gemeinden darstellten. Es fehlen tatsächlich sehr oft die Dokumente, und in den Fällen, wo die Aufgeklärten legale Gesellschaften gründeten, hat man ihre Statue nicht aufbewahrt. In Berlin reichen die Salons als Sammelpunkt aus. Hier finden die Lesegesellschaften oder geheimere Bünde Anklang, wie jener Bund der Tugend, der Henriette Herz, die beiden Töchter von Mendelssohn, die Brüder Humboldt und Charles de Laroche vereint[25]. Woanders ist die Veröffentlichung einer aufgeklärten, nicht selten zum Teil auf hebräisch abgefaßten Zeitschrift der Auslöser für ein Treffen der Gebildeten. So entstehen in Königsberg »Der Sammler« (Ha Meassef) und in Dessau die »Sulamith«, eine Zeitschrift für die Förderung der Bildung und Menschlichkeit in der jüdischen Nation[26]. Der Kampf gegen die Orthodoxen zwingt die aufgeklärten Juden nicht selten, sich zu verbünden; wir werden noch sehen, wie das in Breslau und mehreren schlesischen Städten der Fall war. Meistens ist es das Bedürfnis nach Wissen, das die einzelnen dazu treibt, sich zusammenzuschließen.

Das einzige Mittel, das Wohnrecht zu erhalten, war offensichtlich eine möglichst schnelle Assimilierung. Diejenigen, die sich mit so viel Mühe allein und heimlich bildeten und trotz ihrer Glaubensbrüder Deutsch lernten, wollten ihren Kindern das Leid ersparen, das sie erduldet hatten. Es stand jedoch nicht zur Diskussion, die jüdischen Schulen zu reformieren; man mußte also neue schaffen. Bankiers und reiche Kaufleute boten Geld an; und die Pädagogik war in Mode. Das erste und gelungenste Experiment wurde in Berlin selbst gestartet. David Friedländer griff auf ein Projekt von Daniel Itzig, seinem Schwiegervater, zurück, und gründete 1778 mit seinem Schwager Isaac Daniel Itzig die erste »Jüdische Freischule«. Dort unterrichteten jüdische und christliche Lehrer Deutsch, Französisch, Hebräisch, Rechnen, Buchführung, Schreiben und Zeichnen. Die meisten Schüler waren Stipendiaten; sie zahlten was und wann sie konnten. In dieser Form wurden in zehn Jahren 500–600 Schüler ausgebildet, die den neuen Geist verbreiteten[27]. Ein ähnlicher Versuch wurde in Dessau gestartet[28]. Der Kampf gegen die Orthodoxen, die alles daransetzten, um die Entfaltung der freien Schule zu unterbinden oder sich ihrer zu bemächtigen, war oft sehr heftig, und auch hier können wir erneut beobachten, wie die Obrigkeit die aufgeklärten Gruppen unterstützt. In Breslau fällt die Schule schließlich nach langen Auseinandersetzungen in die Hände der Orthodoxen[29]. In Frankfurt am Main gründeten zwölf Familien eine Schule: »Als sie nun aber ihre Kinder gar zu offenbar nicht bloß für Jerusalem erziehen, sondern auch dafür sorgen wollten, daß diese ganz füglich unter ihren Mitbürgern und Zeitgenossen leben konnten, als sie deshalb für sie einen Lehrer ›in der Deutschen und Französischen Sprache, in Schreiben und Rechnen‹ suchten, und einen christlichen

Geistlichen, den würdigen Senior des Frankfurtischen Ministeriums Herrn D. Hufnagl, baten, ihnen zu dem Behuf einen geschickten Mann zuzuweisen; da konnte die alte Rechtgläubigkeit, bei solchen Neuerungen, bei solchem Indifferentismus, unmöglich stillschweigen. Die Baumeister trugen dem Oberrabbiner die Sache vor; und plötzlich hemmte dieser durch einen Machtspruch das angefangene Werk, indem er die soeben entstehende Schule als religionswidrig in den Bann that. Jene Teilnehmer an dieser Anstalt baten hierauf den genannten D. Hufnagl um Beistand; und dieser reichte bei dem Magistrat das nachfolgende ›Promemoria‹ ein[30].«

Die Regierungen intervenieren fast überall in Deutschland, um die Juden zu zwingen, sich zu bilden. Sie machen die Verbesserung ihrer Existenz und die Gewährung neuer Privilegien von der Bedingung abhängig, die deutsche Schrift lesen und schreiben zu können. Sie verlangen, daß auch die Buchführung in dieser Sprache erfolgen muß. In Fulda werden die Juden durch Erlaß vom 20. September 1784 verpflichtet, eine Schule zu eröffnen, wo ihre Kinder Deutsch lernen sollen. Der staatliche Schulrabbiner nimmt öffentlich die Prüfungen ab; die Abwesenden müssen ein Bußgeld zahlen, Privatlehrer werden nicht zugelassen[31]. In Darmstadt gewährt man den Juden am 18. Oktober 1786 einen Zeitraum von einem Jahr, um die Sprache zu erlernen, in der sie von da an auch alle Verträge abfassen müssen[32]. In Mainz erhalten die Juden, deren Statut verbessert wurde, im Jahre 1784 die Erlaubnis, dem Unterricht an den christlichen Schulen beizuwohnen, wo sie für ihre Kinder einen gesonderten Religionsunterricht einrichten, da sie in den Staaten des Kurfürsten zu sehr zerstreut sind, um eigene Schulen aufzumachen[33]. Diese Schulen sind im allgemeinen zu arm, um die neuen pädagogischen Methoden anzuwenden. Doch der reiche Jacobson kann sich ein Experiment erlauben; er kauft im Jahre 1801 ein Grundstück in Seesen und läßt dort für 10 arme jüdische Kinder eine Schule bauen. Dazu gehören Felder, ein Einstellraum, ein Stall und eine Scheune. Die Internatsschüler tragen eine hellblaue Einheitskleidung; sie haben ihren Schlaf- und Speiseraum und ihre Synagoge, nehmen vier Stunden täglich am Unterricht teil, wobei 2 Stunden Deutsch und 2 Stunden Hebräisch sind, und lernen außerdem Landwirtschaft oder ein Handwerk. Die Schule gedeiht, erhält 1805 einen Anbau und nimmt Fremde auf, die jährlich 100–150 Taler zahlen. Die Zahl der Schüler steigt somit von 10 auf 35 und später auf 60[34].

So widersetzten sich die aufgeklärten Juden von Tag zu Tag mehr ihren Glaubensgenossen. Wenn die Zeitungen und Zeitschriften das Problem der Assimilierung in der Öffentlichkeit stellen, muß man Stellung nehmen. Der Wandel hat sich so schnell vollzogen, daß selbst die Intelligentesten der älteren Generation nur mühsam folgen können. Diejenigen, die mit Mendelssohn den neuen Ideen Bahn gebrochen haben, während sie gleichzeitig die Aufrichtigkeit ihres Glaubens betonen und den alten Gebräuchen treu bleiben, erleben mit Schrecken, wie ihre Kinder jede Religion ablehnen. Die Spaltung erfolgt in den Familien: »Es gibt in unserer Kolonie fast keinen Familienvater mehr«, schreibt im Jahre 1798 ein toleranter Jude, »der wie seine Söhne, Töchter oder Schwager über die Religion denkt ... Wohin wird uns das führen? ... Schon meiden die Kinder sorgfältig jede Beziehung zu ihren Eltern, schon entfernen sie sich von ihrem Freundeskreis gleicher Konfession ...; die Eltern haben kein Vertrauen mehr zu ihren Kindern, und diese, aus Furcht, überführt zu werden, schleichen um sie herum wie schuldige Verbrecher[35].«

3. Das Problem der bürgerlichen Rechte

Die elsässischen Juden, mit ihrem Schicksal unzufrieden, hatten den berühmten Mendelssohn gebeten, zu ihren Gunsten zu intervenieren. Dieser verwies sie auf seinen persönlichen Freund Christian Wilhelm von Dohm, Kriegsberater und Archivar des Königs, der 1781 das weltweit bekannte Plädoyer veröffentlichte[36]. Die allgemeine Tendenz wird im Vorwort angedeutet: »Wenn er aus der Geschichte gezeigt, wie die Juden nur deßhalb als Menschen und Bürger verderbt gewesen, weil man ihnen die Rechte beyder versagt habe; so würde er mit desto mehrern Erfolg die Regierungen der Staaten ermuntern zu dürfen geglaubt haben, die Zahl ihrer guten Bürger dadurch zu vermehren, daß sie die Juden nicht mehr veranlaßten schlechte zu seyn[37].«

Der Autor zeigt sodann auf, daß die Ursache der derzeitigen Minderwertigkeit der Juden nicht in ihrer Religion zu suchen ist, die gut und moralisch ist; diejenigen, die das Gegenteil behaupten, wiederholen nur bis zum Überdruß die ungerechten Anschuldigungen, entstellen Zitate und Legenden, die Eisenmenger einst in seinem berühmten Traktat gesammelt hat[38].

Der Staat soll tolerant sein und nur Bürger kennen: »Der Jude ist mehr Mensch als Jude. Wie kann man von ihm willigen Gehorsam und Liebe eines Staates fordern, in dem er sich nur insoweit geduldet sieht, als er im Stande ist, Abgaben zu entrichten? ... Wie kann man Tugend von ihm erwarten, wenn man ihm keine zutrauet? Wie ihm Vergehungen vorwerfen, die man ihn zwingt zu begehen, da man ihm keinen schuldlosen Erwerb gestattet, ihn mit Abgaben unterdrückt und ihm nichts übrig läßt, um für die Erziehung und sittliche Bildung seiner Tugend zu sorgen[39].«

Die Geschichte beweist die Richtigkeit dieser Argumente. Die holländischen oder englischen Juden oder selbst die des französischen Südens werden gut behandelt und benehmen sich anständig. Warum gewährt man nicht allen die bürgerlichen Rechte? Warum sind ihnen nicht Landwirtschaft und Handwerk, öffentliche Tätigkeiten und freie Berufe zugänglich? Um ihnen zu schnelleren Fortschritten zu verhelfen, könnte man sogar den Handel eine Zeitlang mit einer Sondersteuer belegen, die sie von Korruptionsversuchen abhielte. Schließlich sollte man sich bemühen, sie in zahlreichen Schulen zu bilden und zu erziehen, ohne ihre religiöse Freiheit einzuschränken.

Dohms Argumentation eigneten sich mehr oder weniger vollständig all diejenigen an, die für die Reform schrieben, angefangen bei David Friedländer, dem Autor eines Memoire an Friedrich Wilhelm II. (1786), auf das hin eine Reformkommission gegründet wurde, bis zu dem anonymen Verfasser, der *Jahrbücher* von 1801. Die gesamte deutsche Aufklärung warb für die Juden. Beim Lesen ihrer Pamphlete und Artikel muß man sich vor einer falschen Interpretation hüten; viele sind nur bedingt für eine Assimilation und halten eine Verbesserung der jüdischen Situation für unmöglich; sie sind deswegen keine Antisemiten oder verbitterte Verfolger unschuldiger Opfer; sie können ihren Standpunkt rechtfertigen. Im Jahre 1801 notiert ein aufgeklärter Jude: »Jeder Jude versteht sehr wohl, daß es äußerst schwierig sein muß, die Mehrheit der jüdischen Nation mit rationalen Argumenten und wohlwollenden Hinweisen von ihren althergebrachten Gewohnheiten und Bräuchen abzubringen, die teilweise dem Staat schaden, teilweise lächerlich sind und insgesamt dem Geist und den Bedingungen unserer Zeit überhaupt nicht entsprechen; und daß es schwierig ist, die Nation zu einer sehr dringenden und gesunden Reform ihrer Religion zu bewegen, die menschliche Vorschriften verstümmelt haben.«

Der christliche Kommentator ergänzt in einer Anmerkung, daß es gerade das Unglück dieses Volkes sei, daß es sich nicht gleichmäßig entwickelt habe; bei einigen von ihnen könnte man glauben, daß sie gerade aus der babylonischen Gefangenschaft kämen; ... andere wiederum habe der Geist der Aufklärung vollkommen gemacht; sie legen ihre Standpunkte dar und wissen sie zu verteidigen ... Das Unglück dieses unseligen Volkes sei es, daß es sich nicht in allen Teilen gerecht ist; der Gebildete, der seine Rechte fordert, ... müsse daher erkennen, daß der Staat, der die Klasse als ganzes betrachten muß, befürchtet, einer ganzen Religionsgemeinschaft Rechte zugestehen zu müssen ...[40].

Diese Tatsachen darf man nicht außer acht lassen, wenn man die Polemiken studiert, die in Dohms Büchern und in zahlreichen Broschüren aufgeführt werden, die fast zwanzig Jahre hindurch immer wieder auf dieselben Probleme zurückkommen. Das Thema war um so akuter, als Joseph II. zu dieser Zeit die Ordonnanz vom 19. Juli 1782 öffentlich bekanntgab: die Juden, verpflichtet, die Landessprache zu sprechen und jüdische oder christliche Schulen zu besuchen, konnten Land pachten, um es zu bebauen, und jedes beliebige Handwerk ausüben, während »alle erniedrigenden und entmutigenden Gesetze, wie die Unterscheidung der Juden durch die Kleidung und andere äußerliche Kennzeichen, völlig abgeschafft waren«[41].

Die grundlegende Idee der deutschen Aufklärung besteht darin, daß sich die Assimilation schicksalhaft durch eine Art Transformation realisiere, die unwidersprochen behauptet wird: »Wir wissen ja, daß Menschen ihre Muttersprache vergessen, wenn sie lange in entfernten fremden Ländern ohne allen Umgang mit ihren Landsleuten leben; wir wissen ja, daß die europäischen Hunde in Südamerika endlich das Bellen verlernen, weil die dortigen Hunde vielleicht lieber denken, als zwecklos klaffen: warum sollten also Menschen nicht auch gewisse Eigenheiten ganz verlernen können, wenn ihnen die Veranlassung fehlt, diese Eigenheiten täglich zu üben[42]?«

Und warum sollten die assimilierten Juden nicht auch physisch größer und stärker werden[43]?

Die Antisemiten werden auch weiterhin leidenschaftlich ihren Standpunkt verfechten, daß die Juden von Grund auf schlecht und absolut unfähig seien, sich anzupassen. Die Anhänger der deutschen Aufklärung sehen indessen auch, daß sie »lasterhafter« sind als die Christen. Aber die Verfolgung allein ist die Ursache einer

Korruption, die man nur bei den Armen beobachtet, die im Kleinhandel tätig sind[44]. Der wohlhabende Jude wird in Deutschland wie auch in Holland oder England ganz ehrenhaft. Aber die Zahl der Diebe und Schächer, die aus ihren Reihen kommen, ist genauso hoch wie bei den anderen, obwohl sie nur ein Viertel der Bevölkerung in Deutschland ausmachen; angenommen, sie bessern sich allmählich, wird man dann bewirken, daß die christliche Bevölkerung im Laufe der Generationen anständiger wird, ohne denjenigen Schutz zu gewähren, denen man die Rechte zugebilligt haben wird, die sie um so gefährlicher machen[45]? Was besagt jedoch diese Schätzung der jüdischen Kriminalität? Wenn man außer Betrug und Diebstahl auch noch Mord, Verrat, mutwillige Brandstiftung und Prostitution berücksichtigt, so sinkt der Anteil beträchtlich[46]. Es gibt viele jüdische Hehler, aber wenige Diebe. Die preußischen Gerichtsakten bestätigen das. Im Jahre 1789 gab es 1703 Strafgerichtsverfahren; 22 Juden waren darin verwickelt, aber kein einziger in einen Mordfall. Eine Frau wurde wegen Abtreibung verurteilt, doch 83 christliche Frauen befanden sich in derselben Situation. Nur drei von 1014 Verurteilungen wegen Diebstahl betrafen Juden, und diese waren auch noch Ausländer. In 264 Fälle von Fälschung, Wucher, Bankrott, Kauf gestohlener Artikel und Hehlerei waren nur 15 Juden verwickelt.

Die Ursache für die Minderwertigkeit der Juden wird so gut wie nie in der Rasse gesucht. Die Gelehrten des 18. Jahrhunderts waren zu intelligent, um hochtrabende ethnische Theorien aufzustellen. Nur mühsam unternehmen einige den Versuch zu einer solchen Erklärung, aber unter großem Vorbehalt und ohne selbst davon sehr überzeugt zu sein. Der Vielschreiber Meiners, z. B., Professor in Göttingen[47], glaubt an Prädispositionen. Körpergeschick, Kraft, Geist, Scharfblick und Urteilsvermögen sollen im wesentlichen die Abkömmlinge der Kelten auszeichnen, viel weniger die der Skythen und Slaven und noch viel weniger die »der Indo-Ostasier, zu denen die Juden und Zigeuner gehören«[48]. Da letztere nicht »den moralischen Charakter besitzen, der den Menschen erst menschenwürdig« macht, können sie diesen nur durch Kreuzung mit edlen Kelten erwerben.

Ein anderer Philosoph erklärt die besonderen Merkmale der Juden folgendermaßen: »Man muß annehmen, daß durch eine angestammte Mischung der Säfte ihre körperlichen Kräfte gelähmt oder erschlafft sind, durch eine von ihren Ureltern fortgepflanzte

Erziehungsart und Bildung ihre höheren Seelenvermögen verstümmelt worden und eine widrige Richtung bekommen, und durch angeerbte Gesinnungen, mit der Muttermilch eingesogene Maximen und durch Umgang ihre Neigungen und Gefühle, besonders die geselligen, verschroben, verdorben und in einem hohen Grade schädlich geworden sind.« Dies ist eine fragwürdige Erklärung, ergänzt der Autor, »aber es gibt keine andere[49]!«

Verdorben oder nicht, werden die Juden nicht allein durch ihre Religion daran gehindert, sich mit anderen Völkern zu verschmelzen? Hat Moses nicht alles getan, um sie zu isolieren? »Solange die Juden Moses Gesetze halten, solange sie zum Beispiel nicht mit uns zusammen speisen, und bei Mahlzeiten, oder der Niedrige im Bierkrug, vertrauliche Freundschaft machen können, werden sie (von einzelnen rede ich nicht, sondern von dem größten Teil) nie mit uns so zusammenschmelzen, wie Catholike und Lutheraner, Deutscher, Wende und Franzose, die in Einem Staat leben. Ein solches Volk kann uns vielleicht durch Ackerbau und Manufacturen nützlich werden, wenn man auf die rechte Weise anfängt, ... aber unsern Bürgern wird es doch nicht gleich zu schätzen seyn, ... weil es nie die Liebe gegen den Staat, das volle mit Stolz auf ihn durchdrungene Bürgerherz bekommt, und ihm nie in gefährlichen Zeiten so zuverlässig wird[50].«

Es kommt noch hinzu, daß, laut Bibel, die Juden den Staat nur als vorübergehende Niederlassung betrachten dürfen, »den sie eines Tages verlassen werden, um zu höherem Glück zu gelangen«, denn »sie müssen nach Palästina zurückkehren«. Ein Gelehrter, wie er sich zu allen Zeiten findet, zeigt schließlich auf, daß die Juden nicht assimiliert werden können, da ihre Religion sie verpflichtet, an 282 Feiertagen im Jahr nicht zu arbeiten[51]!

Nach Dohm ist das alles nicht so schwerwiegend; die Geschichte des Christentums beweist, daß auch die Dogmen sich allmählich unter dem Druck der Bedürfnisse des Staates verändern, wenn die Gläubigen zahlreich genug sind und nicht unterdrückt werden[52].

Eisenmenger behauptet, daß der von einem Juden gegenüber einem Christen geleistete Eid ungültig sei. Diese Anschauung war in der Bevölkerung weit verbreitet. Es bestand die Ansicht, daß anläßlich des großen Festes der Vergebung (Yom Kippur) während der ersten Abendandacht (Kol Nidre) drei Juden, mit weißem Hemd bekleidet, mit lauter Stimme vor der Bundeslade die feierliche Erklärung abgaben, daß jeder Eid, der im folgenden

Jahr geleistet würde, ungültig sei; und die anwesenden Gläubigen antworteten Amen[53]. Öffnen wir ein Ritual. Wir lesen dort zu Beginn des Kol Nidre: »Der Offiziant wiederholt dreimal den folgenden Spruch: »Alle Wünsche, die wir von diesem Tag Kippur an bis zu dem des nächsten Jahres haben könnten, jedes Verbot oder jeden Bannfluch, den wir gegen uns selbst aussprechen könnten, jeder Entzug oder Verzicht, den wir uns durch Worte, Wünsche oder Eid auferlegen könnten, wiederrufen wir im voraus; sie sollen für unverbindlich, aufgehoben, aufgelöst und nichtig erklärt sein; sie sollen weder Wirkung noch Wert haben; weder unsere Wünsche noch unsere Eide sollen als solche betrachtet werden.«

Eine Anmerkung des Übersetzers enthält einen Hinweis, wie der hebräische Text verstanden werden will: »Als Wunsch oder Eid ... soll nur betrachtet werden, was irrtümlich, unvorsichtig oder unreflektiert ausgesprochen wird, nie jedoch, was das Ergebnis einer Überlegung ist oder was die Gerechtigkeit uns auferlegt; letzteres kann weder für aufgehoben noch für nichtig erklärt werden[54].«

Schon im 18. Jahrhundert zitierte man zahlreiche Glossen dieser Art. Die Rabbiner betonten schon lange die heilige Bedeutung des Eides, gleich welcher Art. Nach dem Buchstaben des Gesetzes unterschied der Kol Nidre übrigens nicht zwischen Juden und Nichtjuden. Selbst die Antisemiten ließen den Bemühungen der Rabbiner Gerechtigkeit widerfahren, doch sie wendeten ein, daß Yom Kippur, indem er alle Sünden vergebe, dazu ermuntere, neue zu begehen, und das um so mehr, als der falsche Eid für die Juden nur eine Sünde und nicht ein Verbrechen oder eine Erniedrigung bedeute. Und dann seien alle Ermahnungen der Rabbiner zwecklos, denn es sei eine alteingefahrene Gewohnheit bei den Juden, ins Blaue zu schwören[55].

Als Einwand gegen die Zulassung der Juden zum Handwerk nennt man vor allem die Gefahr der Konkurrenz, die sie den Christen machen würden, weil ihre Gewinnsucht größer ist als bei den Christen[56]. Aber ist der Jude dem Christen wirklich nur wegen seiner Unredlichkeit überlegen? Er hat den gesamten Seidenhandel in Berlin an sich gerissen, indem er billiger verkauft als seine Konkurrenten. Ist sein Erfolg nicht hauptsächlich auf seine einfachere Lebensweise zurückzuführen? Es gibt bei ihm keinen üppig gedeckten Tisch oder Ausschweifungen, keine Kutschen oder Kartenspiele, wo man sein Geld verliert; man arbeitet und ist liebenswürdig zu seinen Kunden; der Christ soll sich ihn zum Vorbild nehmen, und er wird sehen, daß man ohne List zum Erfolg kommt[57].

Durch den Zugang zum Handwerk und zur Landwirtschaft bessern sich auch die korrumpiertesten Leute; Dänemark und die großen Städte wie Amsterdam, London oder Hamburg sind ein Beweis dafür: »Welcher jüdische Junge würde nicht lieber ein Handwerk erlernen, das ihm sein tägliches Brot sichert, oder Bauer werden, statt den ganzen Tag herumzuziehen, ohne am Morgen zu wissen, ob er abends genug verdient hat, um sich etwas zu essen zu kaufen[58]?«

Hoym unternimmt in Schlesien den Versuch. Seine Bemühungen, die Juden zu den Zünften zuzulassen, wurden nicht genügend unterstützt. Die gesamte aufgeklärte Presse pflichtet jedoch den »Provinzialblättern« in Breslau bei[59]. Und die »Deutsche National Zeitung«, die den von der königlichen Kammer am 18. Januar 1798 vorgenommenen Anschlag als vorbildlich zitiert, läßt eine Einschätzung dafür zu, wie sehr sich die Ideologie der deutschen Aufklärung verbreitet hat[60]; ein Bürger, der arbeitet, ist für den Staat wertvoller, als einer, der sich dem Handel widmet. Aus diesem gingen bisher die Juden hervor, da die Vorurteile ihm weder gestatteten, ein an die Zunft gebundenes Handwerk zu erlernen, noch es außerhalb der Zunft auszuüben. Doch schon hat man in Oberschlesien dem Fortschritt Bahn gebrochen. Man ist sich darüber klargeworden, daß der Jude genauso ein Mensch ist wie jeder Christ und daß er dem Staat nützlich sein könnte; daher hat man jüdische Lehrlinge eingestellt[61]. Der Juwelier Grätz aus Breslau, der diesem Beispiel in Niederschlesien gefolgt ist, erhielt eine Prämie von 50 Talern; die königliche Kammer gab bei dieser Gelegenheit ihrer Hoffnung Ausdruck, daß die Sorge um das Wohl des Staates auch in Zukunft das tief eingewurzelte Vorurteil überwinden und noch viele Handwerker diesem vorbildlichen Beispiel folgen mögen.

Auch im Jahre 1799 erteilt die Regierung Prämien. Ein Strumpfstricker erhält 25 Taler, weil er seinen jüdischen Lehrling zum Gesellen ausbildet; der Schneiderzunft in Landsberg gewährt man 15 Taler, als sie 1804 zwei jüdische Meister und einen jüdischen Gesellen aufnimmt; außerdem erleichtert man die traditionelle Wanderschaft der neuen Gesellen[62].

Ähnliche grundsätzliche Entscheidungen werden in Mainz und

Hessen-Darmstadt getroffen[63]. Doch für solche Bemühungen war die Zeit noch nicht reif, und sie blieben daher ergebnislos. Die Zahl der Lehrlinge ist weiterhin niedrig. Wegen der Feindseligkeit der Bevölkerung? Zweifellos: in Brieg, zum Beispiel, wollen die Webermeister im Jahre 1801 einen Kollegen zwingen, seinen jüdischen Lehrling zu entlassen. Als er sich weigert, drohen sie mit Streik. Die Affäre gelangt bis zur königlichen Kammer in Breslau, vor der die Zunft die Erklärung abgibt, daß sie niemals Juden zulassen wird. Die Kammer erwidert, daß sie den Lehrling auf eigene Faust zum »freien Meister« ernenne und ihm gestatten wird, seine Waren außerhalb jeder Zunft zu verkaufen. »Weise Justiz«, folgert die *Nationalzeitung*, und schlägt die Gründung einer Sonntagsschule vor, damit bei den Handwerkern von Brieg die Vorurteile beseitigt werden[64]. Ähnliche Widerstände traten häufig auf, und die Stadtverwaltungen selbst widersetzten sich wiederholt der königlichen Kammer[65]. Andererseits waren aber die Juden weit davon entfernt, sich um das Handwerk zu reißen.

In der Landwirtschaft ist die Konkurrenz weniger zu fürchten; denn hier überwiegt der Mangel an Arbeitskräften das vorhandene zu bebauende Ackerland. Aber – so wenden manche ein – wie könnte der Jude sich dazu hingeben? Ist nicht die Schweinezucht die Basis der Landwirtschaft? Wie sollte der Jude ohne Schweine sein Personal ernähren? Der Selbstkostenpreis dafür wäre so hoch, daß sich die Landwirtschaft nicht mehr rentieren würde. Und wie sollte er selbst das Fleisch von seinem Vieh verzehren, das weit entfernt ist von den rituellen Schlachthöfen[66]? Soll man trotzdem den Versuch wagen? Dann soll man aber den Christen nicht die Nachbarschaft der noch korrumpierten Generation der Juden zumuten. Mögen diese die verlassenen Gegenden urbar machen. Hier werden sie nützliche Arbeit leisten, statt durch den Erwerb des Bodens von braven preußischen Bauern eine Quelle von Staatseinkünften zum Versiegen zu bringen[67].

Der entscheidende, von allen Feinden der Emanzipation vorgebrachte Grund ist die Untauglichkeit der Juden zum Militärdienst[68]. Verbietet Moses ihnen nicht, samstags zu kämpfen, wenn sie nicht angegriffen werden? Stellen wir uns also vor, daß die Juden frei sind. Sie werden sich schnell vermehren, da sie früh heiraten; sie vermeiden die Prostitution und die Beziehungen zu christlichen Frauen, weil diese viel Geld kosten, das sie doch über alles lieben; und sie fürchten »die Krankheit, die man nur einmal zu haben braucht, um für die Zukunft in der Fortpflanzung behindert zu sein«. Sie werden also die leeren Stellen in Landwirtschaft und Handwerk besetzen, während die christliche Bevölkerung, schon jetzt nicht so fruchtbar, durch die Kriege dezimiert wird und allmählich ganz verschwinden wird[69]. Aber man kann das Mosaische Gesetz auch so interpretieren, daß die Juden in keinem Falle zögern würden, samstags zu kämpfen. Dennoch bliebe ihnen die Armee verschlossen, denn wie könnten sie dort ihre komplizierten Ernährungsvorschriften befolgen? Oder wird man für sie besondere Regimenter schaffen? Zu welchem Zweck? Die Armee will schöne, große und starke Soldaten haben; mit kleinen Juden kann sie nichts anfangen.

Aber, so erwidert Mendelssohn, erlaubt die christliche Religion denn den Krieg[70]? Verweigern nicht Quäker und Menoniten den Militärdienst? Wenn die Gesetze den Juden vorschreiben, ihr Vaterland zu verteidigen, werden sie sich nicht widersetzen, denn immer und überall entwickelt und richtet die Menschheit ihre Anschauungen nach den Notwendigkeiten; wären die Christen sonst die Herren der Welt, die Unterdrücker und Kaufleute von Sklaven geworden, die sie sind? Den besten Beweis erbringen die Zeitungen: sie machen jüdische Soldaten in Straßburg, Berlin und woanders ausfindig; brave Soldaten, bei denen niemand gemerkt hat, daß sie Juden sind! Selbst in der österreichischen Armee entdeckt man welche, die beim Kampf ihre Offizierstresse erobert haben[71].

Mehr als 20 Jahre wird die Diskussion fortgesetzt, wobei man immer wieder dieselben Argumente vorbringt. Fast niemand wagt, den status quo zu rühmen, der von der deutschen Aufklärung verurteilt wird. Sonderlinge schlagen vor, den Juden völlige Freiheit zu gewähren, sie aber in den einzelnen Städten total zu isolieren[72], etwa um sie alle zu verbannen[73]? Doch niemand zieht ernsthaft diese radikalen Lösungen in Betracht. Man weiß im Grunde sehr wohl, daß die Juden auch Menschen und die Christen keine Heiligen sind: »Ich habe selten einen schelmischen Judenhandel gesehen, hinter dem nicht ein schurkischer Christ gestecket[74]«, erklärt einer von Dohms Korrespondenten, und in allen Teilen Deutschlands zitiert die aufgeklärte Presse schöne Gesten von Juden: zum Beispiel verteilt der fromme Daniel Itzig am Ersten jedes Monats nach dem jüdischen und christlichen Kalender vor seinem Haus Almosen an die Armen beider Religionen[75]; ein Wechsler aus Breslau zahlt die ihm irrtümlicherweise überwiesene Summe zurück, obwohl es keinerlei Handhabe gibt, ihn dazu zu zwingen[76]; ein Mädchen aus Danzig will für ihren siebzigjährigen gelähmten und wegen Hehlerei verurteilten Vater ins Gefängnis gehen[77]. Es sind Kaufleute, die in Schwerin ihre Rechnungen »mit Dank quittiert« einem Schuldner schicken, der plötzlich durch einen Brand ruiniert wurde[78], oder die in Schwarzbach einem Prälaten verweigern, eine Fälschung zu begehen[79]. Es sind Christen, die gute Vorbilder für Toleranz abgeben, indem sie in Frankfurt am Main ein jüdisches Kind vor dem Ertrinken bewahren und 1787 am Würzburger Gymnasium einen jüdischen Schüler zulassen[80], etc. [81].

Die Befreiung jedoch realisiert sich nur zögernd. Die Kommission, die eigens vom König im Dezember 1787 ernannt wurde, schlug eine neue Verfassung vor, die von den jüdischen Abgeordneten im Februar 1790 abgelehnt wurde: »Es ist keine Linderung, sondern eine Beseitigung ihrer Ketten«, was sie forderten. Das Problem wird auf die lange Bank geschoben; das Generaldirektorium geht es energisch erst wieder an nach einer persönlichen Intervention des Königs im Januar 1792. Ein zweiter Plan scheiterte diesmal an der ablehnenden Haltung des Direktoriums im Jahre 1798. Da die endgültige Lösung immer mehr in die Ferne rückt (die Emanzipationsgesetze erfolgen erst 1805–1812), wünschen die Philosophen – jüdische wie auch christliche – schließlich einen Kompromiß, der den durch die Vernunft geschaffenen Graben zwischen aufgeklärten und orthodoxen Juden nur noch vergrößern mußte.

4. Der Kampf gegen die Orthodoxen
Das Problem der vorzeitigen Bestattungen

In jeder jüdischen Gemeinde gibt es eine »Vereinigung von Wohltätern und Krankenpflegern«, deren ältestes Mitglied beim Tod seiner Religionsbrüder anwesend sein muß; umgeben von neun männlichen Zeugen, beobachtet er den Sterbenden, wobei er sich hütet, ihn zu berühren, aus Angst, sein Ende zu beschleunigen. Ist dieses eingetreten, nimmt man eine Feder aus dem Kopfkissen und legt sie dem Toten unter die Nase; hat sie sich innerhalb einer Viertelstunde nicht bewegt, so legt man den Leichnam vom Bett auf den Boden, wo man ihn drei Stunden bewacht. Danach übergibt man ihn den mit der Bekleidung und Bestattung beauftragten

Brüdern[82]. Diese schnelle Beerdigung beeindruckt die Christen; sie können sich nicht von dem Gedanken freimachen, daß häufig eine anhaltende lange Ohnmacht dem Tod gleicht, und haben volles Mitgefühl mit den Unglücklichen, die lebendig begraben werden! So lassen sich solche Legenden erklären wie diejenige, nach der die Juden – um den Toten die posthumen Grauen zu ersparen – sie mit einem Strick von einem Mann erwürgen lassen, der Todesengel genannt wurde!

Das Problem betrifft jedoch nicht nur die Juden. Wenn man sich von allen Vorurteilen befreien möchte, so fechtet man zunächst die sozialen Konventionen an. Die ersten Romantiker werden zu Vorkämpfern der freien Union genau zum selben Zeitpunkt, als die Philosophen in ganz Deutschland gegen die verderblichen Zeremonien einschreiten.

Wie viele Leute glauben tatsächlich, daß sie all ihre Ersparnisse für eine Taufe, eine Hochzeit oder eine Beerdigung aufbrauchen müssen! Wie viele halten es für unbedingt erforderlich, ihre Toten in Seidentücher zu hüllen, sie in kostbaren Holzsärgen mit ziselierten Silberverschlüssen zu begraben, ihr Haus und ihre Domestiken ganz in Schwarz erscheinen zu lassen, Klageweiber zu engagieren und opulente Totenessen zu geben.

Deshalb verbieten eine ganze Reihe von Ordonnanzen ganz strikt solche Exzesse; sie sind mehr oder weniger detailliert abgefaßt und ersetzen im allgemeinen bei allen nicht Anverwandten die Trauerkleidung durch eine einfache Armbinde oder bei den Frauen durch ein Band im Haar, und verbieten Klageweiber und Essen[83].

Inmitten dieses humanitären Enthusiasmus machen die orthodoxen Juden böse Miene. Im Jahre 1772 untersagt ihnen der Herzog von Mecklenburg-Schwerin ausdrücklich, vor Ablauf von drei Tagen die Beerdigung vorzunehmen. Die Ältesten in der Gemeinde bitten daraufhin Mendelssohn, seinen Einfluß geltend zu machen, um das Dekret zu annullieren[84]. Doch zu ihrer großen Überraschung stimmt Mendelssohn dem Herzog zu und versucht ihnen klarzumachen, daß der traditionelle Brauch auf keinem heiligen Text beruht. Wütend wenden sich nun die Ältesten an den Rabbiner Jacob Hirschel in Hamburg, der sich bemüht, Mendelssohn in einem Wust von Texten zu demütigen; Mendelssohn, bereits ziemlich beleidigt durch den berühmten Rabbiner Jacob Emden in Altona, der auf Grund seiner mangelhaften Deutschkenntnisse auf eine Intervention beim Herzog verzichten mußte, vermeidet wie gewöhnlich die Publizität. Doch nach dem Tode des schrecklichen Rabbiners veröffentlicht die jüdische Zeitschrift in Königsberg *Der Sammler* die Korrespondenz der beiden Männer und konfrontiert somit die öffentliche Meinung mit dem Problem.

Genau zu dem Zeitpunkt untersagen die Prager Behörden jede Bestattung vor Ablauf von 48 Stunden und präzisieren die Einzelheiten; sie antworten damit dem Rabbiner, der zugunsten der Tradition die Enge der jüdischen Stadt und die Gefahr einer Epidemie aufführt.

Der Kampf um die Durchsetzung einer ähnlichen Reform dauert mehr als zehn Jahre. Im Jahre 1787 befragt »Der Sammler« den berühmten Mediziner Marcus Herz, dessen Erwiderung daraufhin in einer Broschüre erscheint; sie wird im Jahre 1788 neu herausgegeben, erweitert durch die Antworten auf die Kritik von Seiten der Orthodoxen, die sich mehr und mehr abplagen[85].

Das noch frische Beispiel einer Frau, die der Arzt Hirschberg in Königsberg nach drei Tagen wieder zum Leben erweckte, mahnt ebenfalls zur Vorsicht.

So wenige Anzeichen es im übrigen auch gibt, die Besucher der jüdischen Bestattungsgesellschaft kennen sie trotzdem nicht genügend; sobald der Puls aussetzt, die Augen glasig erscheinen und der Atem nicht mehr zu hören ist, wird ein Mensch für tot erklärt. Doch können Atem und Kreislauf so schwach werden, daß man sie nicht mehr wahrnimmt. Erfordern religiöse Gründe tatsächlich die sofortige Beerdigung[86]? Die einzigen Texte, die die Orthodoxen zunächst aufführen, sind die Zeilen am Ende des Kapitels 21 des Deutoronomiums: »Wenn jemand eine Sünde gethan hat, die des Todes würdig ist, und wird getötet, und man hängt ihn an ein Holz, so soll sein Leichnam nicht über Nacht an dem Holz bleiben, sondern sollst ihn desselben Tages begraben; denn ein Gehenkter ist verflucht bei Gott; und daß du dein Land nicht verunreinigst, das dir der Herr, dein Gott giebt zum Erbe!« Hier handelt es sich um einen Sonderfall, wo der Tod wirklich evident ist; die Talmudisten sind daher nicht berechtigt, ganz allgemein die sofortige Bestattung anzuordnen. Sie tun es trotzdem, um den im Mittelalter erlassenen Vorschriften mehr Gewicht zu verleihen. Zweifellos hatten sie damals politische oder hygienische Gründe, die man im 18. Jahrhundert nicht mehr geltend machen kann. Sie ignorierten die Häufigkeit der scheinbaren Todesfälle und hielten ihre Kriterien für ausreichend. Denn sie besaßen nicht die geistige Engstirnigkeit eines Jacob Emden oder eines Ezechel aus Prag. Ist letzterer nicht der Meinung, daß jeder Kranke, »der nicht durch die Nase atmet«, tot ist, und zwar auf Grund des Verses der Genesis: »Alles, was einen lebendigen Odem hatte auf dem Trocknen, das starb« (VII, 22)! Und daß die sofortige Bestattung notwendig ist, weil Salomo gesagt hat: »Staub wird wieder zu Staub, und die Seele kehrt zu Gott zurück, der sie geschaffen hat.« Es ist wirklich sehr schwer für die Seele, sich vom Körper zu trennen, an den sie gewöhnt ist; sie schleicht um den Leichnam herum, solange dieser nicht begraben ist, und kann erst danach zu Gott zurückkehren, denn Salomo hat zunächst vom Körper gesprochen; es ist also eine fromme Pflicht, ihr ein schmerzhaftes Warten zu ersparen[87].

Der Talmud selbst schließt jedoch einen Irrtum nicht aus und rät zu warten, wenn man nicht ganz sicher ist. Es ist unmöglich, daß die Religion, die Leben und Brüderlichkeit ist, einen Mord befehlen kann. Und selbst wenn die talmudische Vorschrift von heiliger Bedeutung wäre (sie sieht im übrigen die Beerdigung vor Einbruch der Nacht vor, und nicht, wie gewöhnlich, innerhalb von vier Stunden), würde die Bestattung eines Lebenden nicht auch eine Verletzung bedeuten, fügt Herz subtil hinzu? Muß man nicht von den beiden Sünden, nämlich einen Leichnam zu früh zu bestatten oder einen Bruder zu töten, die geringere wählen? Möge man über das Martyrium der lebendig Begrabenen nachdenken. Man führe sich vor Augen »die tödtliche Beängstigung; die erstickende Zusammenschnürung der Brust; das Strömen des Blutes nach dem Kopfe; das convulsive Zittern des ganzen Körpers; die vergebliche Anstrengung der Muskeln, um die drückende Last abzuwälzen; der Geruch der benachbarten Leichen[88]!« Man versetze sich in die Lage des Kranken, der abends im Kreise seiner Angehörigen eingeschlafen ist, aufgewacht, im Bett zu sein glaubt, umhertastet und dabei auf Gebeine stößt, der allmählich wahnsinnig wird und um sich schlägt . . . vergebens!

Solche Fälle dürfen nicht zu oft vorkommen. Der Rabbiner Marx in Hannover, der auch Arzt ist, steht für das Gewissen der unbenommenen und daher uninteressierten Besucher ein. Er erinnert daran, daß gerade der Talmud eine Frist vorschreibt, wenn der Tod als Folge von Nervenkrankheiten, Ergüssen, Ohnmacht oder ganz plötzlich erfolgt; daß im allgemeinen der Arzt konsultiert werden muß und man den Beginn des Verfalls immer dann abwarten soll, wenn Zweifel möglich sind. Was den Psalm Salomos anbelangt, so ist er gar nicht so lächerlich, da er völlig bestätigt wird durch den Psalm 48: »Allein der Mensch in seiner Herrlichkeit bleibet nicht über Nacht er gleichet den Thieren[89].« Herz gibt wohl zu, daß die Fälle nicht häufig sind; aber würde nicht ein Einzelfall für die Notwendigkeit der Reform sprechen? Zwei Rabbiner haben es gewagt, an Mendelssohn zu schreiben daß der offensichtliche Tod ein außergewöhnliches Phänomen sei und die Religion das Außergewöhnliche nicht zu berücksichtigen habe[90].

Die in Deutsch verfaßte Broschüre von Herz begeistert die öffentliche Meinung; sie findet ein Echo bei der gesamten deutschen Aufklärung, aber vergebens[91]! Jeder verharrt bis 1797 auf seinem Standpunkt. Gegen Ende dieses Jahres wäre in Breslau beinahe das Kind von Baruch Wesel gestorben. Die Gruppe der »Aufgeklärten« in dieser Stadt hatte seit 1793 gegen die sofortige Beerdigung Stellung genommen, und die Vereinigung der Besucherbrüder hatte dem Arzt Zadig anläßlich des Todes seines Vaters ausnahmsweise einen Zeitraum von 24 Stunden zugebilligt. Doch ähnliche Kompromisse durften nicht definitiv sein[92]. Der kleine Wesel stirbt nach Aussagen des Bruders um 8 Uhr abends. Für eine Bestattung ist es schon zu spät; man geht nach altem Brauch vor; man legt das Kind gestreckt auf den Fußboden des Zimmers, in dem sein kleiner Bruder schläft. Mitten in der Nacht wird der Wächter durch das Stöhnen aus dem Schlummer gerissen; er rennt zur Wiege: das Baby schläft still; kurz darauf beginnt das Stöhnen von neuem; man muß sich überzeugen lassen; es ist der Tod, der spricht[93].

Der Vorfall erregt sofort ziemliche Unruhe; wäre das Kind einige Stunden früher ohnmächtig geworden, hätte man es lebend begraben; die Kampagne der Aufgeklärten ist also nicht bloß eine Frage der Doktrin! Hoym findet den Zeitpunkt verfrüht und befiehlt dem Komitee der Brudervereinigung, von nun an mit den Bestattungen so lange zu warten, bis wirklich keine Hoffnung mehr auf Wiederbelebung besteht. Man soll die Leichen im Leichenhaus des jüdischen Friedhofs aufbahren, wo sie von einem jüdischen Arzt untersucht und von den Brüdern bewacht werden. Diese Mitteilung wird nicht befolgt; Hoym zögert im übrigen auch; in Breslau ist die Polemik auf dem Höhepunkt. Die »Aufgeklärten« versammeln sich um Joel Löwe, Autor einer im Jahre 1793 erschienenen Broschüre, während die Orthodoxen einen unerwarteten Verteidiger in Salomon Seligmann Pappenheim finden, der als liberal gilt; die »Provinzialblätter« hetzen gegen die Leute, die durch ihre Vorurteile geblendet sind. Hoym, preußischer Staatsminister, und durch und durch tolerant, will erst eine Umfrage durchführen, bevor ein Gesetz bezüglich dieses Problems erlassen werden soll. Er richtet an alle jüdischen Notabeln und Gelehrten ein Rundschreiben, um zu erfahren, ob die Bibel und der Talmud sich in jedem Fall einem Aufschub widersetzen; steht man vor einer Gewissensfrage oder vor einem Ordnungsproblem, das der Staat zu lösen berechtigt ist[94]? Ohne die Ergebnisse der Umfrage abzuwarten, beschließen dreißig Familienväter die Gründung einer Gesellschaft, um die Toten nach christlichem Brauch zu bestatten; man soll drei Tage warten; dann soll man selbst bei sich zu Hause die Entkleidung des Leichnams vornehmen, statt ihn der Bruderschaft oder »den alten Weibern« zu überlassen, die von ihr bezahlt werden; denn oft würde man sich vor einem Fremden nicht entkleiden, um irgendeinen Makel zu verbergen; die Achtung vor den Toten läßt es nicht zu, diese irgendwelchen Leuten auszuliefern. Die Beerdigung schließlich wird feierlicher sein als vorher; man wird einen Leichenwagen haben[95].

Zadig, Autor der »Betrachtungen über das Verfahren mit verstorbenen Personen bei Christen und Juden[96]«, auf die als Antwort die »Notwendigkeit der früheren Beerdigung der Juden« von Seligmann[97] erfolgt, gehört mit zu der neuen Vereinigung. Doch bevor sie sich noch endgültig konstituiert und der königlichen Kammer ihre Richtlinien unterbreitet hat, verliert er einen dreizehnjährigen Sohn. Der Leichnam wird nach den neuen Prinzipien behandelt, und Zadig unterrichtet Jakob Gottheimer, den Präsident der Brudergesellschaft, daß er seinen Sohn in drei Tagen beisetzen werde[98]. Gottheimer untersagt die Beerdigung. Zadig, zahlendes Mitglied in der Gemeinde, bestreitet den Brüdern das Recht, das sie sich auf dem Friedhof anmaßen, lehnt es ab, sich »aus Polen importierten Vorurteilen« zu unterwerfen, und erhebt Klage. Im Verlauf des dritten Tages schreibt die königliche Kammer an Gottheimer, daß, wenn sie auch nicht auf die Gewalt zurückgegriffen hat, um sein Dezemberdekret zur Ausführung zu bringen, sie indessen nicht zulassen kann, daß man Juden daran hindert, es freiwillig zu beachten. Sie ermächtigt also Zadig, die Polizei zu Hilfe zu nehmen, um Gottheimer zu verpflichten, seinen

Sohn beerdigen zu lassen (8. April)[99]. Im Dezember 1799 wird endlich, als Folge einer von allen Partisanen der deutschen Aufklärung in der Affäre Breslau geführten Kampagne, ein für ganz Preußen gültiges Gesetz erlassen. Juden und Christen müssen sich ihm in gleicher Weise unterwerfen. Keine Beerdigung darf vor Ablauf von drei Tagen und vor den ersten Anzeichen von Verfall stattfinden. Die jüdischen Totengräber und alle Personen, die Bestattungen vornehmen, legen vor der Synagoge den Eid ab, daß sie dieses Gesetz befolgen. Die Polizei überwacht dessen Ausführung und muß bei jedem jüdischen Begräbnis vertreten sein. Widerspenstige »bigotte Typen« werden mit Strafen von Gefängnis bis Festungshaft sanktioniert[100]. Es ist einfach zu erraten, daß dieses humane Dekret wie ein Donnerschlag bei den orthodoxen Juden in Breslau wirkt. Sie toben, schicken Abgeordnete, die protestieren sollen, und suchen Unterstützung in anderen Gemeinden. Doch ihr Vorgehen bleibt wirkungslos: die Vernunft überrollt sie. Ähnliche Konflikte entstehen in ganz Deutschland. Die »Gesellschaft der Freunde« in Berlin beschließt 1797 den Bau eines Totenhauses. In Hamburg vereinigen sich 50 Familienväter im Jahre 1804, um ihre Toten nach den Richtlinien der Aufklärung zu bestatten; und um der Brudergesellschaft die Hände zu binden, erhalten auch sie ein königliches Reskript aus Kopenhagen[101].

5. Die religiöse Frage

1772–1799! 27 Jahre hat es gedauert, um einer Reform zum Sieg zu verhelfen, die von der Vernunft gefordert und von der Religion nicht verurteilt wurde! Man stelle sich die Schwierigkeiten vor, mit denen die aufgeklärten Juden lebten: geplagt von den Orthodoxen, von der Mehrheit einer mißtrauischen Bevölkerung abseits gehalten und von ihren christlichen Freunden viel zu platonisch ermutigt! Man wird ihren Überdruß und ihren Wunsch, die Schwierigkeiten zu beseitigen, verstehen.

Zu Beginn des Jahres 1799 richteten einige jüdische Familienväter einen offenen Brief an Probst Teller, oberster Rat des evangelischen Konsistoriums und einflußreichste Persönlichkeit der »aufgeklärten« Geistlichkeit.

Wir sind Juden, sagt David Friedländer, Autor des Briefes, im wesentlichen, und wir bleiben mit der Religion unserer Väter verbunden, aber wir verachten ihre veralteten Bräuche. In diesem

Zeitalter der Aufklärung ist es für jeden klar, daß das Wesen jeder Religion in der Kenntnis Gottes und seiner unendlichen Eigenschaften, der unsterblichen und körperlosen Seele, der Pflichten gegenüber seinem Nächsten und des menschlichen Schicksals besteht, das nach Vollendung strebt. Das sind die Grundlagen für Tugend und Glück.

Moses dachte nicht anders. Die Bräuche, die er einem niedrigen Volk auferlegte, um es von seinen Idolen zu entfernen, sollten diese Prinzipien allmählich verbreiten; sie hatten andererseits Ordnungsfunktion in einer Zeit, als die Kirche sich nicht vom Staat unterschied. Moses hatte untersagt, diese Bräuche schriftlich zu fixieren, damit sie sich, indem sie mündlich überliefert werden, auch weiterentwickeln und sich der zunehmenden Zivilisation des Volkes anpassen. Indem man sie aufschrieb, verhindert man diese Entwicklung und brachte den Fortschrtt zum Stillstand; es begann ein langanhaltender Verfall, der bis in unsere Zeit dauern sollte.

Die Aufklärung hat uns wie auch den Christen erlaubt, die wahren Prinzipien wiederzufinden. Wir assimilieren uns; wir befinden uns natürlich noch im Rückstand gegenüber den Christen, was die Kultur betrifft, nicht jedoch hinsichtlich der moralischen Würde. Wir sind weder lasterhafter noch schlechter als andere und verdienen keinen Ausnahmestatus. Wie können wir, verfeindet mit unseren orthodoxen Glaubensbrüdern und bereit, auf die Religion unserer Väter zu verzichten, in einer Gesellschaft leben, die nur Juden und Christen kennt? Man will uns das Wohnrecht gewähren, unter der Bedingung, daß wir konvertieren. Aber wenn wir das Judentum ablegen, weil wir nur die Wahrheiten der Vernunft akzeptieren können, die sich von denen der Geschichte sehr unterscheiden, können wir nicht Christen werden. »Welche Glaubensbekundung würden Sie also von uns verlangen, Sie und die ehrwürdigen Männer an Ihrer Seite im ehrwürdigen Konsistorium, wenn wir uns entschließen würden, die große, christliche, protestantische Gesellschaft als Ort der Zuflucht zu wählen?«

Die Antwort Tellers vermittelt sehr gut die Mentalität jener vom Zeitgeist durchdrungenen Geistlichkeit, die ebenfalls nicht weit entfernt war, ungeachtet der für das Volk guten Bräuche, eine rationalisierte Religion zu akzeptieren, in der alle gebildeten Menschen miteinander verbunden sein könnten. Indem er die Juden lobt, daß sie auf ihre Sitten verzichtet haben, erklärt er diese Geste für ausreichend, sie für das Wohnrecht würdig zu machen.

Doch die Veränderung der bestehenden Gesetzgebung steht ihm nicht zu. Warum übrigens sollte man nicht konvertieren? Christus hat dem Arzt, der auf der Grundlage der Vernunft dachte, gesagt: »Du bist nicht weit vom Reich Gottes entfernt.« Darin also besteht das Wesen des Christentums; Teller selbst ist bereit, jedem die Hand zu reichen, der vernünftig denkt. Die konvertierten Juden brauchen dann keine Bräuche zu praktizieren. Man fordert nichts als ihr Bekenntnis, daß Christus der Begründer der besten moralischen Religion ist. Man wird sie nach einer vereinfachten Formel taufen: »Im Namen Christi, des Retters der Menschheit.« Sie werden am Abendmahl teilnehmen, denn »etwas Feststehendes muß es schon geben«, und niemand wird sich darüber beunruhigen, was sie von Dogmen, Wundern und vom Heiligen Geist halten.

Die öffentliche Meinung teilte sich. Es gab Christen, die sich darüber empörten, daß man die Religion frei von jeglichem Gefühl und Glauben machte. Die mystische Reaktion gegen den Rationalismus wurde gestärkt durch den Einfluß der Rosenkreutzer einerseits und den der jungen Romantiker andererseits. Doch wenn Schleiermacher gegen eine rein rationalistische Konzeption der Religion protestiert, so treibt ihn dabei nicht der Haß gegen die Juden. Ist er nicht der beste Freund von Henriette Herz und verteidigt er nicht häufig die Juden, deren Emanzipation er wünscht?

Es gab Juden, die bedauerten, daß die »Aufgeklärten« sich von ihren Brüdern trennten, statt sich der undankbaren Aufgabe ihrer Erziehung zu widmen. Doch im großen und ganzen wurde der Brief, dessen Tenor die modernen jüdischen Historiker nur zu gern verurteilen (Grätz zögert nicht, Friedländer einen Affen zu nennen), eher gut aufgenommen. Seine Anregung entsprach der Meinung der gebildeten Öffentlichkeit, die mit Interesse die Entwicklung der Theophilanthropie in Frankreich verfolgte. Die Presse diskutierte zahlreiche Pläne, deren Realisierung die Niederlassung der aufgeklärten Juden in der Stadt bewirkt hätte. So bittet ein Philosoph, der die Annäherung beider Religionen wünscht, die Juden, auf ihr Purimsfest zu verzichten. Denn die Bräuche sind lächerlich: was sollen diese kleinen Jungen, die durch die Straßen ziehen und mit einem Hammer auf ein Brett schlagen, auf dem der Name Aman steht? Die Geschichte von Esther weist im übrigen nichts Ruhmreiches für die Juden auf, die dabei nur weinen, fasten, Trauer tragen und wehrlose Leute quälen. Mardochai zeigt sich nur dickköpfig, als er dem persischen Premierminister die Ehrerbietung versagt, die seine Vorfahren sehr oft ohne Einladung viel weniger ehrwürdigen Leuten gezeigt haben ...

Ein anderer schickt aus Breslau im Jahre 1798 einen wunderbaren Reformplan an die *Jahrbücher*; man soll unbedingt beide Religionen einander näherbringen. Ein Kind wird geboren; man zieht es in dem einen oder anderen Glauben auf, ohne es zu fragen, und es wird Jude oder Christ, ohne zu wissen warum! Das ist lächerlich. Die vernünftigen Juden sollen sich also entscheiden, eine neue Religion zu gründen, die der Aufklärung entspricht, und der Staat soll ihre Sekte akzeptieren. Es genügt, auf Hebräisch zu verzichten; Rabbiner und Talmud durch Lehrer zu ersetzen, die Moral unterrichten, und die Beschneidung durch ein ähnliches Fest für beide Geschlechter; den christlichen Kalender zu übernehmen und den Sabat auf den Sonntag und die jüdischen Feiertage auf die christlichen zu verlegen; es genügt ferner, die Einschränkungen in der Ernährung aufzuheben und Mischehen zu gestatten, und, da von nun an diesen jüdischen Bürgern nur noch der Name erhalten bleibt, sich »Puristen« zu nennen. Sie können dann ihre religiösen Feste ganz »theophilanthropisch« feiern. Und möge »irgendein Zorniger unter den Rabbinern« nicht behaupten, daß diese Reform zum Christentum führt! Davon ist nicht die Rede. Sie schafft einfach nur eine deistische und vernünftige Sekte, die der Staat anerkennen kann.

Dieselbe Hoffnung kommt in dem kleinen Essay über »Moses und Christus« zum Ausdruck und in zahlreichen Artikeln, die so oft ihre Freude darüber bekunden, daß Mischehen und Konversionen dann immer häufiger werden.

Man versteht unter diesen Umständen, daß die von Teller vorgeschlagene Lösung an erster Stelle steht. Warum soll man so lange zögern, wenn sich doch danach alle Pfarrer so aufgeklärt und so wenig fordernd geben, wenn doch ein wenig gesunder Menschenverstand und Vernunft genügen, um in die Reihen der Protestanten aufgenommen zu werden und die bürgerliche Gleichheit zu erlangen? Die Orthodoxen treiben alle einigermaßen Gebildeten in die Arme der Christen. Natürlich geschehen in den unteren Klassen viele Konversionen aus Interesse. Gute Bürger sind darüber beunruhigt und schlagen vor, den Neubekehrten die politischen Rechte erst nach Ablauf von sechs Jahren, die für ihre Assimilation nötig sind, zu gewähren[102]. Viele wenden sich aber auch leidenschaftlich der Kirche zu, und zwar unter dem Einfluß der sentimentalen Reaktion am Ende des Jahrhunderts gegen die Vorherrschaft der Vernunft. Henriette Herz wird katholisch, genauso wie Mendelssohns eigene Tochter Dorothea. Zadig tritt Ende 1802 mit seinem kleinen Sohn zum Protestantismus über. Diese Konversion erregt unter den Orthodoxen, Christen und Juden Aufsehen. Unter ersteren, weil sie glauben, daß Zadig als Arzt keinerlei irdischen Vorteil von seiner Handlung erwarten kann und daß er somit der erste Täufling der neuen Zeit ist, der den Glauben seiner Väter aus innerster Überzeugung aufgibt. Unter den anderen, weil sie die Taufe eines sechsjährigen Kindes als Beeinträchtigung ihrer Rechte ansehen, denn das preußische Gesetz verbietet eine solche Zeremonie vor 14 Jahren[103].

Zadigs Handlung wird von vielen seiner Glaubensbrüder zum Vorbild genommen[104]. Die liberalen Christen geben die Hoffnung auf eine allgemeine Konversion nicht auf: »Sie sind erstaunt, daß sich so viele Juden in Breslau taufen lassen? Wenn Sie die Situation und die Denkweise dieser Leute so gut kennen würden wie ich, wären Sie nicht so überrascht.« Über die Hälfte von ihnen kennt nur eine natürliche Religion und ist öffentlich über die Bräuche erhaben. Wenn sie sich nicht alle taufen lassen, so geschieht das häufig aus Furcht, daß beide Parteien sie als Egoisten betrachten, oder weil dieser Schritt gegen ihr Gewissen oder gegen die Ehre verstößt, oder einfach aus Gewohnheit, Jude zu sein, wie es ihre Väter waren; doch nur wenige sind überzeugt. Die Bewegung ist überall stark genug, um Juden und Christen zu beunruhigen. In Berlin hält sie bis 1810 an. Und es sind weniger solcher Maßnahmen, wie die Forderung eines Polizeizeugnisses, das den Ernst und die Aufrichtigkeit eines Kandidaten bezeugt, als vielmehr die empanzipatorischen Dekrete von 1812, die der Bewegung ein Ende machen.

Eine Aufstellung über die Konversionen existiert nicht. Friedländer behauptet, daß in Berlin zwischen 1806 und 1811 fünfzig jüdische Familien zum Christentum übergetreten sind. Nach Aussagen desselben Autors gab es im Jahre 1806 in der Hauptstadt 453 jüdische Familien. Der Anteil der Taufen mußte in den anderen großen Städten genauso stark gewesen sein, in den kleinen Zentren dagegen schwächer. Berücksichtigt man die Konversionen vor 1806, so kann man gewiß bescheiden behaupten, daß 10% der

Juden ihren Glauben aufgegeben haben, um das Wohnrecht zu erwerben. Der Anteil ist stark genug, um die Aufmerksamkeit der Christen zu erregen und die Entwicklung eines gewissen Antisemitismus unter den aufgeklärten Massen zu erklären. Dieser Antisemitismus breitet sich jedoch nicht aus, zweifellos wegen der geringen Anzahl der Juden. Einer Statistik jener Epoche zufolge gab es 1806 in sämtlichen preußischen Staaten, einschließlich Schlesien, 224 380 Juden, das heißt 1 auf 43 Einwohner.

6. Der Antisemitismus

Man ist häufig geneigt, jede feindliche Äußerung gegen die Juden als Beweis für Antisemitismus zu betrachten. So geschieht es, daß man in die Reihe der Feinde der Juden Denker wie Kant oder Goethe eingliedert, deren Schriften jedoch gänzlich liberal sind. Es wäre leichtes Spiel, anhand solcher bedeutender Werke Text gegen Text zu stellen, an die Aufnahme Mendelssohns durch Kant in Königsberg zu erinnern, inmitten zunächst spottender Studenten, die zur Achtung ermahnt wurden, und die Kämpfe ins Gedächtnis zu rufen, die Fichte als Partisan der Französischen Revolution gegen jene auszufechten hatte, die ihn des Atheismus bezichtigten[105]. Als Fichte, der nicht an die Assimilierung glaubt, erklärt, daß man den Juden den Kopf abhacken und ihnen einen neuen anschrauben müßte, um sie zu Bürgern zu machen, bringt er die Einstellung zum Ausdruck, die der erbitterte Widerstand der Orthodoxen gegen die unerläßlichen Reformen bei vielen bewirkt. Er ist deswegen kein Antisemit, denn er würde den aufgeklärten Juden die Gleichheit nicht versagen[106]. Er ist kein Antisemit, sondern anti-orthodox. Das eigentliche Merkmal des Antisemitismus ist in der Heftigkeit der Leidenschaften begründet. Es ist nicht näher zu bestimmen und ließe kein Argument der Vernunft zu. Es ist ein Gefühl, das nicht immer zum Ausdruck kommt, das aber überall Spuren hinterläßt.

In einer Zeit, wo die gesamte Presse in den Händen der Aufklärung ist, wo selbst die jungen Leute der neuen Schule, die Romantiker, ihrem politischen Liberalismus Ehre machen, kann eine solche Leidenschaft kaum Ausdruck finden. Sie ist jedoch in den Städten und auf dem Lande latent vorhanden. Die Philosophen bekämpfen sie als Vorurteil; dadurch wird sie uns offenbar.

In Berlin nehmen die Juden christliche Namen an[107]; sie sind tonangebend, kreieren die Mode und empfangen ansehnliche Persönlichkeiten. Sie selbst jedoch werden von der bürgerlichen Gesellschaft nicht eingeladen: »Die Berliner Elegants und junge Gelehrte, welche keinen Zutritt zu den Vornehmen haben, oder suchen, wenden sich zum Ersatz an reiche jüdische Häuser. Die Gebildeten dieser Nazion machen eine besondere Klasse aus, die gegenwärtig mehr Einfluß gewinnt, als ihre getauften Mitbürger ihnen gern zugestehen möchten. Wenn unter diesem Saamen Abrahams, der immer zahlloß wie Sand am Meer gewesen ist, sich einige gute spekulative Köpfe ausgezeichnet haben, so ist das unter der ungeheuren Menge immer nur sehr wenig, und sie sind auch unaussprechlich eitel darauf; ewig vergessen sie's nicht, daß sie einen Moses Mendelssohn gehabt haben: und Juden und Judengenossen beugen noch immer ihre Kniee vor diesem ihrem Lumen, indeß hunderte ebenso verdienstvolle Gelehrte, die aber nicht so rarité du fait waren, vergessen sind ... Besonders zeichnen sich die jüdischen Frauenzimmer, durch einen gewissen Anstrich von Geistesbildung und Empfänglichkeit fürs Schöne, vor ihren christlichen Rivalinnen aus ... Durch den häufigen Umgang mit Gelehrten, sind sie verleitet worden, die höheren Stufen der Kultur ersteigen zu wollen, ohne die mittleren berührt zu haben ... Überhaupt sind sie, ein Geschlecht wie das andere, oft vorlauter und arroganter, als es ihr Verhältniß zur Gesellschaft ihnen gestattet[108].«

Dieselbe Situation besteht in Breslau, wo die »Aufgeklärten« ein schweres Leben haben. Es genügt z. B. schon, daß ein jüdischer Arzt mit seiner Frau in eine Gruppe eingeführt wird, die sich jeden Sonntag in einem Café trifft, damit die christlichen Frauen protestieren, bis die Neuankömmlinge freiwillig verzichten[109].

Das »Vorurteil« treibt die Leute zuweilen zu skandalösen Exzessen. In Berlin stürzt ein Jude im Jahre 1785 durch einen Ohnmachtsanfall zu Boden. Ein Arzt erklärt, daß eine Rettung möglich wäre, wenn er sich in einem Zimmer ausruhen könnte; doch der Hausbesitzer, in dessen Eingang sich der Vorfall ereignet, weigert sich strikt, einen Juden in seine Wohnung zu lassen; der Kranke stirbt vor seiner Tür[110].

Auf dem Lande ist die Feindseligkeit noch allgemeiner verbreitet ... In Ostpreußen klagt man über die Konkurrenz, die seit dem liberalen Reglement von 1797 noch größer geworden ist: »Die Gefängnisse sind voll von Juden und überall auf den Straßen trifft man Vagabunden und Bettler dieser Nation[111].« Der Handel ist die einzige Beschäftigung der Juden, aber bald werden sie auch die Landwirtschaft in Unordnung bringen. Um das Land von ihnen zu befreien, müßte man sie alle für die Armee enrollieren[112].

Im August 1896 bemerken mehrere Bewohner in Kranzien in der Neumark, daß man ihnen Geld entwendet hat. Sie verdächtigen eine Gruppe von Vagabunden, die durch das Dorf gezogen sind. Statt Klage zu führen, überlassen sie einfach dem Gemeinderat die Verfolgung. Die Juden werden in einem Nachbarort festgenommen und ins Dorf zurückgebracht, wo sich der Schmied Erdmann Sauer als Großinquisitor ausgibt. Er verdächtigt die Frau von Salomon Moses und will sie zum Geständnis zwingen. Trotz des Widerstandes von seiten des Präsidenten (Schulze), der die Illegalität des Verfahrens kritisiert, gelingt es ihm, die Mehrheit des Rates zu überzeugen. Sauer flechtet aus einem Strick eine Rute und tränkt sie mit Wasser, damit ihre Wirkung durchschlagender ist. Kaum sind die Juden angekommen, befiehlt er Moses' Frau, die schwanger ist, sich zu entkleiden, und drängt sie zum Geständnis; da sie ihre Unschuld beschwört, schlägt er wild auf sie ein, bis er nicht mehr kann, und läßt sich durch einen anderen ersetzen. Die Frau bricht zusammen, wird aufgehoben, stürzt erneut, aber gesteht nicht und stirbt nach zwei martervollen Stunden. Die alarmierte Justiz leitet langsam den Prozeß ein und verurteilt Sauer nach achtzehn Monaten zu acht Jahren Festungshaft; seine Komplizen kommen mit geringeren Strafen weg; aber die elf Juden der Bande werden vertrieben, und Moses und einer seiner Freunde werden wegen Verdacht auf Diebstahl und Vagabundieren mit sechs Monaten Festungshaft bestraft und müssen die Kosten des Verfahrens tragen[113].

Der Mord an einem Juden wird nicht als Verbrechen betrachtet:

»Vor kurzem wurde ein Jude in der Grafschaft Sayn ermordet und ausgeplündert. Der Schuldige, ein Bauer, lebte in dem Glauben, kein Verbrechen begangen zu haben; er wohnte noch einige Wochen ruhig in seinem Haus und trug sogar die Kleider des Opfers. Endlich hört er von einem seiner Verwandten die Behauptung, daß die Behörden nicht gleichgültig bleiben können; er beschließt daher, für kurze Zeit unterzutauchen. Der gerichtliche Centschöpf (dessen besondere Aufgabe darin besteht, Verbrechen zu denunzieren) begleitet ihn sogar über die Grenze. Man verlangt natürlich die Kosten von ihm, aber er ist der Meinung, unschuldig zu sein: es handelt sich doch nur um einen Juden[114]!«

Ähnliche, mehr oder weniger tragische Fälle ereignen sich überall. In Neustadt an der Aisch verschwindet ein Kind; man verdächtigt sogleich die Juden, deren Wöchnerinnen das Blut von christlichen Kindern trinken sollen. Man verfolgt sie, überfällt ihre Wohnungen und schmäht sie in der ganzen Gegend bis zu dem Tag, als man die Leiche des Kindes findet, das sich verirrt hatte. Die Autopsie ergibt, daß es erfroren ist. »Traurig, daß eine solche Barbarey, eine solche unglaubliche Dummheit von einem zahlreichen Theile der Einwohner des neustädtischen Kreises, von Bayreuthern, von preußischen Unterthanen erzählt werden muß! Welche Schande vor der Welt, vor unsern Nachbarn, daß so etwas noch bey uns möglich ist! Gesetze wirken hier nicht; Obrigkeiten, selbst Prediger können nicht genugsam durchdringen! Aber frühe Entwicklung der Vernunft, gute Erziehung, gute Schulen[115]!«

Die Obrigkeiten bekämpfen wirklich den Antisemitismus, der auch vor 1803 nicht zum Durchbruch kommt. Um diese Zeit starten zwei Justizbeamte eine ziemlich heftige Kampagne. Christian Ludwig von Paalzow, Kriminalrat am Berliner Kammergericht, veröffentlicht ein historisches Werk in lateinischer Sprache: »De civitate judaeorum«, ein Beweis dafür, daß die Juden nicht assimilierbar sind und es auch noch nie waren[116]. Sein Kollege Grattenauer, Rechtskommissar am selben Gericht, nimmt das zum Anlaß, um gewaltig »gegen die Juden« vorzugehen, und zwar in einem haßerfüllten Pamphlet, dessen vom Teufel besessene Begeisterung die Mehrheit der öffentlichen Meinung mitriß[117]. Argumente, die auf Leidenschaft beruhen, diskutiert man nicht: es ist angebrachter, längere Passagen aus Grattenauers Schrift zu zitieren, um ihn zu verstehen. Doch zunächst ist eine andere Frage zu stellen. Nach dem Katalog der Berliner Bibliothek ist Grattenauer auch der Autor eines anderen Pamphlets, das starke Analogien mit dem von 1803 aufweist und das anonym im Jahre 1791 erschien[118]. Diese Broschüre, die zusammen mit den übrigen Pamphleten Grattenauers gebunden ist, wird in keiner der bekannten Biographien des Autors erwähnt[119]. Wir gehen davon aus, daß sie von ihm ist, und zitieren sowohl den einen als auch den anderen Text. Wer auch immer der Autor ist, das Problem bleibt dasselbe: die Broschüre von 1791 bleibt unbeachtet, die von 1803 erregt Aufsehen in ganz Deutschland[120]. Genauso ist es bei Paalzow[121], der ab 1798 eine Abhandlung über die Juden veröffentlicht, die inhaltlich dem umfangreicheren Werk von 1803 gleichzusetzen ist, mit dem er summa summarum eine erste Stellungnahme bringt. Niemand wird damals darauf aufmerksam.

Als Erklärung für den öffentlichen Protest wird im allgemeinen die Anfrage der Juden beim Regensburger Reichstag vorgebracht, wenigstens die passiven Bürgerrechte zu erhalten. Zweifellos versuchten alle, die ihre Interessen durch die jüdische Konkurrenz bedroht sahen, die Gefahr zu beseitigen. Aber besteht nicht 1791 dieselbe Situation? Kann man nicht auch damals befürchten, daß die Reformkommission große Konzessionen macht, nachdem die jüdischen Abgeordneten die im Jahre 1790 angebotenen partiellen Verbesserungen abgelehnt haben? Sie korrespondiert mit Hoym, von dem man weiß, daß er den Juden wohlgesonnen ist, und legt dem König auf dessen Anfrage im Januar 1792 einen neuen Entwurf vor[122]. Muß man hier nicht eher die allgemeine Entwicklung der Ideen seit dem Tode Friedrichs des Großen ins Gedächtnis rufen als bloß eine präzise Tatsache? Dem Frankreich der Menschenrechte und des Selbstbestimmungsrechts der Völker folgte die imperialistische und eroberungslustige Republik des Ersten Konsuls. Genauso wird die Herrschaft der Aufklärung und der Vernunft allmählich durch den Kult des Gefühls ersetzt, Goethe und Schiller haben Lessing und Wieland in der Bewunderung der Gelehrten abgelöst. Die Romantiker kultivieren die Träumerei und die Mystik. Schelling stellt sich gegen Kant und sogar gegen Fichte. Das religiöse Gefühl hat sich entwickelt, und die Frömmigkeit der Massen erweckt deren Antisemitismus. Es ist andererseits unbestreitbar, daß die Juden wesentlich freier sind als vorher. Wenn man ihre Fortschritte seit zehn Jahren in sämtlichen Bereichen betrachtet, kann man daher den Auswirkungen ihrer Konkurrenz zu dem Zeitpunkt, wo sie vollkommen frei sein werden, nur mit Angst entgegensehen. Wären sie doch wenigstens sympathisch! Doch nur allzu häufig tragen die Söhne von Mendelssohns bescheidenen Freunden einen nicht berechtigten Dünkel zur Schau; weder ihre Intelligenz noch ihre mehr scheinbare als wahre Bildung berechtigten sie dazu, die übrige Menschheit so zu verachten! Sie haben im allgemeinen kein besonderes Taktgefühl; man versteht daher, daß viele von denen, die noch im Sinne der Aufklärung denken, ohne Mißfallen die Verbreitung von Pamphleten beobachten, die diese zu selbstsichere jeunesse dorée beunruhigen sollen.

Grattenauers erste, ganz seltsam von der »aufgeklärten« Ideologie durchdrungene Schrift nimmt im Jahre 1791 Stellung gegen die Reform des Ausnahmeregimes[123]. Die Toleranz muß haltmachen vor einer falschen und schädlichen Doktrin, die die moralischen Prinzipien verletzt, »die sogar von den Wilden, Huronen und Negern respektiert werden.« Der Gott der Juden verkörpert nicht Liebe und Treue wie der christliche Gott; er ist ein Tyrann, ein Despot; aus diesem Grunde »machen die Juden ein Glaubensbekenntnis und belügen und betrügen die Christen; ihre minderwertige Moral treibt sie dazu, sich ein Verdienst zu erwerben, indem sie heimtückisch, unehrlich, falsch und erbarmungslos gegenüber jenen sind, die einen christlichen Namen tragen ...« Es ist unnötig, auf die Assimilierung der Juden zu hoffen, die sich in allem von den Christen unterscheiden. Sie werden ihre Moral nicht ändern, die sie lasterhaft und grausam macht, denn sie halten sich für das auserwählte Volk und verachten die anderen. Sie werden nichts an ihrem Lebensstil ändern, denn sie sind nur geeignet für den Handel, der ihnen ermöglicht, sich überall einzuschmeicheln, den Frauen und jungen Leuten Geld zu leihen und die Domestiken zu verderben; sie verkaufen billig Ramsch. Ach, gäbe es doch keine Juden in Berlin! Niemand würde Bankrott machen, es gäbe keine Armen, und alle wären glücklich. »Den Juden verdanken die Christen auch die Pocken.« Diejenigen, die konvertieren, handeln aus Eigennutz und betrügen den Pfarrer: Keine Toleranz gegenüber den Juden[124]!

Durch den Wucher beherrschen die Juden die gesamte Gesellschaft. Hartmann zeigt in seinen im Jahre 1780 erschienenen »Hieroglyphen« auf, daß sie sich weigern, einen Wechselbrief zu verlängern, sondern einen neuen, viel härteren unterzeichnen lassen, oder daß sie Minderjährigen Geld leihen, die sich als volljährig ausgeben, damit der Gläubiger beruhigt sein kann und der Vertrag gültig ist; oder daß sie den Beamten das Gehalt im voraus bezahlen, so daß diese ihnen ausgeliefert sind[125]. Diesen Leuten kann man trotz der Aufklärung keine Rechte gewähren: »Der Mensch ... bleibt immer Mensch; hat immer gerechte Ansprüche auf die thätige Unterstützung seines Mitbürgers; – jeder Nazionalhaß ist daher ungerecht, weil er aus einem lächerlichen Stolz, und thörichter Eigenliebe entspringt, ... es müßte denn der Fall eintreten, daß eine Nazion durch ihre moralischen Untugenden sich die volle Verachtung der Menschheit zugezogen hätte, und daß sie selbst muthwillig sich jeder Aufklärung des Verstandes und des Herzens widersetzt. – Sollte dies nicht der Fall bei den Juden seyn? ... Die Türken und Hugenotten haben Tugenden. Der Irokese, der Kaffer, der Mongole, der Grönländer bilden sich, sie verlassen selbst den Götzendienst, und entwickeln bei sich Tugenden. Nur die Juden rühren sich nicht[126].«

Es gibt natürlich Ausnahmen; doch die »Aufgeklärten« sind nicht mehr Juden; sie sind Deisten; man kann ihnen das Wohnrecht gewähren, wenn sie wirklich innerlich gewandelt sind, wenn sie nicht mehr dem Despotismus der Rabbiner und den unsinnigen Bräuchen unterworfen sind.

Paalzows erste Schrift ist eine Erwiderung auf den offenen Brief einiger jüdischer Familienväter. Sie ist in Deutsch verfaßt und hat keinerlei Erfolg; veröffentlicht der Autor deshalb seine zweite, beträchtlich erweiterte Edition in lateinischer Sprache? Er spielt den Weisen; aber er entlehnt sämtliche Thesen bei Eisenmenger oder den der Assimilierung feindlich gesonnenen Zeitgenossen. Sein Hauptgedanke ist, daß die Juden keine eigene Religion haben; sie haben einfach das theokratische System der Ägypter übernommen. Hier wie dort wird das Volk von Pfarrern gelenkt, die sich auf die weltlichen Gesetze von Moses berufen. »Der Gott, der einst Apis hieß, wird von den Juden Jehova genannt ... In den zehn Geboten ist kaum die Rede von Gott.« Moses spricht nie vom zukünftigen Leben. Wie Kant richtig bemerkt hat, sind die Gesetze der Juden politische, nicht religiöse Gesetze[127].

Warum soll man die Juden nicht in den Staat aufnehmen? Sie sind immer verachtet und gehaßt worden: »Man verabscheute sie, weil man wußte, daß sie alle anderen Menschen haßten, man verachtete sie wegen ihrer Leichtgläubigkeit und ihrer eigenartigen Sitten[128].« Sie massakrieren die Kinder anderer Völker, wie es der Psalm 137 befiehlt: »Du verstörete Tochter Babel, wohl dem, der dir vergilt, was du uns gethan hast! Wohl dem, der deine jungen Kinder nimmt, und zerschmettert sie an dem Stein!«

Moses befiehlt den Seinen, die anderen Nationen zu hassen: »Und wenn sie der Herr, dein Gott, vor dir dahingiebt, daß du sie schlägst, so sollst du sie verbannen, daß du keinen Bund mit ihnen machest, noch ihnen Gunst erzeigest« (Deuterononium VII, 2). Sie haben es im Laufe ihrer Geschichte nie vergessen. Da sie sich seit 2000 Jahren nicht weiterentwickelt haben, sind die Argumente, die die Römer gegen sie vorbrachten, immer noch gültig.

Auserwähltes Volk, je mehr man sie verachtet, desto hochmütiger werden sie. Das christliche Gesetz ist in ihren Augen wertlos. Sie verweigern den Militärdienst, sind unehrlich und nicht in der Lage, sich als anständige Bürger zu bewegen.

Paalzows lateinisches Werk diente Grattenauer als Vorwand, den Kampf im Jahre 1803 erneut aufzunehmen. Der Ton ist jetzt wesentlich schärfer[129]: »Nach den Zeugnissen glaubwürdiger Schriftsteller wurden die Juden aus Ägypten vertrieben, weil die gesamte Nation von Krätze und Lepra befallen war, und weil die Hirten sogar das Vieh auf den Weiden ansteckten. Man nannte diese Krankheit Elephantiasis. Finnen und Lukrez bezeugen, daß nur die ägyptischen Juden davon befallen waren. Ebenso haben die Juden in Frankreich (1321), der Schweiz und im Elsaß (1348), die Quellen durch Leprakranke verseuchen lassen (Vgl. Täglicher, Schauplatz de Ans. Heinr. von Ziegler, Frankfurt, 1695, Fol. S. 5, Kol. 2, S. 353, Kol. 1 und 2. Und Seb. Münster, Cosmographie, Basel, 1550, S. 192, 656, 660). Obgleich sie sich mindestens zehn Mal am Tag waschen, bleiben Schmutz und Gestank nichtsdestoweniger ihr nationales Erbe, und ihre Ausdünstungen sind nach Aussagen der Ärzte für die Gesundheit äußerst schädlich. Daher ist es einem Mieter mit Recht nicht gestattet, einen Juden als Untermieter zu nehmen (Beitr. zur juristischen Literat. in den Preuß Staaten, Bd. I, S. 36), und es geschieht genau aus diesem Grund, daß die Juden die Hauptstraßen und sauberen Straßen der Residenzstädte nicht bewohnen dürfen. Und was die unerhörte Art betrifft, wie die Juden christliche Kinder bestohlen, gemartert, geschändet und gekreuzigt und ihnen das Blut mit Federkielen ausgesaugt haben, so finden wir dafür bei den glaubwürdigsten Schriftstellern Beispiele. (Bavaria sancta, München 1626, 2. Teil, S. 315 . . .)

In diesem Stil geht die Schrift weiter; es werden die bereits bekannten Klagen über den Eid wiederholt und zahlreiche bibliographische Angaben gemacht. Um den Widerspruchsgeistern zu antworten, veröffentlicht Grattenauer noch 1803 die »Erklärung an das Publikum« und danach einen »Nachtrag« zum ersten Pamphlet[130]. Er haßt die Juden; das ist sein Recht; ihre Proteste werden daran nichts ändern: »Die Jüdinnen, die gelehrten, die poetischen, die musikalischen, die schönen Töchter Israels! Auch sie sollen auf mich böse sein! . . . Die Toiletten der Jüdinnen sind sehr elegant, und ich habe mich oft bei dem Anblick des unbeschreiblichen Apparats von Riechflaschen, Bisambüchsen, Moschusschachteln, Lavendelbouteillen, Essigkrügen, und Schwammdosen des Gedankens nicht enthalten können, daß einmal ein boshafter Mensch auf die Idee verfallen werde, zu behaupten, die schönen Kinder bildeten sich ein, daß sie alle diese Verrichtungen wirklich nötig hätten, weil ihr eigentümlicher Geruch nicht der angenehmste sey ... Ich habe nicht gesagt: »alle Juden stinken«, sondern nur, daß der Gestank der Nationalerbteil der Juden sey, und etwas ganz Eigenthümliches, Charakteristisches habe. Ob der Geruch (eigentlich der Pestgestank) in der Judensynagoge nichts von dem (das Herz erhebendem und alle Sinne erweckendem Weihrauchsdämpfe) Geruch einer katholischen Cathedralkirche wesentlich verschieden ist?« Im übrigen ergibt die chemische Analyse der Luft »Stinkmild Ammonium«. Woher kommt das? Von der Unsauberkeit der Juden? Von einem übermäßigen Konsum an Zwiebeln? Von einer ungesunden Ernährung auf der Basis von Heringen und Oliven? Wer weiß[131]?

Die jüdischen Ärzte sind schon immer sehr gefährlich gewesen; das soll nicht heißen, daß es nicht auch Ausnahmen gibt, wie ja auch bei ihren Philosophen; Grattenauer würdigt Spinoza und Markus Herz[132].

Die Juden betrachten sich als unentbehrlich. Vielleicht. Es gibt notwendige Übel. Doch »die angeblich notwendigen Übel, wie zum Beispiel die öffentlichen Bordelle usw. unterstehen einer besonderen Polizeiaufsicht ...« Möge man den Juden also besondere Gesetze geben.

Grattenauers Schmähschriften liefern interessante Hinweise auf die Gesellschaft der Epoche. Der Autor ist Justizkommissar; es kommt vor, daß er erzählt, was er gesehen hat und unbewußt denjenigen Recht gibt, die versichern, daß die Juden nicht korrumpierter sind als die Christen. Die Juden sind allesamt unwürdige Wucherer[133]; die Reichen liefern zu diesem Zweck den Armen Kapital. Aber überall, »wo Juden sich eingenistet haben, da ist der Charakter der christlichen Kaufleute, Handwerker und Bürger um viele Grade gesunken; denn sie lernen von ihnen die niedrigsten Kunstgriffe, daher gibt es auch zu B (Berlin) so viele christliche Wucherer, die auf Pfänder leihen, und für 50 christliche Prozente mit Geld wuchern ... es gibt christliche Kaufleute, die jungen Wüstlingen Waaren statt Geld zu einem hohen Preis anschlagen ... dahero giebt es auch betrügerische Künstler und Handwerker, die Gold und Silber verfälschen und schlechte Arbeiten zu einem hohen Preis verfertigen ... die Christen auf die gröbste Art betrügen, weil sie von Juden, die ihnen Vorschüsse gaben, auch betrogen wurden. Dahero giebt es Juweliers und Goldarbeiter, die den ärgsten Betrug mit Ringen und Bijouterien treiben, wie dann einer meiner Bekannten eine goldene Uhrkette für zwei und zwanzig Rthl. verfertigen ließ, die am Werth nur drei Rthl. betrug, weil das schlechte Gold, mit noch schlechterem Metall versetzt war[134].«

»Unzucht und Hurerei sind bei ihnen herrschende Laster; die jungen Leute unter ihnen zu B (Berlin) halten sich Maitressen unter den Christinnen ... und man findet sie in den Bordellen. Ihre Weiber und Töchter huren dagegen mit Christen, für Gold stehen sie jedem Wollüstigen feil, und öffnen ihnen sogar ihre Schlafkammer, wenn es nur der Vater nicht erfährt. Sie bringen so viele Christen um Hab und Gut, an den Bettelstab und zur Verzweiflung.«

Grattenauers Pamphlet zieht andere nach sich; Eisenmenger wird erneut plagiiert, insbesondere von diesem Schriftsteller, der befürwortet, daß die Juden in Gettos eingesperrt werde, spezielle, mit Farbflecken versehene Kleidung tragen, niemals mehr Klage gegen die Christen führen dürfen und ihre Söhne, den Ältesten jeder Familie ausgenommen, beschneiden[135].

Die Juden verteidigen sich heftig[136]; sie finden jedoch keine Verfasser von Pamphleten in der Art Grattenauers. Professor Kosmann[137] und der bedeutende Diebitsch[138] bemühen sich, dem Volk Vernunft beizubringen, das in einem Jahr fünf Veröffentlichungen von Grattenauer verschlingt. Wir wollen hier nicht die ganze Polemik resümieren.

Die Einstellung der Presse läßt sich nicht leugnen; sie ist 1803 wie auch schon zuvor den Juden und ihrer Emanzipation wohl gesonnen[139]. Die Regierung ändert auch nicht mehr ihre Meinung und untersagt jede neue Veröffentlichung, um die Leidenschaften des Volkes zu zähmen[140]. Grattenauer protestiert zunächst gegen das Verbot, das das Erscheinen einer antisemitischen Zeitung in Frankfurt an der Oder verhindert[141]. Daraufhin schweigt er jedoch, obwohl ihn nichts daran hindert, sein Blatt außerhalb Preußens zu veröffentlichen. Sollte sein Schweigen erkauft sein? Diese delikate Erklärung könnte man aus dem Brief eines Juden an die *Zeitung für die elegante Welt* folgern: Grattenauer, wegen seines unerträglichen Charakters[142] entlassen und ins Elend gesunken, soll von einer erheblichen Zuwendung leben, die ihm die jüdische Gemeinde in Berlin erteilt[143].

7. Die Emanzipation

Die Emanzipation erfolgte nur sehr langsam. Da man denen recht gab, die konvertierten, statt noch etwas zu warten, hätte sie wahrscheinlich gar nicht stattgefunden, wenn die Regierung nicht gewissermaßen durch die Umstände dazu gezwungen worden wäre. Sie wurde von dem Freiherrn von Schrötter eingeleitet, der seit 1795 beim Generaldirektorium mit den Angelegenheiten Ostpreußens beauftragt war und den Juden gegenüber immer feindlich eingestellt war.

Um seine Meinung zu ändern, bedurfte es zunächst der preußischen Kampagne und des Sturzes des gesamten ancien régime, dessen militärische und administrative Grundlagen so stabil schienen.

Die zweite Bedingung war, daß die Französische Revolution auf Europa übergriff und Napoleon das Königreich Westfalen gründete, wo die Juden durch das Gesetz vom 27. Januar 1808 empanzipiert wurden. Es tauchte dann die Gefahr auf, daß die gebildeten und reichen Juden Preußen verließen, wo nur noch die Wucherer und Armen bleiben und hinströmen würden. Der schlesische Beamte von Worschke machte sich in seinem Bericht vom Februar 1808 darüber Sorgen. Schrötter empfing ihn in Königsberg, wohin er dem Hof gefolgt war, nachdem dieser von den Franzosen aus Berlin vertrieben worden war. Er erörterte das Problem zweifellos mit dem jüdischen Bankier Caspar, den er schätzen gelernt hatte. In der Katastrophe, die über das Königreich hereingestürzt war, hatten die Juden sich nicht schlimmer verhalten als die Massen des Volkes, deren Mangel an Würde und Patriotismus angesichts des Feindes die Beamten und Offiziere sowohl überrascht als auch in Schrecken versetzt hatte. Schließlich bedurfte es der allgemeinen Reformen durch Stein, um den sterbenden Staat wieder aufzurichten. Da man sich bei der Überprüfung aller Prinzipien endlich auch mit den sozialen Vorurteilen befaßte und da das Städteedikt vom 19. November 1808 das Wohnrecht unabhängig von Geburt, sozialem Rang und Religion gewährte, mußte man auch das Judenstatut revidieren. Infolge der wirtschaftlichen Schwierigkeiten wurde das Problem außerdem bei der Regierung vorrangig. Solange die Juden von der Nation ausgeschlossen blieben, gelangte ihr gehortetes oder ins Ausland geschafftes Geld nicht in den nationalen Notenumlauf. Indem man sie assimilierte, »taute« man ihr Vermögen »auf«.

Schrötter dachte zunächst an ganz einfache Verbesserungen. Er beriet mit einem seiner Untergebenen, dem Kriegs- und Domänenrat von Troschel, über die Möglichkeit, den Juden in Ostpreußen zu gestatten, ein zweites Kind anzusiedeln. Die Antwort war ein langer Bericht, der im wesentlichen folgendes zum Inhalt hatte: »Entweder die Juden sind unabänderlich und absolut schlecht; dann muß man sie alle vernichten. Oder ihre Fehler sind eine Folge der Ausnahmegesetze, und man muß diese Gesetze abschaffen. Einzelreformen sind wirkungslos. Es ist nötig, Stellung zu beziehen und eine klare Politik zu verfolgen[144].«

Schrötter entschloß sich daher, mit der Vergangenheit zu brechen. Er verfaßte den Entwurf vom 20. November 1808, der sich in seinen Motiven an das Ausland anlehnte. Man sollte den Juden das Wohnrecht geben, damit sie alle Bürgerpflichten erfüllten und sich den militärischen Nowendigkeiten unterwarfen. Nicht nur Tätigkeiten im Bankwesen und Handel sollten ihnen offenstehen; ihr Reichtum würde allgemein in Umlauf gesetzt und zum Teil den Christen zugute kommen. Der Entwurf, der am 22. Dezember dem König vorgelegt wurde, enthielt 122 Artikel. Er naturalisierte alle Juden, denen das Wohnrecht in Preußen gestattet war, und schaffte alle Ausnahmemaßnahmen ab, insbesondere das Verbot der Mischehen, um eine neue Verteilung der jüdischen Vermögen zu begünstigen, »denn man kann ganz sicher mit einer Verbindung zwischen reichen Juden und Christen rechnen[145]«.

Die Juden indessen wären verpflichtet, sich den Bart abzurasieren, sich nach deutscher Mode zu kleiden, Familiennamen anzunehmen und lateinische oder gotische Schrift lesen und schreiben zu lernen.

Übergangsmaßnahmen schließlich würden die Rechte der gegenwärtigen noch nicht assimilierten Generation einschränken. Ihre Mitglieder hätten keinen Zugang zu öffentlichen Ämtern, während sie jedoch am Militärdienst teilnähmen. Sie könnten nur auf dem Lande leben, wenn sie einer Beschäftigung in Landwirtschaft oder Handwerk nachgingen. Land könnten sie nur mit einer Erlaubnis erwerben; und diese würde sie verpflichten, auf ihren Gütern mindestens sechs Jahre lang zu einem Viertel jüdisches Personal zu beschäftigen oder ihre christlichen Bauern von Frondiensten und Abgaben zu befreien. In den Städten schließlich dürfte der Anteil der Juden je nach Bedeutung der Städte ein Viertel bis ein Zehntel der Kaufleute nicht überschreiten.

Es bestünde Religionsfreiheit; doch die Verwaltung würde die Ernennung der Rabbiner bestätigen, die mit dem Religionsunterricht in den öffentlichen Schulen beauftragt sind. Die Konfessionsschulen würden verschwinden.

Die Befürwortung dieses Entwurfs wurde verzögert durch die Verwaltungsreform. Dann wurde Stein entlassen, und sein Nachfolger Graf Dohna betraute den Staatsrat Köhler mit der Überprüfung. Schließlich wurde Hardenberg am 6. Juni 1810 Staatskanzler, bevor eine Entscheidung gefällt wurde. Alarmiert durch eine Petition der Berliner Gemeinde, ließ er das Prinzip der völligen Gleichheit zwischen Juden und Christen vom König genehmigen und beauftragte den Staatsrat von Raumer mit der Anfertigung eines neuen Entwurfs. Raumer begegnete im Laufe seiner Konsultationen immer denselben Hindernissen und stieß vor allem auf die feindliche Gesinnung des Justizministers von Kircheisen. Es bedurfte der persönlichen Intervention Hardenbergs, damit ein Beamter des Justizministeriums namens Pfeiffer endlich einen Text genehmigen lassen konnte, der vom ersten Entwurf Schrötters inspiriert war. Dieser neubearbeitete Text wurde das Edikt vom 11. März 1812.

Diesem Befreiungsdekret zufolge erwarben die Juden sämtliche Bürgerrechte. Sie konnten sich in den Städten und auf dem Lande niederlassen, Güter erwerben und alle Handwerke ausüben. Die Sondersteuern werden abgeschafft, die Heiraten erlaubt, und die Rechtsprechung ist bei allen Bürgern gleich; doch nur die Ämter im Gymnasial- und Hochschulunterricht und in der Gemeinde sind den Juden zugänglich. Nach 1815 beschränkt man dieses Recht sogar auf diejenigen, die während der Befreiungskriege mit dem Eisernen Kreuz ausgezeichnet wurden. Erst die Revolution von 1848 und die Verfassung vom 5. Dezember (Artikel 4 und 11) hoben jegliche Einschränkungen der Bürgerrechte auf.

Die neuen Bürger mußten sofort ihre Beweise liefern. In nationaler Hinsicht scheinen sie sich nicht schlechter verhalten zu haben als ihre Landsleute. Das Nationalgefühl, der preußische Patriotismus, war in der Dämmerung der Aufklärung für diese fast ebenso neu wie für jene. Seit dem Ende des 18. Jahrhunderts entwickelt es sich jedoch in ganz Deutschland, unterstützt durch die neuen literarischen Schulen, die den fremden Einflüssen feindlich gesinnt sind. Man beginnt, das Wort »Vaterland« zu gebrauchen und zu mißbrauchen, »Appelle an Deutschland« gegen die Sklaverei der französischen Gewohnheiten zu lesen; man treibt die zarten Seelen zu patriotischen Hochzeiten; es ist eine Frage von Staatsgesinnung, den Produktionsanstieg des Getreides zu verhindern!

Wenn die Nationalisten das Judenproblem behandeln, nehmen sie immer eine ganz klare philosemistische Haltung ein; sie setzen sich für die Assimilierung ein und kämpfen gegen die Vorurteile. Dies trifft auch für Becker, den Begründer der *Nation Zeitung der Teutschen,* zu und für Garlieb Merkel, der heftig gegen die Romantiker auf dem Gebiet der Literatur und die Franzosen auf dem Gebiet der Politik polemisiert. Man versteht daher, daß die preußischen Juden nicht sehr erregt waren, als Bonaparte Jerusalem eroberte. Es ging das Gerücht, daß er die Juden daran erinnerte: »Aber, so sagt der Philosoph Baruch, obwohl ich im engsten Sinne des Wortes ein frommer Jude bin, habe ich niemals die Hoffnung gehegt, in Jerusalem besser zu leben als hier, wo ich geboren und aufgewachsen bin. Ich schätze die Menschen, unter denen ich lebe, zu sehr und bin dem Ort gegenüber zu indifferent, um glauben zu können, daß die Juden glücklicher oder ihrem Schicksal angemessener leben könnten; und viele meiner Glaubensbrüder denken genauso . . .[146]«

Es gab also keinen Anlaß zur Befürchtung, daß sie sich von Napeloen hinreißen ließen. Trotzdem hatte Merkel im Jahre 1805 diese Idee. Damals machte der Abt Gregor, der Senator geworden war, unter dem Vorwand pädagogischer Studien eine Reise nach Deutschland. Merkel versichert, daß er sich dort der Macht der Juden bewußt wurde. Er wohnte bei Jakobson, dem Begründer der Seesener Schule, dem Befreier der dem Leibzoll unterworfenen Juden, dem Verwalter der Güter des Herzogs von Braunschweig. Und nur kurze Zeit nach seiner Rückkehr nach Frankreich berief Napoleon den Sanhedrin ein. Jakobson richtete daraufhin eine Petition an den Kaiser, der zum großen Protektor der Juden in der ganzen Welt werden sollte. Ein oberster jüdischer Rat sollte unter dem Präsidium eines Patriarchen seinen Sitz in Paris haben. Die Juden der ganzen Welt sollten andererseits in Synoden aufgeteilt werden, die unter der Aufsicht der französischen Regierung und des obersten Rates standen. Und letzterer konnte allen Juden den nötigen Dispens erteilen, um »die Bürgerpflichten« in allen Ländern zu erfüllen!

Jakobson sorgte dafür, daß die Petition in französischer und deutscher Sprache abgefaßt wurde, so daß sie stark verbreitet wurde. Doch nach Jena hielt sich Napoleon für mächtig genug, um keine Juden mehr zu brauchen!

Nach Jena ruft der Mangel an Patriotismus der Bevölkerung im allgemeinen bei aufgeklärten Juden und Christen Empörung hervor, und sie stimmen darin mit den Offizieren überein. Hardenberg brauchte das Edikt vom 11. März 1812 nicht zu bedauern; die jüdischen Freiwilligen kämpften 1813 tapfer für das Vaterland. Mehrere von ihnen wurden Offiziere und ausgezeichnet. »Die jungen Männer jüdischer Konfession«, schreibt Hardenberg an den preußischen Minister Grothe in Hamburg, »waren Waffenbrüder ihrer christlichen Mitbürger; auch bei ihnen können wir Beispiele von wirklich heroischem Mut und stolzer Verachtung der Gefahren des Krieges beobachten; auch die übrigen jüdischen Bewohner und ganz besonders die Frauen haben sich durch ihre Opfer mit den Christen verbündet[147].«

6. Kapitel: Aufklärung und Sturm und Drang Die beiden Generationen

1. Die Generation von 1750

Man kann die Herrschaft der Aufklärung in Preußen datieren. Sie beginnt mit derjenigen Friedrichs II. im Jahre 1740. Im Gegensatz zu seinem Vater begnügt sich der neue König nicht damit, verschiedene Kulte einfach nur zu erlauben; er fördert systematisch die Aufklärungsprinzipien, mit denen er die Institutionen seines Staates untermauert. Sein Regierungsantritt fällt mit Wolffs Rückkehr an die Universität Halle zusammen, die in der Folgezeit mit Semler und Noesselt eine der Hochburgen religiöser Toleranz wird. Der neue Geist gestattet endlich drei jungen Männern, in Berlin zusammenzutreffen: Lessing und Mendelssohn, die beide 1729 geboren sind, und Nicolai, geboren 1733.

Lessing hat sein Studium in Leipzig beendet und veröffentlicht verschiedene kritische Artikel. In den Jahren 1751 und 1752 bis 1755 leitet er das Theaterfeuilleton des *Berliner Journals*. Sein erstes bedeutendes Werk, »Vademecum an Herrn Samuel Gotthold Lange«, ist aus dem Jahre 1752, und sein erstes großes Drama, »Miß Sara Simpson«, entsteht 1755.

Mendelssohn[1], der in ganz jungen Jahren das Dessauer Getto verließ, bildet sich heimlich in Berlin. Trotz der feindlichen Einstellung der Rabbiner hat er Deutsch und Latein gelernt, eine westliche Kultur erworben und sich die Prinzipien der Philosophie angeeignet. Seine Unabhängigkeit ist gesichert, seit er als Buchhalter und Sekretär bei dem »Seidenfabrikanten« Bernhard tätig ist, dessen Teilhaber er sogar wird; seine Freundschaft mit Lessing ermuntert ihn zur Veröffentlichung seiner Essays, die ihn zum bedeutendsten aufgeklärten Philosophen in Berlin machen.

Friedrich Nicolai schließlich hat gerade seine Lehre in Frankfurt an der Oder beendet und hat als Angestellter in der Buchhandlung angefangen, die bis 1752 von seinem Vater und nach dessen Tod von seinem ältesten Bruder geführt wird. Seine erste Ausbildung im pietistischen Waisenhaus in Halle hat ihm für immer den Mystizismus verleidet. In Frankfurt hat er sämtliche Philosophen gelesen. Bis 1758, als sein Bruder stirbt, hat er genügend Zeit, um sich an die Kritik zu wagen. Er ist ein Mensch mit einem klaren, sachlichen, wenn auch nicht tiefgründigen Verstand. Seine »Reise durch Deutschland« und sein satirischer Roman »Sebaldus Nothanker« sind ein Beweis für seine Beobachtungsgabe und einen gewissen Humor. Nichts ist zum Beispiel typischer für den positiven Geist des Philosophen – wenn man an die von den Romantikern so sehr kultivierte Poesie des Unvorhergesehen denkt –, wie die Sorgfalt, mit der Nicolai seine Reise vorbereitet. Er studiert alle Wagenarten, um den besten zu wählen, setzt seine Reiseroute fest, plant die Dauer seiner Aufenthalte und schreibt an alle Bekannten, um ihnen mitzuteilen, was er sehen möchte. Er sammelt die Pläne der Städte, die er durchfährt und untersucht überall die Statistiken, Standesamtsregister und Aufstellungen der verschiedenen Steuern. Er hat einen Zähler bei sich, um die Entfernungen zu messen, die er im Wagen zurückgelegt hat, und einen weiteren für seine Fußmärsche. Er nimmt ein Tagebuch mit und benutzt einen Federhalter mit einem von Professor Funke in Leipzig erfundenen Behälter. Er beschreibt dieses Objekt ausführlich und widmet ihm eine Tafel außerhalb des Textes: eine mit Tinte gefüllte Metallkapsel wird auf eine Gänsefeder geschraubt, ein sehr enger Kanal, in dem ein Metallkiel steckt, den man beim Schreiben herauszieht, ermöglicht das Herausfließen der Tinte. Nicolais Auskünfte befriedigen nicht immer, aber seine preußischen Zeitgenossen lernten durch das Lesen seines Berichtes Geographie. Neben diesen drei Männern kann man noch Thomas Abbt nennen, gebürtiger Schwabe, später Preuße geworden; er ist Professor in Frankfurt an der Oder und veröffentlicht 1761 seine enthusiastische Abhandlung »Über den Tod für das Vaterland«; er stirbt 1766 in Bückeburg/Schaumburg, in der Stadt, wo Herder ihm als Superintendent der Kirche folgt. Man kann schließlich auch noch Kant hinzufügen, der 1724 geboren wurde und dessen Name erst später geläufig wird. Diese Männer und ihre zahlreichen Zeitgenossen gehören einer Generation an, die um das Jahr 1750 erwachsen ist und die fast alle zum erstenmal in Preußen einen rationalistischen Geist offenbaren, den sie entwickeln und ihren Nachfolgern übermitteln wollen.

Das Geburtsdatum genügt jedoch nicht, um eine Generation zu bestimmen. Es ist erforderlich, daß die Zeitgenossen das Gefühl haben, ähnlich zu sein; es bedarf regelmäßiger geistiger Wechselbeziehungen zwischen ihnen; die Lesegesellschaften sind das Resultat dieser ersten aufgeklärten Generation. Man findet dort die

Zeitungen, die Nicolai herausgegeben hat, der mühelos seine Reisen vorbereitet, weil er überall Korrespondenten hat.

Es ist tatsächlich diesem Mann wie auch Friedrich II. zu verdanken, daß Preußen der Mittelpunkt des Rationalismus geworden ist. Die hervorragendsten Denker der Epoche haben sich nur kurz in Berlin aufgehalten. Lessing ist in Wolfenbüttel, Wieland in Weimar, Kant in Königsberg. Die Hauptstadt Preußens kann nur Mendelssohn und zweitrangige Talente, wie Sulzer und Nicolai aufweisen. Doch Letzterer hat Begabung zur Propaganda. Er verbreitet die Aufklärung. Seit 1756 gibt er eine Zeitschrift heraus, die »Bibliothek der schönen Wissenschaften und freien Künste«, deren literarische Direktion er 1758 aufgibt, die aber bis 1806 unter der Führung von Weisse erscheint. Nachdem er dann als Nachfolger seines verstorbenen Bruders die Leitung der Buchhandlung übernommen hat, gibt er die »Briefe, die neueste Literatur betreffend« von Lessing heraus; seine Mitarbeiter sind Mendelssohn und Abbt. Im Jahre 1763 schließlich, als Lessing kein Interesse mehr für die »Briefe« zeigt, gibt er seine berühmte »Allgemeine Deutsche Bibliothek« heraus, die »über alle in deutscher Sprache erschienenen Bücher berichtet[2]«. Alle Bände verzeichnen seinen Namen, denn er wählt seine Mitarbeiter aus und verändert manchmal ihren Text. Aber es gibt keinen bedeutenden Schriftsteller – Goethe ausgenommen – der ihm nicht so manchen Artikel geschickt hat. Und seine Unparteilichkeit ist groß genug, um Merck, einem Freund von Goethe, die Berichte über die Bücher des Meisters anzuvertrauen, den er zu parodieren wagte. Fünfzig Jahre hindurch ist diese Zeitschrift die offizielle Zeitung der deutschen Aufklärung. Der Staat erkennt sie im übrigen an, indem er durch königliches Edikt im Jahre 1775 erklärt, daß »die Bibliothek ein nützliches Werk ist[3]«. Seit 1783 leitet Nicolai auch die *Berliner Monatsschrift*, einer der besten Soldaten im Kampf gegen die Vorurteile. Welche Fehler dieser Mann auch haben mag – er ist eitel, empfindlich, häufig oberflächlich – er spielt eine erhebliche Bedeutung bei der Entwicklung einer rationalistischen Denkweise. Ohne ihn wären die Bemühungen des Staates von geringerer Effektivität gewesen. Wenn man sein Verdienst auf literarischem oder philosophischem Gebiet diskutieren kann, so darf man es in sozialer, politischer und historischer Hinsicht unmöglich schmälern. Die kontinuierliche Serie seiner Zeitschriften sind das Rückgrat der deutschen Aufklärung.

Wenn diese im wesentlichen preußisch erscheint, weil sie offiziell vom preußischen Staat übernommen und hauptsächlich durch preußische Veröffentlichungen verbreitet wurde, so heißt das nicht, daß alle Untertanen Friedrich II. Rationalisten waren. Auch hier muß man präziser werden. Indem sie die mystischen, irrationalen und sentimentalen Tendenzen bekämpfte, die vor ihrem Auftreten vorherrschten, hat die deutsche Aufklärung diese zwar in die zweite Reihe gedrängt, sie aber nicht völlig beseitigt. Sie hätte sie auch nie zerschlagen können, weil sich nicht alle Menschen ähnlich sind. Wenn es tatsächlich logische Naturen gibt, die fähig sind, sich zu beherrschen und sich so weit zu kontrollieren, daß sie ihre Gefühle ihrem Verstand unterordnen, so gibt es andere, die von Natur aus Leidenschaften brauchen und instinktiv auf alles zugehen, was sentimentale Reaktionen in ihnen hervorrufen kann. Eine gute kritische Erziehung erlaubt ihnen manchmal, sich des Irrtums, den sie begehen, voll und ganz bewußt zu werden, doch das hemmt sie nicht. Die Aufklärung ist machtlos vor denen, die auf diese Weise absichtlich das tun, was sie verwirft.

Die Erziehung besteht im wesentlichen in dem Versuch, den Kindern den logischen Charakter wie eine zweite Natur aufzudrängen. Nur wenige haben diese Anlage von Geburt her. Die primitive Mentalität ist nicht logisch. Die Kinder »denken lehren« bedeutet, ihnen die Existenz der Vernunft offenbaren, sie im Gebrauch der Vernunft üben und sie verpflichten, sich ihr zu unterwerfen. Einige Auserwählte, die zur Aufnahme dieser Prinzipien prädisponiert sind, realisieren also das Ideal der Aufklärung. Die meisten lernen wirklich, den Irrtum zu erkennen und hüten sich häufig, ihm zu verfallen, aus Furcht vor den Folgen, die sie zu ahnen vermögen. Ihre Lehrer haben jedoch in weiser Voraussicht den Offenbarungen ihres natürlichen Charakters, der schnelle wieder durchbricht, bestimmte Bereiche vorenthalten, wie zum Beispiel die Kunst oder die Religion, doch die stärksten Persönlichkeiten entrinnen jedem beherrschenden Einfluß und bevorzugen bewußt das Absurde. Die Leistung der Aufklärung hat letztlich nicht darin bestanden, den Menschen zu verändern, sondern die Wertskala umzuformen. Sie hat die Vernunft an die oberste Stelle gerückt. Diejenigen, die ihr nicht gehorchen – es sind kaum weniger als vorher – rühmen sich dessen nicht mehr. Ihre Bedeutung endet hier.

Auch theoretische Gründe würden sie daran hindern, ihren Einfluß zu verstärken, denn gerade das Prinzip der Toleranz erfordert Menschen, auf die man es anwenden kann; es wäre unzweckmäßig, wenn alle gleich dächten. Das Charakteristischste der Aufklärung besteht darin, daß sie den Glauben neben der Vernunft zuläßt; gerade deswegen ziehen die meisten vorwiegend intelligenten Leute sie den anderen Philosophien vor. Sie entwickeln ein Ideal der Humanität, das jeder erreichen kann und muß. Das setzt zunächst eine geistige Aktivität und eine ständige Kritik voraus, wodurch es einem möglich wird, sich selbst besser kennenzulernen und eine gewisse Lebenserfahrung zu gewinnen; diese liefert für das Urteil, das man sich bildet, eine solidere Basis als der flüchtige Einfall; sie entwickelt den Sinn für das Relative, dank dessen man dem anderen mehr Verständnis und mehr Nachsicht entgegenbringt. Und dieses Bestreben, sich kennenzulernen und die anderen zu verstehen, bewirkt eine im allgemeinen optimistische Einstellung, ein Akzeptieren und eine Lebensfreude, die um so intensiver und reicher ist, je mannigfaltiger sie ist.

Die Mystik entwickelt sich also parallel zur Aufklärung, ohne daß diese sie ernsthaft unterbrechen will. Die Vernunft verurteilt das Gefühl nicht mehr als sie die Leidenschaft ablehnt. Sie möchte sie nur beherrschen und sie sich unterordnen. Mögen so ungestüme junge Männer wie Goethe und Schiller auch zur Selbstbeherrschung gelangen, sie wird sie gern aufnehmen und sich mit ihrer sentimentalen Erfahrung bereichern.

Auf ein letztes Merkmal stößt man noch, wenn man die Entwicklung dieses Rationalismus untersucht. Er kann sich tatsächlich auf unterschiedliche Weise darstellen. Die Wendungen, die er in Mode bringt, entlehnt er um 1750 Locke und um 1790 Kant. Aber immer versucht er, die Ideen der hervorragendsten Gelehrten zu verbreiten. Eine Denkweise entwickelt sich immer nur bei der Minderheit der Leute, die sich auszudrücken vermögen; aber diese Minderheit kann sich bei den unter ihr stehenden Massen inspirieren; sie repräsentiert dann das Volk, aus dem sie hervorgegangen ist. Oder sie sucht ihre Ordnungsbegriffe über ihr, bei den Denkern, die neue Lehren entwickeln. Dann jedoch vereinfacht, konkretisiert und verflacht sie notgedrungen diese Ideen, um sie assimilierbar zu machen. Daher dringt die Kultur während der Aufklärung wirklich von oben nach unten vor. An ihrer Spitze steht die Elite der Denker, die oft schwer verständlich ist. Sie erfordert von ihren Anhängern eine Anstrengung; der Bürger arbeitet, um Philosoph zu werden; der Bauer müht sich ab, um das Niveau des Bürgers zu erreichen. Die aufgeklärte Minderheit ist sich ihres Verdienstes bewußt; sie hat sich über die Masse »erhoben«. Aber indem sie das tat, hat sie sich von ihr gelöst. Ihr Ideal ist es, über den Massen zu glänzen, sie allmählich zu durchdringen, nicht aber sie zu reflektieren. Nicht sie ist Ausdruck des Kollektivs, sondern das Kollektiv buchstabiert mühsam das neue Alphabet der Ideen, die ihm fremd sind. Die Aufklärung entwurzelt. Nichts ist natürlicher als daß die Massen durch ihre Bemühungen entmutigt sind, daß sie versuchen, ihre Traditionen zu verteidigen. Doch der preußische Staat, seine Schulen und seine Kirche widersetzen sich jeder Reaktion.

So definiert die erste Generation der Aufklärung in Preußen die neuen Prinzipien, organisiert die Propaganda, verbündet sich eng mit dem Staat und siegt zwischen 1750 und 1770.

2. Sturm und Drang

Im Mai 1773 erscheinen in einer anonymen Broschüre »Von deutscher Art und Kunst« drei Artikel mit neuem Geist. Der eine stammt von einem berufserfahrenen Beamten, dem Referendar Justus Möser aus Osnabrück. Er ist 53 Jahre alt und veröffentlicht seit 1768 eine Geschichte von Osnabrück, die auffällt durch ihren Sinn für die Vergangenheit, ihr Verständnis für die Gewalttätigkeiten und Ungerechtigkeiten des Mittelalters, ihre Abscheu vor Reformen und Nivellierung. Das Vorwort dieser Geschichte erscheint in der Broschüre; darin werden das alte germanische Ideal und die deutschen Traditionen in Gegensatz zu den fremden Einflüssen gebracht. Der sehr junge Autor hatte eine Abhandlung geschrieben über den »Wert wohlgelungener Neigungen und Leidenschaften«, ein Loblied auf die Leidenschaften, wohltuende Stürme, die in die Segel Neigungen wehen, um sie in ihre Richtung zu jagen, viel schneller als es die verrücktesten Wünsche täten ...[4]. Der zweite Artikel ist eine Lobrede auf das Volkslied und auf Shakespeare. Sein Autor, Herder, 1744 in Ostpreußen geboren, Sohn eines Volksschullehrers, Schüler von Kant und Hamann in Königsberg, verläßt 1764 sein Vaterland, um nicht mehr zurückzukehren. Er ist Hauslehrer des jungen Prinzen von Eutin, reist mit ihm, trifft 1771 mit Goethe in Straßburg zusammen und wird dann Hauptpfarrer in Bückeburg beim Herzog von Schaumburg-

Lippe. Er ist seit 1767 bekannt durch seine »Fragmente über die neuere deutsche Literatur«, die er während seines Aufenthalts in Riga nach Beendigung seines Studiums geschrieben hat. In seinem Werk »Kritische Wälder« entdeckt er schon die Volkslieder, unterscheidet sie von den französischen Werken, begeistert sich für die Primitiven und bemüht sich, in ihnen eine Quelle der Inspiration zu finden – wie Shakespeare – die von denen der Aufklärung ganz verschieden ist (1769). Im Jahre 1771 faßt er seine Gedanken in einer Abhandlung über den Ursprung der Sprache zusammen, die von der Berliner Akademie ausgezeichnet wird. Die Sprache, sagt er, ist das spontane Ergebnis aller menschlichen Fähigkeiten, und die primitive Sprache der Menschen ist die Poesie[5].

Goethe schließlich, fünfundzwanzigjähriger Rechtsanwalt in Frankfurt, hat gerade sein National- und Revolutionsdrama »Götz von Berlichingen« beendet. Er rühmt in der anonymen Broschüre die Straßburger Kathedrale und die Gotik, die als im wesentlichen germanisch betrachtet wird. Im Jahre 1774 wird er durch seinen »Werther« zum volkstümlichen Schriftsteller in ganz Deutschland.

Die Bewegung entfaltet sich in der Folgezeit. Jetzt ist derjenige an der Reihe, der einen Ritterroman oder ein leidenschaftliches Drama schreibt. Bei den Autoren dieser zahlreichen Essays sind Leidenschaft und guter Wille größer als ihr Talent. Die Bezeichnung »Sturm und Drang« rührt von einem Stück von Klinger her, das im Jahre 1776 aufgeführt wurde. Sein Autor ist zusammen mit Lenz und Wagner einer der ersten von Goethes Schülern. Das einzige bedeutende Werk, das die neue Schule für sich in Anspruch nehmen könnte, ist »Die Räuber« von Schiller (1781).

So ist der »Sturm und Drang« für die Literaturgeschichte eine Bewegung der Reaktion gegen die deutsche Aufklärung. Er setzt den Akzent auf das Gefühl gegen die Vernunft. Er erneuert und glorifiziert eher das Mittelalter als die Antike. Er richtet sich gegen die fremden und vor allem französischen Einflüsse.

Wenn man sich bemüht, diese Bewegung genauer zu definieren, stößt man jedoch auf große Schwierigkeiten. Zunächst hat man Mühe, eine Monographie über dieses Thema zu entdecken[6], während sie über die deutsche Aufklärung und die Romantik reichlich vorhanden sind. Dann stellt man fest, daß die Autoren der Literaturgeschichten oder Biographien mit dem von vielen Schriftstellern eingenommenen Platz nicht einverstanden sind. Jung-Stilling, Karl

Philipp Moritz und Jacobi können ebensogut in dem der Mystik und dem Pietismus gewidmeten Kapitel erscheinen wie in dem Kapitel über »Sturm und Drang« oder der Romantik. Das Neue an der Bewegung scheint im übrigen sehr relativ zu sein. Herder erfindet nichts; die Ideen des »Sturm und Drang« werden in Königsberg sogar von Johann Georg Hamann vertreten, der 1730 geboren wurde und in einem pietistischen Milieu aufwächst, und er zieht die mystische Bewegung in die Länge, die von einem Ende des Jahrhunderts zum anderen, unter verschiedenen Namen, über organisierte Sekten wie den Pietismus oder über einzelne Individuen, wie Böhme und Franz von Baader, die durch die Bevormundung der Vernunft unterdrückten Seelen befreit. Hamann, der »Magus im Norden«, setzt der deutschen Aufklärung seine »Gefühlsphilosophie« entgegen. Er tut es in konfuser Weise, mit häufig sybillinischen Fragmenten religiöser Inspiration. Sein Prinzip besteht darin, daß der Mensch nur mit der Gesamtheit seiner Fähigkeiten handeln darf. Die Aufklärung, richtig verstanden, hätte nichts dagegen einzuwenden; doch Hamann glaubt nicht an die Notwendigkeit einer Vernunft, die diese Fähigkeiten leitet und koordiniert. Er verachtet die Analyse; er stellt den Glauben der Vernunft gegenüber, die Inspiration der Arbeit, die Aufklärung der gesamten Menschheit. Die natürliche Spontaneität, die einzig und allein zu schätzen ist, manifestiert sich durch Gefühle und Leidenschaften, die sich selbst durch Bilder ausdrücken. Deshalb ist die Dichtung die Muttersprache des Menschengeschlechts. In seinem Memoire von 1771 entwickelt Herder diese Idee, wie er es mit dem gesamten Werk des Lehrers macht. Aber da er Kants Vorlesungen gehört hat, ist er in der Lage, Bücher zu schreiben. Hamann, der »die Ausnahme der Regel, die Phantasie der Vernunft, die Poesie der Prosa und das Besondere dem Allgemeinen«[7] vorzieht, hat nur Fragmente veröffentlicht. Die »Sokratischen Denkwürdigkeiten« erscheinen 1759, in demselben Jahr wie die »Briefe, die neueste Literatur betreffend« von Lessing, Mendelssohn und Nicolai. Es folgen »Wolken«, »Kreuzzüge eines Philologen« und »Ästhetik in einer Nußschale«. Was die Entdeckung des Mittelalters betrifft, so darf man auch nicht übertreiben. Es taucht in der Literatur ungefähr zu demselben Zeitpunkt auf wie die Antike. Und wenn die aufgeklärten Schriftsteller nicht gern »gothische« Themen behandelt haben, so ist deswegen nicht das Gegenteil wahr. Es gibt nicht etwa eine Epoche unter mittelalterlichem

Einfluß und eine andere unter klassischem. Vielmehr gibt es im gleichen Zeitraum mehrere Arten, dieselben Themen zu behandeln.

Griechenland inspiriert sowohl die Romantiker als auch die Klassiker, doch es gibt keine gleiche Auffassung bei Winkelmann und Heinse, Goethe und Hölderlin, Schiller und Friedrich Schlegel. Kurzum, selbst wenn man eine Vorliebe des »Sturm und Drang« oder später der Romantik für bestimmte Themen gelten läßt, so reicht dieses Kriterium nicht aus, um eine Schule zu definieren. Noch viel weniger der Kampf gegen den französischen Einfluß, der allen deutschen Schriftstellern der Epoche gemein ist und in dem Lessing sich genau so wie Herder auszeichnet.

Soll man, da das Neue in ihren Werken fehlt, auf die Chronologie zurückgreifen, um eine Generation des »Sturm und Drang« zu erkennen? Aber Möser ist 1720 geboren, Goethe 1749, Klinger 1752 und Jean Paul 1763. Zwischen Möser und seinen Mitarbeitern gibt es im übrigen nur seltene Beziehungen. Goethe spielt zwar ein wenig den Schulmeister, als er seine Schüler in Weimar empfängt. Aber sie bleiben nicht lange bei ihm, und der Lehrer erkennt später jene nicht mehr, die sich auf ihn berufen.

Daher läßt sich unmöglich eine Generation des »Sturm und Drang« bestimmen, im Gegensatz zur Aufklärung oder zur Romantik. Aber man muß erläutern, warum die Zeitgenossen von einer »Periode des ›Sturm und Drang‹« gesprochen haben. Das ist zunächst bedingt durch die zeitweilige Unterstützung der Mystik von seiten bedeutender Schriftsteller. Der »Sturm und Drang« ist keine neue Schule. Er hat seinen Platz inmitten einer kontinuierlichen Reihe, die, angefangen beim Pietismus, bis hin zur Romantik von Hamann, Möser, Herder, Jacobi und Jung-Stilling vertreten wird. Die großen Genies, mit denen er aufwarten kann, verstärken diese Bewegung. Er behält in der Folgezeit die Bezeichnung »Sturm und Drang« solange bei, bis man ihn »Romantik« nennt. Denn gegen Ende des Jahrhunderts wird diese Bewegung erneut sehr bedeutsam. Psychologisch gesehen besteht kein Unterschied zwischen den jungen Helden des »Sturm und Drang« und ihren romantischen Epigonen. Und die Ideen, die die Literaturgeschichte dem »Sturm und Drang« zuschreibt, sind im Grunde auch die der Romantik. Die von der Ideengeschichte vorgeschlagene Lösung ist summa summarum die beste: sie macht aus dem »Sturm und Drang« den irrationalistischen Zeitgeist des 18. Jahrhunderts. So begriffen, kann man die Bewegung ideologisch bestimmen.

Der »Sturm und Drang« unterscheidet sich jedoch von der Romantik, die er zwar in gewisser Weise vorausnimmt, durch zwei wesentliche Merkmale. Zunächst dringt er kaum bis nach Preußen vor. Zweifellos liest man hier, wie auch anderswo, Herders Werke. Doch zu dem Zeitpunkt ihres Erscheinens befindet sich Preußen mitten in der Aufklärung. Seine Schulen, Zeitungen und Salons verbreiten den Rationalismus. Die Reaktion ist hier schwächer als in den übrigen Gebieten, weil der Staat offiziell gegen sie Stellung bezieht. Seine Protagonisten lassen sich rund um den Herrschaftsbereich des Philosophenkönigs in Leipzig, Weimar, Göttingen, Bückeburg, Frankfurt, Zürich und in Holstein nieder. Niemand schlägt seinen Wohnsitz in Preußen auf, wo Nicolai eine Parodie auf den Werther veröffentlicht und wo die Herrschaft der Vernunft nicht unterbrochen wird. Und andererseits ist das soziale Unbehagen, das die Kritiken des Werther und seiner Epigonen offenbaren, ganz neu. Es streift die reichen und überbevölkerten Länder im Westen und Süden, beunruhigt Preußen nicht im geringsten und hat niemals die Merkmale einer tiefgreifenden Krise, wie man sie zur Zeit der Romantik antrifft. Tatsächlich finden die jungen Leute, die gegen den Rationalismus vorgehen und gegen die fremden Einflüsse protestieren, alle sehr leicht eine gute Stellung. Goethe wird Minister, Herder Superintendent, Schiller Professor, Klinger macht eine ausgezeichnete Karriere in Rußland und Müller ist mit seinem Los in Rom zufrieden, wo er als Fremdenführer berühmter ausländischer Persönlichkeiten tätig ist. Heinse wird Bibliothekar in Mainz. Es scheint sogar, daß die Dynamik des »Sturm und Drang« in dem Maße abnimmt, wie sie die ihnen zustehenden Stellungen und Gunstbezeugungen erhalten. Die großen Führer der Bewegung jedenfalls verraten sie nach und nach. Herder, der treueste unter ihnen, folgt einer ganz eigenen Entwicklung, die ihn häufig dazu führt, das zu verbrennen, was er heiß geliebt hatte. Goethe sucht Zuflucht in Italien und kehrt endgültig bekehrt zu einem klassischen Ideal zurück, das in einem durch die Verfeinerung der Sinne und die Gefühlsbildung bereicherten Rationalismus besteht, in einer vollkommeneren und menschlicheren Aufklärung als es die Aufklärung Mendelssohns war. Schiller, dessen erste Schriften – voller revolutionärer Ideologie und Sozialkritik – eindeutig mehr von der Aufklärung als vom

»Sturm und Drang« beeinflußt sind, beginnt mit dem Studium der Antike und verbündet sich 1794 mit Goethe, um die klassische Kultur zu verteidigen. Diese Führer wollten sich jedoch nicht von der Aufklärung abheben; Goethe steht unter dem Einfluß Lessings, Herder unter dem Kants, Jacobi unter dem Einfluß Wielands. Bei diesem strömen in Weimar beide Bewegungen zusammen, und er bemüht sich seit 1773, in seinem deutschen *Merkur* alle dieses Namens würdigen Talente zu versammeln. Der Austritt der führenden Männer verhindert jedoch nicht die Entwicklung der »Philosophie des Gefühls«. Der »Werther« findet lebhaften Anklang, den Goethe bereut, da seine Leser einer Entwicklung folgen, die zu seiner eigenen nicht parallel läuft, und insgesamt trägt sein Buch zweifellos mehr zur Auflösung als zu einer Bereicherung der deutschen Aufklärung bei. In seinen »Gesprächen mit Eckermann« erinnert er am 10. Februar 1829 an »die im Laufe des ›Sturm und Drang‹ empfundene Schwierigkeit, sich zu retten, um zu einer höheren Kultur zu gelangen«.

Zusammenfassende Bemerkungen über die deutsche Aufklärung

So ist die Aufklärung, die liberal, aber kämpferisch, antimystisch, aber religiös, utilitaristisch, aber idealistisch, enzyklopädisch, aber deutsch war, nicht aus dem Ausland nach Deutschland hereingetragen worden. Sie bejaht, wie auch die französische und englische Philosophie, den Primat der Vernunft. Doch während sich die Kritik in Frankreich in erster Linie gegen das politische System und in England gegen das Wirtschaftssystem richtet, ist es in Deutschland, wo die Religionskriege besonders lange andauerten, ihr oberstes Ziel, die Gewissensfreiheit herzustellen. Sie orientiert sich in der Folgezeit an ihrem Erfolg; nicht, daß sie auf soziale Reformen verzichtet; Moser, der im Jahre 1784 das *Patriotische Archiv* herausgibt, um der Wahrheit zu dienen und die Großen zu richten[8], kann den erreichten Fortschritt messen: er zitiert eine vom Herzog Ernst-August von Sachsen-Weimar im Jahre 1736 diktierte Kabinettsorder; der Prinz beklagt sich über die niedrigen Einkünfte; er erklärt, »daß er keine Denker als Untertanen haben will« und jeden mit einer Gefängnisstrafe von sechs Monaten bestraft, der sich eine Kritik erlaubt[9]. Man kann am Ende des Jahrhunderts behaupten, daß die Berater der Großen ihnen die Wahrheit schulden[10]. Man kann die Erfolge der deutschen Aufklärung rühmen, die die Sitten viel erträglicher gemacht hat. Wenn die Einschränkungen im Kaffeekonsum auch nie beachtet worden sind, so kann sie sich dennoch rühmen, viele barbarische Bräuche und Verfahren abgeschafft zu haben. Sie hat die Ausschweifungen der Studenten verringert, die Lage der Juden verbessert und das Wissen soweit verbreitet, daß es dem Volk und nicht nur der Elite gestattete, am nationalen Leben teilzuhaben. Sie hat eine ganze Reihe von Glaubensformen, wie den Glauben an Dämonen, Zauberei oder Geister, aus dem Glaubenskatalog gestrichen und als Aberglauben deklariert; viele Handlungsweisen, wie Studentenduelle oder antisemitische Gewalttaten, aus dem Ehrenkodex gelöscht und als Verbrechen bestimmt; viele Bräuche, wie Vortritt, Titel und Moden, nicht mehr als Privileg, sondern als Vorurteil bezeichnet.

Doch bleibt sie immer und in erster Linie eine intellektuelle Bewegung.

Ihre passioniertesten Verfechter weichen nicht von der Anschauung ab, daß die soziale Frage ein Erziehungsproblem ist. In Anbetracht einer raschen Entwicklung der gesellschaftlichen Lebensform, zum Zeitpunkt des Sieges der Revolution in Frankreich, macht sich Forster zum Beispiel Sorgen über die grobschlächtigen und unreinen Eigenschaften der Volksmasse und mißtraut den Halbintellektuellen, die den Irrtum verbreiten: »Reine Vaterlandsliebe kann überall nur das Eigenthum einer geringen Anzahl von Auserwählten seyn und in unseren Zeiten, wo auf der einen Seite blinde Anhänglichkeit an altes Herkommen, auf der anderen tiefes Sittenverderbniß und vermessene Neuerungssucht herrschen, wäre es kein Wunder, wenn diese erhabene Tugend beinahe gänzlich ausgestorben schiene. Der Kampf des unvernünftigen Vorurteils mit aufgeblasenem Halbwissen bringt überall der wahren Bildung der Nationen mehr Schaden als Gewinn und hält die Menschheit vom Ziele ihrer Vervollkommnung entfernt. Ohne die zarteste Reizbarkeit des moralischen Gefühls kann die Entwicklung der übrigen Geisteskräfte genau so gefährlich werden, als ihre Vernachlässigung es bis dahin gewesen ist[11].«

Die in naiver Weise optimistische deutsche Aufklärung ist niemals revolutionär gewesen. Ihre Rolle besteht nicht in der Verrohung der Körper, sondern in der Erleuchtung des Geistes. Die Tatsachen scheinen im übrigen lange ihre Methoden zu bestätigen. In den Berliner Salons, in den Cafés in Breslau und in den Lesegesellschaften in ganz Deutschland begründen Adlige, Arme und Reiche, Gläubige und Atheisten eine ranglose, klassenlose und konventionslose Gesellschaft, die im Gegensatz zur offiziellen Gesellschaft steht. Zweifellos ist sie noch in erster Linie Mittelpunkt der Vereinigung der Unzufriedenen[12]. Doch vielleicht schon morgen werden diese Treffen die Mehrheit vereinen. Die Gesellschaft wird ohne stürmische Revolution durch das bloße Ausstrahlen des Geistes verändert werden. Warum an der Zukunft verzweifeln? In Mainz wie in Weimar, in Königsberg wie in Berlin kann man beobachten, wie die Vorurteile Schritt für Schritt weichen. Warum also bezweifeln, daß die Philosophie schließlich die traditionelle Gesellschaft – um sie zu zerstören – vollkommen umwandeln wird?

Gegen Ende des Jahrhunderts tauchen jedoch Krisensymptome auf. Sie werden von der Aufklärung ohne Unruhe festgestellt. Bei dieser Art der Arbeitsteilung, wie sie in Preußen erfolgt ist, muß sich der Staat mit den materiellen Schwächen befassen. Durch das Dickicht blinden Aberglaubens und lächerlicher Vorurteile bahnt sich die deutsche Aufklärung einen neuen Weg. Für alles, was die Personen betrifft, ist der aufgeklärte Despot zuständig, dem es seit zwei Generationen gelingt, seine Bedürfnisse zu befriedigen, ohne die Kräfte seiner Untertanen aufzuzehren. Die Aufklärung fühlt sich im preußischen Staat wohl. Er schränkt ihre Freiheit nicht ein und beachtet gelegentlich ihre Kritik. Er ist nicht wie die katholische Lehre ein gegen die Vernunft gerichtetes System, ein dem Geist feindlich gesonnener Obskurantismus, ein gegen die Evidenz gerichtetes Dogma. Er erscheint vielmehr als ein Komplex von Techniken, die man in den juristischen Fakultäten oder in den Verwaltungen lernt, denen nichts Geheimnisvolles anhaftet, weil jeder sie erwerben kann, die jedoch für den Philosophen uninteressant sind. In einem Merkantilsystem gehört die Wirtschaft zu den Techniken des Staates; sie ist einer der Zweige der Verwaltung. Verkümmert sie oder wird sie krank? Hier muß der Staat Abhilfe schaffen, wie er es auch bei der Armee oder der Justiz täte.

Diese Verachtung der Philosophen für die wirtschaftlichen Schwächen erklärt zum Teil die Entwicklung der Krise in Preußen. Ihre Auswirkungen erleidet am Ende des Jahrhunderts jeder. Niemand jedoch erfaßt klar ihre Ursachen. Der nur langsam von den Hohenzollern errichtete Führungsstab ist zu starr. Die Beamten, die zwar aufrichtig, aber zu wenig daran gewöhnt sind, Initiative zu ergreifen, dämmern in der Routine dahin. Und die Krise nimmt zu, weil zwischen philosophischer Spekulation und routinemäßiger Verwaltung als Vermittler die Bürger fehlen, die sich mit der Analyse der Konjunktur befassen, zu Einzelinitiativen fähig sind und neue Lösungen vorschlagen können, wie die Physiokraten in Frankreich oder die englischen Nationalökonomen.

Zweiter Teil: Die soziale und politische Krise

1. Kapitel: Die soziale Krise

1. Bevölkerungsvermehrung

Die deutsche Aufklärung bekennt sich offen zu der These, daß die Bevölkerung die wichtigste Quelle des Reichtums im Staat ist. Nach Friedrich Wilhelm I. bekundet Friedrich II. wiederholt, daß die Macht eines Staates nicht auf der Größe seines Territoriums und auf dem Besitz irgendeiner riesigen Wüste beruht, sondern auf dem Reichtum und der Zahl seiner Einwohner. In seinem politischen Testament von 1768 wiederholt er: »Die erste Grundwahrheit, die sich darbietet, die allgemeinste und richtigste von allen ist, daß die wahre Stärke eines Staates auf der Zahl seiner Untertanen beruht. Wollen Sie es beweisen? Vergleichen Sie Holland, das vielleicht 40 Meilen lang und höchstens 15 Meilen breit ist, mit Sibirien, das schätzungsweise 300 Meilen lang und 100 Meilen oder mehr breit ist. Sie finden in Holland 3 Millionen arbeitende Einwohner, die 15–16 Millionen Taler an die Republik zahlen und die allein der Krieg gegen Philipp II., König von Spanien, aufrechterhielt. Sibirien mit seinen ungeheuren Ausmaßen besitzt nur 600 000 Einwohner; Rußland nimmt von diesem Land nicht einmal 300 000 Taler ein, und der erste beste Eroberer würde dieses wüste Land unterjochen, das keine Arbeitskräfte hat, die es bebauen und verteidigen. Sie sehen also, daß nicht die riesigen Flächen, sondern die Zahl der arbeitenden Menschen den Ausschlag geben[1].«

Der König unterläßt es, eine so offenkundige Wahrheit noch eindringlicher aufzuzeigen.

Ebenso behauptet Graf Hertzberg in einer Abhandlung von 1785: »Zur Zeit ist man sich ganz allgemein darüber im klaren, daß die starke Bevölkerung eines Staates die wichtigste Grundlage seines Glücks und vor allem seiner Macht ist, wenn eine weise Regierung ihren Untertanen die nötige Beschäftigung und den erforderlichen Unterhalt zu verschaffen versteht. Unter dieser Voraussetzung gibt es die Situation nicht mehr, daß ein Staat überbevölkert ist und Mittel suchen muß, die Bevölkerung zu stoppen oder zu verringern, wie es einst die Griechen und Römer durch das Abschieben in die Kolonien und die Aussetzung ihrer Kinder taten ... Je mehr Menschen unter einer straffen Führung arbeiten, um der Gesellschaft, in der sie leben, zum Wohlstand zu verhelfen, desto größer ist eine Nation im Verhältnis zu der von ihr eingenommenen Fläche und desto mehr Möglichkeiten hat sie, das gemeine Wohlergehen zu verbessern und sich vor allem gegen die Gewalttätigkeiten und Unternehmungen der Nachbarn zu verteidigen[2].«

Süßmilch, dessen umfangreiches Werk in vierzehn Jahren vier Auflagen hatte, und der auf diesem Gebiet eine Kapazität ist, geht nicht einmal auf die von Hertzberg genannten Bedingungen ein. Wenn der Staat nicht für die Bedürfnisse seiner Bürger sorgt, wird Gott helfen. Es bleibt eine unbestrittene Tatsache, daß der allgemeine Wohlstand von der Bevölkerungsdichte abhängt; um das Wohlergehen des einzelnen zu verbessern, genügt es, die Bevölkerungsvermehrung zu begünstigen. Die Geschichte lehrt, daß die Epochen des Verfalls immer Perioden der Entvölkerung waren. Der Untergang des Römischen Reiches beispielsweise hat keine andere Ursache. Gott selbst verkündet das Prinzip, das bei jeder Gelegenheit die Regierung lenken muß: »Wachst und vermehret euch, befiehlt er den Menschen; er wird sich schon um den Rest kümmern[3].«

In Anbetracht der Größe des brachliegenden Landes zu Beginn des Jahrhunderts kann man diese Grundsätze nicht bestreiten. Die Kolonisationspolitik ist der Ursprung der preußischen Macht. Die Ziele des Großen Kurfürsten und Friedrich Wilhelms I. bestanden darin, mit der Zahl der Untertanen auch die Produktion und die Steuereinnahmen zu steigern und inmitten der verlassenen Landgebiete Reserven an Rekruten für die Armee zu schaffen. Friedrich II. folgt ihren Spuren; er läßt ca. 500 000 Morgen Land an der Oder-, Netze- und Warthemündung und in den Sümpfen von Drämling im Osten von Stendal dränieren. Er teilt die großen bäuerlichen Besitztümer, um die Zahl der Höfe zu vermehren. Er lockt fremde, möglichst deutschsprachige Siedler ins Land, indem er ihnen die Reise bezahlt und den Bedürftigsten unter ihnen Höfe mit dem zur Bewirtschaftung erforderlichen Vieh anbietet. Er bestimmt in seinen Ländern die Arbeiter, die aus Thüringen und dem Voigtland kommen, um die Ernte in der Provinz Magdeburg einzubringen. Die Ausgaben dafür belaufen sich während seiner langen Herrschaft auf ungefähr 50 Millionen Taler, ohne die Subventionen für die Handwerker zu rechnen, die den Preußen ihre Fabrikationsgeheimnisse verraten. Die Zahl der Immigranten beträgt zwischen 1740 und 1786 wenigstens 285 000. Durch ihre Loyalität tragen sie zur Konsolidierung des Eroberungswerkes bei, das das Königreich in derselben Zeit von 118 926km² auf 194891 km² und von 2 240 000 auf 5 430 000 Einwohner ansteigen läßt[4].

Eroberungen und Kolonisation indessen reichen nicht aus, um dieser Vermehrung Rechnung zu tragen. Am Ende des 18. Jahrhunderts steigt die Geburtenziffer überall rapide. Selbst Heimsuchungen wie Kriege, die Hungersnot von 1771/72 und die Kälte im Winter 1783/84 beeinträchtigen dieses Phänomen nicht[5]. Nachdem Schlesien während der Hungersnot 66 000 Einwohner verloren hat, gewinnt es zwischen 1773 und 1777 77 000 dazu[6]. Die lokalen Zählungen, von denen die Zeitungen voll sind, bestätigen alle dieselbe steigende Tendenz[7]. Im Jahre 1790 zählt das Reich ungefähr 30 Millionen Seelen. In Preußen beträgt der Geburtenüberschuß gegenüber den Todesfällen zwischen 1757 und 1805 30%. Die Gesamtbevölkerung steigt zwischen 1786 und 1805 von 5 1/4 Millionen auf 6 1/4 Millionen Einwohner. In den östlichen Provinzen, wo der Anstieg besonders stark erscheint (Ostpreußen, Westpreußen, Pommern, Neumark), und in Schlesien steigt sie zwischen 1766 und 1805 um 50%; in den westlichen Provinzen (Kurmark, Magdeburg, Mansfeld, Halberstadt, Hohenstein, Wernigerode, Minden, Ravensberg, Tecklenburg-Lingen) wächst sie um 30%. In den Rheinlanden (Kleve, Mark-Moers, Geldern und Friesland), wo die Bevölkerung nicht so rapide zunimmt, beträgt der Anstieg 20 bis 25%[8].

Wenn die verlassenen Gegenden sich zu diesem Bevölkerungszuwachs nur beglückwünschen können, muß dasselbe dann auch für die Gegenden zutreffen, wo die Bevölkerung schon immer sehr dicht war, wo fremde Werber und Kolonisationsgesellschaften von jeher das Elend ausgebeutet haben? Die Theoretiker der Aufklärung bezweifeln das nicht. Doch wenn man davon ausgeht, daß das Land viele Menschen ernähren kann, bringt dann nicht die Verteilung der Menschen und vor allem die Aufteilung der vorhandenen Güter unter ihnen beunruhigende Probleme mit sich?

Eine Tatsache, die die Zeitgenossen nicht erstaunt, weil sie die verbreiteten Ideen für falsch erklärt, auf Grund derer die Erde noch viele Menschen aufnehmen kann, lautet, daß die Vermehrung der Bevölkerung sich im wesentlichen durch das Wachstum der Städte offenbart. Nirgends stellt man die Entvölkerung des Landes zugunsten der Städte fest; in diesen konzentriert sich nur die rapide Zunahme der Bevölkerung.

Die offizielle Doktrin beeinflußt die Geister so stark, daß niemand auf die Idee kommt, den Anstieg der Bevölkerung mit der Wirtschaftskrise in Verbindung zu bringen, deren Auswirkungen überall spürbar werden. Nur ganz wenige erhoben Zweifel, die als paradox hingestellt werden. Wekhrlin zum Beispiel widerlegt im Jahre 1788 den Grundsatz, »daß das Glück des Staates in der Volksmenge bestehe«. Um diese Auffassung zu akzeptieren, müßte man zwischen den einzelnen Regionen unterscheiden. »In gewissen Ländern und Ländchen soll Alles heirathen, Alles Kinder machen. Die Vorsicht, welche Ratten, Mäuse und Raupen versorgt, mag zusehen, wo sie alle ihr Futter finden. Weil sie aber keine Wunder mehr tuth, so gibt es in gewissen Grafschaften – welche übervölkert sind, und es unmöglich lange bleiben können – Bettler und Diebe zum Drücken[9].«

Erst nach der Veröffentlichung (1798) und der langsamen Verbreitung von Malthus' Buch, dessen deutsche Übersetzung Aufsehen erregt, ändern sich die Ideen. Man versucht jetzt, die Geburtenziffer niedrig zu halten. Und Professor Weinhold von der Medizinischen Fakultät in Halle beschwört die Fürsten, seinem Rat zu folgen: man muß allen Jugendlichen von 14 Jahren, allen Bettlern, Domestiken, Arbeitern und nicht verheirateten Soldaten, die nicht genügend Geld hätten, ein Kind aufzuziehen, die schmerzlose Infibulation verordnen. Der Staat wird dann regelmäßige Kontrollen durchführen, und diejenigen mit Prügelstrafe, Gefängnis oder Zwangsarbeit bestrafen, die das Siegel gebrochen haben, das sie kennzeichnet[10].

Die Emigration, die allgemein als Unglück betrachtet wird, ist besonders in den westlichen und südlichen Regionen des Reiches sehr stark. Da die Bevölkerung schneller zunimmt als die zur Verfügung stehenden Einnahmequellen, bleibt einem nichts anderes übrig als sein Glück woanders zu versuchen. Für die Werber von Soldaten und Bauern ist die Lage sehr günstig. Die Zeitungen allerdings erheben Vorwürfe gegen die Fürsten. Die Armut vertreibt die Bürger aus ihrer Heimat. Bürger? Wären sie wirklich Bürger, so hätten sie keinen Grund wegzugehen. Doch der Bürger ist gerade gut genug, um die Steuern zu zahlen, und der Bauer, ohnmächtig, den zunehmenden Forderungen der durch den Luxus korrumpierten Grundherren nachzukommen, ist nur ein Lasttier. Man könnte die Emigration wirksam bekämpfen, durch Verringerung der Feiertage, durch Begünstigung neuer Kulturen und Neulandbeschaffung, durch Herabsetzung der Steuern und Abschaffung der Glücksspiele. Man könnte die Bauern gegen die fremden Werber schützen, statt sie ihnen zu verkaufen, um die Falken, Komödianten, delikaten Abenteuer und Kurtisanen zu bezahlen[11]. »Und nun, Doktoren! schreibt von Völkerrecht, von Freiheit, von Vaterlandsliebe. Was hat der schlichte Inwohner eines Fleckens, wo der Fürst ein Räuber, der Beamte ein Henker und der Pfaf ein Gauch ist, für eine andere Parthie, als sich zu entfernen[12]?«

Die Abenteuerlust, die schnell zu Reichtum und Glück verhilft, veranlaßt die Mutigsten zur Auswanderung, bevor sie völlig ruiniert sind. Die Verbote der Fürsten und die Sanktionen, die sie ankündigen, halten sie nicht zurück. Was nützen Drohungen gegen Leute, die nichts zu verlieren haben[13]? Sie verlassen Württemberg, das am dichtesten besiedelte Land des Reiches[14], im Jahre 1779 in Richtung Ungarn und 1782 in Richtung Westpreußen. Besonders Ungarn ist Anziehungspunkt für diese vielen Emigranten, die ihr Heim in Mainz, Koblenz, Mannheim und Kreuznach verlassen. Jedes Alter und jeder Beruf ist vertreten. Männer und Frauen machen sich mit ihrer kleinen Rücklage auf den Weg; fragt man sie nach dem Grund, so geben sie zur Antwort, daß in der Pfalz, im Westerwald, in der Schweiz und in Lothringen zu viele Menschen leben. Sie sind oft gut gekleidet und sehen ernsthaft und aufrichtig aus. Die Zahl derer, die sich vor 1783 und im Jahre 1784 auf die Wanderschaft begeben haben, schätzt man auf wenigstens 15 000. In den folgenden Jahren setzt sich die Bewegung fort. Joseph II. versucht, sie nach Galizien zu holen; seit 1783 bietet er den Siedlern Häuser, Scheunen und Land an. Katharina II. besiedelt Nordrußland und sogar die Krim mit Deutschen. Tausende ehrenhafter Leute ziehen auf den Landstraßen des Reiches dahin, auf der Suche nach Lebensunterhalt, weil der Anstieg der Bevölkerung sie enterbt und keine soziale Reform Vorsorge für sie geschaffen hat[15].

So ist die Krise, unter der die Preußen litten, zugleich eine wirtschaftliche und eine soziale. Eine Wirtschaftspolitik, die sonst kein anderes Ziel hatte, befaßte sich seit Beginn des Jahrhunderts mit einer Regelung, die die Bereicherung des Fürsten sicherte. Doch der Merkantilismus ist ein auf den Staat zugeschnittener Panzer; entfaltet sich der Staat, so hindert ihn der Panzer daran zu atmen. Die Reglementierung als solche ist allerdings nicht der Grund, sondern die Art und Weise, wie sie gehandhabt wird. Eine weniger starre und weniger endgültige Gesetzgebung, die die Entwicklung von Angebot und Nachfrage berücksichtigen würde; die die Herstellung von Luxusgütern in dem Augenblick einschränken würde, wo ihr Absatz zurückgeht; statt die störrischen Kunden zu bezwingen, zu ihrem Nachteil zu kaufen; die die Unterschiede in der Lebensweise ihrer Untertanen untersuchen würde, statt blind die Einwohnerzahl zu erhöhen – eine solche Gesetzgebung hätte eine Autarkie bewirken können, die des aufgeklärten Despotismus und der Aufklärung würdig ist. Am Ende des Jahrhunderts ist es bereits zu spät. Bloße Veränderungen der Vorschriften genügen nicht, um eine schon zu weit fortgeschrittene Revolution zu lenken. Man steht vor einer Krise der Überproduktion in der Industrie und vor einem ständig sinkenden Niveau der Bauern und Arbeiter. Die Lösung des Problems bestünde darin, letztere zu Abnehmern zu machen; aber dann müßte man ihnen Mittel verschaffen, reicher zu werden. Würde der Staat auf seinen Kapitalismus verzichten und sich zum Freihandel bekennen und folglich die Besitzenden auffordern, die Einkünfte der Akzise und Kontributionen durch direkte Steuern zu ersetzen; oder nähme er eine neue und gleichmäßigere Verteilung der Güter vor, das Resultat bliebe immer dasselbe: er würde die Beziehungen zwischen den Klassen verändern und die Einkünfte der Reichen verringern, damit die Armen besser leben könnten.

Die geeignetsten und intelligentesten Leute wagen sich nicht an ein so umfangreiches Werk heran. Weder Stein noch Struensee haben eine solche Revolution im Sinn; selbst diejenigen, die sie dabei unterstützen müßten, würden ihnen vielleicht gar nicht folgen, denn die Öffentlichkeit ist über die wirtschaftlichen Probleme in Preußen wenig unterrichtet.

In diesem zu gut gelenkten Staat liegt die Wirtschaft in den Händen der Regierung: sie hat das brach liegende Land besiedelt, Industrien geschaffen und den Handel entwickelt. Zweifellos nirgends ist das Wirtschaftsregime so eng mit dem politischen Regime verknüpft. Sie sind gemeinsam gewachsen wie die Zweige desselben Baumes; sie werden von denselben Beamten verwaltet; diese sind aus den lokalen Universitäten hervorgegangen und haben Recht und Finanzwissenschaften (Cameralwissenschaften) studiert, d. h. die politischen und wirtschaftlichen Institutionen Preußens; sie haben sich auf das Referendarexamen vorbereitet, dessen Themen die allgemeine Verwaltung, Polizei, Akzise und Armee waren[16]. Wie könnten sie auf den Gedanken kommen, ein so einheitliches System zu kritisieren? Ein fast hundertjähriges Experiment würde sie von Anfang an zögern lassen; und der Eifer, mit dem die Regierung alle Neuheiten angleicht, bestärkt sie in ihrem Vertrauen auf die Zukunft. Sie fördert den Anbau von Futterpflanzen und Kartoffeln; sie steigert den Ertrag im Bergbau. Natürlich bedauert man im Ausland, daß es gerade die Regierung ist – und nicht einzelne – die so handelt. Aber in dem Maße, wie die Theorien der Physiokraten oder der englischen Liberalen nach Preußen dringen, werden sie hier als nicht anwendbar betrachtet. Es gibt in diesem Zusammenhang nichts Charakteristischeres als die Geschichte des einzigen liberalen Volkswirts, der ganz am Ende des Jahrhunderts in einer preußischen Universität gelehrt hat. Professor Kraus ist in erster Linie Philosoph. Er wurde 1753 geboren und hört die Vorlesungen von Kant und Hamann; im Jahre 1780 wird er Professor für praktische Philosophie in Göttingen. Erst 1786 beginnt er, sich mit Wirtschaft zu befassen, und erst seit 1793 spezialisiert er sich in dieser Wissenschaft an der Königsberger Universität; zu diesem Zeitpunkt ist er 40 Jahre; er stirbt mit 53, nachdem er die Lehre von Adam Smith verbreitet hat[17].

In seinen gesammelten Werken nimmt die Wirtschaft zwei von sieben Bänden ein, nicht mehr als seine »Encyklopädischen Betrachtungen«, die die Philologie, Ästhetik, Geschichte und Geographie behandeln[18]. Kraus hat zu Beginn des 19. Jahrhunderts eine ziemlich große Bedeutung; die Zahl seiner Studenten ist klein. Bis zu seinem Tod im Jahre 1807 ist sein Einfluß belanglos.

»Preußen« bedeutet in der Tat »aufgeklärter Despotismus und gelenkte Wirtschaft«. Wenn man die Lenkung aufhebt, hat nur noch der Despotismus zu tun; die Säulen, in deren Schutz die deutsche Aufklärung sich entwickelt hat, stürzen ein. Es ist zugleich ihre Stärke und auch ihre Schwäche, daß sie sich mit dem Staat zufriedengegeben hat. Die jungen Leute, die sie prägt, sind nicht vorbereitet auf die Zerstörungsarbeit, die notwendig geworden ist, damit sie sich entfalten kann. Sie verstehen nicht einmal die Ursache der Wirtschaftskrise, unter der sie leiden. Gewappnet für den Sieg eines »Weltkonzepts«, verlangen sie von der Ideologie die Beseitigung ihres Elends. Unfähig, der Aufklärung die revolutionäre Kraft einzuflößen, die die ausländischen Philosophien animiert, wenden sie sich allmählich, fast unbewußt, von ihr ab: die Vernunft gerät dann unter dem Druck neuer Denkweisen ins Schwanken, und der verbrauchte Geist weicht dem Gefühl.

2. Das Vagabundentum auf dem Lande

Trotz aller Dekrete treibt das Elend die Bauern zum Verlassen ihres Herdes. Die Tagelöhner machen sich auf die Suche nach einer Beschäftigung. Die Handwerker suchen eine Arbeit, die sich verheimlichen läßt. Ehrenhafte Leute treffen andere, wie sie ziellos durchs Land streifen. Wilddiebe, umherziehende Scherenschleifer, »die häufig andere Pläne hegen als sie vorgeben«, Studenten, die nach einem Duell fliehen oder ihren Gläubigern aus den Augen gehen müssen, Puppenspieler, Zauberkünstler, Schauspieltruppen, von deren abenteuerlichem Leben die Schüler träumen, Handwerker in der Gesellenausbildung, jüdische Kolporteure und Hirten, die während der schlechten Jahreszeit arbeitslos sind, irren durch Wälder und Felder. Im Sommer schlafen sie unter freiem Himmel, im Winter in Almhütten, Ställen, bei Bauern oder in Kneipen. Männer, Frauen und Kinder kommen zusammen, vereinen und trennen sich ganz willkürlich und erzeugen Unglückliche, die niemals ein anderes Leben als das des Vagabunden kennenlernen. Die Jungen rauchen mit acht Jahren, die Mädchen werden mit 15 Mütter, und alle sterben sehr jung. In Thüringen bilden sie Banden von 10–20 Personen. »Sie verbrennen die Zäune des Landmanns, kochen dabey die Gemüse, die sie auf dem Felde gestohlen, mit dem Fleische, wozu sie das Geld nebst Brod, Mehl, Schmalz und dergleichen nicht sowohl erbettelt, als vielmehr erpreßt haben . . . Arbeiten mögen sie fast gar nicht, außer das zuweilen einer bey seiner Rast einen Knotenstock am Feuer bräunet, oder einen Vogelbauer macht, zuweilen einen Singvogel fängt, und die Weiber während ihres Herumziehens feine baumwollene Strümpfe stricken . . .

Die meisten leben von der öffentlichen Wohlfahrt; wenn ein Produkt rar wird, wissen sie es sich wieder zu verschaffen, denn sie sind robust. Sie verweigern mit Verachtung den Pfennig, den man ihnen bietet und nehmen unter einem Groschen nichts an.

Der Landmann hat aber das meiste von ihnen auszustehen, und muß sie allein ernähren. Ungestüm fordern sie eine Gabe, und wird ihnen diese verweigert, oder ihnen untersagt, das Gemüsefeld oder den Obstgarten zu plündern, oder den Zaun zu ruinieren: dann wehe dem armen Bauern, ein Hagel von den häßlichsten Schimpfwörtern trifft ihn dann, der mit dem frechsten Hohngelächter und sogar mit Drohungen, daß er entweder sein Haus nächstens in Feuer stehen sehen wolle, oder daß sie ihm bey Gelegenheit Arm und Bein entzwey schlagen, oder sich sonst an ihm rächen wollen, begleitet ist[19].«

Im Januar 1799 halten Bauern am hellichten Tage Wagen von Reisenden auf der Landstraße von Erfurt nach Gotha an und fordern ohne jegliches Recht einen Wegezoll. Die kleinen Fürstentümer, wie Ansbach, sind buchstäblich von Bettlern überschwemmt: »Die Herren in der Residenz wissen nichts davon; denn in dieser ist, so wie in einigen Landstädten, das Betteln seit geraumer Zeit durch gute Armenanstalten abgestellt worden. Die Angestellten auf dem Lande lassen sich den Unfug wenig anfechten, weil die wenigsten von ihnen den Bettlern etwas geben, und diese auch selten das Herz haben, ihnen zu nahe zu kommen. Die Pfarrer empfinden es nicht, weil sie meistens die Freyheit haben, von dem, was in der Kirche gesammelt wird, und worunter manches Witwenschärflein ist, die Landstreicher, die vor ihre Thüre kommen, zu befriedigen. Die Schulzen haben nichts davon aufzuheben, wenn sie solche Leute einfangen, und ins Amt liefern, und darum lassen sie es auch bleiben. Die Bettelvögte, deren nur in ein paar Oberämtern allenfalls einer oder zwey sind, können unmöglich auskommen, stehen öfters mit den ärgsten Landstreichern im Verständniß, und theilen die Beute mit ihnen, oder sind, wenn sie auch Ernst brauchen wollten, als alte, magere, ausgehungerte Gerippe, den jungen, starken, wohlgefütterten Landsknechten nur zum Gelächter, auch sind ihre Musketen des Schießens ungewohnt. Es bleibt dem Bauern nichts anderes übrig, als sich wohltätig zu zeigen. Man kann die jungen vierschrötigen Mannsbilder, die starken, rotbackigen Weibsleute, mit Heerden von Kindern, von Haus zu Haus, von Dorf zu Dorf herumziehend, nicht ohne Ärgerniß ansehen ... Darunter sind wenige, die nicht irgend ein Attestat (es versteht sich, daß darunter niemals ein Anspachisches ist) aufzuweisen hätten, daß sie so oder so lange krank gelegen, ein Bein oder einen Arm gebrochen, ihr Haus durch Feuer, Wasser oder gar Erdbeben verloren hätten. Viele collectieren auch für ganze Gemeinden, und ihre Attestaten und Siegel sind so plump verfälscht oder nachgemacht, daß es ein Knabe erkennen konnte. Der Bauer, bereits von Steuern überlastet, duldet sie, weil ihm Arm und Bein, und seine Strohhütte lieb sind[20].« Aber er hat nichts mehr übrig, was er den Tagelöhnern des Dorfes geben könnte, deren Kindern schließlich kein Ausweg mehr bleibt, als ihr Bündel zu schnüren und betteln und zwischendurch stehlen zu gehen[21]. Keine Gegend Deutschlands bleibt verschont. Von Norden nach Süden, von Holstein und von Göttingen bis Chemnitz, Salzburg und nach Württemberg hört man dieselben Klagen[22].

Bayern ist von Dieben verseucht. Jochum terrorisiert mit seiner Truppe von 36 Banditen das Land Eichstädt. Nachdem er 83 Diebstähle, begleitet von Mißhandlungen, begangen hat, wird er am 17. Februar 1781 gerädert. Ein armer Teufel, dieser Jochum, der mit 30 Jahren stirbt. Nomade seit seiner Kindheit, flechtet er zunächst Körbe, um sie zu verkaufen, und bettelt dann »ehrenhaft«, wie seine Eltern. Dann stößt er auf die Bande der gefürchteten Zencken-Mandl, die ihm zeigt, wie er sein erstes Brot durch das geöffnete Fenster einer Hütte stehlen soll. Dann sind es nächtliche Gewalttätigkeiten gegen Landbewohner, die ihr Geld nicht hergeben wollen ...[23]. Schiller braucht das Leben dieser »Räuber« nicht zu erfinden. Er braucht nur auf dem Lande spazierenzugehen. Und warum sollten einige Bandenführer nicht so edle Charaktere wie Karl Moor sein? Anton Reiser trifft zwischen Gotha und Erfurt einen Buchbindergesellen, der seit Jahren durch ganz Kursachsen wandert[24]. Wer weiß, ob er nicht auch gestohlen hat? Schubart kennt Studenten in Erlangen, die, nachdem sie sich verschuldet oder im Duell geschlagen haben, fliehen, vor ihren Eltern nicht mehr zu erscheinen wagen und Soldaten, Komödianten oder Vagabunden werden[25]. Im Jahre 1776 trifft er in Augsburg einen seiner ehemaligen Diener:

»Ein Bursche, der wegen übermäßiger Ausschweifungen hätte verfallen können. Er war Schneider, Soldat, Bote, Schwindler, Dieb, Parasit, Aufschneider übertriebenster Art. Er entkleidete mich beinah in München und stahl mir Stiefel, Wäsche und alles. Solch ein Lump bot mir erneut seine Dienste an, aber ich nahm sie nicht an ... Er war sogar bereit, mir für Unterkunft und Verpflegung zu dienen. Dann verschwand er wie ein Raubvogel. Und dann machte der Elende tatsächlich sein Glück beim Spiel, gewann

Tausende und Abertausende, kaufte sich Land und lebt nun blendend von seiner Beute[26].«

In der Pfalz beträgt der Anteil der Bettler an der Bevölkerung 1/19, derjenige der Domestiken, Hausdiener und Hausgehilfen 1/10[27].

Das Übel ist nicht zu beseitigen. Die sich häufenden Edikte bleiben wirkungslos; sie setzen alte Strafgesetze wieder in Kraft, die Diebstahl und Wilddieberei mit dem Tod bestrafen. Was nützt es also, die Schuldigen mit dem Rad oder dem Galgen zu bedrohen und ihnen Straflosigkeit für den Fall zu versprechen, daß sie ihre Komplizen denunzieren[28]? Die Verordnungen werden nicht durchgeführt; die von der Truppe vorgenommenen Durchsuchungen – denn die Angestellten der einzelnen Orte sind handlungsunfähig – führen nur ganz selten zur Festnahme von Vagabunden. Die terrorisierten Bauern verstecken sie in ihren Scheunen. Der Schutz der Patrouillen ist illusorisch. Die Husaren in den Ländern Erfurt und Weimar können in jedem Dorf ihres Sektors nur alle vierzehn Tage einmal erscheinen. Da sie nicht gemeinsam mit den Dragonern von Gotha handeln, haben es die Vagabunden sehr einfach; sie überschreiten die Grenze in dem Augenblick, wo die Patrouillen sich zeigen, und verschwinden ins Landesinnere, sobald die Soldaten den Rücken gekehrt haben. »Man hat auch Beyspiele, daß die Streifer so galant sind, einer hübschen Landstreicherin die Zeit zu bestimmen, wenn sie wieder kommen werden, dafür sie dann ein Geschenk von feinen Strümpfen, oder andere Gefälligkeiten erwiesen bekommen[29].« Dasselbe passiert in Fulda, Sachsen-Coburg, Hannover, überall[30].

Was würde man auch mit diesen Leuten machen, wenn man sie alle festnähme? In der Gegend von Sondershausen zerreißen sie Anschläge, auf denen sie mit Gefängnis bedroht werden, und machen sich lustig: »Man bräuchte riesige Räume! Soll man sie doch dorthin führen! Sie bekämen dann wenigstens etwas zu essen; dieser Zustand kann nicht ewig dauern[31]!«

Die politische Teilung begünstigt die Unordnung; jede Regierung ist nur bemüht, die Vagabunden aus ihrem Territorium zu verjagen. Der Bauer, der fortwährend den Bettler, der ihn bedroht, und den Soldaten, der ihn beschützt, ernähren muß, bekämpft nur mühsam seinen Drang, sich endlich zu erheben: gegen die Steuereinnehmer, gegen den Grundherrn, der nur seine Privilegien kennt, gegen die Solaten mit ihren maßlosen Forderungen und gegen alle unverschämten Bettler, gegen die gesamte Menschheit, die sich verbündet zu haben scheint, um seine Schwäche und Unwissenheit auszunützen.

In Preußen versorgt das Vagabundentum nicht die Zeitungsnachrichten; das soll nicht heißen, daß es dort nicht vorhanden ist. Doch der besser organisierten Polizei und der Verwaltung gelingt es so recht und schlecht, die Auswüchse einzuschränken. Gegen Ende des Jahrhunderts wird jedoch auch Preußen überschwemmt. In den Archiven des Generaldirektoriums gibt es eine enorme Masse von Dokumenten über die »Bohémiens«, die man festnimmt und einsperrt. Die sozialen Ursachen sind immer dieselben. Während der »Inquisitionen« oder der »General-Visitationen«, die regelmäßig angeordnet werden, um das Vagabundentum zu bekämpfen, nimmt man beispielsweise in Ostpreußen im Jahre 1804 eine Witwe fest, die bettelt, weil die Spinnerei nicht mehr genug abwirft, um ihre Kinder ernähren zu können; eine andere, die mit ihrer Tochter durchs Land zieht und Zither spielt; ferner zwei Lehrersöhne und zwei Domestiken auf der Flucht, darunter eine achtzehnjährige Leibeigene, die durch tägliche Mißhandlungen zum Fortgang getrieben wurde; ein sechzigjähriger Sattler wurde festgenommen, der Insterburg verlassen hatte, weil er dort keine Arbeit fand; auf dem Lande kann er von seinem Handwerk leben, aber man zwingt ihn zur Rückkehr in die Stadt; schließlich ein Schuster und ein Schneider, die seit mehreren Jahren umherziehen. In Litauen sperrt man einen Berliner Gesellen ein, der Preußen über Breslau, Warschau, Königsberg, Insterburg, Gumbinnen und Stallupönen gezogen ist, ohne Arbeit zu finden, und drei Schneider und mehrere Bettler[32]. Die Zahl der beurlaubten Soldaten ist besonders groß. Die Magdeburger Kammer erhebt Klage und erhält den Auftrag, die beurlaubten »Bohémiens« zurückzubeordern; diese dürfen seitdem ihre Regimenter nicht mehr verlassen[33]. Von Gegend zu Gegend und von Jahr zu Jahr wiederholen sich immer dieselben Fälle.

Die von den Banden begangenen Gewalttätigkeiten haben auch immer dieselben Anzeichen: Diebstähle von Vieh, Einbrüche, Brandstiftungen. Die Magdeburger Kammer erhebt 1786 Klage »über den starken Anstieg des Vagabundentums von Bohémiens, die sich mit anderen Dieben verbünden«, und erhält die Genehmigung, die Bande aufzuspüren, um die allgemeine Ordnung zu gewährleisten. Dennoch nehmen die Unruhen kein Ende.

Zwei Bemerkungen sind hier jedoch angebracht: das Vagabundentum, das seit dem Tode des »Alten Fritz« zunimmt, belastet vor allem die Provinzen, in denen der Bevölkerungsanstieg besonders stark ist. In Friesland oder den westlichen Gebieten hört man kaum Klagen. Dagegen stöhnen in Pommern sogar die Beamten. Im Jahre 1786 schreibt der Justizrat Zimmermann: »Ich kann Eurer Majestät nicht die Angst und den Schrecken verheimlichen, der einem regelrecht die Kehle zuschnürt, da auf dem Lande so viele Diebstähle und Einbrüche geschehen und so viele Kanaillen umherziehen ... Im Frühling haben Diebe die Tür zu meinem Stall eingeschlagen, haben die Schränke meiner Diener geleert und Betten gestohlen ...; auf dem Lande kann man sich nicht so wie in den Städten helfen; es gibt hier keine Gefängnisse, und die Bauern lassen die Reisenden, die sie bewachen müßten, aus Furcht vorbeiziehen[34].« Der Zollpächter Ihna berichtet, daß mehrmals Gruppen von bis zu 56 »Bohémiens«, darunter auch Frauen und Kinder, an seinem Büro vorbeigezogen sind. Viele tragen Uniform. Es sind zu viele als daß man sich herausnehmen könnte, ihre Pässe zu kontrollieren[35].

Zum zweiten ist die Bewegung besonders stark in den Grenzgebieten. Es ist so leicht, nach einem Diebstahl ins Ausland zu flüchten. Seitdem die Infanterie 1799 Bromberg verlassen hat, nehmen die Hinterhalte, die man den in der Nähe der Dörfer Pferde hütenden Dienern legt, und Morde und Diebstähle überhand. Die Behörden von Marienwerder geben 1799 bekannt, daß die Diebstähle von Großvieh und Schafen im Herbst und Winter zunehmen, weil die Nächte dann länger sind. In den Grenzdörfern findet man fast keine jungen Leute mehr, die für den Militärdienst geeignet sind. Die Kantonisten desertieren, und der Anbau leidet darunter; man wagt keine Rekruten mehr in Urlaub zu schicken, da sie nicht zurückkehren würden[36].

Es ist nicht Brauch, mit leeren Händen zu desertieren: in Drewentz, in der Nähe von Marienwerder, gibt es eine Fähre; die Flüchtenden verständigen sich mit den polnischen Bauern, die ihnen beim Übersetzen des Viehs auf das andere Weichselufer behilflich sind: »In der Nacht vom 24. zum 25. August«, schreibt ein Junker im Jahre 1778, »entschließt sich einer meiner Untergebenen namens Paul Piatrowski, nach Polen zu flüchten. Einige Tage vorher verständigt er sich mit ein paar Leuten, die versprechen, ihm dabei zu helfen. Sie kommen tatsächlich in der benannten

Nacht auf das Gut des Dembova Lonka; sie sind mit Hacken und Sensen bewaffnet und haben sieben Pferde bei sich, die sie vor einen meiner Wagen spannen; sie laden Piatrowskis Sachen auf. Einer von ihnen, Joseph Mouzin, der auch einer meiner früheren Untergebenen und desertiert ist, soll nach Piatrowskis Aussagen die Absicht gehabt haben, mir noch einige Pferde zu stehlen; es gelingt ihm nicht; danach brechen sie in meine Scheune ein, stehlen einige Säcke Korn, Getreideschwingen, Seile und was sie sonst noch finden und begeben sich mit ihrer Beute in Richtung Fähre.« Sie werden von Wächtern überrascht und kommen nicht alle davon[37].

Die Regierung beschließt, regelmäßig Patrouillen den Fluß entlang zu schicken; in den Schlachten mit den Deserteuren und fliehenden Kantonisten sind sie nicht immer siegreich.

Die Annexion Polens erschwert den Handel mit gestohlenem Vieh. Doch das Vagabundentum nimmt nicht ab. Die Gefängnisse in den Städten reichen nicht mehr aus; man errichtet daher besondere Haftanstalten auf dem Lande und bietet sie auch den kleinen Städten an, die sich im allgemeinen hinter den Gemeindeinstitutionen für die armen Städter verschanzen und sich mit dem Bau von Dorfgefängnissen für die Vagabunden zufriedengeben[38]. Die Haftanstalt der Kurmark ist 1798 fertig. Die am 31. Oktober veröffentlichte Verordnung sieht vor, daß das »Haus der Armen auf dem Lande« in Straßburg die Bettler und Vagabunden der Oderkreise, von Niederbarnim, Teltow, Lebus, Bees und Storkow beherbergen und resozialisieren soll. Bei ihrer Ankunft konfisziert man ihre Habe; man verabreicht ihnen ein Bad und nimmt eine ärztliche Untersuchung vor, bevor man sie befragt. Danach teilt man sie in zwei Klassen ein. Die erste Gruppe umfaßt diejenigen, die seit längerer Zeit infolge Arbeitslosigkeit und Krankheit betteln; sie besitzen das Privileg, während der freien Stunden auf dem Platz vor dem Haus spazierengehen zu können. Zu der zweiten Gruppe gehören alle, die seit langem nicht arbeiten wollen. Das Regime erscheint erträglich; die Wäsche wird jeden Samstag und das Bettzeug alle sechs Wochen gewechselt; man erhält passende Kleidung; mittags und abends gibt es Bier zu trinken. Aber das Regime ist hart: um vier Uhr morgens aufstehen; von 5 bis 7 Uhr arbeiten in der Werkstatt; von 7 bis 8 Uhr Frühstück und Pause; von 8 bis 12 Uhr arbeiten; dann wieder 1 Stunde Freizeit für das Essen, dann wieder zurück in die Werkstatt, wo man von

1 bis 7 Uhr erneut Wolle spinnt; dann ist Abendessen und Freizeit von 2 Stunden. Die Arbeit ist eingeteilt, aber derjenige, der mehr als zwei Stück Flanell am Tag webt, erhält eine Belohnung, die zwischen 3 und 9 Pfennig variiert, je nach Arbeitszeit am Stück. Es herrscht strenge Disziplin; wer sich gut benimmt, kann in die höhere Klasse vorrücken oder seine Freizeit verdienen; wer sich schlecht benimmt, wird geschlagen oder auf Brot- und Wasserkost gesetzt. Die Kinder werden von einem Schulmeister unterrichtet; aber mit sechs Jahren kommen die Jungen zum Bauern, damit sie den Ackerbau erlernen; die kleinen Mädchen müssen Gartenbau und Tierpflege lernen; den einen wie auch den anderen bringt man Weben bei. Die Juden werden in einem Sonderraum untergebracht, wo sie den Sabbat feiern und kochen können[39].

Diese Vorschriften werden auch von den anderen Anstalten übernommen, die nach und nach in den östlichen Provinzen entstehen. Mit dem Bau der Anstalt in der Neumark wird 1795 begonnen[40]. In den Städten kennt man seit langem ähnliche Institutionen; denn überall herrscht eine enorme Notlage, wie der Gefängnisdirektor von Graudenz 1794 berichtet: »Die Vagabunden, die uns aus der Provinz (Westpreußen) geschickt wurden, besitzen im Augenblick Kleider, die in so schlechtem Zustand sind, daß einige von ihnen nicht einmal ein Stück Hemd oder einen Lumpen besitzen, um ihre Nacktheit zu bedecken.« Er bittet um die Erlaubnis, sie einzukleiden und erklärt, daß man sie nicht in Freiheit lassen dürfe, da sie erneut betteln gingen, zum großen Schaden des armen Bauern. Die Kammer in Westpreußen erteilt ihre Zustimmung und ordnet die Inhaftierung dieser Unglücklichen in der Festung von Graudenz an[41].

3. Der Pauperismus in den Städten

Durch die politische Teilung und die Zollschranken, die den Markt jeder Industrie begrenzen, greift die Wirtschaftskrise auf alle Städte des Reiches über[42]. Warum soll man also anständigen Bürgern, deren Geschäfte schlechtgehen, Geld leihen, wenn keine Hoffnung auf Besserung der Lage in der Zukunft besteht[43]? Es gibt zu viele Handwerker. Diejenigen in den Dörfern nehmen den Handwerkern in den Städten die Kundschaft in dem Augenblick weg, wo der Anstieg der Manufakturen sie von anderer Seite bedroht. In Strahlau, einer Vorstadt von Berlin, hofft der arme Fabrikant vergeblich auf einen Gewinn von der Wolle oder Seide, die er verarbeitet hat; er findet keinen Absatz für seinen Stoff. Der Händler, der gegenüber dem Großhersteller verschuldet ist, wagt nicht, seine Einkäufe woanders zu tätigen. Und letzterer erklärt sich nur damit einverstanden, die Ware 10% unter dem Selbstkostenpreis zu bezahlen. Der arme Hersteller ist dem Reichen erbarmungslos ausgeliefert, der auf diese Weise für den hohen Preis des Rohstoffs entschädigt wird; aber Frau und Kinder des Armen hungern. »Der Großteil der Einwohner in den Vorstädten von Berlin besteht aus Lasttieren dieser Art[44].« Eine Statistik von 1797 nennt in Berlin 6622 Arbeiter, die an 3588 Webstühlen Seide verarbeiten. Es gibt also in Berlin 70 000 bis 80 000 Arbeiter, fast 2/3 der Gesamtbevölkerung[45].

Wie diese armen Leute leben, kann man schwer feststellen. Es fehlen Untersuchungen über die Preisschwankungen im 18. Jahrhundert, und die Dokumente über die Gehälter sind rar. Die meisten lokalen Marktberichte, die in den Archiven aufbewahrt wurden, sind nach dem Tode Friedrichs II. vernichtet worden. Man kann jedoch behaupten, daß die Preise im Laufe des Jahrhunderts gestiegen sind. Zwischen 1766 und 1775 beträgt in Berlin 1 Mark aus feinem Silber 7,42 Scheffel Roggen und ungefähr 18,50 Scheffel Hafer; zwischen 1776 und 1785 steigen diese Mengen auf 9,57 und 21 Scheffel. Zwischen 1786 und 1795 sinken sie gleichbleibend auf 7,69 und 17,09 Scheffel und auf 5,13 und 12,22 zwischen 1796 und 1805. Ein Scheffel Roggen wiegt 45 kg und ein Scheffel Hafer 25,5 kg.

Andererseits ist es wahrscheinlich, daß die Gehälter nicht parallel zu den Preisen gestiegen sind; das Angebot an Arbeitskräften ist so groß, daß sie leicht abgewertet werden; und der Staat unternimmt nichts, um ihren Wert festzusetzen. Ganz seltene Hinweise ergeben eine extreme Unterschiedlichkeit der Gehälter je nach Zeit und Ort. In Zehlendorf bei Berlin verdient ein Tagelöhner 5 Groschen, in Stolp 2 Groschen am Tag.

Die Lebenshaltungskosten steigen, während die Gehälter gleich bleiben; der durchschnittliche Lebensstandard sinkt also, und das Elend nimmt zu. Anhand des Geldes, das im Jahre 1804 ein armer Student zum Leben in Halle braucht, kann man das Budget eines Tagelöhners berechnen. Man muß 10 Taler für das Zimmer rechnen, 30 für das Mittagessen, 12 für den Schneider, 8 für den Schuster, 12 für die Heizung und 50 für weitere Lebensmittel und verschiedene Käufe. Der Arbeiter dagegen kann seinen Haushalt selbst führen und seine Hemden waschen, wenn er überhaupt welche trägt, denn er braucht nicht so gut gekleidet zu sein wie der Student. Er kann daher mit 122 statt mit 220 Taler auskommen. Bei 5 Groschen täglich und 300 Arbeitstagen im Jahr würde er 62 Taler und 12 Groschen verdienen. Er muß also zweimal weniger als der arme Student essen und zweimal schlechter wohnen. Sein Gehalt ermöglicht ihm gerade, am Leben zu bleiben, selbst unter der Voraussetzung, daß die Preise in Halle höher sind als in Zehlendorf. Und jener Tagelöhner aus Stolp, der 2 Groschen am Tag verdient, überlebt zweifellos nur, indem er bettelt oder stiehlt, was er braucht!

Diese Hinweise sind nicht detailliert genug, um Schlußfolgerungen über Preise und Gehälter zu ziehen. Aber bis zum Erscheinen unerläßlicher Monographien über diese Themen müssen sie berücksichtigt werden, denn sie stimmen mit den vielen Angaben über die Krise des Handwerks und den zunehmenden Pauperismus überein.

Um die Niederlassung neuer Meister zu verhindern, werden die Gesetze über die Gesellenzeit erneuert. Zuvielen jungen Leuten gelingt es, sie zu umgehen und die Nachfolge ihrer Väter anzutreten, ohne ihre Lehrzeit beendet zu haben. Die Domänenkammern in Preußen erheben im Jahre 1790 Einspruch gegen die Militärverwaltung, die den Vorschlag macht, diese Institution abzuschaffen. Wäre das wirklich der Verfall des Arbeiters? Der Gewerbeschein von 1732, der die in der Ferne zu verbringende Zeit von sieben Jahren auf drei Jahre herabsetzt, läßt zwei Jahre Militärdienst als ein Jahr Gesellenzeit gelten[46].

Man kann also über den technischen Wert dieser Wanderschaft diskutieren. Sie wird erleichtert durch die Bruderschaften, die in jedem Dorf Herbergen besitzen, wo der Fremde Unterkunft und Hilfe findet. Es herrscht dort eine sehr strenge Disziplin. Der Herbergsvater oder die Herbergsmutter achten darauf, daß jeder um 10 Uhr abends im Bett liegt. Da kein Meister mehr als zwei Gesellen und einen Lehrling anstellen darf, findet der Reisende nicht immer Arbeit. Die Zunftbestimmungen stammen auch aus einer Zeit vor der Bevölkerungszunahme! Ein Reichsgesetz von 1731 läßt Arbeitslosenunterstützung zu. Der Arbeitslose erhält sie in Naturalien oder Geld; je nachdem, was ihm nützt, um zu überleben oder sein Glück woanders zu versuchen[47]. Bei seiner Ankunft in der Stadt führt man ihn zu seiner Herberge, wo er unter Vorlage seiner Papiere die dürftige Unterstützung erhält, die ihm die Fortsetzung seiner Wanderschaft ermöglicht. Die Polizei bewacht ihn, bis er die Stadt verläßt, da die Zahl der Bedürftigen nicht steigen soll[48].

Sehr häufig kommt es vor, daß er die weitere Suche nach Arbeit aufgibt, wenn er mehrmals Pech gehabt hat. Mit seinen zerrissenen Kleidern und abgetretenen Absätzen wagt er keinem Meister mehr vor die Augen zu treten; schlechte Gesellschaft und hastig mit Dieben geschlossene Freundschaften verderben ihn. In seiner Naivität wird er oft von amourösen Leidenschaften überrascht, die ihn ermatten und krank machen. So verfällt auch er schließlich der Landstreicherei. Die Behörden müßten sich mit diesem Problem befassen, die jungen Leute in Orte schicken, wo sie wirklich die Chance hätten, Arbeit zu finden, und sie auf die Gefahr hinweisen, die auf sie lauert[49].

Die Bedürftigen sind einer besonderen, überall gleichen Vorschrift unterworfen: Verbot zu betteln unter Gefängnisstrafe. Und um »die physische Kraft, die den Unseligen noch bleibt, nicht ungenützt zu lassen[50]«, Gründung von Arbeitshäusern, die von den Steuern der Bürger subventioniert werden. Dort leben die »armen Schändlichen«, freiwillige Rentner, die den Rest ihrer Arbeitsprodukte nach Abzug der Unterhaltskosten erhalten; und dorthin kommen die zur Zwangsarbeit verurteilten Bettler[51]. Vereint in demselben Gebäude oder getrennt, sind sie zahlreich genug, um die billige und nahrhafte Suppe essen zu können, deren Rezept der Philantrop Rumford nennt: für 70 Personen soll man in 100 Liter Wasser 24 Pfund Kartoffeln, 7 Pfund getrocknete Erbsen, 7 Pfund Brot, 2 Pfund Fleisch, 2 1/2 Liter Essig und 1 1/4 Pfund Salz kochen. Einschließlich Kochen kommt das ganze auf 1 1/2 oder 2 Pfennig pro Person; und wenn man es, wie in Hamburg, mit Gelatine verfeinert, auf etwas mehr als 2 Pfennig[52].

Das Haus in Berlin ist eins der größten. Von Friedrich II. gegründet und von seinen Nachfolgern vergrößert, kann es über 1000 Personen aufnehmen. Das Edikt von 1774 reserviert die erste Etage den Freiwilligen, die in gesonderten Werkstätten Wolle spinnen und besser ernährt werden als die Gesellen, beurlaubten Soldaten und Bürger im zweiten Stock. Diese Bettler, die zunächst zu drei Monaten Zwangsarbeit verurteilt sind, später – bei Rückfällen – zu einem Jahr, mehreren Jahren oder auf Lebenszeit, werden hart behandelt. Aber die von der Justiz Aufgegriffenen in der dritten Etage, oder die Lebemänner, die in der Charité von ihren Geschlechtskrankheiten geheilt werden und denen man auf diese Weise jegliches ausschweifendes Leben abgewöhnen will, sind noch unglücklicher. Die Kinder erhalten im Haus Unterricht. Im Jahre 1785 sind 1250 Personen untergebracht, davon 641 in der ersten Etage und 609 in der zweiten; unter Letzteren befinden sich 46 kleine Jungen und 71 kleine Mädchen[53].

Ähnliche Institutionen gibt es in Halle, Augsburg, Kassel, Hanau, Erlangen, Würzburg, Fürth, Göttingen und Erfurt, kurzum, in den meisten Städten des Reiches[54].

In Friedberg ist im Jahre 1790 »die Zahl der Armen im Verhältnis zur Gesamtbevölkerung abnorm hoch«[55]. In Köln beträgt die Zahl der Bettler $^1/_3$ der Bevölkerung, die aus 40 000 Seelen besteht[56]. In vollen Schiffen landen sie in einer Stadt, wo ihre Industrie, wie beispielsweise in Aachen, durch den Katholizismus und politische Posten, die sich gegenseitig die Macht streitig machen, und durch eine jämmerliche Wirtschaftsorganisation begünstigt wird[57]. In Kassel ist die Zahl der Bettler »übertrieben hoch«[58]. In Magdeburg kann man nicht begreifen, woher sie kommen[59]. In Berlin verteilt man im Jahre 1784[60] offiziell an 7300 Personen Unterstützung, aber die Zahl soll nicht täuschen. Überall strömen die Bettler in die Städte. Die kleinen Städte sind an den Markttagen buchstäblich überschwemmt[61]. Man muß die Wachen an den Toren verstärken und die Pässe in Bremen, Hildesheim und Mülhausen streng kontrollieren, wo Anton Reiser eine List anwenden muß, um in die Stadt zu gelangen. Er mischt sich unter die Sonntagsspazierfahrer, die am Abend nach Hause zurückkehren. Er hat das Glück, gut gekleidet zu sein und zu feine Strümpfe zu tragen, als daß man ihn für einen Landstreicher halten könnte[62].

Der zunehmende Luxus findet sein Gegengewicht in diesem Elend. Wenn selbst die Neustadt in Berlin nicht fern jeder Kritik ist, wenn die Bürgersteige uneben und die Straßen schlecht gepflastert sind, so daß man nach dem Regen von einem Stein zum anderen über die Pfützen springen muß, wenn der Staub die Spaziergänger Unter den Linden einnebelt, wenn die Kanalisation durch bloße Gräben entlang den Häusern ersetzt wird und sich folglich im Sommer ein Gestank »so stark wie in Paris« entwickelt und die Abwässer im Winter über die Straßen laufen, so sind das nur geringfügige Mißstände im Vergleich zu denen der Altstadt[63]. Die

Bevölkerung lebt dicht gedrängt in niedrigen Häusern an engen Straßen, die nachts nicht beleuchtet sind und wo sich die Abfälle häufen. Man stolpert über tote Hunde und Katzen. In Strahlau »leben halbnackte Männer in einstöckigen Holzhütten«[64]. Die Stadt ist voller Gauner, Leute, die gelehrte Hunde zur Schau stellen und Soldaten, die die Menschen mit ihren Diensten belästigen. Der eine will einem unbedingt sämtliche Einkäufe abnehmen, der andere drängt einem den Kauf von Leckereien auf. Sie drängen sich alle vor den Holzläden, die die Brücken belagern, die die Alleen und Plätze verunstalten und wo Gauner die Klamotten verkaufen und versteigern, deren sich diese Elenden entledigen[65].

Die unpersönlichen Statistiken verdüstern dieses Bild noch. Man zählt in Berlin, einer Stadt mit ungefähr 140 000 Seelen, wovon im Jahre 1798 35 000 zur Garnison gehören, 658 Bierkneipen, 53 Cafés und 140 Hotels. Die wichtigsten Todesursachen sind 1796 die Schwindsucht mit 1114 von 5396 Fällen, darunter 264 Totgeburten, und der »Jammer« mit 707 Fällen. Das Alter steht mit 288 Opfern erst an siebenter Stelle[66].

Die niedrige Gesinnung der Bevölkerung resultiert aus dem Elend. Hinter den alten Fassaden in Potsdam verbergen sich Kasernenstuben. Die Soldaten hängen ihre Hosen an den mit Engelchen verzierten Fenstern auf und machen ihre Toilette, ohne sich von den Passanten stören zu lassen[67]. Der unvorsichtige Reisende, der auch in der Dämmerung noch die schöne Architektur der Paläste bewundert, wird jäh aus seiner Schwärmerei gerissen durch den rauschenden Bach eines dieser Soldaten, der sich aus der dritten Etage auf die Straße erleichtert[68]. Die Gelehrten stellen verzweifelt »die schlechte Angewohnheit fest, die in Deutschland herrscht, die Kunstwerke zu zerstören, deren Schonung der Öffentlichkeit anvertraut ist: »Es ist bekannt, daß man dem deutschen Pöbel überall einen barbarischen Hang vorwirft, alles zu zerstören, was einen Anstrich von Kunst hat – Statüen zu zerschlagen, Gemälde zu beschmutzen, u.s.w., kurz: sich als einen wahren Antipoden der Kunst zu beweisen. Die Thatsache ist nicht zu leugnen. Wo die gemeine Volksklasse irgend Raum hat, ihren Muthwillen zu üben, da zerstöhrt sie, und vielleicht nirgends auf eine schadenfrohere Weise, als hier[69]!«

In Berlin wie auch in Potsdam sind alle Statuen, die die Gebäude verzieren, beschädigt. Unter den Linden ersetzt man die Holzschranken, die die Hauptallee von den Seitenalleen trennen, nicht durch zierlich geschmiedete Ketten – der Vandalismus der Bevölkerung fände zu großen Reiz! – sondern durch dicke Eisenstangen, die auf Steinpfeilern ruhen: Stangen und Pfeiler werden noch in der Nacht nach der Einweihung herausgerissen[70]. Das einzige Mittel, um Nase und Hände und »alles, was von den neuen Statüen absteht, zu retten, ist: daß man ein öffentliches Kunstwerk wohl durch anfängliches Bewachen, bis der Pöbel daran gewöhnt ist, vor der Wuth desselben bewahren könnte . . .«[71].

Die wirtschaftliche Krise erklärt auch das Überangebot von Domestiken. Die Zeiten sind vorbei, wo die »Gesinde Ordnungen« die jungen Leute verpflichteten, ihren Dienst anzutreten, weil die Arbeitskräfte rar waren[72]. Handwerker und Bauern bieten sich in großer Zahl an[73]. Das Verlangen, in Erscheinung zu treten, treibt Bürger und Adelige dazu, mehr einzustellen als nötig wären. 1798 kommen auf 142 000 Einwohner (einschließlich Garnison) 4492 Lakaien und 11 443 Hausmädchen[74]. Sie irren während ihrer Freizeit durch die Straßen, tragen aufwendige Kleider zur Schau, spielen Lotterie und geben sich der Prostitution hin[75]. Vergeblich bemüht man sich, strenge Polizeivorschriften bei den Ausschweifungen und der Freizeit anzuwenden, bei den von den Herren ausgestellten Zeugnissen und den bei der Einstellung abzugebenden Erklärungen über die Höhe der Gehälter. Das Gesetz ist moralischer Natur: wie der Herr so der Diener[76].

Kann man den Pauperismus in den Städten und auf dem Lande bekämpfen? Kann man andere Dinge versuchen, außer die Glücksspiele zu verbieten und die Philantropie zu unterstützen? Nur wenige Publizisten behaupten das. Aber die Lösungen, die sie erneut vorschlagen, führen zur sozialen Revolution. Die Leibeigenschaft abschaffen und den von Steuern geplagten Bauern entlasten? Ausgezeichnet! Er könnte dann auf seinem Acker mit seiner großen Familie leben[77]. Die Subventionen des Staates so gerecht wie möglich verteilen, das Budget reformieren und einen Hypothekenkredit einrichten[78]? Wunderbar, wunderbar! Aber wer soll die Initiative ergreifen?

4. Die Unruhen

Da keine Reform stattfindet und die Schicht der Elenden das Beispiel der Franzosen vor Augen hat, die ihr Los verbessert haben, herrschen ständig Unruhen. Mit Mühe hier beseitigt, entstehen da neue; ein geringfügiger Vorfall genügt, um sie zu provozieren. Unter dem französischen Einfluß, auch wenn er nicht so direkt war, wie behauptet wurde, machen sich Bauern und Arbeiter daran, ihre Rechte zu fordern, die sie durch das Vorbild der Franzosen nun definieren können.

In Kursachsen verweigern die Bauern in der Gegend von Meißen seit 1790 die Abgaben. Sie verbünden und erheben sich gegen die Jagdrechte der Grundherren, deren Wild die Ernten zerstört. Zuweilen begeben sie sich zum Schloß und fordern einen schriftlichen Verzicht der Abgaben. Im August, während der Flaute, greift die Bewegung auch auf Torgau und Pirna über. Sie wird von Militär unterdrückt. Der Kurfürst ist außerdem so klug, sein Wild selbst töten zu lassen. Eine neue »Konspiration gegen die Frondienste« wird 1792 zwischen Zeis und Alterburg entdeckt.

In Preußen entstehen die Unruhen auf dem Lande Ende 1792. Die Armee ist durch den Krieg mit Frankreich in Beschlag genommen, dessen Mißlingen die Unzufriedenen ermuntert. Die Unruhen entstehen vor allem in den Gegenden, wo Schleichhandel herrscht. Im Februar befehlen Rundschreiben der Regierung, die Bauern im Gebiet von Magdeburg zu entwaffnen und die revolutionären Schriften zu beschlagnahmen, die man im Laufe der Durchsuchungen gefunden hat. Trotz der offiziellen Dementis scheinen Ausschreitungen stattgefunden zu haben.

In Schlesien, wo die Einrichtung der Urbarien die Landbevölkerung in Unruhe versetzt, ist die Revolte ernsthafter. In den Kreisen von Löwenberg und Goldberg, zwischen Liegnitz und Torgau, nahe der böhmischen Grenze, schützt das Militär die Grundherren gegen die Bauern, die die Zahlung der Abgaben verweigern und mit Mord drohen. Im Januar 1793 ist ganz Schlesien in Aufruhr; die Bauern im Kreis Ohlau verweigern die Frondienste, und ihrem Beispiel folgen die Bauern der Kreise Nimptsch, Neumarkt, Grottkau und Oels-Berstadt. Der Gouverneur der Provinz, von Hoym, versucht vergeblich, Widerstand zu leisten. Umfragen ergeben, daß die Grundherren viel zu oft mehr verlangen als ihnen zusteht. Die Ernte stellt die Ruhe wieder her. Dann, im Laufe des Winters, erhebt sich die Landbevölkerung des Fürstentums Ratibor. In der Altmark schließlich fordern die Leibeigenen der riesigen Domänen der Familien Schulenburg und Alvensleben im Jahre 1794 Reformen.

Diese Bewegungen erfolgen überall spontan. Nirgends findet

man fremde Anführer, mit deren Aktion man die plötzliche Unruhe der Untertanen erklären kann. Aber Umfragen ergeben, daß Letztere oft zu ungerechten Frondiensten verurteilt sind. Dennoch wagt man es nicht, die notwendigen Reformen vorzunehmen. Man begnügt sich mit der Bekanntgabe jenes Edikts vom 15. Februar 1798, das dem Bauern rät, lieber an das königliche Gericht zu appellieren statt zu revoltieren, und dem Grundherren, gerechter zu sein. Die Unzufriedenheit, deren Ursachen nicht beseitigt wurden, besteht weiterhin.

Die Handwerker leiden unter dem Krieg und dem Merkantilismus; die Belieferung der Armee bedingt den Anstieg der Garn- und Getreidepreise. Der Händler dagegen zahlt für die Tuche, die man ihm bringt, weniger. Das Elend treibt die Weber zum Aufstand. Am 30. März 1793 werfen sie die Garnvorräte der Kaufleute in den Schmutz und sperren den Soldatentrupp, der für Ruhe sorgen soll, in ein Kloster ein. Dann ergreifen sie das Wort. Als Erkennungszeichen tragen sie einen Sack auf der linken Schulter; am 6. und 8. April treffen sie sich auf den Märkten in Schweidnitz und Striegau, um die Kaufleute zu zwingen, ihnen das Garn unter dem üblichen Preis zu lassen, und die Händler aufzufordern, ihnen für die Tuche mehr zu zahlen als sie wert sind. Sie bedrohen Müller, Bäcker und Fleischer. Hoym weiß, daß sie nicht im Unrecht sind; er wagt nicht, auf Gewalt zurückzugreifen, und zwingt schließlich die Kaufleute, ihr Garn zu einem von ihm selbst festgesetzten Preis zu verkaufen[79].

Sein Edelmut spornt die Handwerker in den Städten an; wie im gesamten Reich entstehen die Unruhen aus keinem tieferen Grund als durch die wirtschaftliche Notlage. In Schmiedeberg erstürmen die Zimmermann- und Maurergesellen das Rathaus und mißhandeln die Bürger, weil ein Zimmermann, der während der Arbeit rauchte, ohne die polizeilichen Vorschriften zu beachten, festgenommen wurde[80]. In Breslau führt die Inhaftierung eines schuldigen Schneidergesellen auf Betreiben eines unbeliebten Bürgermeisters zu einer wahren Revolution (28. April bis 2. Mai 1793) und kostet siebenunddreißig Personen das Leben[81].

In Berlin geraten sich Bürger und Gesellen im Mai 1795 in die Haare[82]. Überall brechen Kämpfe aus. In Aachen, wo das Rathaus 1786 im Laufe der Auseinandersetzungen zwischen zwei Parteien, die sich den Bürgermeister streitig machen, geplündert wird[83]; in Hildesheim wegen der Gemeindeverfassung 1790[84]; in

Braunschweig, wo die Stellmachergesellen, im Streik gegen die Meister, von anderen Zünften unterstützt werden, während die Bauern der Umgebung den Kriegsleuten das Quartier verweigern; in der Nähe der Bremer Grenze muß man Verstärkung schicken, um sie dazu zu zwingen[85]. In Hamburg sind es die Schlosser, die im August 1791 den Streik beginnen[86]. In Mainz erheben sich alle Zünfte geschlossen nach einem Streit zwischen Studenten und Tischlergesellen. Diese »Patrioten« fordern vom Gouverneur ihre Reformen bis zu dem Tag, als die Truppen des Kurfürsten sie zum Gehorsam zwingen[87]. Die ruhige Stadt Göttingen kennt auch so unruhige Tage[88]. Man fürchtet überall die Schustergesellen, die besonders bekannt sind für Unruhen[89]!

Es ist für die Regierungen ein großes Glück, daß diese Wirren nur nach und nach auftreten. Wäre die Erhebung der Bauern und Handwerker in Preußen überall zum selben Zeitpunkt erfolgt, dann hätte das ancien régime diesem Druck zweifellos nicht widerstanden. Jeder weiß, daß eine Krise bevorsteht; sie kommt jedoch nicht zum Durchbruch, bevor das Ausland dieser sich langsam vollziehenden Entwicklung neue Richtlinien diktiert; die Ungeduldigsten suchen dann eigene Lösungen.

2. Kapitel: Die Krise des Bürgertums

1. Das bürgerliche Problem

Beim Bürgertum kann man die Auswirkungen der wirtschaftlichen und sozialen Krise nicht so leicht aufzeigen. Ganz allgemein kann man als Bürger alle bezeichnen, die nicht »Geborene« sind und die in den Städten leben. Ihr Stand, nach oben ganz klar abgegrenzt durch den Adel, ist nach unten weniger starr getrennt von jenen anderen Nichtadligen, die Bauern sind. Landleute können Stipendien für ihre Söhne erhalten, die studieren und Bürgerliche werden: Dr. Jung-Stilling stammt von armen Holzfällern ab. Das Amt des Volksschullehrers ist zuweilen eine Art Zwischenstufe auf dem Wege, bürgerlich zu werden. Es gibt daher keine absolute Trennung zwischen dem bäuerlichen und bürgerlichen Stand; sie ist allerdings in Preußen deutlicher erkennbar als in Frankreich, und zwar wegen der Akzise, die den Handwerkern verbietet, sich auf dem Lande niederzulassen. Und umgekehrt siedeln sich die Bürger, die nicht das Recht haben, Adelsgüter zu erwerben, auch nicht auf dem platten Lande an; die Gärten in den Vorstädten genügen im allgemeinen, um ihre Vorliebe für Grundbesitz zu befriedigen. So können sich die Lebensstile von einem Stand zum anderen, von Schloß zu Haus und von Haus zu Hütte nicht vermischen.

Aber selbst innerhalb der Klasse des Bürgertums gibt es unbegrenzte Variationen. Die meisten städtischen Statistiken enthalten nur die Einwohnerzahl oder die Aufstellung der Zünfte und der wichtigsten Industrien. Einige vollständigere Jahresberichte ermöglichen allerdings die Präzisierung, daß die Gruppe der Städter vor allem das Kleinhandwerk und die Kleinhändler umfaßt. Die kleinen Handwerker arbeiten allein oder mit einem oder zwei Gesellen; sie sind meistens von einem Rohstoffpächter oder einem Arbeitgeber abhängig; aber sie arbeiten nicht gemeinsam in großen Werkstätten. Die Kleinhändler sind mehr oder weniger reich, je nach dem Ausmaß ihres Handels. Magdeburg zählt im Jahre 1816 zum Beispiel 30 000 Einwohner. Das Jahrbuch führt unter den Berufen, die über 50 Familien ernähren, 331 Schuster auf, 222 Schneider, davon 8 Frauen, 118 Tischler, 63 Fischer, 58 Fleischer,

54 Leinenweber, ebenso viele Böttcher, Bäcker und »Musici«. Zu denen, die weniger als 50 Personen beschäftigen, gehört das ganze andere Kleinhandwerk, das zum Leben in der Stadt unerläßlich ist; die einen – ziemlich zahlreich sind Schlosser, Branntweinbrenner, Kutscher und Fuhrleute, die anderen vertreten ihren Beruf allein, wie der Bildhauer, Ofensetzer, Salz-, Öl-, Teer- und Taubenhändler. Die vollständige Liste gruppiert 2382 Personen unter 106 verschiedenen Rubriken. Wenn man von 5 Personen pro Familie ausgeht, hätte man also ungefähr 12 000 Kopf, d. h. 2/5 der Gesamtbevölkerung. Das Jahrbuch enthält andererseits auch die Liste der Reichen; es gibt 53 Großhändler, Kommissionäre und Spediteure, 13 Bankiers und Wechsler und 15 Weinhändler. Die »Fabriken« sind nicht sehr zahlreich und erwecken nicht den Eindruck, großen Reichtum darzustellen; die wichtigsten sind die 15 Seiden-, Baumwoll-, Woll- und Leinenmanufakturen und die 9 Strumpfmanufakturen. Es folgen 10 Zichorienfabrikanten, 6 Essig- und Lederhandschuhfabrikanten, 4 Garn- und 2 Tabak-, Porzellan-, Wachs- und Likörfabrikanten, und die nur einmal vertretenen Hersteller von Zucker, Öfen, Pfeifen, Bändern, Spitzen, Leder, Gold- und Silbergegenstände und Federn. Im ganzen also 146 reiche Familien, denen man noch 16 Ärzte, 13 Chirurgen, 2 Tierärzte, 1 Zahnarzt und 5 Apotheker hinzufügen kann. Das wohlhabende Bürgertum besteht daher aus ungefähr 720 Personen, die in der Familie leben. Die 104 »Particuliers und einzelne gratuirte Personen« und die 147 Witwen und »erlesenen, unverheirateten Personen« (darunter 11 Adlige), haben zweifellos auch eine einflußreiche Stellung inne. Es gibt also 971 Großbürger, weniger als 1/30 der Gesamtbevölkerung. Es bleibt die Masse von 17 000 Personen von 30 000, die nicht im Jahresverzeichnis aufgeführt sind. Dieses nennt nur diejenigen, die wirtschaftlich unabhängig sind, die einen Beruf oder einen Titel haben. Die Zahl der Arbeiter in den Fabriken kann nicht sehr hoch sein, selbst wenn man davon ausgeht, daß die Liste im Jahresverzeichnis unvollständig ist, daß bestimmte freie Berufe, wie Pfarrer, Professor oder Künstler, nicht unter der Rubrik »einzelne graduirte Personen« erfaßt sind; es bleibt ein enormer Prozentsatz von Tagelöhnern oder Bettlern, die dem Elend ausgeliefert sind[1].

Die weniger vollständige Aufstellung im Jahresverzeichnis von Halle aus dem Jahre 1804 läßt ähnliche Überlegungen zu. Es gibt 25 000 Einwohner. Die Reichen sind im Besitz der 12 Strumpffabriken, der 7 Großhandelsgeschäfte für Textilien und der 55 Läden, die Kolonialwaren, Tabak und verschiedene Lebensmittel importieren. Zweifellos arbeiten die 183 Strumpfweber, die 306 Gesellen an 484 Stühlen beschäftigen, und die 60 Tuchweber mit 60 Gesellen für sie. Es folgen die 162 Schneider, 156 Schuster und die Masse der kleinen Handwerker, von denen nur wenige zu den 6 organisierten Zünften (Kolonialwaren, Schuster, Bäcker, Fleischer, Schmiede, Nahrungsmittel) gehören. Die große Zahl der Bevölkerung im Militär- und Hochschulbereich erklärt den starken Anteil der Ärzte und Schankstellen. Man zählt tatsächlich 12 Ärzte, 17 Chirurgen, 4 Apotheker, 20 Hebammen auf der einen und der anderen Seite, 140 Schnapsausschänke, 33 Branntweinbrennereien und 34 Herbergen[2].

In all diesen Städten hat die ungebildete und elende Masse überhaupt nichts zu sagen. Sie fällt oft den Stadt- oder Provinzialverwaltungen zur Last und hat im allgemeinen nicht das Recht, Bürger zu sein, das ihr wenigstens scheinbar eine Teilhabe an der Verwaltung der Stadt zubilligen würde. Im weitesten Sinne des Wortes gehört sie zum Bürgertum, da sie in den Marktflecken lebt. Im engen Sinne, der in dieser Zeit allgemeiner gilt – die Jahresverzeichnisse bezeugen es – ist sie vom Bürgertum ausgeschlossen, weil sie keine spezialisierten Berufe ausübt. Wenn man sie ausnimmt und die Gruppe der Tätigen und Unabhängigen betrachtet, die annähernd die Hälfte der Stadtbevölkerung ausmachen, werden zwei Kennzeichen deutlich, die allen Mitgliedern des Bürgertums eigen und zugleich charakteristisch für den Stand sind und dessen Verschiedenartigkeit verallgemeinern: die Bürger haben Ersparnisse und besitzen eine gewisse geistige Bildung. In einem Land, wo es kaum Privatkapitalismus gibt, sind ihre Rücklagen selten groß. Aber selbst wenn sie sich auf den dürftigen Reservefonds eines Pfarrers oder Handwerkers beschränkten, wäre es dennoch möglich, die kleinen Kinder auf die Lateinschule zu schicken und auf den Erwerb der Jugendlichen zu verzichten, die Universitätsstipendien erhalten.

Ihre Bildung mag oberflächlich und erst vor kurzer Zeit erworben sein; beim Adel ist es auf jeden Fall nicht anders. Doch dank seiner Verbundenheit mit dem Klerus, der mit ihm eine Einheit bildet, erwirbt das Bürgertum eine Art Monopol der moralischen Ansichten. Man muß dieses besondere Merkmal in den protestantischen Ländern hervorheben. Die meisten Bürger sind Väter, Söhne oder Brüder von Pfarrern. Diese Rivalen des Adels unterscheiden sich von ihm mehr durch ihre Skrupel und ihre Vorstellung von Tugend als durch ihre Lebensweise. Der Adel ist an Autorität gewöhnt, seit seiner Geburt bewegt er sich in eigenen Bereichen, innerhalb derer er seine Privilegien so unkompliziert und natürlich wahrnimmt wie man auf einen Reflex reagiert. Die Bürgerlichen richten; ihr Universum ist im wesentlichen moralisch. Fähig, ihre Ansichten und Gefühle auszudrücken, sind es vor allem sie, die schreiben. Sie zwingen ihre Formulierungen jenen auf, die nachdenken wollen. Da ein Individuum selten seine eigenen Ausdrucksmittel erzeugt, kann der Adlige, der denken will, es nur auf bürgerliche Weise tun, und die öffentliche Meinung der preußischen Monarchie ist die des Bürgertums. Die Vernunft ist zweifellos universal; es mag daher infantil erscheinen, seine Gesetze mit einem sozialen Stand verknüpfen zu wollen. Aber die Vernunft allein bewirkt noch keine Denkweise. Je nach Zeit und Umgebung befaßt sie sich mit dem einen oder anderen Problem, das sie durch die Umstände, sozialen Bedingungen der Techniker stellt. Und genau wegen des Quasimonopols der Bildung, dessen sich das Bürgertum in Preußen bemächtigt hat, betreffen es die wichtigen, am Ende des Jahrhunderts aufgeworfenen Fragen fast immer. Die Wirkungen der Wirtschaftskrise auf diese Zeitgenossen überflügeln sie seitdem, um mit all ihren Nuancen und ihrer unendlichen Verschiedenartigkeit den Faden durch die preußische Geschichte des 18. Jahrhunderts zu spinnen.

Die unvollständigen Statistiken jener Zeit ermöglichen keine genaue Bestimmung der bürgerlichen Geburtenziffer. Aber es besteht kein Grund zu bezweifeln, daß sie genauso hoch war wie in den übrigen Bevölkerungsschichten. Die zeitgenössischen Memoiren behandeln fast nur kinderreiche Familien. Der Leser hat oft sogar Mühe, sich zurechtzufinden, wenn er miterlebt, wie seine Helden mit allen Freuden und Leiden einen neuen Sproß verbinden und ihre Kinder über das Land verstreuen, damit sie auf jeder Reise den einen oder anderen treffen, den Bruder mit der Schwester bekannt machen und von ihrer schnellen Durchreise profitieren, um ihrer Nachkommenschaft irgendeinen guten Grundsatz einzuschärfen. Auch wenn dieser Kinderreichtum nicht wäre, bestünde dennoch die Tatsache, daß die Einwohner der Städte sich vermehren. Ob nun die Geburtenziffer oder die Immigration die Ursache sind, die Stadtbevölkerung wächst, und das ist sozial gesehen der wesentliche Ausgangspunkt, denn er bedingt das Absatzproblem, das am meisten beunruhigt und quält und am schwierigsten zu lösen ist. Und dennoch stellt sich diese Tatsache nicht einmal unter dem allgemeinsten Aspekt. Man macht sich über jene kaum Sorgen, die sich nicht auszudrücken wissen. Vagabunden und Bettler werden ganz unterschiedlich unterstützt oder zum Teufel gejagt und warten auf die großen Kriege, dic ihnen genügend Möglichkeiten bieten, zu leben oder zu sterben. Aber sie bleiben die Söhne der wohlhabenden Bürger, Beamten oder Pfarrer.

Unter ersteren gibt es welche, die dem Vater in der Ausübung seines Handwerks oder Handels folgen; andere besuchen die Universität; sie werden dabei sowohl von dem Bildungsanspruch geleitet als auch vom Fehlen der Absatzmärkte dazu gezwungen. Damals wie heute ist der plötzliche Anstieg der Studentenzahlen eine Art Erwerbslosigkeit; man bildet sich, um Zeit zu gewinnen und mit seinen Fähigkeiten die Chancen zu vermehren, eine Arbeit zu finden.

An der Zunahme der Studenten besteht kein Zweifel, aber es ist schwierig, sie einzuschätzen. Die Immatrikulationsregister sind mit Ausnahme derjenigen von Frankfurt/Oder nicht veröffentlicht worden. Andererseits sind die bekannten Zahlen nicht beweiskräftig wegen des Regimes Wöllner, der die Studenten von den preußischen Universitäten fernhält und die Zahl der Theologen ganz erheblich zugunsten der der Juristen einschränkt. Man muß sich daher damit begnügen, die Zahlen von vor 1790 mit denen von nach 1797 zu vergleichen und auf den fünfjährigen oder zehnjährigen Durchschnitt verzichten, der allein eine sichere Auskunft gestatten würde. Aber selbst wenn man über alle wünschenswerten Einzelheiten verfügte, könnte man nur äußerst vorsichtig damit aufwarten; trotz der Dekrete, die den zukünftigen Beamten auferlegen, ihr Studium an einer der fünf Universitäten der Monarchie zu absolvieren, immatrikulieren sich viele preußische Untertanen woanders und kommen viele Ausländer zum Studium nach Preußen. Unter den bedeutendsten Beamten am Ende dieses Jahrhunderts sind mehrere, wie Stein und Struensee, die nicht im Königreich ausgebildet worden sind. Von einem Semester zum anderen vermehrt, verringert oder verschiebt sich die Zahl der Universitätsangehörigen, ohne daß sich der nationale Anteil genau bestimmen ließe. Unter diesen Vorbehalten bestätigen die bekannten Zahlen die Ansicht der Zeitgenossen. Sie behaupten, daß die Studentenzahlen mehr und mehr ansteigen und daß selbst nach dem Sturz Wöllners die juristischen Fakultäten sich auf Kosten der theologischen Fakultäten vergrößern; es wird tatsächlich immer schwieriger, eine Stelle in der übervölkerten Kirche zu besetzen.

In Halle, wo sich die weitaus bedeutendste Universität befindet, zählt die Theologische Fakultät 54 Studenten im Winter 1789/1790, 105 im Sommer 1790, 70 im Winter 1798/99 und 99 im Laufe des folgenden Sommers. An der Juristischen Fakultät sind zum selben Zeitpunkt 30, 53, 78, d. h. insgesamt 242 Studenten im Jahre 1789/90 und 296 im Jahre 1798/99 immatrikuliert. Dasselbe gilt für Königsberg, wo 10 Theologen im Winter 1790/91, 12 im Sommer 1791, 3 im Sommer 1799 und 8 im Winter 1799 studieren. Die Zahl der Juristen beträgt zu dem Zeitpunkt 20, 15, 44 und 23; das ergibt eine Gesamtzahl von 57 Studenten im Semester 1790/91 und 78 für den Sommer 1799 und Winter 1800. In Frankfurt verzeichnet die jährliche Statistik 16 Theologen und 35 Juristen im Jahre 1788 und 15 Theologen und 94 Juristen im Jahre 1800. Die jährlichen Gesamtzahlen zwischen 1788 und 1800 lauten 48, 55, 47, 53, 62, 46, 60, 70, 71, 84, 97, 49, 99. Sie ergeben, mit weniger starken Veränderungen als an den großen Universitäten, wo sich die politischen Vorgänge mehr spiegeln, das Bild einer geringen, regelmäßigen Zunahme, wie man sie auch in Königsberg, Duisburg oder Erlangen feststellen könnte[3].

So gibt es unter den jungen Bürgerlichen einige, die die Nachfolge ihrer Väter antreten; als Handwerker, Ladeninhaber oder Bankiers setzen sie die alten Traditionen fort, und ihre Existenz wirft keine Probleme auf. Auch gibt es welche, die im Elend dahindämmern und sich erniedrigen. Als Abenteurer, Soldaten, Vagabunden und Bettler leben sie am Rande des Staates und der Gesellschaft, die sie nur kennt, um sie zu unterstützen oder ihre Prozesse zu leiten. Schließlich gibt es auch welche, die studieren. Fähig geworden, die Ideen zu verstehen, zu denen ihre Väter keinen Zugang hatten, repräsentieren sie die geistige Elite nicht nur des Bürgertums, sondern Preußens und ganz Deutschlands. Das Problem des Bürgertums, das national und selbst international ist, besteht darin, ihnen die Zukunft zu sichern. Die Bereiche, die sich ihrem frischen Ehrgeiz öffnen, sind öffentliche Ämter, kirchliche Laufbahn und freie Berufe.

2. Die öffentlichen Tätigkeiten

Unter den öffentlichen Positionen gibt es zunächst viele, die man unberücksichtigt lassen muß, weil sie nicht hoch genug sind. Die jungen aufgeklärten Leute, die viele Jahre am Gymnasium und an der Fakultät verbracht haben, könnten diese untergeordneten Posten als ausführende Agenten ohne Zukunft nicht annehmen, ohne sich zu erniedrigen. Selbst bei besserer Bezahlung würden sie das nicht tun, da sie ihren Wert und ihre Würde zu schätzen wissen. Das ungewisse Leben eines Abenteurers mit all seinen Wagnissen erscheint ihnen beneidenswerter als das eines Volksschullehrers oder jener zahllosen Schreiber, die unter der Bezeichnung Sekretär, Registrator, Protononar und Abschreiber die Kanzleien füllen. Auch in der Akziseverwaltung trifft man nur ganz unbedeutende Leute und vor allem ehemalige Soldaten. In der Zeit vom 21. Juni bis 21. Juli 1776 zählt man z. B. von 18 ernannten Angestellten, alle nichtadlig, 10 invalide Soldaten, 2 Unteroffiziere und 1 Sergeanten. Im folgenden Monat sind unter 38 Ernennungen 15 Invaliden, 1 Unteroffizier und 2 Leutnants. Zwischen dem 21. Dezember 1776 und 31. Januar 1777 stellt man 25 Personen ein, darunter 4 Adlige und 9 Invaliden. Vom 1. bis 30. Januar 1784 sind von 34 Ernannten 4 adlig, 2 haben als Leutnant und 1 als Gefreiter gedient. Nach dem Tod Friedrichs II. verringert sich der bereits sehr schwache Anteil des Adels noch, ebenso wie der des Militärs. Die 18 Ernennungen vom Januar 1790, die 15 vom Oktober 1791, die 17 vom Oktober 1794, die 29 vom Februar 1796 und die 36 vom Dezember 1796 betreffen ausschließlich Nichtadlige. Der Adel lehnt grundsätzlich diese unbedeutenden Stellen ab, und das gebildete Bürgertum überläßt sie den Armen[4].

Neben den Positionen, die die Bürgerlichen nicht besetzen wollen, gibt es solche, zu denen sie keinen Zugang haben. In der Verwaltung beispielsweise wäre der erlesene Beruf des Landrats, des Kreisrats, der unter der Leitung der Provinzialen Kriegs- und Domänenkammer mit der Verwaltung der im allgemeinen in große Lehensgüter eingeteilten Ländereien beauftragt ist, sehr attraktiv. Auch der Staat hätte Interesse, dieses Amt einem unabhängigen Bürger zu übertragen, der die Augen vor den Mißbräuchen der Grundherren nicht verschließt. Diese jedoch unter die unmittelbare Abhängigkeit von einem Nichtadligen stellen, hieße, eine Revolution zu provozieren. Der Adel, in den Landtagen vereinigt, bereits jeglicher realen Macht durch die königlichen Kriegs- und Domänenkammern beraubt, hätte dem König den Gehorsam verweigert. Die einzige Kühnheit, die die Regierung sich erlauben kann, ist die Ernennung solcher Adliger zum Landrat, die in der Provinz, die sie verwalten, fremd sind. Die abgelehnten Bürger genießen andererseits nicht so ein Monopol der Positionen als Steuerräte, die die königliche Macht in den Stadtverwaltungen repräsentieren. Man findet zum Beispiel im Jahre 1806 2 Adlige unter den 7 Steuerräten, die von der Kriegs- und Domänenkammer der Kurmark abhängen[5].

Wenn in der Armee die Vorschrift, daß Bürgerliche von den führenden Posten ausgeschlossen sind, auch weniger streng eingehalten wird, so haben diese nach einer langen Friedenszeit, die die Beförderung verlangsamt, kaum Lust, sich den Beschimpfungen ihrer adligen Kollegen oder der Ironie der Intellektuellen, die wenig Achtung vor dem Prestige des Militärs haben, auszusetzen, wenn sie sich allmählich in die Offizierslaufbahn einschleichen.

Die Bürgerlichen, die sich für die öffentlichen Tätigkeiten entscheiden, müssen zwischen der Gerichts- und der Verwaltungslaufbahn wählen. Fast alle beginnen bei dem einen oder anderen dieser beiden Kader; sie werden dort ausgebildet und kommen manchmal in andere, spezialisiertere Abteilungen. Es gibt wesentlich mehr Kandidaten als offene Stellen. »Die Zahl der studierten und unstudierten jungen Leute, welche auf Civilbedienungen Anspruch machen, ist bei uns bekanntermaßen so groß, daß alle Kollegia damit überschwemmt sind. Vergleicht man diese Zahl mit der von den wirklichen Ämtern, und den selbst nach der größten Mortalität berechneten Vakanzen, so bleibt doch keine Hoffnung übrig, alle diese jungen Leute, oder auch nur den größten Teil derselben, auf eine Art versorgt zu sehn, die mit den vielen Aufopferungen, die ihre Vorbereitung kostet, in einigem Verhältniß stände[6].«

Einige Stichproben in den Personalakten der Justiz und Verwaltung ermöglichen, das Problem genau zu benennen. Ohne Fähigkeiten hat man keinen Zugang zur zivilen Laufbahn. Die Studenten, die die juristische Fakultät nach einem sechssemestrigen Studium verlassen haben, machen im allgemeinen ein Praktikum als Zuhörer an einem Gericht. Die weniger Begabten oder weniger Ehrgeizigen wenden sich an eins der zahlreichen Stadtgerichte. Die meisten entscheiden sich für die oberen Gerichte, eine Art Appellationsgerichte, die Regierungen, Obergerichte oder manchmal Hofgerichte genannt werden; in jeder Provinz gibt es wenigstens eins, meistens aber mehrere, infolge der langsamen Ausdehnung der Territorien, die die Provinz bildeten. Die Begünstigtsten lassen sich bei den Gerichten letzter Instanz in Königsberg oder Berlin einschreiben. Es ist das »Cammergericht«, das von größter Bedeutung ist. Sein Ressort umfaßt die alten Provinzen der Kur- und Neumark; seine Rechtsprechung genießt hohes Ansehen; sein Personal ist zahlreicher und ausgewählter als das am »Oberapellationsgericht« in Königsberg, das für die übrigen Provinzen kompetent ist.

Nachdem sie 18 Monate oder 2 Jahre als Berichterstatter oder Gehilfen der Richter gearbeitet haben, machen die Zuhörer ein im allgemeinen leichtes Examen, mit dem sie den Titel Referendar und das Recht erwerben, als Richter in den unteren Gerichten, bei der Rechtsprechung der Grundherren oder Städte zu fungieren. Wenn sie sich um höhere Ämter bewerben, bleiben sie als Referendare bei einem Appellationsgericht. Das Berliner »Cammergericht« besitzt eine untere Abteilung, die Hausvogtei, die von dem Appellationsgericht, dem »Obergericht«, getrennt ist. Sie ist damit beauftragt, die kleinen lokalen Angelegenheiten einzuleiten und zu richten; dort sind 2 Referendare tätig, die von 2 Protokollführern assistiert werden, die die Zuhörer auswählen. Das Appellationsgericht besteht aus zwei Senaten: dem »Instruction Senat« für die Appelle der unteren Gerichte und dem »Ober-Apellation Senat«, der die Appellationsgerichte in den Provinzen berät. Dank dieser Institution gibt es viele Referendare in Berlin, die sich hier besser als woanders auf ihr großes Examen vorbereiten können. Sie werden häufig von dem schon erfahrenen Personal des Stadtgerichts erster Instanz ausgewählt. So übermittelt der Direktor des Berliner Stadtgerichts im Oktober 1783 seinem Kolleggen am Appellationsgericht die Noten seiner 16 Zuhörer und 12 Referendare, alle nichtadlig, von denen 10 ihren Sitz am »Cammergericht« haben werden[7]. Das große Examen besteht aus schriftlichen und mündlichen Prüfungen und setzt umfassende Kenntnisse der Theorie und Praxis des Rechtswesens voraus. Man kann es erst nach mehreren Jahren – im Durchschnitt fünf – Referendarszeit ablegen. Besteht man es, so erwirbt man den Assessorentitel und kann zum Berater bei einem oberen Gericht oder in anderen Verwaltungen ernannt werden[8]. Im diplomatischen Dienst zum Beispiel wird ein Teil des

Personals aus Assessoren rekrutiert, die eine wahre Schule hoher Beamter darstellen.

Die Laufbahn ist also genau vorgeschrieben und die verschiedenen Stufen sind zu deutlich gekennzeichnet, als daß man die Gunst walten lassen könnte. Zweifellos können die Söhne berühmter Familien einzelne Stufen überspringen und sich nach drei oder zwei, statt nach fünf Jahren zum Abschlußexamen melden. Zweifellos kann bei der schriftlichen Arbeit der nötige Ernst fehlen, da sie zu Hause von den Kandidaten vorbereitet wird, denen man ein Strafregister anvertraut. Auch kann es vorkommen, daß das mündliche Examen langwierig ist und man dabei auf Einzelheiten Wert legt; einige ausführliche Protokolle sind in den Akten der Beamten aufbewahrt worden; in Minden zum Beispiel stellt man dem Refendar von Bessel im Jahre 1800 34 Fragen zur Prozeßordnung und zum öffentlichen Recht (Was ist eine Vorladung und was bedeutet Bürgschaft? Was heißt jus reformandi? Was bedeutet der Westfälische Vertrag? Worin besteht der Unterschied zwischen den päpstlichen und dem bischöflichen System?) und 75 Fragen zum römischen Recht (Was bedeuten Adoption und adrogatio und was ist väterliche Gewalt? Was ist ein bewegliches Gut, was ein unbewegliches? Was ist eine Transaktion? etc.)[9].

Der Referendar, der drei Jahre an der Universität und zwei Jahre als Auskultator verbracht hat, ist ungefähr 22 Jahre alt bei seiner Ernennung. Der Assessor ist also zu dem Zeitpunkt, wo die höheren Ämter, die er anstrebt, ihm zugänglich werden, 27 Jahre alt. Man kann mangels genauer Hinweise auf die Gehälter der Beamten und unter Berücksichtigung der Repräsentationskosten, die der junge Mann in einer Verwaltungs- oder Rechtsschule unweigerlich auf sich nehmen muß, davon ausgehen, daß er vor dem Examen seinen Bedürfnissen nicht genügen kann.

Um die Bedeutung des Angebots zu würdigen, das die juristische Laufbahn bietet, muß man die Zahl der jährlichen Ernennungen kennen. Die Zeitungsregister der verschiedenen Departements in den Provinzen erwähnen die Ernennungen; die jährlichen Gesamtzahlen, die man dort angibt, unterscheiden sich nur in wenigen Einheiten von den Zahlen aus den Akten selbst; und da die Unterschiede sich nicht immer gleichbedeutend beobachten lassen, kann man sie außer acht lassen und die mit den Registern angefertigten Aufstellungen benutzen[10].

Die sich ergebenden Schwierigkeiten sind anderer Art. Wenn

man den Katalog der Akten des »Cammergerichts« durchsieht, ist man wirklich überrascht, keine Ernennungen nach 1800 zu finden. Die Recherchen in den Provinzialarchiven der Mark Brandenburg sind ebenfalls unergiebig. Es ist jedoch unwahrscheinlich, daß kein Referendar seit Beginn des neuen Jahrhunderts ernannt worden ist. Das Jahresverzeichnis der Städte Berlin und Potsdam nennt allerdings auch nach 1800 die Namen und Adressen der Referendare am »Cammergericht«, und diese Namen sind andere als vor diesem Datum. Man könnte sich also mit der Feststellung begnügen, daß die derzeitige Klassifizierung der Archive einen auf den Zufall hoffen lassen muß, Register oder Rubriken zu entdecken, unter denen diese Namen geführt wurden, wenn nicht ähnliche Tatbestände dazu verpflichteten, dieselbe Frage wieder an anderen Orten zu stellen. Alle Aufstellungen der Ernennungen zu juristischen Ämtern, für die verschiedenen Provinzen mit Hilfe verschiedener Register angefertigt, enden im Jahre 1800. Die Rubriken gehen jedoch weiter; sie erwähnen zuweilen eine Beförderung, häufiger aber Pensionierungen (venia aetatis), niemals eine Einstellung. Wenn man die Akten selbst studiert, die oft so katalogisiert sind, als ob sie bis 1806 reichten, findet man auch keine Ernennung nach 1800. Die Verifizierung durch die Jahresberichte schließlich ist nicht möglich, da diese in den Provinzen nur unregelmäßig erscheinen; weder die Universitätsbibliotheken, noch die Bibliotheken in Städten mit Obergerichten besitzen heute Jahrbücher, die einerseits die letzten Jahre des 18. und andererseits die ersten des 19. Jahrhunderts betreffen.

Bedeutet das, daß man ab 1800 aufgehört hatte, Zuhörer und Referendare in der Provinz zu ernennen? Ein Beschluß von solcher Wichtigkeit kann nicht gefaßt worden sein, ohne daß er in mehreren Registern oder gar in der Presse erwähnt worden wäre. Beim Durchsuchen der Originale der »Kabinettsakten« findet man nichts. Und wenn, ohne daß eine prinzipielle Entscheidung getroffen wurde und ohne daß ihre Aktionen bekämpft wurden, die überfüllten Gerichte gleichzeitig die Einstellung neuen Personals blockiert hätten, müßten die Akten voll sein von Einstellungsgesuchen und Klagen der Kandidaten, auf die auch die Literatur erwidert hätte. Nun hört man aber nur in Ausnahmefällen von Überfüllung. Drei Nichtadlige werden auf diese Weise daran gehindert, sich dem großen Examen am »Cammergericht« im Jahre 1799 zu unterziehen, während man bereits drei Adlige und drei Nichtadlige angenommen hatte. Der einzige angeführte Grund ist »Überfüllung«[11].

Aber Fälle dieser Art sind häufiger in der Verwaltung, wo dasselbe Problem sich nicht stellt, weil die Ernennungen dort regelmäßig bis 1806 erfolgen. Am 28. Januar 1802 zum Beispiel untersagt die Kriegs- und Domänenkammer in Magdeburg dem Rechtskandidaten Friedrich Wilhelm von Madai in Halle, Referendar zu werden, »weil Seine Majestät wiederholt die besagte Kriegs- und Domänenkammer wissen lassen hat, daß wegen der bereits zu hohen Zahl der Referendare und Assessoren eine weitere Zulassung sehr ungünstig wäre«[12]. Was nicht daran hindert, daß von Madai am 28. März die Einwilligung erhält!

Die wahrscheinliche Schlußfolgerung ist, daß die Verwaltungen sich durch die rapide Zunahme der Kandidaten für das Amt des Auskultators und Referendars belästigt fühlten. Ihre Belegschaften verkleinern sich nicht und tendieren sogar unter dem Druck der Neuankömmlinge zu einer Erweiterung. Aber der Andrang ist so groß, daß man ihm Einhalt gebieten muß. Nach 1800 versucht man, den Zugang zur Verwaltungslaufbahn zu erschweren. Am 7. April 1804 erinnert eine Kabinettsorder daran, daß alle Kandidaten für den höheren Dienst wenigstens 3 Jahre an einer preußischen Universität studiert haben müssen; diese Frist kann allerdings ausnahmsweise für diejenigen verkürzt werden, die ein »Abiturienten Prüfungs Attest« vorlegen, in dem die Universität bescheinigt, daß sie die erforderlichen Kenntnisse in kürzester Zeit erworben haben. Dieses Dekret scheint jedoch nicht besonders beachtet worden zu sein. Man vergißt, es auf alle anderen Universitäten zu übertragen, außer auf Halle! Der Kandidat Lehmann ist gezwungen, im Oktober Klage zu erheben, damit man dies nach Frankfurt weiterleitet, wo er vor einer Prüfungskommission erscheinen will, die man auf sein Ersuchen hin schließlich erst organisiert[13].

Die für die Justiz zwischen 1786 und 1800 und für die Verwaltung zwischen 1786 und 1806 aufgestellten Listen sind also nicht völlig erschöpfend; es gibt häufig leichte Unterschiede zwischen den Hinweisen in den Registern und den Zahlen in den Akten. Aber diese Mängel verteilen sich ungefähr gleichmäßig auf die einzelnen Jahre und Provinzen. Wenn die Listen also in den Einzelheiten nicht von absoluter Präzision sind, so sind sie genau genug, um die Entwicklung der Rekrutierung studieren zu können.

Insgesamt geht aus ihnen zunächst hervor, daß die juristische Laufbahn die wichtigste innerhalb der bürgerlichen Karriere ist. Zwischen 1786 und 1800, also in 15 Jahren, wurden 841 Auskultatoren und 705 Referendare an Obergerichten in den Provinzen ernannt; man ließ respektive 20 und 189 am »Cammergericht« zu, d. h. insgesamt 1755 Ernennungen, was einen Jahresdurchschnitt von 117 ergibt. Wenn man – vorausgesetzt, das Praktikum als Auskultator wird meistens absolviert, bevor man Referendar wird – nur eine der Zahlen im Gedächtnis behält, um die Anzahl der Neuaufnahmen zu ermitteln, so liegt ihr Durchschnitt bei 57,4 für die Auskultatoren und 59,6 für die Referendare. Diese Zahlen sind wesentlich höher als die in der Liste für die Verwaltungslaufbahn, die nach demselben Verfahren für einen Zeitraum von 21 Jahren angefertigt wurde; darin ist nämlich die Ernennung von nur 218 Referendaren erwähnt, das ergibt einen Jahresdurchschnitt von 13,2. Die Auskultatoren, wesentlich geringer zahlenmäßig, gibt es nicht an allen Kammern; die Justizauskultatoren können allerdings Verwaltungsreferendare werden.

Zweitens ergibt das Studium dieser Tabellen, daß der Anteil der Nichtadligen in der Justiz von besonderer Bedeutung ist; von den 1755 erwähnten Beamten sind nur 178 adlig, d. h. 10,15 %. Dieser Prozentsatz steigt von 9,76% in den Provinzen auf 13,39% am »Cammergericht«; die erlesenen Ämter scheinen, mit gewissem Erfolg, beim Adel beliebter zu sein; vergleicht man die Provinzen untereinander, so stellt man fest, daß der Anteil des Adels relativ hoch ist in den alten Ländern und in den Gegenden, wo – wie in Berlin – das Bürgertum sich stark entfaltet hatte. In Magdeburg besetzt der Adel 20,17% der Plätze von Auskultatoren und Referendaren, in Kleve-Ravensburg 15,53%, in Pommern 10,85%, in Minden 10,75% und in der Kurmark 10,71%. In Ostpreußen dagegen oder in der kürzlich erworbenen Provinz Westpreußen sinkt der Anteil auf 5,05 und 5,34%. So sind die Adligen stärker vertreten in bürgerlichen Gegenden, und die Bürgerlichen haben quasi das Monopol der Stellen in Ländern mit großem Adelsbesitz! Scheinbar ein Widerspruch, der sich durch die Tatsache erklärt, daß der niedergelassene Adel auf seinen Gütern beschäftigt ist, in die Armee eintritt und nur geringe Achtung für die Auskultatoren und Referendare aufbringt, unter denen sie die Richter für ihre Lehnsgerichte wie Diener aussuchen. Der nicht residierende Adel dagegen strebt nach hohen Ämtern und macht den Bürgerlichen die Stufen der Hierarchie streitig, die dorthin führen. Wenn man die jährliche Verteilung der Ernennungen errechnet, hat man zunächst den Eindruck, daß zwischen Auskultatoren und Referendaren eine Art Ausgleich besteht; steigt die Zahl der Referendare, fällt die der Auskultatoren oder bleibt gleich. Addiert man sie, so kommt man von 87 im Jahre 1786 auf 129 im Jahre 1799 mit jährlichen Abweichungen, die aber nichts am Steigen der Kurve hindern. Die fünfjährigen Gesamtsummen mit ihren Zahlen 475, 540 und 551 vermitteln diese Entwicklung sehr gut. Der große Anstieg geschieht zwischen 1790 und 1795. Der Anteil des Adels hat ebenfalls steigende Tendenz, wenn auch nicht so klar erkennbar; er steigt von 9,8 auf 10,7 1/2%, um zwischen 1785 und 1800 wieder auf 10% zu fallen. Sucht man den Ausgangspunkt für diesen Anstieg, stellt man fest, daß die Mehrzahl der Kandidaten gegen Ende des Jahrhunderts aus der Kurmark kommen. Zwischen 1792 und 1795 erfolgen die meisten Ernennungen in den beiden preußischen Provinzen, was offensichtlich in Zusammenhang mit den beiden letzten polnischen Teilungen zu sehen ist.

Man stellt schließlich fest, daß der Anteil des Adels steigt, je höher die Ämter werden; während sie bei den zwischen 1788 und 1800 ernannten Auskultatoren und Referendaren nur mit 10, 14% vertreten sind, beträgt ihr Anteil bei den Assessoren, die auf höhere Ämter Aussicht haben, schon 11,65%. Auf Grund der Führungslisten der Justizbeamten im Jahre 1800 sind von 315 Räten 115 adlig; im Jahre 1801 zählt man 322 Räte, davon 112 adlige[14], deren Anteil folglich von 10 auf 33% steigt.

In der Verwaltungslaufbahn sind die Vorschriften nicht weniger streng als in der juristischen. Ein Edikt Friedrichs II. bestimmt seit 1770 eine »ständige Kommission für das Examen aller künftigen Land- und Steuerräte«. Sie hat ihren Sitz in Berlin unter dem Vorsitz des betroffenen Ministers. Die Kandidaten müssen Referendare sein und einige Jahre an einer Provinzialkammer oder einer Abordnung der Kammer verbracht haben, Regimentsquartiermeister oder Auditoren. Ihren Bewerbungen an das Generaldirektorium müssen Führungszeugnisse von ihren Vorgesetzten beigefügt sein. »Ohne dieses Zeugnis kann man sich unmöglich zum Examen melden, denn jemand mit noch so großen Fähigkeiten, aber mit schlechtem Umgang, wird niemals anständig dienen können.«

Das Examen, das Theorie und Praxis der Verwaltung beinhaltet, ist Pflicht. Man kann sich davon nicht freistellen lassen, unter dem Vorwand, zum Beispiel, adlig zu sein; »ganz im Gegenteil, wenn jemand freigestellt zu werden versucht, werden wir darin ein sicheres Zeichen dafür sehen, daß dem Bewerber das Vertrauen in seine Fähigkeiten fehlt und er des Amtes, das er anstrebt, nicht würdig ist«, heißt es in dem Edikt.

Indessen, »was die Ernennung der Landräte betrifft, so werden sie weiterhin von den Ständen, die dazu berechtigt sind, ausgewählt. Aber kein Landrat kann sein Amt antreten, ohne von der Kammer in den Fächern geprüft worden zu sein, die ein Landrat kennen muß und ohne zwei Berichte auf Grund der Akten angefertigt zu haben; er muß die Prüfung genauso bestehen, wie alle anderen.«

Der Kandidat zahlt 20 Taler, die unter den Mitgliedern der Kammer aufgeteilt werden, unabhängig vom Ergebnis des Examens.

Die kleinen Beamten, die Referendare bei den Kammern, oder »Polizey-Bürgermeister« oder selbst Sekretäre werden wollen, müssen von dem Kollegium, das sie ernennt, geprüft werden. Der König behält sich das Recht vor, sie erneut prüfen zu lassen, wenn es erforderlich ist, und zwar von der Oberkommission.

Die Protokolle dieser »Ober Examinations Commission« sind erhalten geblieben. Zwischen 1776 und 1806 hat sie 795 Kandidaten geprüft, darunter 348 adlige, deren Anteil also 43,86% erreicht; die Justizassessoren, die man nach bestandenem »großen Examen« mit ihnen vergleichen kann, erreichen nur 11,65%. Bei dem niederen Titel ist der Unterschied nicht weniger frappierend. Die Archive des Generaldirektoriums ermöglichen die Einschätzung des Anteils des Adels unter den einfachen Referendaren der verschiedenen Provinzialkammern. Bei einer flüchtigen Überprüfung stellt man fest, daß von 374 Ernennungen, die fast alle zwischen 1786 und 1806 erfolgen, 96, also 34,53%, den Adel betreffen[15]; während dieser in der Justiz nur 11,77% der Referendarsstellen einnimmt.

Nirgends besteht die Tendenz, daß sich der starke Prozentsatz des Adels verringert; ganz im Gegenteil, betrachtet man einerseits den Zeitraum zwischen 1770 und 1786, der mit dem Ende der Herrschaft Friedrichs II. zusammenfällt, und andererseits die Epoche zwischen 1786 und 1806, der die Regierungszeit Friedrich Wilhelms II. und Friedrich Wilhelms III. bis zur Katastrophe von

Jena entspricht, so entdeckt man, daß der Prozentsatz der Adligen von 37,81% auf 45,23% ansteigt. Es scheint also, als erlebe man eine Art kleiner Reaktion des Adels mit, der nach und nach das nichtadlige Element aus der Verwaltung ausschließen möchte, wie er es in der Armee bereits tat.

Dieser Eindruck bestätigt sich bei der Überprüfung des Anteils der Räte[16]. Von 171 Ernennungen zwischen 1786 oder den Jahren davor und 1806 betreffen 45 den Adel; der Anteil von 26,32% ist relativ niedrig; aber diese Zahlen bleiben weit unter denen der Geprüften. Von 795 jungen Leuten, die seit 1770 die Prüfungen vor der Oberkommission abgelegt haben, soll es nicht mehr als 250–300 gegeben haben, die an den Provinzialkammern angestellt wurden. Das sind nämlich die weniger interessanten Posten, und da sind die Nichtadligen am häufigsten anzutreffen. In den selteneren Behörden, zu denen die begünstigtsten Kandidaten streben, muß es anders sein. Betrachtet man beispielsweise die Führungslisten aus dem Jahre 1800, zählt man beim Departement für Forstwesen, in der Zentralverwaltung und bei den Forstmeistern und Oberforstmeistern, 12 Adlige und 21 Nichtadlige, d. h. 36,36% Adlige[17]. Ihr Anteil muß in der Diplomatie noch wesentlich höher sein.

Zu erwähnen sind noch die städtischen Funktionen, die dem Bürgertum vorbehalten sind und die lange Zeit sowohl lukrativ als auch ehrenvoll waren. In den freien deutschen Städten, wie zum Beispiel Worms, erhalten die Mitglieder des Magistrats noch Ende des 18. Jahrhunderts Vergütungen zwischen 200 und 500 Gulden pro Jahr; sie haben andererseits die Stellung von Aristokraten und genießen hohes Ansehen.

Zweifellos sind die Vorteile nur das Erbteil einer kleinen Anzahl großer Familien; wären indessen die berühmtesten Bürger aller preußischen Städte so ausgestattet, wäre der soziale Aufstieg des Proletariats im Staatsapparat dadurch erleichtert worden. Aber die preußischen Städte sind von den Hohenzollern gleichgeschaltet worden. Seit Beginn des Jahrhunderts befindet sich die städtische Verwaltung tatsächlich in einer untergeordneten Stellung. Der Garnisonschef ergreift dort die polizeilichen Maßnahmen, die für nötig erachtet und bewacht im Interesse der Soldaten und der kleinen Leute die Märkte. Und die städtischen Finanzen werden vom Steuerrat kontrolliert; er überwacht die Erhebung der Akzise, die die ehemaligen Steuern ersetzt; seine Kompetenz erstreckt sich bald auf die gesamte städtische Verwaltung; er interveniert bei den Beschlüssen des Magistrats, und die Kriegs- und Domänenkammer entscheidet über die Konflikte, zu denen seine Entscheidungen Anlaß geben können. Der Staat ist also der Herr; an einem Beispiel läßt sich besser demonstrieren, wie es dazu gekommen ist. Fast immer zwingt ihn die Notwendigkeit, die städtischen Finanzen aufzubessern, zur Intervention; er profitiert davon, um die Verfassung zu ändern. Königsberg mit seinen drei unabhängigen Stadtvierteln, die alle von einem Bürgermeister und einem Rat verwaltet wurden, hatte eine sehr komplizierte Charta. Unter wirtschaftlichem Vorwand vereinfacht und vereinheitlicht die Regierung die städtischen Institutionen. Der Magistrat wird auf drei Bürgermeister und 16 regelmäßige Senatoren reduziert, zu denen noch 6 kommen. Alle werden auf Lebenszeit, durch Ergänzungswahl und unter Vorbehalt der Bestätigung durch den Staat gewählt. Von städtischen Pfründen bezahlt, sind sie insgesamt untergeordnete Beamte geworden. Daneben bietet die Stadtverwaltung den Bürgern eine Menge ehrenvoller und kostenloser Dienste, Schutz, Witwen- und Waisenunterstützung, Feuerwehr und andere Spielereien, die die Bürger zweifellos nützlich zum städtischen Leben beitragen lassen, die sie aber keineswegs bereichern.

Die meisten Städte haben ein ähnliches Schicksal erlitten. Wenn auch die Monographien, die den Prozeß der Konfiszierung der ehemaligen Freiheiten durch die Könige beschreiben, noch fehlen, so ermöglicht doch die bloße Durchsicht der zeitgenössischen Jahresverzeichnisse, das Ergebnis zu überprüfen. In Halle ist der Stadtpräsident, der als Bürgermeister fungiert, gleichzeitig Berater bei der Kriegs- und Domänenkammer, und der ständige Rat ist auf 14 Mitglieder reduziert[18].

Die königliche Regierung hat also einerseits die Zahl der bezahlten städtischen Beamten reduziert, andererseits ihr Verdienst und ihr Ansehen. Die Ämter, die sie innehaben, intrigieren, bedeutet in eine Sackgasse geraten. Sie werden meistens auf Lebenszeit ernannt und haben keine Beförderungen zu erhoffen. Die Söhne bedeutender, reicher und verschwägerter Bürger könnten ihren Ehrgeiz nicht befriedigen, indem sie auf solchen Posten ohne Perspektiven vegetieren. Wenn sie Karriere machen wollen, gehen sie in den Staatsdienst, der allein sozialen Aufstieg ermöglicht.

Aus diesen Erhebungen geht hervor, daß das Bürgertum allmählich die juristischen Funktionen in Beschlag genommen hat.

Der Anteil des Adels bleibt jedoch über seiner zahlenmäßigen Bedeutung hinsichtlich der Gesamtbevölkerung; er steigt proportional zum Aufstieg in der Hierarchie.

Die Zahl der Kandidaten ist andererseits in den neuen Provinzen immer größer als die offenen Stellen, trotz der vor allem dem Bürgertum geöffneten Laufbahn. Viele jungen Leute können daher keine Karriere machen.

Ihre Bemühungen, zu anderen Beamtenkorps Zugang zu finden, scheitern an einem hartnäckigeren Widerstand von seiten des Adels. In den Kriegs- und Domänenkammern und in den übrigen, spezialisierteren Verwaltungen machen sie immer wenigstens $^1/_3$ des Personals aus.

Diejenigen Nichtadligen schließlich, die an die Oberexaminationskommission die erforderlichen 20 Taler zahlen, um die Prüfung abzulegen, die sie zum Durchschreiten des engen Tores berechtigt, sind ganz offensichtlich Großbürger, deren Reichtum und Lebensstil ihnen gestattet, in den kleinen Kollegien, in die sie eintreten wollen, zu Ansehen zu gelangen. Die wenigen Begüterten, die einer überlieferten Tradition anhängen, wenden sich lieber der Kirche zu.

3. Die kirchlichen Ämter

In der Literatur hat man die Meinung verbreitet, daß die protestantische Kirche den deutschen Bürgern des 18. Jahrhunderts die vielfältigsten Karrierearten bietet. Die Tatsache ist im allgemeinen richtig, und ihre Bekanntheit rührt daher, daß die Mitglieder des Klerus sich nur aus Nichtadligen rekrutieren. Gehört einer von ihnen ausnahmsweise einmal dem Adel an? Der erste Beweis für die Aufrichtigkeit seiner Berufung ist der Verzicht auf seinen Adelstitel. Diese Erniedrigung ermöglicht es dem Historiker nicht, die Bedeutung des adligen Elements einzuschätzen. Georges Pariset, der die ganz zufällig gewählten Lebensläufe von 250 Pfarrern studiert, entdeckt darunter 14, die während der Herrschaft Friedrich Wilhelms I. ein Adelsprädikat haben. Unter den 584 Ernennungen zwischen 1786 und 1806 findet man keinen einzigen Pfarrer, dessen adlige Herkunft eindeutig erwiesen ist. Von einem Ende des Jahrhunderts zum anderen bleibt die protestantische Kirche in Preußen somit eine Zitadelle des Bürgertums; es überrascht daher nicht, daß sie eine Hochburg der deutschen Aufklärung ist. Es wäre interessant zu erforschen, ob die dem Rationalismus feindlichen Tendenzen, die sich in ihrer Mitte während der zweiten Hälfte des Jahrhunderts entwickeln, nicht in erster Linie von Pfarrern oder Gläubigen adliger Herkunft angeregt wurden, wie vom Grafen Zinzendorf, oder aus dem Ausland hereingetragen wurden, beispielsweise von den französischen oder holländischen Paten des Pietismus oder Quietismus.

Wie dem auch sei, der junge Bürger, der sich für den Klerus entscheidet, findet seinen Weg nicht weniger versperrt, trotz des fehlenden Adels. Er ist verpflichtet, die höhere Schule in seiner Heimatstadt abzuschließen, eine theologische Fakultät zu besuchen und sich einem kleinen Leistungsnachweis vor den Mitgliedern des Konsitoriums zu unterziehen, bei denen er sich um eine Stelle bewirbt, und sieht sich dazu verurteilt, sehr lange das traurige Dasein des »Kandidaten« zu führen. Dieser Titel und die Einschreibung in die Listen des Konsistoriums berechtigen ihn, einen Pfarrer zu vertreten, ohne allerdings die Sakramente zu erteilen und nützt ihm nichts; er erlangt die von ihm erstrebte materielle Unabhängigkeit nur durch eine Berufung, die mehrere Jahre auf sich warten lassen kann.

Manchmal ist es schwierig, den Anfänger vom älteren Pfarrer zu unterscheiden, und zwar wegen der Vielfältigkeit der Titel, die von einer Provinz zur anderen eine verschiedene Bedeutung haben können. Die Register unterscheiden zwar immer die Ernennung von der Promotion. Aber zuweilen kann eine Ernennung einen Pfarrer betreffen, der bereits außerhalb Preußens tätig war; oder irgendein Günstling erhält eine Stelle, die im allgemeinen einem berufserfahreneren Anwärter reserviert war. Man kann auch nicht nur die Ernennungen der Stellvertreter ausfindig machen; denn das von ihnen ausgeübte Amt, häufig schlechter bezahlt als irgendeine andere vorübergehende Stellung, ist nicht unbedingt die erste Stufe ihrer Karriere.

Will man allerdings allgemeine Schlußfolgerungen ziehen, so kann man die einzelnen Irrtümer über dieses oder jenes Individuum außer acht lassen; da sie aller Wahrscheinlichkeit nach nicht immer auf dieselbe Weise begangen werden, heben sie sich gegenseitig auf. Man kann also eine Tabelle anfertigen, die mit den öffentlichen Ämtern vergleichbar ist; dabei bleiben sowohl die unteren Ämter, wie Diakone und Küster, unberücksichtigt, die keine theologische Ausbildung voraussetzen, als auch die Würden, wie

Titularpriester oder Probst, die Anfängern im allgemeinen nicht übertragen werden.

Man stellt dann fest, daß in allen preußischen Provinzen, mit Ausnahme von Schlesien, zwischen 1786 und 1806 584 Pfarrer ernannt worden sind. Als Pfarrer mit oder ohne Pfarrei, Hilfspfarrer und Feldgeistliche verteilen sie sich annähernd gleichmäßig über die preußischen Länder, wobei sich eine gewisse Vorliebe für die alten Provinzen vor den einwohnerreichen Städten abzeichnet, wie Kurmark, Magdeburg und Minden. G. Pariset stellte dasselbe für die Zeit zwischen 1713 und 1740 fest. Doch entgegen seinen Beobachtungen sind am Ende des Jahrhunderts die Einstellungen von Pfarrern in dem kleinen, ländlichen und wenig bevölkerten Ostpreußen fast genauso häufig wie in der Mark. Man könnte meinen, daß die Eroberung des katholischen Polens die protestantische Kirche zur Verstärkung ihres Personals in dieser Grenzprovinz anregt.

Diese Ernennungen, mit einem Jahresdurchschnitt von 27,80, sind wesentlich weniger häufig als die Ernennungen der Justiz- und Verwaltungsbeamten. Selbst wenn man die nichtadligen Auskultatoren an den Obergerichten berücksichtigt, erreichen diese letzteren einen Jahresdurchschnitt von 56,60; auch müßte man noch die Mehrzahl der Verwaltungsreferendare und einen Großteil des Personals an den Gerichten erster Instanz erwähnen. Man kann also ohne große Gefahr eines Irrtums behaupten, daß die Kirche wenigstens 1/4 und mindestens 1/3 der jungen Nichtadligen einstellt, die die Laufbahn besoldeter Beamten antreten. Man versteht daher, daß die Juristischen Fakultäten am Ende des Jahrhunderts so besucht sind, und man beginnt daran zu zweifeln, daß das Religionsedikt und das Regime Wöllner tatsächlich die bewirkende Ursache des Phänomens sind. Zumal dieses System – hätte es überdauert – bald sowohl die weltlichen als auch die geistlichen Rationalisten bedroht hätte.

So ist die Kirche am Ende des 18. Jahrhunderts und in Preußen nicht mehr die wichtigste Auffangstellung für die Nichtadligen mit Berufsschwierigkeiten. Sie versucht nur, diejenigen aufzunehmen, die sich einerseits durch eine religiöse Berufung zu ihr hingezogen fühlen, und die andererseits wenig begütert sind. Die Studienkosten sind tatsächlich in den theologischen Fakultäten, die über eine Großzahl von Stipendien verfügen, nicht so hoch. Die Prüfungen vor den Konsistorien sind kostenlos; die Repräsentationskosten des jungen Pfarrers sind unvergleichbar niedriger als die der weltlichen Beamten.

In der Kirche wie auch in den Verwaltungen steigt die Zahl der Ernennungen regelmäßig an. Die fünfjährigen Gesamtziffern zwischen 1786 und 1806 lauten 124, 126, 155, 141. Es werden also keine Stellen gestrichen; wenn dennoch Stellen zu fehlen scheinen, so ist das durch die ansteigende Zahl der Kandidaten bedingt.

Die Vermehrung der Stellen ist jedoch nicht ausreichend, um die Kandidaten zu befriedigen. Wenn man die Tabelle am Ende des Jahrhunderts mit der Auswertung von G. Pariset vergleicht, die sich zwar nur auf 250 Pfarrer bezieht, stellt man eine starke Zunahme der Stellvertreter fest. Während zwischen 1713 und 1740 16,8% der ernannten Pfarrer als Stellvertreter oder Hauslehrer begonnen hatten, machen die Stellvertreter allein zwischen 1786 und 1806 34,2% der Berufungen aus. Trotz der erbärmlichen Situation dieser Gehilfen, die oft nur mühsam überleben, werden ihre Stellen von der Masse der armen Kandidaten begehrt. Ihre Zahl läßt sich schwer schätzen. Aber ihre Klagen haben alle Zeitgenossen bewegt. Man öffnet keinen Roman, keine Zeitung und keine Korrespondenz der Epoche, ohne sie darin anzutreffen, abgezehrt und demütig in ihrer schwarzen und blankgewetzten Kleidung, die ihnen Zugang zu den guten bürgerlichen oder adligen Häusern verschafft, wo sie beschäftigt und verachtet werden.

Meistens sind sie als Hauslehrer tätig; fast alle Pfarrer und die meisten Schriftsteller oder Professoren haben in ihrer Jugend eine Zeitlang Unterricht erteilt. So ist es in ganz Deutschland. In Dresden ist jeder 5. Mann, den man auf der Straße trifft, ein Theologiekandidat, der als Hauslehrer tätig sein muß und den man hier durchgängig mit dem Namen Magister belegt: »Sie laufen den ganzen Tag aus einem Hause in das andere, und verdienen mit ihren Lektionen kaum soviel als hinreicht, ein dürftiges Leben durchzuschleppen. Sie sind alle (man komme und sehe selbst) dürr, blaß und kränklich, und werden bis 40 Jahre alt, ehe sich das Consistorium ihrer erbarmt, und ihnen eine Pfarre giebt[19].« Ihre Gefühle gegen diejenigen, die sie beschäftigen, sind um so bitterer als sie sie nicht auszudrücken wissen.

4. Die freien Berufe

Die Konkurrenz des Adels schränkt zwar häufig die Zusammenarbeit des Bürgertums mit dem Staat ein, dagegen macht ihnen das Monopol der freien Berufe niemand streitig. Der Adel verzichtet darauf, um sich nicht herabzulassen, und viele Nichtadlige wegen mangelnder Bildung. Und gerade das sind Berufe, die für aufgeklärte Leute geeignet sind, weil sie ihnen eine größere Freiheit gewähren als dem von seinen Vorgesetzten überwachten Beamten oder dem von seiner Zunft kontrollierten Handwerker. Es müßten also alle Unzufriedenen Rechtsanwälte, Ärzte und Professoren werden, statt in Tatenlosigkeit zu vegetieren. Sie beklagen sich indessen weiterhin, als ob die Lösung nicht gut wäre; und wenn man, ihre Einwände berücksichtigend, sie genauer untersucht, stellt man tatsächlich fest, daß sie unzureichend ist. Die freien Berufe sind erst nur der Embryo dessen, was sie später in einer kapitalistischen Gesellschaft darstellen werden. Unter dem staatlichen und merkantilistischen Regime des aufgeklärten Despotismus kommen sie selten vor, weil die Regierung deren freie Ausübung nicht gestattet, oder sie sind wenig gefragt, weil die Kundschaft, die sie bereichern würde, ihnen noch fehlt.

Zu Beginn des Jahrhunderts stand es den Anwälten frei, sich an Gerichten niederzulassen. Der Soldatenkönig, empört über die Mißbräuche, zu denen diese Freiheit führte, unterdrückte sie; um die Untertanen zu schützen, begrenzte er die Zahl der Anwälte. Er scheint sich mit dem Gedanken getragen zu haben, sie zu Beamten zu machen. Friedrich II. war auf die Kontrolle durch die Regierung bedacht, ohne die Kosten zu investieren, die die Schaffung eines neuen Verwaltungsapparates mit sich gebracht hätten. Wenn sie am Ende des Jahrhunderts auch nicht von der Regierung bezahlt werden, so werden sie doch von ihr unter dem Titel Justizkommissare ernannt. Die meisten von ihnen sind zugleich Anwälte und Notare. Die besten unter ihnen können den Titel Justizrat erhalten. Der so vorgeschriebene Stand der Anwälte vermehrt sich kaum. Von 1786 bis 1800 gibt es 232 Ernennungen von Justizräten. Alle sind nicht adlig. Gegen Ende des Jahrhunderts werden sie wie auch die Beamten zahlreicher. Doch dieser Anstieg, der aus den fünfjährigen Gesamtzahlen von 71, 78 und 83 hervorgeht, ist auffallend langsam und regelmäßig. Die meisten Anwälte sind ehemalige Referendare, die das große Examen nicht vorbereitet haben.

Die einzigen Lehrerstellen, die wirklich begehrt sind, sind die Lehrstühle an den Fakultäten. Allerdings ermöglichen die bedeutenden Gymnasien den Lehrern, die sich dort auszeichnen, ebenfalls zu Ansehen zu gelangen. Im Jahre 1775 beschäftigen die vier preußischen Universitäten 80 Professoren und die Gymnasien mit mehr als fünf Klassen 490. Im Jahre 1804 gibt es an den alten Universitäten Königsberg, Frankfurt/Oder, Halle und Duisburg, wozu noch Erlangen gekommen ist, 135 Professoren. Der Anstieg ist also beachtlich. Aber man kann ihn nicht mit der Erweiterung der preußischen Territorien und mit der Geburtenziffer in Verbindung setzen. Im Jahre 1804 gibt es 130 Studenten der Geisteswissenschaften und der Mathematik. Die Zahl der jährlichen vakanten Stellen, selbst unter Berücksichtigung der Gymnasien, erreicht nicht einmal die Hälfte der Kandidaten[20].

Was die Ärzte betrifft, so wird ihr Handwerk noch verachtet. Mühsam von der Tätigkeit der Chirurgen losgelöst, den Barbieren überlassen, bleibt es den Juden zugänglich, die sich im übrigen darauf verstehen, es berühmt zu machen. Es verschafft nur den wenigen Professoren ein gewisses Ansehen, da man im gesamten Königreich im Jahre 1804 nur 164 Medizinstudenten zählt. Es sind immer nur diese Professoren, die von der lukrativen Kumulierung profitieren. Denn auch bei der Medizin herrschen genaue Vorschriften: ein »Ober Collegium Medicum«, geschaffen im Jahre 1685, durch Ergänzungswahl aus den bekanntesten Ärzten hervorgegangen, vom König gebilligt, kontrolliert ganz allgemein alles, was die Medizin und Pharmazie betrifft. Es besitzt das Recht zur Rechtsprechung bei allen medizinischen Fällen oder allen Angelegenheiten, die Ärzte betreffen. Es ermächtigt die jungen Ärzte, die 12 Exemplare ihrer Doktorarbeit hinterlegt haben, zur Ablegung des Examens, das ihnen das Praktizieren in Preußen ermöglicht. Die Prüfung, die vor dem medizinisch-chirurgischen Kollegium abgelegt wird, besteht aus einer mündlichen Vorlesung, wovon eine Stunde öffentlich ist, und der Kommentierung von sechs anatomischen Versuchen; der Kandidat verfaßt zudem innerhalb von vier Wochen auf lateinisch eine Abhandlung über einen praktischen Fall. Das sind Formalitäten, die man, mangels persönlichen Wissens, im voraus vorbereiten lassen kann. Bis 1789 werden sie nicht sehr streng befolgt, und das Land bleibt auch nach diesem Zeitpunkt noch von Kurpfuschern verseucht, die niemals regulär autorisiert wurden, ihre Wunder zu vollbringen. Die Chirurgen, ebenfalls vom Oberkollegium kontrolliert, müssen ihren Beruf drei Jahre gelernt haben, ihn als Gehilfen sieben Jahre praktiziert und einen Barbierladen erworben haben. Ihre Prüfung besteht nur aus zwei anatomischen Untersuchungen und sechs chirurgischen Operationen. In jeder Provinz gibt es ein medizinisches Kollegium, das dem Oberkollegium untergeordnet ist.

Das medizinisch-chirurgische Kollegium ist gleichzeitig Medizinschule und ständige Jury. Zusammengesetzt aus sieben Professoren, d. h. zwei Anatomisten, 1 Botaniker, 1 Chemiker, 1 Chirurgen, und 2 therapeutischen und pathologischen Physiologen, wird es vom König seit 1724 vergütet. Ihre Mitglieder lehren am Institut für Anatomie in Berlin, das auf Anordnung des Königs im Jahre 1713 errichtet wurde. Es ist weit und breit bekannt, weil die Hospitäler und Armenhäuser ihm Leichen in Fülle liefern. Die Studenten sezieren durchschnittlich 200 im Jahr; ähnliche Funde sind selten zu dieser Zeit.

Es gibt schließlich noch das »Ober Collegium sanitatis«, das anläßlich des Ausbruchs der Pest in Ungarn im Jahre 1719 gegründet wurde. Seine drei Mitglieder, bestehend aus einem Kriegsrat, einem städtischen Arzt und einem Mitglied des Berliner Magistrats, überwachen die öffentliche Hygiene.

Man ersieht hieraus, daß alle Mitglieder der Kollegien bereits erfahrene Männer sind, deren Wohlstand durch ihre Stellung als Professor oder ihren Ruf als Praktiker gesichert ist. Selbst ihre vergüteten Ämter sind in erster Linie Ehrenämter. Sie bedeuten für die jungen Leute keine Nachfrage.

Diese können sich allerdings auf die Stellen von Stadt- oder Kreisärzten (Physici) stürzen. Sie bewachen die Anwendung der Edikte des Oberkollegiums. Sie pflegen kostenlos die Armen. Sie legen ein Examen ab, das vor allem auf die gesetzliche Medizin ausgerichtet ist. Es sind vorwiegend Sanitätsoffiziere, die von ihrer sozialen Stellung her wenig geachtet sind. Sie steigen im Jahre 1786 auf 131 an, Schlesien ausgenommen[21].

In der öffentlichen Laufbahn gibt es für ehrgeizige Anfänger also keine erstrebenswerten Stellungen. Bleibt noch die Privatpraxis. Gegen Ende des Jahrhunderts gibt es immer mehr Ärzte, obwohl die Regierung interveniert, um eine Überfülle zu vermeiden. Das zu leichte Examen wird abgeschafft. Die Kabinettsorder vom 15. Dezember 1789 und 4. Februar 1791 verlangen von den Kandidaten nach dem feierlichen Unterricht ein mündliches öffentliches Examen in deutscher Sprache. Die Fragen stellen zwei Mitglieder des medizinisch-chirurgischen Kollegiums. Das ist noch nicht alles; ein Edikt vom 1. Februar 1798 erhöht den Schwierigkeitsgrad. Von da an wird es nicht mehr als drei Kandidaten pro Sitzung geben. Jeder wird zunächst seine anatomische und klinische Vorlesung über die vorgegebenen Themen halten. Danach wird er von einer Kommission ausführlich geprüft. Diese wird auch überprüfen, ob er ein Praktikum von mindestens drei Monaten an einer Universitätsklinik absolviert und an praktischen Arbeiten teilgenommen hat[22].

So werden die angebotenen Stellen in dem Augenblick blockiert, wo sie am meisten gefragt sind! Aber es gibt noch Schlimmeres. Fast zur selben Zeit wenden die Patienten sich von den Ärzten ab. Unter dem Einfluß einer allgemeinen Entwicklung der Denkweise kommen die Scharlatane in Mode, die Wunderkuren machen. Die Behörden bemühen sich vergeblich, gegen eine Strömung anzukämpfen, deren Anhänger sich selbst im Privatleben von ihr hinreißen lassen. Es läßt sich offenbar unmöglich genau feststellen, in welchem Maße die Liebe zum Wunder den Ärzten eine regelmäßige Kundschaft mit lukrativen Behandlungen raubt. Aber es läßt sich mit Gewißheit sagen, daß man dieses Phänomen nicht zu gering einschätzen darf. Häufig wird der Arzt, der seinen Kranken nicht sonderlich beeindruckt hat, nicht ein zweites Mal aufgesucht. Und ein einmaliger Besuch ernährt nicht seinen Mann.

Der offizielle und obligatorische Tarif von 1802 ist vielleicht nicht immer gewissenhaft befolgt worden. Aber – berücksichtigt man die Konkurrenz – er ist zweifellos mehr unter- als überschritten worden. Wie auch immer, er vermittelt einen Eindruck von den Einkünften des praktischen Arztes: »Der erste Besuch für eine gewöhnliche Krankheit in der Stadt oder in den Vororten kostet 1 Taler und 8 Groschen; die folgenden, »Verschreibungen eingeschlossen«, kosten 12 Groschen. Bei »Wundfieber« erhöhen sich die Preise auf 2 Taler und auf 16 Groschen. Im Umkreis von $^1/_4$ Meile außerhalb der Stadt kostet der erste Besuch 2 Taler. »Die Untersuchung und ausdrücklich geforderte Sektion einer Leiche« ist ein Glücksfall, der 6 Taler einbringt.

Die Chirurgen erhalten 8 bis 12 Groschen für die Einführung eines Klistiers, 6 bis 8 Taler für die Operation einer Hasenscharte, 8 bis 10 Taler für eine Punktion der Blase, 15 bis 20 für eine Kastration, 20 bis 30 für die Amputation eines Arms, und 30 bis 50 für die Operation von Steinen.

Die Hebamme kann 3 bis 5 Taler für eine leichte und natürliche Geburt verlangen. Ein Kaiserschnitt, der Mutter und Kind am Leben läßt, kostet 15 bis 30 Taler.

Die Zahnärzte lassen sich für das Ziehen eines Zahns 8 bis 12 Groschen bezahlen. Das Plombieren mehrerer Zähne oder das Reinigen aller kostet 2 bis 5 Taler; die Herstellung und das Einsetzen eines künstlichen Zahns kostet 2 bis 4 Taler[23].

Die freien Berufe sind also nicht zu verachten; sie beschäftigen eine ganze Reihe junger Leute und würden noch mehr beschäftigen, wenn es nur an ihnen läge. Sie folgen insgesamt einer Entwicklung, die parallel zu derjenigen der bürgerlichen oder religiösen Berufe läuft; sie vermehren sich und erhalten immer schärfere Vorschriften. Im Gegensatz zur zivilen Laufbahn haben fast nur Nichtadlige Interesse für sie; und im Gegensatz zu den religiösen Berufen sind sie im wesentlichen auf die Stadt konzentriert. Diese Kennzeichen verleihen ihnen vielleicht den eigentlichen Charakter. Niemand vermag im 18. Jahrhundert ihre Zukunft vorauszusagen; vielen erscheinen sie wie eine Art Notlösung. Sie ergreifen, bedeutet oft, auf eine große Karriere zu verzichten und sich mit einer etwas gering eingeschätzten Beschäftigung zufriedenzugeben.

Im Jahre 1804 sind es gegenüber 868 Juristen und 625 Theologen 164 Medizinstudenten, die die etwas mehr geschätzten Kollegen der Barbiere und die häufig schlechter gestellten Konkurrenten der Scharlatane werden. Und die gut bezahlten Lehrstühle der Universitäten nehmen nur wenige Auserwählte an.

5. Die Schriftsteller

Die Studenten, die an die Universitäten drängen, sind sich der Schwierigkeiten, die ihnen die Zukunft vorenthält, voll bewußt. Sie sind um so begieriger, die Aufmerksamkeit auf sich zu lenken. Berühmt werden bedeutet, die Stufen einer politischen oder administrativen Karriere bewältigen. Das heißt, widerstandslos diesen Botschaftsposten oder jenen Universitätslehrstuhl erhalten; das bedeutet, sich von den Fürsten fordern zu lassen, die die Rolle der Mäzene erstreben. Die Zahl der Auserwählten ist offensichtlich sehr gering, und auch der am meisten begünstigte Deutsche darf nicht nach der Stellung eines Voltaire, eines Maupertuis oder anderer Berliner Akademiker trachten. Aber die Gehälter eines Wieland oder eines Goethe in Weimar, die Bezüge eines Forster, Bibliothekar in Mainz, oder eines Lessing in Wolfenbüttel ernähren ihren Mann. Und selbst wenn sie schlecht bezahlt werden, sind solche Stellungen dem langsamen Aufsteigen in irgendeiner Hierarchie vorzuziehen, denn sie krönen eine Karriere, die abseits läuft, die nicht vorgeschrieben ist und deren Gipfel wie in der Verwaltung nur wenigen Privilegierten vorbehalten sind; diese Auserwählten sind nicht die von Geburt Besten und verdanken ihren Ruhm nicht dem bloßen Gutdünken eines blinden Zufalls. Es sind die Begabtesten, und sie fühlen sich verantwortlich für die Entwicklung eines Talents, das sie ebensogut hätten verkümmern lassen können. Durch ihre Bemühungen gelangen sie noch in jungen Jahren an die Spitze der deutschen Aufklärung; sie durchlaufen eine moralische Karriere, die geachteter und wunderbarer ist als jede andere. Wer würde es nicht vorziehen – statt einem kleinen dünkelhaften Fürsten zu schmeicheln – in diese kleine Gruppe der Orakel einzutreten, die die öffentliche Meinung lenken, die einer Menge weniger begabter Wortführer, den Verfassern der kleinen Zeitungen und den Konferenciers der Lesezirkel die Ordnungsbegriffe der Vernunft vorgeben? Als universaler Kritiker nimmt er am intellektuellen Leben aller Nationen teil; seine Reisen durch Deutschland und ins Ausland sind Ereignisse, von denen jedermann spricht und die ihm überall, in allen Kreisen, eine sehr schmeichelhafte Aufnahme sichern. Er verfällt nicht den Gewohnheiten der jungen Laureaten, die an ihrem Genie zweifeln. Die Presse empfängt die Begabtesten außerdem mit offenen Armen und läßt ihren Träumen freien Lauf, indem sie ihnen ihre Spalten zur Verfügung stellt.

Diejenigen, die sich vorstellen, sind fast ausschließlich Nichtadlige. Die Herkunft befreit die anderen davon, sich Mühe zu geben. Es sind selten »die Reichen und Mächtigen«, die während ihrer Freizeit schreiben, »aus Dilettantismus oder für den Fortschritt der Wissenschaften«. Haben wir viele Herzöge, Grafen oder Mylords unter den Schriftstellern unserer Nation? Diese Frage stellt ein Korrespondent des *Teutschen Merkur*: »Candidaten der Theologie schreiben bey uns über Staats-Interesse, Commerz, Industrie; und Studenten erkühnen sich, die Tableaux unserer sittlichen Welt anzufertigen, indes daß ihnen noch kein gutes Haus offenstand, sie keinem Manne von Werth, und keinem Frauenzimmer von

Verdienst nahe gekommen sind. Man prätendiert von uns Sterns, Richardsons, Fieldings, Shakespeares, und, Gott weiß was für Etres mehr – und mancher Mann vom Stande würde erröthen, wenn es auf ihn herauskommen sollte, daß er diesem oder jenem Literator einen Stuhl gesetzt hätte[24].«

Der buchstäbliche Sturm der zu Hauslehrern Verurteilten auf die Literatur, die, indem sie manchmal einer Bemühung ihre Gnade schenkt, aus einem elendig Verschuldeten, den alle Welt verachtet, den berühmten Jung-Stilling macht, verursacht dennoch so manche Enttäuschung. Im Deutschland des 18. Jahrhunderts sind Genies rar und Talenten gelingt es nicht immer, erkannt zu werden. Von allen Möglichkeiten, die den zielstrebigen jungen Leuten aus dem Bürgertum offenstehen, birgt die Literatur zweifellos die größte Unsicherheit. Die außergewöhnlichen Erfolge, die sie ermöglicht, sind nur Ausnahmen; die meisten von denen, die sich ihr widmen, leben in Armut, und selbst wenn sie einigermaßen zu Ansehen gelangen, ist ihre Familie oft danach noch vom Elend heimgesucht. Wieland stellt melancholisch fest, daß sich die Zahl der Hungerdichter in Deutschland von Tag zu Tag vermehre. Ihr gegenseitiges Lob ändere nichts daran, daß sie in Hunger enden. In ihrer Verbitterung schreiben sie dann Satiren auf die Fürsten, die nicht die Ehre erlangen wollen, ein Augustus für sie zu sein, oder auf die Dichter, deren Lebensunterhalt gesichert ist[25].

Nach den Katalogen der Messen soll es im Jahre 1773 3000 und im Jahre 1787 6000 deutschsprachige Schriftsteller gegeben haben. Dabei handelt es sich nur um bekannte Autoren. Sie sind besonders in Sachsen vertreten, wo im Jahre 1790 auf 2714 Einwohner 1 Schriftsteller fällt; in Preußen ist es nur 1 von 5382 Einwohnern. Berlin ist mit seinen 222 Schriftstellern von 150 000 Einwohnern ein bedeutender Mittelpunkt für Verlage, nimmt aber in Deutschland nicht den ersten Platz ein; dieser fällt auf Göttingen mit 79 Schriftstellern von 8000 Einwohnern[26].

Das Publikum, dem sich diese Schriftsteller zuwenden, ist äußerst begrenzt; es setzt sich insbesondere aus Bürgerlichen zusammen, Mitgliedern von Lesegesellschaften, die oft zu arm sind, um sich eine Bibliothek zuzulegen. Denn der Adel liest nur französisch. Sie unterstützen Ausländer, statt ihre Landsleute zu fördern. Nach Forster unterstreicht Friedrich Schlegel, daß man wahrhaft deutsche Kultur nur in der Mittelklasse, »dem gesündesten Teil der Nation«, finde[27].

Für diese widersprüchliche Situation scheint es keine Erklärung zu geben; niemand antwortet auf die Fragen, die in den Zeitungen ständig auftauchen: »Warum schreiben so viele deutsche Fürsten den Pariser Gelehrten, die mit stolzer Verachtung auf sie und ihre Anstalten herabsehen, die allerverbindlichsten und schmeichelhaftesten Briefe, schicken ihnen die kostbarsten Geschenke, in der Meinung, daß sie dadurch eine gewisse Celebrität erhalten werden, und zahlen den jungen Gelehrten in ihrem Vaterland nicht einmal die jährlichen Zinsen von dem Kapital, das sie auf Studieren und Reisen verwendet haben? Was sol ein Reisender, der auch kein Interesse dabey hat, dazu sagen, wenn er in Paris die Briefe und Geschenke zu sehen bekommt, und weis, wie es im Lande und auf den Schulen und Akademien dieser Prinzen aussieht[28]?« Es wäre falsch, im Kampf der Schriftsteller des »Sturm und Drang« gegen die fremden Einflüsse selbstlosen Patriotismus zu sehen: diese Männer mit Herz und Talent kämpfen um den Erwerb eines Publikums, ihres Publikums. Sie spüren mit voller Leidenschaft die Ungerechtigkeit, die ihnen widerfährt; während es in ihrem Lande zu wenig belesene Leute gibt, die ihre Werke kaufen[29], machen ihnen die Franzosen, bei denen es 12mal soviel Leser gibt wie in Deutschland[30], auch noch ihre wenigen Anhänger streitig! Die Franzosen, diese »hermaphroditischen Köpfe«, unfähig zu Größe oder Einfällen[31]!

»Wo ist das Deutsche Land, wo ein Deutscher Gelehrter als Gelehrter leben kann? . . . Die besten deutschen Schriftsteller haben zuweilen die Muße, die sie zu ihren vortrefflichsten eigenen Werken nöthig gehabt haben, durch manufakturmäßige Übersetzungen kümmerlich verdienen müssen. Es ist, leider! fast gar kein anderes Mittel da, um einen Gelehrten, der kein Amt hat und kein Amt bekommen kann, vor dem Hunger zu bewahren[32].«

Der Fehler liegt vielleicht ein wenig bei den Schriftstellern selbst, die sich nicht auf die Ebene des Publikums zu begeben wissen. In Frankreich oder England beziehen sich die Schriftsteller tatsächlich auf die Leser. »Der Stand der Schriftsteller bezieht sich in Deutschland beynahe bloß auf sich selber, oder auf den gelehrten Stand. Sehr selten ist bey uns ein Gelehrter ein Homme de lettres. Ein Gelehrter ist bey uns ein Theologe, ein Jurist, ein Medizíner, ein Philosoph, ein Professor, ein Magister, ein Direktor, ein Rektor, ein Konrektor, ein Subrektor, ein Bakkalaureus, ein Collega infimus, und er schreibt auch nur für seine Zuhörer und seine

Untergebenen. Dieses gelehrte Völkchen von Lehrern und Lernenden, das etwa 20 000 Menschen stark ist, verachtet die übrigen 20 Millionen Menschen, die außer ihnen deutsch reden, so herzlich, daß es sich nicht die Mühe nimmt, für sie zu schreiben.« Warum lernen sic nicht, zum besonderen Wohl aller zu »vulgarisieren«, und wann wird man in den Katalogen der Leipziger Messen andere Werke sehen als nur die von Spezialisten[33]?

Die Klagen der Autoren bestehen bis zum Ende des Jahrhunderts. August Wilhelm Schlegel schreibt im Jahre 1799 im *Athenaeum*: »Duclos bemerkt, es gebe wenig ausgezeichnete Werke, die nicht von Schriftstellern von Profession herrühren. In Frankreich wird dieser Stand seit langer Zeit mit Achtung anerkannt. Bey uns galt man ehedem weniger als nichts, wenn man bloß Schriftsteller war. Noch jetzt regt sich dieß Vorurtheil hier und da, ... Die Schriftstellerey ist, je nachdem man sie treibt, eine Infamie, eine Ausschweifung, eine Tagelöhnerey, ein Handwerk, eine Kunst, eine Wissenschaft und eine Tugend[34].« Und Friedrich fährt fort: »Sie jammern immer, die Deutschen Autoren schrieben nur für einen so kleinen Kreis, ja oft nur für sich selbst untereinander. Das ist recht gut. Dadurch wird die Deutsche Litteratur immer mehr Geist und Charakter bekommen. Und unterdessen kann vielleicht ein Publikum entstehen[35].«

Noch im Jahre 1802 schreibt Vermehren an Schleiermacher: »Wissen Sie schon, daß Kotzebue von dem König von Preußen eine Praebende im Magdeburgischen erhalten hat, damit er an Berlin gefesselt bleibe? Es ist doch sicher nur ein einziges Beispiel, daß ein *deutscher* Schriftsteller ein so brillantes Glück durch seine Schriften gemacht hätte. Jetzt wird er von den 3 größten Mächten besoldet, und ist wegen seines Glücks wie mir scheint, ein merkwürdiges Naturphaenomen[36]!«

Gefördert durch die Lesegesellschaften, entwickelt sich indessen der Buchhandel. Er ist noch in seinen Anfängen begriffen, als der junge Perthes seine Lehre in Leipzig macht. Es kommt vor, daß der Buchhändler in den kleinen Städten neben seinem Beruf noch andere lukrativere Betätigungen ausüben muß. Er betreibt Tauschhandel und tauscht zum Beispiel die 12 Bände in Folio der »Juristischen Orakel« gegen einen Ochsen[37].

Herausgeber und Buchhändler treffen sich auf den jährlichen Messen. Da sie um ihr Kapital fürchten, kaufen sie die Neuerscheinungen nicht, sondern tauschen sie gegen ihre eigenen Veröffentlichungen. Der Buchhändler muß also gleichzeitig Verleger sein. In Leipzig und Frankfurt jedoch betreiben Kommissionäre große Lagerhäuser und liefern den Kollegen die gewünschten Werke. Der Lehrling ist damit beschäftigt, bei den einzelnen Buchhändlern das gesuchte Werk aufzutreiben, das Inventar laufend zu kontrollieren und die Klienten zu bedienen, für die der Laden von 7 Uhr morgens bis 8 Uhr abends geöffnet ist. Um sich über den Wert der Manuskripte zu informieren, läßt sich Perthes' Chef seit Jahren von einem alten Bouquinisten beraten, der sein Geschäft auf der Straße betreibt und in dem Ruf steht, die Wissenschaften zu kennen. Erst ganz am Ende des Jahrhunderts wagt man es, weniger schüchtern zu sein: die Verleger verzichten allmählich auf den Verkauf gegen bar und akzeptieren das Zurücksenden der nicht verkauften Exemplare. Der Buchhändler braucht dann auch keine Werke mehr zum Tausch zu haben; er verzichtet auf die Edition; eine gute intellektuelle Bildung ist ihm seitdem wichtiger als die kostspielige Ausstattung oder die Bedeutung, die der Edition zugrunde liegt[38].

Doch der Fortschritt im Buchhandel begünstigt die Schriftsteller nicht. Fast alle haben das Gefühl, von ihrem Verleger ausgebeutet zu werden. Der Dichter, so wiederholen sie, säe und pflanze; der Drucker mähe und ernte[39].

Betrachtet man die Situation jedoch genau, so stellt man fest, daß die Honorare regelmäßig steigen. Die bekannten Autoren stellen Forderungen. Klopstock, der im Jahre 1740 3 Taler pro Blatt für die ersten Gesänge seines Messias erhält, bekommt im Jahre 1773 12 Taler für die letzten. Wieland erhält im Jahre 1769 8½ Taler pro Blatt für seinen Sokrates und stellt fest, daß die Summe für Deutschland enorm ist; in London jedoch würde sie sehr niedrig erscheinen. Die weniger berühmten Schriftsteller befinden im allgemeinen 6 oder 7 Taler als niedriges Honorar; für Übersetzungen zahlt man wesentlich weniger, durchschnittlich nur 2 Taler[40]. Insgesamt stellt man ein ähnliches Phänomen fest wie bei den bürgerlichen oder religiösen Berufen. Die Schriftsteller beklagen sich genauso wie die Anwärter auf öffentliche Ämter. Sie werden jedoch, wie jene, immer besser behandelt; doch ihre Zahl steigt unaufhörlich und damit auch der Anteil der Unzufriedenen.

Um der Schirmherrschaft des Verlegers zu entrinnen, ersinnen die Schriftsteller verschiedene Mittel: sie versuchen selbst die Herausgabe ihrer Werke. Wieland legt im Jahre 1771 seinen »Agathon« zur Subskription aus. Die Schwierigkeiten tauchen jedoch auf, als es ans Drucken geht. Er verhandelt schließlich mit dem Verleger Reich[41]. Auch Klopstock gibt im Jahre 1774 seine »Gelehrtenrepublik« zur öffentlichen Subskription frei. Als das Werk jedoch erscheint, sind seine Leser so enttäuscht, daß sie schwören, sich nie mehr zum Kauf zu verpflichten, ohne das Buch vorher gesehen zu haben[42]. Die Pläne, Druck und Verkauf gemeinsam zu betreiben, werden nicht zu Ende geführt.

Die Verleger sind im übrigen nicht so begünstigt wie man annimmt. Zweifellos liegen ihre Einkünfte im allgemeinen über denen ihrer Nachfolger im 19. Jahrhundert. Aber sie nehmen auch größere Risiken auf sich. Geistiges Eigentum wird nicht anerkannt. Hat ein Buch Erfolg, so kann es jedermann neu drucken. Der erste Verleger trägt die Kosten, es auf den Markt zu bringen, nimmt allein die Konsequenzen des Mißerfolges auf sich und sorgt für den Umschlag, um den Käufer anzulocken. Der Nachdrucker hat keine Schwierigkeiten, ein berühmtes, schlecht gedrucktes, aber billiges Werk zu verkaufen. Mehr als dreißig Jahre, seit Bestehen der großen Presse, streiten sich Schriftsteller und Verleger, ohne eine Lösung zu finden.

Die Schriftsteller fordern das Recht, von ihrer Arbeit zu leben, wie alle Handwerker, und empören sich über das Vorurteil, das ihnen dies unter dem Vorwand verweigert, das Kunstwerk sei von höherer Wesensart. Es ist kein Grund, den Hungertod zu sterben, weil man ein Genie ist[43].

Die Öffentlichkeit ist im übrigen gar nicht so stark am Nachdruck interessiert; einerseits hindert sie den Verleger an einer hohen Auflage des Originals, was den Preis erhöht; andererseits sind die Nachdrucke voller Fehler; der Autor bekämpft das durch Veröffentlichung neuer, durchgesehener und erweiterter Ausgaben; der Leser ist schließlich gezwungen, mehrere fehlerhafte Neudrucke zu kaufen und gibt mehr aus als für ein gutes Buch[44].

Die Drucker erinnern daran, daß in der Antike kein Dichter jemals auf die Idee gekommen wäre, seine Gedanken zu verkaufen. Jedem stand es frei, zu kopieren, was er wollte[45].

Die Kampfmittel gegen den Nachdruck werden reduziert. Die Unterhaltskasse, die einige Verleger einführen wollen, um die Nachdrucker zu ruinieren, indem sie selbst ihre Werke unter dem Selbstkostenpreis verkaufen, wird niemals realisiert. Obwohl die Verleger im allgemeinen schon spezialisierte Großhändler sind, die gegen bar verkaufen und den deutschen Markt beherrschen, haben sie keine Lust, ihr Kapital durch einen solchen Versuch aufs Spiel zu setzen. Sie würden es eher vorziehen, von den Werken, die sie veröffentlicht haben, selbst einen Nachdruck auf gewöhnlichem Papier ohne Vignetten vorzunehmen, sobald ein Erfolg sich abzeichnet. Doch die Kunden sind nicht damit einverstanden, daß dieselben Werke zu verschiedenen Preisen angeboten werden, und die Nachdrucker in Süddeutschland, die meistens Verlagsbuchhändler und Einkäufer vom alten Schlag sind, haben leichtes Spiel, den Konkurrenten ihre Neigung zum Monopol vorzuwerfen[46].

Goeckingk droht in der ersten Nummer seiner Zeitschrift im Jahre 1786, die Veröffentlichung im Falle eines Nachdrucks zu unterbinden; dieses Geständnis der Machtlosigkeit beweist, daß die so dringend geforderten Eingriffe von seiten der Regierung nicht effektiv sind[47].

Die Regierungen haben natürlich ein Wörtchen mitzureden, wenn sie ein Recht erteilt haben, das den Nachdruck in Form von Neuausgabe, Auszügen oder gar Kommentaren untersagt. Doch einerseits beinhaltet die Bitte um das Privileg die Anerkennung eines Kontrollrechts der Behörden; sie verletzt das Prinzip der Pressefreiheit; sie unterminiert die eigentlichen Grundlagen der Aufklärung. Bei schlechten Büchern verweigert der Staat das Recht. Andererseits ist der Schutz nur auf das Territorium des Staates begrenzt, der das Recht erteilt. Will man ihn überall? In diesem Fall muß man sich an sämtliche Regierungen wenden, was kostspielig ist. Oder man muß ein kaiserliches Privileg erhalten, was vergeblich ist, denn die vor dem Reichsgericht angestrengten Prozesse dauern sehr lange, und letzteres verfügt nicht über die geeigneten Mittel, eine Regierung zur Vollstreckung seiner Urteile zu zwingen. Im Grunde ist ein Privileg außerhalb des Landes, das es erteilt hat, nur in dem Maße gültig wie das Land gefürchtet ist[48]. Die schwachen Fürsten akzeptieren die Einsprüche. Die mächtigeren weisen sie zurück. Preußen selbst ist nicht in der Lage, seine Untertanen zu schützen.

Im Jahre 1784 richten 12 privilegierte Buchhändler aus Berlin eine lange Petition an den König: »Eure Majestät hat dankenswerterweise schon oft unser Wohl gegen viele unheilbringende Nachdrucker geschützt. Erneut hat sich eine Diebesbande dieser Sippschaft in der Rheingegend gebildet; sie hat den Komplott ausgeheckt, alle guten und nützlichen Schriften in verschiedenen Sammlungen neu herauszugeben; darunter werden sich so manche befinden, die im Besitz der Verlagshäuser von Untergebenen Eurer Königlichen Majestät sind. Diese namenlose Gesellschaft hat ihren Sitz in der Pfalz. Ein gewisser Bender aus Mannheim und der Verleger Wiese aus Heidelberg haben ihr ihre Namen verliehen. Der Verleger Gögel aus Frankenthal hat sich ihnen angeschlossen; diese unsichtbare Gesellschaft hat sich dann bis nach Darmstadt ausgebreitet, wo der Buchhändler Krämer einen Teil dieser Neuausgaben drucken muß. In Hanau und Frankfurt am Main versuchen mehrere gewinnsüchtige Leute, diese schädlichen Nachdrucke durch Ankündigung von Prämien zu fördern.« Es folgen die Liste der von mehreren Zeitungen angekündigten Veröffentlichung und die Argumente, die Preußen vorbringen kann. Der Pfälzische Kurfürst muß sich erinnern, daß Preußen einige Jahre zuvor den Nachdruck pfälzischer Ausgaben von Shakespeare und von lateinischen Klassikern untersagt hat. Der Landgraf von Darmstadt hat 1783 ein ähnliches Vorrecht erhalten. Der Erbprinz von Hessen-Cassel, der Landgraf von Hanau und der Frankfurter Magistrat sind durch Versprechen gebunden, die sie 1776 und 1777 gemacht haben.

Hanau erwidert auf die Darstellungen der könglichen Regierung, daß noch keins der angekündigten Werke erschienen sei, und Darmstadt erklärt sich machtlos, da sich das Zentrum des Nachdrucks in Mannheim befinde. Dort fühlt sich der Kurfürst stark genug, um sich über die Preußen lustig zu machen. Er weist ihre Forderung am 10. Dezember 1784 zurück, »da einerseits große Zweifel bestehen über die Frage, ob der Nachdruck von Büchern, an die keine Privilegien gebunden sind, die den Nachdrucker binden, als legal oder illegal zu betrachten ist, zumal einer der Kläger, Herausgeber der ›Allgemeinen Deutschen Bibliothek‹ an anderer Stelle selbst zugunsten dieses Nachdrucks plädiert, gegen den er sich richtet (Nicolai in seinem Band XL, S. 205); da andererseits die Buchhändler in allen Teilen Deutschlands und in den Nachbarländern sich dem Nachdruck aussetzen. Wenn also Seine Exzellenz der Kurfürst seinen Untergebenen ein solches Verbot auferlegen wollte, so würden daraus für beide Teile Nachteile hinsichtlich des Einkommens resultieren«.

Einer weiteren Klage, die am 29. November 1784 gegen einen Hamburger Kaufmann vorgebracht wird, der im Hausierhandel

Nachdrucke von Klopstock, Kleist, Lessing, Ramler, Jacobi, Claudius und Mendelssohn verkauft, wird auch nicht stattgegeben. Der Angeklagte wird vor den Senat zitiert, doch leugnet er, die Bücher, die er verkauft, herausgegeben zu haben. Er hat sie angeblich selbst in Karlsruhe gekauft. Der Nachdruck sei zwar verboten, nicht aber der Verkauf neugedruckter Werke. Er sei nur ein armer Buchhändler, der durch den in Berlin von seinem Kollegen Stahlbaum vorgenommenen Nachdruck von Werken aus seinem Bestand geschädigt sei[49].

Die Verleger sind von der Notwendigkeit einer allgemeinen Regelung überzeugt, vergleichbar der in England bestehenden, und erhalten schließlich jenes berühmte sächsische Mandat vom 18. Dezember 1773. Dieses Dekret schützt alle in Sachsen gedruckten Bücher, verfolgt alle Nachdrucker und verurteilt sie wegen Interessenschädigung. Die außerhalb des Landes publizierten Werke genießen dieselben Vorteile durch die wechselseitigen Beziehungen der anderen Regierungen oder den Kauf eines sächsischen Privilegs. Letzteres untersagt sogar die mit dem Nachdruck verbundene Arbeit. Nachdrucke können, streng genommen, nur verkauft, getauscht oder in Zahlung genommen werden, ohne daß die Polizei sie konfisziert und die Schuldigen zu einer Geldstrafe von 50 Talern verurteilt, wovon die eine Häfte an den geschädigten Verleger geht.

Seit Ostern 1774 wird das Gesetz auf der Leipziger Messe ganz streng gehandhabt. Doch der Nachdruck ist zu diesem Zeitpunkt für den Buchhandel von so entscheidender Bedeutung, daß der dagegen unternommene Kampf den großen Messen nur schadet. Leipzig wie auch Frankfurt, wo die Nachdrucker ebenfalls durch die kaiserlichen Privilegien verjagt werden, büßen allmählich ihre einstige Bedeutung ein, obwohl es den Nachdruckern nicht gelingt, in Hanau eine besondere Messe für Neudrucke einzuführen. Auf Kosten der ehemaligen Messen entwickelt sich der Hausierhandel, der sich der reichlich vorhandenen Arbeitskräfte, nämlich der Landstreicher, bedient. Die Verleger strecken die Arme zum Himmel und fordern vergeblich, daß ein Buchhändler wenigstens lesen können müsse. Die von ihnen gewünschte Berufsvorschrift scheint unrealisierbar[50]

Preußen ahmt indessen das sächsische Beispiel nach. Seit 1771 treten im »Landrecht[51]« die Artikel über den Buchhandel in Kraft. Darin wird das literarische Werk als Eigentum des Autors erklärt.

Letzterer kann einem Verleger das Recht zum Drucken oder Verkaufen erteilen; doch muß er bei jeder Neuauflage, dessen Text oder Format vom Original abweichen, erneut gefragt werden. Der Schutz, der durch die Konfiszierung und die Verklagung auf Interessenschädigung sanktioniert ist, bezieht sich auf ganz Preußen für jedes Werk, unabhängig von dessen Erscheinungsort. Allen Klagen wird stattgegeben, außer natürlich solchen, die aus Staaten herrühren, wo Nachdrucke erlaubt sind.

Preußen und Kursachsen stehen seit 1776 in gegenseitigen Verhandlungen; das Ergebnis ist 1782 der völlige gegenseitige Schutz der in beiden Staaten herausgegebenen Werke.

In der Folgezeit entsteht eine Art Trennung zwischen Norddeutschland, wo Nachdrucke verboten werden, und Süddeutschland, wo sie ihre Wahlheimat finden. Der Schutz bleibt insgesamt unzureichend und der einem Buch gesicherte Markt begrenzt[52].

Wohin der von der Universität kommende Bürger sich auch wendet, er findet nicht, was er sucht. In der Verwaltung kann er nicht immer Karriere machen; und der Zustand der Lebensgewohnheiten erlaubt es ihm nicht, von seiner intellektuellen Situation zu leben. Die Zahl der Unzufriedenen wächst also; kleine Beamte, Kandidaten der Theologie, Hauslehrer, Anwälte und Ärzte ohne Klienten und Schriftsteller ohne Publikum stellen verbittert fest, daß die Gesellschaft ihnen keine Stelle angeboten hat, die ihrer Verdienste würdig ist.

3. Kapitel: Die Krise der Jugend

1. Die Mißerfolge der jungen Intellektuellen

Studiert man die Lebensläufe der jungen Leute, die später in der Literatur einen Namen haben werden, so fällt zunächst eine Art naiven Strebertums auf, ein jugendlicher Ehrgeiz, der ganz unterschiedlich befriedigt werden kann. Sie sind nicht an ein bestimmtes Land gebunden; das Postulat »ubi bene, ibi patria«[1] erscheint ihnen ganz selbstverständlich, und die quälenden Erinnerungen an ihre Jugend führen oft zum Haß auf ihr Vaterland. Sie haben aber auch keine feste Vorstellung von der Art des Berufes, der ihnen zusagt, Beamter, Soldat oder Kaufmann, es ist ihnen ganz gleich, sie werden jeden Beruf ergreifen, um ihre Ruhmsucht zu stillen; die einzige Ausnahme von dieser Regel besteht darin, daß sie nicht den Beruf haben wollen, für den sie seit ihrer Geburt bestimmt zu sein scheinen. Wackenroder scheut vor Jura und Prozessen zurück. Schleiermacher will nichts vom Handel wissen, und Kleist tritt aus der Armee aus. Durch diese Handlungsweise wenden sie sich alle von den Methoden der Aufklärung ab und stürzen sich ins Abenteuer.

Es fehlt ihnen weder an Mut noch an Gewandtheit. Novalis, den man lange als romantischen Träumer betrachtet hat, meistert es wunderbar, Karriere zu machen. Nachdem er in Jena und Leipzig seinen Dilettantismus zur Schau getragen hat, beginnt er ernsthaft mit dem Jurastudium in Wittenberg. Dank seiner guten Beziehungen bekommt er eine Stelle als Versicherungsmathematiker in Tennstedt; er trägt sich mit dem Gedanken, in der preußischen Verwaltung seinen Weg zu machen. Er begegnet Sophie von Kuhn, und um sich nicht von ihr zu trennen, beschließt er, den Spuren seines Vaters zu folgen, der Salinendirektor in Kursachsen ist. Seitdem widmet sich dieser Träumer ernsthaft der Arbeit; der Ehrgeiz läßt ihm keine Ruhe; er ist drei Viertel des Tages mit seinem Beruf beschäftigt. Der Rest, nämlich Poesie, Philosophie und Religion, erscheint zweitrangig. Selbst Sophies Tod unterbricht ihn nicht lange in seiner Arbeit. Er besucht Fortbildungskurse, studiert in Freiberg die Technik des Bergbaus und macht Notizen in seine Hefte, die genauso dick sind wie diejenigen, die er mit seinen Gedichten gefüllt hat. Man schätzt seine Beziehungen. Am 7. Dezember 1799 wird er mit einem Jahresgehalt von 400 Talern fest angestellt. Dieser kleine Erfolg steigert seinen Eifer. Während der letzten Monate jener Zeit, wo er etwas für sein berufliches Fortkommen unternimmt, bemüht er sich um eine zweite Stelle, die er mit der ersten verbinden will. Anfang 1800 schreibt er an seinen Vorgesetzten und Freund: »Die Schriftstellerei ist eine Nebensache. Sie beurteilen mich mehr billig nach der Hauptsache – dem praktischen Leben... Ich behandle meine Schriftstellerei nur als Bildungsmittel[2].« Er erhält sein zusätzliches Amt am 6. Dezember 1800 und stirbt am 27. März 1801.

Das Bild, das die meisten Zeitgenossen von ihm bewahren, ist nicht das eines Träumers, der sich außerhalb der Realität eine eigene Welt schafft, sondern das eines jungen aktiven Bergbaubeamten.

Das zweite Merkmal, das die meisten dieser jungen Leute gemeinsam haben, ist trotz ihrer Bemühungen der Mißerfolg. Ungeschicktheit, mangelnde Ausdauer, maßloser Ehrgeiz – die Ursachen sind unwichtig. Tatsache ist, daß sie sich zum Zeitpunkt der Veröffentlichung ihrer ersten Versuche als »Gescheiterte« betrachten können. Sie sind sehr weit von dem Ziel entfernt, das sie sich gesteckt hatten. Einige von ihnen werden jedoch berühmte Männer werden. Aber erst später, meistens aufgrund ihrer Schriften, und immer anders als sie sich erträumt hatten. Als sie bei einem gemeinsamen Treffen in Berlin ihre Vergangenheit überdenken, stellen sie alle mehr Mißerfolge als Erfolge fest: Schleiermacher verliert 1786 den Glauben. Er ist bereit, alles zu studieren. Aber das Medizinstudium ist teuer, und Jura erscheint ungewiß, »da ein bürgerlicher Jurist selten eine Stelle findet[3]«. Er schreibt sich trotzdem an der theologischen Fakultät in Halle ein. Sein Vater, ein armer Pfarrer, rät ihm im Jahre 1789, Französisch, Englisch und Mathematik zu erlernen, um bald selbst seinen Unterhalt zu verdienen. Nach beendetem Theologiestudium weiß er nicht, was er werden soll. Er hat keine Lust, sich um eine Stelle zu bewerben, die außerdem schwer zu bekommen ist. Eine Hauslehrerstelle bei den Dohnas, einer der bedeutendsten preußischen Adelsfamilien, sichert ihm eine vorübergehende Ruhepause[4].

Der adlige Kleist ist für die Armee prädestiniert, in die er mit 15 Jahren im Juni 1972 eintritt. Unter dem Befehl von Kalckreuth nimmt er an der Belagerung von Mainz und an dem Pfälzischen

Feldzug teil. Nach dem Basler Frieden am 14. Mai 1795 zum Fahnenjunker befördert, führt er in Potsdam inmitten junger angesehener Offiziere ein angenehmes Garnisonsleben. Man macht Musik, interessiert sich für Literatur und Philosophie ... und verliert wie Schleiermacher seine Berufung. Die eintönige Karriere, die sich vor ihm öffnet, kann ihm nicht zum Glück verhelfen. 1799, nach sieben Jahren Militärdienst, äußert er seine Verachtung für die Armee. Er liebt nur die Wissenschaften, verläßt das Heer, läßt sich in Frankfurt/Oder an der Universität immatrikulieren und verlobt sich mit einer Generalstochter. 1801 enttäuschen ihn auch die Wissenschaften. Er will Landwirt werden, beginnt zu schreiben und hat keinen Erfolg, ist eine Zeitlang krank und wird wieder Beamter in Königsberg. Die Hölle habe ihm seine unvollkommene Begabung gegeben, schreibt er, nachdem er das Manuskript von »Robert Guiskard« verbrannt hat, von dem er sich Ruhm erhoffte. Er hat vor seinen Altersgenossen den großen Vorteil, adlig zu sein und immer eine Stelle zu finden. Aber er teilt mit ihnen die Unruhe, die Schüchternheit gegenüber den Frauen und die Unzufriedenheit, durch die er schließlich einen doppelten Mißerfolg erleidet, nämlich im militärischen und zivilen Bereich, bis ihn auch die Literatur entmutigt und ihn zum Selbstmord treibt[5].

Gries weigert sich nach dreijähriger Lehrzeit, als Kaufmann tätig zu sein. Im Jahre 1795 kommt er nach Jena zum Studium und kann sich der Literatur widmen, da er reich ist[6]. Der Pastorssohn Hülsen lehnt es ab, sich um eine Stelle zu bemühen. Der arme Teufel existiert so recht und schlecht, indem er schreibt, Vorträge hält und Privatstunden gibt[7]. Er macht sogar eine Erziehungsanstalt auf, betreibt dann aber schließlich ganz zurückgezogen seinen Garten, dank der Großzügigkeit seiner Freunde, die ihm 1803 in Holstein Land kaufen[8]. August Wilhelm Schlegel, der von Botschaften träumte, begnügt sich mit einer Hauslehrerstelle bei einem Amsterdamer Bankier[9]. Friedrich jedoch träumt ganz entgegen Schleiermachers Ansicht[10] sein ganzes Leben von einem öffentlichen Amt. Er hofft, auf Grund seiner Artikel, die er 1794 und 1795 in Dresden über das alte Griechenland schreibt, einen Lehrstuhl als Professor zu bekommen. Er geht nach Jena, wird dort wohlwollend aufgenommen, begeht aber einen Fehler, der seine Zukunft gefährdet. Getrieben von Geldnot, gibt er dem Drängen Reichhardts nach, der Schillers Zeitschriften Konkurrenz macht; er veröffentlicht in seinem *Deutschland* eine heftige Kritik an dem »Almanach der Musen für 1796« und an den »Horen«. Schiller ist verletzt und gibt eine bösartige Erwiderung in den »Xenien«, die er gemeinsam mit Goethe schrieb. Vergeblich bemüht sich Friedrich danach, den Dichter von der Lauterkeit seiner Absichten zu überzeugen, an der Universität ist kein Platz mehr für ihn[11]. Es bleibt ihm nichts anderes übrig, als sich nach modernen Schriftstellern umzusehen, um Journalist und Kritiker zu werden. Doch genausowenig wie die hastig geschriebenen Bücher sichert der Journalismus seine Existenz. Es kann sich nur um eine vorübergehende Arbeit handeln. In Berlin begegnet er der Frau, die ihn liebt und bis zu seinem Tode unterstützt. Dorothea jedoch, die sich über den literarischen Wert ihres Gatten keine Illusionen macht, hofft, daß man ihn schließlich doch noch für einen Posten ernennt. Nach der Niederlage des *Athenaeum* im Jahre 1799 notiert sie in ihr Tagebuch: »Ich träume immer davon, daß Friedrich einmal eine andere Beschäftigung haben wird als im Augenblick. Gäbe uns das Schicksal einen Staat, könnte er sicher noch einmal ein Bürger werden. Schnell, schnell, mein Gott, bevor es zu spät ist! – Spricht man nicht in der ganzen Welt von Bonaparte? Und kann man nicht auf das Glück eines wahrhaft großen Mannes vertrauen[12]?«

Schelling ist Pastorensohn; da er ein Wunderknabe ist, muß er Hauslehrer der Söhne des Baron von Riedesel werden. In Stuttgart lernt er Französisch sprechen und in der schönen Welt zu leben. Dann begleitet er seine Schüler und gelangt auf dem Wege über die bedeutendsten deutschen Höfe an die Universität in Leipzig[13]. Im Laufe seiner Reise läßt man ihn spüren, daß er zweitrangig ist. Man mißtraut ihm. Die Ansicht der Gräfin Degenfeld in Heilbronn, Tante der jungen Leute, kommt im folgenden zum Ausdruck: »Die Frau Gräfin sieht die Hofmeister adeliger Eleven für sehr gefährliche Menschen an. Sie sollen alle von der französischen Propaganda in ihr Interesse gezogen sein und sich anheischig machen, ihre adelichen Jungen zu Demokraten und Revolutionärs zu bilden[14].« Schelling ist mit seinem Los nicht zufrieden. Er könnte in Tübingen eine angenehmere Stelle als stellvertretender Professor bekommen. Seinem Vater schreibt er: »Ich kann nur in der Situation glücklich sein, die ich gewählt habe. Ich will und fordere nichts anderes als studieren zu können. Wenn Sie wollen, daß ich dafür auf mein Vaterland verzichte, bin ich dazu sofort bereit. Wer die Bedeutung der Aufklärung und der literarischen

Aktivität einiger anderer Gegenden, wie zum Beispiel Sachsens, kennengelernt hat, verspürt kein großes Verlangen mehr, in Württemberg zu leben. Doch gehe ich Ihretwegen und wegen meiner Geschwister gern dorthin. Ich tauge nichts als Theologe[15].«

2. Die Isolierung der jungen Intellektuellen

Diese jungen Leute, die unfähig sind, sich eine Existenz aufzubauen, sind enttäuscht, eine Welt zu entdecken, die von ihrem Ideal so stark abweicht. Sie sind allerdings ehrgeizig und intelligent. Warum entschließen sie sich nicht zum Kampf? Der offensichtliche Mißerfolg der aufgeklärten Philosophie ist kein ausreichender Grund zur Verzweiflung. Er könnte ihnen die erforderliche Kraft geben, diejenigen zu bekämpfen, die ihrer Aufrichtigkeit mit Verachtung entgegentreten. Ihre Lehrer, die ihnen zwar schöne Prinzipien eingeschärft haben, kümmerten sich jedoch nicht darum, sie die Praxis des Lebens zu lehren. In dem Augenblick, wo sie ihre ersten Schritte unternehmen, ist es für sie vor allem hinderlich, nicht zu wissen, wie man an eine Gönnerin schreibt, wie man sich in einem Salon bewegt oder wie man Quadrille tanzt. Sie haben nicht alle das Glück, wie Jung-Stilling, eine Frau von Welt zu heiraten.

Der ehemalige Schneider hat es ihr zu verdanken, daß er sich endlich wohl fühlt. Von seinem Herkommen und Erziehung ging ihm noch vieles an: in seinem ganzen Leben und Weben, Gehen und Stehen, Essen und Trinken, in der Art sich zu kleiden, besonders aber im Umgang mit vornehmen Leuten, benahm er sich so, daß man im Augenblicke seinen niederen Ursprung bemerkte, immer tat er der Sache entweder zu viel oder zu wenig[16]. Seine Frau gibt ihm allmählich den Schliff, der ihm fehlte.

Die meisten jungen Intellektuellen wagen es am Endes Jahrhunderts nicht mehr, in diesem unbekannten Land etwas zu riskieren, wo Diplome wertlos sind. Die neue Mentalität schlägt ihnen andere Wege vor. Da sich niemand damit befaßt hat, ihnen jenen Komplex der Reflexe einzuschärfen, den man Anstand oder Höflichkeit nennt, gehen ihre Hirne, die geübt sind, richtig zu denken, jetzt daran, falsch zu träumen. So sind es psychologische und soziale Ursachen, die aus den jungen Intellektuellen Isolierte inmitten einer Gesellschaft machen, die im Begriff ist, durch wirtschaftliche Schwierigkeiten und den Geschmack am Wunder verwandelt zu werden.

Die Entwicklung von der Aufklärung zur Romantik ist in dieser Hinsicht ganz klar. Auch die aufgeklärten Leute leiden unter dieser Isolierung, aber sie wissen, daß sie für sie ein Mißerfolg ist. Sie versuchen nicht, seine Reize zu rühmen; sie denken nicht daran, ihn zu ihrem Vorteil zu interpretieren, indem sie betonen, daß er sie von dem Gemeinen unterscheidet und ein Beweis für ihr Genie ist. Die neue Mentalität hat sie noch nicht verwandelt. So verbirgt Garve, der in jeder Hinsicht so typisch ist für die deutsche Aufklärung, auch bezüglich der Pedanterie, der Oberflächlichkeit und des ständigen Geschwätzes, nicht den Neid auf die Privilegien. »Je weiter man sich zu den Klassen der bürgerlichen Gesellschaft herabbegibt, desto mehr wird die Liebe zum Gesellschaftsleben gerügt und die Tendenz zur Einsamkeit gelobt«. Denn die Moral der einen ist nicht die Moral der anderen, und wer keine Zeit und kein Geld hat, gelangt ohnehin nicht in die »gute Gesellschaft«. So wird er in der Gesellschaft der Bauern, des Arbeiters, des Gesellen, des Kaufmannslehrlings, des Studenten, »in der gewöhnlichen Gesellschaft seinesgleichen nur rohe Sitten und Ausschweifungen und unverständliche Reden antreffen«. Es ist daher besser, allein zu bleiben[17].

Zu dieser Lösung ist er schließlich auch für sich gekommen. Der Arme! »Von meiner frühen Jugend an hat eine leidenschaftliche Liebe zum Umgange mein Gemüth beherrscht, und oft es beunruhigt. Der Wunsch, in der Gesellschaft zu gefallen und derselben gesucht zu werden, ist zu allen Zeiten weyt stärker bey mir gewesen, als die Begierde nach litterarischem Ruhme. Wenn mir dieser Letztre ein wünschenswertes Guth schien: so war es nur deßwegen, weil ich glaubte, daß er mir den Weg zu jenen Vortheilen bahnen würde. Ich wollte nicht nur, wie Montaigne, daß man mich selbst, nicht meine Bücher schätzen sollte: ich wurde auch gewahr, daß es etwas ganz anderes wäre, wenn mich die Gesellschaft unter dem Titel eines mir zugeschriebenen besonderen Talents, als wenn sie mich unter dem, einer unbestimmten, aber allgemeinen Liebenswürdigkeit aufnähme; und nur dieß letzre wäre der Gegenstand meiner Wünsche. Ich dachte genau so wie Pascal, daß derjenige, den man bey seinem Eintritte in eine Versammlung der Gesellschaft, als einen vortrefflichen Clavierspieler, einen Erzähler lustiger Geschichten, oder selbst als einen berühmten Dichter oder Schriftsteller ankündigt, nur noch ein erborgtes und unsicheres Ansehen in derselben habe, – und daß, um sich als Mitglied von ihr zu betrachten, und an ihren geselligen Vergnügungen mit vollem Rechte Theil nehmen zu können, er nicht, wegen einer besondern Eigenschaft von ihr gelobt, sondern, nach seiner ganzen Persönlichkeit als braver und artiger Mann (honnête et galanthomme) geliebt werden müsse ... Ein sehr schwer zu erreichendes Ideal. Ich erlangte von Zeit zu Zeit die Achtung einiger würdiger Männer aus jeder Classe: aber nie gelang es mir, den großen Haufen in irgendeiner zu gewinnen: welches ich doch, weil es mir um ausgebreiteten Umgang, nicht bloß um freundschaftlichen zu thun war, sehnlich wünschte. Weder meine Talente, noch meine äußern Annehmlichkeiten reichten zu, den Stolz der höhern, oder den Ernsthaften zu überwinden, den weder Familienbindungen noch Kaltsinn der fröhlichern Kreise gegen einen Unbekannten und Interesse ihnen wichtig machten ... Endlich trieben Kränklichkeit und Gebrechen des Körpers mich noch mehr in diejenige Einsamkeit zurück, die ich so gerne mit dem Geräusche der Welt vertauscht hätte[18].«

Fast alle, die sich einmal resigniert in die Einsamkeit zurückziehen werden, haben sich vorher um die Anerkennung in den Salons bemüht. Die Schwierigkeit, auf die sie dabei stoßen, ist einer der wichtigsten Aspekte ihrer »Lehrjahre«. Um ihnen die Aufgabe zu erleichtern, weisen ihnen mehrere Autoren den Weg. Der bekannteste von ihnen ist Knigge. Dieser reichsunmittelbare Ritter wurde 1752 in Biederbeck bei Hannover geboren, ist Student in Göttingen, Höfling und »Maître de plaisir« in Hanau, Rentner auf seinen Ländereien, reist viel, ist Freimaurer und Künstler und hat in der Gesellschaft seiner Zeit verkehrt, bevor er sein Buch »Über den Umgang mit Menschen« veröffentlicht, das in weniger als zwei Jahren drei Auflagen erlebt (1788–1790). Generationen von Deutschen haben ihre Welt in diesem Werk kennengelernt, das unter den unbedeutenderen Klassikern zu Ansehen gelangte. Die Ratschläge, die sie sich darin holen, werden ihnen ohne eitle Moral erteilt. In diesen Paragraphen, die geschrieben und numeriert sind wie Maxime, in drei Kapiteln eingeteilt und von Anekdoten und Erinnerungen unterbrochen sind, finden sie Anregungen, die ihren Beobachtungsgeist und ihren Geschmack am mondänen Leben wecken und mit Hilfe derer sie Ungeschicklichkeiten vermeiden.

Schon in der Einleitung präzisiert Knigge sein Ziel: »In keinem Land in Europa ist es vielleicht so schwer, im Umgange mit Menschen aus allen Classen, Gegenden und Ständen allgemein

Beifall einzuernten, in jedem dieser Cirkel wie zu Hause zu sein, ohne Zwang, ohne Falschheit, ohne sich verdächtig zu machen und ohne selbst dabei zu leiden, auf den Fürsten wie auf den Edelmann und Bürger, auf den Kaufmann wie auf den Geistlichen nach Gefallen zu wirken, als in unserem deutschen Vaterlande; denn nirgends vielleicht herrscht zu gleicher Zeit eine so große Mannichfaltigkeit des Conversationstons, der Erziehungsart, der Religions- und anderer Meinungen, eine so große Verschiedenheit der Gegenstände, welche die Aufmerksamkeit der einzelnen Volksclassen in den einzelnen Provinzen beschäftigen. Dies rührt her von der Mannichfaltigkeit des Interesse der deutschen Staaten gegeneinander und gegen auswärtige, von dem Unterschiede der Verbindungen mit diesem oder jenem auswärtigen Volke und von dem sehr merklichen Abstande der Classen in Deutschland voneinander, zwischen denen verjährtes Vorurtheil, Erziehung und zum Theil auch Staatsverfassung eine viel bestimmtere Grenzlinie gezogen haben, als in anderen Ländern ... Freilich kann nichts ungesitteter, den wahren Begriffen einer feinen Lebensart mehr entgegen sein, als wenn eine Anzahl Menschen, die sich auf diese Art untereinander verstehen, einen Fremden, der gutmütig unter sie tritt, um an den Freuden der Geselligkeit Theil zu nehmen, durch ununterbrochene Lenkung des Gesprächs auf Gegenstände, wovon dieser gar nichts versteht, jeden Genuß der Unterhaltung rauben ... Man sollte wohl mehr Rücksicht nehmen; allein selten sind ganze Gesellschaften so billig, sich nach Einzelnen zu richten; auch läßt sich das nicht immer mit Recht fordern; folglich ist es wichtig für Jeden, der in der Welt mit Menschen leben will, die Kunst zu studiren, sich nach Sitten, Ton und Stimmung Andrer zu fügen[19].«

Das erste Kapitel, das allgemeinen Dingen gewidmet ist, enthält lauter nützliche Rezepte für alle, die Erfolg haben wollen. Der Grundsatz lautet, daß man die Menschen immer danach beurteilt, wie sie sich geben.

Ein bißchen »Fähigkeit im Umgang« genügt also, um zu täuschen. Er rät, sich niemals gleichgültig zu geben, immer fröhlich zu sein, Klatsch zu vermeiden, keine Fragen zu stellen und sich verletzender geistreicher Einfälle zu enthalten[20]. Zwar kann ein Wort zuviel in der Unterhaltung schnell vergessen werden, es niederzuschreiben soll man sich jedoch hüten, da Briefe bestehenbleiben und weiterhin schaden, selbst wenn ihr Autor verschwunden ist[21]. Man soll die Menschen nicht nach ihren Worten, sondern nach ihren Taten beurteilen[22]. In Gesellschaft soll man an seine Rechte die Leute von Rang lassen, seinen Schritt nach dem der Damen richten, auf einer steilen Treppe hinter ihnen nach oben und vor ihnen nach unten gehen: bei Tisch legt man den benutzten Löffel nicht neben seinem Teller ab, hält sich gerade, flüstert seinem Nachbarn nicht ins Ohr. Auf der Straße zieht man seinen Hut zum Gruß zur entgegengesetzten Seite von der Person, die man grüßt, etc.[23]. Der zu befolgende Umgang richtet sich nach dem Temperament der Menschen, nach den Cholerikern, Sanguinikern, Melancholikern, Ehrgeizigen, Eitlen, Sentimentalischen, Gehässigen, Faulen, Mißtrauischen, Charlatanen, Abenteurern, Schmeichlern, Ungeschickten, Zerstreuten, Einfältigen, Trunkenen und Ausschweifenden, Enthusiasten, Abergläubischen, Heuchlern, Mystikern oder Toleranten; die zahllose Masse der Individuen aller Charaktere verlangt, daß man jeden nach seiner Art behandelt[24].

Das zweite Kapitel des Buches betrifft die intimen Beziehungen in der Familie, unter Freunden, mit Damen, die der Autor schlecht behandelt, aber zu schonen rät, mit Bediensteten, Nachbarn, Gästen und verschiedenen anderen Personen. Fast alle Fälle und alle möglichen Ereignisse werden untersucht.

Der dritte Teil ist den verschiedenen sozialen Schichten gewidmet. Die Großen sind schlecht erzogen; sie sind gewohnt zu schmeicheln. Wer ihre Anerkennung quittiert, wird betrogen; es ist besser, ihnen kein Geld zu leihen. Ihr alteingesessenes Mißtrauen und ihr Wankelmut machten »das strahlende Unglück, ihr Favorit zu sein«, wenig beneidenswert[25].

In welcher Situation man sich auch befindet, man kann sich bei Knigge Rat holen. Seine Popularität ist also verständlich. Aber er ist nicht der einzige, der dieses allgemeine Bildungsbedürfnis befriedigt. Die Zeitschriften und Zeitungen sind voll von guten Ratschlägen. Das *Journal des Luxus und der Moden* beispielsweise gibt den jungen Leuten in drei Fortsetzungen sachdienliche Hinweise: wenn sie bei einem Adligen eingeladen sind, dürfen sie ihrem Gastgeber nicht den Vortritt lassen. Sie müssen es vermeiden, bei Tisch zu laut zu lachen, zu viele Komplimente zu machen und Fragen zu stellen; und in der Unterhaltung verlangt es die Vorsicht, keine Anekdoten zu erzählen oder über Politik zu sprechen. Im Gegenteil, es gehört zum guten Ton, reges Interesse an den

»Nichtigkeiten« des mondänen Lebens zu bekunden und seine Ansichten zu verbergen. Und vor allem gerate man nicht beim Gebrauch der Titel in Verwirrung[26]. Dieser Schwall von Sentenzen behagt vielleicht dem Rationalisten, der zu methodischem Erfolg entschlossen ist. Der Romantiker dagegen läßt sich nicht von Vorschriften bestechen, die darauf hinauslaufen, ihn in einen »honnête homme« nach gängigem Muster zu verwandeln. Man wird nicht müde, ihm zu sagen, was er tun muß, um nicht aufzufallen. Er dagegen ist sich seines intellektuellen Werts bewußt und daher von den erforderlichen Bemühungen, dieser schönen Welt zu gefallen, angewidert. Seine Schüchternheit, die man besiegen muß, sein Hochmut, den man erniedrigen muß und die Langsamkeit des Fortschritts entmutigen ihn. Er zieht es vor zu verzichten und die Einsamkeit zu wählen, die es ihm nicht gelang zu verlassen: »Der bloße Anblick eines Menschen bedrückt mich dermaßen, daß ich nicht mehr frei atmen kann«, schreibt Wackenroder[27]. Er verfaßt eine Theorie über den Umgang in Gesellschaft und gibt den Rat, so wenig wie möglich zu sprechen, in sich zu gehen und das Bedürfnis zu verdrängen, »seine Gedanken und Gefühle loszuwerden«.

Der etwas über dem Durchschnitt stehende Mensch kann nicht in dieser spröden, starren, erbärmlichen Welt leben, erklärt er Tieck. Er muß sich eine ideale Welt schaffen, in der er glücklich werden kann. Nur dann kann er kaltblütig auf das sogenannte Glück der demütigen Wesen herabblicken, die sich leben lassen[28].

Friedrich Schlegel hat auch nicht mehr Erfolg in der Welt:

»Ich fühle selbst in mir beständigen Mißklang, und ich muß mir selbst gestehen, daß ich nicht liebenswürdig bin, welches mich oft zur höchsten Verzweiflung treibt. Es fehlt mir die Zufriedenheit mit mir und anderen Menschen, die Sanftmuth, die Grazie, welche Liebe erwerben kann. Ich wünschte so auf die Menschen zu wirken, daß von meiner Rechtschaffenheit immer mit Achtung, von meiner Liebenswürdigkeit allgemein oft und viel mit Wärme geredet würde ... Jedermann sollte mich gut nennen, wo ich hinträte, sollte sich alles erheitern, jeder sich nach seiner Art an mich schmiegen, und die sich was dünken, mich gnädig anlächeln. – Aber längst habe ich bemerkt, welchen Eindruck ich fast immer mache. Man findet mich interessant und geht mir aus dem Wege. Wo ich hinkomme, flieht die gute Laune, und meine Nähe drückt. Am liebsten besieht man mich aus der Ferne, wie eine gefährliche

Rarität ... . Wenn ich geliebt würde, so würde ich liebenswürdiger werden[29].«

Betrachtet man die Weitschweifigkeit, in der er sich über seine Trockenheit beklagt, so fragt man sich, wie lang seine Reden wären, wenn er diesen Fehler nicht hätte. Man muß es eher als Schüchternheit bezeichnen. Sobald er irgendwohin kommt, ist die gute Laune dahin. Welche? Die der anderen? Vielleicht, wenn sie nicht so zahlreich sind und seine eigene Gehemmtheit auch sie befällt. Aber sicher seine eigene. Der Unglückliche! Man sieht den kleinen, schmächtigen jungen Mann unsicher einen Salon betreten. Sein hübsches verschmitztes Gesicht mit dem lebhaften Ausdruck verkrampft sich; seine Bewegungen sind nicht mehr locker. Er wird starr, betrachtet seine Umwelt flüchtig und unsicher und will hier ein Lächeln und da einen Scherz anbringen. »Nichts ist in seinem Ursprung jämmerlicher und in seinen Folgen gräßlicher, als die Furcht, lächerlich zu sein[30].« Er nimmt es den anderen übel, nachgeäfft zu werden, obwohl er doch viel intelligenter ist als sie, macht auf natürlich, indem er einen unangenehmen Ton annimmt und verletzt durch geistreiche und sarkastische Bemerkungen. Vor allem die Frauen verunsichern ihn, sie sind so spöttisch, so einschüchternd und so begehrenswert!

»Die Weiber im ganzen sind noch platter für mich als die Männer im ganzen. Es müßte sich sonderbar fügen. An Umgang mit gewöhnlichen Weibern finde ich wenig Geschmack. ... Einer die ich nicht liebe die Cour zu machen bin ich zu stolz. – Sinnlich bin ich sehr; allein zu sehr um *deswegen* am Umgang mit jungen Weibern Gefallen zu finden; indessen habe ich mir vorgenommen, diesem Hange nicht zu folgen, da es mir gegen die Würde der Gesinnungen zu seyn scheint, sich mit der Creatur so gemein zu machen[31].«

Auch Schleiermacher, der mit 21 Jahren die Universität verlassen hat, gesteht seinem Freund Brinckmann, einem Don Juan, daß er die Frauen nicht kennt. Hülsen dagegen stößt in Jena durch seine Schüchternheit auf eine Gruppe, die am Rande der Studentenverbindungen und der bürgerlichen Kreise von Leuten organisiert wird, die ähnlich sind, wie er. Die Frauen sind aus der »Gesellschaft der freien Männer« ausgeschlossen, deren Mitglieder Rist, Gries und andere unter dem starken Einfluß jenes eigenartigen Eric von Berger stehen, über den man zu wenig weiß. Ihr gemeinsames Ziel ist es, die Wahrheit zu suchen, die Freundschaft zu pflegen und im ganzen Land zahlreiche Gruppen zu bilden, um die Gesellschaft und den Staat von den erdrückenden Vorurteilen zu befreien. Als Berger weggeht, fällt die Gruppe auseinander. Die Freundschaft aller Mitglieder scheint übertrieben gewesen zu sein[32]. Am Tage seines Geburtstages, am 7. Februar 1797, schreibt Gries: »Heute ist der rechte Augenblick, über meine Beziehungen zu den Frauen zu sprechen. Ich bin jetzt 22 Jahre alt, ich müßte trotzdem etwas zu diesem Punkt zu sagen haben. ... Aber ich habe noch nie geliebt. Niemals hat eine Person jenes Geschlechts einen solchen Eindruck auf mich gemacht, daß mein Herz höher schlug. Ich weiß nicht, ob es mein oder ihr Fehler ist. Ich habe die Frauen immer als etwas betrachtet, was meiner Natur nicht entspricht. Ich habe gern diejenigen, die mich interessierten, dem männlichen Umgang vorgezogen, der meinem Wesen mehr entspricht[33].«

Kleist, verlobt, macht eine mysteriöse Reise nach Süddeutschland, um die Ärzte zu konsultieren, die ihn bei der Gelegenheit mit 24 Jahren von den verschiedenen Beschwerden seiner Jugend und der »physischen Unpäßlichkeit, die sie hervorrief«, heilen[34].

So isolieren sich die jungen Intellektuellen, die durch ihr Studium deklassiert, durch das Fehlen einer auf das Leben vorbereitenden Erziehung und ihre schlechte Gesundheit eingeschüchtert und durch die Sitten ihrer Zeit zum Träumen verleitet wurden. Sie haben kaum Gelegenheit, einflußreichen Frauen zu begegnen, die ihnen den Einstieg in die Gesellschaft erleichtern könnten. Sie versuchen ungeschickt und jeder für sich, einen Weg im Leben zu finden und scheitern dabei mehr oder weniger alle, während sie vergeblich immer wieder die Kritiken wiederholen, die gegen die soziale Ordnung vorgebracht werden.

3. Die Kritik an der Gesellschaftsstruktur

Das Bürgertum ist in Preußen fast die einzige Schicht, die in der Lage ist, ihre Ansichten zu äußern. Es bekundet seine Unzufriedenheit, während die Beschwerden der Bauern und Handwerker nur in den Polizeiberichten aufgeführt werden, die sich in den Geheimarchiven stapeln. Der niedere Adel könnte sich auch beklagen, da er seine Kinder nicht immer unterbringen kann, weil sie zu zahlreich sind, um von dem Vermögen aus der Gutsherrschaft zu leben. Aber er ist nicht gebildet genug, um sich auszudrücken, und stellt nicht wie das Bürgertum ein Publikum dar, das sich selbst genügt, das belesen ist und von seinen eigenen Appellen hingerissen ist. Daher weiß man auch nichts über seine Existenzbedingungen.

Wenn das Bürgertum sich beklagt, so greift es nicht sofort den Staat an. Die Preußen sind keine Revolutionäre. Eine lange Tradition der Loyalität, eine eingewurzelte Unfähigkeit, die wirtschaftlichen Phänomene zu verstehen und eine totale Unwissenheit gegenüber den Folgen der hohen Geburtenziffer hindern sie daran, ein Programm konstruktiver Reformen zu erstellen. Sie begnügen sich mit Seufzern, und ihre Vorwürfe richten sich mehr gegen die sozialen Verhältnisse als gegen das politische System. Sie haben im übrigen auch nicht den geringsten Grund, letzteres zu verwerfen. In Preußen geht die Exekutive nicht wie in Frankreich willkürlich vor. Und der Staat ist hier auch nicht so eng an die Adelsprivilegien gebunden. Wenn diese aufgehoben sind, wird der aufgeklärte Despotismus, von seinen alten Fesseln befreit, die ihn daran hindern, seine Institutionen der Bevölkerungsvermehrung anzupassen, eher gestärkt als geschwächt. Es ist daher verständlich, daß die Preußen fast einstimmig die Erklärung der Menschenrechte und die Dekrete vom 4. und 11. August 1789 befürwortet haben, die in Frankreich die Prinzipien der Aufklärung einführten; und man versteht ferner, daß die Regierung darüber nicht beunruhigt war; eine Revolution erschien in Preußen nicht erforderlich, da es dort keine Tyrannei gab.

Doch die Kritik, die am politischen System erst spät erfolgt, wird gegen die Gesellschaftsstruktur schon lange vor dem Sturm auf die Bastille vorgebracht. Und es sind nicht immer materielle Schwierigkeiten, die die Verbitterung der Unzufriedenen bewirken. Die Verletzung des Egoismus ist für diese Intellektuellen, die von der natürlichen Gleichheit zwischen allen Menschen überzeugt sind, viel schwerwiegender! Was sie gegen den Adel aufbringt, ist nicht dieser oder jener politische oder wirtschaftliche Vorteil, der mit dem Privileg zusammenhängt und wesentlich unbedeutender ist als die Vorzüge der französischen Adligen; es ist die Verachtung, die der ungebildetste, gemeinste, unnützlichste Adlige dem Nichtadligen – und sei dieser ein geheiligtes Genie – entgegenbringt. Es ist das Ausgeschlossensein der Bürgerlichen von Adelssalons; es ist die Gewohnheit, einen Nichtadligen wie einen Bediensteten in der dritten Person anzusprechen; es ist die Sicherheit, mit der ein Adliger keine Widerrede duldet, nicht, weil er alles weiß, sondern weil er ein »geborener« ist. Es gibt fast keinen Bürgerlichen, der darunter nicht leidet. Die weniger gut Situierten sind natürlich die Gehässigsten. Aber man muß mit Vorsicht die Urteile der großen Schriftsteller betrachten, die keinen Grund zur Klage mehr haben, denn es passiert ihnen, daß sie ihre eigene Vergangenheit vergessen. So stellt Goethe die Gesellschaft des 18. Jahrhunderts in wahrhaft idyllischer Weise dar: »Der beruhigte Zustand des deutschen Vaterlandes hatte sich trotz manchen Kriegen und Erschütterungen in seiner Gestalt vollkommen erhalten. Einem gewissen Behagen günstig war, daß von dem Höchsten bis zu dem Tiefsten, von dem Kaiser bis zu dem Juden herunter die mannigfaltigste Abstufung alle Persönlichkeiten, anstatt sie zu trennen, zu verbinden schien.

Gedenke man nun der außerordentlichen Vorteile, welche diese altgegründeten Familien zugleich und außerdem in Stiftern, Ritterorden, Ministerien, Vereinigungen und Verbrüderungen genossen haben, so wird man leicht denken können, daß diese große Masse von bedeutenden Menschen, welche sich zugleich als subordiniert und als koordiniert fühlten, in höchster Zufriedenheit und geregelter Weltthätigkeit ihre Tage zubrachten und ein gleiches Behagen ihren Nachkommen ohne besondere Mühe vorbereiteten und überließen. Auch fehlte es dieser Klasse nicht an geistiger Kultur.

In Deutschland war es noch kaum jemand eingefallen, jene ungeheure privilegierte Masse zu beneiden oder ihr die glücklichen Weltvorzüge zu mißgönnen. Der Mittelstand hatte sich ungestört dem Handel und den Wissenschaften gewidmet und hatte freilich dadurch sowie durch die nah verwandte Technik sich zu einem bedeutenden Gegengewicht erhoben; ganz oder halb freie Städte begünstigten diese Thätigkeit, so wie die Menschen darin ein gewisses ruhiges Behagen empfanden. Wer seinen Reichtum vermehrt, seine geistige Thätigkeit besonders im juristischen und Staatsfache gesteigert sah, der konnte sich überall eines bedeutenden Einflusses erfreuen[35].«

Der Staatsminister, der einem Sekretär seine Zeilen diktiert, der Schriftsteller, dessen Ruhm über die ganze Welt verbreitet ist, wird er sich daran erinnern? Der Patrizier, den die Armut nie gehindert hat, eine Reise zu machen, ein Buch zu veröffentlichen oder seine zahlreichen Sammlungen zu bereichern; der Dilettant, der jene zahllosen Gärten in seine Bücher zeichnet, jene Parks, die für seine Freunde angelegt sind, deren Ideen, aus allen Quellen der Kultur geschöpft, den Geist nähren, den Geschmack verfeinern und zur Sanftmut führen; wird sich der Greis, dessen Gedanken über den Verschiedenheiten der Gegenwart und der Vergangenheit schweben, an die Zeiten erinnern, wo er selbst zu jenen wenigen Beneidenswerten in der immensen Masse der Privilegierten gehörte? Beschwört er niemals jenen Tag, als Werther, von einem Grafen gebeten, zum Essen zu bleiben und schuldig, sich nicht in dem Moment zurückgezogen zu haben, als die zum Abendessen geladenen Adligen eintraten, brutal vor die Tür gesetzt wird, weil es sich für einen Bürgerlichen nicht schickt, sich unter den Adel zu mischen[36]?

Als Goethe, der glücklich und von allen geehrt am Hof zu Weimar lebt, im Jahre 1797 seine endgültige Fassung von »Wilhelm Meisters Lehrjahre« veröffentlicht, beschweren sich noch die Bürgerlichen, »die sich nicht mit dem Adel verbunden, sondern ihm untergeordnet fühlen«: »Dreimal glücklich sind diejenigen zu preisen, die ihre Geburt sogleich über die untern Stufen der Menschheit hinaushebt; die durch jene Verhältnisse, in welchen sich manche gute Menschen die ganze Zeit ihres Lebens abängstigten, nicht durchzugehen, auch nicht einmal darin als Gäste zu verweilen brauchen. Allgemein und richtig muß ihr Blick auf dem höheren Standpunkte werden, leicht ein jeder Schritt ihres Lebens! Sie sind von Geburt an gleichsam in ein Schiff gesetzt, um bei der Überfahrt, die wir alle machen müssen, sich des günstigen Windes zu bedienen und den widrigen abzuwarten, anstatt daß andere nur für ihre Person schwimmend sich abarbeiten, vom günstigen Winde wenig Vorteil genießen und im Sturme mit bald erschöpften Kräften untergehen. Welche Bequemlichkeit, welche Leichtigkeit gibt ein angeborenes Vermögen! und wie sicher blühet ein Handel, der auf ein gutes Kapital gegründet ist, so daß nicht jeder mißlungene Versuch sogleich in Untägigkeit versetzt[37]!«

Wenn es Goethe gelingt, seine nichtadlige Herkunft zu vergessen, ist sein Fall dann nicht fast einmalig in Deutschland? Erkennt er nicht selbst, daß die allgemeine Bildung wirklich nur dem Adel zugänglich ist; daß er allein jene Bewegungsfreiheit, jene Unabhängigkeit und jene Sicherheit genießt, die durch keine Schmach erschüttert zu werden vermag und ohne die ein Mensch, der seines Namens würdig ist, seine Persönlichkeit nicht entfalten kann[38]? Es geschieht jedoch, daß die Liebe einen Bürgerlichen und eine

Gräfin zusammenführt; sind nicht auch die Stände »mehr koordiniert als untergeordnet«? Arme Liebende! »Wie über einen Fluß hinüber, der sie scheidet, zwei feindliche Vorposten sich ruhig und lustig zusammen besprechen, ohne an den Krieg zu denken, in welchem ihre beiderseitigen Parteien begriffen sind, so wechselte die Gräfin mit Wilhelm bedeutende Blicke über die ungeheure Kluft der Geburt und des Standes hinüber, und jedes glaubte an seiner Seite, sicher seinen Empfindungen nachhängen zu dürfen[39].« Garve, dessen angesehene Stellung als Philosoph in Berlin genauso sicher begründet ist wie in Breslau, betont in seinen Schriften immer wieder, daß der Adel wirklich Vorrang im öffentlichen Leben genießt: »Je tiefer man in den Ständen der bürgerlichen Gesellschaft herabsteigt: desto mehr findet man den Hang zur Gesellschaft tadelhaft, und die Neigung zur Einsamkeit lobenswürdig. ... Hingegen wird es einem reichen und vornehmen Manne, einem wohlbesoldeten Minister und General, einem Besitzer großer Landgüter so wenig zum Verdienste angerechnet, wenn er die Einsamkeit der Gesellschaft vorzieht, oder sich auf den Kreis seiner Verwandten und vertrauten Freunde einschränkt: daß es ihm vielmehr beym Publikum und insbesondere bey seines Gleichen, etwas von derjenigen Achtung entzieht, die ihm sonst durch seinen Rang und sein Vermögen gesichert sein würde.« Die kostspieligen Empfänge und Geselligkeiten, die Zeit erfordern, sind für den Adel fast eine Pflicht.

»Auch bei dem Jünglinge, der zu Rang und Vermögen gebohren ist, wird die Liebe zu geselligen Vergnügungen von den älteren Personen seiner Classe gebilliget, wenn er dieselbe nur nicht außerhalb dem Kreise sucht, dem sie es allein zutrauen, daß er ihn zu bilden, oder im Zaume zu halten fähig sey. Jede Liebhaberei hingegen – und wenn es selbst der Geschmack an Kunst und Wissenschaft wäre – die ihn von der großen Gesellschaft entfernt und ihm Neigung und Einsamkeit oder zum bloßen Umgange mit wenigen Freunden der Wissenschaften einflößt, wird als ein Fehler, wenigstens als eine Sonderbarkeit an ihm getadelt.

Die Menschen haben also, wie es scheint, eine andre Moral für die höhern und eine andre für die niedrigen Stände; eine für die Reichen und Müßigen, und eine für die Armen und Arbeitsamen. Von den obersten Ständen wird Geselligkeit, von den niedrigsten Eingezogenheit gefordert[40].«

Ein Adliger findet also äußerst günstige Bedingungen vor. Er kann fast sicher sein, in einer Adelsgesellschaft seines Landes oder der angrenzenden Gebiete auf Personen zu stoßen, die entweder selbst oder über Vorfahren mit seiner Familie in Verbindung standen. Personen, die seinen Namen kennen und von seinem Schicksal und seinen häuslichen Verhältnissen gehört haben. So bestehen zwischen den Adligen engere Beziehungen, aus dem einzigen Grunde, weil sie adlig sind. Die Nichtadligen »haben niemand, zu dem sie schon irgendwie Beziehungen haben, bevor sie persönlich mit ihm bekannt geworden sind und ohne daß sie ihn häufig getroffen haben. Und deshalb ist es für sie schwieriger, einen großen und immer neuen Bekanntenkreis zu gründen, in dem ein vertraulicher Umgangston herrscht«[41].

Aufgrund der neuen Philosophie hatte man gehofft, daß diese gute Gesellschaft allen offen wäre, die sich davon, wenn auch nicht die schlechten Vorurteile, so doch zumindest die guten Umgangsformen zu eigen machen wollten. Doch der gesamte Adel leistete Widerstand. Außerhalb der vorwiegend bürgerlichen Lesegesellschaften bleiben die Stände getrennt. Die Verunglimpfungen des Adels nehmen in dem Augenblick zu, wo die äußeren Unterschiede verschwinden, wo einheitliche Kleidung und deutsche Sprache sich verbreiten, wo jene, die sie erleiden, empfindlicher darauf reagieren. Nicolai nennt den Fall jenes Fräulein von Ehrenkolb, die mit Vergnügen die Tochter des Pfarrers Sebaldus Nothanker als Zimmermädchen behandelt. Marianne ist jedoch besser, intelligenter und viel gebildeter als sie; ganz gleich: bei jeder Gelegenheit läßt das adlige Fräulein seine Tabaksdose fallen und befiehlt: »Mein Kind, heben Sie doch meine Dose auf.« Der Oberst, der die adlige Tabakschnupferei hofieren sollte, bemerkt Mariannes Lockungen; diese liebt Säugling, dessen Leidenschaft so stark ist, daß er seinen Rivalen herausfordert. Doch das Duell findet nicht statt: man schlägt sich nicht mit einem Nichtadligen[42].

Wenn schon diejenigen, die das Schicksal segnet, wie der junge Goethe, oder der alte Garve, ihre Mißgunst oft nicht verbergen können, was soll man erst von denen sagen, denen das Schicksal nichts bringt? In jenem Jahr 1778, das den Erinnerungen Goethes zufolge für Deutschland so glücklich war, verläßt sein künftiger Freund Karl Philipp Moritz gerade Hannover, da er auf Grund der dortigen Armut sein Studium nicht beenden kann, und will Hutmacherlehrling in Braunschweig werden. Er arbeitet von morgens bis abends, beflügelt von der Hoffnung auf das nächste Mahl. Er macht Feuer, trägt Wasser und kratzt mit seinen steifen Fingern Wolle in einem Zimmer, das im Winter nicht geheizt ist[43]. Als er später ein Stipendium erhält, das ihm den Besuch einer höheren Schule gestattet, lernt er unter Bedingungen, die einen Erfolg ungewöhnlich erscheinen lassen: er muß täglich bei einem anderen Wohltäter essen, auf den Straßen im Schulchor singen, das Geschwätz seiner Mitbürger fürchten, die seine Situation kennen und seinen Umgang kritisieren, so erleidet der zu sensible Junge wahrhaft moralische Qualen[44]. Seine Freunde sind fabelhafte Männer, die nicht den Einfluß haben, den sie eigentlich ausüben sollten; Dr. Stauer pflegt nur arme Leute, die ihn nicht bezahlen; als guter Schriftsteller muß er sich, um seinen Lebensunterhalt zu sichern, damit begnügen, die Probedrucke mittelmäßiger Werke zu korrigieren[45]. Die Zufriedenen verstehen jenen seltsamen Reiser nicht, für den normale Bedingungen eine Beleidigung sind: »Im Grunde war es das Gefühl, der durch bürgerliche Verhältnisse unterdrückten Menschheit, das sich seiner hierbei bemächtigte, und ihm das Leben verhaßt machte – er mußte einen jungen Edelmann unterrichten, der ihn dafür bezahlte, und ihm nach geendigter Stunde auf eine höfliche Art die Tür weisen konnte, wenn es ihm beliebte – was hatte er vor seiner Geburt verbrochen, daß er nicht auch ein Mensch geworden war, um den sich eine Anzahl anderer Menschen bekümmern und um ihn bemüht sein müssen – warum erhielt er gerade die Rolle des Arbeitenden und ein anderer des Bezahlenden[46]?«

Klagen, Haß, heftige Revolte, es gibt fast keinen unter jenen Intellektuellen, die ihre Meinung nicht geäußert haben. Der junge Schelling, der zusammen mit Hegel Freiheitsbäume gepflanzt hatte, wird schließlich im Jahre 1796 Hauslehrer der jungen Barone von Riedesel: »Indeß muß ich Ihnen sagen, daß adeliges Brod nicht so gut schmeckt als bürgerliches und daß Louisdors verdient sein wollen, auch daß 50 Louisdors für Leipzig eben keine übermäßige Summe ist[47].« Im Laufe seiner Reise, die er von Stuttgart nach Leipzig unternimmt, notiert er an jeder Raststätte, die Klassengegensätze; man hält ihn, den Bürgerlichen, häufig für einen Handlanger der Französischen Revolution und mißtraut ihm[48]. Dasselbe gilt für Fichte, dem seine Lehrer in Warschau mit Mißtrauen begegnen[49], für Hölderlin und für die meisten Schriftsteller und Journalisten, die sich der Prüfung des Hauslehrerdaseins unterziehen.

4. Die Befähigung der jungen Intellektuellen

So ist es eine Art Eignung der jungen Intellektuellen, die man ungefähr seit 1780 überall antrifft, die den Rückzug der deutschen Aufklärung vor den neuen Denkweisen ankündigt, die die Mittelmäßigkeit vieler Schriftsteller erklärt. Zum Kampf ausgebildet, sind sie bereit, Stellen als Pfarrer, Verwaltungsbeamte, Richter, Diplomaten oder aufgeklärte Offiziere zu besetzen. Aber es gibt nicht für alle Platz! So warten, träumen oder schreiben sie, eine Notlösung, die nicht die Tat ersetzt. Diese Demobilisierten der deutschen Aufklärung glauben noch nicht, daß Preußen reif für eine Revolution ist. Doch fühlen sie bereits, daß auch sie, wie die Franzosen, zum Handeln geboren sind. Wieland schreibt 1789: »Frankreich hat sich befreit. Die edelste Tat des Jahrhunderts hat sich auf diese Weise bis zum Olymp erhoben. Und wir? Ach, ich frage euch vergeblich; Ihr Deutschen, schweigt Ihr?«

Sie schweigen; auch sie glauben trotz des großen Unterschieds, der den aufgeklärten Despotismus von der absoluten Monarchie trennt, an die Notwendigkeit von Reformen, auch sie wollen an die Macht gelangen und Einfluß haben. Die Ähnlichkeit der Sehnsüchte und Bedürfnisse der Jugend diesseits und jenseits der Grenzen ist bestürzend: »Die dritte Hauptursache der Leerheit und der Langeweile, zumal in vermischten Gesellschaften, scheint mir diese zu seyn, daß es uns an einem Vereinigungspunkte der Unterhaltung, an einem gemeinschaftlichen Interesse fehlt. In Griechenland und Rom war dieses der Staat, und ist es noch in England, Holland, Nordamerika und anderen Freystaaten, die teutschen Reichsstädte nicht ausgenommen[50].« Einige Jahre danach, im Jahre 1791, erklärte der Student Friedrich Schlegel seinem Bruder die Gründe für die Überlegenheit der Römer: sie suchten die Kultur nicht um der Kultur willen; diese war für sie nur eine Vorbereitung auf die praktische und politische Aktivität. Noch später analysiert Chateaubriand, der von der Revolution nicht zu profitieren verstand und dem Bonaparte nicht den hohen Preis zahlte, den er für sich angemessen hielt, mit derselben Präzision die Ursachen dieser Mißstände: In seinem »Génie du Christianisme«, das 1801 veröffentlicht wurde, sagt er: »Die Griechen und Römer haben diese innere Unruhe, diese Wehmut der erstickten Leidenschaften, die miteinander gären, kaum gekannt: ein ereignisreiches politisches Leben, die Spiele im Gymnasium und auf dem Marsfeld, die Angelegenheiten auf dem Forum und dem öffentlichen Platz erfüllten sie und ließen ihnen keinen Raum für Herzeleid[51].«

Schubarts Sohn, der die Biographie seines Vaters schreibt, bestätigt, daß dieser mehr ein Mann der Tat als des Gedankens war. »Wenn, wie mir scheint, im Laufe des beginnenden Jahrhunderts in Deutschland eine Revolution ausbrechen sollte, so sind es sicherlich nicht die Denker, die dazu vielleicht die erforderlichen Ideen geliefert haben; nicht bedeutende Männer, sondern Unbekannte aus dem aktiven Leben werden die Führung übernehmen ... Viele, die Schubart gut kannten, waren überzeugt, daß er der geeignete Mann für eine Revolution gewesen wäre ... Ich bin überzeugt, daß er im Senat gedonnert hätte wie Danton (mit der er eine so auffallende Ähnlichkeit hatte, die manchmal bis zur Identität ging)[52].«

Doch Schubart stirbt, und man wartet immer noch auf die Revolution.

Auch Dorothea, die eine außergewöhnliche Lebensklugheit besitzt, zieht die Lehre aus der Romantik und sieht in deren literarischer Form die Notlösung dessen, was sie unter anderen politischen und sozialen Bedingungen hätte werden können. Als die neue Schule entsteht und sie noch einen Erfolg erhoffen kann, schreibt sie an Schleiermacher:

»Schelling? ich weiß noch nicht viel von ihm, er spricht wenig; sein Äußeres ist aber so wie man es erwartet; durch und durch kräftig, trotzig, roh, und edel. Er sollte eigentlich französischer General seyn, zum Catheder paßt er wohl nicht so recht, noch weniger glaube ich in der Literarischen Welt. Überhaupt bin ich der Meinung jetzt: Ihr revolutionären Menschen, müßt erst mit Gut und Blut fechten, dann könntet ihr um auszuruhen schreiben, wie Götz von Berlichingen seine Lebensgeschichte. Darum gefällt mir auch Benvenuto Cellini so gut. Ich möchte auch gern einmal vom Luther lesen, ich ahne, daß der eine rechte Ähnlichkeit von den beyden haben muß. Und so sollte es mit Euch nur auch seyn. Denn Euer Wesen, und Euer Wollen, das paßt zum litterarischen Gang, und zur Kritik, und alle dem Zeuge, wie ein Riese in ein Kinderbettchen. Ich sehe es jetzt recht deutlich, daß die, die das Ruder führen, höfliche, kalte, geschmeidige Flachköpfe sind, und Euch nicht brauchen können zu den kleinen Maschinen, die sie für ihre schwächlichen Hände eingerichtet haben. Sie gehen tief gebückt durch die kleine Pforte und Ihr wollt gerade aufrecht durch; freylich zerstoßt Ihr Euch die Köpfe[53].«

Ähnliches können wir bei Therese Huber lesen, die die Biographie Forsters, ihres Ehemannes, schreibt: »Da er nicht genügend Charakterstärke besaß, um sich ohne schlechte Laune etwas zu versagen, da er nicht fähig war, über den Kummer hinwegzukommen, den er mit seinen Eltern hatte, und über ihre Notlage, wählte er den überirdischen Trost und die Hoffnung auf eine wundersame Hilfe, die ihm von den Rosenkreutzern geboten wurden[54].«

Schließlich bekundet auch Madame de Staël noch im Jahre 1803 jene Isolierung und jene Ohnmacht der jungen Intellektuellen.

»In keinem Lande ... gibt es viele Möglichkeiten, sich zu bilden und seine Fähigkeiten zu vervollkommen. Wie kommt es also, daß der Nation die Energie fehlt und sie im allgemeinen schwerfällig und borniert erscheint, obwohl sie über eine kleine Zahl von Männern verfügt, die vielleicht die geistreichsten Europas sind. Diesen Widerspruch muß man der Art der Regierungen, nicht der Erziehung zuschreiben. Die intellektuelle Ausbildung ist perfekt in Deutschland, aber es geschieht dabei alles nur theoretisch; die praktische Erziehung ist einzig und allein mit der Verwaltung verknüpft. ... Und die öffentliche Erziehung, so gut sie auch sein mag, kann Gelehrte bilden, aber keine Bürger, Krieger oder Staatsmänner.

In Deutschland ist das philosophische Genie beharrlicher als anderswo; es kann durch nichts aufgehalten werden, und gerade das Fehlen einer politischen Karriere, für die Masse so traurig, verleiht den Denkern mehr Freiheit. Aber ein ungeheurer Abstand trennt die Geister des ersten und zweiten Standes, da weder Interesse noch eine Grundlage der Aktivität bei den Männern vorhanden sind, die sich nicht auf die Höhe sehr weitreichender Begriffe erheben. Derjenige, der sich in Deutschland nicht mit dem Universum befaßt, hat wirklich nichts zu tun[55].«

Diese Ideologen, die durch die politische und soziale Struktur ihres Landes in die Ideologie verfallen, suchen darin das, was der Bettler von der Lotterie und der Vagabund von einem erfolgreichen Bubenstück erwarten. »Sonst gab es ein Vaterland zu vertheidigen, für eine Freiheit zu streiten: Izt giebt's Nichts mehr, als ein Glück zu suchen[56].« Im Jahre 1791 antwortet der junge Friedrich Schlegel seinem Bruder: »Du fragst, ob ich keine Freude am

Schreiben habe: natürlich, ich habe viele Pläne, und ich glaube, daß ich die meisten erfolgreich durchführen werde. Nicht so sehr aus Liebe zum Schaffen, sondern unter dem Druck jenes Gefühls, das mich seit langem bemächtigt, jenes verzchrenden Bedürfnisses nach Tat, oder wie ich es lieber nennen würde, jenes heißen Verlangens nach Unendlichkeit[57].«

Diese letzten Worte resümieren vortrefflich die von den ersten Romantikern verfolgte Entwicklung. Gegen ihren Willen vom öffentlichen Leben ausgeschlossen, flüchten sie sich in die Literatur. Doch geschieht das nicht ohne psychologische Veränderung, die sie vom »Positivismus« der Aufklärung zum »Verlangen nach Unendlichkeit« und zum Streben nach Glück führt. Da sie sich dieser Wandlung nicht bewußt werden, verbinden sie die aufeinanderfolgenden Stadien ihrer Entwicklung und sprechen von dem Gefühl, das sich ihrer seit langem bemächtigt und das Verlangen nach Tat oder Verlangen nach Unendlichkeit ist.

4. Kapitel: Die politische Krise

1. Die Angriffe des Hofes gegen die Aufklärung

Die soziale Krise muß sich normalerweise auf den politischen Bereich auswirken. Und in der Tat, vergleicht man die Loyalität der Bevölkerung um 1775 mit ihrer tiefsitzenden Gleichgültigkeit anläßlich der Katastrophe von 1807 und dem Sturz des preußischen Staates, so befindet man sich vor einer wahren Revolution.

Die Zeitgenossen haben jedoch nicht den Eindruck einer ernsten politischen »Krise«. Die Bewegung vollzieht sich in der Tiefe. Unmerklich gelangt man von der sozialen Kritik, die von der Aufklärung gebilligt und von den jungen Leuten des »Sturm und Drang« verstärkt wurde, zur politischen Kritik, angeregt durch die Französische Revolution, und zum Ausbruch deutlich revolutionärer Gefühle.

Diese Gleichgültigkeit betrifft nicht nur die Volksmassen. Wenn diese in Passivität verfallen, so liegt die Ursache darin, daß sie nicht genügend eingegliedert sind. Ganz am Ende des Jahrhunderts bezeugen die jungen Leute, die häufig durch ihre Zusammenarbeit mit der Frühromantik auffallen werden, ihre Gleichgültigkeit, ja ihre Feindschaft gegenüber dem Staat. Von der Aufklärung erzogen, weigern sie sich, die Tradition fortzusetzen. Und darin liegt zweifellos die entscheidende Tatsache: die intellektuelle Elite verrät; die preußische Nation hat keine Führer mehr.

Das tragikomische Intermezzo der Konversion Friedrich Wilhelms II. erklärt zugleich jenen Verlust der Zuneigung wegen der Enttäuschung derjenigen, die sich für die Opfer hielten, und jenen falschen Schein, den der Erfolg der aufgeklärten Partei erweckte, die sich immer noch für allmächtig hält zu einem Zeitpunkt, wo ihre Grundlagen bereits ins Wanken geraten.

Friedrich Wilhelm II. ist ein Feind der Aufklärung. Er ist ein Neffe des Philosophenkönigs und gelangt mit 42 Jahren auf den Thron. Groß, beleibt, lächelnd und dumm, hat er persönlich keinen Grund, das bestehende Regime zu hassen. Er verlangt nur, daß man ihn nicht mit Arbeit überlastet und seine Sinnlichkeit nicht kränkt. Seine Maitresse, die er mit dem Hofmusiker Ritz verheiratet und zur Gräfin Lichtenau macht, vermag ihn tatsächlich zu halten, trotz der Gewissensbisse, die ihm seine Sünde verursacht.

Seine Berater sind zwei Männer, die Friedrich II. und sein Werk verabscheuen. Der erste, Hans-Christoph Wöllner, einst Pfarrer und zum Intendanten aufgestiegen, dann Schwager der Gräfin Itzenplitz, Ehrendame seiner Pfarrei, hat große Qualitäten. Die wirtschaftlichen Abhandlungen, die er in Nicolais *Allgemeiner Deutscher Bibliothek* veröffentlicht, sind bedeutend; Prinz Heinrich engagiert ihn 1770 als Berater. Aber er ist in erster Linie Karrieremacher. Er wird daher Mitglied der rationalistischen Loge »Zu den drei Weltkugeln« in Berlin; dort macht er Karriere. Friedrich II., der Mesalliancen gegenüber feindlich ist, weigert sich, diesen »arglistigen und intriganten ›Pfafen‹« in den Adelsstand zu erheben.

Da begegnet er dem Oberst J. R. von Bischoffwerder. Dieser hat in Bayern den Erbfolgekrieg mit dem Erbprinzen geführt und ist Rosenkreutzer. Eines Abends fühlte er in seinem Lagerzelt in Schatzlar/Böhmen eine unsichtbare Hand auf seiner Schulter, während eine unbekannte Stimme flüstert: »Jesus Christus«. Seit diesem Tag erscheinen ihm oft Geister und er vertraut sich Bischoffwerder an, der nie sehr weit entfernt ist[1].

Wöllner versteht es, aus der Religion des Prinzen Nutzen zu ziehen; er begnügt sich nicht, wie Bischoffwerder, von den Geistern nur die Stelle eines Günstlings zu verlangen! Er will die Macht, um sich an dem toten König zu rächen. Er konvertiert unverzüglich, gründet in Berlin die Rosenkreutzerloge »Friedrich zum Goldenen Löwen« und wirbt Bischoffwerder, der dem Prinzen geschickt seinen Wunsch vorträgt, zugelassen zu werden: Letzteren empfangen die beiden Gevatter am 8. August 1781 feierlich unter dem Namen Ormesus. Sie machen ihm Hoffnung auf schnellen Zugang zu den höchsten Auszeichnungen und auf die Kenntnis der vom Orden verborgen gehaltenen Geheimnisse. Kaum zwei Monate nach der Thronbesteigung Friedrich Wilhelms II. wird Wöllner am 20. Oktober 1786 in den Adelsstand erhoben.

Danach startet er eine großangelegte Offensive gegen die Aufklärung. Die Gunst des Königs läßt sich keinen einzigen Augenblick verleugnen; an der Seite des ehemaligen aufgeklärten Pfarrers und Freimaurers führt er den guten Kampf für die Verteidigung der Orthodoxie; seine Leichtgläubigkeit ist so ungeheuer, daß man ihm die unmöglichsten Komödien vorspielen kann.

Im Jahre 1790 unternimmt er eine Reise nach Schlesien, um mit Österreich den Vertrag von Reichenbach zu schließen. Zu dieser Zeit lebt in Breslau der Leutnant des Regiments Hohenlohe, von Czeiszek, mit einer armseligen Buckeligen, die er in seinen Bann schlägt und die im Schlaf den Kranken die Heilmittel offenbart, die sie heilen. Oswald, ein ehemaliger zahlungsunfähiger Kaufmann, der durch die Bucklige geheilt wurdc, erkennt das Geschäft, das er mit ihr machen könnte, und empfängt sie anläßlich der Mobilmachung des Offiziers; er schlägt sie noch stärker in seinen Bann und macht sie von einer Nachtwandlerin zu einer Hellseherin. Oswald ist ein Schwager des orthodoxen Pfarrers Hermes, ein Freund Wöllners. Als er dem König vorgestellt wird, berichtet er von seinen Erfahrungen mit der Buckeligen, deren Geist sich von Leib und Seele trennt, um während des Schlafs mit Gott zu sprechen. Ihr Mund wiederholt indessen unbewußt die Worte des Ewigen. Der König ist so begeistert, daß er den Bankrotteur zum Hofrat ernennt mit einem Gehalt von 800 Talern jährlich und die Kranke zu sehen wünscht. Am 26. August nachmittags unterhält sich der König in der Villa Zimpel in Gegenwart der Herren von Hoym, Gouverneur in Schlesien, Graf von Brühl, bekannter Magnetiseur, Bischoffwerder, Hermes und Oswald mit dem lieben Gott. Dieser versichert ihm über die Worte der Kranken, die ihre Rolle sorgfältig gelernt hat, daß er ihm alle Sünden verzeiht. Dann bittet Gott Friedrich Wilhelm, die Dienste anzuerkennen, die alle Anwesenden ihm erwiesen haben. Daraufhin bewegt sich der Körper der Schläferin durch eine heftige Erschütterung: der Geist kehrt zurück und macht aus der Hellseherin wieder eine einfache Nachtwandlerin. Der König ist sehr beeindruckt und versammelt am 10. September erneut dieselben Personen, dazu Haugwitz, den Prinzen von Württemberg und seinen Berater Hillmer. Gott stimmt dem Vertrag von Reichenbach zu; er rät dem König, sich vor seinen Feinden in acht zu nehmen und sich Bischoffwerder wie auch allen Anwesenden anzuschließen, die ihn aufrichtig lieben. Noch zwei weitere Male bittet Friedrich Wilhelm um Audienz bei Gott, dann beauftragt er Hermes, der mit einem Gehalt von jährlich 400 Talern Mitglied beim lutherischen Zentralkonsistorium geworden ist, einen Plan für die Reform des Klerus vorzubereiten. Auf diese Weise bringt Wöllner Kirche und Unterrichtswesen unter seinen Einfluß.

Die Schlafwandlerin indessen schickt im Jahre 1791 weiterhin von Breslau über Oswald dem König die Anordnungen der Vorsehung. Es gelingt ihr, eine Pension und das Versprechen über eine Mitgift von 5000 Talern zu erhalten, und den Leutnant von Czeiszek, der sie heiratet, zum Hauptmann befördern zu lassen. Was Oswald betrifft, so wird er nach Berlin gerufen, erhält den Titel »Intimer Berater«, das Amt des Lektors und ein Gehalt von 3000 Talern. Die Gräfin von Lichtenau wird schließlich unruhig; entreißen die Geister ihr nicht ihren königlichen Liebhaber? Gespannt lauscht sie ihren vertraulichen Mitteilungen, dann wundert sie sich über die zu selbstsüchtige Frömmigkeit ihrer neuen Freunde. Oswald, der in seinen Bemühungen, sich ihr zu nähern, immer abgewiesen wurde, entschließt sich darauf zum Angriff: er übermittelt dem König den göttlichen Befehl, sich der Königin zu nähern, damit ein außergewöhnlich begabter Prinz aus dieser Begegnung hervorgehe. Doch das Fleisch Friedrich Wilhelms ist schwach. Er entläßt Oswald, der Titel und Pension behält, und willigt in den Armen der Königin ein, die Bucklige zu vergessen. Das einzige Opfer des Konflikts ist der unschuldige Hauptmann von Czeiszek, der die Kranke geheiratet hat und die Mitgift nicht erhält[2].

Wöllner ist über all diese Vorgänge informiert; er unterstützt sie, ohne sich einzumischen; während der ganzen Regierungszeit versteht er es, mit den religiösen Skrupeln des Fürsten sein Spiel zu treiben, der ihn die wichtigste Person im Staat werden läßt.

Wöllner will die Macht; um die im Amt befindlichen Leute zu entlassen, vergreift er sich nicht an der politischen Verfassung des Königreichs; der aufgeklärte Despotismus kann sich mit allen Religionen verständigen; während er den Neigungen des Königs schmeichelt, will sein Berater den Liberalismus durch Orthodoxie ersetzen; die Reform erscheint nicht revolutionär, und selbst ihr Urheber wird nicht müde, an die Toleranz zu appellieren: »Ein Regent, der tolerant ist, betrachtet alle seine Untertanen nur aus dem einzigen Gesichtspunkt: daß sie gute Bürger des Staates sein müssen. Er gestattet ihnen gern völlige Freiheit, zu denken und zu handeln, wenn beides nur nicht der öffentlichen Ruhe und Sicherheit, den guten Sitten, der Verträglichkeit mit ihren Mitbürgern und überhaupt der Wohlfahrt des Staates nachteilig ist[3].«

Er beginnt, von der Hagen und von Zedlitz zu verleumden, deren Platz er durch Intrigen zu erreichen sucht. »Das Publikum sagt: daß, wenn unter den Waisenkindern hübsche Mädchen wären, sie solche zu ihren Lüsten mißbrauchten und, sobald sie schwanger würden, in der Charité accouchieren und die Kinder auf königliche Kosten im Waisenhaus erziehen ließen. Denn Charité und Waisenhaus stehen auch unter ihren Befehlen, weil diese beiden Herren zugleich Chefs vom Armendirektorium in Berlin sind[4].«

Er braucht jedoch über ein Jahr, um sein Ziel zu erreichen. Am 3. Juli 1788 wird er zum Finanz- und Justizminister und zum Chef des geistlichen Departements für die lutherische Kirche ernannt. Eine Kabinettsorder überträgt ihm ausdrücklich die volle Gewalt über das Zentralkonsistorium und das Oberschulkollegium. Am 9. Juli erscheint dann das berühmte »Religionsedikt«. Indem es jegliche Proselytenmacherei im Namen der Toleranz verbietet und seine Achtung vor den persönlichen Überzeugungen des einzelnen bekundet, befiehlt das Edikt in den Paragraphen 7 und 8 den Protestanten, die christliche Religion nach der Bibel und den Symbolischen Büchern zu lehren; es droht mit Kassation jedem »aufgeklärten« Pfarrer, der sich erlauben würde, die heiligen Texte abzuwandeln[5].

Zwei der Prinzipien der Aufklärung werden also verletzt: einmal die Interpretation der Heiligen Schrift mit Hilfe des menschlichen Verstandes, zum anderen der geringere Wert der Symbolischen Bücher. Der Protest ist so stark, daß die Regierung nicht wagt, den Pfarrern, die das Edikt ignorieren wollen, den Prozeß zu machen.

Um der gegen ihn gerichteten Kampagne ein Ende zu machen, veröffentlicht Wöllner am 17. September 1789 sein »Zensuredikt«. Es wird eine Kommission aus sieben Zensoren gebildet, um die Bücher über Gott, den Staat und die guten Sitten zu untersuchen. Die *Berlinische Monatsschrift* verlegt sodann ihre Redaktion nach Jena, dann nach Dessau, und Nicolai geht mit seiner *Allgemeinen Deutschen Bibliothek* nach Kiel. Die Zahl der angestrengten Prozesse ist gering, aber das Edikt konnte eine negative, schwer abzuschätzende Wirkung haben, indem es so manche Autoren davon abhielt, ihre Meinung zu schreiben.

Diese Maßnahmen sind praktisch nur von geringer Bedeutung. Sie bedrohen jene, die die neuen Prinzipien nicht anerkennen, aber es fehlt ihnen die ausführende Gewalt. Hermes erteilt sie ihnen nach seiner Rückkehr aus Schlesien. Sein Reformprojekt für den Klerus schlägt eine »sofortige Untersuchungskommission« vor, die durch die Kabinettsorder vom 14. Mai 1791 unverzüglich eingesetzt wird. Bestehend aus Hermes, Hillmer und dessen Freund Woltersdorff, wird sie dem Zentralkonsistorium beigeordnet mit der Sondermission, die Beamten zu überprüfen. In jedem Provinzkonsistorium ist ihr eine ähnliche Kommission untergeordnet, die aus drei Geistlichen besteht; sie müssen jeden Anwärter auf eine Pfarr- oder Lehrerstelle befragen, bevor er sich zu den anderen Prüfungen meldet, um festzustellen, »ob er nicht von den schädlichen Irrtümern der zeitgenössischen Neologen und sogenannten Aufklärer angesteckt wurde«. Gleich in ihrer ersten Sitzung beschließt die Immediatkommission, über die Befolgung des Religionsedikts zu wachen und eine Liste in zweifacher Ausfertigung aufzustellen, die alle Bediensteten nach ihrer Frömmigkeit und ihrem privaten Umgang führt[6].

So gibt das Religionsedikt die Prinzipien vor; das Zensuredikt untersagt die Kritik; die Immediatkommission errichtet eine Aufsicht, welche die Starrköpfe bedroht und sie verpflichtet, sich zu verbergen, und eine Rekrutierung sichert die mit den Ideen Wöllners übereinstimmt. Da es gerade für das Amt des Pfarrers und Lehrers zahlreiche Kandidaten gibt, passen sich viele an. Doch die Untersuchungskommissionen beginnen erst 1793 zu funktionieren, und der König stirbt drei Jahre danach.

Wöllner hat keinen Erfolg. Sein erstes Edikt scheitert an der Feindseligkeit des überwiegenden Teils des Klerus. Der alte Tellner beruft sich auf sein Alter, läßt sich von der Pflicht zu predigen entheben und veröffentlicht eine Verteidigung der Aufklärung. Sack, reformierter Pastor, vom König sehr geschätzt, erinnert daran, daß er bei seiner Ernennung im Jahre 1769 dafür eingetreten ist, die Symbolischen Bücher in dem Maße zu lehren, wie sie mit der Bibel übereinstimmen, und bietet Friedrich Wilhelm seine Entlassung an, die dieser ablehnt. Spalding hört auf zu predigen, und Zöllner bittet den König um Erlaubnis, eine Stelle in Hamburg anzunehmen. Der König widersetzt sich und streicht das Gehalt des Protestierenden. Darauf richten am 10. September 1789 alle geistlichen Mitglieder des Zentralkonsistoriums, mit Ausnahme von Silberschlag, ein Protestschreiben an den König gegen die Verpflichtung, an die Symbolischen Bücher zu glauben. Wöllner ist über diese Mißachtung der hierarchischen Vorschriften empört, aber er wagt nicht, auch nur einen Pfarrer auf Grund seines Edikts zu verfolgen[7].

Die Zensur stößt auch auf die Opposition des Magistrats. Die

Prozesse sind selten und werden leidenschaftlich von einer feindlichen Öffentlichkeit verfolgt. Den Zensoren selbst fehlt es an Enthusiasmus. Wöllner gelingt es nicht, den passiven Widerstand der Beamten zu brechen[8].

Er setzt große Hoffnung auf seine Immediatkommission. Doch einerseits wird seine Aktivität gehemmt durch fehlenden Kredit, und zum anderen bilden sich die untergeordneten Kommissionen in den Provinzen nur langsam. Im Jahre 1794 jedoch werden Hermes und Hillmer auf Inspektionsreise zwischen Elbe und Saale geschickt. Ihr Hauptziel ist die Universität Halle. Diese hat sich Wöllner gegenüber ununterbrochen feindlich gezeigt. An der Theologischen Fakultät wird der alte Semler, der 1791 stirbt, nachdem er das Religionsedikt befürwortet und seine letzten Jahre der Alchimie gewidmet hat, durch Noesselt ersetzt, aktiver Dekan und Kämpfer für die Aufklärung. Als er beauftragt wird, Richtlinien über das Dogma abzufassen, die Wöllner für alle Universitäten obligatorisch machen will, bittet er immer wieder um Aufschub und erklärt sich schließlich nach der Verurteilung der Abhandlung über »Populäre und praktische Theologie« seines Kollegen Niemeyer durch die Immediatskommission für befangen. Kein Professor an der Fakultät ist bereit, diese Aufgabe zu übernehmen. Wöllner bekundet denjenigen, die er für die Anführer des Widerstands hält, seine Unzufriedenheit dadurch, daß er sie anläßlich einer Reise, die sie nach Berlin unternehmen, nicht empfängt.

Am 29. Mai 1794 um 9 Uhr abends kommen die beiden Inspektoren in Halle an. Sie steigen im Goldenen Löwen ab, dem besten Hotel der Stadt, direkt gegenüber dem Haus von Noesselt. Die Studenten, die von ihrer Ankunft gehört haben, versammeln sich verkleidet und maskiert unter ihren Fenstern; sie schreien, richten Beleidigungen gegen die beiden Reisenden und machen mit ihrem Gepfeife einen entsetzlichen Lärm. Niemeyer, der Prorektor ist, interveniert, beruhigt die Studenten und schickt sie nach Hause, doch vorher defilieren sie in Reih und Glied vor dem Hotel und rufen »pereat«, was normalerweise nur unpopulären Professoren vorbehalten ist.

Am nächsten Morgen entschuldigt sich Niemeyer bei den Berliner Delegierten; die Manifestation sei wirklich spontan gewesen; er habe keine Truppen zur Verfügung gehabt, um sie zu unterdrücken. Die aufgebrachten Inspektoren beschuldigen ihn, die

Kundgebung geschürt zu haben, und begeben sich sodann zum städtischen Gymnasium, wo sie entsetzt zahlreiche Beweise für die Aufklärung feststellen. Am Abend versammeln sich noch mehr Studenten als am Tag zuvor vor dem Hotel. Sie stoßen Drohrufe aus und werfen Steine gegen die Fenster der Inspektoren. Hermes und Hillmer überfällt die Angst, und sie flüchten heimlich am nächsten Morgen um 7 Uhr. Niemeyer muß ihrem Wagen folgen, um ihnen auf offenem Gelände sein Bedauern auszusprechen und ihnen zu versichern, daß die Schuldigen bestraft würden.

Nach Berlin zurückgekehrt, werden die beiden Gevatter von Wöllner ziemlich unwürdig empfangen; die ganze Stadt amüsiert sich über ihren Mißerfolg und ihre Feigheit. Lächerlichkeit ist in Preußen am Ende des 18. Jahrhunderts tödlich. Vor dem Staatsrat wird unterdessen ein Prozeß angestrengt, aber der Bericht von Hermes und Hiller enthält so viele falsche Anschuldigungen, Nösselt und Niemeyer verteidigen sich so hartnäckig, und die Richter sind so skeptisch hinsichtlich ihrer Schuld, die sich schwer beweisen läßt, daß die Angelegenheit schließlich zu den Akten gelegt wird; die Universität Halle hat über Wöllner gesiegt[9].

Untersucht man die Immatrikulationsregister der Theologischen Fakultäten nach der Veröffentlichung des Religionsedikts, so stellt man allerdings fest, wie sehr die autoritäre orthodoxe Politik diesen schadet: die Zahl der Studenten geht in Halle von 105 im Sommer 1790 auf 69 im Sommer 1795 zurück; in Frankfurt sinkt sie mit starken zwischenzeitlichen Schwankungen von 15 im Jahre 1788 auf 3 im Jahre 1796; in Königsberg ebenfalls von 12 auf 3 zwischen Sommer 1791 und Sommer 1799; aber zwischendurch steigt die Zahl auf 24. Die Rechtsfakultäten fangen im allgemeinen einen Großteil der von der Theologie abgestoßenen Studenten auf[10]. Indessen geht die Bewegung nach dem Sturz Wöllners weiter: 1804 studieren von den 1873 an den fünf preußischen Universitäten und den Oberschulen in Breslau und Frankfurt immatrikulierten Studenten 868 Jura, 623 Theologie, 164 Medizin, 82 Kameralwissenschaften, die auf die Verwaltungslaufbahn vorbereiten, 130 philosophische Fächer und Mathematik, 4 Wirtschaft und 2 Militärwissenschaften[11].

Nach dem Tod des Königs am 6. November 1797 erfolgt ein allgemeiner Aufstand gegen die Orthodoxen. Zunächst von Professor Steinbart, Direktor des Seminars in Züllischau angegriffen, dem er die Kredite gestrichen hatte, gibt Wöllner nach, klammert sich an der Macht fest, bis zu dem Tag, als Friedrich Wilhelm III., seiner überdrüssig, ihn brutal entläßt (11. März 1798).

Sein Unternehmen war dem Mißerfolg geweiht. Mit dem Versuch, ein Dogma aufzuerlegen, griff er im Grunde die Aufklärung direkt auf ihrem eigenen Terrain an. Er konnte nicht hoffen, das Volk hinter sich zu scharen, denn es machte sich um die Symbolischen Bücher keine Sorgen und hörte auf seine Pfarrer oder Lehrer. Und die situierte Elite, der er eine Änderung ihres Glaubens abverlangte, war sich ihrer zu sicher und zu solide organisiert als daß er über sie siegen konnte.

Um das System der Aufklärung zu stürzen, hätte man anderswo unterminieren sollen; statt einer Frontalattacke wäre eine Bewegung von allen Seiten besser gewesen. Es gab viele Zeichen der Unzufriedenheit bei den Massen. Die Erforschung der Ursachen dafür und die Erstellung eines Programms, durch das er populär geworden wäre, hätten Wöllner ermöglicht, den Kampf auf ein ganz neues, der Aufklärung unbekanntes Terrain zu verlegen. Aber obwohl er Ökonom war, wußte er diese Zeichen nicht zu interpretieren. Selbst als er ihre Prinzipien verletzte, empfahl er sich weiter dem Liberalismus und der Toleranz. Und es ist nicht einer der schwächsten Beweise für die Stärke der Aufklärung und ihren Einfluß auf die Denker, wenn man feststellt, daß selbst ihre Feinde unfähig waren, ein anderes System zu ersinnen.

2. Die Kritik am politischen System

Erst als die Franzosen ihre Revolution durchführen, beginnen die Deutschen zu verstehen, daß man die Regierungen zur Verwirklichung sozialer Reformen zwingen muß. Im Gegensatz zu dem, was beispielsweise Kant noch denken und lehren konnte, erkennen sie, daß Meinungsfreiheit nicht ausreicht, damit ein Staat gut regiert wird. Wenn die allgemeine Vernunft ihre Passivität überwunden und sie den aufgeklärten Fürsten von der Notwendigkeit einer Reform überzeugt hat, so erfolgt diese nicht ipso facto. Die Vernunft bräuchte eine ausführende Gewalt, die sie nicht besitzt. Die Bürger richten daher ihre Kritik gegen die Politik, nicht um das bestehende System zu zerstören, sondern um das Recht zu erwirken, daran teilzuhaben und es wieder effektiv zu machen. Auf diese Weise handeln sie genauso egoistisch wie bei ihrem Vorhaben, die durch Geburt bedingten Privilegien abzuschaffen. Sie sind gedemütigt, weil ihr Urteil nicht ebenso gefragt ist wie das der Großen. Die Französische Revolution ermutigt sie, ihre Klagen zu präzisieren: »Welcher Schwachsinn, den aufgeklärtesten Bürgern das Interesse an den Staatsangelegenheiten unter dem bloßen Vorwand zu verbieten, daß sie Gebildete sind[12]!« Sollte Urteilsfähigkeit genügen, um von der Politik ausgeschlossen zu werden? Und das gerade zu dem Zeitpunkt, als in Frankreich ihre Brüder an die Macht kommen. Die Worte des Enthusiasmus, die durch die Französische Revolution in Bewegung gesetzt wird, überrascht daher keineswegs. Fast alle bejahen sie von Anfang an, und die meisten singen ihre Loblieder in Versen und Prosa. Die bedeutendsten Dichter haben den Wunsch, an der Errichtung der Freiheit mitzuarbeiten! Klopstock und Schiller sind glücklich über das Dekret der gesetzgebenden Versammlung, das ihnen die französische Staatsangehörigkeit verleiht. Der Krieg von 1792 ist unpopulär: »Für wen kämpfst du, tapferes deutsches Volk? Für wen läßt du dir Frau, Kind und Heim entreißen? Für die gemeine Brut der Fürsten und Adligen und das Gesindel der Pfaffenknechte!«, ruft Boie. Und Voß dichtet nach der Melodie der Marseillaise ein Freiheitslied. Die Begünstigtsten dieser Bewunderer reisen nach Frankreich.

Schulz, ein Freund Schillers, bringt von einem kurzen Aufenthalt im Jahre 1789 kleine Broschüren mit, in denen die großen Tage der Revolution lebendig, wenn auch nicht immer genau, und mit echten Lobeshymnen dargestellt werden. Campe, von der Einheit des Volkes überzeugt, die durch die Trikolore, dem »Symbol der eigens erworbenen Freiheit« realisiert wurde, das alle »Bürger und Bauern, Alte und Junge, Pfarrer und Bettler an ihrem Hut tragen, möchte den ersten besten umarmen können, den er trifft«. Sein Kollege Wilhelm von Humboldt, von gemäßigterem Temperament, bezeugt indessen dem freien Volk seine Sympathie. Merck schickt Goethe im Januar 1793 Neuigkeiten aus Paris.

Mehrere dieser Reisenden lassen sich in Frankreich nieder und bleiben dort bis zur Kriegserklärung; der Schlesier Ölsner hält sich sogar von 1787 bis 1794 dort auf, befürwortet die Verfassung von 1791, beklagt die Intervention der preußischen Truppen im Jahre 1792 und verurteilt den Terror, denn er flieht, ohne jedoch auf das Ideal zu verzichten, das Frankreich von 1789 bis 1793 in seinen Augen verkörpert. Archenholz verläßt Paris unmittelbar nach der Kriegserklärung; der ehemalige Hauptmann des Heeres unter

Friedrich dem Großen mißbilligt jedoch den daraus resultierenden Kampf. Er läßt sich in Hamburg nieder, wo er die Veröffentlichung der Zeitschrift Minerva fortsetzt, deren erste Nummer im Januar 1792 in Berlin erscheint. Obwohl auch er gegen den Terror ist, bemüht er sich um Objektivität und weist bis 1812 die falschen Berichte zurück, die die Emigranten in Hülle und Fülle verbreiten.

Die Entwicklung ist im Grunde bei allen Deutschen gleich. Die meisten befürworten die Anfänge der Revolution. Danach entmutigt sie die Illegalität der Volkserhebungen mehr oder weniger früh. Die Zahl derjenigen, die das Regime der Revolutionsregierung bejahen, ist ziemlich gering. Einer der Ruhigsten ist Wieland, dessen Haltung am charakteristischsten ist; in seinen zahlreichen Artikeln im Teutschen Merkur bringt er gemäßigter als seine Zeitgenossen, aber dennoch treffend ihre Gefühle zum Ausdruck. Befriedigung am Anfang, Unruhe seit dem 20. Juni, Enttäuschung unter der Terrorherrschaft, aber immer Dankbarkeit gegenüber jenen, die die großen Prinzipien proklamiert haben, denen sie nicht treu bleiben können. Wieland kündigt den Diktator lange vor dem Erscheinen Napoleons an[13].

Georg Forster[14], einsam unter diesen Denkern, begnügt sich nicht mit Träumen; er wurde 1754 geboren und hatte eine abenteuerliche Jugend. Sein Vater, Pfarrer in der Nähe von Königsberg und berühmter Naturforscher, nimmt ihn nach Rußland und England mit; auf Grund seiner Kenntnis der lebenden Sprachen kann er schon früh an Übersetzungen arbeiten, von denen die Familie lebt. Von 1772 bis 1775 begleitet er seinen Vater, der von Cook engagiert wurde, auf einer Weltreise. Er bringt eine Menge Skizzen mit und erwirbt durch deren Veröffentlichung und Kommentierung selbst den Ruf eines Gelehrten. Nach einem mehrwöchigen Aufenthalt in Paris im Jahre 1777 trennt er sich von seinem Vater und findet 1780 eine Stelle als Professor am Carolinum in Kassel. Danach wird er mit seinem Freund, dem Anatom Sömmering, zur Beute der Rosenkreutzer. Aber er bereut es, entdeckt den Betrug und nimmt aus Furcht vor den Intrigen der mächtigen Vereinigung einen Lehrstuhl an der Universität Wilna an. Seine junge Frau Therese, Tochter des Bibliothekars Heyne in Göttingen, nimmt er mit (1785). Das Exil in Polen endet 1788, und Forster, der zum Bibliothekar in Mainz ernannt wird, hat endlich Zeit zum Schreiben. Er ist dazu auch durch die Notwendigkeit gezwungen, zusätzlich Geld zu verdienen. Seine »Ansichten vom Niederrhein« und »Kleine Schriften« machen ihn zum bedeutenden Schriftsteller deutscher Sprache; er erscheint vor allem als ein vollkommen genauer Denker, Herr seiner selbst, gemäßigt in seiner Kritik, aufgeklärt durch sein humanitäres Ideal[15].

Die Revolution begeistert ihn, ohne ihn blind zu machen; er weiß, daß Deutschland noch nicht reif dafür ist[16]. Und wenn er über die Exzesse des Volkes nicht empört ist, so deshalb, weil er auch die Fehler der Aristokraten kennt. Objektiver als die meisten seiner Mitbürger, wird er nicht müde, Toleranz zu predigen und die großen Errungenschaften der Revolution, nämlich Freiheit, Gleichheit und reale Befreiung der Bauern, von den Intrigen und Wirren zu lösen, aus denen sie hervorgegangen sind[17]. Nach der Einnahme von Mainz durch die Franzosen im Oktober 1792 entschließt er sich zur Tat. Er tritt in den lokalen Club ein, bleibt Mitglied, bis die Gemäßigten gegangen sind, nimmt die Vizepräsidentschaft der von Custine errichteten provisorischen Verwaltung an und bringt am 1. Januar 1793 eine neue Zeitung heraus, die von den Mainzern »L'Ami du Peuple« genannt wird. Er arbeitet mit an der Vernichtung der Feudalherrschaft und sieht aus Furcht vor der Reaktion keine andere Lösung, als die Einverleibung in Frankreich, um seine sozialen Reformen zu retten. In seinen Artikeln, Reden und Bemühungen beim rheinischen Nationalkonvent, der vom 17. bis 24. März 1793 tagt, macht er sich dafür zum Vorkämpfer[18]. Er leistet seinen Mitbürgern große Dienste, indem er sich zwischen sie und die Franzosen stellt, die Achtung vor dem Eigentum versichert und jegliche Gewalt vermeidet. Dennoch verlassen ihn im Laufe jenes ersten Trimesters all seine Freunde; die Mainzer machen ihn verantwortlich für die bevorstehende Belagerung, und die anderen bezeichnen ihn als Jakobiner und Terroristen. Sömmering und seine Kollegen tadeln seine Annexionspläne. Huber macht seiner Frau den Hof und geht mit ihr und seinen Kindern schließlich nach Straßburg unter dem Vorwand, die Familie des Tribunen in Sicherheit zu bringen. Angeprangert, verhöhnt und lächerlich gemacht lernt Forster die Einsamkeit. Nur eine Freundin von Therese, Caroline Böhmer, die er für einige Wochen einlädt, versteht ihn: »Ich habe mich für eine Sache entschieden, für die ich meine persönliche Ruhe, meine Studien, mein Glück, vielleicht meine Gesundheit, mein ganzes Vermögen und vielleicht mein Leben opfern muß. Und ich lasse ruhig alles über mich ergehen, was kommt, denn das ist die unausweichliche Folge der einmal eingestandenen und immer bekundeten Prinzipien. Nur eine Sache, das weiß ich, gehört mir, unerreichbar, weil nur ich sie antasten könnte, das ist mein Gewissen[19].«

Als er am 25. März 1793 nach Paris geschickt wird, um Frankreich die Glückwünsche des Rheinlands zum Bündnis zu übermitteln, muß er mit den meisten seiner deutschen Korrespondenten brechen. Huber, der sich sein Freund nennt, fürchtet durch den Empfang von Forsters Briefen kompromittiert zu werden. Isoliert, krank und von einer mageren Pension, die ihm der Konvent bietet, kaum existierend, schreibt er am 13. April 1793 an seine Frau: »Es ist also wahr, daß heutzutage die Uneigennützigkeit und die Freiheitsliebe bloße Kinderklappern sind, bloße nichtssagende Töne, bloß geheuchelte Empfindungen im Munde derer, die jetzt das Schicksal der Nationen lenken? Es ist also wahr, daß der Egoismus ganz allein sein Spiel treibt, wo man reine Aufopferung zu finden hoffte[20]?« Dann schöpft er wieder Mut und schreibt am 7. Juli: »Ich habe mit mir abgerechnet ... Das Unglück ist das Werk meiner Grundsätze, nicht meiner Leidenschaften. Ich konnte nicht anders handeln, und wär es noch einmal anzufangen ... Ich weiß wohl, daß ich jetzt ein bloßer Ball des Schicksals bin; aber es gilt mir gleich, wohin ich geworfen werde. Ich habe keine Heimath, kein Vaterland, keine Befreundeten mehr, alles, was sonst an mir hing, hat mich verlassen, um andere Verbindungen einzugehen, und wenn ich an das Vergangene denke und mich noch für gebunden halte, so ist das bloß meine Wahl und meine Vorstellungsart, kein Zwang der Verhältnisse. Gute, glückliche Wendungen meines Schicksals können mir viel geben; schlimme können mir nichts nehmen, als noch das Vergnügen, diese Briefe zu schreiben, wenn ich das Porto nicht mehr bezahlen kann[21].«

In November geht er in die Schweiz, wohin Therese ihm die Kinder bringt, die er sehen wollte. Er verbringt drei Tage mit ihnen, bleibt mehrere Wochen in Pontarlier, während seine Frau mit Huber nach Deutschland zurückkehrt, und geht nach Paris zurück, um dort am 10. Januar 1794 zu sterben. Nur sein Schwiegervater trauert um ihn[22].

Caroline jedoch hat dem Toten einen Kult gewidmet; sie hat nach seinem Weggang aus Mainz sehr gelitten; als Partisanin der Franzosen gefangengenommen und ebenfalls von ihren einstigen Freunden verlassen, bewahrt sie für den Schriftsteller, Helden und Märtyrer, von dem sie Friedrich und August Wilhelm Schlegel, die sie aufgenommen haben, erzählt, ihre volle Bewunderung; mit ihr dringt Forsters Seele in den Kreis der Romantiker ein. Die jungen unter ihnen werden ganz am Ende des Jahrhunderts, wenn Bonaparte seine Diktatur in Frankreich errichtet hat, die revolutionären Gefühle zum Ausdruck bringen[23].

So wird Preußen durch die Französische Revolution nicht unmittelbar besonders beeinflußt, weil die meisten Intellektuellen einen Unterschied sehen zwischen absoluter Monarchie, die eine Erhebung erforderlich macht, und aufgeklärtem Despotismus, der alle Reformen ohne Unruhen gestattet; weil dieser Einfluß rein ideologischer Art bleibt; das preußische Bürgertum ist weder so vertraut mit dem Großhandel und erfahren in Wirtschaftsfragen wie die Engländer, noch auf Taten versessen, wie die Franzosen. Ein weiterer Grund ist schließlich, daß die Anhänger der Revolution, selbst als sie sich in den Bereich der Ideen begaben, nicht vermocht haben, sich zu verstehen, zu zählen und zu gruppieren. Sie haben die einflußreichen Leute der Aufklärung nicht für eine allgemeine Propaganda zugunsten der unerläßlichen sozialen Reformen herangezogen. Sie äußern revolutionäre Gefühle, das heißt den Wunsch zu zerstören und Gleichgültigkeit gegenüber der Poesie der Vergangenheit und deren Traditionen und Weisheit, wirklich erst ganz am Ende des Jahrhunderts, als die ersten Romantiker in Erscheinung treten.

3. Revolutionäre Gefühle

Diese Isolierten und Verzweifelten verabscheuen tatsächlich die Gesellschaft, zu der sie gehören: Sie wünschen ihren Untergang und die Ablösung durch eine wirklich aufgeklärte Gruppierung, die nicht über die Prinzipien hinwegsähe und aus der die Hypokrisie verbannt wäre. So kann man beobachten, wie in ihnen eine politische Leidenschaft entsteht, die die Aufklärung nicht kannte. Für diese ist der aufgeklärte Despotismus ein Ideal, das man unmöglich aufgeben kann. Sie wünscht nichts weiter, als den Freiheiten und Garantien zu genügen, die das Ideal dem einzelnen sichert. Ihr Universalismus kann nicht mehr in Widerspruch geraten zum preußischen Patriotismus, dessen Entwicklung sie fördert, als der Freihandel der Engländer deren Wirtschaft schadet; denn das politische System in Preußen ist gerade so beschaffen, daß jede Kritik zulässig und jede Reform mit ihm vereinbar ist. Doch lehnt sie die Gewalttätigkeiten und Grausamkeiten ab, die die Reformen verschleiern und die Völker verrohen. Nun sind es aber gerade diese Gewalttätigkeiten, die den frühen Romantikern gefallen, weil sie die Schranken durchbrechen, die sie nicht zu überwinden vermochten. Es fehlt ihnen die politische Erziehung, und was Dorothea auch immer über sie sagt, sie sind nicht Männer der Tat. Doch glauben sie, solche zu werden, wenn eine große Katastrophe sie dazu zwänge. Das ist der Grund, warum Schelling seit Beginn seiner Tätigkeit als Hauslehrer Hegel beschwört, sich öffentlich der guten Sache anzuschließen. »Es kommt darauf an, daß junge Männer, entschieden alles zu wagen und zu unternehmen, sich vereinigen, um von verschiedenen Seiten her dasselbe Werk zu betreiben – und der Sieg ist gewonnen. Es wird mir alles zu enge hier – in unserm Pfaffen- und Schreiberland[24]. Ein Land, das sich den Launen des Fürsten hingeben muß ..., das zu jedem beliebigen Preis kaufen muß, was andere Völker zu jedem beliebigen Preis loswerden wollten[25].« Und als Napoleon 1806 Preußen zerschlägt: »Das erstemal empfinde ich, daß es mir tausendmal besser wäre, das Schwert zu führen, denn die Feder ... Man muß abwarten, was die schmerzlich ringende Zeit gebähren wird. Geht Deutschland nicht unter, so darf alles Hohe und Schöne ans Licht treten, und offenbar, volksmäßig werden, was bis jetzt geheim war ... Die Dummheit von oben her, die tiefe Gemeinheit der Regierungen, die wir fallen sehen, haben wir uns nicht vorstellen können: jetzt ist sie klar, und ich möchte nicht klagen, sondern wo möglich noch helfen, daß das Alte vergehe[26].«

Die Entwicklung Wackenroders und Tiecks läuft genau parallel zu der Schellings. Zunächst bekunden sie Gleichgültigkeit gegenüber dem Vaterland, weil sie in der Gesellschaft isoliert sind: »Gemeine Schullehrer scheinen wirklich zu glauben, daß sie wer weiß wie große Fortschritte in der Pädagogik gemacht haben, wenn sie ihren achtjährigen Knaben jetzt die Brandenburgische Geschichte des Vaterlandes recht weitläufig erzählen. Ein Bürger oder sonst einer, der nicht Gelehrter werden will, braucht doch wahrlich in unseren Zeiten im Grunde die vaterländische Geschichte so wenig als eine andere; und es würde nach meiner Meinung also zweckmäßiger sein, wenn man irgendeine *interessante* Geschichte, ohne Rücksicht, ob dieses oder jenes alten oder neuen Volkes, in unseren Schulen vortrüge. Wie gesagt, ich glaube, man könnte eine ganze Menge Gründe wider die unzeitige Vaterlandsliebe von Denis und seiner Anhänger vorbringen[27].« Tieck erwidert: »Unsre Verfassung duldet keine Codrus, Curtius oder Scavolas mehr, unsre bürgerliche Verfassung hat allen Patriotismus, alle *großen* Tugenden erstickt, nur die *sanftern, menschlichen* sind noch übrig, um den Menschen über das Tier zu erheben, und auch diesen droht die schändliche Hand unsrer Frivolität . . .[28].«

Dann, als die Französische Revolution ausbricht, werden sie von einer Woge des Enthusiasmus erfaßt, die nicht durch die französischen Ideen, die ja nicht neu sind, sondern durch revolutionäre Taten bedingt ist: »O, ruft Tieck aus, wenn ich itzt ein Franzose wäre! Dann wollt ich nicht hier sitzen, dann – doch leider bin ich in einer Monarchie geboren, die gegen die Freiheit kämpfte, unter Menschen, die noch Barbaren genug sind, die Franzosen zu verachten. Ich habe mich sehr geändert, ich bin itzt nicht glücklich, wenn ich keine Zeitungen haben kann. O, in Frankreich zu sein, es muß doch ein groß Gefühl sein, unter Dumouriez zu fechten und Sklaven in die Flucht zu jagen, und auch zu fallen, was ist ein Leben ohne Freiheit? Ich begrüße den Genius Griechenlands mit Entzücken, den ich über Gallien schweben sehe, Frankreich ist jetzt mein Gedanke Tag und Nacht – ist Frankreich unglücklich, so verachte ich die ganze Welt – dann ist Europa bestimmt, ein Kerker zu sein[29].«

Wackenroder antwortet: »Ich habe mich schon lange gewundert, daß Du mich nicht gefragt hast, was ich von den Franzosen denke. Ich denke ganz mit Dir gleich von ihnen, und stimme von ganzem Herzen in Deinen Enthusiasmus ein, das versichere ich Dich. Aber ich kann mich nicht enthalten, Dir folgendes zu sagen. Ich spreche hier durchaus mit keinem Menschen von den Franzosen; und zwar darum, weil jeder von ihnen spricht, ihre größten Taten immer mit einem Lächeln erzählt, als wollt er sagen: was die närrischen Leute nicht für Dinge tun! Und wer mit diesem Lächeln davon spricht, dem möcht' ich gleich eine Ohrfeige geben[30].«

Schleiermacher, der ruhiger ist, muß auch Stellung nehmen, aber nicht zu den Ideen, sondern zu einer der revolutionären Taten. Als er Hauslehrer bei den Dohnas ist, gerät er jedesmal in Zorn, wenn er hört, daß man die Hinrichtung Ludwigs XVI. deswegen verurteilt, weil er König und nicht, weil er unschuldig ist[31].

»Möge Gott ihre despotischen Absichten verdammen[32]!« ruft er bezüglich der Fürsten aus.

Friedrich Schlegel bekundet zunächst nur den literarischen Patriotismus des Sturm und Drang[33], dann, unter dem Einfluß von Caroline, die Forsters Drama miterlebt hat, beginnt er die Französische Revolution zu lieben, die der Jugend so viele Tore öffnet[34]. So sehr er jedoch auf die Professorenlaufbahn hofft, seine Bewunderung bleibt abwartend. Man beachtet vor allem sein zunehmendes Interesse an den Ereignissen in Frankreich, an der immer größer werdenden Zahl der Fremdwörter, die er in seinen Briefen germanisiert. Sein Bruder macht sich unnötig Sorgen über seine Lektüre (Lectuere), er weiß genau, daß es für ihn entscheidend ist, »einen guten politischen Ruf zu haben«. Wenn er mit großem Eifer bei der Arbeit ist, wünscht er sich, daß er solange anhält, bis sie beendet ist, in der Art »Des sublimen Decrets« der Konvents, das erklärt, »daß die Revolution bis zum Frieden dauert«[35]. Nach der Veröffentlichung der »Beiträge zur Rechtfertigung der Urteile der Öffentlichkeit über die Französische Revolution« von Fichte[36] faßt er Mut und macht sich an die Arbeit an einer politischen Schrift. Er versichert jedoch seinem Bruder: »Schon wegen der Härte der wissenschaftlichen Forschungen werde ich mich jeder Anspielung auf die Tatsachen enthalten.« Seine philosophische Denkweise verleugnet sich nicht: »Statt sie zu suchen, werde ich die Popularität diesbezüglich meiden. Das Dunkel der abstrakten Metaphysik wird mich schützen. Wenn man nur für die Philosophen schreibt, kann man unglaublich kühn sein, ohne daß jemand von der Polizei das jemals bemerkt oder gar die Kühnheit versteht[37].« Er will auch »etwas Populäres über den Republikanismus« veröffentlichen. »Ich bin der Kritik herzlich satt, und werde mit unglaublichem Enthusiasmus an den Revoluzionen arbeiten . . . Ich will Dirs nicht leugnen, daß mir der Republikanismus noch ein wenig näher am Herzen liegt, als die göttliche Kritik, und die allergöttlichste Poesie[38].« Der Essay über die Republik erscheint im Jahre 1796 in »Deutschland« von Reichardt. Ausgehend vom Kategorischen Imperativ Kants, legt Friedrich dar, daß der Staat notwendigerweise auf Freiheit, Gleichheit und Totalität oder auch noch auf Kontinuität und Allgemeinheit ruhe. Daraus folgt, daß nur der allgemeine Wille eine politische Handlung herbeiführen kann und daß der Staat eine Republik mit allgemeinem Mehrheitswahlrecht und Repräsentativsystem sein muß. Man könnte jedoch provisorisch eine Diktatur und das Persönlichkeitswahlrecht zulassen.

Die wahre Republik kann nur universal sein und sichert daher den ewigen Frieden[39]. So lautet grob das politische Ideal Friedrich Schlegels in Jena. Er befürwortet das Recht zur Erhebung und würde nichts Besseres verlangen, als sich in die Tat zu stürzen. Doch bietet sich keine Gelegenheit, die Gesellschaft, die ihn ablehnt, durch eine andere zu ersetzen, die auf bürgerlicher Gleichheit, Abschaffung der Vorurteile, Emanzipation der Frau und obligatorischem Deutschunterricht begründet ist. Nach seinem Scheitern an der Universität wird er noch revolutionärer, aber als würdiger Sohn der Aufklärung ist er es nur in Gedanken. Er schreibt seine »Charakteristiken moderner Autoren«[40]. Er richtet den Konservativen Hans Georg Schlosser, verurteilt die eitlen Analysen des lüsternen Woldemar, Held bei Jacobi, der dem Studenten Schlegel so ähnlich ist, macht aus Lessing einen großen Revolutionär und entzieht auf diese Weise diesen Feind der Vorurteile und Sippschaften der pseudoklassischen Partei[41]. Schließlich rehabilitiert er Forster, dessen Werke »wahrhaft grandios und fast sublim« sind, für die Nachkommenschaft. Danach geht er nach Berlin, zu dem Zeitpunkt, als der Stern Bonapartes im Okzident aufgeht. Napoleon! Diese jungen Leute bewundern ihn alle und bewundern sich in ihm. Ist er nicht einer von ihnen? Von niederer Herkunft, wie sie, offenbart er, wie sie, revolutionäre Gefühle und glaubt, wie sie, an die Wunder seines Sterns. Wie jeder Spieler hat er Gefallen am Risiko. Seine Karriere ist eine lange Folge von überraschenden Wendungen. Sein Genie blendet alle, wie auch ihr eigenes in Zukunft, denn sie sind etwas jünger als er[42]. Sie haben große Hoffnung, seinen Spuren zu folgen. Selbst diejenigen, die, wie Steffens, Frankreich hassen, können nicht umhin, »von Bewunderung für einen Mann hingerissen zu sein, der im Mittelpunkt der Revolution stand und der sich erhoben hat«[43].

Friedrich Schlegel ist der Ansicht, daß der Erste Konsul bei Bedarf Anlaß für einen literarischen Erfolg geben könnte[44].

Alle betrachten ihn und warten, daß ihre Zeit kommt. Im Jahre 1799 schreibt Caroline an ihre Tochter: »Bonaparte ist in Paris. O Kind, bedenke, es geht alles wieder gut. Die Russen sind aus der Schweiz vertrieben – die Russen und Engländer müssen in Holland schmählich capitulieren, die Franzosen dringen in Schwaben vor. Und nun kommt der Bonaparte noch. Freue Dich auch, sonst glaub ich, daß Du blos tändelst und keine gescheiten Gedanken hegst[45].« Und nach der Eroberung Preußens im Jahre 1806 folgert Schelling: »Die Revolution hat jetzt erst in Deutschland angefangen; ich meine nämlich, daß erst jetzt Raum wird für eine neue Welt.« Napoleon! Wie sie dieses große Vorbild lieben! Seine Büste wird in Berlin verkauft. Tieck besitzt sie, die Brüder Schlegel nehmen sie mit nach Jena[46]. Jean Paul will sie von Tieck für einen seiner Freunde haben[47].

Dritter Teil: Die moralische Krise
Neue Mentalität

1. Kapitel:
Die übernatürliche Deutung des Lebens

1. Psychologie des Wunders

Im Bereich der Moral zeigt sich die Krise durch die langsame Entwicklung, das zunehmende Eindringen in die Massen und schließlich selbst in den führenden Schichten durch eine neue Mentalität, die das genaue Gegenteil von der Aufklärung ist.

Wieder setzt sich die mystische Bewegung durch; ob es sich um Religionen, Hygiene und Gesundheit, Mode oder Sitten handelt, immer und überall besteht starkes Interesse an den am wenigsten vernünftigen Lösungen. Eine Art Ausbruch des Glaubens und der Leidenschaft ermutigt jene, die sich zwanzig Jahre vorher durch das Eingeständnis ihrer Handlungsweisen lächerlich gemacht hätten. Menschen aus allen Schichten, unzufrieden mit den Lebensbedingungen, die ihnen geboten werden, suchen nach außergewöhnlichen und individuellen Lösungen. Die Masse auf dem Lande hat immer häufiger Kontakt zu Werbeagenten und Vagabunden. Charakteristisch für das Abenteuerleben des Soldaten und Bettlers ist ja die plötzliche Veränderung ihres Schicksals. Heute arm, morgen reich und verschwenderisch, verdanken sie ihren Erfolg weder ihrem ausdauerndem Fleiß, noch ihren gewissenhaften Methoden. Es ist das Schicksal, das einem Soldaten zum Sieg verhilft, einem Vagabunden wohlhabende Reisende als Beute liefert, einen Schauspieler populär oder einen Scharlatan berühmt macht. In den Städten kann der Arme bei der Lotterie gewinnen; um reich und mächtig zu werden, genügt es, Glück zu haben. Die einen riskieren ihren Kopf, die anderen ihr Vermögen. Alle gewinnen Geschmack an starken Emotionen, die sie nervlich zerrütten; sie verlangen von der Religion oder vom Exorzismus ein Mittel, diesen Zufall, den sie lieben, zu zähmen. Die Geschicktesten und am wenigsten Ernsthaften tragen dazu bei, diesen allgemeinen Drang nach Wundern zu verstärken, indem sie ihn fördern. Sie verkaufen außergewöhnliche Rezepte, deren Glaubwürdigkeit beim Volk mehr und mehr wächst. Inmitten dieser Absonderlichkeiten lernen die jungen Bürgerlichen, Vorurteile und Aberglauben zu bekämpfen. Sie sind zu intelligent und zu stark auf Kritik dressiert, um an Gespenster oder lebenslanges Elixier zu glauben. Doch bekämpfen sie diese Exzesse nicht, weil ihnen wenig an der Zukunft der Gesellschaft liegt. Der Name, den sie wiederum ihrem Ideal geben, kann variieren. »Glück, Unendlichkeit, erhaben« sind viele vage Bezeichnungen[1], die alle denselben undefinierbaren Zustand kennzeichnen, das Wunder, das jedem erlauben würde, aus seiner Mittelmäßigkeit herauszukommen. Dorothea, die einen klaren Verstand behält und in ihren Gefühlen konstant bleibt, dank der Erziehung von seiten ihres Vaters Moses Mendelssohn und der relativen Zufriedenheit, die die Juden in der aufgeklärten Gesellschaft verspüren, macht sich nichts vor: »Oft lachen sie mich aus und fühlen sich recht über mich erhaben, wenn ich die schicklichen Worte, die modigen Ausdrücke, mit denen sie so leicht sich alles bezeichnen, zu entbehren schein: so wie groß, erhaben, modern, antik, gothisch, liebenswürdig, wunderbar, himmlisch, göttlich – und mehr. Ach, ich kenne diese Worte ja wohl, es sind Worte! aber ich scheue mich sie zu brauchen. Sie könnten von heute an etwas ganz anderes bezeichnen, grade das Gegenteil, und man würde sich gar nicht darüber wundern. Das was man nicht nennen kann, ist ja doch immer das liebste und beste und eigentlich das, was man meint. Warum spricht man denn so viel[2]?«

Warum? Weil jeder, der über die mit den Prinzipien der Aufklärung verbundenen sozialen Reformen verzweifelt, von einer individuellen Lösung zu träumen beginnt, einen Ausnahmezustand herbeisehnt, auf Grund dessen er einzelne Stufen überspringen und sein Glück machen kann, bevor die triumphierende Vernunft das Glück der Menschheit sichert, und weil jeder, sich wiegend in dem Lied seiner Sehnsucht, sich immer mehr von der realen Welt entfernt, die nur noch ein vorübergehender Aufenthalt, ein verlassenes Ufer ist, von dem ihn das bevorstehendes Wunder fortreißt.

Die verantwortlichen Schichten, die sich in Preußen der vorübergehenden Strömung des »Sturm und Drang« hartnäckig widersetzt hatten, werden in der Folgezeit nachgiebig. Die von oben vorgegebenen Ordnungsbegriffe werden nicht mehr übermittelt. Die von der Aufklärung zur Bekämpfung der irrationalen

Tendenzen geformte Jugend erliegt gern dem Einfluß des Volkes, statt ihre Mission als Kritiker zu erfüllen, und dieser Verzicht ermöglicht es, die ungefähre Entstehungszeit der Romantik zu datieren. Als diejenigen, die die intellektuellen Werte verkörperten, nicht mehr von ihrer Überlegenheit überzeugt sind, steigen sie schnell von der Leiter herunter, mit der sie vorher den Gipfel besetzt hatten. Anläßlich des Kampfes der Rosenkreutzer gegen die Aufklärung unter Friedrich Wilhelm II. siegt noch die Vernunft; sie wird damals von den Leuten verteidigt, die alle über dreißig sind. Die folgende Generation verrät sie, statt ihren Erfolg auszunützen. Die Romantik ist die Tat derer, die zwischen 1790 und 1800 unter dreißig sind.

Diese neue Atmosphäre, dieses Klima, das das Aufblühen der romantischen Werke begünstigt, ist für den Historiker von größerer Bedeutung als die eigentlichen Werke. Denn das Phänomen kann dadurch allgemeiner und genauer definiert werden als anhand der literarischen Werke. Die Romantik erscheint dann als eine Denkweise, deren Ausdruck die Werke sind, als eine Psychologie, die zu allen Zeiten und überall das Typische der individuellen Darstellungen erklären kann, unabhängig von ihren Mal-, Bildhauer- und Musiktechniken.

Dasselbe gilt für den politischen Bereich. Wenn die jungen Intellektuellen, indem sie revolutionäre Gefühle äußern, eine Katastrophe herbeisehnen, offenbaren sie ihre Vorliebe für das Außergewöhnliche genauso wie ihren Wunsch, Erfolg zu haben. Ihre jüngeren Brüder werden in der Lage sein, Arbeit zu finden, in Amt und Würden zu gelangen und die Helden des alten Deutschland gegen den fremden Eroberer zu werden. Die zweite Romantik schlägt dann eine reaktionäre Richtung ein, die ganz anders ist als die Schlegels, Tiecks und Wackenroders. Es kommt jedoch die Restauration mit ihrem Regime der politischen Reaktion, und ganz selbstverständlich kehrt die Jugend, in ihrem Elan gebremst, zu den revolutionären Ideen und Methoden zurück. In Preußen wie in Frankreich und anderswo steht die Romantik weder rechts noch links. Sie an eine Ideologie binden, hieße nichts von ihrem eigentlichen Wesen verstehen, ein schlecht gestelltes Problem je nach Laune komplizieren. Die sozialen Umstände zwingen den einzelnen, die eine oder andere der vorhandenen Ideologien vorzuziehen; oft sogar vereint er sich mit beiden nacheinander. Es ist also nicht die Doktrin, die es ermöglicht, in der Politik den Romantiker vom Klassiker zu unterscheiden. Auch da ist das allgemeinere Kriterium psychologischer Natur. Die romantische Politik ist dadurch gekennzeichnet, daß sie eine Politik des Wunders ist; die neue Mentalität verkörpert politische Methoden, die die rechten und linken Romantiker in allen Ländern anwenden und mißbrauchen: der revolutionäre Moment, der abrupt eine neue Ordnung schafft, das Attentat, die geheime Gesellschaft mit mysteriösen Riten, und die Verschwörung, deren Anstifter sich nicht über die Probleme beunruhigen, die am Tag nach dem Erfolg zu lösen sind.

Der Romantiker ist also im wesentlichen durch seine Wundergläubigkeit gekennzeichnet. Alle anderen Charakterzüge lassen sich davon ableiten. Die Vorzüge, die er dem Gefühl vor der Intelligenz, der Inspiration vor der Arbeit, der Revolution vor der Reform gibt, sind nur verschiedene Ausdrucksformen dieses Glaubens. Eine derartige Geisteshaltung ist zweifellos nicht neu; man begegnet ihr zu allen Zeiten bei bestimmten Individuen und in bestimmten Bereichen; doch am Ende des 18. Jahrhunderts manifestiert sie sich in Preußen bei der gesamten Jugend und auf fast allen Gebieten.

Es ist diese Universalität, die dem Phänomen seinen historischen Wert verleiht. Es handelt sich wirklich nicht mehr um eine Reihe besonderer Fälle, die die Spezialisten, Literaturkritiker oder Psychologen analysieren, um sie zu erklären. Es handelt sich um eine Denkweise, die einer großen Anzahl von Zeitgenossen gemeinsam ist und folglich um einen sozialen Tatbestand. Diese Tatsache bestimmt das Leben aller Individuen in allen Bereichen; sie ist die Ebene, auf der sie sich entwickeln, die Atmosphäre, die sie atmen; sie existiert, bevor sie sich ihrer bewußt sind, denn nichts ist schwieriger, als sich genau über die geistigen Gewohnheiten klar zu werden, denen man gehorcht. Sie wäre auch dann nicht von geringerer Bedeutung, wenn die Romantiker nicht wahrgenommen hätten, daß sie sich von ihren Vorgängern unterscheiden.

Diese Universalität hat dem »Sturm und Drang« gefehlt, dessen Führer sich nach einer romantischen Periode davon gelöst haben, »um zu einer höheren Kultur zu gelangen«, und dessen Einfluß nicht über Preußen geströmt ist. Der »Sturm und Drang« hat wie die Anfänge der Lotterie nicht die Zuneigung Preußens gewonnen. Warum gewinnt sie später die Romantik? Um dies zu erklären, genügt es nicht, die normale psychologische Reaktion einer Generation mit denen ihrer Vorgänger zu vergleichen, denn diese Reaktion hätte vorher wesentlich mehr Erfolgschancen gehabt als zu dem Zeitpunkt, als auf einen vielleicht zu trockenen Rationalismus die Klassik folgt und Goethe überall verehrt wird. Alles dagegen wird klar und einleuchtend, wenn man die Ursachen der wirtschaftlichen und sozialen Krise kennt, die vorher analysiert wurde. Der Sieg der Mentalität des Wunders ist durch die Arbeitslosigkeit bedingt, die in allen Schichten die Jugend bedroht; die Arbeitslosigkeit, die aus dem Tagelöhner einen Vagabunden, aus dem Handwerker einen Bettler und aus dem Studierten einen Schriftsteller macht.

2. Das Wunder in der Religion: Illuminatentum und Prophetie

Jener Mystizismus, der sich in die religiösen Sekten geflüchtet hat, nützt als erster die neue Situation aus.

Der Pietismus war eine organisierte Kirche mit kontrollierten Wundern und bekannten Handlungsweisen. Durch geheimere Vereinigungen wird er zweitrangig. Diese entlehnen ihre Form und Zeremonie oft den Logen. Die Entwicklung letzterer ist äußerst typisch. Sie beweist, daß das Bedürfnis nach Wundern wächst. Prophetie und Scharlatanerie haben tatsächlich immer bestanden; man fände dafür in jeder Epoche ganz leicht Beispiele. Doch zu Beginn des 18. Jahrhunderts lassen sie sich vornehmlich durch mangelnde Bildung und eine gewisse Vernachlässigung der religiösen Praktiken in der breiten Masse des Volkes erklären. Nun entwickeln sich am Ende des Jahrhunderts die in Logen gruppierten Eliten in derselben Richtung. Im Jahre 1717 entsteht in London durch Fusion der vier großen örtlichen Maurergesellschaften die Großloge: Bis dahin spielten diese halb professionellen, halb politischen, vorwiegend englischen und aus Leuten bescheidener Herkunft rekrutierten Gesellschaften keine große Rolle. Umgebildet von dem aufgeklärten Pfarrer Jean Desaguliers, einem Schüler Newtons und Autor einer bekannten »Philosophie expérimentale«, öffnen sie sich dem Adel und verbreiten sich über die ganze Welt. Die Verfassungen von 1723, ins Französische und Deutsche übertragen, enthalten nur vernünftige Dinge. Sie haben deistische Tendenz und erstaunen durch ihre utilitaristische Konzeption der Moral und ihren Glauben an den technischen Fortschritt, dessen Geschichte seit Entstehung der Welt sie aufzeichnen. Sie wollen auf der Grundlage der offenbarten Religionen an der »geistigen und sozialen Einheit arbeiten«. Und da sie sich außerhalb des politischen Bereichs befinden, entgehen sie durch ihre geheime Tätigkeit der Überwachung durch die Regierungen[3].

Die erste deutsche Loge wird im Jahre 1727 in Hamburg unter der Schirmherrschaft der englischen Großloge gegründet. In der Folgezeit entstehen andere in Hannover, Braunschweig, Leipzig und in allen Städten. In Preußen unterstützt Friedrich II. persönlich die Freimaurerbewegung seit 1738, dem Gründungsdatum der Berliner Loge »Zu den drei Weltkugeln«. Er wird 1740 ihr Großmeister.

In der zweiten Hälfte des Jahrhunderts verändern sich die Logen überall: In Frankreich, wo die soziale Gleichheit dem Adel mißfällt und wo das Bürgertum zufrieden über den Zugang zur Freimaurergesellschaft mit ihren hohen Auszeichnungen ist, entwickelt sich das schottische Ritual mit seiner komplizierten Hierarchie[4]. In England selbst wird neben dem Grad des Gesellen und Meisters noch ein dritter geschaffen, und die mysteriösen Aufnahmezeremonien gewinnen an Bedeutung. In Deutschland erscheint die Entwicklung noch schneller, trotz der Bemühungen vernünftiger Reformatoren, wie Fessler, der 1788 die aufgeklärten Prinzipien aufzugreifen und den Wust der mysteriösen Symbole zu beseitigen versucht. Zu Beginn glichen die Logen fast den Lesegesellschaften; sie bildeten eine Art Kulturclubs, doch diese Wiegen der Aufklärung, in denen die künftige Elite im kalten Licht der Vernunft heranwuchs, werden schnell vom Unkraut übersät. In den Freimaurerkreisen wird die Form wichtiger als der Inhalt. Lessing beklagt dies seit 1788 in seinem letzten Dialog: Ernst, von Falks Freiheitsideal hingerissen, ist in die Logen eingetreten; niemals gab es dort zahlreichere Anhänger, aber leider ersticken die Leidenschaften des Vulgären die Funken des Geistes! Es sind nur noch Riten, die zunehmend mysteriöser und komplizierter werden, Vorurteile, die sich verhärten, und immer nichtiger und konfuser werdende Hoffnungen unnützer Offenbarungen.

Es wird unmöglich, die alten Logen von den neuen zu unterscheiden, die sich stark vermehren und deren Gründer ihre Brüder nicht mehr erziehen, sondern ihnen Zugang zu den Geheimnissen verschaffen wollen, die sie bewahren. Hund, der die Freimaurerei reformiert und einen streng einzuhaltenden Ritus schafft, führt 1764 das Wunder und eine komplizierte Hierarchie ein. Jedes Mitglied kennt nur seinen unmittelbaren Meister. Er lebt in der Hoffnung, eines Tages die Geheimnisse zu erfahren, zu denen die Großmeister den Schlüssel besitzen, und sein Eifer wird belohnt durch den periodischen Zugang zu neuen Graden und durch Offenbarungen, die damit verknüpft sind. Dies sind nur Formen eitler Symbole, aber die Zukunft ist zweifellos voller Überraschungen[5].

Die Logen werden somit Vereinigungen von Leuten, die sich zusammengetan haben in der gemeinsamen Neugierde auf nichtexistierende Geheimnisse[6]. Die der Templer vergeben an ihre Mitglieder hochtrabende Titel, mit denen sich die Bürger schmücken und deren sie sich rühmen. Auf dem 1782 in Wilhelmsbad bei Hanau einberufenen Kongreß aller Logen gelingt es den Rosenkreutzern, all diejenigen zu gewinnen, die von anderen Bewegungen enttäuscht wurden. Sie kommentieren die »Fama Fraternitatis« und die »Confessio«, die die Geschichte von Christian Rosenkreutz, einem imaginären Helden, berichten.

Ihre Vereinigung, die vorgibt, sich bis zur Sintflut zurückführen zu lassen, ist jedoch weder 1620 von dem Autor der beiden Abhandlungen, noch von seinem Schüler Comenius im Jahre 1628, noch gar später durch den letzten der großen »Pansophen«, Frankenberg, gegründet worden. Die mystische Tendenz, die während der Religionskriege entstand, verschwindet 1652 mit dem letzten dieser Kriege. Erst ein Jahrhundert später, um 1760, tritt in Süddeutschland die erste Vereinigung unter dem Namen Rosenkreutzer in Erscheinung[7]. Sie ist von Legenden umwoben, setzt der Kritik das Geheimnis ihrer Rituale entgegen und bietet jedem irgendeinen Reiz ihrer Doktrin. Diese übernimmt und kombiniert alle Versprechungen der gängigen Scharlatane. Sie gibt den Eingeweihten die Macht, Metalle in Gold zu verwandeln und sämtliche Krankheiten zu heilen. Doch muß man zunächst die Stufen einer langen Hierarchie durchlaufen und seinen Eifer beweisen, indem man seine Einkünfte dem Wohl der Gesellschaft widmet[8].

Diese ist in Preußen seit dem Tag gesichert, als Bischoffswerder den Erbprinzen bekehrt (1781)[9].

Cedrinus, alias Albrecht, tritt zur selben Zeit von der strengen Observanz zu den Rosenkreutzern über. Die Einweihung lehrt ihn jedoch nichts: man bekleidet ihn mit der Schürze der Brüder Salomons, man bindet ihm die Hände mit einer roten Schnur zusammen, man verbindet ihm die Augen und führt ihn vor eine Tür, an die er neunmal klopft.

Eine Stimme ruft: »Wer ist da?« – »Ein irdischer Leib, der in einen geistigen verwandelt werden möchte!«

Als er eintritt, hört er Reden mit sinnentleerten Formulierungen, bis man ihm seine Fesseln und Augenbinde abnimmt. Er steht auf einem viereckigen Teppich, in dessen Mitte eine irdische Sphäre abgebildet ist. Auf einem Tisch mit einem grünen Teppich befindet sich eine andere Sphäre aus Glas zur Hälfte mit Wasser gefüllt. Die dahinter sitzenden Brüder nehmen ihm den Eid ab, die sieben Pflichten der Rosenkreutzer zu beachten: Gott fürchten, seine Nächsten lieben, das Geheimnis bewahren, dem Orden treu bleiben, nach dem Schöpfer und seiner Weisheit leben.

Man lehrt ihn das Zeichen der Dankbarkeit: die Arme auf der Brust verschränken; das Ballen der Hand zur Faust; die Finger spreizen und sie zwischen die Finger des Bruders führen, bis sich beide Daumen berühren; das Wort: dalet das ist Urun[10]. Das ist alles. Man erklärt ihm nichts, und die Mahlzeiten, zu denen er seitdem geladen ist, sind nichts als infantile Sitzungen mit Fragen und Antworten.

Der Leiter des Kreises fragt zum Beispiel: »Was ist wahre Verbrüderung?« Und er muß antworten: »Die Vereinigung von 1, 3, 4, 5, 7 und 9.« »Was bedeuten diese Zahlen? 1 bedeutet den Anfang, 3 die Dreieinigkeit, aus der die vier aktiven Eigenschaften entstanden sind, aus der ein fünftes Wesen hervorging, durch das sich die Weisheit in 7 offenbart hat. Und 9 steht am Ende aller Schöpfungen[11].«

Dies ist die Art der Geheimnisse, welche die Rosenkreutzer ihren zahlreichen Gläubigen mittels einer Kollekte offenbaren. Albrecht erkennt, daß man ihn betrügt.

Forster, der 1780 in Kassel zusammen mit seinem Freund Sömmering Rosenkreutzer geworden war, ist froh, anläßlich seiner Abreise nach Wilna mit der Gesellschaft brechen zu können, deren Macht ihn beunruhigt[12]. Er hat die Nichtigkeit des Mystizismus und der Alchimie erkannt. Viele glauben jedoch, daß, selbst wenn die Logen die Geheimnisse nicht bewahren, dies kein Beweis dafür sei, daß es kein Geheimnis gebe. Sie arbeiten in der Folgezeit allein; sie lesen die Schriften Jakob Böhmes oder Franz von Baaders; sie hören den großen Predigern zu, wie dem Baron Eckartshausen[13], oder dem gealterten Jung-Stilling[14], die sich ihre Anhänger streitig machen.

Sie befassen sich mit den neuesten wissenschaftlichen Entdeckungen, wie Elektrizität, Magnetismus, Sauerstoff. Sie vermischen diese Versuche mit den Ideen der alten Mystiker und konstruieren neue Systeme zur Verbreitung der Theosophie. Lavater, »der protestantische Papst«, liberal und mystisch wie die Pietisten, kennt alle Systeme und Experimente. Diese Universalwissenschaft und seine »Physiognomie«, mit der er den Charakter und das Schicksal der Menschen nach ihren Gesichtszügen errät, verschaffen ihm einen enormen Einfluß auf alle denkenden Menschen in Europa. Von Zürich aus, wohin die Pilger strömen, unterhält er eine lebhafte Korrespondenz mit zahlreichen Schriftstellern und mit Fürsten, die sich vor ihm erniedrigen. Er ebnet den vielen Scharlatanen den Weg, wie Cagliostro, dem Grafen von Saint-Germain, dem Vizegrafen von Thun, den er nicht verdammt[15].

Weniger bekannt, aber mehr geschätzt von den jungen Romantikern, verbreitet Ritter die Idee des »Animal-Universums«, nach der die Welt ein immenser Organismus ist, dessen gesamte Teile solidarisch sind, wo alle Körper und alle Wesen eine Funktion zu erfüllen haben und dessen eigentliches Leben sich durch den Magnetismus offenbart.

Der Geologe Werner, Lehrer von Novalis, ist ein Gegner der Plutonisten; er glaubt, daß das Wasser die Mutter und Schöpferin der gesamten Natur ist[16].

Elektrizität, Wasser, Nervensystem, göttliche Offenbarung, all diese Schöpfer tragen dazu bei, die Rolle der Vernunft zu verringern. Die unergründlichen Wahrheiten fühlt man intuitiv, bevor man sie versteht. Eine Atmosphäre zu schaffen, die für ihre Offenbarung fruchtbar ist, wird das vornehmlichste Anliegen bei den Kindern der Aufklärung, und diese Bemühung ist der Schlüssel zu so manchen literarischen oder künstlerischen Werken.

Doch die Massen sind für diese Metaphysik wenig empfänglich. Sie wollen etwas weniger innere Erleuchtung und etwas mehr konkrete Geheimnisse. Diese Massen, die aus kleinen Handwerkern oder armen Bauern, die oft halbe Vagabunden sind, bestehen, entrinnen dem Einfluß des Pfarrers, der sie je nach seinem Temperament und seinen Überzeugungen auf die Vernunft oder den Glauben orientiert haben soll. Sie sind leichtgläubig und, wie in Gruppen primitiver Geisteshaltung zu beobachten ist, immer bereit, den Zauberer zu fürchten oder den Propheten zu verehren.

Der bedeutendste unter letzteren ist in Preußen Hans Paul Philipp Rosenfeld. Aus einer geachteten thüringischen Beamtenfamilie stammend, bekundet er seit seiner Jugend eine bemerkenswerte Abneigung gegen die Arbeit. Er wurde 1733 geboren, 1765 aus seiner Stellung als Jagdhüter entlassen, weil er die Papiere über einen Holzverkauf gefälscht hatte, und schlägt dann die Karriere ein, die ihn unsterblich machen wird. Er durchquert zunächst die Neumark als Bettler und Wahrsager. Sein langer Bart, seine Redseligkeit und Kenntnis der biblischen Texte beeindrucken die Leute, denen er erklärt, daß Jesus nicht der wahre Messias war. Der wahre Messias ist Rosenfeld, der die Welt retten wird, denn er besitzt das Buch des Lebens, das das Geheimnis der Ewigkeit bewahrt. Seine sieben Siegel müssen von sieben Jungfrauen gebrochen werden. Die Bauern hängen an seinen Lippen, konvertieren und sind bereit, die nötigen Mädchen beizubringen, da wird der Prophet 1768 nach einem Streit zwischen seinen Anhängern und Gegnern festgenommen. Man steckt ihn in eine Irrenanstalt in Berlin. Dort gibt er sich unterwürfig und vernünftig. Sein Schüler Gumto besucht ihn. Rosenfeld befiehlt ihm, seine Tochter zu holen und ihr aufzutragen, alles zu tun, was er anordnet. Der Bauer gehorcht und kehrt mit seiner Tochter, dem Verlobten einer seiner anderen Töchter und einer Nachbarin zurück. Rosenfeld fragt das junge Mädchen, ob sie Christus' Frau werden möchte. Sie bejaht. Er legt sie daraufhin auf sein Bett und schläft mit ihr vor den Augen der anwesenden Personen.

Im Jahre 1771 wird er wegen seines vorbildlichen Benehmens in der Anstalt freigelassen, aber man gestattet ihm nicht, aufs Land zurückzukehren. Er läßt sich in Berlin nieder und schreibt seinen Schülern, daß er sieben Jungfrauen brauche, um das Buch des Lebens zu öffnen. Die Bauern schicken ihm ihre Töchter. Der Prophet bringt sie bei sich unter und läßt sie schwer arbeiten, wobei er sie kaum ernährt und häufig schlägt. Nur gegenüber seiner Geliebten, die er dreimal schwängert, verhält er sich sanfter. Ansonsten gibt er sich der Onanie hin. Im Jahre 1784, nach dem Tod von zwei seiner Frauen und nach Denunzierung durch Gumto, wird er erneut festgenommen. Er wird zu öffentlicher Geißelung und lebenslänglicher Haft verurteilt und stirbt 1788 in der Zitadelle in Spandau. Doch in den Jahren 1785, 1787, 1790, 1793, 1794, 1795 und 1797 richten seine Jünger immer wieder Petitionen an den König, in denen sie ihn mit vielen orthographischen Fehlern beknien, die ewige Verdammung der Welt nicht zu gestatten, indem man den Messias an der Vollendung seiner Mission hindert.

Vergeblich will man sie vom Tod des Propheten überzeugen. Sie weigern sich, daran zu glauben, denn »sonst gäbe es für die ganze Welt keine Hoffnung mehr auf Rettung«.

Trotz seiner unermüdlichen Geduld für die Mystiker wird Wöllner schließlich doch ärgerlich. Er droht; aber noch 1802 flehen die Bauern ausländische Gesandte an, beim König für Rosenfeld einzutreten[17].

Dies ist kein außergewöhnlicher Fall. Philipp Jakob Bekker, um 1743 in Berlin geboren, Sohn eines Soldaten, erlernt sein Handwerk als Vergolder zu unvollkommen, um davon leben zu können; er führt ein unbeständiges Landstreicherleben und ernährt sich so recht und schlecht von Aufträgen, die der eine oder andere ihm zukommen läßt. Er verkehrt gern beim Schankwirt Georg, um ein Gläschen zu trinken. Eines Tages erregt ihn die Kellnerin unbewußt durch einen Blick, der ihm das Herz zerreißt. Vor Liebe toll, schwört er, das Mädchen zu heiraten, das nichts von ihm wissen will, weil er einäugig und häßlich ist. Er will sie mit Hilfe der Religion überzeugen: Er behauptet, gleich nachdem ihn ihr Blick erregt hatte, die Stimme Gottes gehört zu haben, die ihm prophezeite, daß ihre Heirat die ganze Welt und alle Menschen aus den Klauen Satans retten würde.

Von diesem Augenblick an schimpft er Christus und seine Propheten Heuchler, mit Ausnahme seines »Bruders Moses«. 1784 wird er nach einem Skandal beim Schankwirt eingesperrt.

Preußen besitzt nicht das Monopol dieser Schwärmer. Jede Region in Deutschland kann im letzten Drittel des Jahrhunderts einen Heiligen aufweisen. In Offenbach gründet Franck, polnischer Jude, zum Katholizismus konvertiert, ehemaliger Leibwächter der Ulanen, eine Sekte. Man sieht ihn mehrmals am Tag mit seinen Schülern, die ihm überallhin folgen, im Main baden. Er begibt sich täglich bei jedem Wetter in den Wald, um dort mehrere Stunden auf einem Teppich kniend zu beten. Er ist manchmal von mehr als 600 Personen umgeben, die ihm viel Geld geben. Er trinkt Unmengen von Likör von Hoffmann, um sich unsterblich zu machen, und stirbt schließlich zur großen Bestürzung seiner Jünger. Diese sind unfähig, ein solches Unheil zu ertragen und bekunden, die Seele des Toten sei in den Körper eines seiner Neffen eingegangen, der dann Führer der Sekte wird[18].

Eine für die Propheten so günstige Atmosphäre kann Geister aller Arten nur anlocken: Phantome, Besessene und Wahrsager lauern an allen Kreuzungen. Die einen mißbrauchen zynisch die Leichtgläubigkeit der Menge; die anderen glauben ernsthaft an verborgene Kräfte. Und in Süddeutschland wimmelt es von Exorzisten[19].

Die deutsche Aufklärung ist bemüht, den Phantomen entgegenzuwirken, die immer häufiger in Erscheinung treten. Der eine erhält Besuch von seiner verstorbenen Ehefrau, der andere von seinem Pudel[20]. Und es nützt auch nichts, die Täuschungen zu verschleiern. Im Jahre 1797 ernennt die Gesellschaft für Naturkunde in Berlin eine Kommission, die dem Gespenst nachgehen soll, das seit fünf Jahren das Haus des Wasser- und Forstmeisters in Tegel heimsucht. Die Professoren Bode und Meierotto, der Chemiker Klaproth, der Pastor Zöllner und andere hohe Beamte begeben sich an den Ort und liegen auf der Lauer. Sie entdecken den Strick, mit dem der Heuchler auf ein Blechstück schlug, um den Lärm zu verursachen, der die Nachbarn in Schrecken versetzte. Dem Schuldigen gelingt es jedoch, ihnen zu entkommen[21].

Jedes Mal, wenn man sich die Mühe macht, die Behauptungen derer nachzuprüfen, die Gespenster sehen oder sich in Verbindung mit Dämonen glauben, entdeckt man Mystifikationen oder Vertrauensbrüche. Diese Feststellung führt dazu, sogar die von den Religionen zugelassenen Wunder zu bezweifeln, denn was wäre davon übriggeblieben, hätte man zu dem Zeitpunkt ihres Entstehens die Beweisstücke kritisieren und die Bedingungen ihres Vollzugs überprüfen können[22]?

Doch die Härte der Philosophen, die räsonieren, der Scharfsinn, den die Chronisten beweisen, wenn sie ihre Ironie an den Tag legen, und die Gerechtigkeit der aufgeklärten Leute, die die scheinbar außergewöhnlichen Tatsachen kritisieren, bleiben vergeblich[23]. Wekhrlin macht seinem Herzen Luft, wenn er sagt: »Die Prophetenkunst ist simpel. Sie ist nichts als Würfeldrechslerkunst. Der Würfel falle wie er wolle: er sagt etwas ... Kennen Sie irgendeinen Galimatias, einen Fiebertraum, der so abgeschmackt wäre, daß er sich nicht auslegen ließe[24]?«

Die Menschen versteifen sich, Wunder zu suchen, als ob das Universum nicht eine notwendige Folge einer absolut notwendigen Ursache wäre[25]. Sie verehren die Dinge, die vom Himmel fallen. Eine chinesische Legende behauptet, daß 10 000 Sterne auf einmal ins Meer gefallen sein sollen. Doch Fontenelle beweist, daß es keinen einzigen Stern gibt, der kleiner als die Erde ist[26]. Es geht niemals ein Nichts aus etwas hervor, noch etwas aus einem Nichts[27].

Auch wenn Paul Erdmanns Leser ihre Zeitung beiseite gelegt haben, rennen sie zu ihm, denn er liest die Zukunft aus Planeten und Spielkarten. Er verdient so viel Geld, daß er sich mitten im Zentrum in der Zimmerstraße ein großes Haus kaufen kann. Sein Vorzimmer wird nie leer, die Leute drängen sich an der Tür[28]. Warum sollten sie ihn nicht konsultieren? Der Wahnsinn umfängt die führenden Schichten, und die Philosophen geben fast den Kampf auf; sie machen es sich zu bequem, ihre Zeitgenossen zu verstehen. Sie entschuldigen sie, indem sie sie anklagen. Wieland folgert: »Wir sind zu sehr Philosophen in dieser Epoche universaler Aufklärung, um an die Erscheinung von Geistern zu glauben. Und wir sind bei all unserer Aufklärung zu wenig Philosoph, um nicht daran zu glauben. Indem wir zwischen diesem Glauben und dieser Skepsis hin und her schwanken, werden wir in den meisten Fällen räsonieren und uns lustig machen, als ob wir nicht daran glaubten; und sobald uns jemand eine neue Geschichte über Geister erzählt, werden wir ihr so gespannt lauschen und dabei eine solche Angst vor Gespenstern verspüren, als ob wir daran glaubten[29].«

Die Religion ist somit in allen Kreisen der Gesellschaft im Wandel. Der Gott der Aufklärung, kluger Schöpfer eines Universums mit begreifbaren und unveränderlichen Gesetzen, genügt nicht mehr. Er ist zu abstrakt und vor allem von seinem Werk zu sehr abwesend. Die Menschen fordern immer häufiger seine Gegenwärtigkeit, und diese kann sich nur in Wundern offenbaren. Ob sie nun plötzlich das Privatleben der gebildetsten Leute oder die äußeren Lebensbedingungen der Massen verändert, die Gottheit manifestiert sich letztlich immer durch Überschreiten der Gesetze der Vernunft . . .

3. Das Wunder in der Gesundheit: romantische Medizin und modische Krankheiten

Die Entwicklung, die der einzelne in seinem ganzen moralischen Streben in Richtung Wunder vollzieht, zeichnet sich im physischen Leben noch klarer ab und ist dort auch leichter zu beschreiben. Mit der Aufklärung beginnt eine Ära wissenschaftlicher Arbeit; die allgemeinen Theorien verhindern dabei nicht die Beobachtung der Natur. Hoffmann ist der Ansicht, daß Leben sich immer durch die Bewegung äußert; er versucht daher, seine Kranken zu heilen, indem er die Dynamik ihrer Organe entweder beschleunigt oder verlangsamt. Doch während er dies tut, beobachtet er sie und richtet seine Behandlung nach ihren Reaktionen. Dieser Empirismus beeinflußt den Fortschritt des Studiums positiv; die Ärzte des 18. Jahrhunderts sind ihren Vorgängern weit überlegen. Ihr Lehrer ist Boerhaave, der in Leiden Kliniker ausbildet, die gewissenhaft und exakt Krankheiten beschreiben können; sie untersuchen ihre Patienten sorgfältig, indem sie sich der Lupe und des Thermometers bedienen. Swieten und Haen setzen in Wien dieselben Prinzipien durch, die in Deutschland die besten Ärzte als Referenz angeben. Das Studium wird verbessert. In Berlin kann man an Leichen arbeiten; dort ist das Theatrum anatomicum berühmt; man beginnt, den Studenten Kranke vorzuführen, statt ihnen nur Unterricht auf Lateinisch zu erteilen[30].

Doch erfolgen die Fortschritte langsam. Die staatlich angestellten Ärzte, die von den Fürsten bezahlt werden, oder die Ärzte in den Städten haben große Schwierigkeiten, die Vorschriften der Hygiene durchzusetzen. In vielen Hospitälern zögert man in Epidemiezeiten bei Fehlen eines Bettes nicht, mehrere Kranke in einem Bett unterzubringen. Selbst in Berlin berichtet die Presse 1796 über die skandalöse Verwaltung der »Charité«. Dieses alte Hospital, ehemalige Anstalt für Pestkranke, liegt isoliert im Norden der Stadt mit ihren schmutzigen und dunklen Straßen. Das Erdgeschoß dient als Hospiz. Die beiden Etagen können normalerweise 250 Kranke aufnehmen. Es befinden sich 3325 dort, als Schleiermacher Anstaltsgeistlicher wird. Auf die Ärzte, die von der Armendirektion ernannt und von einem Inspektor überwacht werden, hört man nicht. Vergeblich setzen sie sich dafür ein, daß die Hygiene beachtet wird und die Kranken eine geeignete Nahrung erhalten. Diese wird von den Konvaleszenten nur schlecht zubereitet, die mit dieser Arbeit ihre Behandlungskosten begleichen. Ein Witz, der von Fremden herrührt, denen man die Modellschule für Veterinärmedizin gezeigt hat, geht schnell in den Straßen der Stadt um: »Die Schule ist ein Ort, wo man die Hunde wie die Menschen behandelt, die Charité einer, wo man die Menschen wie Hunde behandelt[31].«

In der Medizin muß man wie bei allen Dingen gegen die traditionellen Vorurteile kämpfen und die öffentliche Meinung »aufklären«. Ein Mann setzt sich dafür ein, dessen Bedeutung man nicht übertreiben kann: Christoph Wilhelm Hufeland, Professor an der Universität in Jena, dann in Berlin, gewöhnlicher Arzt des preußischen Königs. Er verbringt die meiste Zeit seines Lebens mit dem Beweis, daß die Ärzte die gewonnene Praxis nicht mit dem Verstand nachvollziehen können. 1795 gründet er zum Besten aller die *Zeitschrift für praktische Medizin*, eine Sammlung seiner eigenen Beobachtungen und der seiner Kollegen. Er will »die Menge der Erfahrungen vermehren (die einzig wahre Quelle der Medizin) und jeden einzelnen kennenlernen, aus der Erfahrung jedes einzelnen das Eigentum aller machen[32]«. Im Namen der universalen Vernunft sagt er den Kurpfuschern den Kampf an, die das blinde Vertrauen der Öffentlichkeit mißbrauchen. Da er Talent als Populärwissenschaftler besitzt, schreibt er für die meisten großen Zeitungen. Seine Artikel sind so lebhaft geschrieben und klar aufgebaut, der Gedankengang in ihnen so straff durchgeführt, daß die Evidenz ihrer Schlußfolgerungen allen Lesern einleuchtet[33]. Ihm ist es zu verdanken, daß ein Kaufmann, Handwerker oder Volksschullehrer weiß, warum man sich unter fließendem Wasser waschen und jene Bäder wieder einführen soll, deren sich die alten Germanen bedienten, Helden mit blauen Augen und goldblondem Haar, die mit ihrem außergewöhnlichen Wuchs, ihrer Körperkraft und ihrem Mut selbst die Bewunderung der Römer auf sich lenkten. »Alle Völker, die baden, sind stärker und gesünder als diejenigen, die nicht baden.« Sie verstehen, warum die Kinder im Sommer Gymnastik treiben und sich im Winter nicht zu warm anziehen sollen, inwiefern Schminke schädlich und der Verzehr von heißen und alkoholischen Getränken gut ist[34]. Die meisten dieser Studien wurden in einer Hauptschrift gesammelt, die bis in unsere Zeit immer wieder aufgelegt wurde. »Die Makrobiotik oder die Kunst, das Leben zu verlängern«, ist wirklich das Standardwerk der Populärmedizin[35]. Wie gut sie ihre Rolle im Kampf gegen den Aberglauben zu spielen weiß! In ihrem theoretischen Teil wird ganz einfach erklärt, warum die Heilpraktiker überall Kurpfuscher sind. Und in ihrem praktischen Teil werden nach und nach die Mittel genannt, die am geeignetsten sind, die Dauer des menschlichen Lebens zu verkürzen oder zu verlängern. Die Robustheit und Sensibilität des Kindes hängen von seiner frühesten Kindheit ab, auf die man nicht genug Mühe verwenden kann; das Kind braucht viel frische Luft und Licht, weil beides für seinen Organismus unerläßlich ist. Mäßigkeit ist eine Gewohnheit, die ein Kind mühelos annimmt. In allen Dingen ist das rechte Maß einzuhalten. Es ist also ebenfalls wichtig, Müßigkeit und übertriebene Arbeit, Ausschweifungen und Abstinenz, Verschwendung und Nachlässigkeit in der Kleidung zu vermeiden. Man soll sich nach den Mahlzeiten die Zähne putzen, eine reine Haut erhalten, und Medikamente fürchten, die oft mehr schaden als nützen.

Schnelle und wundersame Heilung ist nur Verblendung. Krankheiten müssen vernünftig behandelt werden. Die Untersuchung der für die Verlängerung der Lebensdauer vorgeschlagenen Mittel beweist, daß jene, die sie verbreiten, Kurpfuscher sind. Indem man auf sie zurückgreift, verkürzt man meistens sein Leben.

Die Schüler imitieren den Lehrer; sie studieren die weibliche Mode vom medizinischen Standpunkt und diskutieren über die Nützlichkeit des Tanzes für Kinder[36]. Doktor Herz aus Berlin trägt für seine Kollegen die Beobachtungen zusammen, die er im Laufe einer langen Praxis gesammelt hat. In seinen Kommentaren spiegelt sich seine ungeheure Gelehrsamkeit; als guter Empiriker kommentiert er immer, indem er seine Fälle beschreibt, ganz gleich, ob es sich um die Wirkung von kaltem Wasser, die Nützlichkeit des Muskels oder die Rolle der Nerven handelt[37]. Die aufgeklärten Leute interessieren sich für die Hygiene. In seinem mit Büchern ausgestatteten Arbeitsraum sägt Professor Baumgarten täglich Holz. Trotzdem nimmt er zu. Sein Schüler schiebt diesen Mißerfolg auf die Arbeit im Zimmer. Daher widmet der dicke Semler täglich mindestens eine Stunde, im allgemeinen am frühen Nachmittag, der Gymnastik im Freien. Er hofft, »den Unterleib dadurch vor schädlichen Störungen zu schützen«. In seiner geliebten Stadt Halle kann man ihn in den Gräben stehen sehen, wie er die Kugeln ins Weite schleudert; manchmal zielt er auch auf einen Punkt oberhalb der Stadtmauer; das Projektil fällt dann häufig auf die andere Seite, so daß der Theologe hinüberklettern muß, um es zu suchen. Oder er macht lange Spaziergänge zu Fuß, gräbt seine Rabatten um oder pflückt sein Obst. Wenn er wegen schlechten Wetters wirklich mal nicht an die Luft gehen kann, spielt er in seinem Zimmer mit einem Ball, den er 500–900 mal hochwirft und wieder auffängt[38].

Auch die Jugend folgt den Ratschlägen der bekannten Ärzte. Sie unternehmen lange Fußmärsche, und wenn sie an einen Fluß oder See gelangen, widerstehen sie nicht dem Vergnügen, sich ihre Kleider vom Leib zu reißen und sich in die Fluten zu stürzen. Es kommt natürlich vor, daß sie von Bauern gesteinigt werden, die über soviel Schamlosigkeit empört sind, oder von ungenügend »aufgeklärten« Beamten eine Strafe auferlegt bekommen, aber was macht's, wenn man recht hat[39].

Dieselben Jugendlichen beginnen jedoch, auf seltsame Gerüchte zu hören; man spricht von erstaunlichen Kuren; eine neue Schule lächelt über die vernünftigen Diagnosen. Ihre Anhänger berufen sich auf die großen wissenschaftlichen Entdeckungen, aber sie interpretieren sie beliebig. Sie fordern die Existenz eines lebenswichtigen Prinzips. Wenn sie es entdecken, besitzen sie die universale Therapeutik. Das Nervensystem, mit Hilfe dessen alle Traumata vermittelt werden und alle seelischen Unruhen zum Ausdruck kommen, wird zu ihrem besten Beweismittel und gelehrigsten Instrument. Während sie ihre Theorien hochspielen, machen sie sich über die klinische Unterweisung keine Gedanken.

Reichl glaubt das lebenswichtige Prinzip im Sauerstoff zu finden, der kürzlich von Lavoisier entdeckt wurde. Seiner Meinung nach führt Fieber von fehlendem Sauerstoff her und läßt sich durch Aufnahme von Mineralwasser behandeln[40].

Andere lassen sich hinter dem englischen Arzt Brown einordnen, der die Idee seines Lehrers Cullen vereinfacht und entstellt verbreitet. Er setzt die Prinzipien der Reizbarkeit; das Leben besteht in der Erhaltung dieses Bedürfnisses; wenn die Erregungen, die es befriedigen, fehlen oder wenn es schwächer wird, leidet der einzelne »an direkter oder indirekter Asthenie«. Seine Temperatur sinkt, sein Puls schlägt langsam. Wenn dagegen die Erregung zu stark ist, erhitzt und beunruhigt ihn die »Sthenie«. Man kann also allen Krankheiten auf den Grund gehen, indem man das Nervensystem, Regulator des Organismus, stärkt oder schwächt. Die Sthenie ist entgegen allen Vermutungen die häufigste Krankheit. Brown, der vergeblich Reinigungen und Kuren vorgenommen hat, wird schließlich durch Stärkungsmittel von der Gicht geheilt. Er geht bei allen Krankheiten großzügig damit um, bis ein neuer Anfall bei ihm zum Tode führt.

Die Zahl der Brownianer ist in Deutschland wesentlich größer als in Frankreich oder England, wo das Prinzip der Irritation streng kritisiert wird. Der bekannteste ist Professor Röschlaub, der glaubt, daß Sthenie oder Asthenie auf Oxydation oder Desoxydation zurückzuführen sind[41]. Die Gegenseite bilden die Anhänger der Elektrizität. Galvani, Anatomieprofessor in Bologna, ist tatsächlich der Ansicht, daß jede Krankheit auf ein Übermaß oder einen Mangel an elektrischem Strom, das heißt an nervlichem Einwirken, zurückzuführen ist. Eine Reihe von Abenteurern beruft sich daher auf den tierischen »Magnetismus« und prahlt damit, die Unheilbaren sofort zu heilen. Mesmer magnetisiert sie mittels Hypnose[42]. Sein bedeutendster Schüler in der Schweiz und in Deutschland ist der Züricher Pfarrer Lavater[43]. Doch werden sie von dem berühmten Cagliostro noch übertroffen. Dieser Italiener, 1743 in Palermo unter dem Namen Joseph Balsamo geboren, ist eine internationale Persönlichkeit. Seitdem er Neapel verlassen mußte, weil er dort einen Juwelier geprellt hat, reist er unter verschiedenen Namen. 1769 trifft er in Rom die 15jährige Schönheit Lorenza Feliciani. Er heiratet sie trotz der Einwände ihres Vaters, eines anständigen Gießers, der das Kind für zu jung hält. Er zeichnet; macht Fälschungen; scheut nicht vor den Erpressungen zurück, die seine Frau verschuldet, wenn das Geschäft schlecht geht und man sich zum Beispiel von einem Quäker hofieren lassen muß; nennt sich hin und wieder Marquis de Pellegrino und 1776 de Cagliostro, reist auf diese Weise durch ganz Europa und wird sehr berühmt. Da er mit 15 Jahren als barmherziger Bruder Kranke gepflegt hat, ist er zwar nicht in der Medizin, aber wenigstens in der Psychologie der Patienten bewandert. Er produziert ein Lebenselixier, magnetisiert, hypnotisiert und erleichtert einige Seigneurs. Sein Erfolg beim Kardinal von Rohan, dessen Asthma er 1780 in Straßburg heilt, beim Fürsten von Soubise und der Pariser Elite im Jahre 1785 bedeutet den Höhepunkt seines Ruhms. Dieses kleine, dicke und fast kahle »göttliche« Wesen mit fahlem Teint und außergewöhnlich tiefgründigem Blick gründet dann eine neue Loge mit ägyptischem Ritual, wird ihr ehrwürdiger Gebieter und nennt sich großer Kopte. Seine Anhänger glauben, daß er mehrere Jahrhunderte alt ist und schicken ihm aus ganz Europa Spenden, die er in Diamanten umsetzt, mit denen er seine Kleider schmückt. Nur die Gräfin von der Recke hat seinen Betrug entdeckt, als sie ihn 1779 in Mitau, Kurland, traf. Doch sie schweigt und beläßt die Jünger bei ihrer Hoffnung, eines Tages die Kunst zu beherrschen, Metalle zu verwandeln, Geister zu beschwören und das Leben des Menschen zu verlängern. Sie werden dazu gelangen, wenn sie in alle Geheimnisse des Rituals eingeweiht sind und die 30 Stufen der Hierarchie erklommen haben. Die Loge Isis ermöglicht den Frauen, dieselben Privilegien zu erlangen. Doch bevor sie dieses

Ziel erreichen, wird der Graf, in der Affäre der Ordenskette kompromittiert, aus Frankreich vertrieben (1786). Er wird von der Aufklärung, deren charakteristische Vertreter die einstigen Helden des »Sturm und Drang« sind, heftig angegriffen. Goethe veröffentlicht den »Groß-Kophta«, Klinger »Derwisch« und Schiller den »Geisterseher« (1789). Die Gräfin von der Recke erzählt ihre Erinnerungen. Alle lösen sich von ihm. Der Unglückliche irrt durch die Schweiz und Italien, wird 1791 vom Inquisitionstribunal zu lebenslänglichem Gefängnis verurteilt und stirbt dort 1795[44].

Diese Extravaganzen, die jedem beliebigen Illuminaten ermöglichen, der Medizin Vorhaltungen zu machen, lassen die Medizin überflüssig werden. Sie wird von der Philosophie ersetzt[45].

Wozu also Anatomie und Psychologie? Das Universum ist eine Einheit, die Natur entwickelt sich nach einer bestimmten Ordnung, die in allen Teilen der Einheit gleich ist. Der menschliche Geist, Teil dieses immensen Organismus, kann dessen Gesetze kennen, denn er reflektiert sie und ist ihnen selbst unterworfen. Er folgert daraus die Ursachen der Krankheiten und die Heilmittel, die über die Widerwärtigkeiten im zwanglosen Spiel der Naturgesetze triumphieren[46]. So begründen die Naturphilosophen eine neue Medizin, die der Praxislehre fremd gegenübersteht und vollkommen von einem System a priori abgeleitet wird. Die Mystiker dagegen erwarten von einer quasi religiösen Intuition die Lösung des medizinischen Problems[47]. Die Wundertäter vermehren sich in der Folgezeit erstaunlich schnell. Überall tauchen Kurpfuscher auf, deren beflissene, aus allen Schichten der Gesellschaft rekrutierte Kundschaft ihr Ansehen bewirkt. Und wie sollten sie auch keinen Erfolg haben bei den Kranken, deren Glauben ganze Berge versetzen würde? Autosuggestion, behaupten die Rationalisten, und sie beweisen es: Ein gewisser Graf von Thun hat tatsächlich durch Zufall die Macht seiner rechten Hand entdeckt, die in der Lage ist, Rheuma und Gicht durch bloßes Berühren zu heilen. Während der Ostermesse des Jahres 1794 begibt er sich nach Leipzig. Täglich heilt er die Unglücklichen, die sein Hotel belagern und sein Renommee stärken. Selbst Langermann, ein skeptischer Kollege, kann seinen Erfolg nicht leugnen. Doch setzt er sich mit einem Freund, Professor an der Universität Halle, in Verbindung, der sich als Graf von Thun verkleidet und ebenfalls durch Berühren die zu ihm geführten Kranken heilt. Es ist also nicht die Hand des Grafen, sondern der Glaube des Kranken, der das Wunder bewirkt[48].

Sollte es nicht beim Arzt de la Lune ebenso sein, der 1783 ganz Berlin in Aufruhr versetzt? Er heilt ganz einfach Wunden, Verletzungen und Brüche; man muß nur warten, bis der Mond in seinem ersten Viertel steht; dann entkleidet man die kranken Teile; man setzt sie den Mondstrahlen aus und spricht dabei ein Gebet, während man sie berührt. Die Patienten, vor allem aus der guten Gesellschaft, drängen sich in seinem kleinen Hotelzimmer im Tiergarten, wo er praktiziert. Die Konsultationen sind kostenlos, doch muß man eine Eintrittskarte zum Mindestpreis von 2 Groschen erwerben[49].

Im Jahr darauf verbreitet sich der Ruf von Hans Gottfried Mathias von den Vororten und der Linienstraße, in der er wohnt, über die ganze Stadt. Er war früher Schäfer und Stallknecht und ist mit 44 Jahren Weber geworden. Er berichtet, daß er bekleidet zur Welt gekommen ist. Mit 25 Jahren hat er entdeckt, daß er alle Krankheiten zu heilen vermag. Er kann seine Diagnose erst um 12 Uhr mittags wirksam werden lassen; der Patient muß Schweigen bewahren, bis der zwölfte Schlag geschlagen hat. Er verkauft ein außergewöhnliches Heilmittel, eine Flüssigkeit, die er sich nur während einer Stunde im Jahr beschaffen kann. Eines Tages, als eine Kranke nicht gesunden will, schneidet er ihr die Haare ab, legt sie in Kreuzform auf den Tisch, verbrennt sie und gibt sie vermischt mit Milch auf einem kleinen Löffel der Frau zum Verzehr, die sich auch weiterhin nicht besser fühlt. Diejenigen, die ihn nicht bezahlen, bedroht er mit neuen Krankheiten, denn der Teufel ist sein Verbündeter. Er beendet seine Karriere im Gefängnis, doch jene, die er geheilt hat, wissen, daß er kein Scharlatan ist[50].

Im Jahre 1785 wagen ein Wunderarzt und -dentist, nach Berlin Werbeschriften mit Wappen des Königs zu schicken, von dem sie ein Privileg erhalten zu haben vorgeben[51]. 1794 verkauft Dr. della Lana ein Universalheilmittel, dessen Erfolg so groß ist, daß die Regierung den berühmten Chemiker Professor Klaproth mit der Analyse beauftragt. Er findet nur ein wenig Kalk, Sandstein und Eisen[52]. Der Arzt Franchi, der kurze Zeit danach von Breslau nach Berlin kommt, um mit seinen Drogen Handel zu treiben, wird ausgewiesen[53].

Die Provinz wird nicht weniger ausgeschlachtet als die Hauptstadt. Gottfried Neise, Bauernsohn aus Göbelsdorf in Pommern, Diener in der Hohenbrücker Mühle, wird in der Weihnachtsnacht von 1801 zutiefst unruhig. Der Heilige Geist klopft dreimal an seinen Kopf. Ein Jahr später legt sich der Geist neben ihn in sein Bett und nennt ihn beim Namen. Weihnachten 1803 legt der Geist, der, obwohl unsichtbar, einem 15jährigen Jungen ähnelt, die Hand auf seinen Körper und gibt ihm die Macht, alle möglichen Krankheiten zu heilen. Gottfried ist 31 Jahre alt, ungebildet und wird die Protokolle seiner Befragungen mit einem Kreuz unterzeichnen; zwei Jahre lang bedient er sich seiner Macht. Er legt seine Hände auf den Rücken, dann auf den Bauch und das Herz seiner Patienten und sagt dabei folgenden Spruch:

> Sonne stehe!
> Und dieser Schaden vergehe!
> Mond stehe!
> Und dieser Schaden vergehe!
> Stern stehe!
> Und dieser Schaden vergehe!
> Im Namen Gottes des Vaters, des Sohnes,
> und des heiligen Geistes.

Er hat keine »Taxe« und nimmt, was man ihm gibt. Christus hat ihn ermächtigt, 5 Taler und 8 Groschen von seinen Kranken zu nehmen, und der heilige Geist hat ihm erlaubt, 6 Taler zu nehmen[54].

Handeln die Tierärzte nach ähnlichen Methoden? Einer unter ihnen in der Mark glaubt nur an tierischen Magnetismus. Als die Kühe sich plötzlich weigerten, andere Milch als nur blaue, die keiner haben will, zu produzieren, gelingt es diesem Arzt nach sechs Monaten ausdauernder Bemühungen, eines dieser Vierbeiner zu hypnotisieren. Eine mühsame Arbeit, da die Kuh nicht wie die Menschen dem Arzt durch Einbildungskraft zu Hilfe kommen kann. Aber auch welch wunderbarer Erfolg! Sie gerät in Trance hebt den Kopf, schließt die Augen, bekommt einen unglaublich edlen und intelligenten Ausdruck und nennt die Gräser, deren Verzehr die Krankheit verursacht[55].

Ob wahr oder falsch, die Geschichte bleibt dennoch nicht weniger interessant. Sie ist ein Echo auf die Gespräche, welche die langen Winterabende animieren. Man hört zu durch Kopfnicken und übermittelt sich die Namen der von den Alchimisten entdeckten Heilmittel. Der schlesische Baron von Hirschen hat ein »Wasser aus Atmosphäresalzen« hergestellt; Semler, Meier und Karsten verbreiten das philosophische Goldsalz, »das ganz Süddeutschland enthusiastisch verzehrt«. Die Analysen eines Stettiner Apothekers ergeben jedoch nur etwas Kesselstein und Vitriol in ersterem dieser Heilmittel. Professor Klaproth stellt fest, daß die schöne Farbe des »lebenden Goldes, des embryonalen Goldes, des aurum porabile«, das die Farbe des anderen Tranks bewirkt, auf den Urin zurückzuführen ist, der sich darin mit dem Magnesiumsulfat vermischt[56].

Preußen ist wohlgemerkt nicht das einzige Land, das in den Genuß der Wohltaten dieser Philanthropen gelangt. Ein Kurpfuscher, der in Hannover praktiziert, begegnet auf dem Markt von Osterode der Frau des Schmieds; sie trägt ihr siebentes, letztgeborenes Kind in den Armen. Der Scharlatan betrachtet das Kind, beglückwünscht die Mutter und erklärt ihr, ein wundersames Kind geboren zu haben, das die Kraft besitzt, alle Krankheiten durch Berühren zu heilen. Die Nachricht verbreitet sich, die Kranken eilen herbei; zwei Jahre lang wird denen geholfen, die das Kind berühren können; man trinkt seinen Urin, man breitet seine Exkremente auf Wunden und Verletzungen aus. Die Eltern bereichern sich bis zu dem Tag, als das Konsistorium in Hannover interveniert, um der Komödie ein Ende zu bereiten[57].

Je primitiver Verwaltungen und Polizei sind, desto zahlreicher sind die Heilpraktiker, die durchs Land ziehen und den Verordnungen über den Arztberuf gleichgültig gegenüberstehen, denn die Bevölkerung empfängt sie überall als Retter[58].

Die Aufklärung ist bemüht, die Glaubwürdigkeit der Vernunft wiederherzustellen. Die Erfahrung muß den Wert der neuen Entdeckungen beweisen. Der Arzt Reichl, von Erlangen nach Berlin berufen, bewirkt, daß das Fieber bei zahlreichen Kranken in der Charité sinkt. Eine königliche Kommission untersucht seine Methode und spricht sich für seine wirksamen, nicht sehr kostspieligen Verfahren aus. Er kommt daher zu dem Verdienst von 500 Talern, das der König ihm gewährt[59].

Der Magnetismus ist ein neues Phänomen, von dem die Medizin vielleicht profitieren kann[60]. »A consultatione medicorum confarreatorum libera nos Domine«, sagt der große Harvey. Wenn es einen Bereich gibt, in dem Vorsicht geboten ist, ist es dann nicht dieser[61]?

Ohne die Realität gewisser Heilungen zu leugnen, möchte Wieland, daß man sich bei ihrer Erklärung nicht damit begnügt, gegen das Wunder zu Felde zu ziehen. Sind die Krankheiten nicht häufig Einbildung, die Zeugen, dessen Glaubwürdigkeit außer Zweifel steht, durch ihre Sinne getäuscht und die von der Öffentlichkeit ignorierten Rückfälle häufig[62]?

Müßte man es nicht unterlassen, die Heilmittel dieser Kurpfuscher zu erwerben, die Hufeland in einer langen Liste aufzählt?

»Man will sich ein gutes Aussehen und gute Gesundheit kaufen ... Die Welt will betrogen sein[63].« Jeder interessiert sich für Medizin, man spricht darüber in den Salons wie in den Zeitungen, man beschreibt die Symptome des Übels, von dem man sich befallen fühlt und vertraut sich das Geheimnis der Behandlungen an. Der eine spricht von elementarem Feuer, der andere von Sauerstoff, der dritte von Magnetismus und Elektrizität. Man konsultiert nicht mehr den Arzt. Man behandelt sich selbst und beurteilt es. »Krankheiten werden modern und unmodern, Medikamente und Behandlungen tauchen auf und verschwinden, wie die Nippes aus dem Palais Royal.« Statt die wirklichen Gründe des Übels zu suchen, erfindet man neue Namen und beruhigt sich mit der Vorstellung, wenigstens unter der Ägide einer modischen Firma leiden zu können. »Die Damen leiden unter Aufwallungen, Migräne und Krämpfen; die Männer unter Schwächeanfällen und Nervenkrankheiten. Niemand weiß, was Aufwallungen sind.« Die Kranken empfinden sie, die Ärzte behandeln sie, ohne daß beide sich eine genaue Vorstellung davon machen können. »Es gab auch eine glückliche Zeit, wo kein Mensch wußte, daß er Nerven hatte ... Wie die Dinge sich verändert haben! Vor vierzig Jahren hatte der englische Arzt Whytt die unglückselige Inspiration, ein Buch über Nerven und ihre Krankheiten zu schreiben. Ein Apotheker, der sich seit langem den Kopf zerbrach über den Fall einer Frau – denn in England praktizieren die Apotheker die Medizin – las das Buch und löste den gordischen Knoten: Madame, es sind die Nerven. Der Begriff befriedigte völlig und kam in Mode: Hypochondrium, Aufwallungen, etc. mußten ihm Platz machen. Die Ärzte selbst, die sich den Forderungen der Mode beugen mußten, fanden diese Bezeichnungen bald so bequem, daß sie um nichts auf der Welt darauf verzichten wollten.

»Jetzt will die ganze Welt Nerven haben. Man erhebt den Anspruch, starke, erregbare oder zarte Nerven zu haben, je nachdem, wie es der gute Ton erfordert. Früher war ein nervöser Mann ein solider und robuster Sohn Adams. Heute ist er ein Wesen, der auch den geringsten Eindruck verspürt, der beim Summen einer Fliege in Ohnmacht fällt, und bei dem der Duft einer Rose Krämpfe verursacht[64].« Die meisten Chronisten betonen, daß Nervenkrankheiten überwiegen. Es ist unwichtig, daß diese Übel häufig Einbildung sind. Was man sich merken muß, ist die Bedeutung, die sie in der Gesellschaft und im Denken der Epoche spielen[65].

Wenn die Aufklärung schließlich in ihren Bemühungen scheitert, die Medizin gegen ihre Karikatur zu verteidigen, so liegt der Grund darin, daß sie sich an Leute wendet, die es nicht mehr hören können. Man braucht etwas Eifer und viel gesunden Menschenverstand, um die Makrobiotik zu lesen. Dazu kommt, daß sich am Ende des Jahrhunderts der Zeitgeist so schnell verändert, daß der Leser häufig nicht mehr in der Lage ist, den Autor zu verstehen. Die Ursache dieses Abstands ist nicht schwer zu finden: der Verstand hat keine Nerven, die Nervösen haben keinen Verstand. Zwischen den Philosophen und ihrem Publikum ist keine Übereinstimmung mehr möglich. Goeckingk erkennt das sehr wohl und zieht diese Schlußfolgerung: »Aber nun zu den Ursachen, warum man zu unsern Zeiten schwärmerischer ist, als man es vorher war, warum man allenthalben von Aufklärung spricht, da doch der gesunde Menschenverstand scheint verloren zu gehen ... Die ganze Sache ist nichts anderes, als moralische Hysterie oder Nervenschwäche. Es sind Seelenvapeurs, wovon denn eben auch der Grund in unserer Lebensart und Erziehung liegt.

Ein widriger Anblick, Geruch, Zufall: Eine unangenehme Nachricht oder oft eine bloße Grille verursachen bei der hysterischen Dame entsetzliche Vapeurs oder Nervenbewegungen, denen ein fester, abgehärteter Körper nie unterworfen ist. Eben so bringt jedes Geheimnisvolle, jedes Wunderbare, jede Schwärmerey die sogenannten aufgeklärten Köpfe in äußerste Hitze, wobey ein kaltblütiger Zweifler oder Überleger ganz ohne Rührung bleibt ... Was bey der hysterischen Dame Delicatesse der Zasern, Schwäche des Magens und der Eingeweide, oder Schärfe in Säften wirken, das wird bey dem Aufgeklärten durch Empfindeley, durch Lektüre der Weiblichkeit des Charakters veranlasset[66].«

Diese extreme Nervosität kann man bei fast allen jungen Schriftstellern feststellen; die Romantiker leiden darunter und beklagen sich darüber. Sie rührt teilweise von ihrem schlechten Gesundheitszustand her. Viele sind anämisch. Von ihrem Zustand kann man auf den der Masse schließen, obwohl direkte Beweise dafür fehlen. Die Tuberkulose muß in der preußischen Gesellschaft des 18. Jahrhunderts ähnlich verheerend gewirkt haben wie in Japan heute. Hier wie dort gibt es zu viele Menschen, und die hygienische Kontrolle ist nicht organisiert. Hier wie dort bleibt der Lebensstandard sehr niedrig. Die jungen Intellektuellen sprechen in ihren Briefen von Blutspucke, wie man heute über Husten spräche. Die Hardenbergs sind alle tuberkulosekrank und sterben alle jung. Friedrichs Bruder, bekannter unter dem Pseudonym Novalis, stirbt daran; beide leiden unter häufigen Krisen von »Hypochondrie«. Vergeblich bemüht sich Friedrich, Erasmus Mut einzuflößen.

Am 22. oder 23. (24.) März 1794 schreibt er seinem Bruder Erasmus: »Armer Schelm, Du dauerst mich wirklich; ich fehle Dir. Wären wir beisammen, so sollte die Schwindsucht geschwind zum Fenster hinaus. Ja, Lieber, wenn Dein Handwerk Dich nicht kuriert, so mußt Du das Übel von einer andern Seite angreifen – und die ist kurz: Du mußt Dich nicht so vor Krankheiten und dem Tode fürchten, und beides besonders nicht in einem so ernsten Lichte ansehen. Denke Dir, experto crede ruperto, bei solchen Grillen oft einen lustigen Mann oder gar einen Hanswurst, der alles in Karikatur und in einem drolligen Lichte sieht – sogleich wird das falsche Pathos Deiner Gedanken verschwinden, und Du wirst Dich bald wieder so kühl und leicht fühlen als im gesunden Zustande. – Du mußt Dich nur erst dahin zu bringen suchen, daß Du während der grübelnden Laune fest daran denkst, daß es Schwäche und Nervenspannung ist – dies nur immer geduldig wiederholt, ist der erste Anfang. Zerstreuende Tätigkeit ist der zweite Schritt, der, wie ich gern zugebe, ziemlich mühsam ist. Gewohnheit tut ja alles, so kannst Du Dich auch ans Lachen über Deine Schwachheiten gewöhnen ... Sei überzeugt, fortgesetzter Kampf mit Dir selber muß Dich belohnen ... Ich bitte Dich, vergiß die Fehler am Topf und laß Dir gut schmecken, was drinnen ist[67].«

Lungenschädigungen lassen sich leider nicht durch Moral heilen. Einige Wochen vor seinem Tod im April 1797[68] beschreibt Erasmus die Symptome seiner Krankheit:

»Der immer mit gleicher Stärke fortdauernde, mich oft sehr erhitzende und abmattende Husten, der beständige kurze Atem, die Nachtschweiße und die außerordentliche Abnahme an Kräften lassen mir nichts von allem sinnlichen Lebensgenuß übrig als einen guten Appetit und einen ziemlich guten, sanften Schlaf, der jetzt aber auch alle Nächte durch einen wenigstens eine halbe Stunde währenden Husten unterbrochen wird, und sind, wie mich dünkt, wohl ziemlich deutliche Zeugen, daß meine Lunge sehr gelitten hat. – Demohngeachtet würde ich in Rücksicht meiner Wiederherstellung die Energie meiner Jugendkräfte noch nicht in Zweifel ziehen, wenn der Doktor nicht selbst sagte, daß meine Lunge gewiß gelitten habe und sich nicht, wenn die Idee von einer Frühlings- oder Nachkur wäre, immer bloß für lungenheilende und bruststärkende Mittel erklärte[69].«

Auch Schleiermacher leidet sehr unter einer Brustkrankheit[70]. Er erträgt häufige Kopf- und Magenschmerzen[71]. Nach einem Aderlaß wird er schwerkrank[72].

Caroline pflegt als junges Mädchen ihre an »Anfällen« von Nervenschwäche leidende Mutter[73]. Sie klagt über ihre empfindliche Gesundheit. Nach dem Tode ihres ersten Kindes im Dezember 1789 schreibt sie: »Ich brachte den übrigen Tag in einer Gleichgültigkeit zu, in welcher ich mir nicht ganz bewußt war, wie viel ich dazu beytrug, sie zu erhalten – die Erschöpfung sagte es mir. Ich war am Abend so matt, daß ich nicht gehn konnte und wie (ich) ins Bett kam, wurde mir sehr übel, und ich hustete Blut, welches die ganze Nacht anhielt, und worauf eine große Schwäche folgte. Ich gewann aber meine Kräfte bald wieder, und ward wenigstens nicht untätig. Meine Gesundheit ist seitdem gewesen, wie Du es Dir bei meiner Constitution denken kannst – nur litt meine Brust und zog sich so zusammen, daß ich nicht gerade gehen konnte und mitunter kam immer etwas Blut, welches vermuthlich davon herrührte, daß es sich im Unterleib angehäuft hatte[74].«

Zehn Jahre später, im Jahre 1800, beschreibt ihre Tochter Augusta, die ebenfalls jung stirbt, eine neue Krankheit folgendermaßen: »Meine Mutter ist wahrhaft sehr krank gewesen und ist immer noch nicht richtig geheilt. Sie bekam zunächst Nervenfieber, das acht tagelang sehr hoch war; der Arzt verordnete Senfwickel um das Bein; sie behielt sie zu lange und man verschrieb ihr dann eine falsche Salbe, so daß es sehr schlimm wurde und meine Mutter große Schmerzen hatte. Es trat ein Rückfall ein, das Nervenfieber kehrte wieder, und als es vorbei war, erlitt meine Mutter heftige Krämpfe ... Sie wurde durch die Brown'sche Methode geheilt, aber die Anfälle von Nervenfieber erfolgen weiterhin periodisch[75].«

Selbst der schöne Schelling entgeht nicht dem allgemeinen Schicksal; er hat Brustschmerzen[76]. Und Kleist spricht wiederholt von seinem zerrütteten Nervensystem[77].

Andere Krankheiten sind zweifellos auf die Nervosität zurückzuführen. Die von ihren Opfern gelieferten Auskünfte sind leider zu ungenau, um sich Klarheit zu verschaffen. Fast alle haben Magenschmerzen, Koliken, Migräne. Friedrich Schlegel leidet unter all diesen Unpäßlichkeiten[78]. Forster hat einen verdorbenen Magen seit seiner Weltreise, die ihn angeblich auch gichtleidend gemacht hat. Er stirbt mit 40 Jahren an einer Lungenentzündung[79].

Was Jung-Stilling betrifft, so beeinflußten »seine zahlreichen und mühsamen Beschäftigungen und vor allem ein äußerst schmerzhafter Magenkrampf, der ihn täglich insbesondere am Abend quälte, sehr seine Laune während dieses Marburger Winters. Er verlor seinen Schwung, wurde mürrisch und so weich, daß er nicht verhindern konnte, beim geringsten rührenden Ereignis zu weinen[80]. Der zeitweilig aussetzende Schmerz verläßt ihn nicht mehr; er ist so heftig, daß er darauf verzichten muß, mit seinen Freunden nach Schaffhausen zu fahren, um den Rheinfall zu bewundern. Während er Hunderte von Blinden am Star operiert, erfüllt »sein äußerst schmerzhafter Krampf sein Leben mit Bitterkeit[81]«. Wegen Schmerzen im Unterleib muß Kleist an zwei von drei Tagen im Jahre 1805 das Bett hüten[82].

Das »Nervenfieber«, von dem alle sprechen, läßt sich schwer charakterisieren. Caroline scheint es nicht sehr zu stören. Aber Wackenroder stirbt daran mit 25 Jahren.

Das Wort »Hypochondrie« erscheint auch häufig in den Briefen der Romantiker. Novalis spricht davon gegenüber seinem Bruder. Tiecks Schwiegervater Bernhardi leidet darunter[83]. Die Krankheit erscheint nicht als sehr ernst, denn Doktor Herz hält sie bei Karl Philipp Moritz, der von Todesangst gequält ist, für Einbildung; er zieht sich einen Fieberanfall zu, von dem ihn der Arzt heilt, indem er ihm sagt, daß er tatsächlich sterben wird. Moritz ist bewegt und beruhigt sich schließlich in der Erwartung des Todes; das Fieber sinkt, und er ist geheilt[84]. Aber er ist skrofulös, bleibt zyklothym und endet als Tuberkulosekranker[85].

Die Nervenkrankheiten können also auch psychisch bedingt sein. Man bräuchte genauere Angaben, um bei jedem einzelnen die organischen und moralischen Ursachen seines schlechten Gesundheitszustandes zu trennen. Aber man kann sich die Auswirkung der neuen Mentalität auf meist schwache Personen klarmachen. Das Glück ist eine Ekstase, eine Exaltation, aus der man notwendigerweise erwacht. Dann erwartet, erhofft und fühlt man das nächste Wunder: Diese Folge von Phasen der Erregung und der Depression irritiert die Nerven. Karl Philipp Moritz, der tuberkulosekrank stirbt, durchlebt und beschreibt sie[86].

Alle Romantiker sind zyklothym. »Was ich aber am meisten an mir zu tadeln habe, dafür finde ich keine Worte, es auszudrücken; es gehört mit dahin, daß die seltsamsten Absprünge von der höchsten Höhe zur tiefsten Tiefe meinem Gefühl so gewöhnlich sind[87].« Die Depressionsphase ist der Neurasthenie, der Hypochondrie geweiht, wenn sie lange andauert; sie ist auch die Periode des Wartens auf das Wunder. Es gibt auch Menschen, die immer warten und deren Sehnsüchte nie erfüllt werden. »Le mal du siècle«, die niemals befriedigte Sehnsucht nach einem nie definierten Objekt umfängt sie. Man weiß, wie bedrückend das Warten auf ein bekanntes Ereignis sein kann, wenn es lange dauert. Man stelle sich ein Warten ohne Objekt und ohne Ziel vor, und man wird verstehen, daß dieser romantische Weltschmerz nicht nur auf das Literarische bezogen ist und sein Leid herzzerreißend sein kann. »Aber was ist es, (o könntest du es mir erklären!) daß ein Genuß nie unser Herz ganz ausfüllt?« – schreibt Lowell. »Welche unnennbare, wehmütige Sehnsucht ist es, die mich zu neuen, unbekannten Freuden drängt? – Im vollen Gefühle meines Glücks, auf der höchsten Stufe meiner Begeisterung ergreift mich kalt und gewaltsam eine Nüchternheit, eine dunkle Ahnung, – wie soll ich es dir beschreiben? – wie ein feuchter nüchterner Morgenwind auf der Spitze des Berges nach einer durchwachten Nacht, . . . Ehedem glaubt' ich, dieses beklemmende Gefühl sey Sehnsucht nach Liebe, Drang der Seele, sich in Gegenliebe zu verjüngen, – aber es ist nicht das; auch neben Amalien quälte mich diese tyrannische Empfindung, die, wenn sie Herrscherin in meiner Seele würde, mich in einer ewigen Herzensleerheit von Pol zu Pol jagen könnte[88].«

Die nervöse Krise wird häufig künstlich hervorgerufen. Man verschafft sich die ersehnte Exaltation, indem man sich erregt. So will Tieck als Student in Halle gemeinsam mit zwei Freunden in einem Zuge und laut die beiden Bände des Romans »Das Genie« von Grosse lesen. Er beginnt um 4 Uhr nachmittags und hört um

2 Uhr nachts vor seinen eingeschlafenen Freunden auf. Er wirft sich schließlich erschöpft auf sein Bett, findet aber keinen Schlaf. Halluziniert durch die Personen des Romans, phantasiert er, schlägt um sich, fühlt, daß er wahnsinnig wird und verliert das Bewußtsein[89]. Solche Krisen sind bei ihm die Regel, denn er braucht das Außergewöhnliche, um leben zu können. Er hat Visionen.

Sein Freund Spillner bewohnt eine enge Kammer, die von seinem Zimmer durch eine Glastür getrennt ist. Eines Abends bekommt Spillner von einem Freund Besuch; Tieck sieht ihre Schatten an der Tür. ». . . ich schauderte so heftig, daß ich durchaus in eine Art von Wut versetzt ward, denn die waren mir beide mit einem Male ganz fremd, . . . und sahen wie wahnsinnig aus. Daß Wahnsinn anstecke, wird mir immer deutlicher, und so glaube ich, muß man auch die Worte Hamlets verstehen: ›Die Kerls werden mich noch wirklich verrückt machen!‹ Denn ich glaube, daß auch der Mensch (wenn er schwache Nerven hat) wirklich wahnsinnig wird, wenn er sich einige Zeit wahnsinnig stellt[90].«

Es erstaunt jedenfalls nicht, daß Tiecks Geschichten »phantastisch« sind[91]. Ist seine Romantik durch seine Nervosität, oder seine Nervosität durch seine Romantik bedingt? Beide Interpretationen sind zweifellos gleichzeitig richtig und falsch. Es erscheint jedoch gewiß, daß, wenn die Romantiker die Euphorie kennen würden, die das glückliche Funktionieren der Organe beim gesunden Tier hervorruft, ihr physisches Gleichgewicht dann auch den Exzessen ihrer Imagination widerstünde. Sie wären nicht darauf bedacht, ihre Nerven zu befragen, und sie unbewußt so sehr zu beeinflussen, daß die Krise eintritt, über die sie sich aufregen. Jung-Stilling liefert gute Beispiele für das Verfahren: »Am Dienstag nach Pfingsten war nun der Tag, an welchem die Reise nach Stillings Geburtsort vorgenommen werden sollte, . . . allein Stilling wurde von einer unerklärbaren Angst überfallen, die sich vermehrte sowie sich der Tag näherte, und die ihm die Ausführung seines Vorhabens unmöglich machte; so sehr er sich vorher auf die Besuchung des Schauplatzes seiner Jugendszenen gefreut hatte, so sehr schauderte er jetzt davor zurück, – es war ihm gerade so zumute, als ob dort große Gefahren auf ihn warteten . . . Aus dieser Reise wurde also nichts, seine Lieben respektierten seine Angst und gaben also nach[92].«

Die jungen Leute um die romantische Zeitschrift *Athenaeum* haben alle irgendein physisches Leiden, das die Hypertrophie ihrer

Sensibilität erleichtert. Statt sich an dem Optimismus zu erfreuen, der aus einem soliden inneren Gleichgewicht resultiert, leiden sie unter der Ungewißheit, die durch das Fehlen dieses Gleichgewichts bedingt ist. Sie sind traurig, und dieser düstere Pessimismus, den sie in ihren Klagen ausdrücken, erregt ihr Aufsehen in der Gesellschaft der deutschen Aufklärung.

»Ich hätte«, sagte Florentin, »viele Jahre mit denselben Beschäftigungen und inmitten derselben Vergnügen verbringen können, aber eine heimliche Unruhe in meinem Innersten, das Treiben zu einem unbekannten Ort erlaubte mir nur selten zu begreifen, daß ich glücklich und frei war, dies richtig zu genießen ... Überall jedoch begegnete ich denselben Gewohnheiten, denselben Dummheiten, denen ich ja gerade entfliehen wollte. Ein Vorurteil nach dem anderen hemmte und beherrschte die Leute. Überall stieß ich auf Sklaven und Tyrannen; vor allem sah ich, wie Geist und Mut unterdrückt wurden, und ich sah Ängste und wie Dummheit und Gemeinheit von jenen protegiert wurden, die sich auf sie stützten[93].«

»Was Woldemar anzog, dem folgte seine ganze Seele; darin verlor er jedesmal sich selbst – träumte, dichtete sich eine Sympathie, die ein Mittel der Unvergänglichkeit und der Verklärung wäre für alles Herzerhebende und Schöne – fand in sich selbst ihr Bild – ahndete und genoß; genoß und ahndete – vermehrte seine Sehnsucht; wurde suchender und forschender mit jedem Tag; wurde mit jedem Tage: Was er suchte? Was finden sollte? inniger gewahr. So kam er seinem Gegenstande immer näher: so entfernte, in gleichem Maaße, sein Gegenstand sich immer mehr von ihm. Das Geheimniß dieses Widerspruchs, wie es nach und nach seinem zarten Gefühl, seinem forschenden Geist sich entdeckte, stimmte ihn zu einer Schwermuth, die jede schöne Seele ihm wird nachempfinden können, wenn auch die Stärkere edel sich darüber zu erheben weiß[94].«

Dieser Pessimismus und dieses fehlende Gleichgewicht werden chronisch. Der Patient analysiert die Aspekte nicht ohne einen Hauch von Eitelkeit, wodurch die Heilung erschwert wird. Er ist so gänzlich verschieden von den anderen, von diesen »aufgeklärten Leuten«, die zufrieden mit ihrem Leben und immer ausgeglichen sind! So total verschieden, daß er sich die Unmöglichkeit noch einredet, unter ihnen leben zu können; die wirtschaftliche Krise würde dafür noch mehr Ausdauer und Geduld erfordern als vorher. Der Romantiker zieht die Lösung der geringsten Anstrengung vor. Warum sollte man sich bemühen, diesen Leuten gleich zu werden, wenn man nicht nur anders, sondern auch viel interessanter ist als sie? Die Einsamkeit allein entspricht dem Genie, und derjenige, den die tägliche Bemühung um engstirnige Ziele abstößt, fühlt die Größe in sich keimen.

»Warum ist doch der Mensch dazu bestimmt, keine Ruhe in sich selber zu finden? – Jetzt denke ich es mir so erquickend, in einer kleinen Hütte am Saume eines einsamen Waldes zu leben, die ganze Welt vergessend, und auf ewig von ihr vergessen, nur mit der Erde bekannt, so weit mein Auge sieht, von keinem Menschen aufgefunden, nur vom Morgenwinde und dem Säuseln der Gesträuche begrüßt, – eine kleine Herde, ein kleines Feld – was braucht der Mensch zu seinem Glücke weiter? – Und doch, wenn mich eine Gottheit nun plötzlich dorthin versetzte, würd' ich nicht wieder nach der Ferne jammern? Würd' sich mein Blick nicht wieder wie ehemals an des Abends goldenes Gewölk hängen, um mit ihm unterzusinken, und zauberreiche, mir unbekannte Fluren zu besuchen? Würd' ich nicht unter der Last einer dumpfen Einsamkeit erliegen, und nach Mittheilung, nach Liebe, nach dem Händedruck eines Freundes schmachten? – Das Leben liegt wie ein langer verwickelter Faden vor mir, den auseinanderzuknüpfen mich ein boshaftes Schicksal zwingt; hundertmal werf' ich die lästige Arbeit aus der Hand, hundertmal beginn' ich sie von neuem, ohne weiter zu kommen, o wenn mich doch ein mitleidiger Schlaf überraschte? . . . Ich komme mir vor, wie ein verlarvtes Gespenst, das ungekannt und düster, still und verschlossen durch die Menschen hingeht: sie sind mir ein fremdes Geschlecht[95].«

4. Spiel und Lotterie

Das Spiel ist zu Beginn des Jahrhunderts das Universalmittel in den Salons, in denen man sich langweilt. Die Aufklärung versucht, es durch Konversation zu ersetzen. Aber es ist auch ein fast klassisches Mittel, um das Leben mit Außergewöhnlichem zu erfüllen. Am Ende des Jahrhunderts bedient sich dessen ein jeder mehr oder weniger übertrieben, die jungen Romantiker mehr als die anderen. »Pharao spielen mit dem Anschein der heftigsten Leidenschaft und währenddessen zerstreut und abwesend sein; in einem Augenblick der Begeisterung alles riskieren und sich gleichgültig zurückziehen, wenn man verloren hat[96]«, ist eine der Gewohnheiten des jungen Friedrich Schlegel. Tieck verbringt ganze Nächte mit Kartenspielen, trotz Wackenroders Bitten[97]. Und diese Helden sind leidenschaftliche Spieler. »Tadeln Sie mich nicht«, schreibt William Lowell an Rosa, »denn ist nicht alles, was wir Genuß der Seele nennen, etwas, das darauf hinausläuft? Ob ich mit Worten oder Karten, Definitionen, Würfeln oder Versen spiele, gilt das nicht alles gleich? – An die Karten und ihre wunderbaren, unerwarteten Abwechslungen kann man alle Empfindungen knüpfen; das Glück steigt und fällt, wie Ebbe und Fluth, mit jedem Spiele beginnt ein neues Schicksal und unser Inneres bewegt sich harmonisch mit den Abwechslungen der bunten Bilder. Die Seele interessiert sich für diese gefärbten Zeichen und wird vertraut mit ihnen ... Jeder Mensch braucht eine Erschütterung; der eine sucht sie im Theater, der andere in irgend einem Steckenpferde, ... das Spiel ersetzt mir alles, es entfernt mich vom Bewußtsein meiner selbst, und taucht mich in dunkle Gefühle und wunderbare Träumereyen unter[98].«

Auch Steffens läßt sich in Karlsbad verzaubern und verläßt nicht den Tisch des Pharaospiels[99].

Der späte und allgemeine[100] Erfolg der Glücksspiele, gegen die sich die Aufklärung vergeblich wendet, ist nicht weniger bezeichnend. Friedrich II., nach dem Siebenjährigen Krieg in finanziellen Schwierigkeiten, führt eine neue Lotterie in Preußen ein; der Italiener Calzabigi offenbart ihm die Vorteile des in seinem Lande praktizierten Systems: der Spieler wählt eine oder mehrere der 90 Nummern, unter denen das Los gezogen wird. Je begrenzter der Einsatz ist, desto geringer sind die Gewinnchancen und desto größer das Vermögen desjenigen, den das Glück begünstigt. Der Gewinn des Unternehmers beträgt im allgemeinen die Hälfte des Einsatzes[101].

Jeder kann sein Glück versuchen, denn es gibt keinen Minimumeinsatz. Darin liegt vor allem das Neue; die »Klassenlotterie« ist nämlich seit Beginn des Jahrhunderts bekannt, ähnlich der Lotterie in den großen modernen Staaten; diese verringert den Anteil des Zufalls; Zahl und Wert der Lose sind im voraus festgesetzt; die Anzahl der zum Verkauf bestimmten Lose ist begrenzt; ihr Preis ist relativ hoch; ihr Erlös ist für Wohltätigkeitswerke, Invalide, Witwen, Schulen und Arme bestimmt[102].

Das neue Spiel ist Armen genauso zugänglich wie Reichen. Die

Finanznot läßt es nicht mehr zu, Einwände moralischer Art zu berücksichtigen; diese haben nämlich die Einrichtung eines Pokers, mit dem sich der Herzog von Sachsen-Weimar bereicherte, noch im Jahre 1757 verhindert. Doch Friedrich II. sieht darüber hinweg und unterzeichnet am 8. Februar 1763 das Patent, das die Zahlenlotterie in Preußen einführt. Die erste Ziehung findet in Berlin am 31. August desselben Jahres statt.

Die Finanzgesellschaft, welche die Lotterie betreibt, macht jedoch so schlechte Geschäfte, daß sie sich im Juli 1765 auflösen muß. Die ruinierten Aktionäre verzichten auf ihren Einsatz. Das Unternehmen erscheint mangels Spielern hoffnungslos. Der König will jedoch nicht verzichten. Er weiß, daß die Verwaltung von Calzabigi sich den lokalen Bedingungen nicht anzupassen verstand. Die Gräfin von Reuss, der Graf von Eichstedt und der Baron von Geuder bilden eine neue Gesellschaft; diese betreibt ihre Werbung in deutscher Sprache, statt sich nur an jene zu wenden, die Französisch beherrschen; sie wählt ihre Agenten besser aus, und es gelingt ihr, allmählich auch die Masse des Volkes für das Spiel zu interessieren. Seit 1770 ist der Erfolg gesichert. Sie schließt dann eine sechsjährige Pacht ab, die sie erneuert und auf die Klassenlotterie im Jahre 1776 ausdehnt. Die jährlichen Einkünfte des Staates betrugen zu dem Zeitpunkt 40 000 Taler, plus 4000 Taler für Porzellan, das die Pachtgesellschaft der königlichen Manufaktur abnahm mit der Verpflichtung, es nicht auf preußischem Gebiet wiederzuverkaufen; sie kann es also nur mit Verlust loswerden. Bei jeder Pachterneuerung steigt der Gewinn des Staates. Dieser erreicht 467 000 Taler im Jahre 1796.

Die Lotterie wird zu einer Gewohnheit; alle drei Wochen begibt sich die Berliner Bevölkerung ins Rathaus. Das große Rad dreht sich fünfmal; mit Herzklopfen spähen die Losträger nach der herausfallenden Nummer; die Glücklichen gewinnen wenigstens fünfzehnfach ihren Einsatz und höchstens – aber dieser Fall ist nie eingetreten – 60 000 mal!

Wieviel Träume werden um dieses astronomische Zifferblatt gesponnen! Diejenigen, die kein Glück hatten, fassen bald wieder Hoffnung; in drei Wochen wird sich das Glücksrad wieder drehen. Auf dem Lande folgt man dieser Bewegung; zunächst sind es die Agenten der Berliner Gesellschaft, die Stadt und Land durchqueren, um Subskriptionen zu sammeln. Als diese jedoch zu zahlreich werden, schafft man neue Zentren für die Ziehung. Die Lotterie wird zum Instrument der merkantilistischen Politik; sie ermöglicht es, den Nachbarstaaten das Gold zu entziehen! Die Danziger spielen in Langenfurt; und nach der Eroberung von Danzig sind es die Polen, die dort ihr Glück versuchen; die preußische Lotterie hat eine Niederlassung in Warschau, dann in Ansbach (1797). Jüdische Sammler setzen ihren Einsatz in St. Petersburg, Moskau, Wien oder Amsterdam. Die Süddeutschen verlieren ihre Ersparnisse in Berlin[103]. Die Leidenschaften werden erregt, man stachelt sie durch die Werbung rund um die Drehscheibe an. Der gute Wille Friedrich Wilhelms II. und die Skrupel Friedrich Wilhelms III. sind machtlos gegen die Verheerungen, die durch die Besessenheit des Spiels angerichtet werden; der Staat kann auf die Einkünfte für den Unterhalt der Armee nicht verzichten.

Die schnelle Eroberung nicht nur Preußens, sondern ganz Deutschlands durch die Glücksspiele läßt sich nicht allein mit der Intelligenz der Verwalter erklären. Die Einstellung der Öffentlichkeit ist im Wandel begriffen, und die neue Institution profitiert davon. Alle Chronisten sind erstaunt, wie wahnsinnig man sich in allen Gesellschaftsschichten dem Glücksspiel hingibt[104]. In Berlin, in Magdeburg, in allen Städten des Königreichs und des Reichs ist das Kartenspiel der wichtigste Beweggrund für alle Empfänge. Die kleinen Leute spielen in den Kneipen Billard. Landstreicher, Arbeitslose und Bettler machen halt vor den kleinen Läden auf den Brücken und Plätzen der Städte; dort setzen sie beim Würfeln ihre ganze Habe aufs Spiel, bis zu den Lumpen, die sie tragen[105].

Seitdem steht der Wunsch, sich schnell und ohne zu arbeiten zu bereichern, im Gegensatz zu den bürgerlichen Tugenden, welche die vorhergehenden Generationen praktizierten und die der gute Franklin in »Lotterie und Kunst zu gewinnen« empfiehlt[106].

»Die Anzahl der Lotterien und die Zustimmung, auf die sie allenthalben stößt, sind ein Beweis für die äußerste Korruptheit unserer Sitten. Die Menschen wollen mit einem Schlag reich werden ... Die Vorliebe für eitlen Gewinn hat sich in ganz Deutschland verbreitet ... Früher, als junge Abenteurer sich entschlossen, dem Glück bis zum äußersten nachzugehen, überlegten sie, wie sie neue Minen ausheben, Kanäle bauen, Schiffe bemannen und neue Geld- und Handelsquellen finden konnten. Heute jedoch will jeder über Nacht auf die übelste Art reich werden ... Der Bauer vertrinkt seine Pfennige, die er für Butter und Eier erhält, und will sich nicht mehr daran gewöhnen, viele Heller zu sparen, um daraus einen Taler zu machen; er zieht das Lotteriespiel vor. Und so scheint eine Art universalen Lebenselixiers alle Schichten der Gesellschaft zu beherrschen[107].«

Vergeblich setzen die Philosophen jedoch das beständige und verdiente Glück dem lebhaften Vergnügen entgegen, das derjenige empfindet, der sein Schicksal den Würfeln und Karten ausliefert; vergeblich diskutieren sie über die Lehre der Karten, denen im übrigen die Aktivität im mondänen Leben zu verdanken ist[108].

Die Lotterie, gleichgültig gegenüber den Klagen der Moralisten und gestärkt durch das Einverständnis mit den Fürsten, deren Budgets sie ausgleicht, setzt ihre Karriere fort und korrumpiert weiterhin die Seelen. Sie treibt den Adel zu Vertrauensbrüchen[109], ruiniert die Kaufleute[110] und zwingt anständige Soldaten zum Selbstmord[111]. Ihretwegen werden Domestiken untreu und müssen sich Eheleute trennen; selbst die Pfarrer, die das Spiel tadeln, haben die Taschen voller Karten[112].

Ehrwürdige Gesellen verlieren in weniger als einer Stunde ihren gesamten Wochenlohn[113]. Es gelingt ihnen nicht, das Glück zu erzwingen. Vergebens bemühen sich Forscher, mit Hilfe von komplizierten Rechnungen das Gesetz des Zufalls zu entdecken[114]. Alles ist für sie Vorzeichen. Sie versammeln sich, um ihre Träume und Vorahnungen zu deuten. Sie entdecken, daß das Ergebnis der Ziehungen mit dem Lauf der Planeten verbunden ist[115].

Die so geweckte Leidenschaft erstreckt sich auch auf andere Objekte: Man spekuliert mit dem Tod des Nachbarn, indem man Teilhaber der Lotteriegesellschaften wird, die, statt die Einsätze ihrer Mitglieder vernünftig in Kapital zu verwandeln, jedem Versprechungen machen, die sie aber nicht einhalten können, und ständig neue Teilhaber aufnehmen. Daraus ergeben sich auffallende Pleiten, wenn das Durchschnittsalter der Versicherten steigt und Todesfälle häufiger werden[116].

Im Jahre 1781 begrenzt die preußische Regierung die Zahl der Mitglieder jeder Lebensversicherung. Dadurch wird die Kontrolle erleichtert und die Spekulation unmöglich[117]. In Berlin arbeiten 11 Kassen dieser Art[118]. Sie können sich nicht solchen gewinnträchtigen und unredlichen Operationen hingeben, wie man sie in Bremen aufdeckt: Bürger zahlen hier die Versicherungsprämien von Bettlern, Domestiken oder alten und kranken Bauern. Bestechliche Ärzte bescheinigen die Gesundheit dieser Elenden, die einige Almosen von den »Wohltätern« erhalten, zu deren Profit der Vertrag geschlossen wird. Sie verstehen den Sinn der Spekulation nicht und lassen sich gleichgültig versichern. Sonderagenten verdienen ihren Lebensunterhalt damit, auf dem Lande die gewünschten alten und kranken Bauern ausfindig zu machen, mit denen sie Geschäfte betreiben[119].

Die Aufklärung fordert die Aufhebung der Glücksspiele. Sie sind tatsächlich nicht nur abgrundtief unmoralisch, sondern untergraben mit ihrer Mentalität die Basis des Rationalismus. Wenn der Glaube an Stimmungen die methodische und gewollte Bemühung ersetzt, so ist es um den Fortschritt der Aufklärung geschehen. Daher zieht die Presse alle Register gegen jegliche Art von Spiel: Nach Ansicht eines Denkers züchtigt die Natur die Türken mit der Pest und die Christen mit der Lotterie[120]. Das Verbot von Glücksspielen ist eins jener alten Gesetze, die überall in Kraft und überall veraltet sind. Es ist schwierig, es zu verstärken und die Lotterie zu verbieten, wie es die Zeitungen lauthals fordern, denn man müßte Ersatz für die Einnahmen schaffen, die dann wegfielen. Als Friedrich Wilhelm II. vom Generaldirektorium das Verbot fordert, muß er erneut die Mahnung hören, das die Lotterie dem Unterhalt der Armee dient. Man läßt sie daher bestehen, indem man sie kontrolliert und einer Sonderverwaltung unterstellt.

Der sehr gewissenhafte Friedrich Wilhelm III. befaßt sich erneut mit dem Problem. Er kommt zu dem Schluß, daß man versuchen muß, eine Ausweitung der Lotterie zu verhindern[121].

Österreich und danach auch die meisten deutschen Fürsten richten in ihren Staaten Lotterien ein, um zu vermeiden, daß ihre Untertanen fremde Lose kaufen[122]. Sie sind jedoch für die Einwände der Journalisten wesentlich aufgeschlossener als die Hohenzollern. Der Herzog von Württemberg verzichtet auf die Lotterie mittels einer Entschädigung von seiten seines Volkes[123]. In den kleineren Fürstentümern können die Souveräne kleine Opfer bringen, die ihnen nicht schaden, denn mit dem Verbot der Lotterie untersagen sie ihren Bürgern gleichzeitig, im Ausland zu spielen, und setzen damit dem Export von Kapital ein Ende, den sie anders nicht hätten aufhalten können.

Die Sammler ausländischer Lotterien werden mit Gefängnis, Geldbuße und Ausweisung bestraft. Die Aufhebung der Lotterie wird 1780 in der Pfalz, 1785 in Sachsen und Hessen-Kassel und

1786 in Frankfurt am Main, Hildesheim, Hamburg und Fulda angeordnet[124]. Die meisten deutschen Staaten geben den Einwänden der Presse nach. Diese Verbote werden jedoch nicht beachtet. Es kommt vor, daß der Souverän selbst gegen seine Edikte handelt und im Ausland spielt; der Fürst von Hessen-Darmstadt wird dabei vom *Patriotischen Archiv* demaskiert[125]. Die Erneuerung der Edikte das Verbot betreffend beweist, daß sie nicht wirksam sind. Ein Rundschreiben der Fürsten von Thurn und Taxis im Jahre 1788 an das Postpersonal ermöglicht eine Beurteilung der Ernsthaftigkeit, mit der man den Betrug und die Grenzen, die man ihm gesetzt hat, ahndete: es verbietet, Briefe und Pakete zu befördern, die vielleicht Einsätze und Gewinne enthalten[126].

Der Kampf gegen die Glücksspiele begünstigt die heimlichen Spiele »in Cafés, Gaststätten oder Privatwohnungen[127]«. Die Gesetze scheitern bei der Wiederherstellung der Sitten; nur mühsam können sie vielleicht ihre Entwicklung verzögern. Der Geschmack am Spiel ist nicht das einzige Anzeichen für eine tiefgreifende Wandlung des öffentlichen Geistes am Ende des 18. Jahrhunderts.

5. Das Wunder in der Liebe: die amouröse Freundschaft

Die Liebe kann sich der neuen Tendenz nicht entziehen. Sie wird wie die Religion und die Medizin ein Wunder. Was ist indessen natürlicher als die Anziehung, die zwei junge Leute zur Vereinigung drängt? Was ist einfacher und vernünftiger für jemanden, der die Folgen seiner Handlungen abschätzen kann? Was ist aber auch wunderbarer, mächtiger und ungestümer für den Romantiker, der nicht gern die Folgen seiner Handlungen sieht, weil er dadurch die Zukunft von ihrer voller Wunder steckenden Ungewißheit befreien würde? Jung-Stilling hat abwechselnd die beiden Konzeptionen von Liebe und Ehe geteilt. Er beschreibt sie vollendet. Christine ist die häufig kranke Tochter eines seiner Freunde. Er hat ihr nie große Aufmerksamkeit geschenkt. Eines Abends, als er an ihrem Bett wacht, sagt sie ihm nach einem langen Augenblick voller Ruhe: »Hören Sie, Herr Stilling! ich habe einen sehr lebhaften Eindruck in mein Gemüt bekommen, von einer Sache, die ich aber nicht sagen darf, bis zu einer anderen Zeit.« Bei diesen Worten wurde Stilling ganz starr, er fühlte vom Scheitel bis unter die Fußsohlen eine noch nie empfundene Erschütterung, und auf einmal fuhr ihm ein Strahl durch die Seele, wie ein Blitz. Es wurde ihm klar in seinem Gemüt, was jetzt der Wille Gottes sei und was die Worte der kranken Jungfer bedeuteten. Mit Tränen in den Augen stand er auf, bückte sich über das Bett und sagte: »Ich weiß es, liebe Jungfer, was Sie für einen Eindruck bekommen hat, und was der Wille Gottes ist.« Sie fuhr auf, reckte ihre Hand heraus und versetzte: »Wissen Sie's?« Damit schlug Stilling seine rechte Hand in die ihrige und sprach: »Gott im Himmel segne uns! Wir sind auf ewig verbunden[128]!«

Nach dem Tode dieser hysterischen Ehefrau fiel es ihm wie Schuppen von den Augen. Er verstand die einleuchtende Wahrheit. Sein Schwiegervater, seine glückliche Christine und er selbst hatten weder nach den Vorschriften der Religion, noch nach dem gesunden Verstand gehandelt. Die höchste Pflicht eines Christen bestand darin, nach den Regeln des gesunden Verstandes und des Anstands, unter der Leitung der Vorsehung, jede seiner Handlungen und vornehmlich die Wahl einer Frau zu prüfen und dann Gottes Segen abzuwarten. Christine war ein unschuldiges, unerfahrenes Mädchen; sie liebte Stilling insgeheim, gab sich dieser Liebe hin und betete zu Gott, ihre Wünsche zu erfüllen. So mischten sich Religion und Liebe in ihren hysterischen Anfällen. Weder ihre Eltern noch Stilling wußten davon. Sie sahen darin nur göttliche Inspiration und Gottes Tat und gaben nach. Die unangenehme und nicht voraussehbare Seite der Angelegenheit wurde erst später an ihren unglücklichen Folgen sichtbar[129].

Die romantische Liebe trifft diesen Auserwählten wie ein Blitz. Sie steht im Gegensatz zur vernünftigen Liebe der Aufklärung.

Am 28. 11. 1794 schreibt Erasmus an seinen Bruder Friedrich: »Du schreibst mir, eine Viertelstunde hätte Dich bestimmt; wie kannst Du in einer Viertelstunde ein Mädchen durchschauen? . . . Wenn Du mir ›ein Vierteljahr‹ geschrieben hättest, so hätte ich noch Deine Talente in der Kenntnis des weiblichen Herzens bewundert, aber eine Viertelstunde, das klingt gar zu wunderbar, da muß ich Leidenschaft, den ewigen Scharwenzel, dahinter suchen[130].«

Aber »außergewöhnliche Menschen müssen ein außergewöhnliches Schicksal haben«. Friedrich Schlegel teilt diese Ansicht, als er an seine Begegnung mit Caroline erinnert: »Der erste Blick schon entschied, beim zweiten wußte er's und sagte sich's, daß es nun gekommen und wirklich da sei, was er so lange dunkel erwartet hatte[131].«

Und später schreibt er an Dorothea, die er sofort liebt, als er sie sieht[132]: »In einem Augenblicke ist die Liebe da, ganz und ewig oder gar nicht ... Oder sammelt die Freude sich etwa so wie Geld und andere Materien durch ein consequentes Betragen? Wie eine Musik aus der Luft, überrascht uns das hohe Glück, erscheint und verschwindet[133].«

Was Caroline als junges Mädchen betrifft, so erzählt sie, daß Link bei ihrer ersten Begegnung zitterte und kaum sprechen konnte und die arme Caroline klein beigab. Zwanzig Jahre später, im Jahre 1800, nachdem sie ein bewegtes Leben geführt und sich oft als kluge Frau erwiesen hat, bezeichnet sie die Ankunft eines Briefes von Schelling immer noch »als Augenblick des Glücks[134]«.

Diese poetische Konzeption der Liebe beherrscht die Literatur der Epoche. Die Aufklärung verurteilt sie nicht. Sie gerät unter den Einfluß der Schriftsteller des »Sturm und Drang«, die das Gefühl rehabilitiert und den ausgedörrten Rationalismus der Imitatoren im Ausland lächerlich gemacht haben. Das »Goethesche« Ideal drängt jeden einzelnen, um ein Mann zu werden, die persönliche Erfahrung all dessen zu machen, was das Leben ihm bietet; doch eine solche Erfahrung kann nur gelingen und die Leidenschaften selbst werden nur tief empfunden, wenn sie bewußt sind. Nur die Kontrolle des Verstandes kann zwischen Gedanken und Gefühlen jene Harmonie verwirklichen, die den vollendeten Mann charakterisiert. Sie ist es, die abwägt, analysiert und quält, die den Leidenschaften ihren Ausdruck und ihre Dauer verleiht. Die Liebe ist par excellence die Leidenschaft, die von den Schriftstellern gern beschrieben wird. Ob sie nun von ihrer eigenen Jugend getrieben sind oder ein lauteres Gefühl brauchen, um die von ihnen vertretene These zu unterstreichen, jedenfalls gefallen sich die Autoren des »Sturm und Drang« darin, ihr diesen wundersamen Charakter zu verleihen. Sie merken nicht, daß sie dadurch in viele Bürgerfamilien einen Hauch von Revolte bringen. Als Werther im Jahre 1771 Charlotte inmitten von Kindern erblickt, denen sie Brot abschneidet, verliebt er sich sofort in sie und ist so in seinen Träumen verloren, daß er darüber alles andere vergißt[135]. Und die Geliebte Schillers äußert 1784: »Als ich ihn das erstemal sah – und mir das Blut in die Wangen stieg, froher jagten alle Pulse; jede Wallung sprach, jeder Atem lispelte: Er ist's! – und mein

Herz den Immermangelnden erkannte, bekräftigte: Er ist's! – Und wie das wiederklang, durch die ganze mitfreuende Welt[136]!«

Das Theater Kleists ist voll von verliebten Romantikern und träumenden Helden. Das kleine Käthchen von Heilbronn zum Beispiel ist 15 Jahre alt. Mit ihrer Schönheit und Reinheit zieht sie die Bewunderung der ganzen Stadt auf sich. Eines Tages bittet der Graf von Strahl den Schmied Theobald, Vater des jungen Mädchens, ihm seine Rüstung zu reparieren. Der Handwerker läßt ihn Platz nehmen und bietet ihm einen Imbiß an. Der Vater erzählt: »Öffnet langsam, ein großes flaches Silbergeschirr auf dem Kopf tragend, auf welchem Flaschen, Gläser und der Imbiß gestellt waren, das Mädchen die Thür und tritt ein. Nun seht, wenn mir Gott der Herr aus Wolken erschiene, so würd ich mich ohngefähr so fassen, wie sie Geschirr und Becher und Imbiß, da sie den Ritter erblickt, läßt sie fallen und leichenbleich, mit Händen, wie zur Anbetung verschränkt, den Boden mit Brust und Scheiteln küssend, stürzt sie vor ihm nieder, als ob sie ein Blitz niedergeschmettert hätte! Und da sage ich: Herr meines Lebens! Was fehlt dem Kind? und sie aufhebe: schlingt sie, wie ein Taschenmesser zusammenfallend, den Arm um mich, das Antlitz flammend auf ihn gerichtet, als ob sie eine Erscheinung hätte ... Doch da sie sich, mit einigen schüchternen Blicken auf sein Antlitz, erholt, so denk' ich, der Anfall ist wohl auch vorüber, und gehe mit Pfriemen und Nadeln an mein Geschäft. Darauf sag ich: Wohlauf, Herr Ritter! ... Der Graf steht auf; er schaut das Mädchen, das ihm bis an die Brusthöhle ragt, vom Wirbel bis zur Sohle gedankenvoll an, und beugt sich, und küßt ihr die Stirn und spricht: der Herr segne dich und behüte dich und schenke dir seinen Frieden, Amen! Und da wir an das Fenster treten, schmeißt sich das Mädchen in dem Augenblick, da er den Streithengst besteigt, dreißig Fuß hoch, mit aufgehobenen Händen, auf das Pflaster der Straße nieder: gleich einer Verlorenen, die ihrer fünf Sinne beraubt ist ... Und prüft, da sich ein wenig erholt hat, den Schritt, und schnürt ihr Bündel, und tritt beim Strahl der Morgensonne an die Thür: wohin? fragt sie die Magd; zum Grafen vom Strahl, antwortet sie und verschwindet[137].«

Der junge Romantiker zögert oft, von dieser übernatürlichen Liebe betroffen zu sein, von deren Existenz er aus seiner Lektüre erfahren hat. Je weniger er mit Menschen zusammenkommt, desto geringer sind die Chancen, diese Liebe kennenzulernen. Durch seine meist prekäre finanzielle Situation, seine Unerfahrenheit im Umgang und seine Schüchternheit lebt er isoliert. Er träumt von der Frau, die er einmal lieben wird, wie Chateaubriand von seiner Sylphide, aber statt sich ganz allein in ein Bild zu verlieben, sucht er unter seinesgleichen einen Vertrauten, der ihn versteht und seine Melancholie teilt. Selten wurde Freundschaft zwischen jungen Männern so gepflegt und so verbreitet. Sie ist in Deutschland fast eine soziale Institution[138]. Man hat versucht, sie zu erklären, indem man auf ihre Ursprünge zurückging. Seit Beginn des Jahrhunderts binden sich die jungen Leute aus den aufgeklärten Schichten mit einer Zuneigung, die sich während ihres ganzen Lebens nicht verleugnet. Beispiele dafür sind Lessing und Mendelssohn, Goethe und Schiller, Forster und Sömmering. Die Romantiker folgen also nur dem Vorbild ihrer Vorfahren. Führen uns diese Hinweise allerdings weiter? Hätten ihre Väter keine Freunde gehabt, wären dann nicht trotzdem von den Söhnen die Beziehungen geknüpft worden, die sie brauchten? Die Jünglinge entwickeln ganz natürlich Vertrauen und Mitteilungsbedürfnis. Es erscheint daher nicht unerläßlich, »diese Tendenz zu erklären«. Man sucht zwar ihren Ursprung, betrachtet sie aber nicht genügend, um auf ihr überraschendstes Merkmal zu stoßen.

Zur Zeit der Aufklärung definiert sich Freundschaft ungefähr wie heute; sie ist sowohl intellektuell als auch sentimental. Die Achtung, die zwei Freunde füreinander empfinden, die genaue Kenntnis ihrer gegenseitigen Eigenschaften, das Vertrauen, das sie sich bekunden, garantieren der Freundschaft jene Ruhe, jene Ausgeglichenheit und Dauer, die sie von der Liebe unterscheiden. Das Verlangen, das die Romantiker bestimmt, sich zu binden, ist unterschiedlich. Man könnte sagen, daß diejenigen, die von der Liebe nicht begünstigt sind, ihrer Zuneigung jene Eigenschaften zu geben, die eine Verbindung mit einer Frau hätte. Tatsache ist, daß sie sich von ihrem Freund lösen, wenn sie einer Frau begegnen, und daß sie genauso zu ihr sprechen wie zu ihm. Die Beziehungen zwischen jungen Leuten sind also zur Zeit der Aufklärung und der Romantik völlig verschieden: die romantische Freundschaft ist eine amouröse Freundschaft. Sie verwirrt die Herzen der jungen Leute. Friedrich Schlegel findet zunächst in seinem Bruder Wilhelm den gewünschten Vertrauten. »Ich will herausfinden, ob die Liebe zu den Männern einen nicht die Liebe zu den Weibern vergessen läßt, und ich ersuche auch Dich, ihren Vorrang nach einigen Jahren zu würdigen. In meinem tiefsten Innern schlummert eine erhabene Vorstellung von Freundschaft. Sie wird Realität werden, wenn wir beide noch einmal zusammenleben. ... Eine Verbindung mit mir, die lange bestehen soll, muß auf gegenseitiger Anregung der Sittlichkeit beruhen – denn diese Verbindung nimmt ewig zu.

»Vor allem aber muß der, den ich lieben soll, fähig seyn nur in einem zu leben; und über einem alles zu vergessen. Vor allem aber dieselbe Stärke der Liebe, die aus der Sehnsucht nach dem Unendlichen herrühren kann, indem das Herz, das unendliche Gut, was ihm fehlt, in dem Geliebten zu finden vermeint. – Dieses alles findet mein kältestes Nachdenken bei Dir, und darum würde ich jetzt auch von dem häufigsten Genuß keinen Überdruß befürchten. Zwar Ebbe und Fluth ist notwendig in der Liebe; das Herz glaubt einen Augenblick im Besitze des unendlichen Gutes zu seyn, und sinkt dann wieder nieder. Aber man kann doch gewiß voraussehen, daß die Fluth ewig wiederkommen würde.

Ich habe bei Weibern nie etwas von diesem Triebe nach dem Unendlichen gefunden, und ich habe noch keine gesehen, bey der ich die Möglichkeit einsähe, sie lieben zu können[139].«

Wahrscheinlich hat Wilhelm diese Leidenschaft so stark erwidert, wie sein Bruder glaubt. Als Friedrich diese Freundschaft in »Lucinde« behandelt, schreibt er weiter: »Auch glühten sie alle von edler Liebe, ... und sie sagten nicht selten in rohen, aber treffenden Worten erhabene Dinge über die Wunder der Kunst, über den Werth des Lebens, und über das Wesen der Tugend und Selbständigkeit. Vorzüglich aber über die Göttlichkeit der männlichen Freundschaft, die Julius zum eigentlichen Geschäft seines Lebens zu machen gesonnen war[140].«

Doch findet Friedrich andere Freunde: zunächst einen Grafen Schweinitz, dessen Spur man verloren hat; dann Novalis und Schleiermacher, mit dem er 1797 in Berlin zusammenlebt. Tieck und Wackenroder begegnen sich auf der Schulbank im Friedrichswerder Gymnasium. Der Sohn des Seilers und der des vertrauten Beraters des Justizbürgermeisters befreunden sich. Welch Schmerz, als sie sich trennen müssen! Tieck geht allein zum Studium nach Halle. In Briefen liefern sie sich ausführliche Erklärungen: »Dein Brief hat mir unaussprechliches Vergnügen gemacht; ja, er hat mich wirklich bis zu Tränen gerührt ... Tieck, ich bin entzückt, daß Du mich so liebst! ... Und wenn ich da in Deinen

Augen etwas wert bin, wem hab' ich es anders zu danken als Dir? Dir verdank' ich Alles, was ich bin, Alles! Was möchte aus mir geworden sein, wenn ich Dich nie kennengelernt hätte? O Tieck, ... sei stolz darauf, daß Du einen Menschen auf immer glücklichst machst durch Deine Freundschaft, – so stolz als ich bin, daß Du mich würdigst, mein Freund zu sein. ... Es ist bald 12 Uhr nachts. Ich lege mich jetzt schlafen. Ich merke, daß es eine wahre Wonne ist, an Dich zu schreiben. Selig, selig ist der Tag, den ich mit dem Gedanken an Dich beschließe. Er wird mich auch im Schlafe nicht verlassen. Träume Du auch von mir. ... Jetzt hat es gerade Zwölf geschlagen. Gute Nacht, Tieck, fliege her, und ich drücke den feurigsten Kuß auf Deine Lippen. Gute Nacht, der Himmel sei mit Dir! Gute Nacht! ... Sieh! ist's nicht schön, daß ich mit dem Gedanken an Dich zu Bett gegangen, und mit dem Gedanken an Dich wieder aufgestanden bin? ... Ja, lieber, bester Tieck, wir müssen uns auf Michaelis wiedersehen ... O! auch mir ist das Andenken an unsere Spaziergänge das heiligste was ich kenne. Du kannst wohl leicht denken, wie ich mich jetzt im Tiergarten befinde, wann ich ihn besuche; jeder Gang, jeder Baum ruft mir Dich zurück; bei jedem Schritt denk ich an Dich und will Deinen Arm in den meinigen nehmen, und fühle, daß mir immer etwas fehlt[141].«

Welche Enttäuschung, wenn der ferne Freund traurig oder krank ist! Und welche Freude bei dem Gedanken, sich wiederzusehen und gemeinsam den Komponisten Reichardt in Gielbichenstein zu besuchen: »Ich bin außer mir vor Freude ... und wer hätte gedacht, daß ich geboren bin, um so glücklich zu sein? Ich sehe uns schon im Geiste im romantischen Garten spazierengehen und am Felsen von Gielbichenstein die unter uns liegende Landschaft betrachten. Meinen Arm um Dich geschlungen und meinen Mund auf Deinen Lippen, kenne ich nichts Erhabeneres[142].«

Diese Freundschaft, die sehr junge Leute füreinander empfinden und die sie in ihren Büchern[143] beschreiben, ist vielleicht nicht nur eine geistige. Die Tatsache, daß große Freiheit in bezug auf die Sitten in Berlin herrscht, wo selbst der »italienische Geschmack« toleriert wird, während er in Nürnberg einem Konditorgesellen sechs Monate Gefängnis einbringt[144], und die Liebe zum Skandal bei diesen jungen Leuten, die immer bereit sind, die sozialen Vorurteile zu bekämpfen, verlangen, daß man die Frage stellt. Friedrich Schlegel verteidigt in einem Fragment des *Athe-*

naeums, das seine Feinde gegen ihn heranziehen[145], die »widernatürliche Liebe«[146]. Nichts in der Korrespondenz oder den Schriften seiner Freunde gibt einen Hinweis für die Annahme, daß sie ihn deswegen getadelt hätten. So wird die Liebe ein Wunder, und aus der Freundschaft wird Liebe. Demselben Wandel unterliegen wesentlich unbedeutendere Ereignisse im täglichen Leben.

6. Das Wunder der Berufung

Der Kult des Wunders bringt es mit sich, daß die jungen Leute darauf warten, vom Schicksal ihren Lebensweg gewiesen zu bekommen. So wird ihr Verlangen nach Wunderbarem befriedigt. Und dennoch sind sie bei der Führung ihrer Geschäfte äußerst fleißig und wesentlich realistischer als man erwartet hätte. Diese beiden scheinbar widersprüchlichen Züge sind bedingt durch den Mangel an offenen Stellen für die Jugend, und sie lassen sich sehr gut bei ein und demselben Individuum in Einklang bringen, das im nachhinein gern dem Zufall zuschreibt, was es in Wirklichkeit durch sein Verdienst erreicht hat.

Ideal ist es, so außergewöhnlich zu sein, daß man von allen als Genie begrüßt wird. Und die Leichtigkeit, mit der die öffentliche Meinung, immer mehr von der Romantik angehaucht, dieses Genie erkennt, gestattet alle Hoffnungen.

»Deutschland leidet an einer Seuche, welche manches Unheil anrichtet: unterschieden von andern Krankheiten, die man flieht, ist sie angenehm, ja sogar Modesache geworden, und richtet daher mehr Schaden an, weil weder Alter, noch Stand, Leute abhält, solche zu suchen. Dieses ist das *Genie-Fieber* ... sonderlich, da es zur Etiquette geworden ist, daß jeder Hof wenigstens ein Genie en titre habe. An einem Orte hat er das Monopolium der Unterhaltung, in der Vorkammer, oder bey Tafel: am andern spielt er den Minister: am dritten wird er in Gesandtschaften gebraucht. ... Daher eine ganz natürliche Folge, daß man bei den kleinen Staaten, die einander durchkreuzen, bei jedem Postwechsel, zugleich auch andere Landeshoheit, Münze, und Genie findet[147].«

Dem Genie steht es zu, alle Gewohnheiten umzustürzen. Goethe erinnert daran in seinen Schriften: »Nun aber schien auf einmal eine andere Welt aufzugehen: man verlangte Genie vom Arzt, vom Feldherrn, vom Staatsmann und bald von allen Menschen, die sich theoretisch oder praktisch hervorzutun dachten. ... Das Wort Genie ward eine allgemeine Losung, und weil man es so oft aussprechen hörte, so dachte man auch, das, was es bedeuten sollte, sei gewöhnlich vorhanden. Da nun aber jedermann Genie vom andern zu fordern berechtigt war, so glaubte er es auch endlich selbst besitzen zu müssen. Es war noch lange hin bis zu der Zeit, wo ausgesprochen werden konnte: daß Genie diejenige Kraft des Menschen sei, welche, durch Handeln und Tun, Gesetz und Regel gibt. Damals manifestierte sichs nur, indem es die vorhandenen Gesetze überschritt, die eingeführten Regeln umwarf und sich für grenzenlos erklärte. Daher war es leicht, genialisch zu sein, und nichts natürlicher, als daß der Mißbrauch in Wort und Tat alle geregelten Menschen aufrief, sich einem solchen Unwesen zu widersetzen.

Wenn einer zu Fuße, ohne recht zu wissen warum und wohin, in die Welt lief, so hieß dies eine Geniereise, und wenn einer etwas Verkehrtes ohne Zweck und Nutzen unternahm, ein Geniestreich. Jüngere lebhafte, oft wahrhaft begabte Menschen verloren sich ins Grenzenlose[148].«

Genie erwirbt man nicht, es offenbart sich. So ging um Weihnachten 1792 bei Novalis zum erstenmal, wie ein Lichtstrahl, das Verlangen, Soldat zu werden, durch den Kopf.

Jung-Stilling hat die Schneiderlehre begonnen. Dann wird er Volksschullehrer. Als Hauslehrer der Kinder des Kaufmanns Hochberg wird er grob behandelt, ist zutiefst unglücklich und findet keinen Ausweg aus dieser Situation. Aber er hat einen Pakt mit Gott geschlossen, den er nie verläßt[149]. Am 12. April 1792 erwachte er mit demselben großen Leiden, das er beim Zubettgehen am Abend vorher hatte. Er stand wie gewohnt auf, trank seinen Kaffee und ging in seine Klasse. Um 9 Uhr, als er am Tisch in seiner Klausur saß, völlig in sich zusammengesunken, und seinen brennenden Schmerz ertrug, fühlte er plötzlich eine völlige Wandlung seines Zustandes: seine Melancholie und seine Schmerzen waren total verschwunden; er empfand eine solche Verzückung und einen so tiefen Frieden in seiner Seele, daß er sich vor Freude und Glück nicht mehr zu halten wußte. Er überlegte und verstand, daß er weg wollte. Er hatte sich unbewußt dazu entschlossen; im Nu erhob er sich, ging in sein Zimmer und meditierte. Nur wer sich einmal in solchen Umständen befand, kann die vielen Tränen der Freude und Dankbarkeit begreifen, die dann vergossen wurden[150].

»Er hatte sich auf den Weg gemacht. Nach einer halben Stunde geriet er in einen Wald, die Straße verlor sich und nun fand er keinen Weg mehr; er setzte sich nieder, denn er hatte sich müde gelaufen. Jetzt kam seine völlige Kraft zum Denken wieder, er besann sich, und hatte keinen einzigen Heller Geld bei sich, denn er hatte noch wenig oder gar keinen Lohn von Hochberg gefordert; doch war er hungrig. ... Jetzt fing er an und sagte bei sich selber: ›Ja, die Stunde ist gekommen, da das große Wort des Erlösers für mich auf der höchsten Probe steht ... ich gehöre mit zu den Augen, die auf den Herrn warten ... ich bin doch so gut sein Geschöpf, wie jeder Vogel, der da in den Bäumen singt, und jedesmal seine Nahrung findet, wenn's ihm not tut.‹ Indem er so dachte, ward es ihm plötzlich wohl im Gemüte und es war, als wenn ihm jemand zuspräche: gehe in die Stadt und suche einen Meister! Im Augenblick kehrte er um, und indem er in eine seiner Taschen fühlte, so wurde er gewahr, daß er seine Schere und Fingerhut bei sich hatte, ohne daß er's wußte. Er kam also wieder zurück und ging zum Tore hinein[151].« Er fand einen Schneidermeister, der ihn nahm, und lebte glücklich bei ihm; später nahm er wieder eine Hauslehrerstelle an. Der reiche Spanier behandelte ihn gut und sagte eines Tages zu ihm: »Hört, Präzeptor! mir fällt da auf einmal ein, was Ihr tun sollt, Ihr müßt Medizin studieren. – Ich kann's nicht aussprechen, wie Stilling bei diesem Vorschlage zumute war, er konnte sich fast nicht auf den Füßen halten, so daß Spanier erschrak, ihn angriff und sagte: was fehlt Euch? ›O Herr Spanier! was soll ich sagen, was soll ich denken? Das ist's, wozu ich bestimmt bin. Ja, ich fühle in meiner Seele, das ist das große Ding, das immer vor mir verborgen gewesen, das ich so lange gesucht und nicht habe finden können‹[152]!«

Die Abwandlung der Realität im Sinne des Wunders ist hier ganz deutlich. Ein von einem Herrn mißhandelter Rationalist hätte zweifellos nach einer Überlegung beschlossen wegzugehen. Ein rational denkender hungriger Schneider hätte sofort beschlossen, Arbeit zu suchen. Jung-Stilling, der seiner Inspiration vertraut, handelt nicht gegen seine Interessen. Indem er von einem Beruf zum anderen wechselte, machte er sogar eine gute Karriere und steigerte sein Vermögen und seinen Ruf. Denn nachdem er Arzt war und seinen Lebensunterhalt nicht reichlich verdienen konnte, entdeckte er die Berufung als Professor in sich[159]. Dann, mit 54 Jahren, bekannte er ein letztes Mal seinen Irrtum und wurde gewahr, daß Gott ihn dazu bestimmt hatte, sein Verehrer zu werden[154]. Von einem Beruf zum anderen, verbessert sich seine materielle Situation. Er dankt dafür der Vorsehung, die ihn geleitet hat, denn er selbst weigert sich unabdingbar, die Verantwortung für seine Handlungen zu übernehmen. Bei Friedrich Schlegel findet man dieselbe Mischung von Fleiß und Unbeständigkeit. Als Bankangestellter in Leipzig entdeckt er erst später, daß er für das Studium bestimmt war. Durch Arbeit holt er die verlorene Zeit ein, bewältigt in einigen Monaten die Arbeit von mehreren Jahren und schließt sich seinem Bruder an der Universität Göttingen an[155]. So wird er Anwärter auf die wenigen leeren Stellen, unglücklicher und ungeschickter Anwärter, der schließlich auch seinen Ärger hinunterschluckt, während er auf einen Wink des Schicksals lauert.

Dieser Anruf des Schicksals ist im übrigen nicht neu. Der »Sturm und Drang« hatte ihn auch gekannt. Im Jahre 1763 schreibt er auf dem Schiff, das ihn von Riga nach Frankreich führt: »Ein Großteil der Ereignisse in unserem Leben hängt tatsächlich vom Würfelspiel ab. So bin ich nach Riga gekommen; so habe ich die kirchliche Laufbahn eingeschlagen und wieder verlassen. So habe ich meine Reise angetreten, und meine Reise ähnelt fast einem Abenteuer[156].«

Und von Straßburg schreibt er nach und nach: »Ich weiß nicht, was aus mir werden soll, aber habe ich es je gewußt? Waren nicht alle Entscheidungen in meinem Leben plötzliche Sprünge, die mich nie dorthin geführt haben, wohin ich wollte[157]?« Und: »Ich hoffe, daß die Umstände entscheiden werden. An den Scheidewegen meines Lebens habe ich mich immer direkt jenen Kindern der Vorsehung anvertraut, wie ein anständiger Augur dem Vogelflug[158].«

Auch Ardinghello, der Held bei Heinse, fühlt sich vom Schicksal getrieben, das ihn zwingt, unvernünftige Handlungen zu begehen. Andererseits vertraut er seinem Stern. Vorahnungen und undefinierbare Unbehagen machen ihn immer rechtzeitig auf Gefahren aufmerksam, so daß er sie vermeiden kann[159].

Wenn die Schriftsteller des »Sturm und Drang« sich dem Schicksal hingeben, werden sie von ihm belohnt. Den Klagen der Romantiker schenkt es viel weniger Gehör und läßt ihnen zu viel Muße, um davon zu träumen, was sie täten, wäre das Schicksal ihnen gewogen. Diese Träume sind so exaltiert, daß sie ein immer weniger zu befriedigendes Bedürfnis werden. Statt sich zu gedulden und neu zu beginnen, gibt man sich ihnen gleich nach dem ersten Mißerfolg hin und greift täglich wie auf eine Droge darauf zurück.

7. Das Wunder im täglichen Leben: überraschende Wendungen, Schulden, Selbstmorde

Es gibt zu selten Abenteuer, als daß man oft ihr Held werden könnte; der Schüler schwänzt die Schule, der Student macht tausend Umwege, wenn er von zu Hause zur Universität geht, der Kaufmann vernachlässigt seine Geschäfte. Anton Reiser, Steffens, Tieck und Wackenroder klappern auf diese Weise die Gegend ab und hoffen insgeheim, interessante Begegnungen zu machen. Die aufgeklärten Bürger dagegen fürchteten ganz einfach, während ihrer Reisen ausgeplündert zu werden. Doch diese Jugend hat nichts zu verlieren. Auch stößt ihnen nichts Außergewöhnliches zu. Also legen sie tüchtig los. Es ist ein typisches Beispiel für ihre Psychologie, wie sie die Begegnungen interpretieren. Sie sind losgelöst vom übrigen Leben, werden isoliert dargestellt und ausführlich beschrieben. Manchmal sind sie im Geist des Protagonisten so gut vorbereitet, so eingehend vorgestellt, daß man nicht mehr weiß, ob sie Realität oder Traum sind: Am 29. Dezember 1792 schreibt Friedrich Schlegel: »Heute Abend, müde von philosophischen Studien laufe ich aufs Caffeehauß um Schach zu spielen, und siehe da steht Schweinitz vor mir, offen und voll tiefen Gefühls. . . . Ich liebe und werde geliebt. Heiliges Geheimniß! Warum weine ich itzt zum zweytenmale in meinem Leben[160]?« »Das Schicksal hat einen jungen Mann in meine Hand gegeben, aus dem alles werden kann[161]«, sagt er, nachdem er Novalis begegnet ist. Als Tieck seiner Braut entgegengeht, sieht er plötzlich auf der Hamburger Straße die Schenke, wo er sie treffen sollte. Ohne sich übermäßig zu wundern, daß er schon so früh dort war, will er hineingehen, und da er keine Brücke findet, entschließt er sich, über den Graben zu springen. Aber er springt zu kurz und fällt. Es war eine Vision gewesen, seine Sehnsucht hatte die Wirklichkeit vorweggenommen[162]. Endlich begegnet er 1799 Goethe. »Diesen Augenblick hatte er als Knabe geahnt, und ihn mit heißer Sehnsucht als Jüngling herbeigewünscht, darauf schien eine Seite seines Lebens angelegt . . . Ein gewaltiges, erschütterndes Gefühl erfüllte ihn beim ersten Anblick[163].« Und in den »Reisen des Fritz Sternbald« taucht Ludovic unerwartet auf, als sein Freund Rodrigue daran verzweifelt, daß er ihn nie wiedersieht[164].

Alle Personen, denen Jung-Stilling auf seinem Weg begegnet, wurden dorthin mehr oder weniger durch die Vorsehung gestellt. Diesen Begegnungen haftet ein theatralisches Aussehen an, das wiederum auch typisch ist. Das Theater ist tatsächlich eins der wichtigsten Elemente im Leben geworden. Die jungen Männer beneiden die Schauspieler, die mit ihren Truppen durchs Land ziehen. Alle, ob reich oder arm, Anton Reiser genauso wie Wilhelm Meister, sind versessen darauf, selbst auf die Bühne zu steigen, um dort die Bilder zu verkörpern, die sie bewundern, und die Rollen zu spielen, die ihnen die Realität verweigert. Der Bürgerliche wird auf der Bühne endlich adlig, der Arme sät verschwenderisch Gold, jeder trinkt dort aus dem Kelch der wahren Poesie die verführerischen Illusionen, die ihn in die Feenwelt begleiten, wo alles außergewöhnlich ist und souverän menschlich bleibt, wo Shakespeare herrscht ..... Shakespeare, die große Entdeckung dieser Generation, Shakespeare, dessen schrecklich unglückliche Helden begehrte Subjekte sind, weil ihr Unglück einzig ist.

Die Vorliebe für Peripetien, die heute schwer zu begreifen ist, läßt sich durch diese Vertrautheit mit der Bühne wie auch durch das Nomadenleben erklären, das unvorhergesehene Ereignisse erleichtert. Daher waren die Zeitgenossen auch nicht entsetzt über die Geneigtheit in den Romanen, eine Unwahrscheinlichkeit nach der anderen folgen zu lassen. In William Lowell zum Beispiel treten Personen auf, verschwinden, erscheinen wieder und sind mit anderen identisch, die ihnen gar nicht ähnlich waren. Der junge Page Ferdinand, der im ersten Buch beim Überqueren der Alpen Lowell das Leben rettet, indem er ihn gegen Räuber verteidigt, wird im 7. Buch eine alte Frau. Der mysteriöse André, der alle Fäden der Intrige in der Hand hat, offenbart sich erst ganz am Ende des Buches durch eine posthume Zeitung. Man erfährt dann ganz überraschend, daß er von unauslöschlichem Haß gegen die ganze Familie Lowell besessen war und daß er den Ruin des Vaters und den Verlust des Sohnes verursacht hat.

»Alarcos«, die einzige Tragödie von Friedrich Schlegel, weist nicht weniger als drei Peripetien im zweiten und letzten Akt auf. Die gesamte Intrige darin ist im übrigen charakteristisch. Die Infantin Solisa liebt den Grafen Alarcos, der, nachdem er ihr seine

Liebe versprochen hat, die sanfte Clara heiratet. Der Verräter Alvaro, der später unter seinem Vermittler zu regieren hofft, bewirkt, daß sie sich beim König beschwert, der von seinem Vasallen die Einhaltung seines Schwurs fordert. Alarcos ist ein edler Ritter; er erkennt den Tatbestand an, aber liebt seine unschuldige Gemahlin. Der König, der eine niedrige Gesinnung hat, rät ihm, sie ermorden zu lassen: Er war es, der Claras Bruder Garcis, dessen Tugend ihn beschattete, beseitigen ließ. Mitten in der Nacht erzählt er in seinem alten Schloß hoch auf dem Berg seiner zarten Gemahlin die ganze Geschichte. Sie ist bereit zu sterben, um ihn zu retten, versetzt sich kühn den ersten Stoß und jammert, bis er die Tat vollendet. Während er stöhnt und das Weinen seiner Mutter anhört, erscheint Alvaro und verkündet den Tod der Infantin. Dann erfährt man den Tod des Königs, seines Vaters, der durch das Phantom der unbefleckten Clara ins Jenseits gerufen wurde. Alarcos bleibt nichts anderes übrig, als sich umzubringen, was er auf der Stelle tut.

Die meisten Romane und Theaterstücke der Epoche sind voll von solchen Überraschungen. Feinde entdecken plötzlich, daß sie Brüder sind; eine ihnen unbekannte Verwandtschaft hindert die Verlobten an der Heirat, Liebende stellen mit Entsetzen fest, daß sie einen Inzest begehen. Der Arme offenbart sich als reich, der Reiche wird plötzlich ruiniert, der Bürger wird Minister und die Prinzessin Kurtisane.

Die Romantiker bedienen sich nicht als einzige dessen, was für viele ein bequemes literarisches Verfahren geworden ist. Der kluge Nicolai läßt seine Marionetten in der Versenkung verschwinden und holt sie je nach Bedarf wieder vor[165]. Zweifellos ist die Bedeutung seiner Romane mehr auf die Behauptungen, die sie offenbaren, als auf die Psychologie ihrer Helden zurückzuführen. Doch wären Peripetien zu der Zeit nicht natürlich gewesen, so hätten sich zumindest die Gegner der Romantiker nicht ihrer bedient.

Sie lassen sich selbst in einem Buch der Kategorie »Wilhelm Meisters Lehrjahre« nicht zählen. Dieses Werk ist ein echtes Portrait der Epoche, deren Tendenzen alle darin zu finden sind. Die verschiedenen Geisteshaltungen, wie die rationalistische und die sentimentale, kommen darin zum Ausdruck wie bei jener Generation von 1790, deren Gedanken der Aufklärung und deren Gefühle der Romantik entsprechen. Sie treffen aufeinander in Diskussionen über Kunst, deren Werke man subjektiv oder objektiv beurteilen kann, über die Rolle des Zufalls oder des freien Willens im menschlichen Schicksal[166] oder über das beste Erziehungssystem[167]. Umherziehende Schauspieler spielen dort »Hamlet«, eine Mystikerin schreibt ihr Tagebuch, eine Gruppe von aufgeklärten Leuten gründen eine geheime Gesellschaft. Dort brechen soziale Konflikte auf. Nichts fehlt darin, und der Roman behält bis zum Schluß jenen menschlichen Charakter und jenen richtigen Ton, welcher der Präzision und der eleganten Form einen Inhalt verleiht, der ihrer würdig ist. Warum sollen unnütze Intrigenstücke damit verwickelt werden? Die Kritiker erwidern, der Autor habe es eilig, sein Buch zu beenden. Würde er es nicht genauso beenden ohne diese unsinnigen Peripetien? Sein Thema ist der Werdegang; ob der Harfenspieler nun der Vater von Mignon ist oder nicht und der Bruder des italienischen Marquis, die Lehrzeit ist deswegen nicht weniger abgeschlossen. Der Leser verspürt nicht das Verlangen zu erfahren, daß die meisten Personen, die er auf dieser langen Reise trifft, verwandt sind. Und da die Erzählung mit der Ankündigung eines zweiten Bandes endet, besteht keinerlei Notwendigkeit für einen Schluß. Nein, gerade diese Unwahrscheinlichkeiten, die sich am Ende einer Studie häufen, in der es schwierig wäre, den leisesten psychologischen Irrtum herauszustellen, sind ein letzter Beweis für den Geist der Epoche. Die Wunder scheinen zu der Zeit der Wahrheit zu entsprechen; sie wurden damals allgemein befolgt. Beim Lesen von Friedrich Schlegels Bericht ist man frappiert von der Sorgfalt, mit der er gerade diesen Geheimnissen und Überraschungen Bedeutung verleiht, deren Künstlichkeit den Leser des 20. Jahrhunderts verärgert[168].

All diese Merkmale sind nicht neu; es hat immer Propheten und Donnerschläge, Heilpraktiker und Peripetien, Spieler, Abenteurer und Astrologen gegeben. Aber ihr Publikum rekrutierte sich immer aus der Masse oder zumindest aus den ungebildeten Leuten. Während sie große Verheerungen anrichtete, entdeckten die Gelehrten die experimentelle Medizin. Gegen Ende des Jahrhunderts läßt sich die aufgeklärte Öffentlichkeit verführen, statt gegen diese Vorurteile anzukämpfen. Die Ärzte wenden sich von den geduldigen Beobachtungen ab, um die Philosophie der Natur zu studieren, die Logen verzichten auf die universale Vernunft, um die Mysterien der Einweihung und der Symbole zu kultivieren. Als früher gute Autoren auf die Peripetie zurückgriffen, bedeutete das soviel wie ein leichtes Verfahren anwenden, um ihr Stück zu beenden, nachdem sie alles gesagt hatten, was zu sagen war. Nun machen sie aus dem Verfahren ein lebensnotwendiges Element.

Der Kult des Unvorhergesehenen ist eine schlechte Vorbereitung auf das Leben. Er verkörpert eine gewisse Gleichgültigkeit gegenüber der alltäglichen Realität. Doch diese lenkt die Aufmerksamkeit der Jugend mit schwerwiegenden Appellen auf sich. Alle künftigen Romantiker haben kein Geld. Schleiermacher wartet immer darauf, daß sein Vater ihm die kleinen Summen schickt, die für seinen Lebensunterhalt, einen Wohnungswechsel oder ein Examen unerläßlich sind[169]. Er ist vielleicht wirklich der ärmste von allen; nicht, daß die anderen reich wären, aber die Tatsache, Schulden zu haben, scheint bei ihnen ein Charakterzug zu sein. Novalis läßt sich in Leipzig auf Kredit einkleiden und schöpft zuweilen aus dem Portemonnaie seiner Freunde[170]. Friedrich Schlegel klagt ununterbrochen über seine Geldnot. Wenn man jedoch seine Finanzen zu durchschauen versucht, stellt man fest, daß er sehr wohl von seinen Mitteln leben könnte[171]. Doch wird er sein ganzes Leben wenig Geld haben, wie hoch auch immer seine Einkünfte sind. Er leidet in Wirklichkeit unter einer totalen Unfähigkeit, seine Ausgaben nach seinen Einnahmen zu richten. Er kann kein Budget aufstellen, und diese Eigenschaft haben viele Romantiker. Sie appellieren an die Not, um die Veröffentlichung von Fragmenten oder unvollendeten Schriften zu rechtfertigen. Doch ist dieser Fehler keine Folge des Vorhergehenden. Sie kommen im Gegenteil alle von der Mentalität des Wunders, die, ihnen unbewußt, bewirkt, daß sie auf das Manna rechnen, wenn sie in Not sind, und auf die Inspiration, wenn sie ihr Genie behaupten wollen. Jung-Stilling, einer der ärmsten, bittet in regelmäßigen Abständen den immer folgsamen lieben Gott, ihm Aufgeld zu schicken, da er selbst unfähig ist, die Zahlung seines Honorars anzufordern, und den Kauf auf Kredit von Medikamenten für Arme zu vermeiden und den Wert des Geldes nicht kennenlernen will. Er verdient ständig mehr; er hat nie genug, und in kritischen Momenten zahlt plötzlich ein Klient, schickt ihm eine Bewunderin einen Wechsel oder hilft ein Freund[172]. Kleist kehrt nach seiner ersten Krise der Verzweiflung zur Literatur zurück, um seine Geldnot zu beheben[173].

Die finanzielle Not löst zuweilen Krisen von Neurasthenie aus. Sie bewirkt Todesträume. Tatsache ist, daß der Tod seit dem »Sturm und Drang« nicht mehr als Vernichtung, sondern als Befreiung des Menschen erscheint. Durch ihn hoffen diese Träumer eine Lösung des Bewußtseinsproblems zu finden und zu entdecken, was hinter der äußeren Welt ist, wie ihre Sinne sie begreifen. Doch diese Philosophie vom Tod, von Werther aufgebracht, ist keine ausreichende Erklärung für den Selbstmord. Es bedarf anderer Umstände, daß die Jugend auf dieses Heilmittel zurückgreift. Denn letztlich begeht trotz Werther kein Schriftsteller des »Sturm und Drang« Selbstmord! Sie haben keine Zeit dafür! Andererseits überlegen viele Romantiker, ob sie ihrem Leben ein Ende bereiten[174]. Novalis will sich auf diese Weise Sophie nähern[175]. Friedrich Schlegel, auf den Werthers Gründe nicht zutreffen, will aus der Welt scheiden, in der er sich nicht wohlfühlt: »Warum soll ich leben? – Du kannst mir das nicht beantworten, und kannst mir nicht aus Gründen rathen zu leben, wenn nämlich nach anderen Gründen als nach der Neigung entschieden werden soll. . . . Seit drei Jahren denke ich täglich an Selbstmord. . . . Wenn ich auf dem Wege, den ich in Göttingen ging, – beständig mit dem Verstande zu genießen ohne zu handeln – blieb, so hätte er mich sicher in Kurzem zum Selbstmord geführt[176].«

Die Mitglieder der Gruppe des *Athenaeum* widerstehen der Versuchung. Aber die Isolierten, die nicht zu der neuen Schule gehören, sind nicht so stark. Caroline von Günderode begeht Selbstmord aus Liebe. Und Kleist, in allen Hoffnungen enttäuscht, schießt sich eine Kugel durch den Mund.

Die Zeitgenossen haben den Eindruck, daß ganz allgemein der Anteil der Selbstmorde steigt. Ein Chronist ermittelt nach einer Umfrage bei den Behörden, die ihm die Ursache der Unfälle mitteilen, an denen die auf Kosten der Stadt Beerdigten sterben, daß zwischen 1781 und 1786 239 Berliner Selbstmord begangen haben. Das sind 8% der Todesfälle. Mehr als die Hälfte sind Soldaten, die sich vornehmlich während der großen Frühjahrsmanöver umbringen. Von diesen 239 Toten haben sich 136 ertränkt, 53 erhängt, 42 eine Kugel in den Leib geschossen und 8 die Kehle durchgeschnitten[177]. Über diese Zahlen läßt sich vielleicht streiten. Die Zahl der Ertrunkenen insbesondere steigt wegen der neuen Mode der kalten Bäder. Nichts beweist, daß die Absicht zum Selbstmord immer existiert hat[178]. Die Tatsache der Steigerung scheint indessen allgemein verbreitet. Sie gilt für Frankfurt am Main genauso wie für ganz kleine Städte, wie Künzelsau an der Kocher, wo sich in drei Jahren 4 Personen umbringen[179]. Die

Hauptursache scheint die Verschuldung zu sein, die wiederum auf den fortschreitenden Luxus zurückzuführen ist. Die Statistiken der Zeitgenossen sind zu vage, als daß man eine klare Aussage über die zunehmende Zahl der Selbstmorde und deren Ursachen treffen könnte. Es ist möglich, daß seit Werther die Aufmerksamkeit mehr darauf gelenkt wurde, diese Tatsachen zu beachten oder viele Unfälle als freiwilligen Tod zu interpretieren. Neuere, auf sicheren Statistiken fußende Untersuchungen haben sich um eine Ermittlung der Selbstmordursachen bemüht[180]. So ist auffallend, daß Preußen am Ende des 18. Jahrhunderts alle den Selbstmord begünstigenden Umstände, die in diesen Untersuchungen dargelegt werden, vereint: rapide Bevölkerungsvermehrung und Auftrieb in den großen Städten zu Beginn, soziale Entwicklung und Schwächung der traditionellen Bindungen wie Familie und Religion, die die Unzufriedenen in der Gesellschaft halten; Wirtschaftskrise; schließlich zyklothymes Temperament, resultierend aus der Kombination sozialer Faktoren mit einer gewissen pathologischen Schwäche. Die Ursachen, die andererseits gewöhnlich die Zahl der Selbstmorde rückläufig machen, treffen erst für die Zeit nach 1806 zu: relatives Gleichgewicht zwischen Stadt und Land, Kriege, verschärfte politische Krisen.

8. Porträt des jungen Romantikers

Ordnet man alle charakteristischen Züge des jungen Intellektuellen, so könnte man eine Art Porträt des isolierten Romantikers zeichnen, eine Miniatur, zu der die vorangehenden Kapitel nur ein langer Kommentar wären. Friedrich Schlegel hat selbst dieses Bild in seiner ›Lucinde‹ dargestellt. Wie er sich am Vorabend seiner Ankunft in Berlin und seiner Begegnung mit Dorothea sieht, so erkennen sich die meisten dieser jungen Leser: »Eine Liebe ohne Gegenstand brannte in ihm und zerrüttete sein Inneres. Bei dem geringsten Anlaß brachen die Flammen der Leidenschaft aus; aber bald schien diese aus Stolz oder aus Eigensinn ihren Gegenstand zu verschmähen und wandte sich mit verdoppeltem Grimme zurück in sich und auf ihn, um da am Mark des Herzens zu zehren. Sein Geist war in einer beständigen Gärung; er erwartete in jedem Augenblick, es müsse ihm etwas Außerordentliches begegnen. Nichts würde ihn befremdet haben, am wenigsten sein eigener Untergang. Ohne Geschäft und ohne Zweck trieb er sich umher unter den Dingen und unter den Menschen wie Einer, der mit Angst Etwas sucht, woran sich sein ganzes Glück hängt. Alles konnte ihn reizen, nichts mochte ihm genügen. ... Keine Art der Ausschweifung konnte ihm ausschließend zur Gewohnheit werden; denn er hatte ebenso viel Verachtung wie Leichtsinn. Aber weder hier noch in den mancherlei Liebhabereien und Studien, auf die sich oft sein jugendlicher Enthusiasmus mit einer gefräßigen Wißbegier warf, fand er das hohe Glück, das sein Herz mit Ungestüm forderte. Spuren davon zeigten sich überall, täuschten und erbitterten seine Heftigkeit. Am meisten Reiz hatte der Umgang aller Art für ihn, und so oft er auch sogar sie überdrüssig ward, waren es doch die gesellschaftlichen Zerstreuungen, zu denen er endlich immer wieder zurückkehrte. Die Frauen kannte er eigentlich gar nicht ... Sie erschienen ihm wunderbar fremd, oft ganz unbegreiflich und kaum wie Wesen seiner Gattung. Junge Männer aber, die ihm einigermaßen glichen, umfaßte er mit heißer Liebe und mit einer wahren Wuth von Freundschaft. Doch war das alles für ihn noch nicht das Rechte. Es war ihm, als wolle er eine Welt umarmen und könne nichts greifen. Und so verwilderte er denn immer mehr aus unbefriedigter Sehnsucht, ward sinnlich aus Verzweiflung am Geistigen und beging unkluge Handlungen aus Trotz gegen das Schicksal und war wirklich mit einer Art von Treuherzigkeit unsittlich. Er sah wohl den Abgrund vor sich, aber er hielt es nicht der Mühe werth, seinen Lauf zu mäßigen.

Bei diesem Charakter mußte er oft in der geselligsten und fröhlichsten Gesellschaft einsam sein, und er fand sich eigentlich am wenigsten allein, wenn Niemand bei ihm war. Dann berauschte er sich in Bildern der Hoffnung und Erinnerung und ließ sich absichtlich von seiner eigenen Phantasie verführen. Jeder seiner Wünsche stieg mit unermeßlicher Schnelligkeit und fast ohne Zwischenraum von der ersten leisen Regung zur grenzenlosen Leidenschaft. ... Sein Geist strebte nicht die Zügel der Selbstbeherrschung festzuhalten, sondern warf sie freiwillig weg, um sich mit Lust und Übermuth in dies Chaos von innerm Leben zu stürzen. ... Aber alles, was er liebte und mit Liebe dachte, war abgerissen und einzeln. Sein ganzes Dasein war in seiner Phantasie eine Masse von Bruchstücken ohne Zusammenhang ...[181].«

2. Kapitel: Der Verrat der Schriftsteller

1. Die romantische Generation

Zwischen 1740 und 1780 sind unter der Ägide der Aufklärung zwei Generationen groß geworden. Sie folgten ohne Bruch aufeinander. Die Denkweisen haben sich zweifellos weiterentwickelt. Die Aufklärungskampagnen haben sich inhaltlich verändert. Wissenschaft und Technik haben Fortschritte gemacht. Kant, der nach 1780 an die Spitze der philosophischen Bewegung tritt, ist so verschieden von Lessing und Mendelssohn, daß letzterer ihn nicht versteht. Sie schätzen sich deswegen nicht weniger und haben nicht den Eindruck, verschiedenen Welten anzugehören. Kant versichert, daß Mendelssohn verstünde, wenn er sich darum bemühen würde, und dieser beruft sich auf sein hohes Alter. Zwischen ihnen besteht nicht jene Feindschaft, die Hamann oder Tieck, die nicht verstehen *wollen,* gegenüber der Aufklärung bezeugen.

Die jungen Leute, die am Ende des Jahrhunderts die Mehrheit bilden, sind während der Krise aufgewachsen. Unbewußt haben sie sich von den Spuren ihrer Vorfahren entfernt. Sie waren unruhig, nervös, gequält von dem Bedürfnis nach »Erhabenem«, »Unendlichem«, »Wunderbarem«, verspürten plötzliche Berufungen, waren von der Liebe ergriffen wie vom Blitz und erstaunt über die natürlichsten Begegnungen. Trotz ihres Studiums ist das moralische Klima, dem sie angehören, nicht das des Rationalismus. Sie sind dem Milieu des Volkes zu nahe geblieben, um nicht seine Leidenschaften zu empfinden. Und die Wirtschaftskrise trifft sie zu sehr, als daß sie artig die Anweisungen der situierten Leute befolgten. Als sie an der Reihe sind, sich zu behaupten, sprechen sie daher nicht mehr die Sprache, die sie einst gelernt haben. Ihre Reden sind genauso von dem Verlangen nach Wundern infiltriert, wie das Leben der Massen.

Es ist daher unwichtig, ob sie sich um eine literarische Zeitschrift sammeln und Schule machen, oder ihre Karriere allein bewältigen. Die besten romantischen Schriftsteller sind gerade diejenigen, die keiner Gruppe angehört haben. Weder Hölderlin, noch Kleist, noch Jean Paul haben beim *Athenaeum* mitgearbeitet. Trotzdem wird man bei Friedrich Schlegel, Tieck oder Novalis dieselben Akzente finden, ganz gleich, ob man ihre Biographie, ihren Briefwechsel oder ihre Werke liest.

Die Entstehungsgeschichte der ersten romantischen Gruppe in Berlin, dann in Jena, die Entwicklung des *Athenaeum* zwischen 1799 und 1801 und die Auflösung der Gruppe nach ihrem Scheitern sind zu bekannt, als daß man sie hier aufzeichnen müßte[1]. Daher soll in dieser Untersuchung auch weniger eine literarische Bewegung charakterisiert als ihre Entstehung, in einer allgemeinen Veränderung der Art zu leben, zu fühlen und zu denken, dargelegt werden. Es sollte die Basis, auf dem sich das romantische Drama abspielt, beschrieben werden.

Über die dem *Athenaeum* eigenen Ideen seien allerdings einige Bemerkungen gestattet: Der Historiker verfolgt nicht dieselben Perspektiven wie der Schriftsteller; hinter theoretischen Behauptungen sucht er gern die Haltungen, Leidenschaften und Gehässigkeiten der Menschen. Und andererseits interessiert er sich mehr noch als für Thesen für die Handlungen der ersten Romantiker, für ihr Verlangen nach Neuem, ihre Vorliebe für Skandal, ihre revolutionären Vorwände. Denn gerade darin wie auch hinsichtlich ihrer Ideen bilden sie einen Gegensatz zur Aufklärung, die so tolerant ist, daß sie sich daran stoßen, sie verachten und verraten.

2. Die Ideen der Romantik

Im Jahre 1870 erschienen die beiden grundlegenden Werke, die für das Studium der Romantik richtungweisend werden sollten. Dilthey hat in seinem »Leben Schleiermachers« sorgfältig die geistige Entwicklung seines Protagonisten rekonstruiert. Er hatte dessen gesamte Korrespondenz studiert und publiziert; er kannte sämtliche Doktrinen und religiösen Glaubenshaltungen, für die Schleiermacher sich interessierte; das moralische Porträt, das er von ihm zeichnet, ist endgültig. Ihm gebührt andererseits das Verdienst, daß er sich für alle Freunde des Pfarrers interessierte und auf diese Weise die geistige Verwandtschaft zwischen diesen jungen Leuten darlegte. Zur selben Zeit sammelte Haym in seinem Werk »Die romantische Schule« die Schriftsteller ein und derselben Generation und trennte endgültig die erste romantische Gruppe von der Schule des 19. Jahrhunderts. Doch wollte er nicht behaupten, daß die von ihm behandelten Autoren dasselbe Ideengut besitzen.

Seine Nachfolger begründen die allgemeine Theorie der Romantik; sie zeigen die verschiedenen Aspekte der Technik oder der Inspiration bei den Künstlern auf. Sie richten ihr Augenmerk vor allem auf ihre Ideen. Walzel weist auf die Verbindung zwischen Romantikern und aufgeklärten Rationalisten hin und unterscheidet sie somit von den Schriftstellern des »Sturm und Drang«[2]. Strich stellt die in der Gegenwart ruhende klassische Perfektion dem Unendlichkeitsbegriff der Romantik gegenüber, der Bewegung und Nostalgie hervorruft[3]. Poetzsch erklärt mit Recht, daß die Politik der Romantiker in Zusammenhang mit ihrer Literatur gesehen werden muß, aber er untersucht sie hinsichtlich ihrer Ideen, nicht ihrer Tatsachen[4]. Borries stellt den Grundsatz auf, daß zwischen Ideen, Epoche und Menschen eine Beziehung besteht. Letztere sind für ihn erst noch Ideen, denn er definiert sie nicht in der Weise, wie die Romantiker sie begreifen[5]. Carl Schmitt erkennt das soziale Problem besser, aber er befaßt sich nicht genügend damit; Malebranche greift es auf und liefert neue ideologische Gesichtspunkte[6]. Nadler behauptet, dargelegt zu haben, daß die Romantik der Beitrag der Völker des Nordostens zur deutschen Literatur ist. Die Geschichte der deutschen Literatur sei nur ein Kampf um Einfluß zwischen den verschiedenen Regionen Deutschlands. Jeder liefert eine ihm eigene Gattung, die sich mit der Rasse und ihren Bewohnern erklären läßt; die intellektuellen Strömungen vermischen sich schließlich wie das Blut der germanischen Stämme. Dieser poetische Beweis übergeht mit einer Eleganz, die der Autor mit seinem Vertrauen auf sein eigenes Genie rechtfertigt, sämtliche Tatsachen, Namen und Daten, die ihn abschwächen würden. Eine »hämophile« Konzeption der Literatur übt daher auf das zeitgenössische Deutschland eine große Anziehungskraft aus[7].

Man könnte die Liste der Theorien über die Romantik noch verlängern. Viele sind interessant, doch wenn es ihnen letztendlich nicht gelingt, den zentralen Punkt zu finden, von dem aus man nicht nur die Kunst, sondern alle Bereiche des menschlichen Lebens betrachten kann, von dem aus man die Romantik aller Völker und nicht nur diejenige Deutschlands begreifen kann, so liegt der Grund darin, daß sie die Menschen und ihren Alltag zu sehr vernachlässigen. Aus den Korrespondenzen und intimen Tagebüchern, die in so großer Anzahl veröffentlicht werden, sahen die Kritiker im allgemeinen immer nur die Ideen ab. Der Rest erscheint ihnen belanglos. Und ihr zu ausschließliches Interesse ist zweifellos eine Erklärung dafür, daß es zu dem Zeitpunkt noch keine ernsthafte und vollständige Untersuchung über die deutsche Gesellschaft zur Zeit der Romantik gibt. Dieses erstaunliche Manko – berücksichtigt man die Bedeutung dieser Periode in der deutschen Geschichte – ist auf die Dominanz der Geistesgeschichte zurückzuführen. Durch Dilthey begründet, hat sie die historische Forschung zu einer Zeit erneuert, als diese sich vorwiegend für die Politik interessierte. Sie hat also erfolgreich dazu beigetragen, die Geschichte dem Menschen zu nähern; aber es wäre nötig gewesen, auch in der Folgezeit die Synthese, die Dilthey begonnen hat, mit allen Wesensmerkmalen zu bereichern, die zum Verständnis des Menschen einer Epoche geeignet sind. Statt dessen geschieht es viel zu häufig, selbst bei Koryphäen wie Meinecke, daß der Historiker ehrgeizig eine Idee durch die Jahrhunderte verfolgt, oder ihr im Werk eines einzigen Schriftstellers nachgeht, um sie dann genau zu untersuchen, ihren Ursprung zu erforschen und ihr Wachstum zu verfolgen. Sich mit den Theoretikern der Staatsräson seit dem Mittelalter befassen, genügt nicht, um den Erfolg dieser Doktrin zu bestimmten Epochen und in bestimmten Ländern, ihren Mißerfolg zu anderen Zeitpunkten begreiflich zu machen. Ist die Entdeckung, daß die Idee des Erhabenen, von Friedrich Schlegel so kultiviert, von Longin herrührt, und das Aufzeigen ihres Weges bis zum jungen Romantiker wirklich ein wesentlicher Beitrag zur Erklärung ihrer Entstehung[8]?

Häufig stammen die untersuchten Ideen von den Mitarbeitern des *Athenaeum*. Diese bildeten wirklich eine Gruppe und haben versucht, gemeinsam zu denken. Samuel und Kluckhohn, und später Spenlé, haben diese vor allem von Novalis praktizierte Religion analysiert[9], und Schlagdenhauffen hat auf Französisch eine gute Synthese des gegenwärtigen Forschungsstandes über den Kreis des *Athenaeum* geliefert[10]. Aber es genügt nicht, diese Ideen als Gedankengut einer Gruppe auszuweisen. Zunächst ist zu sagen, daß jeder der Mitarbeiter des *Athenaeum* alle in der Revue dargelegten Ideen aufgriff, um sie mit seiner eigenen Denkweise zu verbinden. Nun fragt man sich beim Lesen der Briefe dieser jungen Leute, trotz des Enthusiasmus für bestimmte Begriffe, wie den der Totalität, ob ein einziger unter ihnen wirklich das vollständige System gedacht hat, wie es heute erscheint. Die Verlierer von Jena haben einige Wochen lang versucht, gemeinsam zu denken. Sie haben viel von jener »Symphilosophie« gesprochen, von der Friedrich träumte. »Mit Schelling bin ich sehr Freund geworden. Wir haben einige köstliche Stunden symphilosophiert«, schreibt Novalis am 25. November 1797 an August Wilhelm. Aber will er damit nicht einfach nur sagen, daß er eine angenehme Unterhaltung hatte und denkt er genauso wie sein Korrespondent, wenn er Friedrich über ihre »Symphysik« schreibt? »Vielleicht würde eine ganz neue Epoche der Wissenschaft und Künste beginnen, wenn Symphilosophie und Sympoesie so allgemein und innig würden, daß es nichts seltnes mehr wäre, wenn mehr sich gegenseitig ergänzende Naturen gemeinschaftliche Werke bildeten. Oft kann man sich des Gedankens nicht erwehren, zwey Geister möchten eigentlich zusammengehören, wie getrennte Hälften, und nur verbunden alles sey, was sie könnten«, aber wohlgemerkt, »man soll nicht mit allen symphilosophieren wollen, sondern nur mit denen, die à la hauteur sind[11].«

Schleiermacher bringt diesen mit Totalität aufgepumpten Schlauch zum Platzen, als er am 10. Juni 1810 notiert, daß man in Wirklichkeit nichts gemeinsam macht: »Unsere gemeinsamen Philophumene müßten meines Erachtens nicht nur nebeneinander existieren, sondern in gewisser Weise unbedingt Teil desselben Ganzen bilden; sonst gibt es keine wahre Symphilosophie[12].« Wenn man sich an die Aussage hält, welche die datierten und untersuchten Texte zulassen, kann man diese berühmte Gemeinsamkeit eigentlich nur unter zwei Aspekten entdecken, die nicht neu sind. Das ist einmal die Zusammenarbeit an einem Artikel, wie »Dialoge über die Kunst« und »Fragmente«, wo jeder einen Stein zu einer »Synkonstruktion« liefert[13], die ganz sonderbar an eine Ansammlung von Ruinen erinnert. Zum anderen ist es ein Zusammentreffen einzelner Ideen, aus dem man ein System zu machen geneigt ist, weil sie in derselben Zeitschrift zum Ausdruck kommen, von denen aber jeder nur seine eigene Idee denkt. So macht sich Novalis, der immer mystischer wird, Gedanken über die Chemie und die neue Physik; Tieck liefert seine Konzeption von der Kunst, die er durch ein plötzliches Gefühl verspürt und intuitiv begreift. Schleiermacher will eine neue Moral schaffen[14] und Wilhelm übersetzt ausländische Meisterwerke[15], während er das Sonett pflegt; aber wer denkt wirklich in der Gesamtheit eines Systems, das aus den Marotten jedes einzelnen zusammengesetzt ist? Der einzige, der sich nach und nach mit all diesen Ideen verbindet und der sein Vokabular um sämtliche technischen Wendungen[16] bereichert, ist Friedrich. Man spreche also von der Philosophie Friedrichs und nicht von derjenigen der Romantiker. Und selbst dann sollte man noch zweifeln. Nein, dieser junge Friedrich hat kein System! Er wird später eins haben, nach seiner Konversion zum Katholizismus. Für einen Augenblick kann man natürlich mit einiger Spitzfindigkeit ein Ganzes aus diesen widersprüchlichen Fragmenten schaffen, die er in alle Richtungen verstreut wie ein Kind, das Freude am Seifenblasen hat. Doch statt die Widersprüche auszugleichen, wäre es leichter und auch richtiger, auf ihnen zu beharren. Es gibt kein romantisches System, wie es eine Philosophie der Aufklärung gibt, denn dieses könnte nur negativ sein. Es würde die Übereinstimmung zwischen jenen besiegeln, die sich nicht mehr immer nur den Gesetzen der Vernunft unterordnen wollen. Hat man einmal die universalen Prinzipien aufgegeben, so bleibt nur noch der einzelne, das Individuum, das gerade die Brüder Schlegel respektieren wollen: »Wir theilen viele Meinungen miteinander; aber wir gehn nicht darauf aus, jeder die Meinungen des anderen zu den seinigen zu machen. Jeder steht daher für seine eigenen Behauptungen. Noch dazu soll das geringste von der Unabhängigkeit des Geistes, wodurch allein das Geschäft des denkenden Schriftstellers gedeihen kann, einer flachen Einstimmigkeit aufgeopfert werden[17].« Warum soll man der Symphilosophie der »Fragmente« mehr Bedeutung beimessen als dem Individualismus des Manifests?

Trotz Fehlen eines romantischen Systems gibt es einige Ideen, die diesem oder jenem Autor eigen sind, von einem anderen aufgegriffen werden und deren Einsicht nicht nur von der exakten Kenntnis ihrer Quelle abhängt. In Wahrheit kann man die Ideen mit Hilfe der Psychologie und den Reaktionsweisen, die diesen jungen Leuten gemeinsam sind, erklären. Vom Menschen losgelöst und absolut betrachtet, drücken sie eher individuelle Tendenzen als universale Wahrheiten aus und sind wertlos: »Eine Idee«, sagt Friedrich, »ist ein bis zur Ironie vollendeter Begriff, eine absolute Synthese absoluter Antithesen, der stets sich selbst erzeugende Wechsel zwey streitender Gedanken[18].«

Betrachtet man die wichtigsten Ideen, nämlich die der Totalität und der Ironie, die vor allem von Friedrich oder der Ästhetik, die er vertritt, eingeführt werden, ist man zunächst erstaunt, daß die Denkweise der Romantiker von ihrem Zeitbegriff beherrscht zu sein scheint. Die Art und Weise, wie man sich die Zeit vorstellt, variiert von einer Generation zur anderen. Die deutsche Dynamik, von der man häufig spricht, manifestiert sich zum Zeitpunkt der Reform oder zu Beginn des 19. Jahrhunderts; im 18. Jahrhundert tritt sie kaum in Erscheinung. Das Zeitproblem interessiert die Massen in der Epoche der Aufklärung nicht. Die Vernunft hat kein Alter, und die Menschen der Aufklärung sind sich des Dahinschwindens der Zeit nicht bewußt. Ihr Universum ist unbeweglich und vollkommen. Ihr Fortschritt ist eine Zuordnung in einen starren Rahmen, wo die einzunehmenden Stellungen bereits im voraus gekennzeichnet worden sind. Die Romantiker dagegen fühlen, wie die Zeit vergeht. Sie fühlen, daß jeder Augenblick voller Möglichkeiten steckt und verzweifeln daran zu wählen, das heißt auszuschließen, was sie nicht gewählt haben werden. Aber wenn sie sich enthalten, wählt die rinnende Zeit für sie und überschattet ihre Seele mit der bitteren Melancholie, die jene Ohnmacht, den Lauf der Zeit zu beeinflussen, verkörpert. In dieser Impression ist ihre Philosophie begründet. Sie möchten mehrere Leben gleichzeitig leben. Daher rührt jenes Gefühl der Totalität, das Hemsterhuis in eine Idee verkleidet. Es ist jener immer ungestillte Durst, jene ängstlich bewahrte Disponibilität des Körpers und des Geistes, jenes Grauen vor dem Endlichen. Es bewirkt jene ewige Flucht zu einem immer ferneren, immer höheren Ideal, das die Gegensätze inmitten einer unmöglichen, unmenschlichen, wundersamen Vollendung vereinen und dann die Verpflichtung zu wählen, ersparen würde[19]. »Es ist gleich tödlich für den Geist, ein System zu haben, und keins zu haben. Er wird sich also wohl entschließen müssen, beydes zu verbinden[20].«

Diese Flucht erfolgt in die Zeit, in die Wunder versprechende Zukunft oder in die Vergangenheit, die das goldene Zeitalter realisierte. Und um in der Vergangenheit jenes Glück zu finden, das die Gegenwart ihnen hartnäckig verweigert, studieren die Romantiker Geschichte. Ihre Geschichte ist nicht wie die der Aufklärung ein moralisches Bild des menschlichen Fortschritts oder eine beißende Kritik an den alten Legenden. Sie verachtet nicht das Vorurteil, sondern versetzt es wieder in seine Zeit und folgert mit Herder: »Das Vorurteil ist gut zu seiner Zeit, denn es macht glücklich.« Und vor allem lebt sie, sie ist ein fließender Strom, ein wachsender Baum, ein Abbild der Kontinuität und der fortschreitenden Zeit[21].

Man kann versuchen, durch die Literatur Perfektion zu erlangen. »Die romantische Poesie ist eine progressive Universalpoesie. Ihre Bestimmung ist nicht bloß, alle getrennten Gattungen der Poesie zu vereinigen, und die Poesie mit der Philosophie und Rhetorik in Berührung zu setzen. Sie will, und soll auch Poesie und Prosa, Genialität und Kritik, Kunstpoesie und Naturpoesie bald mischen, bald verschmelzen, die Poesie gesellig und lebendig, und das Leben und die Geselligkeit poetisch machen, den Witz poetisieren, und die Formen der Kunst mit gediegenem Bildungsstoff jeder Art anfüllen und sättigen, und durch die Schwingungen des Humors beseelen. Sie umfaßt alles, was nur poetisch ist, vom größten wieder mehrere Systeme in sich enthaltenden Systems der Kunst, bis zu dem Seufzer, dem Kuß, den das dichtende Kind aushaucht in kunstlosen Gesang ... Andre Dichtarten sind fertig, und können nun vollständig zergliedert werden. Die romantische Dichtart ist noch im Werden, ja, das ist ihr eigentliches Wesen, daß sie ewig nur werden, nie vollendet seyn kann. Sie kann durch keine Theorie erschöpft werden, und nur eine divinatorische Kritik dürfte es wagen, ihr Ideal charakterisieren zu wollen. Sie allein ist unendlich, wie sie allein frey ist, und das als ihr erstes Gesetz anerkannt, daß die Willkür des Dichters kein Gesetz über sich leide[22].«

So *ist* die romantische Poesie nicht, sie *wird,* und dennoch enthält sie alles. Sie ist eine allgemeine Synthese, in ständigem Wachstum begriffen. Man definiert eine Idee, aber wie kann man die Eigenschaften dessen, was nicht existiert, präzisieren? Man kann notfalls die Vollendung dessen, was wird, intuitiv, durch divinatorische Kritik ahnen. Da jedoch das, was wird, ständig in der Entwicklung begriffen ist, verfälscht man seine Definition, indem man seinen Inhalt zu einem bestimmten Zeitpunkt vollkommen zu analysieren versucht; dadurch hält man willkürlich die Bewegung auf und umgeht diesen letzten Faktor, der wesentlich ist. Man riskiert andererseits, nicht mit seinem Nachbarn übereinzustimmen, der eine ähnliche Zäsur zu einem anderen Zeitpunkt vornimmt. Allen Definitionen der Romantik und allen Untersuchungen, die sie nur als eine Einheit von Ideen betrachten, liegt daher derselbe Fehler zugrunde. Sie verlagern auf die Ebene der Idee, was in erster Linie Gefühl ist; sie reißen die Frucht vom Baum und zerlegen ein totes Wesen, das kein Saft mehr zum Leben erweckt.

Diese gewollte Verwirrung zwischen Gefühl und Gedanke ist

eins der auffälligsten Merkmale der Romantik und eine der Eigenschaften des Deutschen zu den Zeiten seiner Geschichte, als die Romantik ihn mitreißt. Der Deutsche läßt keinen Gegensatz zwischen Gedanken und Gefühl zu, das eine siegt schließlich immer über das andere, das seine Unzufriedenheit dann in Form von Skrupeln zum Ausdruck bringt. Er will mit Leib und Seele besessen werden und verlangt totale Befriedigungen, welche der kritische Geist nicht liefert. Statt eine Idee zu *denken* und ein Gefühl zu *fühlen,* will er gleichzeitig eine Idee *begreifen* und *fühlen.* Daher rührt die besagte Unterscheidung zwischen Vernunft und Verstand, die Friedrich von Kant übernimmt und entwickelt. Als junger Mann macht er sie Wilhelm verständlich und kommt in seinen Vorträgen nach seiner Konversion zum Katholizismus bis zu seinem Tod immer wieder darauf zurück[23]. Die Vernunft ist Geist, und Gott hat sie uns gegeben, um unsere Begriffe zu verbinden und zu trennen, aber nicht durch sie können wir Gott kennenlernen. Der Verstand allein durchdringt alles, und jede Eigenschaft der Seele braucht seine Hilfe. Wir »verstehen« eine Erscheinung, eine Intuition, ein Objekt, wenn wir deren inneren Sinn, besonderen Charakter und eigentümliche Bedeutung gefunden haben[24]. Es ist geradezu rührend, wie Schlegel darum kämpft, *alles* auszudrücken und in seiner Manie, immer wieder zu definieren, schließlich nur irgendeinen obskuren Unsinn stottert. Man begreift, daß der Rationalismus diesen Männern, die ein Orchester in sich tragen, zu eng erscheint. Aber was soll man zu den zahllosen Definitionen folgender Art sagen: »Schön ist, was zugleich charmant und erhaben ist«, »Verstand ist mechanischer, Witz ist chemischer, Genie ist organischer Geist«, »Geist ist logische Sensibilität«[25].

Auch die Ironie, die Friedrich zur Theorie macht, ist nur ein Mittel, um auf das Wunder zu warten. Sie kommt im »Witz, eine Explosion von gebundenem Geist«[26], zum Ausdruck. Die Einbildung, durch die Reibung der sozialen Kontakte »mit Elektrizität geladen«, macht sprühende Funken frei[27]. Der Witz ermöglicht daher dem Schriftsteller, jene vollkommene Objektivität eines Goethe in »Wilhelm Meister« zu bewahren und von der Außenwelt unabhängig zu bleiben. Dem Glauben an das Wunder kann also eine gewisse Skepsis gegenüber allem, was nicht auf Wunder zurückzuführen ist, anhaften; und man braucht nicht darüber erstaunt zu sein, daß die frühen Romantiker gern Montaigne lesen[28]. Der Idealist behandelt die Außenwelt mit Ironie; anders ausgedrückt, die Ironie entwurzelt; sie gestattet dem Romantiker, angesichts eines bestimmten Objekts oder einer gegebenen Möglichkeit jene abgrundtiefe Gleichgültigkeit zu bewahren, die für das Ideal der Totalität erforderlich ist. Sie hindert ihn, sich mit einem Objekt zu identifizieren und sich mit Leib und Seele einer einzigen Aufgabe zu widmen; sie macht ihn universal, ermöglicht ihm, sich immer für alles zu interessieren und gibt ihm den Glauben, daß er jederzeit seinen Weg ändern kann: »Ein recht freyer und gebildeter Mensch müßte sich selbst nach Belieben philosophisch oder philologisch, kritisch oder poetisch, historisch oder rhetorisch, antik oder modern stimmen können, ganz willkürlich, wie man ein Instrument stimmt, zu jeder Zeit, und in jedem Grade[29].« In Frankreich, wo das politische Leben die Jugend noch absorbiert, erscheinen solche Gefühle nur flüchtig, in einem Geistesblitz am Rande eines Briefes. Chateaubriand betont ständig, daß er keinen Wert darauf legt, was er macht; ob Politik, Reisen oder Literatur, der Romantiker ist immer gefaßt, die große Neuigkeit zu hören, die ihn aus seinen provisorischen Beschäftigungen herausreißt und ihn auf einen ruhmreichen Weg führt. In Deutschland erstellen die Schriftsteller, denen hier die Aktion untersagt bleibt, blind die Theorie ihrer Seele. Es ist also wiederum die Psychologie, die das Verständnis der romantischen Ironie ermöglicht. Daher Friedrichs verschleierte Definitionen: »Witz ist logische Geselligkeit. Ironie ist die Form des Paradoxen. Paradox ist alles, was zugleich gut und groß ist. Die Philosophie ist die eigentliche Heimat des Witzes, den man als logische Schönheit bezeichnen könnte. Witz ist unbedingt geselliger Geist oder fragmentarische Genialität[30]« etc. Man könnte sich damit amüsieren, diese ganzen Einfälle zu verbinden und eine Theorie daraus zu machen[31]. Aber wozu? Friedrich selbst macht sich keine Illusionen. Wie freut er sich auf Kosten des verwirrten Lesers, der nichts von seiner Ironie versteht! In einem geistreichen Artikel über die literarische Obskurität klassifiziert und definiert er für den Laien die grobe und feine oder delikate Ironie, die extrafeine, dramatische, doppelte, die aus zwei parallelen Linien der Ironie besteht, von denen eine für das Parkett und die andere für die Logen bestimmt ist . . . die Ironie der Ironie und die ganze Generation der kleinen Ironien, die geboren werden[32].

Die letzte Idee, die für alle Schriftsteller des »Athenaeum« zutrifft, ist Wackenroders und Tiecks ästhetische Theorie[33].

Die Gruppe begeistert sich für die Kunst des Mittelalters und der Renaissance. Im Frühjahr 1798 reisen die jungen Romantiker aus Jena alle nach Dresden, bis auf Schleiermacher, der durch seine Tätigkeit in der Hauptstadt zurückgehalten wird. Sie entdecken gemeinsam die Sixtinische Madonna, die Friedrich anläßlich seines zweijährigen Aufenthaltes bei seiner Schwester Charlotte Ernst nicht bemerkt hatte. Wilhelm, Caroline, Friedrich, Novalis und sein Freund Steffens feiern die Entstehung der Zeitschrift, deren erste Nummer erscheint. Auch der Däne Steffens, geboren am 2. Mai 1773 in Stavanger, verkörpert den Typ jener Generation der Liberalen, für die im Führungsstab der Gesellschaft kein Platz war. Er ist begeistert von den revolutionären Ideen, Autodidakt, großer Wanderer, guter Student und brauchbarer Naturalist und begegnet Novalis bei Werners Vorlesungen in Freiberg. Kaum in Dresden angelangt, rennt er mit seinen Freunden in die Gemäldegalerie und wird wie vom Blitz getroffen; die Madonna bemächtigt sich seiner, er bricht in Weinen aus, vergißt alles, was nicht sie ist, spricht dann von ihrer »Erscheinung« vor ihm und geht nach Jena, um die Philosophie der Natur zu studieren[34].

Neue Ästhetik? Vielleicht, aber man sollte nicht übertreiben. Man befindet sich vor einer Emotion, die Wackenroder in seinen naiven und spontanen Berichten als Erguß eines religiösen Gefühls bezeichnet, die Tieck weniger ernsthaft übertreibt, und deren sich Friedrich mit dem üblichen Enthusiasmus bemächtigt, um daraus eine Theorie zu machen. Wilhelm zeigt sich schweigsam, Schleiermacher interessiert sich nicht für Kunst. Die Gruppe eignet sich schließlich in ihrem Artikel über die Malerei den von Wilhelm und Caroline eingenommenen Standpunkt an. Im Laufe eines Gesprächs behauptet Luise den Vorrang der Malerei in der Kunst. Der Aufenthalt in Dresden bildet den Ausgangspunkt für den »Dialog«; die gotische Architektur hat man noch nicht entdeckt. Luise will die Empfindung verspüren, die sich unmittelbar bei der Kontemplation regt; sie will das Kunstwerk nicht mit Hilfe des Intellekts begreifen, sondern sich mit ihm intuitiv verbinden: »Ich will mich an den schönen Darstellungen erfreuen, mich daran sattsehen, mir sie vollkommen einverleiben ... Man muß sich ohne Anstrengung freuen, das ist das Ziel des Künstlers ... Ich sammle Eindrücke bei intensiver Konzentration und völligem Schweigen, und dann muß man sie im Innern in Worte umsetzen.« Reinhard dagegen vertritt die Ansicht, daß man ein Gemälde nicht begreifen kann, wenn man nichts über seine Technik, seinen Autor und die Zeit weiß, in dem es entstanden ist. Er gestattet dem Laien kein Urteil. Und Luise weigert sich hartnäckig, die Geschichte der Werke zu kennen, mit denen sie kommuniziert. Walter erzielt eine Einigung zwischen ihnen, indem er unterscheidet zwischen dem kritischen Urteil, das den Kennern vorbehalten ist, und dem Eindruck, den jeder äußern darf und der häufig in anderer Form, wie Poesie oder Musik, zum Ausdruck kommen kann[35]. In dieser Diskussion wird noch jene Tendenz bei den frühen Romantikern sichtbar, unbedingt ihre reine Empfindung zu rechtfertigen, sich dem Gefühl zu überlassen, ohne jedoch die Vernunft aufzugeben. Die Entfernung zu dem Kind, das ihnen die Schönheit der alten Gemälde offenbart hat, ist größer als sie glauben. Auf dem Weg der Ekstase folgen sie ihm nicht bis zu Ende. Die Aufklärung hält sie fest; sie sind genauso liberal wie die Romantiker von 1815 wenig liberal sein werden; sie verzichten nicht auf das Urteil, freuen sich, verschieden voneinander zu sein und erkennen, daß der Katholizismus dem Künstler tiefere Quellen der Inspiration vermittelt als die Reformation.

3. Die romantische »Partei«

Es sind nicht diese Ideen, die den Romantikern die Feindschaft ihrer Kollegen wert sein können. Die bekanntesten von ihnen geben sich außerdem wohlwollend oder zumindest gleichgültig gegenüber der neuen Zeitschrift. Goethe, den sie bekannt macht, geruht, sich für jene zu interessieren, die nach und nach proklamieren, daß er der bekannteste Romantiker der Welt[36] und »seine rein poetische Poesie (ist) die vollständigste Poesie der Poesie[37]« sei. Schiller vergißt sein Ressentiment gegenüber Schlegel, der sich mit der gesamten guten Gesellschaft von Jena nach Weimar begibt, um bei der ersten Aufführung der »Piccolomini« zugegen zu sein[38]. Wieland bewahrt seine übliche Heiterkeit angesichts der Neuankömmlinge, und die berühmte literarische Zeitschrift der Epoche, die *Jenaische Allgemeine Zeitung*, nimmt nicht Stellung, obwohl ihre Redakteure die Erneuerer nicht mögen[39]. Als der literarische Streit beginnt, vermeiden es die großen Schriftsteller, in ihn verwickelt zu werden. Aber die eigentliche Ursache der Debatte liegt nicht hier. Die Zeitgenossen haben in der frühen Romantik keine literarische Schule gesehen wie in der späten oder im »Sturm und

Drang«, und die Mitarbeiter des *Athenaeum* haben sich selbst nicht nur als solche betrachtet. Es bedarf der Vorlesungen von August Wilhelm zu dem Zeitpunkt, als die Gruppe sich auflöst, der Angriffe einiger Schriftsteller der Aufklärung, der Erläuterung des Begriffes romantisch durch die Koryphäen der »volkstümlich christlich-romantischen Schule und der neo-deutsch-religiös-patriotischen Kunst[40]« nach 1815, schließlich der Arbeiten von Gelehrten, die sich einzig und allein mit der Ideenkritik befassen, um eine ausschließlich literarische Bewegung aus dem zu machen, was auch eine psychologische und soziale Revolution war.

»Die Berliner Gesellschaft war ganz anders, als man nach ihrer Entwicklung in der Folgezeit vermuten könnte. ... Die Französische Revolution war in vollem Gange, und während sie den Staat im Ausland beschäftigte, wirkte sie sehr stark auf das Leben im Innern ein. Denkweisen, Erziehung, Orientierung des Geistes, der Tendenzen, des Geschmacks waren vollkommen frei geworden. ... Ordnung, Rang und Reichtum behielten natürlich ihre Bedeutung in der Gesellschaft, wie es auch immer sein wird, aber sie setzten auf keinem Gebiet die Regel, der sich das Gesellschaftsleben unterwarf; dieses richtete sich vielmehr nach der Laune, dem Talent und der Aktivität der Menschen ...[41].«

Diese Atmosphäre bewirkte bei den letzten Anhängern der Aufklärung die Ansicht, daß endlich die Stunde gekommen sei, die auf Vorurteilen etablierte Ordnung umzustürzen. Wenn schon die alten Regeln nicht mehr bei der Achtung der Werte maßgebend waren, warum sollte man dann nicht in dieser fortschreitenden Anarchie neue Regeln vorschlagen? Sie haben sie auf allen Gebieten vorgesehen, aber als würdige Söhne der Aufklärung begreifen diese unverbesserlichen Intellektuellen keine Revolution ohne Philosophie. In Erinnerung an die großen Einflüsse, die auf ihn einwirkten, betont Friedrich in einem berühmten Fragment: »Die Französische Revolution, Fichtes ›Wissenschaftslehre‹ und Goethes ›Meister‹ sind die wichtigsten Tendenzen der Epoche.« Und Steffens entdeckt beim Lesen des ersten Heftes des *Athenaeum* das lebenswichtige Phänomen, das Wissenschaften, Poesie und Kunst vereint; er begreift, »daß eine neue Zeit angebrochen ist« und er ihr angehört[42]. Er verfolgt die Experimente von Galvani und Ritter, liest die Essays von Novalis, hofft auf die Naturphilosophie und sagt noch lange danach: »Zuweilen fiel es mir ein, daß ich nun plötzlich und ohne Übergang in die Mitte der gärenden

Elemente einer neuen Zeit versetzt war, und daß die Häupter derselben mit Sicherheit auf meine Theilnahme rechneten. ... Ja, es war eine Zeit warmer, reicher Begeisterung und ich war gewiß nicht der einzige Enthusiast dieser Tage, aber den Fremden, aus ferneren Gegenden mit Gewalt Herbeigezogenen mußten diese Tage mit ihrem plötzlichen Licht mächtiger aufregen, heftiger bewegen[43].«

In ihrer Bemühung, diese neue Welt zu schaffen, denken Schlegels Freunde nicht in erster Linie an die Literatur. Man muß diese Welt mit allem ausstatten, was für sie unerläßlich ist. Man muß ihr eine Religion als Ersatz für die der einstürzenden Welt geben, eine Moral, die eine Ablösung der Vorurteile ermöglicht, auf denen die Gesellschaft basiert, und eine neue politische Verfassung. Inmitten dieses Paradieses werden die literarischen Meisterwerke dann ganz selbstverständlich entstehen.

Am 7. Mai 1799 schreibt Friedrich an seinen Bruder August Wilhelm: »Mit der Religion, lieber Freund, ist es uns keineswegs Scherz, sondern der bitterste Ernst, daß es an der Zeit ist, eine zu stiften. Das ist der Zweck aller Zwecke, und der Mittelpunkt. Ja ich sehe die größte Geburt der neuen Zeit schon ans Licht treten; bescheiden wie das alte Christenthum, dem mans nicht ansah, daß es bald das Römische Reich verschlingen würde[44].«

Diese Religion behandelt Friedrich nur in Fragmenten. Aber seine Aphorismen können jene beunruhigen, die nicht genug Intuition besitzen, um die Reinheit der Seele ihres Autors zu erraten: »Es gibt noch keine durchaus gebildeten Menschen, es gibt noch keine Religion[45].« »Die Religion ist meistens nur ein Supplement oder gar ein Surrogat der Bildung, und nichts ist religiös in strengem Sinne, was nicht ein Produkt der Freyheit ist. Man kann also sagen: Je freyer, je religiöser; und je mehr Bildung, je weniger Religion[46].«

Das Christentum indessen ist überholt: »Man hat von manchem Monarchen gesagt: er würde ein sehr liebenswürdiger Privatmann gewesen seyn, nur zum Könige habe er nicht getaugt. Verhält es sich etwa mit der Bibel ebenso? Ist sie auch bloß ein liebenswürdiges Privatbuch, das nur nicht Bibel seyn sollte[47]?«

»A: Sie behaupten immer, Sie wären ein Christ. Was verstehen Sie unter Christentum? – B: Was die Christen als Christen seit 18 Jahrhunderten machen, oder machen wollen. Der Christianismus scheint mir ein Faktum zu seyn. Aber ein erst angefangnes Faktum, das also nicht in seinem System historisch dargestellt, sondern nur durch divinatorische Kritik charakterisiert werden kann.« »Jeder gute Mensch wird immer mehr und mehr Gott. Gott werden, Mensch seyn, sich bilden, sind Ausdrücke, die einerley bedeuten[48].«

Schleiermacher macht sich Gott sei Dank besser verständlich und ist weniger revolutionär. Im Jahre 1799 veröffentlicht er seine »Reden über die Religion«.

Sie rührt weder von der Todesangst noch von der Furcht vor Gott her, sondern sie entspricht einem innersten menschlichen Bedürfnis. Sie ist weder Metaphysik noch Moral, sondern zuallererst Eingebung und Gefühl; Eingebung, dank derer man das Universum begreifen kann, das der zu gemeinen Sinnlichkeit entflieht; Gefühl, das aus der Erfahrung des einzelnen resultiert, denn in jedem Menschen bewirkt die Eingebung des Unendlichen Demut, Liebe zum Nächsten und Dankbarkeit und Mitleid. Die Dogmen sind nicht eigentlich Teil der Religion; sie werden aus ihr abgeleitet. Sie ist das Wunder »der unmittelbaren Beziehung zum Unendlichen« und sie sind Reflexion über dieses Wunder. Genauso sind der Glaube an Gott und an ein Weiterleben nach dem Tod nicht unbedingt Bestandteil der Religion; man kann sich eine Religion ohne Gott vorstellen, die bloße Kontemplation des Universums wäre, und die Sehnsucht nach Unsterblichkeit erscheint eher irreligiös, denn die Religion macht eher die Sehnsucht geltend, sich im Unendlichen zu verlieren, als diejenige, sein endliches Wesen zu bewahren. Ein Erkennen des religiösen Geistes ist notwendig, um der Unterdrückung ein Ende zu bereiten, unter der das Bewußtsein des Unendlichen leidet. Und wie bei den Mährischen Brüdern muß sich jeder Gläubige inmitten der Glaubensgemeinschaften, die durch denselben Glauben vereint sind, wie ein Geistlicher verhalten[49].

Da andererseits Novalis eine Mystik konzipiert, für die sich nur seine Freunde interessieren, kann man bei den Romantikern hinsichtlich der Religion keine andere Übereinstimmung finden, als das von allen empfundene Verlangen, Neues zu schaffen. Für die Moral trifft das nicht zu. Auf diesem Gebiet wollen die jungen Leute ihre Ideen anwenden – es sei denn, sie idealisieren ihre Handlungen. Ihre Vergangenheit treibt sie nicht nur, die bestehende Moral zu verachten – man hätte ihnen das in dieser Zeit der

Toleranz leicht verziehen –, sondern einen Skandal zu provozieren. Friedrich begnügt sich nicht mit Ehebruch, er muß »Lucinde« publizieren. Und die gesamte Gruppe des *Athenaeum* scheint auf diesem Gebiet einer Meinung zu sein. Die Aufklärung hatte indessen viel zur Befreiung der Frau beigetragen. Ihr ist es zu verdanken, daß die jungen Mädchen aus guten adligen und bürgerlichen Familien dieselbe Ausbildung wie die Jungen erhalten. Sie genießen seitdem das Recht, ihr Wissen zu zeigen und öffentlich ihre Urteile kundzutun. Ihre Werke und Querelen erfüllen den Ausgang des Jahrhunderts. Ob sie sich nun damit amüsieren, wie die Frau des Verlegers Unger, Klatsch zu publizieren, oder sich zum Meditieren und Studieren zurückziehen, damit aus ihnen, den zarten Pflänzchen, eine der vollkommensten Inkarnationen des menschlichen Ideals wird, wie die »schöne Seele«, deren Porträt Goethe im sechsten Buch von »Wilhelm Meister« darstellt, immer geben sie sich zufrieden. Man wüßte nicht, was sie sich noch wünschen sollten. Sie würden als erste über den Vorschlag lachen, den Zugang zu den öffentlichen Ämtern, die dem Mann zustehen, für sich in Anspruch zu nehmen . . .

Die von ihnen gewünschte Befreiung beschränkt sich auf den Geist und das tägliche Leben. Alles, was sie wollen und was auch die Philosophen fordern, die eine Lanze für sie brechen, ist folgendes: Der Mann möge sie nicht mehr als Dienerinnen betrachten, die sich um den Haushalt kümmern, sie nicht weiterhin auf ihre Häuser oder ihre ausschließlich von Frauen frequentierten Zirkel verweisen, und sie als Partner betrachten, die fähig sind, ihr Leben mit ihnen zu leben. Einer der bekanntesten Männer, der für sie eintritt, ist der überschwengliche und oberflächliche Publizist Theodor Gottlieb Hippel, vertrauter Berater für Kriegsangelegenheiten, Präsident der Stadt Königsberg und 1794 mit der Verwaltung des neu erworbenen Danzig beauftragt. Er schreibt ein Buch über die Ehe und eins über die bürgerliche Verbesserung der Frauen, die das Recht haben sollen, ein aktives und intelligentes Leben zu führen[50]. Man erwidert ihm, daß die Frauen des Nordens sich von denen des Südens unterscheiden. In diesen Ländern, wo der »Kabinettsdespotismus« herrscht, »schleicht sich die Frau von ihrer Toilette durch eine Reihe von Gemächern zum Kabinett, um dort nicht nur ihren Charme walten zu lassen, sondern sich in die Politik einweihen zu lassen«, zum allergrößten Schaden derselben. Im Norden ist die Frau entgegen den griechischen und römischen

Bräuchen von der Politik ausgeschlossen. Das Rittertum im Mittelalter hat ihr gerechterweise ihren Platz am Herd zugewiesen. Die Natur hat Stärke und mühevolle Arbeiten dem Mann übertragen, Liebe und Mutterschaft der Frau[51].

Hippels Freunde erwidern, »um die Ehre des Geschlechts zu retten«: »Die Frauen besitzen nicht nur Gefühl und Geschmack, sondern auch wie die Männer einen Verstand und das Recht, sich dessen zu bedienen. Das Beispiel der Berliner Gesellschaft genügt als Beweis, daß sie sich wie Männer verhalten können[52].« Der Streit läuft im Grunde immer auf das Problem der Gleichheit der Geschlechter hinaus. Die Frauen wollen nicht nur zum Vergnügen des Mannes existieren. Warum, so fragt sich sogar der ernsthafte Krug in seiner »Philosophie der Ehe«, sollten sie nicht ihre Ehepartner auswählen? Er folgert jedoch subtil, daß es eher dem Mann zustehe, seine Partnerin zu entdecken: diese muß es verstehen, ihren Mann zu suchen, indem sie sich finden läßt.

Die gebildeten Frauen warten nicht auf die Ermächtigung der Philosophen, sich zu befreien. Sie emanzipieren sich in den Großstädten, wie Berlin, und in den Universitätsstädten, deren berühmteste vielleicht Göttingen ist, wo der englische Einfluß dem Liberalismus eine unerschütterliche Stabilität garantiert. Diese Frauen sind keine Romantikerinnen; aber sie spielen eine besondere Rolle bei der Bildung der neuen Schule. Sie sind es, welche die jungen Isolierten aufnehmen, die ihr Talent entdecken und Verbindungen unter ihnen einleiten. Sie sind diejenigen, welche sie aus ihrer Einsamkeit herausreißen. Und sie bewirken den Übergang zwischen Aufklärung und Romantik in den Kreisen der Intellektuellen. Weil sie selber nicht romantisch sind, gestatten sie ihren Ehemännern, es zu bleiben. Sie haben nicht das Bedürfnis, alles in Wunder zu verwandeln, was ihnen zustößt. Ihre Empfindsamkeit ist die Gegebenheit ihres Geschlechts, nicht ihrer Denkweise. Als Liebende, aber fähig, jeden objektiv zu beurteilen, einschließlich ihren Ehemann und sich selbst, wissen sie, was sie wollen, und tun es. Während ihre Männer warten, verzweifeln oder sich begeistern, beenden sie ihre Artikel und stopfen ihre Strümpfe. In ihrer Hingabe zu dem, den sie erwählt haben, den sie zu erobern und trotz aller sozialen Bräuche zu halten wissen, liegt etwas Fanatisches und Mütterliches zugleich. Ihr totaler Verzicht, wenn sie lieben, blendet sie so sehr, daß sie nicht merken, mehr wert zu sein als ihre Liebhaber; sie ertragen tapfer alle Enttäuschungen und verhindern bei jenen, die das Glück hatten, ihnen zu begegnen, an Wahnsinn, Selbstmord oder Mittelmäßigkeit zugrunde zu gehen.

Ein Beispiel für solche Frauen sind Caroline und Dorothea. Erstere, Tochter des Professors für orientale Sprachen, Michaelis, in Göttingen, befand sich in Mainz während der Belagerung. Sie ist Forsters Vertraute, wird von dem jungen französischen Offizier Dubois-Crancé kompromittiert, der sie als Schwangere im Stich läßt, und wird von August Wilhelm Schlegel gerettet, den sie früher einmal abgewiesen hatte. Er heiratete sie im Jahre 1794. Sie war energisch, intelligent und leidenschaftlich und half Friedrich sehr bei seiner schweren Metamorphose im Jünglingsalter. Später jedoch begegnet Friedrich im Salon von Henriette Herz seiner künftigen Lebensgefährtin Dorothea Mendelssohn. Die Tochter des Philosophen war verheiratet und Mutter zweier Jungen. Sie schreckte vor dem Skandal nicht zurück, und folgte 1798 dem Mann, den sie ewig lieben sollte. Während Caroline, enttäuscht durch einen ebenso ritterlichen wie unzureichenden Ehemann, Wilhelm zugunsten des schönen Schelling verließ, hörte Dorothea nicht auf, Friedrich zu bewundern, zu ermutigen und zu entschuldigen.

Man begreift nunmehr, daß in den romantischen Maximen die freie Bindung anscheinend die Grundlage der neuen Welt sein muß, wie die Ehe diejenige der alten. Selbst der solide Schleiermacher zögert in seinen 1801 veröffentlichten »Vertrauten Briefen über Lucinde« nicht, das Verhalten von Caroline und Schelling oder das von Dorothea zu rechtfertigen. Die Ehe, sagt er, müsse eine völlige, physische und moralische wie auch endgültige Verbindung sein. Erfahrungen und Versuche können vorher empfehlenswert sein[53]. »Fast alle Ehen sind nur Konkubinate, Ehen an der linken Hand, oder vielmehr provisorische Versuche, und entfernte Annäherungen zu einer wirklichen Ehe, deren eigentliches Wesen, nicht nach den Paradoxen dieses oder jenes Systems, sondern nach allen geistlichen und weltlichen Rechten darin besteht, daß mehrere Personen nur Eine werden sollen. Ein artiger Gedanke, dessen Realisierung jedoch viele und große Schwierigkeiten zu haben scheint. Schon darum sollte die Willkür, die wohl ein Wort mitreden darf, wenn es darauf ankommt, ob einer ein Individuum für sich, oder nur der integrante Theil einer gemeinschaftlichen Personalität seyn will, hier so wenig als möglich beschränkt werden; und es läßt sich nicht absehen, was man gegen eine Ehe à quatre gründliches einwenden könnte. Wenn aber der Staat gar die misglückten Eheversuche mit Gewalt zusammenhalten will, so hindert er dadurch die Möglichkeit der Ehe selbst, die durch neue, vielleicht glücklichere Versuche befördert werden könnte[54].«

Könnte Friedrich sich nicht mit diesen Äußerungen begnügen? Sein Verlangen nach Skandal kennt keine Grenzen. Kaum haben sich die Wogen nach seinem Ehebruch geglättet, kaum hat man die Pamphlete vergessen, die böswillige Schwätzer gegen Dorothea gerichtet hatten, läßt er in Berlin die Bombe mit seiner »Lucinde« platzen. Ist es wirklich nötig, um die Aufmerksamkeit auf die neue Schule zu lenken, dessen Führer er zu sein scheint, seine Frau zu prostituieren, öffentlich auszuschreien, was niemand wissen will, und soviel schlechten Geschmack bei der Übertreibung einer Freiheit zu beweisen, die niemand streitig macht? Welch Wasser auf die Mühlen der bösen Zungen!

Wollen sie wissen, welcher der neuen Ehegatten mehr Temperament besitzt? Der folgende Dialog zwischen Julius und Lucinde klärt sie auf:

»Wirst Du nicht wenigstens erst den Vorhang niederlassen? – Du hast recht, die Beleuchtung wird so viel reizender. Wie schön glänzt diese weiße Hüfte in dem roten Schein! . . . Warum so kalt, Lucinde? – Lieber, setze die Hyacinthen weiter weg, der Geruch betäubt mich. – Wie fest und selbständig, wie glatt und wie fein. . . . O nein, Julius! laß, ich bitte Dich, ich will nicht. – Darf ich nicht fühlen, ob Du glühst wie ich? O so laß mich doch die Schläge Deines Herzens lauschen, die Lippen in dem Schnee des Busens kühlen! . . . Kannst Du mich wegdrücken? Ich werde mich rächen. Umarme mich fester. Kuß gegen Kuß, nein! nicht mehrere, einen ewigen. Nimm meine Seele ganz und gib mir Deine! . . . O schönes herrliches Zugleich! sind wir nicht Kinder? Sprich doch! wie konntest Du nur erst so gleichgültig und kalt sein, und nachher, wie Du mich endlich fester an Dich zogst, machtest Du in demselben Augenblick ein Gesicht, als wenn Dir etwas weh thäte, als ob es Dir leid wäre, daß Du meine Glut erwidertest. Was ist Dir? Du weinst? Verbirg nicht Dein Gesicht! Sieh mich an, Geliebte[55]!«

Will man wissen, wer von beiden die schönere Gestalt hat? »Julius fand in Lucindens Armen eine Jugend wieder. Die üppige Ausbildung ihres schönen Wuchses war für die Wuth seiner Liebe und seiner Sinne reizender, wie der frische Reiz der Brüste und der Spiegel eines jungfräulichen Leibes. Die hinreißende Kraft und

Wärme ihrer Erscheinung war mehr als mädchenhaft; sie hatte einen Anhauch von Begeisterung und Tiefe, den nur eine Mutter haben kann. Wenn er sie im Zauberschein einer milden Dämmerung hingegossen sah, konnte er nicht aufhören, die schwellenden Umrisse schmeichelnd zu berühren, und durch die zarte Hülle der ebnen Haut die warmen Ströme des feinsten Lebens zu fühlen. Sein Auge indessen berauschte sich an der Farbe, die sich durch die Wirkung der Schatten vielfach zu verändern schien und doch immer ein und dasselbe blieb. Eine reine Mischung, wo nirgends Weiß oder Braun oder Roth allein abstach oder sich roh zeigte. ... Auch Julius war männlich schön, aber die Männlichkeit seiner Gestalt offenbarte sich nicht in der hervorgedrängten Kraft der Muskeln. Vielmehr waren die Umrisse sanft, die Glieder voll und rund, doch war nirgends ein Überfluß. In hellem Licht bildete die Oberfläche überall breite Massen und der glatte Körper schien dicht und fest wie Marmor, und in den Kämpfen der Liebe entwickelte sich mit einem Male der ganze Reichtum seiner kräftigen Bildung[56].« Will man ihre kleinen philosophischen Spiele kennenlernen? Dann muß man sie beobachten, wie sie »die schönste Lage« suchen. Julius sagt: »Eine unter allen ist die witzigste und schönste. Wenn wir die Rollen vertauschen und mit kindlicher Lust wetteifern, wer den anderen täuschender nachäffen kann, ob Dir da die schonende Heftigkeit des Mannes besser gelingt, oder mir die anziehende Hingebung des Weibes. Aber weißt du wol, daß dieses süße Spiel für mich noch ganz andre Reize hat als seine eignen? Es ist auch nicht blos die Wollust der Ermattung oder das Vorgefühl der Rache. Ich sehe hier eine wunderbare sinnreich bedeutende Allegorie auf die Vollendung des Männlichen und Weiblichen zur vollen ganzen Menschheit. Es liegt viel darin, und was darin liegt, steht gewiß nicht so schnell auf wie ich, wenn ich Dir unterliege[57].«

Als Caroline in Jena dieses seltsame und skandalöse Buch erhält, dessen Manuskript sie bereits durchgesehen hatte, schreibt sie an Novalis: »..., und wenn ich seine Geliebte wäre, so hätte es nicht gedruckt werden dürfen. Dies ist alles indeß keine Verdammnis. Es gibt Dinge, die nicht zu verdammen, nicht zu tadeln, nicht wegzuwünschen, nicht zu ändern sind, und was Friedrich thut gehört gemeiniglich dahin. ...[58].« Friedrichs übrige Freunde sind allgemein bestürzt und unzufrieden. Arme Dorothea! »Was Lucinde betrifft«, schreibt sie am 8. April 1799 an Schleiermacher,

»ja, was Lucinde betrifft! – Oft wird mir es heiß, und wieder kalt ums Herz, daß das Innerste so herausgewendet werden soll – was mir so heilig war, so heimlich; jetzt nun allen Neugierigen, allen Hassern Preiß gegeben. Umsonst sucht er mich durch den Gedanken zu stärken: daß Sie noch kühner wären als er. – Ach es ist nicht die Kühnheit die mich erschreckt! ... Ich denke aber wieder: alle diese Schmerzen werden vergehen, mit meinem Leben, und das Leben auch mit, und alles was vergeht, sollte man nicht so hoch achten, daß man ein Werk drum unterließe das ewig seyn wird. – Ja dann erst wird die Welt es recht beurtheilen, wenn alle diese Nebendinge wegfallen ... Die Kätzin (Frau Unger) unterläßt nicht schon jetzt alles, was sie mit ihren giftigen Athem erreichen kann, davon mitzutheilen, man spricht schon jetzt von der Unanständigkeit der Lucinde, und das kömt von ihr her, sie hat sich beklagt: daß kein junger Mann es setzen dürfte[59].«

Den protestierenden Damen erwidert Friedrich: »Prüderie ist Prätension auf Unschuld, ohne Unschuld. Die Frauen müssen wohl prüde bleiben, so lange Männer sentimental, dumm und schlecht genug sind, ewige Unschuld und Mangel an Bildung von ihnen zu fordern. Denn Unschuld ist das Einzige, was Bildungslosigkeit adeln kann[60].«

Er spricht sich auch gegen den Vorrang der Moral im Gesellschaftsleben aus: »Warum sollte es nicht auch unmoralische Menschen geben dürfen, so gut wie unphilosophische und unpoetische? Nur unpoetische oder unrechtliche Menschen können nicht geduldet werden[61].«

Moral? Häufig ist sie nur Angst vor dem Gerede der Leute. »Warum fehlt in den modigen Verzeichnissen aller möglichen Grundsätze der Moral immer das Ridicüle? Etwa weil dieses Prinzip nur in der Praxis allgemein gilt[62]?« Außerdem: »Moralität ohne Sinn für Paradoxie ist gemein[63].«

Friedrich, der in seiner Jugend so oft gewünscht hat, sich umzubringen, entschuldigt den Selbstmord: »Der Selbstmord ist gewöhnlich nur eine Begebenheit, selten eine Handlung. Ist es das erste, so hat der Täter immer Unrecht, wie ein Kind, das sich emanzipieren will. Ist es aber eine Handlung, so kann vom Recht gar nicht die Rede seyn, sondern nur von der Schicklichkeit. Denn dieser allein ist die Willkür unterworfen, welche alles bestimmen soll, was in den reinen Gesetzen nicht bestimmt werden kann, wie das Jetzt, und das Hier, und alles bestimmen darf, was nicht die

Willkür andrer, und dadurch sie selbst vernichtet. Es ist nie Unrecht, freiwillig zu sterben, aber oft unanständig, länger zu leben[64].«

In politischer Hinsicht schließlich ist Friedrich von der Revolution enttäuscht, aber seine Skepsis hindert ihn nicht daran, seine einseitige Sympathie für die Republik zu bewahren. »Werth ist vielleicht kein Volk der Freiheit, aber das gehört vor das Forum Dei. Nur derjenige Staat verdient, Aristokratie genannt zu werden, in welchem wenigstens die kleinere Masse, welche die größere despotisiert, eine republikanische Verfassung hat[65].«

Die Vorliebe für Skandal und der Haß gegen Vorurteile kommen oft auf so naive Weise zum Ausdruck, daß sie lächerlich werden. Bedarf es wirklich solch großer Worte, wie sie Friedrich in seiner »Charakteristik der kleinen Wilhelmine, ein Musterbaby«, benutzt? »Nicht selten hat diese liebenswerte Wilhelmine ein unaussprechliches Vergnügen zu gestikulieren, auf dem Rücken liegend, beide Beine in die Luft, sorglos gegenüber Kleidung und Urteil der Umwelt! Wenn Wilhelmine das tut, warum sollte ich es nicht dürfen, ich, der ich, mein Gott! ein Mann bin und nicht delikater als das delikateste der weiblichen Wesen zu sein brauche? Oh, die beneidenswerte Befreiung von den Vorurteilen! Wirf auch, teure Freundin, alle Reste falscher Scham weit von Dir, wie ich Dir so oft die fatalen Kleider vom Leib gerissen habe, um sie in schöner Unordnung um Dich zu streuen[66].«

In den Augen einer verbitterten Bürgerlichen, wie Frau Unger sie ist, empfiehlt die Moral der neuen Gruppe die Aufgabe aller Instinkte, Schamlosigkeit, Ehebruch und Selbstmord. Und ihre Politik ist die Apologie der Revolution. Alle Romantiker haben sich Republikaner genannt und die Französische Revolution bewundert. Niemand weiß, daß Novalis ein Essay über Europa verfaßt, aus dem man die konservative Politik der zweiten Romantik ableiten könnte. Die neue Welt ist daher die Welt einer den christlichen Kirchen entgegengesetzten Religion, einer Gesellschaft, die die bestehende verwirft, einer zutiefst amoralischen Ethik und einer revolutionären Politik.

Daher haben sich die Zeitgenossen zur Charakteristik der ersten Romantiker eines Begriffes bedient, der in den literarischen Auseinandersetzungen nicht geläufig ist. Sie haben von einer »Partei« gesprochen und sehr wohl erkannt, daß die Romantiker etwas anderes als eine literarische Gattung darstellten. Die Zeitschrift

Eumonia stellt in ihrer ersten Nummer fest, daß man bei den Romantikern zwischen Prinzipien und Werken unterscheiden müsse. Diese entsprechen nicht jenen, die etwas ganz anderes erwarten ließen[67]. Auch Tieck bedauert in seinen »Nachgelassenen Schriften«, daß man die Romantiker nicht verstanden habe; er verteidigt sie, eine Partei gebildet und ein Komplott geschlossen zu haben: »Der scharfe Geist, der im ›Athenäum‹, noch mehr in der Lucinde herrscht, und das Paradoxe, das diese beiden Werke so unpopulär macht, brachte bald die Menge gegen sie auf, die über nichts mehr erzürnt war, als wenn sie merkt, daß ihr etwas wirklich unverständlich ist. ... Schon seit lange war in jedem Buche die Rede gewesen, man müsse keine Autorität mehr gelten lassen. Von uns geschah, was jene immer gepredigt hatten. ... Nun sagt man, wir loben uns um die Wette, wir bilden ein Complott, eine Clique, wie sich andere ausdrücken, blos das zu erheben, was wir hervorbringen ...[68].«

Dieses Plädoyer ist nicht ganz überzeugend, da es den provozierenden Ton der Revolutionäre außer acht läßt. »Sie glauben, jene aufgeworfene Frage allein beantworten zu können, allein im Besitz alles Wahren und Schönen zu seyn. Sie erklären jeden, der ihrer Meinung nicht beitritt, für schwach und unfähig, und geben sich unbefangen für die Lehrer der Nation aus.

Diese Parthei möchte sich gern des ganzen Geistes der Zeit bemächtigen, möchte sich gern das Aussehen geben, als ob sie allein jene Krisis unserer Litteratur beendigen könnte. ... Allmählig reifte der Geist der Zeit heran, langsam wurde diese große Krisis vorbereitet, und langsam schreitet sie zur Entscheidung fort. Die Erscheinung jener Schule wirkt allerdings dabei, doch in Hinsicht ihrer eigenen Geniewerke größtentheils – negativ[69].«

Ihr Hochmut mußte eine Reaktion hervorrufen. Aber man konnte sie nur mit Pamphleten angreifen. Ihr revolutionäres Werk blieb Theorie, und ihre Moral, soweit sie sie in die Praxis umsetzten, konnte nur durch Satiren in Mißkredit gebracht werden. So mußte der Streit notgedrungen eine literarische Form annehmen; er mußte eine Polemik werden. Und in diesem eigenartigen Streit stehen die größten Schriftsteller, »die besten Führer der Nation« – wie die *Eumonia* sagt – zwischen den Parteien und verweigern eine Stellungnahme, weil sie sehr wohl wissen, daß die Literatur wirklich nicht der Kern der Debatte ist. Aber es ist zu offensichtlich, daß die Romantiker auf literarischer Ebene, wo allein der

Kampf möglich ist, im voraus geschlagen sind. Ihre besten Schriftsteller sind zweitrangig, und ihre Sorge um eine allgemeine Revolution, ihre wissenschaftlichen, metaphysischen und synthetischen Forschungen sprengen ihre Bemühungen. Hätten sie nicht Goethes Protektion gehabt, sie wären in der Lächerlichkeit dahingesiecht. Die Achtung, die ihnen der populärste und am meisten geachtete Dichter Deutschlands entgegenbringt, ist für ihre Feinde ein Hemmschuh.

Der Angriff ging von Berlin aus und richtete sich gegen Personen. Frau Unger verspottet in ihren geistreichen und bösen Briefen, die von den *Jahrbüchern* im Jahre 1798 veröffentlicht werden, das Privatleben der philosemitischen Romantiker. Die beißendsten Kritiken richten sich in der Folgezeit immer gegen die Moral oder das neue Leben in der Gesellschaft. In der »Diogeneslaterne« sieht man Dorothea auf der Suche nach einem Mann[70]. Die geistreiche Paraphrase der »Fragmente« im *Archiv der Zeit* ist bezeichnend für die Art, wie der Kampf geführt wird. »Zu den Zeichen der Zeit gehört auch das Athenäum der Gebrüder Schlegel. Diese Herren besitzen die Gabe, das nicht Denkbare zu denken, das bloß Denkbare zu fühlen, das bloß Fühlbare anzuschauen, und das bloß Anschauliche mit Händen zu greifen. Die Französische Revolution, Fichtes Wissenschaftslehre und Goethes Meister sind die größten Tendenzen des Zeitalters ... nennt er das Evangelium, welches diese Herren mit dem Messer an die Gurgel ihren Zeitgenossen verkündigen. Fragmente müssen schlechterdings nie als gleich nach Tische, auf einem weichen Sopha, unter dem wichtigen Verdauungsgeschäfte, oder, des Nachts im Bette, unmittelbar vor dem Einschlafen, gelesen werden.

Zu einer solchen, ihrer Natur, vielleicht auch ihrer Geburt angemessenen Zeit las ich sie: die drei größten Tendenzen jagten meine Phantasie in das schlesische Gebirge auf den Kynast, auf dem ich im Jahre 1792 in dem Einschreibebuch ein nicht minder wichtiges Fragment gelesen habe. Es ist von dem Doktor der Weltweisheit, Herrn Heinrich Adlo Geßner, sonst Meltzer genannt, und lautet wie folgt:

›Der alles zermalmende Zahn der Zeit zerstört die höchsten Berge, die Schneekoppe, ja sogar den Kynast!‹

Da ich das tabellarische Wissen oder Anschauen so sehr liebe, ... so setze ich mir gleich die Stelle aus dem Athenäum und die Stelle vom Kynast zu einer Tabelle zusammen, ... sollte sie auch zu nichts anderem dienen, als zu zeigen, wie nahe sich oft schöne Geister, die sich selbst anlächeln, welches so schön ist.«

Athenaeum	Einschreibebuch auf dem Kynast
Die französische Revolution Fichtes Wissenschaftslehre, Goethes Meister, sind die größten Tendenzen des Zeitalters[71] F. u. W. Schlegel	Die höchsten Berge, die Schneekoppe, den Kynast, zerstört der alles zermal- mende Zahn der Zeit. Heiner Adlo Geßner, genannt Meltzer

Einige Fragmente sind noch bemerkenswerter, so beispielsweise das in der ersten Nummer, Seite III: »Die Liebe der Götter und Helden zu den berühmten Knaben und Jünglingen der Vorzeit, die Richtung dieser Liebe auf's männliche Geschlecht, kann derjenige, welcher es nicht anerkennt, daß Schönheit das einzige Gesetz und die wahre Sittlichkeit der Empfindungen ist; daß der freie Mensch unnatürlich seyn darf; und daß manches, was an sich Verirrung ist, für eine bestimmte Zeit und Stufe der Entwicklung nothwendig, und also auch gut seyn kann[72].«

Dieser Artikel ist ganz besonders bezeichnend, denn er faßt alle Aspekte der Polemik zusammen. Die Romantiker sind verletzbar durch die Obskurität ihrer Philosophie, die Kühnheit ihrer Moral und ihre unerträgliche Prätention.

Dieselben Vorwürfe tauchen in den anderen Pamphleten auf; aufgeklärte Publizisten, wie Kotzebue oder Merkel, machen ihnen Luft. Im »Hyperboreischen Esel« setzt Kotzebue einen Studenten in Szene, der in sein Vaterland zurückkehrt und sich nur in Aphorismen aus den »Fragmenten« ausdrückt. Seiner Mutter erklärt er, daß er nicht mehr an Christus glaube und er selbst Gott sei; dem Baron, seinem Onkel, stellt er seine Philosophie vor, die in der Bestätigung seines eigenen Genies resultiert. Seiner Verlobten spricht er von Liebe, Ehe zu viert, dem Recht, unmoralisch zu sein, und als der Fürst der Gegend auftaucht, hört er ein Loblied auf die Französische Revolution. Der Fürst schickt ihn in ein Irrenhaus und gibt seine Verlobte mit einer guten Waldhüterstelle dem braven Hans, dem Bruder des Philosophen. In Hecks »Chamäleon«,

1800 in Berlin aufgeführt, sieht man einen verhungerten Schriftsteller (Tieck), der sich in die Gesellschaft einschmeichelt, dort einen pornographischen Roman »Lorraine« (Lucinde) verbreitet, sich in unverständlichen und mystischen Aphorismen ausdrückt, einen ehrbaren Verleger (Nicolai) ruiniert und eine Clique mit Freunden gründet, die sich gegenseitig in einer Zeitschrift loben, die ansonsten ziemlich impertinent ist[73].

Und in seinen Voltaire'schen »Briefen an ein Frauenzimmer« über die Neuerscheinungen in der Belletristik greift Merkel, aufgeklärter Kritiker, von Litauen nach Berlin gekommen[74], wo er von den Kreisen um den jungen Nicolai aufgenommen wird, zunächst Tieck, »den talentierten Humorist der Schlegelclique«[75], und dann »Lucinde« an. In einem seiner Briefe richtet er eine Art Generalanklage gegen die Romantiker. Hier erscheint der Konflikt am literarischsten. Was macht er ihnen zum Vorwurf? Zunächst ihre Suffisanz; er greift den Titel eines Stücks von Falk auf, »Die Gigantomachia«, in Jena aufgeführt, wo man die romantischen Titane unter Goethes Protektion den Olymp erstürmen sieht; Goethe kann ihre Niederlage nicht verhindern und wird nach ihrer Flucht von den Göttern aufgenommen[76]. Zwei junge, sehr begabte Männer haben die Welt der Geisteswissenschaften betreten, erklärt Merkel. Man konnte von ihnen ordentliche Arbeiten erhoffen, und man lobte sie zur Ermunterung im voraus. Der Weihrauch steigt ihnen zu Kopfe. »Einer von ihnen begann mit einer Übersetzung von Shakespeare, die ganz berechtigt als ziemlich gelungen betrachtet werden kann; doch vergaß er als einziger, daß nicht er, sondern der englische Dichter die hervorragenden Dinge gesagt hat, die er drucken ließ. Er selbst hätte große Mühe gehabt, sie zu verstehen, wenn Wieland und Eschenburg sie nicht vor ihm übersetzt hätten.«

»Er nahm ein äußerst vornehmes Gehabe an, das hier und da spöttisches Lächeln hervorrief. Der andere schrieb ein ästhetisch-abenteuerliches Buch über den Hellenismus. Man lachte ganz laut, bemühte sich aber auch weiterhin, den Voraussetzungen der beiden Brüder gerecht zu werden.«

Statt geduldig zu arbeiten, wollten sie schnell vorankommen. »Da sie keine begeisterten Lobredner gewinnen konnten, wollten sie sich wenigstens Feinde machen, die schimpften. Sie benutzten daher ihre Mitarbeit bei diversen Zeitschriften, um von oben herab ziemlich vernichtende Kritiken über die besten Schriftsteller in

Deutschland zu äußern. Sie verehrten ergeben nur einen einzigen Dichter, aber der war auch Minister[77].«

»Die geniale Fabrikantenclique um Lucinde schimpft nicht nur, sie spuckt auch auf die Menschen, für die es auch dann keine Ehre wäre, wenn sie ihnen die größten Ehrerbietungen entgegenbrächte. In dem Gefühl ihrer Mittelmäßigkeit maulen diese Männer über alles, was ihnen überlegen ist, in der Hoffnung, es auf ihre Ebene zu erniedrigen. ... Sie hoffen, durch ihre Attacken gegen unsterbliche Namen eine Art Unsterblichkeit zu erlangen, genauso wie die Lappen, mit denen man das Metall des Adels putzt, schließlich auch eine Art Patina bekommen; das weist darauf hin, daß sie nur etwas von dem Schmutz, nichts aber von dem Metall angenommen haben[78].«

Diese Herren sind schuld daran, »eine Partei gebildet und die Diktatoren in der Belletristik gespielt zu haben«, rücksichtslos die Autoren erniedrigt zu haben, die ihnen überlegen waren, um sich mit dem Schein der Überlegenheit zu umgeben;

übermäßig die zweitrangigen Schriftsteller (Tieck, Bernhardi, Schleiermacher, Novalis etc.) gelobt zu haben, um dann wiederum von ihnen beweihräuchert zu werden;

Banalitäten »in wohlklingenden, wirren, unverständlichen Sätzen« ausgedrückt zu haben, um die Frauen und Schwachköpfe zu gewinnen;

das Genie weiterhin Obszönitäten predigen zu lassen;

eine neue poetische tausendjährige Epoche anzukündigen, um sich wichtig zu tun[79].

Dieser ganze Unsinn befindet sich im »Almanach der Musen« für das Jahr 1802, veröffentlicht von Wilhelm und Tieck[80].

Zu diesem Zeitpunkt ist die Gruppe aufgelöst, Friedrich und Dorothea leben in Paris, und Wilhelm hat nicht mehr die Plattform bei der *Allgemeinen Literatur Zeitung*, der er die meisten seiner Berichte geliefert hat. Er mußte seit November 1799 seine Tätigkeit dort aufgeben, weil der Leiter Schütz und die meisten der Kantianer und aufgeklärten Redakteure dieser Zeitung das *Athenaeum* nicht gegen seine Feinde unterstützen.

Dieser Konflikt, in dem Goethe Schiedsrichter spielt, ist für die romantische Gruppe vielleicht der schwerste, weil die Jenaer Gazette die am meisten verbreitete und gehörte in literarischen Kreisen ist. Aber er hat sich auch verschärft durch persönliche Probleme, die häufig auf die Ungeschicktheit und den Starrsinn von

Wilhelm oder Schlegel zurückzuführen waren[81]. Die Romantiker reagieren auf die Attacken; aber sie haben nur ihre Zeitschrift, oder das *Archiv der Zeit,* das ihnen sympathisch ist. Sie sind verwundbarer als ihre Feinde und haben keine Möglichkeit, sie zu schädigen. Tieck veröffentlicht unterdessen im Jahre 1801 »Das letzte Urteil«. Er stellt darin Nicolai dar, der trotz seiner Bildung dazu verdammt ist, zweitausend Jahre lang die Späße der Teufel ohne ein Wort zu sagen anzuhören:

»Indem entstand ein großes Geschrei, denn einige Teufel kamen wieder hervor und baten, den gebildeten Nicolai lieber in den Himmel oder anderswo aufzunehmen, denn er sei so übermäßig langweilig und könne durchaus nicht schweigen, so daß es kein Teufel bei ihm aushalten könne, und das höllische Feuer selber auszugehen drohe. Die unendliche Barmherzigkeit ward gerührt und er verurtheilt, in die Nichtigkeit sich zu begeben, in einem Thal, das zwischen Leben und Tod liegt, das weder Himmel noch Hölle ist, das genau genommen gar nicht existiert. Er ging mit Freuden hin und sagte, er wolle es sich dort wohl seyn lassen, denn es sey sein altes Vaterland, was ihm bei der Auferstehung am meisten leid getan habe, es zu verlassen[82].«

Doch Tieck führt in seinen Angriffen im wesentlichen einen persönlichen Kampf und richtet sich vor allem meistens gegen Nicolai. Die Romantiker als Gruppe verteidigen sich kaum; es hat nur von außen den Anschein, daß sie eine Partei bilden. Im Grunde sind sie gespalten und nur durch ihre Negationen verbunden, was keine siegreiche Offensive zuläßt. Im übrigen kann man sie mit den französischen Girondisten vergleichen, denen keine endgültige Doktrin zuzuschreiben ist. Eine gewisse anfängliche Gemeinschaft, eine ähnliche Lebens- und Welterfahrung, ein soziales revolutionäres Ideal, und bei beiden großer Ehrgeiz – das genügt, um ihnen jene Ausstrahlung einer Familie zu verleihen, von der sich der Fremde hinreißen läßt.

Das Schweigen der großen Schriftsteller, wie Goethe, Wieland, Herder, Kant und Fichte, hat die Romantiker aus einer unabänderlichen Niederlage gerettet, aber was diese großen Geister in ihnen respektiert haben, konnte weder ihr Talent noch ihre literarische Bedeutung sein.

Beim Durchlesen sämtlicher Quellen sucht man vergeblich eine echte ideologische Grundlage in dieser so heftigen Auseinandersetzung. Es handelt sich nicht um die Alten und die Modernen, oder um den Kreuzzug gegen das Französische, oder die Kampagne zugunsten des spontan ausgedrückten Gefühls, wie im »Sturm und Drang«. Soweit man von den Schriften der Gruppe einige neue Positionen loslösen kann, antizipiert man, was ihre Autoren später sagen werden, oder was in der Spätromantik geäußert werden wird. Rückkehr ins Mittelalter, Gotik, Katholizismus und Nationalpatriotismus sind zwischen 1797 und 1800 nicht an der Tagesordnung: das sind nicht die Fragen, die die Romantiker und ihre Feinde diskutieren. Die Bedeutung der Bewegung liegt nicht in den vor ihr formulierten Theorien, denn je nach Zeit und Individuen hat sie alles gesagt und alles geleugnet. Nein, der Wert der Frühromantik liegt darin, daß sie die typischen Vertreter einer am Wendepunkt befindlichen Generation zusammenfaßt, die zwischen zwei Denkweisen zögert.

Die Ursache dieses Zögerns liegt in der sozialen Krise, welche die Versprechen der Aufklärung für falsch erklärt. Die unzufriedene Jugend, die zufällig in der tolerantesten und liberalsten Hauptstadt Europas zusammentrifft, hält den Augenblick für günstig, diese Gesellschaft umzuformen, die sie nicht aufzunehmen verstand.

Sie verkünden eine neue Ära; sie wollen deren Begründer sein, und als würdige Ideologen und Schüler der Aufklärung machen sie sich an ein gigantisches Werk, das sie sowohl im Bereich des Gedankens als auch der Tat verfolgen wollen. Aber das Bedürfnis, Neues zu schaffen, gestattet ihnen nicht, gemäß der Vernunft zu denken, so daß sie wieder gezwungen sind, unsichere Thesen von sich zu geben, die wenig geeignet sind, Männer der Tat zu vereinen.

Ihre eigene Vergangenheit leitet sie zu sehr, als daß ihre Handlungen etwas anderes sein könnten als die Weigerung, sich den Gewohnheiten einer Gesellschaft zu beugen, die nur verlangt, ihre Seitensprünge zu vergessen. Statt wieder in ihren Stand zurückzukehren und eine bescheidene, aber zweifellos sichere und zweitrangige Stellung auf dem Gebiet der Literatur und des Journalismus zu genießen, wollen sie als Vorbild dienen und raten ihren Zeitgenossen, »Mit dem Messer an der Kehle«, ihre Manien zu übernehmen und ihre Irrtümer zu teilen.

Da sie trotz ihrer Behauptungen kein Genie besitzen, schlagen sie ins Lächerliche um, und ihre neue Ära, die tausend Jahre dauern sollte, wird nach knapp zwei Jahren durch das Ende des

Athenaeum beschlossen. Sie hätten es nicht verdient, die Nachkommenschaft zu beschäftigen, wären sie nicht die Repräsentanten einer ganzen Generation, und fände man nicht überall diese neue Art zu fühlen und zu denken, die sie in ihren Schriften zum Ausdruck bringen. Die Frühromantik ist mehr noch als eine literarische Bewegung in Deutschland eine moralische und psychologische Offenbarung, bedingt vorwiegend durch die soziale Krise.

In Preußen jedoch sind sich die jungen Leute bewußt, Revolutionäre zu sein, und das nicht nur in politischer Hinsicht, auf einem Terrain, wo die Opposition gegen das bestehende Regime keine Seltenheit ist, sondern auch in moralischer Hinsicht. Sie wollen eine neue Welt schaffen, nachdem sie die alte zerstört haben. Sie bilden eine Revolutionspartei, die sie sehr weit fassen. Alle Institutionen der Gesellschaft, die deren Entstehung miterlebt hat, Religion, Moral, Politik und Kunst müssen verschwinden. Diejenigen, die von der Drohung abschwenken und dem Skandal trotzen, sind nicht sehr zahlreich; ihre Union ist zerbrechlich; der Zufall hat sie gebildet, das Schicksal zerschlägt sie. Man bräuchte sich über ihre Prahlereien keine Sorgen zu machen, wären sie nicht Ausdruck für das, was die meisten ihrer Altersgenossen fühlen und konfus denken. Und die Universalität dieses revolutionären Verlangens beunruhigt berechtigterweise die passiven Leute, die Freunde der Aufklärung, die sich dann auch der Entwicklung dieser neuen Denkweise bewußt werden, deren Fortschritt das Ende all dessen bedeutet, was sie verehren. So sieht man, wie sich hinter den literarischen Auseinandersetzungen, an denen die großen Schriftsteller, häufig von einigen Aspekten des neuen Programms hingerissen, nicht teilnehmen wollen, der Kampf zwischen der Gesellschaft der Aufklärung und jenen abzeichnet, die sie von ihren Vorurteilen und der Hypokrisie befreien wollen, die sie notgedrungen wie jede organisierte Gruppe praktiziert.

Die Universalität des Phänomens rechtfertigt schließlich jene, die in der Romantik eine der tiefgreifendsten Bewegungen sehen wollen, die Deutschland jemals ergriffen haben. Man kann sie auch in gewisser Weise mit der Reformationszeit vergleichen. Aber nur unter der Bedingung, daß zwischen beiden Zivilisationsbewegungen die nicht weniger bedeutende Aufklärung erscheint: Auch ihre Denkweisen waren fast überall annähernd ein Jahrhundert dominierend. Und auch die Romantik wäre oberflächlich, hätte sie nicht tiefliegende Wurzeln angreifen und die Mentalität eines ganzen Volkes verwandeln müssen. Die Aufklärung ist für die Romantik, was die katholische Kirche für den Protestantismus ist. Sie stellen beide fast vollkommene Zivilisationen dar, die eine allmähliche Wandlung der Lebens- und Denkweisen und der politischen Formen abschwächen und weiterführen.

Schlußfolgerungen

Seitdem Vidal de Lablache die Idee der Lebensweise formuliert hat, begnügen die Geographen sich nicht mehr mit der »Beschreibung der Erde«. Ihr Anliegen ist komplexer geworden. Um die Lebensweisen zu definieren, stellen sie Beziehungen auf zwischen dem Menschen und seinem Milieu und vergleichen die Menschen und die Milieus untereinander. Die Bedingungen dieser Beziehungen sind immer sehr variabel. Die Geographie ist eine dynamische Wissenschaft geworden. Sie paßt sich den Regionen an, die sie erforscht, um sich mit ihnen zu entwickeln.

Die Formen des Geschichtsdenkens haben etwas Ähnlichkeit mit den Lebensweisen. Sie hören nicht auf, sich zu vervollkommnen, und sie begreifen setzt die Einwilligung voraus, sie eine bestimmte Zeitlang zu begleiten, nachdem man sich ihnen unterwegs angeschlossen hat und bevor man sie in ihrem Fortschritt verläßt. Sie ändern sich wie die Lebensweisen. Bei dem Versuch, sie zu ordnen, würde man auf eine Mentalität stoßen, die man als natürlich bezeichnen könnte, die man bei den Kindern und primitiven Völkern findet. Sie ist gekennzeichnet durch eine gewisse konfuse Vorstellung des Wunders, durch ein vages Bewußtsein der Verstandesgrenzen und eine markante Neigung zur Faulheit. Sie läßt das Übernatürliche bei jeder Gelegenheit eingreifen und bevorzugt das Wunder vor anderen weniger unmittelbaren Erklärungen.

Die anderen Mentalitäten resultieren aus einer bewußteren Bildung des Menschen; sie setzen richtigen Unterricht voraus, der es den Kindern ermöglicht, denken zu lernen. Das ist der Fall bei der Aufklärung in Preußen. Der Rationalismus ist hier nur durch konstante Bemühung aufrechtzuerhalten; das ganze System fußt auf der Pädagogik und einer ständigen Propaganda. Das leidenschaftliche Interesse, das die Eliten schon immer für die Erziehungsmethoden hatten, war in der Vergangenheit noch nie so stark. Es hat sich auch in der Folgezeit nicht verleugnet, und man kann sagen, daß die Regierungsformen, die sich in Deutschland seit dem 18. Jahrhundert abgelöst haben, solange von Dauer waren, wie ihr pädagogisches Werk ihnen die Unterstützung der Jugend sicherte.

Als diese sich emanzipiert, als die Aufklärung zur Neige geht, kommt die natürliche Mentalität, in den Volksmassen primär vorhanden, wieder zum Vorschein und behauptet sich.

Die ökonomischen Bedingungen haben ganz gewiß zur Schwächung der Aufklärung beigetragen. Hätte diese sich der Überbevölkerung und der technischen Revolution, die sowohl Agarar- als auch industrielle Revolution war, angepaßt, hätte die Romantik wahrscheinlich nicht gesiegt. Um jedoch genau den Einfluß der ökonomischen und moralischen Faktoren abwägen zu können, die ihren Erfolg gesichert haben, sind zahlreiche und detailliertere Forschungen als bisher erforderlich. Die romantische Mentalität, betrachtet in ihren täglichen Manifestationen, ist nicht die Romantik der Philosophen und Dichter. Sie kommt in den Sitten, täglichen Ereignissen und den einheitlichen Reaktionen sozialer Gruppen anders zum Ausdruck als in literarischen Texten und sorgfältig ausgearbeiteten Kunstwerken. Sie allgemeiner definieren, als es einzelne der gebildeten Elite tun, führt dazu, die Mitglieder einer Gesellschaft zu einem bestimmten Zeitpunkt auf den gemeinsamen psychologischen Nenner zu bringen.

Die Mentalität der Romantik ist eine Mentalität des Wunders. Solange sie besteht, versieht sie alles, Menschen und Dinge, wie mit einer Patina mit ihrer wunderbaren Färbung. Daher muß man sich hüten, ein beliebiges Objekt zu wählen und es als typisch romantisch auszugeben, nur weil es Patina hat. Es ist beispielsweise genauso naiv, die Revolution und Restauration romantisch zu nennen. Beide erscheinen je nach den Bedingungen romantisch und rationalistisch. Die Frühromantik hat in Preußen eine revolutionäre Richtung eingeschlagen, die Spätromantik ist eher rechts anzusiedeln. Tatsächlich ist die Romantik eine Denkweise, die auf der Mentalität des Wunders basiert; sie äußert sich in der Politik durch den Vorzug, welcher der Revolution vor der Evolution gegeben wird, durch die Praxis der Konspiration, des Staatsstreichs, des Mords. Doch im Parteikampf werden diese Methoden sowohl rechts als auch links gehandhabt. Es scheint auch nicht mehr, daß die Entwicklung des Nationalismus eng an eine Denkweise gebunden ist. Die napoleonische Unterdrückung provoziert nationale Reaktionen im romantischen Deutschland, aber derselbe Protest hätte auch von der Aufklärung kommen können. Wenn man die Individuen betrachtet, so findet man in Deutschland große Romantiker, wie Schelling, unter jenen, die bis zum Schluß die nationale Leidenschaft ignorierten.

Man kann sich jedoch fragen, in welchem Maße die Romantik eine spezifisch deutsche Erscheinung ist. Der Charakter der Völker variiert im Laufe der Jahrhunderte; das ewige Deutschland existiert nicht mehr als das ewige Frankreich. Aber es scheint doch, daß bestimmte Völker im Laufe ihrer Geschichte eine bestimmte Neigung manifestieren, diese oder jene Denkweise vorzuziehen. Der Rationalismus übt auf Frankreich eine unbestreitbare Anziehungskraft aus. In Deutschland stößt die Romantik im allgemeinen auf ein günstiges Vorurteil. Andererseits gibt es hier mehr politische und wirtschaftliche Krisen als in anderen Ländern. Ob es sich um Religionskriege, napoleonische Eroberung oder Nationalsozialismus handelt, es ist frappierend festzustellen, daß immer romantisches Ungestüm dabei ist.

Anhang

Anmerkungen

Erster Teil

1. Kapitel: Die Aufklärung in Preußen beim Tode Friedrichs II.

1 Kant, *Was ist Aufklärung?*, Ed. Cassirer, VI, 169
2 *D. M.*, 1776, 11, 810–811
3 Garve, V, 280 (Das Zitat wurde von der Übersetzerin ins Deutsche übertragen, da es im Original nicht verifizierbar war! In diesen Fällen später nur die Notiz: nicht verifizierbar)
4 Schwartz, *Kulturkampf*, 2
5 Hettner, *Literaturgeschichte*, Bd. IV und V. – Reynaud, Kap. V und VI
6 Garve, I, 23; IV, 135; I, 494; IV, 503, IV, 53; V, 260; III, 87; IV, 85
7 Locke (J.), *Essai philosophique concernant l'entendement humain* (1690). Avant-propos, § 5, Buch I, Kap. III, und vor allem Buch IV, Kap. XVIII und XIX. – Olléon (H.), *La philosophie générale de John Locke*, Paris 1908.
8 *Characteristics of men, manners, opinions, limes*, 3 Bde. 1711. Deutsche Übers., Leipzig 1779
9 Hettner, V, 25. – Korff, 81–3
10 Forster, I, 24–38
11 Nicolai, *Sebaldus Nothanker*, Bd. III, Buch VII, S. 30
12 Pariset, 242 f.
13 Pariset, 239–242
14 Friedrich II., Œuvres, IX, 207
15 Pariset, 650
16 Minder, *Die religiöse Entwicklung*, 34–52, 108–113
17 Ritschl, III, 195–464
18 Nicolai, *Sebaldus Nothanker*, Bd. II, Buch IV, Kap. VII, S. 79
19 Nicolai, *ebenda*, Kap. VIII, S. 90
20 Semler, I, 60 (vgl. dort auch I, 28–35, 47–607)
21 *B. J. A.*, IV, 1789, 222–249
22 *Id.*, Bd. VII, 1790, 167–192 und 193–220
23 *B. J. A.*, Bd. V, 1789, 104, 206 f.; Bd. VII, 1790, 102–140; Bd. VIII, 1790, 256 f.
24 *Id.*, Bd. VIII, 1790, 241–267
25 Semler, I, 289–295
26 Lessing, *Ernst und Falk, Gespräche über die Freimaurerei*. 2. Dialog
27 Humboldt, *Gesammelte Schriften*, I, 27–34. Leroux, Guillaume de Humboldt, 258–376, »Théorie du despotisme«.
28 Kant, *Zum ewigen Frieden*, 2. Ausg., 1796. Cassirer, Bd. IV
29 *T. M.*, 1788, II, 3–30. Cf. *id.*, 1799, I, 94–105
30 Friedrich der Große, Œuvres, Bd. IX, 198–201, 208
31 Hertzberg, E. F., de, »Sur la forme des gouvernements et quelle est la meilleure?« in: *Huit dissertations*, S. 142, 144, 148 und 156.

Die Rede vom Januar 1784 befindet sich in: *Œuvres politiques,* Bd. I, S. 177 f.
32 »Mémoire sur les révolutions des états«, 1791. *Œuvres politiques,* Bd. I, S. 133 f.
33 »Was ist Aufklärung?«, *B. M.,* 1785. Cassirer, IV, 169 f.
34 Lotz, 219
35 *Archiv,* Gen.Dir., Behörden und Bestallungssachen, Minden Ravensburg, Titel VI, Referendarien, 1802–1806, Nr. 1, S. 13 u. 25
36 Id., *ibid.,* S. 48
37 *Archiv,* Rep. 52 B. 69, Nr. 1
38 Schwartz, *Kulturkampf,* 232–253
39 Id., *ibid.,* S. 242 und 249
40 Id., *ibid.,* S. 246
41 *B. J. A.,* Bd. V, 1789, 104–161

2. Kapitel: Die Aktionsmittel der Aufklärung

1 Lotz, 212–279
2 Schrader, I, 591. – Semler, I
3 Umständliche Untersuchung der dämonischen Leute, oder sogenannten Besessenen nebst Beantwortung einiger Angriffe, 1762
4 Schrader, I, 278, 300, 473, 478
5 *Über die Nutzbarkeit des Predigtamtes und deren Beförderung,* Berlin, 3. erw. Aufl. 1791 (1. Aufl. 1773)
6 *Ibid.,* S. 43, S. 28, 36, 38, 40
7 Spalding, S. 68, 76, 80, 100, 156
8 Nicolai, *Nothanker,* I, 6, 7
9 Forster, I, 76 f.
10 Heilmann, *op.cit.* – Pinloche, *op.cit.* – Schwartz, *Gelehrtenschule,* 33. – Campe, *op.cit.* – Goekingk, 1784, I, 120–124: »Erziehungshaus in Frankenthal.« – Id., *ibid.,* 1786, I, 500–504. – *N. T. M.,* 1796, II, 300–378: »Über das Salzmannische Erziehungsinstitut in Schnepfenthal.« – *D. M.,* 1786, I, 424–455: »Über die Erziehungsanstalt zu Schnepfenthal.« – *B. M.,* 1787, II, 325–341: »Über die Rochowsche Schule zu Rekhan.« – *Jahrb.,* 1799, II, 263–266: »Rochow Erziehung und Schule.« – *N. B.,* 1800, III, 163–172: »Versuch eines allgemeinen Schulplans von Herrn Domherrn von Rochow.«
11 *B. M.,* 1787, II, 97–116 (Bericht von Zedlitz)
12 Schwartz (P.), *Gelehrtenschule* und *Der erste Kulturkampf,* 48
13 *B. M.,* 1784, II, 339
14 *Jahrb.,* 1799, III, 126–140; 1801, III, 309–320
15 Philippson, I, 129. – Behre, 302 f.
16 Schwartz, *Kulturkampf,* 298–300
17 Dilthey, *Leben,* 630–632
18 Starke (G.): »Mittagsbetrachtungen eines alten Dorfschulmeisters«, *Erholungen,* 1797, I, 194–200
19 *Jahrb.,* 1798, II, 363 f.; III, 102 f., 336 f.
20 Jung-Stilling, I, 77–155
21 *Anton Reiser,* Buch II, S. 151 f.
22 Perthes, 5

23 Köpke, I, 15 f.; 116–122
24 *Jahrb.*, 1799, I, 146–156, 362–372; II, 25–48. – Spazier, *Pilgers,* I, 54
25 Schwartz, *Gelehrtenschule,* 16–17
26 *Ibid.,* 135 f.
27 *Anton Reiser,* Buch II, S. 134 f., 143 f. Cf. id., *A. D. B.*, XII, 375 bis 379: Heyne, entdeckt vom Grafen von Brühl, etc.
28 Forster, *Ansichten,* Kap. III, S. 21 f.
29 Etzin, 92 f.
30 Schwartz, *Kulturkampf,* 129–150 und 237–265. – Philippson, I, 233, II, 18 f.
31 *Archiv,* Rep. IX, F. 2a, Fasc. 23–24
32 Tschirsch, I, 7–9
33 *Archiv,* Rep. IX, Fasc. 23, S. 91 (heute in Merseburg)
34 Grellmann, 109
35 Goeckingk, 1789, I, 39–43
36 Kapp-Goldfriedrich, III, 248 f.
37 Schubart, *Leben*
38 *Zeitung für die elegante Welt,* 27. Januar 1803, 93 f. – *J. L. M.*, 1792, VII, 536–538. – *Euronia,* 1800, I, 7
39 Nicolai, *Nothanker,* I, 12
40 Moser, 1784, I, 1
41 Z. B.: *Aberglauben zu Pforzheim,* 1787, II, 340–345; *Aberglauben aus dem Lande ob der Ens,* 1788, I, 469–471; *Abergläubische Meinungen und Gebräuche, welche in Thüringen besonders in dem Herzogthum Saalfeld herrschend sind,* 1790, I, 26–30, etc.
42 *N. T. M.*, 1797, 142–147. – Schlözer, *Briefwechsel,* 1781, VIII, 218 bis 259; IX, 1–34; Wekhrlin in fast jeder Nummer
43 *D. M.*, 1777, II, 362–373. – Jung-Stilling, 11, 18
44 Forster, *Ansichten,* Kap. V, S. 30–34
45 Goeckingk, 1784, I, 1
46 Ansichten, Kap. XXVI, Bd. II, S. 89
47 Becker, N. Z. T., Januar 1796, 1–24
48 Wekhrlin, *Ungeheuer,* V, 1785, 11–13
49 Goeckingk, 1786, II, 195–202
50 Boos, 206
51 Lessing, *Ernst und Falk*
52 Boos, 141 f.
53 Schwartz, *Kulturkampf,* 442–446
54 Rhode, I, 18
55 *N. T. M.*, 1797, I, 281–285; II, 377–380; 1798, II, 305–311; III, 3–10, 215, 227, etc. – Tschirch I, 15 f.
56 Rhode, I, 18
57 Goeckingk, 1787, II, 267
58 Id., 1786, I, 135–142
59 Id., 1786, I, 249 f., 336–339, 435–436; 1787, I, 476 f.
60 Tschirch, I, 49
61 Forster, *Briefwechsel,* I, 683 (13. April 1788)
62 Goeckingk, 1789, 193–196
63 Id., 1790, I, 58 f.

64 Jung-Stilling, I, 232, 262, 293
65 Id., I, 292 f.
66 Id., I, 296 f.
67 Goeckingk, 1788, II, 465

3. Kapitel: Das Wirtschaftssystem der Aufklärung

1 Heckscher, *Merkantilismus*
2 Friedrich II., *Œuvres,* IX, 206, 207
3 Rachel, *Merkantilismus,* 233 f.
4 Philippson, I, 454–456
5 Hinrichs, op.cit.
6 Rachel, art.cit.
7 Zottmann, 106 f. – Koser, II, 170
8 Skalweit, *Getreidehandelspolitik,* Behre, 263 f.
9 Behre, 317
10 Zottmann, 59–60
11 Id., 59–60
12 Friedrich d. Große, *Werke,* hrsg. v. G. B. Volz, Bd. 7, S. 115
13 Vollständige Aufstellungen im: *Magazin für die Geographie und Statistik der Preußischen Staaten,* I, 18–26, und Korff, 114 ff.
14 Zottmann, 106 f.
15 Brunschwig, *L'Emanzipation des Juifs* (s. u. in diesem Buch)
16 Chapius, *Le Grand Frédéric et ses Horlogers*
17 Zottmann, 75–83; Behre, 317
18 Philippson, I, 19–22, 101–125, 249, 265–268, 270–274; II, 435; Rachel, *op.cit.*
19 Ritter, I, 208–212. – Philippson, II, 97–114, 161–166. – Koser, II, 91–96; III, 213–219
20 Anhang S. 426
21 Knigge, Ausgabe von 1878, S. 26 f.
22 Mme. de Staël, *De l'Allemagne,* 1. Teil, Kap. XI
23 »Testament Politique«, *Pol. Corr.,* Ergänzungsband, 129–136
24 Martiny, 9
25 Id., 47 ff., 57 ff.
26 Id., 14 ff.
27 Id., 34 ff.
28 Schön, *Aus den Papieren,* I, 3–28
29 Cavaignac, I, 7–36, 75–98
30 Martiny, 77
31 Anhang, S. 427
32 Rumler, *Die Bestrebungen* ... Knapp, *Die Bauernbefreiung* ... Stadelmann, *Zur Agrarpolitik* ...
33 Klotz, 53. – Ziekursch, 84–89
34 Hintze, *Zur Agrarpolitik*
35 Klotz, *op.cit.*
36 Philippson, I, 449–452
37 Koser, *Geschichte Friedrichs des Großen,* II, 106. – *Pol. Corr.,* Buch III, 181
38 Philippson, II, 166, n. I, 192–195. – Koser, II, 90–96

39 Müsebeck, *Zur Geschichte* . . .
40 Behre, 22, 238, 285
41 *Jahrb.*, 1799, I, 317–393; 1800, 32–46. – *Archiv*, 1800, II, 54–60
42 Schlözer, *Briefwechsel*, I, 36–43 (Nassau), 241–255 (Holstein). – *P. J.*, 1790, I, 477–488
43 »Testament politique«, *Pol. Corr.*, Ergänzungsband, 129
44 *De l'Allemagne*, 1. Teil, Kap. XVII
45 *B. M.*, 1783, II, 447 f. – *Jahrb.*, 1798, I, 120; 1800, I, 268. – Mirabeau, I, 397–413
46 Steffens, IV, 182 f.
47 *T. M.*, 1785, II, 54
48 Nicolai, *Beschreibung*, I. – Rhode, Berlin, II, 56 f.
49 Rhode, I, 9 ff.
50 *J. L. M.*, 1791, 557. – Rhode, Berlin, I, 58–61
51 *Jahrb.*, 1800, I, 69
52 *B. M.*, 1785, 172–175. – *J. L. M.*, 1791, 551–554. – *T. M.*, 1787, IV, 81
53 *T. M.*, 1787, IV, 77 ff. – *J. L. M.*, 1791, 365
54 *J. L. M.*, 1792, III. – *Jahrb.*, 1798, II, 17–33. – *B. M.*, 1784, 147 f.
55 Id., 1791, 633–645
56 *Jahrb.*, 1798, II, 21
57 *J. L. M.*, 1792, 119. – Forster, *Ansichten*, II, 62
58 *Jahrb.*, 1799, III, 36–44. – *J. L. M.*, 1792, 117–119. – *B. M.*, 1785, 176 ff.
59 Id., 1785, 175
60 *J. L. M.*, 1791, 554–557
61 *Id.*, 1791, 640–642. – Varnhagen, *Denkwürdigkeiten*, VIII, 565 f.
62 *Jahrb.*, 1798, II, 23 f.
63 *J. L. M.*, 1787, 410–415. – *Jahrb.*, 1798, II, 291
64 *B. M.*, 1776, Bd. XXVIII, S. 563, und XVII, 247–270. – Nicolai, *Beschreibung einer Reise*, XI, 32
65 *T. M.*, 1785, III, 53:
66 *Jahrb.*, 1799, II, 70–76
67 Rhode, Berlin, I, 15–16
68 Id., ibid., I, 17
69 *T. M.*, 1787, IV, 75

4. Kapitel: Die Arbeitsweise des Systems

1 Goeckingk, 1784, II, 47
2 Id., 1789, II, 46
3 Id., 1786, II, 339–342
4 Goethe, *Dichtung*, Buch XIII, Ed. Meyer, Bd. XIII, S. 130
5 Forster, *Briefwechsel*, I, 502
6 *Archiv der Zeit*, 1799, I, 403–412, 502–510; II, 56–66
7 Hippel, *Versuch*. – Krug, *Philosophie . . . Brandès, II*, 352. – *J. L. M.*, 1800, XV, 557–563
8 Goeckingk, 1784, I, 477 f.
9 Id., I, 185 f.
10 Id., 1787, I, 185

11 *Jahrb.*, 1801, II, 197–226
12 Goeckingk, 1786, I, 16–20, 501–513. – *Stats.*, 1782, I, 200–219
13 *Jahrb.*, I, 31–51, 21–28
14 *A. D. B.*
15 Plitt, I, 1–5
16 *Jahrb.*, 1801, II, 197–226
17 Goeckingk, 1786, I, 16–20, 501–513. – *Stats.*, 1782, I, 200–219
18 Léon, II, 1 ff.
19 Wekhrlin, *Hyper.*, 1789, III, 40–43; Im selben Sinn, *Ibid.*, 101–106, und 1789, IV, 47–52
20 *J. L. M.*, 1794, IX, 65–72, 201–205, 309–313, etc.
21 *Stats.*, 1782, II, 225–231, etc. – Goekingk, 1788, I, 257–263. – *J. L. M.*, 1800, XV, 437–476, etc. – *N. T. M.*, 1802, II, 16 ff.
22 Hess, *Gedanken*
23 *J. L. M.*, 1798, 433–468. – *D. M.*, 1788, II, 98 f. – Goekingk, 1785, II, 98 f.; 1786, I, 126–133. – *N. T. M.*, 1794, I, 176–186
24 *D. M.*, 1786, II, 312
25 *Stats.*, 1787, X, 211
26 *T. M.*, 1788, II, 263–269
27 Goeckingk, 1785, I, 69
28 Id., 1790, I, 316–321; 1791, I, 260–267
29 Id., 1785, I, 525–529, 530–542; 1788, I, 371–377; II, 263–269; 1789, I, 283; 1790, I, 434–439; II, 260–262. – *Stats.*, VII, 319–321, 462–471; IX, 460; X, 210–217, etc.
30 Wekhrlin, *Das graue Ungeheuer,* VI, 1786, 94 ff.
31 Goeckingk, 1789, I, 361–364
32 Wekhrlin, *Ungeheuer,* IV, 1785, 225–240
33 Schubart, 1787, 387–388 (Nicht verifizierbar)
34 *N. T. M.*, 1790, 11–39
35 Brunschwig, *L'Emancipation des Juifs*
36 *T. M.*, 1790, II, 11–39; 1791, III, 125–138
37 Goeckingk, 1790, II, 44–48
38 *T. M.*, III, 276–286
39 Rumpf, 3–23
40 Nachricht an das Publikum
41 Philippson, I, 105–125, 249, 265–268, 273 f.
42 *Briefwechsel,* VII, 248–250, 321–324; VIII, 129 f.
43 *Id.*, VIII (1789), 123–129
44 *Id.*, VIII, 213–215
45 Rumpf, 23
46 *Briefwechsel,* VIII, 120–123
47 *D. M.*, 1777, II, 123 f.
48 Goethe, *Wilhelm Meister,* Buch VI, ed. Meyer, S. 20
49 Schlözer, *Briefwechsel,* VII, 153–172. – *D. M.*, 1777, II, 137. – Rumpf, 25–28
50 Nachricht, 8
51 Rumpf, 39–54
52 *T. M.*, 1784, III, 56–59
53 *J. L. M.*, 1788, III, 337
54 Schwartz, *Kulturkampf,* 333. – Jung-Stilling, II, 123

55 *Id.*, ibid., 332
56 *Id.*, ibid., 355 ff. – Schubart, 1774, I, 467 f. – *Archiv*, 1782, 270–282. – *D. M.*, 1785, I, 346–364. – *Jahrb.*, 1798, III, 47–51, 136–148, 257–271, 374–391
57 Léon, *Fichte*, I, 316
58 Goeckingk, 1790, I, 455–459
59 Gries, 5–10
60 Flitner, 10
61 Nicolai, *Beschreibung*, I, 53 f.
62 Steffens, IV, 25–28, 65–80. – Raich, *Dorothea*, I, 10
63 Goeckingk, 1791, II, 686–693. – *N. Z. T.*, 1798, 316–318
64 *N. T. M.*, 1797, III, 65. – Goekingk, 1786, I, 226–231; II, 301–304
65 *N. Z. T.*, 1799, 11–16
66 *Jahrb.*, 1800, I, 34–42
67 Goeckingk, 1786, II, 301–304
68 *N. T. M.*, 1797, III, 65
69 Goeckingk, 1785, II, 205–212
70 Jung-Stilling, II, 122 f.
71 *D. M.*, 1782, 284–287. – Nicolai, *Beschreibung*, XI, 73 ff.
72 Goeckingk, 1781, I, 203 f.; 1790, I, 60–65
73 Id., 1786, I, 437 ff. – *Stats.*, 1790, XV, 467–478
74 Dilthey, *Leben*, 42
75 Schwartz, *Kulturkampf*, 333. – Jung-Stilling, II, 123
76 Id., *ibid.*, 332
77 Schwartz, 355 ff. – Schubart, 1774, I, 467 f. – *Archiv*, 1782, 270 bis 282. – *D. M.*, 1785, I, 346–364. – *Jahrb.*, 1798, III, 47–51, 136–148, 257–271, 374–391
78 Schwartz, *Kulturkampf*, 341 f.
79 Id., *ibid.*
80 *P. J.*, 1792, II, 852 ff., 1260 ff. – Goekingk, 1792, II, 6
81 Nicolai, *Beschreibung*, I, 166–168. – Goekingk, 1791, II, 712–727. – Plitt, *Aus Schelling*, I, 111–114. – Gries, 12
82 Jany, III, 187
83 Id., ibid., 50, III, 436
84 Id., ibid., 442–445
85 Id., ibid., III, 420; II, 219–222; III, 35 f.
86 Ranglisten. 1786 sind es 7 von 638
87 Jany, III, 447
88 Steffens, IV, 183. – *Jahrb.*, 1799, I, 317–320, 391–393; 1800, I, 64–73, 351–357; III, 32–46, 157. – *Archiv*, 1800, II, 54–60. – Skalweit, 153
89 *Archiv*, Dahlem. Gen. Dir. Magdeburg, Tit. CCVII, No. 9
90 Behre, 151. – *B. M.*, 1788, II, 200, 233, 367, 374
91 Bertuch, Über Erziehung . . .
92 Lorenz, *op. cit.*
93 Jany, III, 40
94 Jany, III, 425 f.
95 Leipzig, 1779, 6 Bde. in 16
96 Meusel, I, 32–36

5. Kapitel: Die Funktionsweise des Systems

1 Ludwig Geiger, *Geschichte der Juden in Berlin,* Berlin 1871, 2 Bde., I, 102, und II, 140–144
2 Ismar Freund, *Geschichte der jüdischen Emanzipation,* Berlin, 2 Bde., 1912
3 David Friedländer, *Aktenstücke, die Reform der jüdischen Kolonien ... betreffend.* Berlin 1793; Vossische Zeitung, 27. Januar, 24. Februar, 15. März 1787, etc.
4 *Der Teutsche Merkur, T. M.,* 1785, I, S. 259. Der Text des Edikts vom Januar 1784 wird etwas abgewandelt wiedergegeben von Schlözer, Staats-Anzeigen (S. A.), IV, 434 f.
5 *National-Zeitung der Teutschen (N. T.),* 1801, 30. Juli
6 Graetz, XI, 230 f.
7 Das Zitat ist nicht belegt (Anm. d. Übersetzerin)
8 Beide Zitate nicht belegt (Anm. d. Übersetzerin)
9 *Berlinische Monatsschrift (B. M.),* August 1786, 152–173
10 Geiger, II, 147–150
11 M. Freudenthal, *Die ersten Emanzipationsbestrebungen der Juden in Breslau.* Monatsschrift für Geschichte und Wissenschaft des Judenthums. Breslau 1891–1892
12 *N. T.,* 1806, 496 f., 12. Juni
13 M. Philippson, *Geschichte des preußischen Staatswesens ...,* Berlin 1880–1882, 2 Bde., II, 137 ff.
14 Geiger, II, 178
15 Id., *ibid.,* 179 ff.
16 Feierliche Zeremonie, durch die der 13jährige Knabe als verantwortlicher »Sohn des Gottesgebotes« aufgenommen wird (Anm. d. Übersetzerin).
17 Dieses und nachfolgende Zitate vom Verfasser nicht belegt (Anm. d. Übersetzerin).
18 *B. M.,* Dezember 1784, S. 559
19 K. Böttiger, *Litterarische Zustände und Zeitgenossen,* Leipzig 1838, 2 Bde., II, 102 f.
20 *Berlinisches Archiv der Zeit (B. A. Z.),* I, 1795, 515–534; (Nicht verifizierbar)
21 Rhode, *Berlin,* 1799, I, 125–134. Hildebrand, *La Société à Berlin de 1789 à 1815,* Revue des Deux Mondes, 15. März 1870, 447–486. *Der Neue Teutsche Merkur (N. T. M.),* 1797, I, 281–285
22 J. Fürst, *Erinnerungen an Henriette Herz,* Berlin, 2. Aufl., 1858
23 J. Spenlé, *Rahel,* Paris 1910. Varnhagen von Ense, *Rahel, ein Buch des Andenkens,* Berlin 1934, 3 Bde.
24 Rhode, *218. Jahrbücher der preußischen Monarchie,* 1801, I, 247. *N. T. M.,* 1797, I, 281–285
25 Fürst, 102 f., 156 f.
26 *N. T. Z.,* 1805, 8. August
27 Geiger, I, 84 f.
28 *N. T. Z.,* 1805; – Sulamith, 1805
29 Freudenthal, 428 f.
30 *B. M.,* 1795, I, 529–535

31 *Journal von und für Deutschland (J. D.),* 1785, II, 67
32 *J. D.,* 1786, II, 153 f.
33 *S. A.,* VI, 502–512, 1784
34 *Jahrbücher,* 1801, III, 267–275. – *N. T. Z.,* 1801, 24. 12., 1805, 10. 1.
35 *Gespräch über das Sendschreiben von einigen jüdischen Hausvätern zwischen einem christlichen Theologen und einem alten Juden.* Berlin 1799. – Fürst, 122. – Ins Deutsche rückübersetzt nach dem franz. Text d. Verfassers, da das Original nicht zugänglich war (Anm. d. Übers.).
36 C. W. Dohm, *Über die bürgerliche Verbesserung der Juden, Berlin und Stettin,* 2 Bde. 1781. – De la réforme politique des juifs. Trad. franc. du T. I. Dessau 1782
37 Dohm, *Über die bürgerliche Verbesserung,* Vorwort
38 J. A. Eisenmenger, *Das ... entdeckte Judentum ...,* Amsterdam 1711
39 Dohm, *Über die bürgerliche Verbesserung,* 35
40 *Jahrbücher,* 1801, III, 101–121
41 Dohm, *Verbesserung,* 207–214. – *S. A.,* I, 1782, 129–156; 333–336; III, 1783, 3–7
42 *Jahrbücher,* 1801, III, 116
43 Dohm, II, 222 f.
44 Id., I, 41 f., 129 f.
45 Id., II, 35–37
46 Id., ibid., 72–77
47 *Deutsche Allgemeine Biographie,* XXI, 224–226
48 *Moses und Christus* ... Berlin 1799
49 *B. A. Z.,* 1799, 230 f.
50 Dohm, II, 41
51 Friedrich Hartmann, *Ob die bürgerliche Freiheit den Juden zu gestatten sei?* Berlin 1783. – Geiger, II, 155–158; Cf. *ibid.,* die heftige »Treue Relation des Eindrucks, den das ... Sendschreiben ... machte.« Ein Fingerzeig für die Juden. Berlin 1799
52 Geiger, II, 171–222
53 E. W. F. Grattenauer, *Wider die Juden,* Berlin 1803, 18–54
54 E. Durlacher, *Rituel de toutes les grandes fêtes à l'usage des israélites du rite allemand,* traduit en français. Veille et matin de Kippour. Paris, 3. Aufl., 1891, 43
55 Dohm, II, 300–348. – Grattenauer, *Wider* ... 18–64
56 Pasteur Schwager, *Dohm,* II, 89–112. – *Jahrbücher,* 1801, III, 105
57 *Jahrbücher,* 1801, III, 113–116
58 Ibid., II
59 Freudenthal, 421
60 *N. T. Z.,* 2. Mai 1798
61 Die Provinzialblätter erwähnen einen Fall in Loslau im Jahre 1792 und zwischen 1798 und 1804 16 Fälle in ganz Schlesien.
62 *N. T. Z.,* 1791, 7. März; 1804, 18. Oktober
63 *S. A.,* VI, 1784, 510–512; – *J. D.,* 1786, II, 848
64 *N. T. Z.,* 1801, 9. April
65 Freudenthal, 422 f.

66 Dohm, II, 246 f.
67 Michaelis, *Dohm*, II, 57; Schmager, *ibid.*, 110. – *B. M.*, Jan. 1785, 50–59
68 Dohm, 43–53
69 Id., 72–77; 37
70 *B. M.*, Sept. 1785, 167 f.
71 Schubart, *Vaterlandschronik*, 1789, 383
72 Dohm, II, 118–123
73 *Jahrbücher*, 1801, III, 113
74 Dohm, II, 123–125
75 *N. Z. T.*, 13. Juni 1799
76 *Ibid.*, 31. Mai 1798
77 *Ibid.*, 1. Juli 1802
78 *N. Z. T.*, 6. Mai 1802; 26. Januar 1800
79 *S. A.*, IV, 1784, 405–409; VI, 373–377
80 *J. D.*, 1787, II, 508; 1788, I, 163
81 *N. T. Z.*, 24. Dez. 1801; 11. März 1802; 31. März u. 26. Mai 1803; *J. D.*, 1784, I, 64, 147; 1786, I, 435
82 *Der Sammler*, Königsberg Januar 1784
83 *J. D.*, 1789, I, 383 (Brandenburg-Onalzbach); 1785, I, 525–529; 1790, I, 316–321; 1791, I, 260–267 (Hohenlohe). – Schubart, *Väterländische Chronik*, 1774, 237; 1776, 490 f. (Frankfurt). – *J. D.*, 1789, I, 361–364 (Erlangen); 1792, II, 722–725 (Mainz). – *S. A.*, IX, 460 bis 467 (Bamberg, Salzburg, Württemberg); X, 210–217 (Fulda), etc.
84 Schubart, 1787, 387 f.; Ibid., 50–52 (Sachsen)
85 M. Herz, *Über die frühe Beerdigung der Juden*, Berlin 1787, 2. Auflage 1788. Gute Zusammenfassung in »Vossische Zeitung«, 22. Dezember 1787
86 *B. M.*, 1785, I, 108–116
87 *B. M.*, 1785, I, 108–116
88 Herz, *op. cit.*, 2. Ausg., S. 28
89 *J. D.*, 1784, II, 231
90 Herz, *op. cit.*, 27
91 *Jahrbücher der preußischen Monarchie*, 1800, I, 191–195. – Dohm, II, 65; – *B. M.*, und *Vossische*, s. o. – *Nationalzeitung der Teutschen (N. Z. T.)*, s. u., etc.
92 M. Freudenthal, *Die ersten Emanzipationsbestrebungen der Juden in Breslau.* Monatsschrift für Geschichte und Wissenschaft des Judentums, Breslau 1891–1892, 570 f.
93 *Jahrbücher*, 1798, I, 225–230. *N. Z. T.*, 1798, 11. Januar, 8. März, 2. Mai
94 *Jahrbücher*, 1798, II, 112 f.; 1799, II, 363 ff. – *N. Z. T.*, 1798, 17, 31. Mai
95 *Jahrbücher*, 240–246
96 Dr. Zadig, *Betrachtungen über das Verfahren mit verstorbenen Personen bei Christen und Juden*, Breslau 1798
97 S. Seligmann Pappenheim, *Notwendigkeit . . .*, Breslau 1798
98 *Jahrbücher*, 1798, II, 240–246. – *N. Z. T.*, 2. Mai 1798
99 *N. Z. T.*, 25. Okt. 1798

100 *N. Z. T.*, 13. Februar 1800. – *Jahrbücher*, 1800, I, 188–195
101 *N. T. M.*, 1797, III, 358 f. – *N. T. Z.*, 13. Sept. 1804
102 *Berlinisches Archiv der Zeit (B. A. Z.)*, 1799, I, 228–239; II, 206–208
103 *N. Z. T.*, 20. Januar 1803
104 *N. Z. T.*, 17. Januar 1805; – *J. D.*, 1791, I, 193–219
105 H. Grätz, *Geschichte der Juden*, XI, 224–226
106 Hillebrand, *La société à Berlin de 1789 à 1815*. Revue des deux mondes, 15. März 1870, 474
107 *Jahrbücher*, 1800, 117–120
108 *Jahrbücher*, 1798, II, 23 f.
109 *N. Z. T.*, 1797, 27. April; 1806, 12. Juni
110 *B. M.*, Juni 1785
111 Das Zitat ist vom Verfasser nicht belegt; es wurde von der Übersetzerin ins Deutsche übertragen (Anm. d. Übers.).
112 *Jahrbücher*, 1801, I, 268 ff.; III, 73
113 *N. Z. T.*, 8. März 1798
114 *J. D.*, 1785, I, 415 f.; 1786, II, 73–89; 523 f. (Nicht verifizierbar)
115 *N. Z. T.*, 1803, 30. Juni, 22. August; 1805, 22. August (Berlin); 1802, 2. Dezember (Posen); 1797, 23. Februar (Heidelberg)
116 C. L. von Paalzow, *De civitate Judaeorum*, Berlin 1803; Übers.: *Über das Bürgerrecht der Juden*, Leipzig 1804
117 C. W. Grattenauer, *Wider die Juden*, Berlin 1803
118 *Über die physische und moralische Verfassung der heutigen Juden. Stimme eines Kosmopoliten.* Germanien 1791
119 Ersch und Gruber, *Allgemeine Encyklopädie . . .*, Leipzig 1868, Sekt. I, Teil 28, S. 1567
120 Inzwischen von Biester erwähnt, *B. M.*, 1791, Bd. XXVIII, S. 351
121 C. L. Paalzow, *Die Juden*, Berlin 1799
122 L. Geiger, *Geschichte der Juden in Berlin*, Berlin 1871, II, 167 f.
123 *Über die physische . . .*, IV–V
124 *Ibid.*, 1 ff.
125 *Ibid.*, 64–III
126 *Ibid.*, III ff.
127 Die Juden, 18
128 Ibid., 23 f. (Nicht verifizierbar)
129 Wider die Juden, 12–13
130 *Erklärung an das Publikum*, Berlin 1803, 10 f.
131 *Erklärung an das Publikum*, 17. Erster Nachtrag zu einer Erklärung über seine Schrift: *Wider die Juden.* Ein Anhang zur fünften Auflage. Berlin 1803, 28
132 *Erklärung*, 13
133 *Über die physische . . .*, 27
134 *Ibid.*, 32 f.
135 Geiger, II, 307 ff.
136 *Können die Juden ohne Nachtheil für den Staat in ihrer jetzigen Verfassung bleiben?*, Berlin 1803
137 Kosmann, *Für die Juden*, Berlin 1803
138 Frh. von Diebitsch, *Unpartheyische Gedanken über Juden und Christen*, Berlin 1804

139 *Vossische Zeitung,* 13. August, 6. September 1803; – *N. Z. T.* 1803, 13., 15. Oktober 1804, 15. November
140 *Z. E. W.*, 8., 27. September; 11. Oktober; 17. November 1803
141 Geiger, II, 315
142 Ersch und Gruber, *op. cit.*
143 *Z. E. W.*, 1803, 1098 f.
144 Zitate nicht belegt; Rückübersetzung (Anm. d. Übers.)
145 Zitate nicht belegt; Rückübersetzung (Anm. d. Übers.)
146 Zitate nicht belegt; Rückübersetzung (Anm. d. Übers.)
147 Zitate nicht belegt; Rückübersetzung (Anm. d. Übers.)

6. Kapitel: Aufklärung und Sturm und Drang – Die beiden Generationen

1 Vgl. vorhergehendes Kapitel
2 Nicolai, *Beschreibung,* 1–23
3 Heffner, Literaturgeschichte, IV, 203
4 Klassen, 71–90
5 Bossert, *Herder,* 67
6 Korff (H. A.), *Geist der Goethezeit.* I.: »Sturm und Drang«, Leipzig 1929, 80
7 Scherer, *Geschichte,* 521
8 Moser, Einleitung, 16. Juni 1784
9 Id., 1787, VII, 494–497
10 Id., 1788, VIII, 559
11 Forster, *Ansichten,* II, 89
12 Rhode, *Berlin,* I, 13

Zweiter Teil

1. Kapitel: Die soziale Krise

1 *Pol. Corr.*, Ergänzungsband, 125 f. – Zottmann, 124
2 Dieses Zitat ist ohne Nachweis; es wurde von der Übers., wie auch 1, ins Deutsche übertragen; im Original ist es in franz. Sprache abgefaßt (Anm. d. Übers.).
3 Süssmilch, *Göttliche Ordnung,* Vgl. id., *Patriotische Gedanken*
4 Behre, 160. – Zottmann, 90–92, 127, 134–135. – Hertzberg, *Huit Dissertations,* 189–220
5 *P. J.*, 1784, I, 288 f., 311–315. – Behre, 137 ff.
6 Schlözer, *Briefwechsel,* V, 1799, 62
7 Id., *ibid.*, III, 1777, 136 f. (Württemberg); VII, 1760, 62 (Breisgau). – *Gött. hist. Mag.*, III, 1788, 380, 381. – *P. J.*, 1784, I, 16–26 (Sachsen); II, 1091–110 (Mecklenburg), etc. – Mirabeau, *De la Monarchie,* II, 38. – Grellmann, 19
8 Behre, 130 ff., 201 f., 456
9 Wekhrlin, *Hyperbol. Briefe,* 1788, 137–144
10 Weinhold, 1827, und die empörte Erwiderung von Wahrhold
11 *Briefe,* 37–93, 49–53, 27–32. – Moser, VII, 1787, 399 ff.
12 Wekhrlin, *Ungeheuer,* 1784, III, 59–63

13 *Stats,* 1782, I, 24; 1784, VI, 214. – *P. J.,* 1783, II, 1091–1093; 1786, I, 605. – Goeckingk, 1785, I, 248
14 *P. J.,* 1784, II, 661–677. – *Gött. hist. Mag.,* II, 1788, 186 ff.
15 Wekhrlin, *Chronol.,* 1779, I, 120. – *P. J.,* 1783, 357 f., 586. – Goeckingk, 1784, I, 429 ff., 659 f. – *Stats,* 1783, III, 128. – *Briefe,* 6–8
16 *Archiv,* Gen.Dir., Minden, Tit. VII, Nr. 1
17 Voigt, *Biographie,* Bd. VIII der gesammelten Werke von C. J. Kraus
18 Kraus, *Vermischte Schriften*
19 Goeckingk, 1787, I, 242 ff.
20 Goeckingk, 1788, IX, 329 ff.
21 Id., *ibid.*
22 Schubart, 1776, 9–11. – Goeckingk, 1788, I, 365 f.; 1789, I, 594; 1785, I, 247, 352 f.; 1787, II, 1500; 1789, II, 526 f.
23 Schlözer, *Briefwechsel,* 1781, 288–292
24 Moritz, *A. Reiser,* 424 ff.
25 Schubart, *Leben,* I, 43 f.
26 Id., *ibid.,* I, 220 (Rückübersetzt)
27 *Gött. hist. Mag.,* 1787, I, 520–524
28 Goeckingk, 1787, 500. – Schlözer, *Briefwechsel,* 1781, 288 ff.
29 Goekingk, 1787, I, 243 f.
30 Id., 1787, II, 232; 1788, II, 238–240, 244–250; 1790, I, 233–236
31 *Gött. hist. Mag.,* V, 1789, 516–523 (Nicht verifizierbar)
32 *Archiv,* Gen.Dir., Ostpreußen u. Lit., Mat. Tit. CXIV, Nr. 9
33 *Id.,* ibid., Pommern, Mat. III, »Vagabonden Sachen«
34 *Archiv,* Gen.Dir., Westpreußen u. Netzebezirk, CXXIX, Nr. 3
35 *Id.,* ibid., CXXIX, Nr. 3
36 *Id.,* ibid., Nr. 8
37 *Id.,* ibid., Nr. 3
38 *Archiv,* Gen.Dir., Neumark, Polizei-Protokolle, Nr. 1 (1795–1796) (Nicht verifizierbar)
39 *Id.,* Gen.Dir., Tit. CLXVIII, Mack. 2a 42
40 *Arch.,* ibid., Neumark, Polizei-Protokolle, Nr. 1
41 *Arch.,* Westpreußen u. Netzedistrikt, Mat. Tit. CXXIX, Nr. 10, Bd. 1 (Nicht verifizierbar)
42 Weber, *Staatswirtschaft,* 168
43 Pilat, 38
44 Wekhrlin, *Ungeheuer,* 93, 117
45 *Jahrb.,* 1798, 225
46 Meyer, *Handwerkerpolitik,* II, 87–97. – Fricke, *op. cit.*
47 Kulenkamp, 281
48 Goeckingk, 1785, I, 26
49 Mohl, *Kurze Darstellung,* 78 f., 107–112. – Goeckingk, 1789, I, 123–130
50 Bericht von Frey, Polizeidirektor in Königsberg; Winkler, *Johann Gottfried Frey*
51 Pilat, 37–47
52 *D. M.,* 1785, I, 10–26
53 Nicolai, Berlin, II, 636–641
54 Goeckingk, 1788, I, 43–50, 293–302; 1785, I, 315–324; II, 367 f.; 1790,

I, 27–30, 57 f.; II, 144–159; 1791, II, 367 f. – *Gött. hist. Mag.*, 1788, III, 184–192. – *P. J.*, 1786, I, 60. – Schlözer, *Briefwechsel*, 1782, 300–305, etc.
55 Goeckingk, 1790, I, 27–30
56 Id., 1784, 156 f., 350–352; 1786, II, 193–197
57 Forster, *Ansichten*, Kap. X, 31–34; Kap. IX, 78–88
58 *D. M.*, 1784, I, 87
59 Goeckingk, 1785, I, 163 f.
60 Nicolai, Berlin, II, 599
61 Goeckingk, 1785, I, 26
62 Moritz, *A. Reiser*, 3. Teil, 323, 326, 390–392, 395–396
63 *T. M.*, 1787, IV, 64 f.; 1785, II, 54 f., 70. – *B. M.*, 1783, II, 464–466; 1784, III, 268
64 Rhode, I, 46
65 *T. M.*, 1785, II, 65 f., 72 f., 122–125. – *B. M.*, 1787, II, 166–172
66 Mohl, *Kurze Darstellung*, 87–88, 107–112. – Goeckingk, 1789, I, 123–130
67 Bericht von Frey, Polizeidirektor in Königsberg; Winkler, *Johann Gottfried Frey*
68 Pilat, 37–47
69 *Berlin, eine Zeitschrift*, 1799, II, 213
70 Goekingk, 1792, II, 683–689; 1798, II, 135–136. – Vossische, 9. Juni 1787
71 Rhode, II, 213–218
72 Krünitz, II. – Facius, 88
73 Hoff, 3–21
74 *Jahrb.*, 1799, II, 73
75 *B. M.*, 1788, I, 676–684. – *Jahrb.*, 1798, II, 302
76 Krünitz, 10–23, 60–68, 77–80, 123–138: »Ein Wort von Herrschaften.«
77 Pilat, 4
78 Emmermann, *Geprüfte*, 93 ff.
79 Philippson, II, 27–29
80 Id., ibid., II, 28
81 Id., ibid., 29–32, 35 f.
82 *P. J.*, Mai 1795, 579
83 *Stats*, 1786, IX, 153–175
84 *Id.*, 1791, XV, 225–242; XVI, 14–34
85 *P. J.*, 1790, II, 832, 944, 1408–1409
86 Goeckingk, 1791, II, 551 ff.
87 *P. J.*, 1790, II, 1084–1087, 1266, 1409 f.; 1791, I, 98 .– Forster, *Briefwechsel*, II, 36–42
88 Forster, *Briefwechsel*, II, 15
89 *Kurze Darstellung*, 23, 46–53

2. Kapitel: Die Krise des Bürgertums

1 Lohmann, *Erster Versuch . . .*
2 Hendel, *op. cit.*
3 Schwartz, *Kulturkampf*, 390 f.

4 *Archiv*, Gen.Dir., Zoll Akzise Departement, XLII, Nr. 5, Bd. I–III
5 *Adresse Kalender* . . ., Berlin und Potsdam, 1806, S. 173
6 *B. M.*, 1788, II, 251 f.
7 *Archiv*, Rep. 9, I, 7, Fasc. 125
8 Holtzle, III, 352 ff., 425 ff.
9 *Archiv*, Gen.Dir., Minden, R. 39, B. 9, 1799–1800. Vgl. *id.*, Magdeburg, Rep. 52, B. 69, Nr. 1, 6. Januar 1799, Examen von 4 Zuhörern
10 Für die Aufstellung der Tafel im Anhang II hat man den Ernennungen des Rep. IX J. 7 b, nach Jahren geordnet, die Ernennungen der Rubrik *Specialis* des Katalogs, nach Alphabet geordnet, hinzugefügt; dieses Verfahren ist gerechtfertigt, da bei denselben Daten weder dieselben Namen noch dieselben Zahlen der Akten verzeichnet sind.
11 Rep. IX J. 7, Fasc. 109
12 Gen.Dir., Magdeburg, Tit. VIII, Nr. 5, S. 27–32
13 Gen.Dir., Magdeburg, Tit. VIII, Nr. 5, S. 152–158
14 Rep. 89–71 A–H. Wie gewöhnlich stellt man leichte Unterschiede zwischen alphabetischem Verzeichnis und Inhalt der Akten fest. Auf Grund letzterer gäbe es im Jahre 1800 378 Räte, darunter 115 Adlige.
15 Vgl. Anhang, S. 428
16 Vgl. Anhang, S. 428 und 430
17 *Archiv*, Rep. 89–71 A–H
18 Hendel, *Hallische* . . ., 56
19 *T. M.*, 1785, II, 44
20 Behre, 311
21 Hagen, *op. cit.*
22 Augustin, *Medizinalverfassung*, II, 392
23 *Tax Ordnung*
24 *T. M.*, 1779, I, 32
25 *Id.*, 1776, II, 287
26 Kapp-Goldfriedrich, III, 248
27 Schlegel, *Prosaische*, II, 120 ff.: »Charakteristik von Forster«
28 *D. M.*, 1778, I, 147 f.
29 *T. M.*, 1780, II, 57
30 *Id.*, 1782, IV, 76
31 Schubart, 1775, 707–710
32 Nicolai, *Nothanker*, Buch II, 108
33 Id., *ibid.*, 122–135
34 Schlegel, *Prosaische*, II, 206 (Fragmente, II, 20)
35 Id., *ibid.*, II, 248 (Fragmente, II, 248)
36 Meisner, *Briefe*, 43
37 Nicolai, *Nothanker*, Bd. II, Buch IV, 25
38 Perthes, 8–20, 55–57. – Goekingk, 1789, I, 139–143. – Milkau, 759 bis 762. – Kapp-Goldfriedrich, III, 185–245
39 Kapp-Goldfriedrich, III, 125
40 Id., *ibid.*, 118–125
41 Id., *ibid.*, 127
42 Id., *ibid.*, 139–149. – Goethe, *Dichtung*, Buch XXII, ed. Meyer, 80
43 Goethe, *Dichtung*, Buch XII, ed. Meyer; XIII 79 f. – Kant, ed.

Cassirer, IV, 213–222. – *T. M.*, 1781, II, 179–185; II, 154–157; III, 85–90
44 *T. M.*, 1784, II, 189–192
45 *D. M.*, 1783, I, 400–430
46 *T. M.*, 1785, II, 154–172; III, 177–186. – Kapp-Goldfriedrich, III, 105 f. und 55–65
47 Goeckingk, 1785, I, 115–121
48 Kapp-Goldfriedrich, II, 421–440
49 *Archiv*, Rep. 9 F, 2a, Fasc. 18
50 Kapp-Goldfriedrich, III, 104
51 Landrecht, Tit. XV, Kap. VII
52 Kapp-Goldfriedrich, III, 435–442

3. Kapitel: Die Krise der Jugend

1 Novalis, IV, 59
2 Novalis, IV, 329
3 Dilthey, *Aus dem Leben*, I, 44
4 Id., *ibid.*, I, 61, 80; III, 29 ff. – Hülsen, *Briefe*, 26 f. – Dilthey, *Leben*, 55 ff.
5 Ayrault, *Heinrich von Kleist*, 1. Teil, Zitat S. 54
6 Gries, *Aus*, 153
7 Obenauer, *op. cit.*
8 Flitner, 55
9 Walzel, *op. cit.*
10 Dilthey, *Aus dem Leben*, I, 162
11 Körner, *Briefe von und an* ..., 7, und II, »... Alt, Schiller und die Brüder Schlegel«.
12 Zitat nicht verifizierbar
13 Plitt, *Aus*, I, 1–30, 90
14 Id., *ibid.*, I, 96 f.
15 Id., *ibid.*, I, 205–208 (Nicht verifizierbar)
16 Jung-Stilling, II, 92 f.
17 Garve, III, 192–200: *Über Gesellschaft und Einsamkeit*, Kap. II
18 Garve, I, S. VI f.
19 Knigge, *Umgang*, 1. Teil, Kap. I, § 2
20 Id., *ibid.*, Kap. I, §§ 13, 15, 19, 28, 34
21 Id., *ibid.*, § 33
22 Id., *ibid.* § 58
23 Id., *ibid.*, § 43
24 Id., *ibid.*, Kap. III
25 Id., *ibid.*, Teil III, Kap. 1, §§ 1, 4, 8, 9, 11, 17
26 *J. L. M.*, 1802, 423–449, 487–501, 657–671
27 Wackenroder, II, 129–165
28 Id., *ibid.*, 142
29 Walzel, *Friedrich Schlegel*, 60 ff.
30 Minor, II, 198. – *Fragmente*, I, 106
31 Walzel, *Friedrich Schlegel*, 10 (21. Juli 1791)
32 Flitner, *Hülsen*, 10, 14
33 Gries, *Aus* ..., 9

34 Ayrault, *Heinrich von Kleist,* 23–28
35 Goethe, *Dichtung,* Buch XVII, ed. Meyer, Bd. XIII, 284–286
36 Werther, Buch II, Brief vom 15. und 16. Mai. Cf. *id.,* Briefe vom 24. Dezember und 8. Januar und den Empfang der Schauspieler im Schloß, in *Wilhelm Meister,* Buch III, Kap. III
37 *Wilhelm Meister,* Buch III, Kap. II, ed. Meyer, IX, 172
38 Id., *ibid.,* Buch V, Kap. III, Bd. IX, 319–321
39 Id., *ibid.,* Buch III, Kap. VIII, ed. Meyer, Bd. IX, 196. – Cf. *id.,* Buch IV, Kap. II, 223–233
40 Garve, »Über Gesellschaft und Einsamkeit«, *Werke,* III, 170 f.
41 Id., »Über die Maxime La Rochefoucaulds: Das bürgerliche Air verliehrt sich zuweilen bei der Armee, niemals am Hofe«, *Werke,* I, 353–355
42 Nicolai, *Nothanker,* I–II, Buch V, Kap. IV, 176–179
43 Moritz, *A. Reiser,* Buch X, 60 ff.
44 Id., *ibid.,* Buch II, 144
45 Id., *ibid.,* Buch IV, 447
46 Id., *ibid.,* Buch II, 356
47 Plitt, *Aus Schelling . . .,* I, 117
48 Id., *ibid.,* 90, 95–101
49 Léon, *Fichte,* I, 97–101
50 *T. M.,* 1785, II, 143
51 *Génie du Christianisme,* 2. Teil, Buch III, Kap. IX
52 Schubart, *Leben,* II, 236 f. (Rückübersetzt)
53 Meisner, *Briefe,* Neue Folge 7, 18
54 Forster, *Briefwechsel,* I, 16 (Nicht verifizierbar)
55 *De l'Allemagne,* 1. Teil, Kap. XVIII
56 *Ungeheuer,* II, 66
57 Walzel, *Briefe,* 68

4. Kapitel: Die politische Krise

1 Schwartz, *Kulturkampf,* 34–48
2 Id., *ibid.,* 172 f.
3 Id., *ibid.,* 77
4 Id., *ibid.,* 85 f.
5 Text in: Schrader, I, 532, Nr. 53
6 Schwartz, *Kulturkampf,* 203–211, 214–225
7 Id., *ibid.,* 108–123
8 Id., *ibid.,* 129–150
9 Id., *ibid.,* 355–377
10 Id., *ibid.,* 390 f.
11 Behre, 311
12 *Lumonia,* 1801, II, 114–121. (Nicht verifizierbar) – Zeitung, 1803, 145–157. – *B. M.,* 1787, I, 554–564; II, 428–437. – Moser, 1786, IV, 348, 361, 363
13 Stern, 109–118
14 Schubart, *Leben,* 236 f.
15 Zusammengefaßte Biographie durch Dove in *A. D. B.*
16 Forster, *Briefwechsel,* II, 271 (21. Dezember 1792)

17 Id., *ibid.*, II, 80–82, 102–109, 131
18 Id., *ibid.*, II, 260–267
19 Hettner, 570 (Nicht verifizierbar)
20 Forster, *Briefwechsel*, 434 f.
21 Id., *ibid.*, 494 ff.
22 Hettner, 635 ff.
23 Vgl. unten: III. Teil, § 3 des Kapitels II, S. 355
24 Plitt, *Aus* . . ., I, 92 f.
25 Id., *ibid.*, I, 101
26 Id., *ibid.*, II, 108 f.
27 Wackenroder, II, 14
28 Id., *ibid.*, 64
29 Id., *ibid.*, 161
30 Id., *ibid.*, II, 169
31 Dilthey, *Aus dem Leben*, I, 107–109
32 Id., *ibid.*, III, 41
33 Walzel, *Friedrich Schlegel*, 26, 35 f.
24 Id., *ibid.*, 145
35 Id., *ibid.*, 210, 20. Januar 1795
36 Id., *ibid.*, 258, 19. Januar 1796
37 Id., *ibid.*, 278, 26. Mai 1796
38 Id., *ibid.*
39 Minor, II, 270. Cf. *id.*, *Novalis*, IV, 20 (Idee eines öffentlichen allgemeinen Gesundheitskomitees)
40 Minor, II, 92 ff.
41 Rouge, 269. – Enders, 225
42 Johannes von Müller, *Biographische Denkwürdigkeiten*, zit. nach Léon, *Fichte*, III, 100. – Hegel, *Werke*, I, XIX; I, 68 f.
43 Steffens, IX, 57
44 Walzel, *Friedrich Schlegel*, 505
45 Schmidt, *Caroline*, I, 572
46 Plitt, *Aus Schelling*, II, 110. – Holtei, *Briefe*, IV, 138 f.
47 Holtei, *Briefe*, IV, 38 f.

Dritter Teil

1. Kapitel: Die übernatürliche Deutung des Lebens

1 *Eumonia*, 1801, I, 102–122
2 Wilnecke, 351
3 Fay, 89–119
4 Schneider, 38–53
5 Léon, *Fichte*, II, 1. – Boos, 206 ff.
6 Lessing, *Ernst und Falk*, 4, Gespräch
7 Peuckert, 59 ff., 169 ff.
8 Peuckert, *op. cit.* – Philippson, I, 62–68. – Schultze (J.), *Die Rosenkreutzer und Friedrich Wilhelm II.*
9 Albrecht, 225–233
10 Id., *ibid.*, 225–233
11 Id., *ibid.*, 256–269

12 Forster, *Tagebücher,* April 1784, und Dove, in *A. D. B.,* VII, 176
13 Viatte, II, 44–51
14 Id., *ibid.,* 52–56
15 Id., *ibid.,* 152–171
16 Spenlé, *Novalis,* 171 ff.
17 *B. M.,* 1783, I, 42–79. – *N. B. M.,* IX, 1803, 32–48. – Philippson, I, 367–370
18 Forster, *Briefwechsel,* II, III ff.
19 Schubart, II, 1775, 40; 1776, 175–176
20 Freimüthige, 21. März 1805
21 *Berlinische Blätter,* November 1797, Bd. II, 161–179. – *Briefwechsel,* IX, 1781, 283–288
22 *T. M.,* 1788, I, 53–76, 186–200
23 *Id.,* 1781, II, 226–239. – Wekhrlin, *Ungeheuer,* 1784, I, 24–32; II, 11 f., etc.
24 Wekhrlin, *Hyper.,* II, 1788, 294–300
25 Id., *ibid.,* 1789, 148–151
26 Id., *ibid.,* I, 1788, 150
27 Id., *ibid.,* IV, 1789, 39–46
28 *B. M.,* Dezember 1784, 55
29 *T. M.,* 1781, II, 238 f.
30 Südhoff, *Kurzes Lehrbuch*
31 Dilthey, *Leben,* 231
32 *Journal der praktischen Arzneykunde,* 1795, I
33 *T. M.,* 1788, II, 344–366, 460–472, 485–521. – *J. L. M.,* X, 1795, 205 ff. – *Eumonia,* 1801, 481–505
34 *J. L. M.,* V, 1790, 377–405
35 Hufeland, *Makrobiotik*
36 *J. L. M.,* VIII, 1793, 361–378, XIII, 1797, 165–169, 277–289
37 Herz (M.), *Briefe an Ärzte*
38 Semler, I, 284–288
39 Goethe, *Dichtung,* Buch XVIII, Meyers. – Bd. XIII, S. 300–326. Hufeland, *J. L. M.,* 1790, V, 377–405; 1801, 237–270
40 Reich (G.), Chr., *Vom Fieber und dessen Behandlung überhaupt,* Berlin 1800
41 Diepgen, *Geschichte der Medizin,* III, 78 f. – Hässer, 743–766
42 *T. M.,* 1784, IV, 60–90. – *B. M.,* 1785, I, 15–32
43 *T. M.,* 1787, I, 82–96
44 Boos, 265–282. – Funck-Brentano, *L'Affaire du collier. La mort de la reine.*
45 Diepgen, *Deutsche Medizin.* – Hirschfeld, *Romantische Medizin.*
46 Schelling, *Ideen zu einer Philosophie der Natur,* 1797. – *Von der Weltseele,* 1801
47 Jung-Stilling, *Theorie der Geisterkunde,* 1808
48 *B. M.,* 1794, 39–63
49 *Id.,* 1783, I, 353–385
50 *Id.,* November 1784, 441–446
51 *Id.,* Juli 1785, 169–173
52 *Id.,* Oktober 1795, 217 ff.
53 *Id.,* ibid., 357 ff.

54 *N. B.,* Februar 1804, 146 ff.
55 *B. M.,* 1787, II, 44–56
56 *Id.,* 1786, Juni, 562–566, 568–572, etc.; 1787, II, 87–95; 1788, II, 300–320; 1789, I, 484–496, 575, 581
57 Goeckingk, 1786, II, 237–240
58 Id., 1785, II, 407–422; 1787, I, 274–282, 471, 476; 1788, I, 119 f.; 1789, II, 249–252
59 *Jahrb.,* 1800, III, 245–259
60 Goeckingk, 1786, II, 434–442
61 *N. T. M.,* 1795, III, 337 f.; IV, 138–158. – Forster, *Briefwechsel,* II, 94
62 *T. M.,* 1787, I, 172–185
63 *J. L. M.,* 1789, IV, 417–430
64 *Eumonia,* 1801, 481–505 (Nicht verifizierbar)
65 *B. M.,* 1787, II, 44–56. – Diepgen, *Deutsche Medizin,* 5
66 Goeckingk, 1787, I, 371–374
67 Novalis, IV, 64
68 Novalis, IV, 199
69 Novalis, IV, 169
70 Dilthey, *Aus Schleiermachers Leben,* I, 368–378; III, 43–46, 350 bis 358
71 Id., II, 29–32; IV, 29
72 Id., I, 181, 224
73 Schmidt, *Caroline,* I, 15, 28
74 Id., *ibid.,* I, 199
75 Id., *ibid.,* II, 17
76 Plitt, I, 315
77 Ayrault, *Heinrich von Kleist,* 60, 71
78 Walzel, *Friedrich Schlegel,* 375
79 Forster, *Briefwechsel,* II, 113 f., 144–203. – Hettner, 74, 90, 171, 241
80 Jung-Stilling, II, 76 f. (Die letzte Auflage dieser Ausgabe vom Jahre 1936 enthält 9 warnende Seiten statt 3; man muß also den hier erwähnten noch 6 Seiten hinzufügen.)
81 Id., *ibid.,* 159, 161
82 Ayrault, *Heinrich von Kleist,* 59
83 Wackenroder, II, 140–142, 165 f.
84 Fürst, 133–138
85 Minder, *Die religiöse Entwicklung,* 24–30
86 Minder, *Die religiöse,* 243. Phasen der Einschränkung und Ausbreitung
87 Walzel, *Friedrich Schlegel,* 8. November 1791
88 Tieck, Buch II, Brief 7, 137 f.
89 Köpke, I, 141 f. – Wackenroder, II, 49 ff.
90 Wackenroder, II, 60 f.
91 Minder, *Tieck,* 18, 176, 182, 184
92 Jung-Stilling, II, 201. Cf. id., I, 233
93 Florentin, 175, 184 (Rückübersetzt)
94 Woldemar, 14
95 Tieck, *Sämtliche Werke,* XVI, 182
96 *Lucinde,* Ed. Reclam, 43. Cf. id., 51

97 Wackenroder, II, 27
98 Tieck, *W. Lowell,* Buch VI, Brief III, 263
99 Steffens, IV, 312
100 Schön, *Aus den Papieren,* I, 18
101 Warschauer, *Lotteriestudien.* – Nicolai, Berlin, II, 979. – Paalzow, *Bernhard und Philibert,* 78 ff.
102 Warschauer, 95 ff.
103 Philippson, II, 185
104 Goeckingk, 1785, I, 188. – *Jahrb.,* 1798, II, 19
105 *T. M.,* 1784, IV, 195 ff. (Magdeburg); 1785, II, 31 (Dresden); 1787, I, 531–533; IV, 64. – Goeckingk, 1791, II, 718 (Jena). – *Jahrb.,* 1798, II, 291
106 *Lotterien und Kunst zu Gewinnen,* 100 ff.
107 Schubart, I, 1774, 534–536 (Rückübersetzt)
108 *T. M.,* 1788, II, 535–542; 1777, I, 35–36; 1789, IV, 41–66
109 *D. M.,* 1782, I, 558
110 Goeckingk, 1789, I, 63 f.
111 Id., 1786, II, 165 f.
112 Id., 1786, 188–190, 551; 1787, II, 147
113 Id., 1785, I, 158
114 Id., 1784, II, 409; 1786, I, 565–570
115 *B. M.,* 1805, IX, 256, 379 ff.
116 *Stats.,* 1784, VI, 325–328; 1785, VII, 125, 170; 1789, XIII, 77–84, 261 f.
117 Goeckingk, 1789, I, 239–244, 1102–1104; II, 141 ff., 186 f.
118 Nicolai, Berlin, II, 691
119 Goeckingk, 1790, I, 230
120 Schubart, 1776, 471 f.
121 Warschauer, 34–39
122 *Briefwechsel,* VI, 315–318. – Wekhrlin, *Ungeheuer,* I, 1784, 264 bis 271
123 Id., *ibid.,* VI, 1779, 18–21, 127–130
124 *Id.,* 1780, 241–248. – *Stats.,* XII, 1788, 241–254 (Anspach). – Goeckingk, 1785, I, 253 f.; II, 351; 1786, I, 182; 1787, I, 60–62 (Salzburg), etc.
125 Moser, V, 1786, 323–342
126 Goeckingk, 1787, II, 145–146, 458, 439–441
127 Id., 1788, I, 93
128 Jung-Stilling, I, 213, 214 f.
129 Jung-Stilling, II, 36
130 Novalis, IV, 82 (28. November 1794)
131 F. Schlegel, *Lucinde,* ed. Reclam, 54
132 Fürst (H.), *Hera,* 113
133 *Lucinde,* 34 f.
134 Spenlé, *Novalis,* 63
135 *Werther,* Buch I, Brief vom 16. Juni
136 Schiller, *Kabale und Liebe,* 1. Akt, 3. Szene
137 Kleist, *Das Kätchen von Heilbronn,* 1. Akt, 1. Szene
138 Rouge, *Fr. Schlegel,* 17 ff. – Enders, 140
139 Walzel, *Friedrich Schlegel,* 46 f., 17. Mai 1791

140 *Lucinde,* S. 51
141 Wackenroder, II, 10–17. Cf. id., 39–45 und 46–48
142 Id., II, 10–17. Cf. id., 39–45 und 46–48 (Nicht verifizierbar)
143 Gries und Berger in: Dilthey, *Schleiermacher,* I, 7 und 8. – Ludovic und Rodrigue, in: Tieck, *Sternbald,* Buch I, Kap. VI, S. 106 ff., und Buch II, Kap. I, S. 155 ff.
144 Goeckingk, 1784, I, 86
145 *Archiv,* 1799, I, 44–47
146 *Athenaeum,* I, III
147 Moser, 1786, IV, 399
148 Goethe, *Dichtung und Wahrheit,* Buch XIX, S. 684 (Werkausgabe Insel-Verlag, Bd. 5)
149 Jung-Stilling, I, 112
150 *Athenaeum,* I, 180 f. (Nicht verifizierbar)
151 Jung-Stilling, I, 180
152 Id., ibid., I, 182
153 Id., ibid., 118 f., 182, 200, 204 f.
154 Id., ibid.
155 Enders, *op.cit.*
156 Zitiert bei Bossert, S. 37
157 Id., ibid., S. 37
158 Id., ibid., S. 56
159 Heinse, *Sämtliche Werke,* IV, 72, 381
160 Walzel, *Friedrich Schlegel,* S. 73
161 Id., ibid., S. 34
162 Köpke, I, 235
163 Id., I, 259
164 Buch II, Kap. 1, S. 155
165 Nicolai, *Sebaldus Nothanker*
166 Goethe, *W. Meister,* Buch I, Kap. XVI; Buch II, Kap. II; Buch VII, Kap. VII
167 Id., *ibid.,* Buch VI, *in fine;* Buch VII, Kap. IX; Buch VIII, Kap. III
168 F. Schlegel, *Charakteristik der geisterischen Lehrjahre von Goethe*
169 Dilthey, *Aus dem Leben,* I, 73, 74, 80, 96, 102; III, 67
170 Novalis, IV, 38, 135
171 Rouge, *Frédéric Schlegel,* 14. – Walzel, *Friedrich Schlegel,* 52, 54, 58, 71, 77, 79, 83, etc.
172 Jung-Stilling, I, 223, 227, 229, 264, 294, 300; II, 36, 60
173 Ayrault, *Heinrich von Kleist,* 60, 83
174 Korff, 296–321
175 Novalis, *Hymnes à la nuit,* Ed. Kluckhohn, I, 55–66; IV, 194, 196 bis 303. – Schlagdenhauffen, 382–398
176 Walzel, *Friedrich Schlegel,* in: *Briefen,* 28. Juli 1792, S. 55; 11. Februar 1792, S. 38
177 *B. M.,* II, 200–223
178 *Id.,* Oktober 1788, 367–374
179 Goeckingk, 1787, II, 151
180 Halbwachs, *Les Causes du suicide*
181 *Lucinde,* ed. Reclam, Nr. 320, Leipzig o. J., S. 39 f.

2. Kapitel: Der Verrat der Schriftsteller

1 Schlagdenhauffen, *op.cit.* – Kluckhohn, *Die deutsche Romantik*
2 Walzel, *Deutsche Romantik*
3 Strich, *Deutsche Klassik und Romantik*
4 Pötzsch, *Studien*
5 Borries, *Die Romantik und die Geschichte*
6 Schmiet, *Politische Romantik*
7 Nadler, *Literaturgeschichte; Berliner Romantik*
8 Enders, 46 ff.
9 Novalis, I, *Einleitung.* – Spenlé, *Novalis*
10 Schlagdenhauffen, *Frédéric Schlegel et son groupe*
11 Minor, Bd. II, S. 223, 247
12 Dilthey, *Aus* . . ., III, 194
13 Id., *ibid.*, 77, 78, 81
14 Id., *ibid.*, 79 f.
15 Walzel, *Friedrich und Wilhelm Schlegel,* in: *Auswahl,* XL, XLV
16 Dilthey, *Aus* . . ., III, 77
17 *Schlegel,* Athenaeum, I
18 *Fragment,* II, 121. – Minor, II, 222
19 Novalis, IV, 217 f., 219–222, 237–239, 240–242
20 *Fragmente,* II, 53, in: Minor, *Jugendschriften,* II, 211
21 Herder, »Auch eine Philosophie der Geschichte«, *Werke,* Ed. Supan, I, 477–513
22 Minor, *Jugendschriften, Fragmente,* II, 220. – Cf. *id.*, Minor, 288, 451, und über die von Goethe realisierte universale und transzendentale Poesie. *Fragmente,* II, 238, 247, 252, in: Minor, II, 242, 244, 245
23 Rouge, 31. – Walzel, *Briefe,* 112, 118, 142. – Schlegel, *Philosophie des Lebens* (1827), *G. W.*, XII, 5, 23, 52
24 Id., *ibid.*, 59 ff.
25 *Fragmente,* II, 82, 366; I, 48, 56, in: Minor, *Jugendschriften,* II, 268
26 *Fragmente,* I, 30, in: Minor, II, 195
27 *Id.*, II, 34, in: Minor, II, 187. Cf. id., *Fragmente,* I, 104, und II, 37 in: Minor, II, 197 198 und 303
28 Novalis, IV, 131. – Dilthey, *Aus dem Leben,* IV, 25–27
29 *Fragmente,* I, 55, in: Minor, II, 191
30 *Fragmente,* I, 56, 48; II, 36, 42, 61; II, 9, in: Minor, II, 190 f.
31 E. Lewalter, *Friedrich Schlegel und sein romantischer Witz.*
32 Minor, II, 386. – *Athenaeum,* I, III, 1800. – *Über die Unverständlichkeit*
33 Kluckhohn, 51
34 Steffens, I, 14, 94 ff., 362 ff.; IV, 236 ff.
35 *Athenaeum,* I, II, erster Teil, 39–151. Insbesondere 44–50, 36, 94 f., 143 f.
36 *Athenaeum,* I, 1. Teil, 147–178: »Über Goethe's Meister«
37 *Fragmente,* II, 247, in: Minor, *Jugendschriften,* II, 244
38 Steffens, 17, 107, 119
39 Dilthey, *Leben,* 557
40 Heine, *Die romantische Schule*
41 Varnhagen, *Denkwürdigkeiten,* VIII, 342 f. (Nicht verifizierbar)

42 Steffens, IV, 80
43 Id., *ibid.*, 83, 87
44 Walzel, *Friedrich Schlegel, Briefe,* 421
45 *Fragmente, Ideen,* 96, in: Minor, S. 300
46 *Fragmente,* 233, in: Minor, S. 241
47 Id., 12, ibid., S. 205
48 *Fragmente,* II, 96, in: Minor, *Jugendschriften,* II, 300; II, 233, in: Minor, II; II, 12; in: Minor, II, 205; II, 221; in: Minor, II, 238 f.; II, 262; in: Minor, II, 247. – E. Dilthey, *Leben,* 473
49 *Reden über die Religion.* Gute Analyse in: Dilthey, *Leben,* I, 460, 462. – *Vertraute Briefe über die Lucinde*
50 Hippel, *Über die bürgerliche Verbesserung der Weiber*
51 *Archiv,* 1799, I, 403–412, 501–512; II, 56–66
52 *Archiv,* Oktober 1799, 299–307, und März–August 1800
53 Dilthey, *Leben,* 541–550
54 *Fragmente,* II, 34, in: Minor, II, 208 f.
55 *Lucinde,* Ed. Reclam, S. 32 f.
56 Id., *ibid.,* S. 65
57 Id., *ibid.,* S. 11
58 Wienecke, *Caroline,* S. 133
59 Meisner und Schmidt, 8 f.
60 *Fragmente,* II, 31, in: Minor, II, 208 f.
61 Id., *ibid.,* II, 272, in: Minor, II, 248
62 Id., *ibid.,* II, 320, in: Minor, II, 257
63 Id., *ibid.,* 76, in: Minor, II, 297
64 Id., *ibid.,* 15, in: Minor, II, 205
65 Id., *ibid.,* 212 f., in: Minor, II, 236. Erst später, in der zweiten Romantik, gibt es eine Theorie vom Staat, in der die Konzeptionen von Novalis und Adam Müller aufgegriffen werden (Cf. Kluckhohn, *Ideengut,* 76 ff.).
66 *Lucinde,* 14–16
67 *Eumonia,* I, 6
68 Tieck, *Nachgelassene Schriften,* II, 40
69 *Eumonia,* I, 5
70 Dilthey, *Leben,* 558
71 *Fragmente,* II, 216, in: Minor, II, 236
72 *Archiv der Zeit,* 1799, I, 44–47
73 Köpke, I, 280
74 Eckart, *Garlieb Merkel*
75 Merkel, *Briefe an ein Frauenzimmer,* I, 17–32
76 Dilthey, *Leben,* III, 196–199, Juli 1800
77 Merkel, *Briefe an ein Frauenzimmer,* I, 113–126
78 Merkel, *ibid.,* 193–198
79 Dilthey, *Aus dem Leben,* III, IV, 85–88
80 Musen, *Almanach für das Jahr 1802.* – Schlegel, A., *Wund Tieck*
81 Gute Zusammenfassung des Problems in: Schlagdenhauffen, 314 bis 327
82 Tieck, Poetisches Journal, 1800, 236 f.

Bibliographie

Die Bibliographie, die der Verfasser 1947 seinem Buch beigab, ist inzwischen veraltet. Sie ist daher – unter Wahrung seiner Systematik – auf den neuesten Stand gebracht worden, ohne daß dabei Anspruch auf Vollständigkeit erhoben werden konnte. Einige ältere Titel wurden weggelassen, desgleichen Ausgaben deutscher Klassiker, die dem Leser hierzulande in reicher Auswahl in jeder Bibliothek zur Verfügung stehen. An Abkürzungen wurden im folgenden verwendet: FBPG = Forschungen zur brandenburgischen und preußischen Geschichte; JGMOD = Jahrbuch für die Geschichte Mittel- und Ostdeutschlands.

1. Ungedruckte Quellen (ehem. Preußisches Geheimes Staatsarchiv, Berlin-Dahlem, jetzt Deutsches Zentralarchiv Merseburg)

1,1. Über die Zensur, die Presse und Druckerzeugnisse

Rep. IX, B. I F 2 a: Fasc. 15 (1777–1782); 21 (1788–1791); 22 (1788 bis 1796); 23 (Journal de Strasbourg); 24, 25 (1772–1794); 27 (1793–1795); 33, 35, 36 (1798); 39 (1799); 42 (1800–1802); 44 (1801–1803); 46 (Grattenauer, 1803), 47 (1803–1810). – Fasc. 18 (Neudrucke, 1783–1787).
Rep. IX, B. I F 2 a 1: Fasc. 3 (Druckerprivilegien, 1736–1793); 10 (1787 bis 1792); 13 (1793–1803).
Rep. XVI, Nr. 112 (kaiserliche Zensur).

1,2. Über die Dienstboten und Trödler

Rep. IX X I B: Fasc. 96 (Ordonnanz über die kurmärkischen Dienstboten, 1768).
Gen.Dir., Magdeburg, 1795, Tit. CCVII, Nr. 9 (Trödler in Halle und Magdeburg, 1795, 1805, 1806).

1,3. Über Militärpersonen

Rep. IX X I B: Fasc. 96 (Deserteure, 1769); 97 (1766–1769), 17 (Streitigkeiten zwischen Militärpersonen und Bürgern).
Ostfriesland, Rep. 68, Repertorium, B. 65 (1744–1800); B. 64 (1800–10).
Cleve, Ravensberg, Rep. 34, Repertorium, B. 50 (1780–1817).
Minden, Rep. 32, 52, B. 40 (1648–1785); B. 41 (1787–1815).
Magdeburg, Rep. 52, B. 60–61 (1786–1815).

Beamtendossiers:

Provinz Brandenburg, Rep. 2, vol. 19–21; Rep. 3, Tit. 3 b, Nr. 36–37.
Pommern, Rep. 30, Nr. 48.
Westpreußen, Rep. 7 b, Nr. 32 a, 32 b.
Ostpreußen, Rep. 7, Nr. 16 b.
Ostfriesland, Rep. 68, Nr. 5 a.
Cleve, Rep. 34, Nr. 18 a.
Minden, Rep. 32, B. 9.
Magdeburg, Rep. 52, B. 69.

1,7. Über die Beamten in den Kriegs- und Domänenkammern
Gen.Dir., Bestallungs- und Behördensachen:
Kurmark, Tit. V, Nr. 2 (Bestallungs- und Behördensachen, 1783–1806); Tit. VI, Nr. 19 (Referendarien, 1794–1806).
Pommern, Tit. III, Nr. 2 (Kriegs- und Domänenräte, 1786–1806).
Tit. IV, Nr. 1 (Steuerräte, 1776–1806).
Tit. VI., Nr. 1 (Assessoren und Referendarien, 1790–1806).
Westpreußen und Netzebezirk: Kammer zu Marienwerder, Tit. IX, Nr. 1, Vol. 1 b, II, III, IV, V (Räte, Assessoren, Referendarien, 1772 bis 1806).
Tit. XXIII, Vol. I–III (Landräte, 1753–1806).
Tit. XXV, Vol. I–II (Kriegs- und Steuerräte, 1772–1806).
Kammerdeputation Bromberg, Tit. III, Nr. 1, Vol. I–III (Räte, 1775 bis 1806).
Tit. IV, Nr. 1 (Referendarien, 1776–1804).
Tit. V, Nr. 1 (Auskultatoren, 1787–1790).
Ostpreußen, Tit. X, Nr. 11, 15, 16 (Kriegs- und Domänenräte).
Tit. XI, Nr. 24, 40, 41, 60 (Referendarien, Assessoren).
Ostfriesland, Tit. VII, Nr. 5, 7, 8, 9 (Assessoren, 1786–1804).
Tit. IX, Nr. 8, 9, 10, 12, 13, 14, 15 (Referendarien, 1791–1793 und 1803–1804).

1,4. Über Arme und Landstreicher
Gen.Dir., CLXVIII.
Mark, I–X, 3 (Armenhäuser).
Neumark, Materien III, Polizei-Protokolle 1–2 (Generalvisitationen).
Pommern, Materien III: Vagabunden-Sachen, Nr. 3, 5, 10, 11.
Westpreußen und Netzebezirk, Materien, Tit. CXXIX, Nr. 3, 8, 10, I–III (Landstreicherei an der polnischen Grenze).
Ostpreußen und Litauen, Materien, Tit. CXIV, Nr. 9, vol. (2) (Generalvisitationen und Verfahren wider die aufgegriffenen Vagabunden).

1,5. Über die Lebensbedingungen und Examina der Assessoren und Referendare bei den Gerichten und Kriegs- sowie Domänenkammern
Rep. 125 III a (Kandidaten zur Prüfung bei der Ober-Examinations-Commission).
Rep. 9, J 7 c (Lebensbedingungen der Auskultatoren).
Rep. 52, B. 69, Magdeburg (Examensprotokolle, 1789).
Gen.Dir., Magdeburg, Rep. 39, Tit. VIII, Nr. 5 (über zu viele Kandidaten zwischen 1802 und 1804).
Rep. 32, B. 9, Minden (Examensprotokolle, 1799–1800).
Gen.Dir., Behörden- und Bestallungssachen, Minden, Tit. VII, Referendare, Nr. 1 (1802–1806).

1,6. Über Justiz- und Kirchenbeamte
Rep. IX, J 6, Fasc. 3 (Stadtgericht). Fasc. 125, 126.
Rep. IX, J 7, Fasc. 125 und 126 (Stadtgericht). Fasc. 5, 7, 19, 87, 127, 128, 151 (Auskultatoren und Referendarien beim Kammergericht).
Rep. IX, J 7 B und J 7 c, Referendarien beim Kammergericht (1775 bis 1808).

Registraturbuch Kurmark (1786–1796), B. 12, 13, 14.
Pommern, Rep. 30 (1785–1806).
Westpreußen, Rep. 7, B. 28–29 (1786–1806).
Ostpreußen und Litauen, Convolute (1781–1810).
Cleve, Tit. VIII, Nr. 1–2, B. 1 (Assessoren, Räte, 1786–1804).
Minden, Tit. IV, Nr. 1–3 (Kriegs- und Domänenräte, 1746–1787 und 1798–1806).
Tit. IV, Nr. 2–3, und Tit. VII, Nr. 1 (Referendarien, 1802–1806).
Magdeburg, Rep. 39, Vit. V (Kriegs- und Domänenräte, 1750–1800).
Tit. VI (Landräte).
Tit. VIII (Referendarien, 1799–1806).

1,8. Über andere Beamte

Gen.Dir., Zoll- und Accise-Departement, Register XLII, Nr. 3, Vol. I–III.
Rep. 89–71, A–H, J, N (Conduitenlisten des Justiz-Departements, Vol. I, 1800–1802).
Rep. 96, II D (Beamte des General-Direktoriums).
Rep. 47, 5 (Landpfarrerbesetzungen Kurmark, 1796–1806).

2. Gedruckte Quellen und zeitgenössische Literatur

2,1. Jahrbücher, Zeitschriften und Zeitungen

2,11. Jahrbücher

Allerneuester Zustand der Königlichen Preußischen Armee mit Anfang des Jahres 1776, o. O. 1778.
Zustand der Königlichen Preußischen Armee im Jahr 1786, Breslau 1786.
Rangliste der Königl. Preußischen Armee für das Jahr 1805, Berlin 1806.
Stammliste aller Regimenter und Corps der Königlich-Preußischen Armee für das Jahr 1806, Berlin 1805.
Adress-Kalender der Königlich-Preußischen Haupt- und Residenzstadt Berlin, besonders der daselbst befindlichen hohen und niederen Collegien, Instanzen und Expeditionen auf das Jahr 1786, Berlin 1786.
Adress-Kalender der Königlich-Preußischen Haupt- und Residenzstadt Berlin, und Potsdam ... auf das Jahr 1800, Berlin 1800.

2,12. Berliner Zeitungen und Zeitschriften

Königlich-privilegierte Berlinische Zeitung von Staats- und gelehrten Sachen (Vossische Zeitung), Berlin 1721 H.
(Rhode): Berlin, eine Zeitschrift ..., 1799.
Fischer, G. N. – Riem, A.: Berlinisches Journal für Aufklärung, Berlin 1788–1790.
Gedike, F. – Biester, J. E.: Berlinische Monatsschrift, Berlin 1783–1792; Jena 1792; Dessau 1793–1796.
Dies.: Berlinische Blätter, 1797–1798.
Biester, J. E.: Neue Berlinische Monatsschrift, Berlin 1799.
Rambach, Fessler: Berlinisches Archiv der Zeit und ihres Geschmacks, Berlin 1798–1801.
Unger, J. F.: Jahrbücher der Preußischen Monarchie unter der Regierung Friedrich Wilhelms des Dritten, Berlin 1795–1801.

Fessler, Rhode: Eumonia. Eine Zeitschrift des neunzehnten Jahrhunderts, Berlin 1801.
Kotzebue, A. v. – Merkel, G. H.: Der Freimüthige. Zeitschrift, Berlin 1792–1808.

2,13. Deutsche Zeitungen und Zeitschriften

Nicolai, F.: Allgemeine Deutsche Bibliothek, Berlin–Stettin 1785–1892.
Ders.: Neue allgemeine Deutsche Bibliothek, Kiel 1793–1800; Berlin–Stettin 1801–1805, 1806.
Wieland, C. M.: Der Teutsche Merkur, Weimar 1773–1789.
Ders.: Der Neue Teutsche Merkur, Weimar 1798–1810.
Schubart, C. D. D.: Deutsche Chronik, Augsburg 1774–1777; fortges. von 1777–1781 durch Miller, Köhler u. a.
Ders.: Vaterländische Chronik, Augsburg 1787–1791.
Schlözer, A. L.: Briefwechsel, meist historischen und politischen Inhalts. Göttingen 1776–1783.
Ders.: Staats-Anzeigen, Göttingen 1783–1795.
Boie, H. C. – Dohm, C. W.: Deutsches Museum, Leipzig 1776–1781, 1788.
Boie, H. C.: Neues Deutsches Museum, Leipzig 1782–1791.
Wekhrlin, W. L.: Die Chronologen, Frankfurt/Main–Leipzig 1779–1781.
Ders.: Das graue Ungeheuer, Nürnberg 1784–1787.
Ders.: Hyperboreische Briefe, Nürnberg 1788–1790.
Schirach, G. B. v.: Das Politische Journal, Hamburg, 1781–1804.
Goekingk, L. F. G. v. – Bibra, Frh. v.: Journal von und für Deutschland, Ellrich 1784–1792.
Moser, K. F. v.: Das Patriotische Archiv für Deutschland, Frankfurt/Main–Leipzig 1784–1790.
Ders.: Das Neue Patriotische Archiv für Deutschland, Leipzig 1792–9.
Ders.: Allgemeine Literatur-Zeitung, Jena–Leipzig 1785–1803; fortges. u. d. T.: Jenaische Literatur-Zeitung, bis 1848.
Meiners, C. – Spittler, L. T.: Das Göttingische historische Magazin, Hannover 1791–1794.
Dies.: Das Neue Göttingische historische Magazin, Hannover 1791 bis 1794.
Trapp, E. C. – Stuve, J. – Heusinger, K. – Campe, J. H.: Braunschweigisches Journal, philosophischen, philologischen und pädagogischen Inhalts, Braunschweig, 1788–1891.
Bertuch, J. E. – Kraus: Journal des Luxus und der Moden, Weimar 1787–1837.
Hufeland, G.: Journal der Practischen Arzneykunde und Wundarzneykunde, Jena 1795–1837; fortges. u. d. T.: Journal der practischen Heilkunde, bis 1844.
Becker, G. W.: Erhohlungen, Leipzig 1796–1810.
Becker, Z.: National-Zeitung der Teutschen, o. O. 1796–1805.
Posselt, E. L.: Neueste Weltkunde, Tübingen 1798.
Ders.: Allgemeine Zeitung, Tübingen 1798–1803; fortges. u. d. T.: Kaiserlich und Kurbayrisch privilegirte Allgemeine Zeitung, bis 1837.
Schlegel, A. W., und F.: Athenaeum. Eine Zeitschrift, Berlin 1799–1801.
Tieck, L.: Poetisches Journal, Jena 1800.

Merkel, G. H.: Briefe an ein Frauenzimmer, Berlin 1801–1803.
Spazier, J. G. K.: Zeitung für die elegante Welt, Leipzig 1801–1805.
Schlegel, A. W. – Tieck, L.: Musen-Almanach für das Jahr 1802, Tübingen 1802.
Schlegel, F.: Europa. Eine Zeitschrift, Berlin 1799–1801.

2,2. Allgemeine zeitgenössische Werke

Allgemeines Landrecht für die Preußischen Staaten. In Verbindung mit ergänzenden Verordnungen, hrsg. v. A. G. Mannkopff, 9 Bde., Berlin 1837.
Krug, L.: Was ist für die preußische Staatskunde bis jetzt gethan und was ist für dieselbe noch zu thun übrig?, Jahrbücher der preußischen Monarchie unter Friedrich Wilhelm dem Dritten, Jg. 1798, Bd. 2–3.
Der Brandenburgisch-Preußische Staat am Schlusse des achtzehnten Jahrhunderts oder Reise durch sämtliche Königl. Preußischen Provinzen, Berlin 1801.
Mirabeau, H. G. Riqueti Marquis de: De la Monarchie prussienne sous Frédéric le Grand, 4 Bde., London 1788.
Staël, G. de: De l'Allemagne, Paris 1810.
Grellmann, N. M. G.: Staatskunde von Teutschland im Grundrisse, Göttingen 1790.
Nicolai, F.: Beschreibung einer Reise durch Deutschland und die Schweiz im Jahre 1781. Nebst Bemerkungen über Gelehrsamkeit, Industrie, Religion und Sitten, 12 Bde., Berlin–Stettin 1783–1796.
Ders.: Beschreibung der Königlichen Residenzstädte Berlin und Potsdam, aller daselbst befindlicher Merkwürdigkeiten und der umliegenden Gegend, 3 Bde., Berlin ^{3}1786.
Bachmann, T. C.: Kurzer Entwurf einer Statistik der preußischen Staaten, Halle 1790.
Korff, H. de: Essai statistique sur la monarchie prussienne. Berlin 1791.
Küster, J. E.: Beiträge zur Preußischen Staatskunde, Berlin 1806.

2,3. Zeitgenössische Werke zur Aufklärung

Eberhard, J. A.: Über die Zeichen der Aufklärung einer Nation. Eine Vorlesung, Halle 1783.
Hertzberg, E. F.: Huit dissertations lues dans les Assemblées publiques de l'Académie royale des Sciences et des Lettres de Berlin, tenues pour l'anniversaire du roi Frédéric II dans les années 1780–87, Berlin 1787.
Ders.: Œuvres politiques, 3 Bde., Berlin–Paris Jahr III (1795).
Humboldt, W. v.: Ideen zu einem Versuch, die Grenzen der Wirksamkeit des Staats zu bestimmen, in: Gesammelte Schriften, Bd. 1,1, Berlin 1903.
Spalding, J. J.: Über die Nutzbarkeit des Predigtamtes und deren Beförderung, Berlin ^{3}1791.

2,4. Autobiographische Schriften und Briefwechsel

Albrecht, H. C.: Geheime Geschichte eines Rosenkreutzers, Hamburg 1792.
Boettinger, K. A.: Literarische Zustände und Zeitgenossen. Aus dem Nachlasse, 8 Bde., Leipzig 1838.

Schmidt, E.: Caroline. Briefe aus der Frühromantik, 2 Bde., Leipzig 1913.

Wienecke, E.: Caroline und Dorothea Schlegel in Briefen, Weimar 1914.

Braun, A. – Roethe, G. – Schmidt, E.: Dorothea als Schriftstellerin in Zusammenhang mit der romantischen Schule. Untersuchungen und Texte, Berlin 1905.

Raich, J. M.: Dorothea von Schlegel und deren Söhne Johannes und Philipp Veit. Briefwechsel . . ., Mainz 1881.

Meisner, H. – Schmidt, E.: Briefe von Dorothea Schlegel an Friedrich Schlegel, Berlin 1913.

Forster, J. G.: Briefwechsel, 2 Bde., Leipzig 1829.

Zincke, P. v. – Leitzmann, A.: Forster. Tagebücher, Berlin 1914.

Hippel, T. G. v.: Biographie des königlich-preußischen Geheimkriegsraths zu Königsberg . . . zum Theil von ihm selbst verfaßt, Gotha 1801.

Humboldt, W. v.: Tagebücher, in: Gesammelte Werke, Bd. 14 bis 16, Berlin 1903.

Leitzmann, A.: Briefe von Wilhelm von Humboldt an Friedrich Heinrich Jacobi, Halle 1892.

Meisner, H.: Briefe August Ludwig Hülsens, J. B. Vermehrens und Franz Weicharts an Friedrich Schleiermacher, Berlin 1913.

Jung-Stilling, J. H.: H. Stillings Leben, eine wahre Geschichte, 6 Bde., Berlin 1806.

Meusel, F.: Friedrich August von der Marwitz, ein märkischer Edelmann im Zeitalter der Befreiungskriege, 3 Bde., Berlin 1908–1913.

Moritz, K. P.: Anton Reiser, ein autobiographischer Roman, München 1912.

Raich, J. M.: Novalis. Briefwechsel mit Friedrich, August-Wilhelm, Charlotte und Caroline Schlegel, 2 Bde., Mainz 1881.

Varnhagen von Ense, R.: Ein Buch des Andenkens für ihre Freunde, 3 Bde., Berlin 1834.

Plitt, G. L.: Aus Schellings Leben, in Briefen, 3 Bde., Leipzig 1869–1870.

Walzel, O.: Friedrich Schlegel, Briefe an seinen Bruder August-Wilhelm, Berlin 1890.

Fincke, H.: Briefe an Friedrich Schlegel, Köln 1917.

Körner, J.: Briefe v. u. a. Friedrich und Dorothea Schlegel, Berlin 1926.

Ders. – Wienecke, H.: August-Wilhelm und Friedrich Schlegel im Briefwechsel mit Schiller und Goethe, Leipzig o. J.

Unger, R.: Briefe von Dorothea und Friedrich Schlegel an die Familie Paulus, Berlin 1913.

Dilthey, W.: Aus Schleiermachers Leben, in Briefen, 4 Bde., Berlin 1860 bis 1869.

Meisner, H. – Schmidt, E.: Briefe von Karl Gustav von Brinkmann an Friedrich Schleiermacher, Berlin 1912.

Schön, Th. v.: Aus den Papieren des Ministers und Burggrafen von Marienburg Th. v. Schön, 6 Bde., Halle–Berlin 1875–1883.

Schubart, C. F. D.: Leben und Gesinnungen von ihm selbst im Kerker aufgesetzt, 2 Bde., Stuttgart 1839.

Semler, J. S.: Lebensbeschreibung, 2 Bde., Halle 1781.

Spazier, J. G. K.: Carl Pilgers Roman seines Lebens. 2 Bde., Berlin 1792–1793.

Steffens, F.: Was ich erlebte, 4 Bde., Breslau 1840–1841.
Lüdecke, H.: Ludwig Tieck und die Gebrüder Schlegel. Briefe mit Einleitung von . . ., Frankfurt/Main 1930.
Holtei, K. v.: Briefe an Ludwig Tieck, 4 Bde., Breslau 1864.
Varnhagen von Ense, K. A.: Biographische Denkmale, 5 Bde., Berlin ²1845–1846.
Ders.: Denkwürdigkeiten und vermischte Schriften, Mannheim 1837.

2,5. Literarische Werke

Forster, G.: Ansichten vom Niederrhein, von Brabant, Flandern, Holland, England und Frankreich in April, Mai und Juni 1790, 2 Bde., Leipzig 1790.
Humboldt, W. v.: Gesammelte Schriften, hg. v. Leitzmann im Auftrag d. Berl. Akad. d. Wiss., 17 Bde., Berlin 1903–1936.
Dorothea Veit (später Schlegel): Florentin. Ein Roman, hg. v. F. Schlegel, Lübeck–Leipzig, 1801.
Jacobi, F. H.: Woldemar, 2 Bde., Königsberg ²1796.
Kotzebue, A. v.: Der hyperboreische Esel oder Die heutige Bildung, Leipzig 1799, ND 1907.
Die Mainzer Klubbisten zu Königstein oder Die Weiber decken einander die Schanden auf. Ein tragi-komisches Schauspiel in einem Aufzuge, o. O. 1793, ND Leipzig 1907.
Mendelssohn, M.: Gesammelte Schriften, 7 Bde., Leipzig 1843.
Nicolai, F.: Das Leben und die Meinungen des Herrn Sebaldus Nothanker, 3 Bde., Berlin ²1774–1776.
Wackenroder, W. H.: Werke und Briefe, hg. v. F. v. d. Leyen, 2 Bde., Jena 1910.

2,6. Zeitgenössische Werke über die demographischen, wirtschaftlichen und sozialen Verhältnisse

2,61. Über die demographischen Verhältnisse

Süssmilch, J. P.: Die göttliche Ordnung in den Veränderungen des menschlichen Geschlechts aus der Geburt, dem Tode und der Fortpflanzung derselben erwiesen, Berlin 1741, 5. Aufl., 3 Bde., Berlin 1790–1793.
Briefe über die Auswanderung der Unterthanen, besonders nach Rußland, Gotha 1770.
Wenzel, O. T.: Politische und statistische Meynungen über die Auswanderungen der Teutschen, ihre Ursachen und Mittel, ihnen vorzubeugen, Dresden 1781.
Patriotische Gedanken über die Bevölkerung, Frankfurt/M–Leipzig 1781.
Weinhold, C. A.: Von der Übervölkerung in Mittel-Europa und deren Folgen auf die Staaten und ihre Civilisation, Halle 1827.
Wahrhold, E.: Die Weinhold'sche Übervölkerung Mittel-Europas, Halle 1827.

2,62. Über die Frauen

Brandes, E.: Über die Weiber, Leipzig 1787.
Hippel, T. G. v.: Versuch über die bürgerliche Verbesserung der Weiber, Berlin 1792.

Ders.: Über die Ehe, Berlin [4]1793.
Krug, L.: Philosophie der Ehe, Leipzig 1792.

2,63. Über die Armen
Friedländer, M.: Bibliographie méthodique des ouvrages publiés en Allemagne sur les pauvres, Paris 1833.
Pilat, R. J.: Über Arme und Armenpflege, Berlin 1804.
Weber, F. B.: Staatswirtschaftlicher Versuch über das Armenwesen und die Armenpolicey mit vorzüglicher Hinsicht auf die dahin einschlagende Literatur, Göttingen 1807.
Emmermann, F. W.: Über öffentliche Armenanstalten auf dem Lande. Ein Versuch, Siegen 1909.
Ders.: Geprüfte Einleitung zur Einrichtung und Verwaltung der öffentlichen Armenanstalten überhaupt und besonders auf dem Lande, Gießen [2]1814.

2,64. Über das Dienstboten- und Gesindewesen
Krünitz, J. G.: Das Gesindewesen nach Grundsätzen der Oeconomie und Policeywissenschaft abgehandelt, Berlin 1779.
Hoff, A. v.: Über Gesinde, Gesindeordnungen und deren Verbesserungen, Berlin 1789.
Über Gesinde, Gesinde-Ordnungen und deren Verbesserung. Ein Beitrag zu des Herrn von Hoff Abhandlung über diesen Gegenstand. Von einem Bedienten, Berlin 1790.
Ein Wort an die Herrschaften, die gutes Gesinde haben wollen, Breslau 1797.

2,65. Über das Handwerk
Fricke, J. F.: Grundsätze des Rechts der Handwerker, Göttingen–Kiel [2]1778.
Kurze Darstellung einiger Handwerks-Missbräuche und Vorschläge, wie solche zu verbessern seyn könnten. Von einem Unstudierten. Nebst einer gekrönten Preisschrift über das Wandern der Handwerksgesellen, o. O. u. J.
Kulenkamp, E J.: Das Recht der Handwerke und Zünfte, Marburg 1807.

2,66. Über das Militär
Bertuch, J. G.: Über die Erziehung des künftigen Soldaten, nebst einem Vorschlag, bei einzelnen Regimentern Schulen zu errichten, Berlin 1781.
Knoblauch, H.: Über die sittliche und wissenschaftliche Bildung der jungen Leute, welche dem Militär sich widmen, Berlin 1800.
Lorenz, J. G.: Zuruf an alle Generale, Regimentschefs, Magistrate, Inspectoren, Prediger und Beamte, veranlaßt durch das in der koellnischen Vorstadtkirche gehaltene Examen mit der Kasernenschule des Infanterieregiments von Pfuhl, Berlin 1788.

2,67. Über das Gesundheitswesen
Augustin, F. L.: Die königlich-preußische Medicinalverfassung oder vollständige Darstellung aller das Medicinalwesen und die medicinische

Policey in den königlich-preußischen Staaten betreffenden Gesetze, Verordnungen, Einrichtungen, 2 Bde., Potsdam 1818.
Boettchers, J. F.: Bemerkungen über Medicinalverfassung, Hospitäler und Kuraten, 2 Bde., Königsberg 1800.
Hagen, T. P. v. d.: Nachricht von den Medicinal-Anstalten und medicinischen Collegiis in den preußischen Staaten, Berlin 1786.
Herz, M.: Briefe an Ärzte, 2 Bde., Berlin ^{2}1784.
Hufeland, C. W.: Makrobiotik oder Kunst, das menschliche Leben zu verlängern, 2 Bde., Berlin ^{3}1805.
Liebecke, J. G. G.: Auszüge aus den königlich-preußischen Polizey-Gesetzen in Beziehung auf Gesundheit und Leben der Menschen, Magdeburg 1805.
Reichl, G. C.: Vom Fieber und dessen Behandlung überhaupt, Berlin 1800.
Tax-Ordnung für die Medicinal-Personen in den königlich-preußischen Staaten, Berlin 1800.

2,68. Über die Luxusgesetzgebung, das Lotterie- und Schulwesen sowie über die allgemeinen gesellschaftlichen Zustände

Garve, C.: Versuche über verschiedene Gegenstände aus der Moral, der Literatur und dem gesellschaftlichen Leben, 5 Bde., Breslau 1792–1802.
Knigge, A. v.: Über den Umgang mit Menschen, Hannover 1788 u. ö.
Hess, L. v.: Gedanken über Prachtgesetze, Hamburg 1781.
Nachricht an das Publikum, wie der warme Rokentrank auf eine gute Art zubereitet und mit welchem Nutzen selbiger anstatt des Coffe gebraucht werden kann, Berlin 1786.
Rumpf, J. D. F.: Deutschlands Goldgrube oder Durch welche inländischen Erzeugnisse kann der fremde Kaffee, Thee und Zucker möglichst ersetzt werden? Und was ist insbesondere von der Zubereitung aus Runkelrüben und Ahornbäumen zu erwarten?, Berlin 1799.
Hahnemann, S.: Der Kaffee in seinen Wirkungen. Nach eigenen Beobachtungen, Leipzig 1803.
Kortum, K. A.: Der Kaffee und seine Stellvertreter, Leipzig 1809.
Hess, L. v.: Die Schädlichkeit der Zahlenlotterie. Ein Geschenk an das Publikum, Berlin 1799.
Kerndörffer, H. A.: Lotterien und Kunst zu gewinnen, Frankfurt/Main–Leipzig 1796.
Grolman, K.: Versuch einer Entwicklung der rechtlichen Natur der Ausspiel-Geschäfte, Gießen 1797.
Paalzow, G. L.: Bernhard und Philibert. Gespräche über Glücksspiele, insonderheit über die Lotterie, Dessau 1819.
Rochow, F. E.: Von der Verbesserung des Volksschulcharakters durch Volksschulen, Dessau–Leipzig 1781.

3. Neuere Literatur

3,1. Allgemeine Werke zur historischen Entwicklung und zur Literaturgeschichte Preußens und Deutschlands

Atkinson, C. T.: A History of Germany, 1715–1815, London 1908, ND New York 1969.

Basch, V.: Les doctrines des philosophes classiques de l'Allemagne, Paris 1927.

Bauer, B.: Geschichte der Politik, Kultur und Aufklärung des 18. Jahrhunderts, 4 Teile, Berlin 1843–1845, ND Aalen 1965.

Biedermann, K.: Deutschland im 18. Jahrhundert, 4 Bde., Leipzig ^{2}1880, ND Aalen 1969.

Braubach, M.: Diplomatie und geistiges Leben im 17. und 18. Jahrhundert. Gesammelte Abhandlungen, Bonn 1969.

Ders.: Vom Westfälischen Frieden bis zur Französischen Revolution, in: B. Gebhardt – H. Grundmann: Handbuch der deutschen Geschichte, Bd. 2, Stuttgart ^{9}1969, auch selbständig München 1974 (dtv 4210).

Bruford, W. H.: Die gesellschaftlichen Grundlagen der Goethezeit, Weimar 1936, neu Frankfurt/Main–Berlin–Wien 1975 (Ullstein-Buch Nr. 3142).

Ders.: Kultur und Gesellschaft im klassischen Weimar 1775–1806, Göttingen 1966.

Cavaignac, O.: La formation de la Prusse contemporaine, 2 Bde., Paris 1891.

Chaunu, P.: La civilisation de l'Europe des Lumières, Paris 1971.

De Boor, H. – Newald, R.: Geschichte der deutschen Literatur von den Anfängen bis zur Gegenwart, Bd. 5: R. Newald: Die deutsche Literatur vom Späthumanismus bis zur Empfindsamkeit 1570–1750, München ^{6}1967; Bd. 6: Ders.: Von Klopstock bis zu Goethes Tod 1750 bis 1832, München ^{5}1967.

Dietrich, R.: Kleine Geschichte Preußens, Berlin 1966.

Dilthey, W.: Studien zur Geschichte des deutschen Geistes, in: Gesammelte Schriften, Bd. 3, Stuttgart–Göttingen ^{4}1969.

Droz, J.: L'Allemagne et la Révolution française, Paris 1949.

Engelsing, R.: Zur Sozialgeschichte deutscher Mittel- und Unterschichten, Göttingen 1973.

Epstein, K.: Die Ursprünge des Konservativismus in Deutschland. Der Ausgangspunkt: Die Herausforderung durch die Französische Revolution 1770–1806, Frankfurt/Main–Berlin–Wien 1973.

Ermatinger, E.: Deutsche Kultur im Zeitalter der Aufklärung, in: Handbuch der Kulturgeschichte, 1,7, Frankfurt/Main ^{2}1969.

Etzin, F.: Die Freiheit der öffentlichen Meinung unter der Regierung Friedrichs des Großen, FBPG 33 (1921).

Geiger, L.: Berlin 1688–1840. Geschichte des geistigen Lebens der preußischen Hauptstadt, 2 Bde., Berlin 1893–1899.

Gerth, H.: Die sozialgeschichtliche Lage der bürgerlichen Intelligenz um die Wende des 18. Jahrhunderts. Ein Beitrag zur Soziologie des deutschen Frühliberalismus, phil. Diss. Frankfurt/Main 1936 (Masch.).

Goldfriedrich, J.: Geschichte des deutschen Buchhandels, Bd. 3–4, Leipzig 1909–1913.

Habermas, J.: Strukturwandel der Öffentlichkeit. Untersuchungen zu einer Kategorie der bürgerlichen Gesellschaft, Neuwied ^{2}1965.

Häusser, L.: Deutsche Geschichte vom Tode Friedrichs des Großen bis zur Gründung des Deutschen Bundes, 4 Bde., Leipzig 1854–1857.

Hartung, F.: Neuzeit. Von der Mitte des 17. Jahrhunderts bis zur Französischen Revolution 1789, Leipzig–Wien 1932, ND Darmstadt 1965.

Ders.: Der aufgeklärte Absolutismus, HZ 180 (1955), jetzt neu in: H. H. Hofmann (Hg.): Die Entstehung des modernen souveränen Staates, Köln–Berlin 1967.

Hazard, P.: Die Herrschaft der Vernunft. Das europäische Denken im 18. Jahrhundert, Hamburg o. J. (1949).

Heigel, K. Th. v.: Deutsche Geschichte vom Tode Friedrichs des Großen bis zur Auflösung des alten Reiches, 2 Bde., Stuttgart 1899–1911.

Henderson, W. O.: Studies in the Economic Policy of Frederick the Great, London 1963.

Hertz, F.: The Development of the German Political Mind, Bd. 2: The Age of Enlightenment, London 1962.

Hillebrand, K.: Die Berliner Gesellschaft in den Jahren 1789 bis 1815, in: Unbekannte Essys, Bern 1955.

Hinrichs, C.: Preußentum und Pietismus. Der Pietismus in Brandenburg-Preußen als religiös-soziale Reformbewegung, Göttingen 1971.

Hintze, O.: Regierung und Verwaltung. Gesammelte Abhandlungen zur Staats-, Rechts- und Sozialgeschichte Preußens. Gesammelte Abhandlungen, Bd. 3, Göttingen ²1967.

Kaeber, E.: Geistige Strömungen in Berlin zur Zeit Friedrichs des Großen, FBPG 54 (1943).

Kirchner, J.: Das deutsche Zeitschriftenwesen, seine Geschichte und seine Probleme, T. 1: Von den Anfängen bis zum Zeitalter der Romantik, Wiesbaden ²1958.

Korff, H. A.: Voltaire im literarischen Deutschland des 18. Jahrhunderts. Ein Beitrag zur Geschichte des deutschen Geistes von Gottsched bis Goethe, Heidelberg 1917.

Ders.: Geist der Goethezeit. Versuch einer ideellen Entwicklung der klassisch-romantischen Literaturgeschichte, 5 Bde., 3.–6. Aufl., Leipzig 1959–1966.

Koselleck, R.: Kritik und Krise. Ein Beitrag zur Pathogenese der bürgerlichen Welt, Freiburg/Brsg. – München 1959.

Ders.: Preußen zwischen Reform und Revolution. Allg. Landrecht, Verwaltung und soziale Bewegung von 1791–1848, Stuttgart 1967.

Koser, R.: Geschichte Friedrichs des Großen, 4 Bde., zuletzt Stuttgart–Berlin 1914–1925, ND Darmstadt 1963.

Lamprecht, K.: Deutsche Geschichte, Bd. 9, Berlin ⁴1922.

Lévy-Bruhl, L.: L'Allemage depuis Leibniz. Essai sur le développement de la conscience nationale en Allmagne (1700–1848), Paris ²1907.

Liebel, H.: Der aufgeklärte Absolutismus und die Gesellschaftskrise in Deutschland im 18. Jahrhundert, in: W. Hubatsch (Hg.): Absolutismus, Darmstadt 1973.

Lindemann, M.: Deutsche Presse bis 1815 (Geschichte der deutschen Presse, T. 1), Berlin 1969.

Martens, W.: Die Botschaft der Tugend. Die Aufklärung im Spiegel der deutschen Moralischen Wochenschriften, Stuttgart 1968.

Martiny, F.: Die Adelsfrage in Preußen vor 1806 als politisches und soziales Problem. Erläutert am Beispiel des Kurmärkischen Adels, Stuttgart–Berlin 1938.

Meinecke, F.: Weltbürgertum und Nationalstaat, neu hg. v. Herzfeld (Werke, Bd. 5), Stuttgart–München–Darmstadt 1962.

Ders.: Das Zeitalter der deutschen Erhebung, Leipzig ²1913, u. ö. zuletzt Göttingen 1963.

Milkau, F.: Handbuch der Bibliothekswissenschaft, 2 Bde., Leipzig 1931.

Oestreich, G.: Das Reich – Habsburgische Monarchie – Brandenburg-Preußen von 1648 bis 1803, in: Th. Schieder (Hg.): Handbuch der europäischen Geschichte, Bd. 4: Europa im Zeitalter des Absolutismus und der Aufklärung, hg. v. F. Wagner, Stuttgart 1968.

Philippson, M.: Geschichte des preußischen Staatswesens unter Friedrich Wilhelm dem Zweiten, 2 Bde., Berlin 1886.

Raumer, K. v.: Deutschland um 1800. Krise und Neugestaltung 1789 bis 1815 (Teil 1, bis 1806 reichend), in: O. Brandt, A. O. Meyer, L. Just (Hg.): Handbuch der deutschen Geschichte, Bd. 3/1, Konstanz 1958.

Ritter, G.: Stein. Eine politische Biographie, 2 Bde., Stuttgart–Berlin 1921.

Ders.: Friedrich der Große. Ein historisches Profil, Heidelberg ³1954.

Rosenberg, H.: Bureaucracy, Aristocracy and Autocracy. The Prussian Experience 1660–1815, Cambridge/Mass. 1958.

Salomon, L.: Geschichte des deutschen Zeitungswesens von den ersten Anfängen bis zur Wiederaufrichtung des deutschen Reiches, 3 Bde., Leipzig 1906.

Schilfert, G.: Deutschland von 1648–1789, Berlin-O. 1959.

Schmoller, G.: Preußische Verfassungs-, Verwaltungs- und Finanzgeschichte, Berlin 1921.

Schnabel, F.: Deutsche Geschichte im neunzehnten Jahrhundert, Bd. 1, Freiburg/Brsg. 1934, 3.–5. Aufl. 1959.

Schöffler, H.: Deutscher Geist im 18. Jahrhundert. Essays zur Geistes- und Religionsgeschichte, hg. v. G. v. Selle, Göttingen ²1967.

Schultze, J.: Die Auseinandersetzung zwischen Adel und Bürgertum in den deutschen Zeitungen der letzten drei Jahrzehnte des 18. Jahrhunderts (1773 bis 1806), Berlin 1925.

Schwartz, P.: Der erste Kulturkampf in Preußen um Kirche und Schule, Berlin 1925.

Spenlé, J. E.: La pensée allemande de Luther à Nietzsche, Paris 1934.

Stern, A.: Der Einfluß der Französischen Revolution auf das deutsche Geistesleben, Stuttgart–Berlin 1928.

Steinen, W. v. d.: Das Zeitalter Goethes, Berlin 1949.

Tschirsch, O.: Geschichte der öffentlichen Meinung in Preußen vom Basler Frieden bis zum Zusammenbruch des Staates (1795–1806), 2 Bde., Weimar 1933–1934.

Tümpel, L.: Die Entstehung des brandenburgisch-preußischen Einheitsstaates im Zeitalter des Absolutismus, Breslau 1915, ND Aaalen 1965.

Valjavec, F.: Die Entstehung der politischen Strömungen in Deutschland, 1770–1815, München 1951.

Vierhaus, R.: Politisches Bewußtsein in Deutschland von 1789, Der Staat 6 (1967).

Ders.: Deutschland im 18. Jahrhundert: soziales Gefüge, politische Verfassung, geistige Bewegung, in: Lessing und die Zeit der Aufklärung. Vorträge der Tagung der Joachim-Jungius-Gesellschaft der Wissenschaften, Hamburg, 10./11. Okt. 1967, Göttingen 1968.

Wenck, W.: Deutschland vor hundert Jahren. Politische Meinungen und

Stimmungen bei Ausbruch der Revolutionszeit, 2 Bde., Leipzig 1887 bis 1890.
Zorn, W.: Sozialgeschichte 1648–1800, in: H. Aubin – W. Zorn (Hg.): Handbuch der deutschen Wirtschafts- und Sozialgeschichte, Bd. 1, Stuttgart 1971.
Zottmann, A.: Die Wirtschaftspolitik Friedrichs des Großen, mit besonderer Berücksichtigung der Kriegswirtschaft, Leipzig–Wien 1937.
Zwiedeneck-Südenhorst, H. v.: Deutsche Geschichte von der Aufhebung des alten bis zur Errichtung des neuen Kaiserreiches, Bd. 2, Stuttgart 1903.

3,2. Werke über die Romantik

Ayrault, R.: La genèse du romantisme allemand, 2 Bde., Paris 1961.
Brion, M.: L'Allemagne romantique, Paris 1962.
Borries, K.: Die Romantik und die Geschichte, Berlin 1925.
Chiarini, P.: Romanticismo e realismo nella letteratura tedesca, Padua 1961.
Haym, R.: Die romantische Schule. Ein Beitrag zur Geschichte des deutschen Geistes, Berlin [5]1928.
Heimann, O. – Körner, J. u. a.: Romantik-Forschungen, Halle 1929.
Heine, H.: Die Romantische Schule. Zur Geschichte der Religion und Philosophie in Deutschland (1852), jetzt in: Heine: Beiträge zur deutschen Ideologie, Frankfurt/Main–Berlin–Wien 1971 (Ullstein-Buch Nr. 2822).
Huch, R.: Die Romantik, 2 Bde., Leipzig 1890–1902 u. ö., zuletzt 1964.
Kluckhohn, P.: Die deutsche Romantik, Bielefeld-Leipzig 1924.
Ders.: Die Weltanschauung der Frühromantik, Halle 1925.
Ders.: Das Ideengut der deutschen Romantik, Halle 1941, [5]1966.
Nadler, J.: Die Berliner Romantik (1800–1814), Berlin 1921.
Poetzsch, A.: Studien zur frühromantischen Politik und Geschichtsauffassung, Leipzig 1926.
Seillière, E.: La religion romantique et ses conquêtes, Paris 1930.
Ders.: Le romantisme et la politique, Paris 1932.
Ders.: Sur la psychologie du romantisme allemand, Paris 1933.
Schmitt, C.: Politische Romantik, München–Leipzig [2]1925.
Strich, F.: Deutsche Klassik und Romantik oder Vollendung und Unendlichkeit. Ein Versuch, München 1928.
Walzel, O.: Deutsche Romantik, 2 Bde., Leipzig–Berlin [5]1923.
Willoughby, L. A.: The Romantic movement in Germany, Oxford [2]1966.

3,3. Werke über einzelne Autoren

Schauer, M.: Caroline Schlegel-Schelling, Greifswald 1922.
Meyer-Montfort, P.: Dorothea im Ideenkreis ihrer Zeit und ihrer religiösen, philosophischen und ethischen Entwicklung, Leipzig 1912.
Adler, E.: Herder und die deutsche Aufklärung, Wien–Frankfurt/M.–Zürich 1968.
Banard, F. M.: Herder's Social and Political Thought. From Enlightenment to Nationalism, Oxford 1965.
Berlin, I.: Herder and the Enlightenment, in: Aspects of the Eighteenth Century, hg. v. E. R. Wasserman, Baltimore 1965.

Bossert, A.: Un prussien libéré: Herder, sa vie, son œvre, Paris 1916.
Dobbeck, W.: J. G. Herder's Weltbild. Versuch einer Deutung, Köln–Wien 1969.
Léon, X.: Fichte et son temps, 3 Bde., Paris 1924–1927.
Badelt, O.: Das Rechts- und Staatsdenken Goethes, Bonn 1966.
Friedenthal, R.: Goethe. Sein Leben und seine Zeit, München 1968.
Huber, E. R.: Goethe und der Staat, in: Studien zur Geschichte der modernen Staatsidee, Stuttgart 1965.
Meyer, H.: Goethe. Das Leben im Werk, Stuttgart o. J. (1967).
Unger, R.: Hamann und die Aufklärung. Studien zur Vorgeschichte des romantischen Geistes im 18. Jahrhundert, 2 Bde., Tübingen [4]1968.
Fürst, J.: Henriette Herz. Ihr Leben und ihre Erinnerungen, Berlin [2]1858.
Flitner, W.: August Ludwig Hülsen und der Bund der freien Männer, Jena 1913.
Obenauer, K.: August Ludwig Hülsen. Seine Schriften und seine Beziehungen zur Romantik, Erlangen 1910.
Leroux, R.: Guillaume de Humboldt. La formation da sa pensée jusqu'en 1794, Straßburg 1932.
Schaffstein, F.: W. v. Humboldt. Ein Lebensbild, Frankfurt/Main 1952.
Ayrault, R.: Heinrich von Kleist, Paris 1932.
Berney, A.: The Historical and Political Conceptions of Moses Mendelssohn, in: Zion 5, Jerusalem 1940.
Hensel, S.: Die Familie Mendelssohn (1729–1847), 2 Bde., Leipzig [2]1929.
Kayserling, M.: Moses Mendelssohn. Sein Leben und Wirken, Leipzig [2]1888.
Körner, J.: Mendelssohns Töchter, Preußische Jahrbücher 214 (1928).
Rotenstreich, N.: On Mendelssohn's Political Philosophy, Year Book Leo Baeck Institute 11 (1966).
Minder, R.: Die religiöse Entwicklung von Karl Philipp Moritz auf Grund seiner autobiographischen Schriften. Formen der Mystik und des Pietismus in »Reiser« und »Hartknopf«, Berlin 1936.
Dilthey, W.: Das Erlebnis und die Dichtung (Lessing, Goethe, Novalis, Hölderlin), Leipzig–Berlin [7]1921.
Samuel, R.: Die poetische Staats- und Geschichtsauffassung Friedrich von Hardenbergs, Frankfurt/Main 1925.
Lichtenberger, H.: Novalis, Paris 1912.
Spenlé, E.: Novalis. Essai sur l'idéalisme romantique en Allemagne, Paris 1904.
Perthes, C. T.: Friedrich Perthes' Leben, 3 Bde., Gotha [6]1872.
Spenlé, E.: Rahel, Madame Varnhagen von Ense. Histoire d'un salon romantique en Allemagne, Paris 1910.
Alt, C.: Schiller und die Gebrüder Schlegel, Weimar 1904.
Regin, D.: Freedom and Dignity. The Historical and philosophical Thought of Schiller, Den Haag 1965.
Enders, C.: Friedrich Schlegel. Die Quellen seines Wesens und Werdens, Leipzig 1913.
Fincke, H.: Über Friedrich und Dorothea Schlegel, Köln 1918.
Ders.: Über Friedrich Schlegel (Schwierigkeiten seiner Beurteilung. Die Arbeitsgebiete seiner zweiten Lebenshälfte), Freiburg/Brsg. 1918.

Glawe, W.: Die Religion Friedrich Schlegels, Berlin 1906.
Imle, F.: Friedrich von Schlegels Entwicklung von Kant zum Katholizismus, Paderborn 1927.
Lederbogen, L.: Friedrich Schlegels Geschichtsphilosophie, Leipzig 1908.
Lerch, P.: Friedrich Schlegels philosophische Anschauungen in ihrer Entwicklung und systematischen Ausgestaltung, Berlin 1905.
Lewalter, E.: Friedrich Schlegel und sein romantischer Witz, Leipzig 1917.
Mann, O.: Der junge Friedrich Schlegel. Eine Analyse von Existenz und Werk, Berlin 1932.
Rouge, I.: Frédéric Schlegel et la genèse du romantisme allemand (1791 bis 1797), Paris-Bordeaux 1904.
Schlagdenhauffen, A.: Frédéric Schlegel et son groupe. La doctrine de l'Athenaeum (1798–1800), Paris 1934.
Wienecke, E.: Patriotismus und Religion in Friedrich Schlegels Gedichten, Dresden 1913.
Wiese, B. v.: Friedrich Schlegel. Ein Beitrag zur Geschichte der romantischen Konversionen, Berlin 1927.
Windischmann, E. J. H.: Friedrich Schlegels philosophische Vorlesungen aus den Jahren 1804 bis 1806, Bonn 1836.
Minor, J.: Wilhelm Schlegel (1804–1845), Zeitschr. für österreichische Gymnasien, Jg. 1837.
Dilthey, W.: Schleiermachers politische Gesinnung und Tätigkeit, Preußische Jahrbücher 10 (1862).
Meyer. E. R.: Schleiermachers und Brinckmanns Gang durch die Brüdergemeinde, Berlin 1927.
Müsebeck, E.: Schleiermacher in der Geschichte der Staatsidee und des Nationalbewußtseins, Berlin 1927.
Koepke, R.: Ludwig Tieck. Erinnerungen aus dem Leben des Dichters nach dessen mündlichen und schriftlichen Mitteilungen, 2 Bde., Leipzig 1855.
Minder, R.: Un poète romantique allemand: Ludwig Tieck (1773–1855), Paris 1936.
Rouge, J.: Wackenroder et la genèse de l'esthétique romantique, in: Mélanges H. Lichtenberger, Paris 1934.
Fuchs, A.: Les apports français dans l'œuvre de Wieland, Paris 1934.

3.4. Spezialliteratur zu Fragen der politischen, der Sozial- und Wirtschaftsgeschichte

3,41. Zur Aufklärung, zum Erziehungswesen und zu religiösen Fragen

Balet, L. – Gerhard, E.: Die Verbürgerlichung der deutschen Kunst, Literatur und Musik im 18. Jahrhundert, Leipzig–Straßburg–Zürich 1936, ND Berlin–Frankfurt/Main–Wien 1973 (Ullstein-Buch Nr. 2995).
Boos, N.: Geschichte der Freimaurerei, Aarau ²1906.
Förster, N.: Die Entstehung der preußischen Landeskirche unter der Regierung König Friedrich Wilhelms III., 2 Bde., Tübingen 1905–1907.
Friedländer, E.: Ältere Universitäts-Matrikel. Bd. 1: Frankfurt an der Oder, 3 Bde., Leipzig 1887–1891.
Hartung, F.: Die Epochen der absoluten Monarchie in der neueren Geschichte, HZ 145 (1932).

Heilmann, K.: Geschichte der Pädagogik (Handbuch der Pädagogik, Bd. 3), Leipzig [9]1911.
Koser, R.: Friedrich der Große und die preußischen Universitäten, FBPG 17 (1900).
Langenohl, H.: Die Anfänge der deutschen Volksbildungsbewegung im Spiegel der literarischen Wochenschriften, Ratingen 1964.
Leroux, R.: La théorie du despotisme éclairé chez Karl Theodor Dalberg, Straßbourg 1932.
Möller, Horst: Aufklärung in Preußen. Der Verleger, Publizist und Geschichtsschreiber Friedrich Nicolai, Berlin 1974.
Notbohm, H.: Das evangelische Kirchen- und Schulwesen in Ostpreußen während der Regierung Friedrichs des Großen, Heidelberg 1959.
Pariset, G.: L'Etat et les églises en Prusse sous Frédéric Guillaume Ier (1713–1740), Paris 1896.
Peuckert, W. E.: Die Rosenkreutzer. Zur Geschichte einer Reformation, Jena 1928.
Pinloche, A.: La réforme de l'éducation en Allemagne au XVIIIe siècle. Basedow et le philanthropisme, Paris 1889.
Ritschl, A.: Geschichte des Pietismus in der reformierten Kirche, 3 Bde., Bonn 1880–1886.
Runkel, F.: Geschichte der Freimaurerei in Deutschland, 3. Bde., Berlin o. J. (1931).
Schneider, F. J.: Die Freimaurerei und ihr Einfluß auf die geistige Kultur in Deutschland am Ende des 18. Jahrhunderts, Prag 1909.
Schrader, W.: Geschichte der Friedrichs-Universität zu Halle, 2 Bde., Berlin 1894.
Schwartz, P.: Die Gelehrtenschulen Preußens unter dem Oberschulkollegium (1786–1806) und das Abiturientenexamen, Berlin 1910.
Stölzel, A.: Die Berliner Mittwochsgesellschaft über Aufhebung oder Reform der Universitäten (1795), FBPG 2 (1889).
Streisand, J.: Geschichtliches Denken von der deutschen Frühaufklärung bis zur Klassik, Berlin-O. [2]1967.
Thadden, R. v.: Die brandenburgisch-preußischen Hofprediger im 17. und 18. Jahrhundert. Ein Beitrag zur Geschichte der absolutistischen Staatsgesellschaft in Brandenburg-Preußen, Berlin 1959.
Valjavec, F.: Das Woellnersche Religionsedikt und seine geschichtliche Bedeutung, Historisches Jahrbuch 72 (1953).
Viatte, A.: Les sources occultes du romantisme: Illuminisme et théosophie (1770–1820), Paris 1934.
450 Jahre Martin-Luther-Universität Halle-Wittenberg, hg. v. L. Stern, Bd. 2: Halle 1694–1817, Halle 1952.

3,42. Zur Verwaltungs-, Rechts- und Verfassungsgeschichte

Birtsch, G.: Gesetzgebung und Repräsentation im späten Absolutismus. Die Mitwirkung der preußischen Provinzialstände bei der Entstehung des Allgemeinen Landrechts, HZ 208 (1969).
Ders.: Freiheit und Eigentum. Zur Erörterung von Verfassungsfragen in der deutschen Publizistik im Zeichen der Französischen Revolution, in: R. Vierhaus (Hg.): Eigentum und Verfassung. Zur Eigentumsdiskussion im ausgehenden 18. Jahrhundert, Göttingen 1972.

Boeck, D.: Die Schlußrevision des Allgemeinen Landrechts für die preußischen Staaten von 1794. Vorgeschichte und Entstehung des Landrechts, privatrechtliche Neuerungen an Hand der Schlußrevision, geschichtliche Wirkungen und Würdigungen, jur. Diss. Hamburg 1966.
Conrad, H.: Rechtsstaatliche Beziehungen im Absolutismus Preußens und Österreichs am Ende des 18. Jahrhunderts, Köln-Opladen 1961.
Heuer, U. J.: Allgemeines Landrecht und Klassenkampf. Die Auseinandersetzungen um die Prinzipien des allgemeinen Landrechts Ende des 18. Jahrhunderts als Ausdruck der Krise des Feudalsystems in Preußen, Berlin-O. 1960.
Holtze, F.: Geschichte der königlich-preußischen Armee bis zum Jahre 1807, 3 Bde., Berlin 1928–1929.
Lotz, A.: Geschichte des deutschen Beamtentums, Berlin 1909.
Rüfner, W.: Verwaltungsrechtsschutz in Preußen von 1749 bis 1842, Bonn 1962.
Stölzel, A.: Carl Gottlieb Svarez. Ein Zeitbild aus der zweiten Hälfte des achtzehnten Jahrhunderts, Berlin 1885.
Ders.: Brandenburg-Preußens Rechtsverwaltung und Rechtsverfassung, dargestellt im Wirken seiner Landesfürsten und obersten Justizbeamten, 2 Bde., Berlin 1888.
Winkler, T.: Johann Gottfried Frey und die Entstehung der preußischen Selbstverwaltung, Stuttgart–Berlin 1936.

3,43. Zur Geschichte der Medizin

Diepgen, P.: Geschichte der Medizin, Bd. 3, Berlin–Leipzig 1919.
Ders.: Deutsche Medizin vor hundert Jahren. Ein Beitrag zur Geschichte der Romantik, Freiburg/Brsg. 1923.
Häser, H.: Lehrbuch der Geschichte der Medizin und der epidemischen Krankheiten, Bd. 3, Jena ³1881.
Hirschfeld, E.: Romantische Medizin. Zu einer künftigen Geschichte der naturphilosophischen Ära, Kyklos. Jahrbuch für Gesch. und Philosophie der Medizin 3 (1930).
Stürzbecher, M.: Untersuchung über den Einfluß der medizinischen Versorgung auf den Gesundheitszustand der Berliner Bevölkerung im 18. Jahrhundert, med. Diss. FU Berlin 1961.
Sudhof, K.: Kurzes Handbuch der Geschichte der Medizin, Berlin ³1922.
Thiel, M.: Todesursachen in brandenburgischen Leichenpredigten des 17. und 18. Jahrhunderts, med. Diss. FU Berlin 1963.

3,44. Zur Wirtschaftsgeschichte

Acta Borussica. Denkmäler der preußischen Staatsverwaltung im 18. Jahrhundert. Abt. B: Die einzelnen Gebiete der Vewaltung: (a) Das preußische Münzwesen im 18. Jahrhundert, 4 Bde., hg. und eingel. v. G. Schmoller u. F. v. Schrötter, Berlin 1904–1913; (b) Die Wollindustrie in Preußen unter Friedrich Wilhelm I., dargest. v. C. Hinrichs, Berlin 1933; (c) Die preußische Seidenindustrie im 18. Jahrhundert und ihre Begründung durch Friedrich den Großen, 3 Bde., hg. und eingel. v. G. Schmoller u. O. Hintze, Berlin 1892; (d) Getreidehandelspolitik, 4 Bde., hg. u. eingel. v. W. Naudé, G. Schmoller u. A. Skalweit,

Berlin 1896–1931; (e) Handels-, Zoll- und Akzisepolitik, 3 Bde., bearb. u. eingel. v. H. Rachel, Berlin 1911–1928.

Behre, O.: Geschichte der Statistik in Brandenburg-Preußen bis zur Gründung des königlichen statistischen Bureaus, Berlin 1905.

Dreyfus, F. G.: Remarques sur le mouvement des prix et la conjoncture en Allemagne de la seconde moitié du XVIIe à la fin du XVIIIe siècle, in: Première conférence internationale d'histoire économique. Contributions et communications, Paris–Den Haag 1960.

Henderson, W. O.: The State and the Industrial Revolution in Prussia 1740–1870, Liverpool 1958.

Ders.: Die Struktur der preußischen Wirtschaft um 1786, Zeitschr. für d. ges. Staatswissenschaft 117 (1961).

Hintze, O.: Zur Agrarpolitik Friedrichs des Großen, FBPG 10 (1898).

Kapp, G. F.: Die Bauernbefreiung und der Ursprung der Landarbeiter in den älteren Teilen Preußens, Leipzig 1887.

Krüger, H.: Zur Geschichte der Manufakturen und der Manufakturarbeiter in Preußen. Die mittleren Provinzen in der zweiten Hälfte des 18. Jahrhunderts, Berlin-O. 1958.

Meyer, M.: Geschichte der preußischen Handwerkerpolitik (1640–1740), 2 Bde., Minden 1884–1888.

Müsebeck, N.: Zur Geschichte der Reformbestrebungen vor dem Zusammenbruch des alten Preußens, FBPG 30 (1918).

Martiny, F.: Die Adelsfrage in Preußen vor 1806 als politisches und soziales Problem, Stuttgart 1938.

Rachel, H. – Papritz, J. – Wallich, P.: Berliner Großkaufleute und Kapitalisten, Bd. 2: Das Zeitalter des Merkantilismus, 1648–1806, Berlin ²1967.

Rumler, M.: Die Bestrebungen zur Befreiung der Privatbauern in Preußen (1797–1806), FBPG 33 (1921), 34 (1922).

Schnee, H.: Die Hoffinanziers Friedrichs des Großen. Ein Beitrag zu Geschichte und System der Hoffaktoren in Brandenburg-Preußen, Schmollers Jahrbuch 72 (1952).

Stadelmann, R.: Preußens Könige in ihrer Tätigkeit für die Landeskultur, 2 Bde., Leipzig 1878.

3,45. Sozialgeschichte

Baumgart, P.: Absoluter Staat und Judenemanzipation in Brandenburg-Preußen, JGMOD 13/14 (1965).

Birtsch, G.: Zur sozialen und politischen Rolle des deutschen, vornehmlich des preußischen Adels am Ende des 18. Jahrhunderts, in: R. Vierhaus (Hg.): Der Adel vor der Revolution. Zur sozialen und politischen Funktion des Adels im vorrevolutionären Europa, Göttingen 1971.

Büsch, O.: Militärsystem und Sozialleben im alten Preußen 1713–1807. Die Anfänge der sozialen Militarisierung der preußisch-deutschen Gesellschaft, Berlin 1962.

Fild, H. A.: Beiträge zur Entstehungsgeschichte der bürgerlichen Weltanschauung in Deutschland, dargestellt an der protestantischen Predigt zwischen 1740 und 1800, Erlangen 1965.

Goldmann, L.: Der christliche Bürger und die Aufklärung, Neuwied–Berlin 1968.

Halbwachs, H.: Le suicide, Paris 1930.
Heinrich, G.: Der Adel in Brandenburg-Preußen, in: H. Rößler (Hg.): Deutscher Adel 1555–1740, Darmstadt 1965.
Hillebrand, K.: La société de Berlin de 1789 à 1815, Revue des deux mondes 36 (1870).
Hinze, K.: Die Arbeiterfrage zu Beginn des modernen Kapitalismus in Brandenburg-Preußen, 1685–1806, Berlin [3]1963.
Marcinkowski, F.: Das Lotteriewesen im Königreich Preußen, Berlin 1892.
Meisl, J. (Hg.): Protokollbuch der jüdischen Gemeinde Berlin (1723 bis 1854), Jerusalem/Mass. 1962.
Meyer, M. A.: The Origins of the Modern Jew. Jewish Identity and European Culture in Germany, 1749–1824, Detroit 1967.
Möller, H.: Die kleinbürgerliche Familie im 18. Jahrhundert. Verhalten und Gruppenkultur, Berlin 1969.
Rürup, R.: Judenemanzipation und bürgerliche Gesellschaft in Deutschland, in: Gedenkschrift Martin Göhring. Studien zur europäischen Geschichte, Wiesbaden 1968.
Stern, S.: Der preußische Staat und die Juden, T. 1: Die Zeit des Großen Kurfürsten und Friedrichs I. (2 Abteilungen); T. 2: Die Zeit Friedrich Wilhelms I. (2 Abteilungen), Tübingen 1962.
Tharau, F. K.: Die geistige Kultur des preußischen Offiziers von 1640 bis 1806, Mainz 1968.
Warschauer, O.: Lotteriestudien, Berlin 1912.
Wolf, W.: Zur Geschichte des Armen- und Arbeitshauses in Potsdam 1774–1800, Potsdam 1963.

Abkürzungen

A. L. Z.	Allgemeine Literatur-Zeitung
Archiv	Berlinisches Archiv der Zeit
Ath.	Athenaeum
B. J. A.	Berlinisches Journal für Aufklärung, von Fischer und Riem
B. M.	Berlinische Monatsschrift, Berlinische Blätter und Neue Berlinische Monatsschrift, von Gedicke und Biester
Briefwechsel	von Schlözer
Campe	Braunschweigisches Journal
Chronologen	von Wekhrlin
D. M.	Deutsches Museum und Neues Deutsches Museum
Eunomia	von Fessler und Rhode
Erhohlungen	von Becker
Europa	von Fr. Schlegel
F. B. P. G.	Forschung zur Brandenburgischen und Preußischen Geschichte
Freimüthige	von Kotzebue und Merkel
Goekingk	Journal von und für Deutschland
Gött. hist. Mag.	Das Göttingische historische Magazin und das Neue Göttingische historische Magazin von Meiners und Spittler
Hyper.	Hyperboreische Briefe von Wekhrlin
Jahrb.	Jahrbücher der preußischen Monarchie unter Friedrich Wilhelm III, von Unger
J. L. M.	Journal des Luxus und der Moden, von Bertuch und Kraus
Landrecht	Allgemeines Landrecht für die preußischen Staaten
Minerva	von Archenholz
Moser	Das patriotische Archiv für Deutschland und das Neue patriotische Archiv für Deutschland
Musen-Almanach	von Schlegel und Tieck
N. Z. T.	National-Zeitung der Teutschen von Becker
P. J.	Das Politische Journal von Schirach
Pol. Cor.	Friedrich II.: Politische Correspondenz
Posselt	Neueste Weltkunde und Allgemeine Zeitung
Rhode	Berlin. Eine Zeitschrift
Stats	Staats-Anzeigen von Schlözer

Schubart	Deutsche Chronik und Vaterländische Chronik
T. M.	Der teutsche Merkur und Der Neue teutsche Merkur, von Wieland
Ungeheuer	Das graue Ungeheuer von Wekhrlin
Voss.	Königlich-Privilegierte Berlinische Zeitung von Spener
Zeitung	Zeitung für die elegante Welt von Spazier

Tabellen

Die preußischen Staaten hatten 1785

Wirtschaftszweig	Webstühle	Fabrikanten	Produktion d. Fabr. i. Rtlr.
Leinen	51 000	80 000	9 000 000
Tuche und Wollwaren	18 000	58 000	8 000 000
Seide	4 200	6 000	3 000 000
Baumwolle	2 600	7 000	1 200 000
Leder		4 000	2 000 000
Eisen, Stahl, Kupfer, etc.		3 000	2 000 000
Tabak (in dz)	140 000	2 000	1 000 000
Zucker		1 000	2 000 000
Porzellan und Fayence		700	200 000
Papier		800	200 000
Talg und Seife		300	400 000
Gold-, Silber-, Spitzen-, Stickereimanufakturen etc.		1 000	400 000
Krapp aus Schlesien			300 000
Öl		600	300 000
Bernstein		600	50 000
		165 000	30 250 000

Auszug aus der Dissertation: »Über den wahren Reichtum, die Handelsbilanz und das Gleichgewicht der Macht«, vorgetragen am 26. Januar 1786 anläßlich des Geburtstags des Königs in der Akademie der Wissenschaften und Belletristik. Vortragender: Hertzberg, Staatsminister und Mitglied der Akademie.
(Huit Dissertations . . ., S. 254)

Ernennung der Referendare und Auskultatoren
am Berliner Kammergericht
(nach dem Katalog Rep. IX J 7° und J 7°
angeordnet nach Jahrgängen und Alphabet)
(Die Zahlen in Klammern bedeuten den Anteil des Adels)

Jahre	Referendare	Auskultatoren	Jahre	Referendare	Auskultatoren
1785	5 (1)	7	1793	9	
1786	10	(1784–1787)	1794	6 (1)	
1787	4		1795	10	1
1788	7 (1)		1796	21 (2)	
1789	16 (5)		1797	16 (1)	
1790	9 (3)	10 (2)	1798	13	
1791	4 (3)	(1788–1793)	1799	26 (4)	3 (1)
1792	8 (2)		1800	25 (2)	
	Insgesamt		Referendare	189 (25)	
			Auskultatoren	21 (3)	

Zahl der Referendare und Auskultatoren am Berliner Kammergericht
(nach den Adress. Kalendern)
(die Zahlen in Klammern bedeuten den Anteil des Adels)

	1786	1800	1806
Referendare	43 (5)	45 (7)	65 (7)
Auskultatoren	11 (2)	12	7

Ernennung der Auskulatoren, Referendare, Assessoren und Justizkommissare
an den Provinzialgerichten (ausgenommen Schlesien)
nach den Registraturbüchern der Provinzen
(Die Zahlen in Klammern bedeuten den Anteil des Adels)

Jahre	Kurmark				Pommern				Magdeburg				Minden			
	Ausk.	Ref.	Ass.	Just. K.	Ausk.	Ref.	Ass.	Just. K.	Ausk.	Ref.	Ass.	Just. K.	Ausk.	Ref.	Ass.	Just. K.
1786	30 (4)	15	4	13	4	1	2	5	2 (1)	1 (1)	3 (1)	1	3			
1787	30 (2)	16 (3)	2 (1)	7	4 (1)		1	1	10	5 (1)	1	2		1		2
1788	12 (3)	17 (2)	4 (1)	3	4 (1)	3 (1)	1	3	5 (1)	6	2		2	2		
1789	34 (4)	18 (4)	8 (2)	4	4	4	1	1	1 (1)	6	3 (2)	1	2	1		
1790	28 (4)	24 (4)	11 (1)	2	7	2	3	5	3	4 (1)			2	1		
1791	16 (2)	11 (3)	1		8	6 (1)	2	2	5 (2)	2	2	5	3 (2)	1		1
1792	37 (4)	12 (2)	5 (1)	4	4 (1)	7	1	4	6	5 (1)	1 (1)		3		3	2
1793	29 (1)	24 (2)	3 (2)	3	6		1	2	1	5 (1)	1		2	1		
1794	35 (2)	10 (3)	7 (2)	8	9	1	2	4	5 (3)	6 (2)	2 (1)	3	2 (1)	1	1	
1795	31 (2)	18 (2)	7	4	6 (1)	1 (1)	1	2	1 (1)	2 (2)	3 (2)	4	2	2 (1)	1	2
1796	29	31 (2)	8 (1)	1		8	2			5 (1)	3	2		4	2	
1797	33 (4)	22 (3)	6	3		8	2	1	2 (1)	5	1	1		7	1 (1)	2
1798	43 (4)	19	6	4		9 (2)		1		3		3		2	1	1
1799	42 (7)	40 (4)	4 (1)	4		15 (3)	1	5	3 (1)	8 (2)	1	1		4		
1800	35 (3)	43 (4)	9	4		8 (2)		2	1	6		1		8 (2)	2	2
		320 (38)		64		73 (10)		38		69 (12)		24		35 (3)		12
	464 (46)		85 (12)		56 (4)		20		45 (11)		23 (7)		21 (3)		11 (1)	

Jahre	Kleve-Ravensburg				Ostfriesland				Ostpreußen				Westpreußen				Insgesamt			
	Ausk.	Ref.	Ass.	Just.K.	Ausk.	Ref.	Ass.	Just.K.	Ausk.	Ref.	Ass.	Just.K.	Ausk.	Ref.	Ass.	Just.K.	Ausk.	Ref.	Ass.	Just.K.
1786	5	3 (1)	1	1	1	2	2 (1)		9	3	1	1	4	4		1	58 (5)	29 (2)	13 (2)	22
1787	3	5 (2)	2	1		1	1	2	4	1	1	1	9 (1)	2	1		60 (4)	31 (6)	9 (1)	16
1788	2	1 (1)	3		2		2 (1)	1	11	8		3	8	3	1	1	46 (5)	40 (4)	13 (2)	11
1789	4	6 (1)		1	1	1		1	12	2		4	11	3	3	1	69 (5)	41 (5)	15 (4)	13
1790	6 (11)	2			1	1			9	4	4	1	5	2		1	61 (5)	40 (5)	18 (1)	9
1791	4 (3)	4		1	2		1	1	8	4	2		7 (1)	5	1	1	53 (10)	33 (4)	9	11
1792	8 (1)	10 (1)	2	3	4		1	3	12 (2)	8 (1)	2		4	1	1	6	78 (8)	43 (5)	16 (2)	22
1793	5	2		1		2			27 (2)	9	3	1	6	3	5	3	76 (3)	46 (3)	13 (2)	10
1794	3	6 (1)	2	1	1				11 (1)	6 (1)	5	1	14	1	1	3	80 (7)	31 (7)	20 (3)	20
1795	2	1			1	3		2	14	4	1	1	12 (1)				69 (5)	31 (6)	13 (2)	15
1796		3 (1)		2		2		1		13 (1)		2		5	2 (1)	6	29	71 (5)	17 (2)	14
1797		3		1		1	1	1		7 (1)		3	2	5 (2)	1	3	37 (5)	58 (6)	12 (1)	15
1798		5 (1)	1	3		5	3			4 (1)	3			6 (1)		4	43 (4)	53 (5)	14	16
1799		5 (1)	1	2			2			5	1	5		7 (1)	1	5	45 (8)	84 (11)	11 (1)	22
1800		5 (1)	1	1				1		3			1	1	1 (1)	5	37 (3)	74 (6)	13 (1)	16
		61 (11)		18		18		13		81 (5)		23		48 (4)		40	841 (77)	705 (80)	206 (24)	232
	42 (5)		13		13		13 (2)		117 (5)		23		83 (3)		18 (2)					

Ernennung der Referendare an den Kriegs- und Domänenkammern in den Provinzen

	Kurmark	Pommern	Magdeburg	Minden
Jahre	(Gen.Dir. Kurmark Tit. VI, 19 Bd. VI–VIII)	(Gen.Dir. Pommern Tit. VI, 1 Bd. I–IV) Referendare u. Assessoren	(Gen.Dir. Magdeburg Tit. VIII, 5)	(Gen.Dir. Minden–Ravensburg Tit. VII,1)
			1723–1795	
1786			Tit. VIII, 1	
1786			Referendare	
1787			u. Assessoren	
1788				
1789			14 (5)	
1790				
1791				
1792				
1793		12 (2)		
1794	55 (6)			
1795	17 (4)			
1796	6 (5)			
1797	4 (1)			
1798	3 (2)			
1799	7 (6)			
1800	5 (1)	9 (7)		
1801	5 (3)			
1802	5 (2)		15 (11)	
1803	7 (4)	5 (3)		
1804	11 (3)			5 (1)
1805	12 (2)	7 (3)		
1806	9 (3)			
Total	146 (42)	33 (15)	29 (16)	5 (1)

(Die Zahlen in Klammern bedeuten den Anteil des Adels)

Ostfriesland	Westpreußen und Netzebezirke		Ostpreußen	
(Gen.Dir. Ostfriesland Tit. IX, 9–14)	(Gen.Dir. Westpreußen Tit. X, 1)	(Gen.Dir. Netzebezirk Tit. IV, 1	(Gen.Dir. Ostpreußen Tit. XI, 24, 40, 41, 60) Referendare u. Assessoren	Jahre
	1774–1796			
	22 (7)			1786
		1776–1804		1786
				1787
		9 (3)		1788
				1789
1			3 (1)	1790
1			5	1791
1			6	1792
			3 (2)	1793
			3	1794
			1	1795
			5 (3)	1796
			2 (1)	1797
			2 (1)	1798
			4	1799
			1	1800
				1801
	13 (2)		3 (1)	1802
1			2	1803
2			4	1804
			9	1805
			2 (1)	1806
6	35 (9)	9 (3)	55 (10)	

Ernannte Räte an den Kriegs- und Domänenkammern (nach den Akten des Generaldirektoriums: Bestallungs- und Behörden-Sachen)

Jahre	Kurmark	Pommern	Magdeburg	Minden–Ravensburg
	(Gen.Dir. Churmont Tit. V, Nr. 2 Bd. I–IV)	(Gen.Dir. Pommern)	(Gen.Dir. Tit. V K. u. D. Raethe)	(Gen.Dir. Tit. IV, Nr. 3, Bd. 2)
1786	1783–1791		1750–1800	Akten
1787				unvollständig
1788				bis 1800
1789	9 (2)	6 (1)		
1790				
1791			16 (9)	
1792				
1793				
1794		2		
1795	15 (7)			
1796				
1797				
1798				
1799				
1800		11 (2)		
1801	10 (3)			
1802				
1803				
1804		6		
1805	8 (2)			
1806				
Total	42 (14)	25 (3)	16 (9)	

(Die Zahlen in Klammern bedeuten den Anteil des Adels)

Kleve	Ostfriesland	Ostpreußen	Westpreußen und Netzebezirk		
(Gen.Dir.)	(Gen.Dir. Ostfriesland Tit. VII)	(Gen.Dir. Ostpreußen u. Litauen Tit. X)	(Gen.Dir. Westpreußen Tit. X, Nr. 1, Bd. II)	Netzebezirk (Bromberg Tit. III, Nr. 1)	Jahre
1787–1803		2		1775–1797	1786
	1				1787
					1788
		1			1789
			13 (2)		1790
		2		19 (5)	1791
2 (1)		2 (1)			1792
	1 (1)	1 (1)			1793
		1			1794
		1			1795
		2 (1)			1796
		3			1797
		1 (1)	4		1798
		1			1799
					1800
				8	1801
	2 (1)	1	9 (3)		1802
					1803
					1804
	1 (1)		6	2	1805
	1 (1)	1			1806
2 (1)	6 (4)	19 (4)	32 (5)	29 (5)	Total

Räte in den Kriegs- und Domänenkammern und an den Provinzialgerichten

I. – Protokolle der »Ober Examinations Commission« für das Amt des Rats in den Provinzialkammern, des Finanzrats, der Landräte

Zahl der Examinierten	1770 bis 1786	1786 bis 1806
Adlige	110	228
Nichtadlige	181	276
Verhältnis zwischen beiden	1:1,65	1:1,21

II. – Räte in den Provinzialkammern (nach den »Conduiten Listen« von 1800–1802) (Rep. 89. 71 A–H und L)

	1800		1801	
	Adlige	Nichtadlige	Adlige	Nichtadlige
Kleve-Neuß	4	6		
Minden	5	10		
Magdeburg	4	13	2	13
Mark	7	2		

III. – Räte an den Gerichten (Regierungen und Hofgerichte) (nach den »Conduiten Listen«)

1800[1]		1801	
Adlige	Nichtadlige	Adlige	Nichtadlige
115	200	112	210

[1] Die nach dem Index erfolgte Addition ergibt die folgenden Zahlen. Nach den einzelnen Akten ergibt sie 112 Adlige und 216 Nichtadlige.

Zusammensetzung einiger Kriegs- und Domänenkammern
(nach den Adress. Kalendern)
(Die Zahlen in Klammern bedeuten den Anteil des Adels)

	Adress. Kalender Berlin und Potsdam (1806)	Magdeburg[1] (1786)	Stettin[2] (1784)
Präsident	1 (1)	1	1 (1)
1. Direktor		1	1
2. Direktor			1
Forstmeister	2 (2)	1 (1)	2
Räte	14 (4)	11 (11)	14 (3)
Assessoren	4 (3)	4 (2)	6
Referendare	21 (4)	6 (3)	10 (1)
Auskultatoren . . .		3 (2)	10 (1)

1 Im Jahre 1800 findet man in Magdeburg 13 Räte, darunter 4 Adlige; im Jahre 1801 13 Räte, darunter 2 Adlige (Conduiten Liste, Rep. 89–71, A–H).

2 Nach der Dienstaltersliste gibt es im Juni 1791 in Stettin 23 Räte, darunter 2 Adlige.

Ernennung der protestantischen Prediger-Pfarrer und Vikare (Adjuncti) in den Provinzen (mit Ausnahme Schlesiens)

Jahre	Kurmark		Pommern		Madgeburg		Minden		Kleve-Ravensburg	
	P.	A.	P.	A.	P.	A.	P.	A.	P.	A.
1786	3		2	3	3		1		1	
1787		1	6	2	1	2	2	1		
1788	4		12		1	2	1		1	
1789		2	2	1	1		1	1	1	
1790	4				1	2	3			
1791	5	2	1		1	1		1		
1792	3	1	4	4	2	1	1	1	1	
1793	1		6		2		3			
1794		1	6	1	1					
1795	1	1	3	3	1	1	4			
1796	1	1	1	1		1	2	1		
1797			4	1		2	1		Feldprediger	
1798			7	1	3	2	4			
1799	18	2	3		1		1			
1800	13	2	2	2	2	1	3	3		
1801	13	2	1		2	2		2		
1802	16			1	2		2			
1803	12	5			2	1	4	5		
1804	17	4		1	1	3				
1805	8	2			1	4	3	2		
1806	12	4			5	3	7	6		
	131	30	60	21	33	28	43	23	5	
Total	161		81		61		66		5	

(nach den Registraturbüchern der Provinzen)

Ostfriesland		Ostpreußen		Westpreußen		jährlich total			Jahre
P.	A.	P.	A.	P.	A.	P.	A.	Total	
1		4	1	3		18	4	22	1786
1				2		12	6	18	1787
1		8	2			28	4	32	1788
4		10	1	2		22	5	27	1789
3		8	3	1		20	5	25	1790
1	1	9	2			17	7	24	1791
1		4	1	2		18	8	26	1792
2		6	3	2		22	3	25	1793
2		6	3	3	1	18	6	24	1794
1		9	1	2		20	7	27	1795
		5	3	2		11	7	18	1796
1		7	3			13	6	19	1797
3		7	2	2		26	5	31	1798
1		8	2	1		33	4	37	1799
1		17	1	3		41	9	50	1800
3	1	1	1	2		22	8	30	1801
2	1		3	2		24	5	29	1802
						18	11	29	1803
3		4				25	8	33	1804
Die Rubrik						12	8	20	1805
verschwindet						25	13	38	1806
aus den									
Registern									
31	3	113	32	30	1	445	139	584	
34		145		31		584			

Personen- und Namenverzeichnis